Barbara und Hans Otzen

Münsterland

» Aus den offenen Stalltüren quollen Dampfwolken. Es roch nach warmer Milch, Kuhdünstung und vermistetem Stroh. «

aus *Otto Jägersberg:*
„Weihrauch und Pumpernickel"
(Ländliches Sittenbild des Münsterlandes der 1950er-Jahre)

Impressum

Barbara und Hans Otzen
Reise Know-How Münsterland

erschienen im
Reise Know-How Verlag Peter Rump GmbH,
Osnabrücker Str. 79, 33649 Bielefeld

3., neu bearbeitete und aktualisierte Auflage 2021

ISBN 978-3-8317-3494-8

Gestaltung und Bearbeitung
Umschlag: Peter Rump, der Verlag (Layout);
A. Pentzien (Realisierung)
Inhalt: G. Pawlak, W. Rump, der Verlag (Layout);
A. Pentzien (Realisierung)
Karten: Kartengrafik Thomas Vogelmann;
Ingenieurbüro B. Spachmüller, Catherine Raisin
Fotonachweis: die Autoren (ot), Caroline Tiemann (ti),
Wikimedia Commons, www.stock.adobe.com,
www.fotolia.de (Autorennachweis jeweils am Bild)
Lektorat: Caroline Tiemann
Lektorat (Aktualisierung): André Pentzien

Druck und Bindung
mediaprint solutions, Paderborn

Printed in Germany

Bibliografische Information der Deutschen Nationalbibliothek
Die Deutsche Nationalbibliothek verzeichnet diese Publikation in der Deutschen Nationalbibliografie; detaillierte bibliografische Daten sind im Internet über http://dnb.dnb.de abrufbar.

Anzeigenvertrieb
KV Kommunalverlag GmbH & Co. KG,
Alte Landstraße 23, 85521 Ottobrunn,
Tel. 089-928096-0, info@kommunal-verlag.de

Reise Know-How-Bücher finden Sie in allen gut sortierten Buchhandlungen. Falls nicht, kann Ihre Buchhandlung unsere Bücher hier bestellen:
D: Prolit, prolit.de und alle Barsortimente
CH: AVA Verlagsauslieferung AG, ava.ch
A: Freytag-Berndt und Artaria KG, freytagberndt.com
B, LUX, NL: Willems Adventure, willemsadventure.nl
oder direkt über den Verlag: **www.reise-know-how.de**

Bildlegende Umschlag und Vorspann
Titelfoto: Wasserschloss Raesfeld im Kreis Borken (AdobeStock © Marcus Retkowietz)
Vordere Umschlagklappe: Hollicher Windmühle nahe Steinfurt (ot)
Kleines Foto: Deckenschutz für Münsterlands Pferde (ti)
S. 1: Schafhaltung ist im Münsterland weit verbreitet (ti)
S. 2/3: Parklandschaft Münsterland (ti)

Wir freuen uns über Kritik, Kommentare und Verbesserungsvorschläge, gern auch per E-Mail an info@reise-know-how.de.

Barbara und Hans Otzen

MÜNSTERLAND

Liebe Leserinnen, liebe Leser,
die Inhalte aus diesem Reiseführer wurden detailliert recherchiert und gewissenhaft kontrolliert. Allerdings bringt die Corona-Pandemie manche Unwägbarkeiten mit sich – auch im Münsterland.

Da bis zum Redaktionsschluss noch nicht im Detail absehbar war, wie sich diese Krise auf das wirtschaftliche, kulturelle und soziale Leben im Münsterland auswirken wird, kann es unter Umständen passieren, dass einzelne im Buch aufgeführte Angebote, insbesondere im gastronomischen Bereich, nur noch eingeschränkt oder gar nicht mehr existieren. Trotz dieser Unwägbarkeiten soll der Reiseführer stets auf dem aktuellsten Stand sein.

Deshalb bitten wir Sie, den Verlag über mögliche Veränderungen zu informieren, damit wir sie über die Update-Funktion zum Buch (s. S. 8) allen Nutzern bereitstellen können.

Vielen Dank!

Vorwort

Wasserburgen und imposante Schlösser, Kirchen und Klöster, Landleben, Schinken und Schnaps – die herrliche Parklandschaft des Münsterlandes lädt zum Besuch ein!

Das Münsterland liegt im Herzen der Westfälischen Bucht, grenzt an die Niederlande, die Ausläufer des Bergischen Landes und den Teutoburger Wald, im Norden öffnet es sich zur Norddeutschen Tiefebene. Dabei ist das Land keineswegs nur „platt" – auch wenn Platt die alte Sprache des Münsterlandes ist, die man heutzutage wieder zu beleben bemüht ist. Die Baumberge und die Beckumer Berge setzen mit ihren Kuppen hügelige Akzente. Malerische Flüsse durchziehen die reizvolle Mischung aus Feldern, Wiesen und Waldstücken.

Immer wieder eingebettet in die Landschaft sind die vielen Wasserburgen, die prägend für das Münsterland

sind. Von Gräften umgeben, wie die Gräben hier heißen, sind es Bauten mit langer Geschichte, von denen die meisten in der Renaissance- oder Barockzeit in repräsentative Wohnsitze der Adelsfamilien umgewandelt wurden.

Dies alles lässt sich wunderbar zu Fuß oder mit dem Fahrrad erleben – das Münsterland ist ein Paradies für Radler und Wanderer. Auch Pferdefreunde kommen mit vielfältigen Reitmöglichkeiten auf ihre Kosten. Münster selbst, die fahrradfreundliche Studentenstadt, vereint Tradition und Moderne, westfälische Gemütlichkeit und quirliges Stadtleben.

Auch kulinarisch hat das Münsterland viel zu bieten. Da sind die traditionellen Gerichte wie Töttchen, Blindes Huhn oder Dicke Bohnen mit Speck. Die Portionen sind reichhaltig, vor allem in den vielen Landgasthäusern, die so typisch für das Münsterland sind, und gepflegte Gastronomie bieten – frische Küche mit regionalen Produkten zubereitet. Eine weitere Spezialität sind die vielen Hofcafés, meist an Hofläden angeschlossen. Hier gibt es die berühmten Münsterländer Torten – ein wahrer Gaumenschmaus! Doch längst hat sich die Münsterländer Gastronomieküche den modernen Erfordernissen angepasst. Aber auch hier heißt die oberste Devise: regionale Küche! Typische Gerichte sind verfeinert worden, auch vegetarische und vegane Gerichte stehen auf den Speisekarten nicht nur der Spitzenrestaurants der Region.

Dieser Reiseführer stellt die sehenswertesten Orte und Landschaften vor und liefert eine Fülle praktischer Tipps und Empfehlungen für eine ausgedehnte Reise oder für kurze Trips. Die Autoren wünschen viel Freude bei der Entdeckung des Münsterlandes!

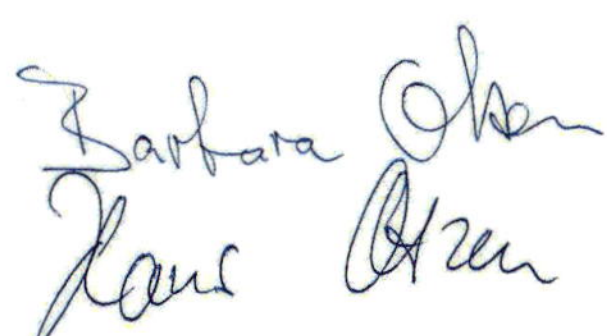

200ml ot

◁ Schloss Burgsteinfurt

Inhalt

Hinweise zur Benutzung

Nicht verpassen!

Die Highlights der Region erkennt man an der **gelben Hinterlegung.**

UNSER TIPP ...

... steht für spezielle Empfehlungen **der Autoren:** abseits der Hauptpfade und nach ihrem persönlichen Geschmack.

Der Schmetterling ...

... kennzeichnet Tipps mit einer ökologischen Ausrichtung: Naturgenuss, der besonders nachhaltig oder umweltverträglich ist.

Kinder-Tipps

Das Symbol kennzeichnet Sehenswürdigkeiten, Unterkünfte und Aktivitäten, an denen auch kleine Urlauber ihre Freude haben.

Verweise auf die Stadtpläne

1 Die **farbigen Nummern** in den „Praktischen Tipps" der Ortsbeschreibungen verweisen auf den jeweiligen Karteneintrag.

Updates nach Redaktionsschluss

Auf der Produktseite dieses Reiseführers in unserem Internetshop finden Sie aktuelle Informationen und wichtige Änderungen

Preiskategorien

Restaurants

Die Restaurants sind in folgende Preiskategorien unterteilt, wobei der Preis für ein **Hauptgericht ohne Getränke** gilt. Bei Hotelrestaurants wird die Kategorie des Restaurants nur angegeben, wenn sie von der des Hotels abweicht.

① bis 10 €
② 10–15 €
③ 15–20 €
④ 20–30 €
⑤ Luxusklasse

Unterkünfte

Die Preiskategorien der beschriebenen Unterkünfte gelten jeweils für 2 Personen im **Doppelzimmer mit Frühstück.**

① bis 50 €
② 50–75 €
③ 75–100 €
④ 100–125 €
⑤ Luxusklasse

001ml ti

Exkurse

Karten

Übersichtskarten

Ortspläne

[<] Das Münsterland ist Pferdeland

Die Regionen im Überblick

1 Stadt Münster | S. 24

Herzen des Münsterlandes liegt die lebendige Stadt mit 1200-jähriger Geschichte, deren Studenten für jugendlichen Charme sorgen – eine Stadt mit viel Kultur und hohem Freizeitwert. Schwer gelitten hat Münster im Zweiten Weltkrieg, aber die Stadtväter realisierten ein einmaliges Konzept für den Wiederaufbau. Der Prinzipalmarkt und seine Seitenstraßen und -gassen präsentieren historisches Ambiente im modernen Gewand. In der nahen Umgebung finden sich Sehenswürdigkeiten wie **Burg Hülshoff (S. 69)** und **Haus Rüschhaus (S. 68),** beide eng verbunden mit der Dichterin Annette von Droste-Hülshoff.

2 Steinfurter Land | S. 80

Im Norden erstreckt sich das Steinfurter Land, geprägt von der Ems und ihren Auen (S. 99). Hier gibt es berühmte Klöster wie das in Bentlage bei Rheine (S.133) und schöne Kirchen wie die ehemalige Stiftskirche in Metelen (S. 116) oder die Pfarrkirche in Rheine (S. 129). Pferde erlebt man auf der Surenburg nahe **Hörstel** bei den Weltmeisterschaften im **Gespannfahren (S. 144).**

3 Tecklenburger Land | S. 146

Das Tecklenburger Land zieht sich an den Höhen des Teutoburger Waldes entlang, mit seinen bizarren Felsformationen, den **Dörenther Klippen (S. 154).** Nicht nur landschaftlich unterscheidet es sich vom eher waldarmen Münsterland, auch der evangelische Glaube grenzt es vom Kernmünsterland ab. Nicht versäumen darf man den Besuch der „Hauptstadt" **Tecklenburg (S. 166)** mit ihren bezaubernden Fachwerkgässchen und den weithin bekannten Freilichtspielen in der Burg.

4 Warendorfer Land | S. 180

Zwischen Lippe und Ems erstreckt sich das für seine Pferdezucht bekannte Warendorfer Land. Hier breitet sich die typische Münsterländer Parklandschaft aus. Nicht nur die historischen Ortskerne von **Warendorf (S. 184)** und **Telgte (S. 234)** sind einen Besuch wert, auch das **Stift Freckenhorst (S. 193),** das Burgareal von Stromberg bei **Oelde (S. 206)** oder der Abteikomplex von Liesborn bei **Wadersloh (S. 210)** sind kulturelle Highlights.

5 Coesfelder Land | S. 246

Die Wildpferde im **Merfelder Bruch (S. 298)** haben das Coesfelder Land genauso wie seine Wasserschlösser berühmt gemacht. Das größte Schloss steht in **Nordkirchen (S. 280),** Burg Vischering als das typischste in **Lüdinghausen (S. 286).** Durch das Land ziehen sich die Kuppen der Baumberge. Der Baumberger Sandstein diente vielen Kirchen, Klöstern, Bürgerhäusern oder auch Wasserschlössern als Baumaterial.

6 Münsterländer Ruhrgebiet | S. 300

Im Übergang der Parklandschaft zum Kohlerevier hat das Münsterland noch einen Anteil am Ruhrgebiet. In dieser Region nördlich der Lippe breitet sich der **Naturpark Hohe Mark-Westmünsterland (S. 309)** mit seinen großen Wald-, Wasser- und Moorgebieten aus. Die **Halterner Seenlandschaften (S. 306/307)** bieten ielfältige Sport- und Freizeitmöglichkeiten und haben die Hohe Mark zur grünen Lunge des Ruhrgebiets gemacht.

7 Borkener Land | S. 316

Zwischen den Ausläufern der Baumberge und dem Niederrhein geht die Münsterländer Parklandschaft in die Tiefebene über. An der Bauweise wird die Nähe zu den Niederlanden sichtbar – das Historische Rathaus von **Bocholt (S. 335)** ist das beste Beispiel hierfür. Auch das Borkener Land glänzt mit so bedeutenden Wasserburgen wie Gemen bei **Borken (S. 325), Raesfeld (S. 330),** Anholt bei **Isselburg (S. 341)** und insbesondere **Ahaus (S. 362).** Einzigartig ist die Flamingopopulation im Zwillbrocker Venn bei **Vreden (S. 359).**

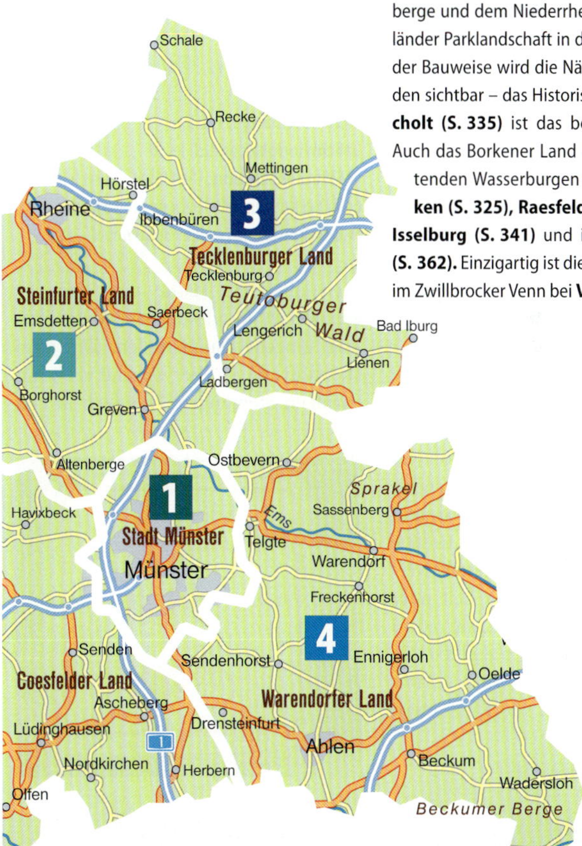

Touren durch das Münsterland

Das landschaftliche Erscheinungsbild des Münsterlandes ist als Kulturlandschaft geprägt von einer kleinteiligen landwirtschaftlichen Nutzung aus Weiden, Äckern, Streuobstwiesen, durchsetzt von Wallhecken und kleinen Waldstücken. **Größere Waldareale** bieten lediglich die **Hohe Mark** und **der Davert.** Nur eine Großstadt und wenige Mittelstädte sind weniger prägend als die ländlich vorherrschenden Dörfer, Streusiedlungen und Gehöfte, Kotten und Scheunen. Es fehlen dominante Höhenzüge und Gewässer. Ganz entscheidend ist, dass die einzelnen Landschaftselemente gleichmäßig über das Land verteilt sind und so ein einheitliches Bild bieten, das als **Münsterländer Parklandschaft** bezeichnet wird. Diese bietet sich geradezu an, sie in ihrer ganzen Vielfalt entschleunigt zu entdecken. Das für das Münsterland typischste Verkehrsmittel ist das **Fahrrad.**

Und so ist die bekannteste deutsche Fahrradstrecke die **100-Schlösser-Route durch das Münsterland.** Die Route besteht aus **vier Teilabschnitten** (von 323 bis 212 Kilometer), wovon im Folgenden zwei (Süd- und Westkurs; für Nord- und Ostkurs empfiehlt sich die Homepage www.muensterland.com) vorgestellt werden. Für alle, die nicht die Zeit oder Möglichkeit haben, mit dem Fahrrad zu fahren, wird der Westkurs als **Pkw-Alternative** beschrieben. Auf einer gesamten Streckenlänge von 990 Kilometern werden Schlösser, Burgen, Herrenhäuser, Klöster, Gutshöfe und Adelssitze angefahren. Viele dieser Anwesen werden von ihren historischen Adelsfamilien seit dem Mittelalter gehegt und gepflegt. Die sie umgebenden Gärten und Parkanlagen bereichern in außerordentlicher Weise die Münsterländer Parklandschaft. Diese Baulichkeiten und Anlagen sind in vielerlei Hinsicht der Öffentlichkeit zugänglich, manche, weiterhin privat bewohnt, können als reizvolle Landschaftselemente von außen besichtigt werden.

100-Schlösser-Route

Radtour Südkurs / Route 1a

- **Streckenlänge:** 212 km
- **Schwierigkeitsgrad:** leicht
- **Streckenführung:** Eben bis temporär leicht hügelig bei Nottuln, Billerbeck und Havixbeck
- **Beschilderung:** Grünes Burgsymbol

Weit über die Hälfte der Wege ist **asphaltiert,** mindestens drei Meter breit und umgeht Hauptstraßen. Die Streckenführung ist überwiegend eben mit geringen Steigungen. Lediglich in den

024ml ot

> Für Radfahrer ist an alles gedacht

Baumbergen und in den Ausläufern des Teutoburger Waldes sind streckenweise stärkere Steigungen zu bewältigen, die aber umfahren werden können.

Dieser Streckenabschnitt ist die kürzeste Teilstrecke. Empfohlen wird, den Südkurs in sechs Tagen abzuradeln. So bleibt genügend Zeit, sich mit den Sehenswürdigkeiten an der Strecke zu beschäftigen und zugleich die Landschaft zu genießen.

Münster mit dem Erbdrostenhof und seinem Schloss ist der **Ausgangspunkt des Südkurses** der 100-Schlösser-Runde. Südwestlich von Alvenskirchen findet man mit **Haus Brückhausen** einen Renaissancebau, in dessen großem Saal sich eine bemerkenswerte Balkenstuckdecke befindet. Nahe bei Ascheberg bietet **Haus Bisping** mit verbliebenem Torhaus ein malerisches Bild. In Drensteinfurt sind noch alte Fachwerkhäuser zu sehen, allen voran die **Alte Post.** Das Schloss im Ort ist ein barocker „Neubau" mit erhalten gebliebenen älteren Wirtschaftsbauten. Nordkirchen glänzt durch sein prachtvolles Schloss, das gern auch als das **Versaille des Münsterlandes** bezeichnet wird. Bei Olfen jenseits der Lippe stoßen der Wesel-Datteln-Kanal und der Dortmund-Ems-Kanal aufeinander. Die noch vorhandenen Brücken der *Alten Fahrt,* der ehemaligen Trasse des Dortmund-Ems-Kanals, stellen ein Relikt früher Kanalbaukunst dar. Östlich von Olfen steht noch **Schloss Sandfort.** Es ist bis heute privat bewohnt, aber zur Spargelsaison öffnet sich der Hofladen des Schlosses. Lüdinghausen weist gleich zwei außerordentliche Burgen auf. **Burg Lüdinghausen** wurde in der 2. Hälfte des 16. Jahrhunderts im Renaissancestil mit sehenswerter Eichenbalkendecke im Kapitelsaal erneuert. **Burg Vischering** gilt als eine der typischsten Münsterländer Burganlagen. Hier ist heute das Münsterlandmuseum untergebracht. **Schloss Senden** stammt aus dem späten 15. Jahrhundert. Der Park besticht durch seine barocke Gräftenanlage. Der Stiftsbezirk von Nottuln wurde nach einem Brand im Jahr 1748 durch den berühmten Münsterländer Architekt *Johann Conrad Schlaun* neu konzipiert. Das Stadtbild von Billerbeck wird durch seine zwei großen Kirchen beherrscht. Die **Johanniskirche** gehört zu den Urpfarren des Münsterlandes. Über 100 Meter hoch ragen die Doppeltürme der neugotischen **Wallfahrtskirche St. Ludgerus** empor. Havixbeck ist unter anderem durch seinen Ring von Wohn- und Wirtschaftsbauten um den Kirchhof bekannt, der ihm ein kirchburgähnliches Erscheinungsbild vermittelt. Von hier aus geht es zum Ausgangspunkt der Tour, nach Münster, zurück.

Westkurs / Route 1b

- **Streckenlänge:** 350 km, auch per Pkw
- **Straßenverhältnisse:** gut ausgebaut
- **Streckenführung:** Weitgehend eben
- **Beschilderung:** Grünes Burgsymbol für den Fahrradweg

Wem die Fahrradstrecken der münsterländischen 100-Schlösser-Route zu anstrengend sind, kann sich die Bauwerke auch im Rahmen einer PKW-Tour ansehen. Dafür bietet sich die längste der vier Schlössertouren an. Man wird diese Tour schwerlich an einem Tag bewältigen können, wenn man sich etwas intensiver mit den Sehenswürdigkeiten beschäftigen möchte. Es bleibt also jedem überlassen, wie viel Zeit er sich für die Tour nimmt. Teile der Strecke können auch mit einem mitgebrachten Fahrrad abgeradelt werden. Dann folgt man am besten dem grünen Burgsymbol der 100-Schlösser-Route. **Übernachtungsmöglichkeiten** gibt es reichlich. Vorheriges Buchen wird empfohlen.

Ausgangspunkt der Tour ist **Coesfeld** mit der Pfarrkirche und der ehemaligen Jesuitenkirche am Markt. Südwärts geht es nach **Buldern,** wo im klassizistischen Haus Buldern der „Tolle Bomberg“ residiert hat. Im nächsten Ort **Dülmen** sind noch Teile der alten Stadtmauern erhalten. Südwestwärts geht es nun nach **Sythen,** wo vom Herrenhaus noch das Torhaus, die Kapelle und die Mühle erhalten sind. Nicht mehr weit ist es zum **Halterner See.** Südlich von Haltern hatten die Römer an der Lippe einen Stützpunkt. Das Römermuseum in Haltern bietet Exponate zu römischer Baugeschichte und Kunstfertigkeit. Westlich von Haltern, in **Lippramsdorf,** lohnt ein Blick auf Haus Ostendorf, eine ursprünglich reichsunmittelbare Wasserburg. Nun geht es ein größeres Stück leicht nordwestwärts nach **Raesfeld.** Hier steht die imposante Wasserschlossanlage des Orts mit ihrem weithin sichtbaren Turm, auf dem sein Besitzer *Graf von Velen* seinem Hobby der Astronomie nachgehen konnte. Weiter geht es westwärts, dann auch der Bocholter Aa folgend bis **Bocholt.** Das Rathaus am Markt ist ein Prachtbau im Stil der niederländischen Renaissance. Nächste Station in Richtung der holländische Grenze ist **Anholt** mit einem der eindrucksvollsten Wasserschlösser des gesamten Münsterlandes. Von hier geht es weiter entlang der niederländischen Grenze und dann zurück in einem nördlichen Bogen um Bocholt herum nach **Rhede.** Hier findet man das Schloss des Ortes als doppelt umgräfteten Zweiflügelbau. Auf dem Weiterweg nach Borken steht in **Höxfeld** am Pröbstinger See Haus Pröbsting, hervorgegangen aus einem Rittergut des 13. Jh., das heute wieder als Wasserschloss hergerichtet ist. **Nördlich von Borken** steht das umgräftete Schloss Gemen mit imposanter Hauptburg und Vorburg. Vorbei am Museum Burg Ramsdorf geht es nach **Velen,** dessen Schloss durch den Barockarchitekten *Schlaun* sein heutiges Aussehen erhielt. Die nächste Station ist **Ahaus** mit seinem fürstbischöflichen Jagdschloss vom Ende des 17. Jh. Als nördlichster Punkt der Tour folgt **Nienborg,** ein befestigtes Burgdorf mit mehrern Burgmannshöfen. Jetzt geht es über **Legden** mit dem Stift Asbeck zurück zum Ausgangspunkt in Coesfeld.

Route 2

Ludgerus-Wanderweg

- **Länge:** 30 km
- **Dauer:** ca. 8 Stunden
- **Aufstieg:** 215 m
- **Abstieg:** 215 m
- **Höchster Punkt:** 183 m
- **Tiefster Punkt:** 80 m
- **Schwierigkeitsgrad:** mittel
- **Beschilderung:** Blaues **L** im Stil eines Bischofsstabes

Der Hauptweg des Ludgerus-Wanderweges führt auf 30 Kilometern Länge durch den Landschafts- und Kulturraum der **Baumberge** auf den vom *heiligen Ludgerus,* dem ersten Bischof von Münster, gelegten Spuren des Glaubens. Hier durchquert man einen mit Grünland, Äckern und Hecken durchwachsenen

waldreichen Teil der **Münsterländer Parklandschaft.** Der Wanderweg führt **vom Stift Tilbeck** vorbei an Havixbeck nach Billerbeck über Gerleve **nach Coesfeld.** Neben den Sehenswürdigkeiten auf dem Hauptweg bietet die Region auf ausgeschilderten Zugangswegen weitere Attraktionen. Es ist empfehlenswert, den Weg in **zwei Etappen** zu erwandern – es sei denn, man verlängert die Strecke und schöpft alle Zugangswege aus. Übernachtungsmöglichkeiten wären auf halber Strecke in Billerbeck möglich.

Der eigentliche Wanderweg setzt am **Mordkreuz der Mersche von Tilbeck** an der Landstraße nach Schapdetten an. Stift Tilbeck wurde Ende des 19. Jahrhunderts als „Heilanstalt" gegründet. Heute leben hier im neugotischen Bauensemble Menschen mit leichten bis schweren geistigen Behinderungen in einer dorfähnlichen Atmosphäre. Die *Mersche* war eine derbe, aber begüterte Bauersfrau, die von Landsknechten wegen ihres vermutlichen Reichtums erschlagen wurde. Das Kreuz erinnert an diesen Meuchelmord.

Der Weiterweg führt an **Havixbeck** vorbei, leicht über einen der Zugangswege zu erreichen. Hier gibt es gleich drei der berühmten Münsterländer Wasserburgen, **Burg Hülshoff, Haus Stapel** und **Haus Havixbeck.**

Weiter geht es über die Hochfläche der Baumberge in Sichtweite des Westerberges mit dem **Longuinusturm** darauf. Hier lädt ein Café zur Rast ein. Südlich in **Nottuln,** ebenfalls über einen Zugangsweg zu erreichen, hat der Münsterländer Architekt *Conrad Schlaun* nach einem Stadtbrand im Jahr 1748 ein völlig neues Barockensemble als Stiftsplatz entstehen lassen.

Das Ziel der ersten Etappe ist **Billerbeck** mit der altehrwürdigen **Johanniskirche** und der neugotischen **Wallfahrtskirche St. Ludgerus** mit ihren 100 Meter hohen Doppeltürmen. Am Südrand der Stadt erhebt sich die **Kolvenburg** in der Berkelaue. Sie entstand 1300 als Sitz der Herren von Billerbeck. Der heutige Bau wurde im Stil der Frührenaissance mit doppelseitigem Krüppelwalmdach errichtet. Zu Beginn des 20. Jahrhunderts entstand **Kloster Gerleve** als Beuroner Benediktinerabtei, errichtet aus Baumberger Sandstein im neoromanischen Stil.

Von Billebeck Richtung Norden lohnt sich ein Abstecher nach **Rosendahl** in den Ortsteil **Darfeld,** wo das Wasserschloss Darfeld zu besichtigen ist. Südlich von Billebeck kann ein Abstecher nach **Darup** zur **Kreuzkapelle** aus dem Jahr 1753 unternommen werden.

Zielort des Ludgerus-Wanderweges ist **Coesfeld.** Hier erhebt sich am Markt die **Lambertikirche,** deren Ursprünge auf das 9. Jahrhundert zurückgehen. Berühmt ist das überlebensgroße **Coesfelder Kreuz,** ein Gabelkreuz, das bis heute Ziel von Wallfahrten ist.

Route 3

Tagesritte rund um Warendorf

Das **Münsterland ist Pferdeland.** Für Ausritte durch die Natur steht ein Reitwegenetz von über 1000 Kilometern Länge im Land zur Verfügung. Hier bieten sich sowohl mehrtägige Etappentouren als auch unterschiedlichste kleinere Rundtouren durch die Münsterländer Parklandschaft mit all ihren Sehenswürdigkeiten und Attraktionen an. Gemütliche Gasthöfe und Landgasthäuser zur Einkehr sind allerorten zu finden. Reizvoll kann aber auch eine Rast im Freien sein.

Die Pferdehauptstadt des Münsterlandes ist Warendorf. Hier besteht das nordrhein-westfälische Landgestüt, das weit über die Grenzen des Landes bekannt ist und internationales Renommee hat. Angeschlossen ist das Deutsche Olympiade-Komitee für Reiterei, das schon zahlreiche Medaillen hervorgebracht hat. Aber auch für die Hobby-Reiterei wird viel getan. Insbesondere das Umland von Warendorf ist gut mit Reitwegen ausgestattet. Einige der bevorzugten Tagesrundtouren sind nachfolgend aufgeführt:

Emsauenschleife

Ausgangspunkt ist der Reiterparkplatz an der K80 auf halbem Weg zwischen der B64 und der Ems. Dieser Tagesritt besteht aus einer Doppelschleife in den Emsauen östlich von Warendorf. Ihren Verbindungspunkt haben sie an der Brücke der K80 über die Ems. Hier bestehen noch der Talgraben südlich und der Jungferngraben nördlich als Altarme der Ems. Die Route ist nicht besonders ausgeschildert, sie folgt der Kennung der Münsterländer Reitwege. Folgt man der Westschleife mit dem Umweg über den Axtbach, so gelangt man in Sechelmann am Kartoffelhof Fartmann vorbei (Hofladen geöffnet Mo–Fr 10–18, Sa 10–14 Uhr, www.kartoffelhof-fartmann.de)

- **Reitstrecke:** 15 km
- **Schwierigkeitsgrad:** mittel (durch zwei Furten)

Durch das Füchtorfer Moor

Ausgangspunkt ist der Reiterparkplatz Fichtenbusch an der B475 zwischen Sassenberg und Füchtorf. Das einst viel größere Moor erstreckt sich heute noch über eine Fläche von 182 Hektar, untergliedert in drei Teile. Es weist eine interessante, typische Feuchtlandschaftsflora auf und ist als Rast-und Brutplatz für Wasservögel von großer Bedeutung. Ein Abstecher nordwärts zum Hof Buddenkotte lohnt – dieser Reiterhof hat auch ein Café (www.ferienhof-buddenkotte.de). Auch diese Route folgt der allgemeinen Kennung der Münsterländer Reitwege.

- **Reitstrecke:** 15 km
- **Schwierigkeitsgrad:** leicht

Entlang der Hessel

Dieser Tagesritt führt in einem weiten Bogen um Milte. Der schönste Teil der Strecke führt entlang der Hessel, einem naturnahen Nebenfluss der Ems, bekannt als interessantes Angelgewässer. Mehrere Abschnitte durch Wiesen und Felder bei der Bauerschaft Velsen laden zu schnellerem Ritt ein. Eine Sandrampe zum Tal der Hessel erfordert etwas Geschick. Einen speziellen Einstieg in die Route gibt es nicht, mehrere Stellen bieten sich an.

- **Reitstrecke:** 19,5 km
- **Schwierigkeitsgrad:** leicht

- **Info** zu allen drei Reitstrecken: www.muensterland.com/tourismus/themen

LEGENDE

Winter
Übergangszeit
Sommer

Internationales Jazzfestival
im Städtischen Theater (Münster). Am 1. Wochenende im Januar (nur in Jahren mit ungeraden Jahreszahlen).

Rosenmontag
In Münster findet der größte Karnevalsumzug des Münsterlandes statt.

Emmausgang
Fackelzug in Steinfurt am Ostermontag in Erinnerung an den Gang der Jünger.

Große Prozession
Am Karfreitag in Riesenbeck. Die Prozession geht auf das 18. Jahrhundert zurück.

Bauernmarkt
Am Wochenende Ende Mai/Anfang Juni großer Bauernmarkt rund um den Spargel in Füchtorf.

Oelder Pfingstkranz
Tanz um den Pfingstbaum am Pfingstsonntag und -montag in Oelde.

Kutschfahrten
Kutschenwallfahrt mit 100 Landauern, Wagonetten oder Jagdwagen an Christi Himmelfahrt in Telgte.

JAN | FEB | MÄR | APR | MAI | JUN

Kirmes
Send: Der Frühlingstermin des größten Volksfestes im Münsterland beginnt nach Aschermittwoch. Am letzten Juni-Wochenende findet der Sommertermin statt. Der Herbsttermin liegt am 4. Wochenende im Oktober.

Schachblumenmarkt
Mitte März im Zentrum von Sassenberg.

Jazztage in Emsdetten
1. März-Woche Dienstag – Samstag in Stroetmanns Fabrik.

Montgolfiade
Heißluftballonfahrten am 1. Mai-Wochenende in Telgte.

Großes Hafenfest
in Münster am 1. Juni-Wochenende.

Tiermarkt
in Dorsten mit Ponys und Kleintieren am 1. Sonntag im Mai.

Wildpferdefang
Wildpferdefang in Merfeld in der Arena an der L600 von Dülmen nach Borken am letzten Samstag im Mai.

Internationales Schnauferl-treffen
Liebhaber von Fahrzeugen, die vor 1919 gebaut wurden, treffen sich am 1. Samastag im Juli in Ibbenbüren.

Kirmes
Das große Volksfest in Vreden am 1. Wochenende im September lockt alljährlich fast 100.000 Besucher an.

Kappesmarkt
Der historische Handwerkermarkt präsentiert handwerkliche Artikel. Am Wochenende nach Allerheiligen in Raesfeld.

Enniger Markt
Alle zwei Jahre jeweils am 2. Mittwoch im Juli. Der Enniger Markt ist einer der ältesten Märkte im Münsterland.

Martinimarkt
Der traditionelle Landwirtschaftsmarkt in Nottuln findet seit 1622 alljährlich am 2. Wochenende im November statt.

Castellans Folk Sommer
Großes Festival jeweils am letzten Samstag im Juli. Veranstaltungsort: Hörstel, Nasses Dreieck.

Weihnachtsmarkt
Der stimmungsvolle Markt in Münster findet mit hoher Beteiligung der niederländischen Nachbarn von Ende November bis zum 23. Dezember statt.

Ems Festival
Musikfestival in Rheine auf schwimmender Bühne von Donnerstag bis Sonntag Ende Juli/Anfang August.

JUL | AUG | SEP | OKT | NOV | DEZ

Triathlon
Rund um den Badesee in Saerbeck am 1. Sonntag im Juli.

Beckumer Sommer
Ende Juli bis Anfang September: Open-Air-Veranstaltungsprogramm in Beckum. Viele Angebote auch für Kinder.

Clemensmarkt
Traditioneller Krammarkt auf dem Burggelände alljährlich am 3. Montag im November in Nienborg.

Tolle Knolle
Kartoffelfest in Ibbenbüren am 1. Oktober-Wochenende zu Ehren der „Trüffel des kleinen Mannes".

Turnier der Sieger
Das traditionelle Reitturnier auf dem Schlossplatz in Münster im August zählt zu den Höhepunkten im Reitsportkalender. Mit buntem Rahmenprogramm.

Ibb on Ice
Winterliches Eisvergnügen in Ibbenbüren von Ende November bis Anfang Januar.

Pottbäckermarkt
Traditioneller und stets gut besuchter Handwerkermarkt in Ochtrup am letzten Sonntag im Oktober.

Kinderflohmarkt
Der größte Kinderflohmarkt Deutschlands findet am Samstag Mitte August in Rheine statt

Die schönsten Wasserburgen

138ml ot

Burg Hülshoff | 69

Burg Hülshoff ist das Geburtshaus der Dichterin *Annette von Droste-Hülshoff* und damit weit über das Münsterland hinaus bekannt. Die Wasserburganlage, etwa 10 km westlich von Münster bei Havixbeck, hat ihren Ursprung im 14. Jh. und war seit 1417 im Besitz der Familie *Droste zu Hülshoff.* Heute ist hier das Hülshoff-Museum untergebracht.

139ml ot

Schloss Steinfurt | 84

Mit dem Bau der ursprünglichen Burg Steinfurt begann *Rudolf II. von Stenvorde* im 12. Jh. als Wasserburg auf zwei Inseln in der Steinfurter Aa. Im Laufe der Jahrhunderte wurde die Burg zum heutigen Schloss ausgebaut. Die imposante Anlage zählt zu den ältesten, mächtigsten und schönsten Wasserburgen im Münsterland. Sie wird bis heute privat bewohnt.

140ml ot

Haus Welbergen | 123

Das komplett umgräftete Herrenhaus bei Ochtrup mit unregelmäßiger Vorburg, weiteren Wirtschaftsgebäuden und Gartenanlagen, ist nur über eine Zugbrücke zu erreichen. Die Fassade des 1560–1570 unter Einbeziehung älterer Teile errichteten rechteckigen, achtachsigen Baus ist asymmetrisch angelegt. Vor der Mühle an der Zugbrücke breitet sich der Barockgarten aus, dahinter der Landschaftsgarten.

141ml ot

Surenburg | 143

Die Surenburg in Riesenbeck, eine ehemalige Zweiinselanlage, gehört zu den kleineren Wasserburgen des Münsterlandes, inmitten eines Parks mit altem Baumbestand gelegen, durch den hochstämmige Alleen führen. Seit 1786 ist die Anlage im Besitz der Familie *Heereman von Zuydtwyck,* ihr bekanntester Vertreter ist der längst verstorbene Bauernpräsident.

142ml ot

Kolvenburg | 262

Die Kolvenburg, einst Sitz der Ritter *von Billerbeck,* erhebt sich in der Berkelaue südlich von Billerbeck. Sie stammt aus der Zeit um 1300, der heutige Bau aus dem 16. Jh. als zweigeschossiges kubisches Herrenhaus aus Bruch- und Werkstein mit hohem, doppelseitigem Krüppelwalmdach. Heute dient die Anlage der Stadt als Kulturzentrum.

Havixbeck | 266

Haus Havixbeck ist eine typische dreiflügelige Wasserburg, die hauptsächlich aus Quadern des Baumberger Sandsteins errichtet wurde. Der Renaissancebau öffnet sich mit seiner Hufeisenform nach Süden zur Vorburg hin. Deren Wirtschaftsbauten stammen aus dem frühen 19. Jh. Die Gräfte um die Schlossinsel wird von der Münsterschen Aa gespeist.

143ml ot

Nordkirchen | 280

In Nordkirchen steht das imposanteste Wasserschloss des Münsterlandes. Die Vorgängeranlage wurde von Fürstbischof *Friedrich Christian von Plettenberg-Leuhausen* erworben und bis 1734 durch den Architekten *Conrad Schlaun* zur rechteckigen Doppelinsel-Anlage mit Ringwall, pavillonartigen Batterietürmen an den Ecken und breitem Außengraben erneuert. Auch die umgebende Parklandschaft trägt die Handschrift von *Schlaun.*

144ml ot

Burg Lüdinghausen | 285

Burg Lüdinghausen war seit dem 12. Jh. Sitz der Herren *von Lüdinghausen,* was Fundamentreste aus dieser Zeit belegen. Im 15. Jh. ging sie in den Besitz des Bistums über. Domherr *Gottfried von Raesfeld* baute die damals stark verfallene Anlage im späten 16. Jh. zur Amts- und Wohnburg im Stil der Renaissance um. Den Kapitelsaal mit der mächtigen Eichenbalkendecke schmückt bis heute die große Wappentafel des Erbauers.

145ml ot

Burg Vischering | 286

Die wehrhafte Anlage von Burg Vischering besteht aus Vorburg und Trutzburg auf separaten Inseln inmitten eines ausgedehnten Gräften-Systems. Der mittelalterliche wehrhafte Kern der Anlage ist bis heute sichtbar, obwohl sie nach einem Brand auf den alten Fundamenten im Renaissancestil wieder aufgebaut wurde. In der Trutzburg ist heute das Münsterlandmuseum eingerichtet.

146ml ot

Schloss Anholt | 341

Der Ursprung der Burg Anholt geht auf einen Bergfried des 12. Jhs. der Herren *von Sulen* zurück. Dieser wurde in die späteren schlossartigen Bauten der Hauptburg integriert. Der Westflügel entstand im 14. Jh., der Nord- und der Ostflügel mit Treppenturm im 15. Jh. Die um 1700 angelegte dreiflügelige Vorburg öffnet sich nordseitig zur Hauptburg. Sie beherbergt ein Hotel, Räume der Hauptburg sind als Museum hergerichtet.

147ml ot

Münsterländer Spezialitäten

www.stock.adobe.com ©Dušan Zidar

Der Klassiker – Töttchen | 63

Das Fleischragout bestand früher als Arme-Leute-Essen aus Innereien. Heute nimmt man andere Fleischstücke wie Kalb und Zunge. Das Ragout wird mit Zwiebeln und Essig zubereitet und süßsauer abgeschmeckt. Gern reicht man Bauernbrot dazu. In vielen traditionellen Münsterländer Restaurants findet man Töttchen, so auch bei **Pinkus Müller in Münster,** auf der Speisekarte – das gehört einfach dazu.

Wikimedia Commons © andreas_wolter

Pfefferpotthast | 63

Eine weitere fleischlastige, münsterländisch-westfälische Spezialität. Dazu brät man Rindfleisch in Schmalz an und köchelt es mit Zwiebeln weich. Abgeschmeckt wird mit Kapern und Zitronensaft, Nelken und Pfeffer. Mit Semmelbröseln gebunden reicht man im Sommer Salzkartoffeln, im Winter Gewürzgurke und Rote Bete dazu. Das Gericht bekommt man **in Münster** zum Beispiel **im Drübbelken.**

www.stock.adobe.com © Quade

Pumpernickel | 65

Pumpernickel ist eine krustenlose Brotsorte, die ausschließlich aus Roggenschrot und Roggenvollkorn hergestellt, mit Sauerteig vermischt wird und im Geschmack leicht süßlich ist. Der Teig ruht für mehrere Stunden und wird dann in verschlossenen Behältern bei 200 °C angebacken und weitere 16 Stunden bei 100°C fertig gebacken. Spezialist ist die **Bäckerei Prünte in Münster** (siehe auch Exkurs „Pumpernickel").

www.stock.adobe.com © rdnzl

Westfälischer Schinken | 177

Beim Westfälischen Rohschinken kommt der besonderen Geschmack davon, dass der Röhrenknochen bei der Räucherung im Schinken verbleibt. Nach der Pökelung mit leichtem Zuckerzusatz gepökelt, erfolgt die monatelange Räucherung über Buchenholz. Erst nach der Lagerung wird der Knochen entfernt. Bekanntester Anbieter ist das münsterländische **Gut Erpenbeck bei Lengerich.**

Wikimedia Commons © raimond_spekking

Blindhuhn | 269

Blindhuhn ist ein münsterländisches Eintopfgericht (ohne Hühnerfleisch!). Da dieses Gericht auch der Resteverwertung dient, stammt es aus dem häuslichen Bereich. Seine Hauptzutaten sind Speck, grüne und weiße Bohnen, Kartoffeln, Karotten, Äpfel und Birnen und Zwiebeln mit Mettenden. Seinen säuerlichen Geschmack erhält Blindhuhn durch Zugabe von Apfelessig. Die **Große Teichsmühle in Dülmen** bietet das Gericht.

Fünf fantastische Altstädte

Münster | 25

Klar, dass an erster Stelle aller historischen Altstädte des Münsterlandes die seiner Hauptstadt Münster Erwähnung finden muss. Nach den Bombenschäden hat man in Gegensatz zu anderen Städten in Münster die Bausubstanz historisch nachempfunden und zwischen Roggenmarkt und Prinzipalmarkt die charakteristischen Giebelhäuser mit ihren Bogengängen erneuert – dies macht den besonderen Reiz der Altstadt aus.

148ml ot

Steinfurt | 85

Der Marktplatz im Ortsteil Burgsteinfurt mit seinen historischen Bürgerhäusern ist ein Spiegelbild des Selbstbewusstseins seiner Bürger. Auffallend gestaltet sind ihre steinernen Fassaden. Am prächtigsten ist das Rathaus mit seinem geschweiften Giebel in der Mitte des Platzes. Darüber hinaus verfügt die Altstadt über einen großen Bestand an historischen Fachwerkhäusern. Typisch sind ihre Dielen mit großen Toreinfahrten.

149ml ot

Tecklenburg | 166

Die Stadt wird wegen ihres großen Bestandes an Fachwerkhäusern auch gern als „westfälisches Rothenburg" bezeichnet. Sichelförmig umrunden die Altstadtgassen den Burgberg, dessen Burgruine heute als Kulisse für die Freilichtspiele dient. Der Marktplatz wird von einer geschlossenen Fachwerkbebauung eingerahmt. Vor allem findet man noch in der Ibbenbürener Straße eine weitgehend geschlossene Fachwerkbauweise.

150ml ot

Telgte | 234

Das Stadtbild des bedeutendsten Wallfahrtsortes des Münsterlandes verströmt mittelalterliches Flair. Nach dem großen Stadtbrand von 1499 entstanden am Marktplatz und in den Altstadtgassen zunächst eingeschossige Dielen-Fachwerkhäuser, ab dem 18. Jahrhundert dann auch steinerne Bauten. Das Telgter Gnadenbild, das Ziel der Wallfahrten, steht in der Gnadenkapelle am Rand der Altstadt.

151ml ot

Warendorf | 184

Der Reitsport hat Warendorf mit seinem Westfälischen Landgestüt internationale Geltung verschafft. Historisch hat sich die Stadt als Handelssiedlung entwickelt. Ihr Wohlstand spiegelt sich in den repräsentativen Kaufmannshäusern am Markt und in den angrenzenden Straßen mit meist giebelständigen Wohn- und Wirtschaftsbauten mit vorgesetzten Fassaden und abgewalmten Dächern wider.

152ml ot

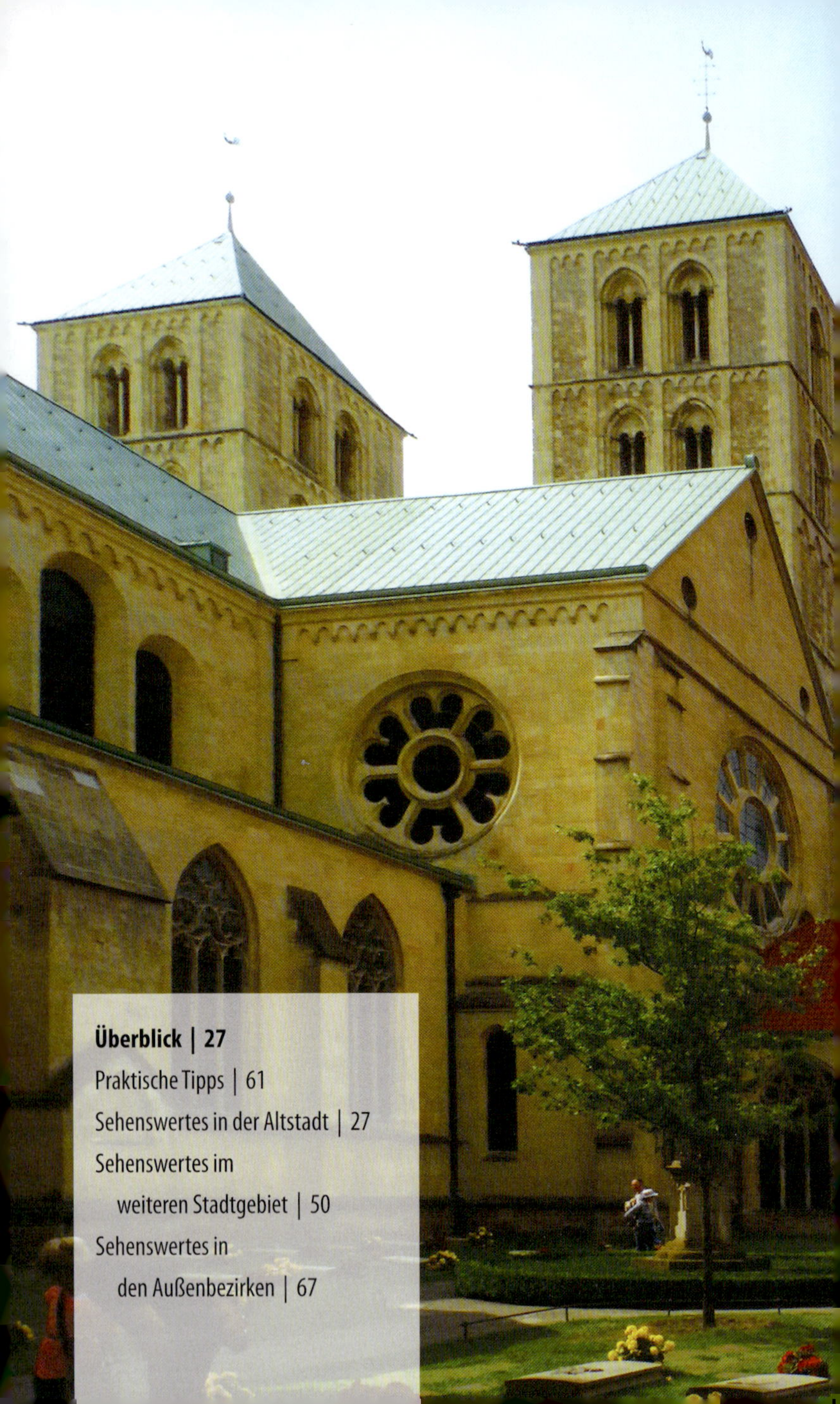

1 Stadt Münster

» In Münster treffen sich Tradition und Moderne, katholisches und freies universitäres Denken, westfälische Gemütlichkeit und quirliges Stadtleben. Obwohl Münster als Hauptort des Regierungsbezirks auch ein industrielles und verkehrstechnisches Zentrum ist, haben die Radfahrer auf dem autofreien Ring um die Altstadt freie Fahrt – Vorfahrt haben sie in Münster sowieso!

006ml ot

[<] Der Dom – Blick vom Kreuzgang mit dem Domherrenfriedhof

STADT MÜNSTER

Münster zählt zu den lebens- und liebenswertesten Städten Deutschlands. Das studentische Flair, die auf eigene Weise historische Altstadt, die vielseitigen kulturellen Angebote, Grün in der Stadt und in der Umgebung und sogar ein eigener Tatort-Krimi machen die Ausstrahlung dieser Stadt aus.

Überblick

Inmitten der Westfälischen Bucht in einer zauberhaften Umgebung gelegen, kann Münster als fahrradfreundlichste Stadt der Republik mit einer vielfältigen Geschichte und Kultur und hohem Freizeitwert trumpfen. Um ihren historischen Kern zieht sich der grüne Ring der Promenade, an den sich im Südwesten der Aasee als stadtnahes Erholungsparadies anschließt. Die autofreie Promenade, die den Verlauf der alten Stadtbefestigung nachzeichnet, grenzt die Altstadt ein. Außerhalb entstanden seit dem 19. Jh. neue Ortsteile. Aufgrund vieler Eingemeindungen breitet sich Münster heute mit seinen sechs Stadtbezirken auf einer Fläche von 300 km² aus. Die Stadt zählt über 300.000 Einwohner.

NICHT VERPASSEN!

- Wahrzeichen der Stadt und des Bistums – **St.-Paulus-Dom** | 27
- Einkaufsmeile seit dem Mittelalter – **der Prinzipalmarkt** | 33
- Westfälische Spätgotik – **die Lambertikirche** | 38
- Vorfahrt für Radfahrer und Fußgänger – die **Promenade** als grüner Ring um die Altstadt | 48
- Das fürstbischöfliche **Schloss** – barocker Sitz der Universität | 50
- Auf überdachten Wegen durch den **Allwetterzoo** | 55
- **Burg Hülshoff** – das Geburtshaus der Annette von Droste-Hülshoff mit Originalausstattung | 69

Diese Tipps erkennt man an der gelben Hinterlegung

Sehenswertes in der Altstadt

Das Herz der von der Promenade umringten Altstadt schlägt um den Dom und den Prinzipalmarkt. Historisch gesehen, bilden diese die beiden Pole der Stadtgeschichte: Der Dom repräsentiert den Herrschaftsanspruch des Klerus mit dem Bischof an der Spitze, am Prinzipalmark verdeutlicht das dem Dom zugewandte Rathaus den Bürgerwillen, sich diesem Herrschaftsanspruch zu widersetzen und das Gemeinwesen der Stadt nach seinen Vorstellungen zu gestalten.

Rund um den Dom

St.-Paulus-Dom

Der St.-Paulus-Dom in Münster zählt zu den **bemerkenswertesten Kirchenbauten Norddeutschlands.** Zweifelsohne verfügten seine Baumeister über weitreichende Kenntnisse der Sakralarchitektur Frankreichs und Deutschlands. Über die lange Bauzeit hinweg ist es ihnen gelungen, das Bauwerk im Kern weitgehend stileinheitlich fertigzustellen.

Mit dem **Paradies** genannten **Hauptportal** schufen sie einen zweigeschossigen, ursprünglich dreigeschossigen, durch Gesimse und Strebepfeiler gegliederten Vorbau an der Südseite des Westquerschiffs von **außerordentlicher künstlerischer Qualität.** Reich ausgestattet mit Friesen, Menschen- und Tierdarstellungen sowie Apostelfiguren haben lediglich die Wiedertäufer in ihrer Zerstörungswut Beeinträchtigungen hervorgerufen. Der Skulpturenzyklus des Doppelportals wurde aber danach erneuert, woran *Heinrich Brabender* beteiligt war.

Baugeschichte

Inmitten der heutigen Altstadt auf der kleinen Anhöhe des Horsteberges errichtete *Liudger* als erster Bischof von Münster in der ersten Hälfte des 9. Jh. seinen Dom, den er dem heiligen *Paulus* weihte. Dieser **erste Dombau,** Ludgerus-Dom genannt, brannte Ende des 11. Jh. ab. Daraufhin wurde südlich des karolingischen Baus der **zweite Dombau** mit einem mächtigen Westwerk errichtet (Domplatz 33).

1225 erfolgte die Grundsteinlegung für den **heutigen dritten Dom,** der anstelle des zweiten Baus – unter Einbeziehung von dessen Westwerk – errichtet und 1264 geweiht wurde. So sind im St.-Paulus-Dom Stilelemente der **Romanik** mit dem Westwerk, bestehend aus dem alten Chor und den beiden Westtürmen, sowie Elemente der **Gotik** mit dem basilikalen Neubau aus Langhaus, Querschiffen und Hochchor enthalten.

Erst 1377 wurde der Ludgerus-Dom endgültig abgerissen, um für den 1390–1395 errichteten **Kreuzgang,** in dessen Mitte sich der Domherrenfriedhof befindet, Platz zu machen. Zusätzlich baute man an den Kreuzgang die **Marienkapelle** an. Andere Zubauten, wie ein Alter Dom genannter Chorraum für das Domkapitel, wurden Ende des 19. Jh.

▷ Markt auf dem Domplatz

wieder abgetragen, dafür hat man eine neue **Sakristei** errichtet. Weitere Veränderungen erfuhr der Dom zu Beginn des 16. Jh. Doch in den Schreckensjahren 1534/35 unter Herrschaft der Wiedertäufer, die sich vor allem als Bilderstürmer hervortaten, gingen große Teile der wertvollen Ausstattung verloren. Nach der Täuferherrschaft wurde der Dom künstlerisch erneuert, *Heinrich Brabender* schuf neue **Skulpturen,** *Ludger* und *Herman tom Ring* malten den Dom neu aus. Die eingebauten Lettner sind nicht mehr erhalten, wohl aber die **astronomische Uhr** aus dem Jahr 1549, die die zerstörte von 1408 ersetzte.

Von grundsätzlicher Bedeutung war die Neugestaltung des „Paradieses", des

007ml ot

Museen in Münster

- Archäologisches Museum, S. 33
- Bibelmuseum, S. 33
- Freilichtmuseum Mühlenhof, S. 56
- Geomuseum, S. 33
- Geschichtsort Villa ten Hompel, S. 58
- Hiltruper Museum, S. 78
- Hülshoff-Museum, S. 69
- Karnevalsmuseum, S. 60
- Kunsthalle Münster, S. 57
- Kunstmuseum Pablo Picasso, S. 44
- Lepramuseum, S. 72
- LWL-Museum für Kunst und Kultur, S. 31
- LWL-Museum für Naturkunde, S. 56
- Museum für Lackkunst, S. 43
- Pängelanton-Museum, S. 60
- Pferdemuseum, S. 55
- Stadtmuseum, S. 42

Hauptportals des Doms. Die drei südlichen **Kapellen** des Kapellenkranzes ließ Fürstbischof *Christoph Bernhard von Galen* nach seinem Sieg über Münster errichten und durch seinen Hofbildhauer *J.M. Gröninger* ausgestalten.

Zwischen 1940 und 1945 wurde der St.-Paulus-Dom schwer **von Bomben getroffen.** Gemäß dem städtebaulichen Konzept erfolgte der Wiederaufbau der zerstörten Teile wie in der gesamten Altstadt in vereinfachter Form. Dass aber der damalige Bischof *Michael Keller* das ursprüngliche Westportal durch eine schlichte Wand mit zwölf kreisförmig angelegten **Rundfenstern** ersetzte, die vier weitere Rundfenster umschließen, ging den Münsteranern zu weit. Doch ihr Protest nützte nichts, sie müssen seither mit den von ihnen spöttisch genannten „Keller-Fenstern" leben.

Ausstattung

Auch die Ausstattung des Doms ist trotz aller Weltkriegsverluste bis heute von höchstem Wert und bietet einen Eindruck ihres einstigen Reichtums. Dazu zählen vor allem die Altäre. Das **Flügelretabel** des von *Gerhard Gröninger* 1619/22 geschaffenen ehemaligen Hochaltars steht im Westchor. Am südlichen Mittelpfeiler des Langhauses ist der **Laurentius-Vicentius-Altar** angebracht, wohl um 1558 von *Johann Brabender* geschaffen. Der **Blasiusaltar** am nördlichen Mittelpfeiler wird der Werkstatt *Gerhard Gröningers* zugeschrieben. Auch der **Stephanusaltar** aus dem Jahr 1630 soll auf *Gröninger* zurückgehen. Weitere Altäre und Retabeln finden sich in den Kapellen.

Beachtenswert sind das **Chorgestühl** und die spätgotischen Chorschranken. Darüber hinaus verfügt der Dom über Sakramentshäuser, Skulpturen, Leuchter, Tafelgemälde und eine große Anzahl Epitaphe, die teilweise auch im Kreuzgang zu finden sind. Weitere Schätze des Doms befinden sich in der **Domkammer,** so Reliquiare, Kreuze, Silber- und Goldfiguren, Monstranzen, Messgewänder und vieles mehr.

- **St.-Paulus-Dom,** Verwaltung Domplatz 28, Tel. 0251-4956700, www.paulusdom.de. Gruppenführungen nach tel. Anmeldung außerhalb der Gottesdienstzeiten Mo–Fr 10–12 und 13–19 Uhr, Sa 10–12 und 13–15 Uhr, öffentliche Führung in der Regel Sa 13 Uhr, auf Wunsch auch barrierefrei,

Das Bischöfliche Palais am Domplatz

008ml ot

Tickets 3/2 € direkt beim Führer/in vor Führungsbeginn im Paradies (Haupteingang).

■ **Domkammer,** Domplatz 28, leider kann die Domkammer aus technischen Gründen für einige Jahre nicht besichtigt werden.

Domplatz

Der Domplatz war einst umgeben von **Kurienhäusern,** in denen die Domherren, die längst nicht mehr im Domkloster wohnten, ihre komfortablen Wohnsitze hatten. Erhalten sind noch die 1712–16 errichtete Kettelersche Doppelkurie sowie das 1732 errichtete Bischöfliche Palais, die ehemalige Domdechanei, in die die Bischöfe ab 1821 einzogen. Anstelle anderer ehemaliger Kuriengebäude findet man heute am Domplatz Verwaltungs- und Universitätsgebäude, das LWL-Museum für Kunst und Kultur sowie das Archäologische Museum der Universität Münster (s.u.).

Im kleinen Stichweg Am Horsteberg findet sich sogar noch ein wenig Fachwerkambiente. Auf dem Domplatz geht es am lebhaftesten an den **Markttagen** zu (mittwochs und samstags).

LWL-Museum für Kunst und Kultur

Den Schwerpunkt der Sammlungen des Museums für Kunst und Kultur des Landschaftsverbandes Westfalen-Lippe bilden Kunstwerke vom frühen Mittelalter bis in die Moderne. Dazu kommen romanische und gotische Skulpturen, historische Sammlungen, eine Münzsammlung und eine Bibliothek. Außerdem ist das LWL-Museum Mitträger der internationalen Ausstellung „Skulptur. Projekte“, die seit 1977 alle zehn Jahre für

Kunst im öffentlichen Raum in Münster und Umgebung durchgeführt wird.

■ **LWL-Museum für Kunst und Kultur,** Domplatz 10, Tel. 0251-590701, Tel. Besucherservice 0251-5907201, www.landesmuseum-muenster.de, Di–So und feiertags 10–18 Uhr, 2. Fr im Monat 10–22 Uhr, 24./25.12. und 1.1. geschlossen, Bibliothek Di–Fr 10–12.30 Uhr und 14–18 Uhr (außer feiertags). 2. Fr im Monat bis 20 Uhr, Eintritt 9 €, mit Passions-Sonderausstellung 13 €, ermäßigt für Studierende, Sozialhilfeempfänger etc. 4,50/6,50 €, Kinder bis 17 Jahre frei. Bei öffentlichen Führungen werden zzgl. 2 € berechnet.

Universität

Die **Westfälische Wilhelms-Universität** (WWU) ist heute mit rund 45.700 Studierenden eine der größten in Deutschland. Die große Zahl an Studierenden ist eine außerordentliche Bereicherung für die Stadt, für ihr Kultur- und Szeneleben. Man spürt das Flair nicht nur in der Altstadt auf Schritt und Tritt. Wichtige Gebäude der Uni befinden sich in deren Westen, so die Philosophische und Theologische Fakultät sowie die Rechts- und Wirtschaftswissenschaften. Die Hochschulleitung hat ihren Sitz im Schloss.

Die Anfänge der Universität reichen ins 17. Jh. zurück, als es in Münster schon ein Jesuitenkolleg gab. Die eigentliche Gründung fand am 16. April 1780 statt, nachdem sich *Franz Freiherr von Fürstenberg* als Vertreter des Kölner Erzbischofs und Bischof *Maximilian Friedrich von Königsegg-Rothenfels* über Jahre für ihr Entstehen starkgemacht hatten. In der nachnapoleonischen Zeit blieb sie zugunsten der neu gegründeten Bonner Universität geschlossen, bis Anfang des 20. Jh. wieder erste Fakultäten eingerichtet wurden. 1902 erhob Kaiser *Wilhelm II.* die vorhandene Akademie in den Universitätsrang und gab ihr den Namen Westfälische Wilhelms-Universität. Auf der Akademie waren ab 1875 evangelische Studierende zugelassen worden, 1908 erhielten Frauen das Recht, dort zu studieren.

Petrikirche

So wie der Domhügel die Keimzelle des katholischen Münster ist, ist die Petrikirche (Johannisstraße 5) die Keimzelle der Universität. Es ist die ehemalige Kirche des 1588 gegründeten und 1773 aufgehobenen **Jesuitenkollegs,** die 1806 dem **Gymnasium Paulinum** übertragen wurde. Die Nähe zum bischöflichen Klerus zeigt sich am Standort nahe dem Dom auf dem heutigen Universitätsgelände zwischen Fürstenberghaus, juristischer und theologischer Fakultät.

Die sechsjochige Kirche wurde 1590–1597 in Bruchstein und Backstein mit gliedernden Sandsteinelementen in Formen der Nachgotik errichtet, wobei auch schon der Einfluss der Frührenaissance an Fenstern und Portalen zu erkennen ist – ein Stil, der auch als Jesuitengotik bezeichnet wird. Die Seitenschiffe sind mit ihren Emporen, die über kleine Treppentürme erreicht werden können, zweigeschossig gegliedert. Den Chor flankieren zwei schlanke Glockentürme. Die Kirche wurde nach Kriegsschäden bis 1956 wieder errichtet. Sie dient heute der **katholischen Hochschulgemeinde** als Kirche und wird wegen ihrer Akustik gern für **Konzerte** genutzt.

Archäologisches Museum

Das Archäologische Museum der Universität Münster ist im **Fürstenberghaus** am Domplatz untergebracht. Es zeigt schwerpunktmäßig Exponate aus der griechischen Antike: Vasen, Münzen, Modelle antiker Stätten und Abgüsse von Statuen.

■ **Archäologisches Museum der Universität Münster,** Domplatz 20–22, Tel. 0251-8325412, www.uni-muenster.de/ArchaeologischesMuseum, Di–So 14–16 Uhr, Ostern, Weihnachten und Silvester/Neujahr geschlossen, Eintritt frei, Führungen bzw. Vorträge So ab 14.15 Uhr.

Bibelmuseum

Das Bibelmuseum der Universität Münster wurde 1979 eröffnet und befasst sich mit der Geschichte der Bibel von ihren handschriftlichen Anfängen bis heute.

■ **Bibelmuseum,** Pferdegasse 1, Tel. 0251-83225 80, www.uni-muenster.de/Bibelmuseum, geöffnet Di bis So 10–18 Uhr, 2. Fr im Monat 10–22 Uhr (langer Freitag), Eintritt frei, Führungen nach telefonischer Vereinbarung.

Landsbergsche Kurie und Geomuseum

Die Landsbergsche Kurie beherbergt heute das Geomuseum der Universität Münster. Die symmetrisch angelegte dreiflügelige Anlage mit übergiebeltem Mittelrisalit wurde 1702–07 für *Franz Kaspar Ferdinand von Landsberg zu Erwitte* nach Plänen des Baumeisters *Gottfried Laurenz Pictorius* errichtet. Der Zentralbau diente als herrschaftliche Wohnung, in den Seitenflügeln waren die Bediensteten und die Stallungen untergebracht, außerdem gab es ein Brauhaus und eine Remise. Das im Zweiten Weltkrieg schwer beschädigte Gebäude konnte wieder aufgebaut werden.

Das Geomuseum der Universität Münster ging 2007 aus dem Zusammenschluss des Geologisch-Paläontologischen Museums mit dem Mineralogischen Museum der Universität Münster hervor. Die geologisch-paläontologische Abteilung weist eine umfangreiche Sammlung wertvoller **Fossilien** überwiegend aus Westfalen auf. Die Exponate wurden während des Zweiten Weltkriegs ausgelagert und blieben damit erhalten. Nicht ausgelagert waren die Exponate des **Mineralogischen Museums.** Dennoch bieten dessen drei Hauptbereiche Kristallkunde, Mineralkunde und Gesteinskunde viel Interessantes, vor allem auch Exponate zur industriellen Anwendung.

■ **Geomuseum,** Pferdegasse 3, Tel. 0251-8333964, www.uni-muenster.de/Geomuseum. Di–So 10–17 Uhr, Eintritt frei, Führungen nach Vereinbarung.

Rund um den Prinzipalmarkt

Der Prinzipalmarkt bildet das heutige **Zentrum** von Münster und ist die **Einkaufsmeile** vor allem für Edelerzeugnisse, von Textilien über Schuhe bis hin zu Schmuck und Ausstattung.

Hier führte im Mittelalter am Rand des Domhügels der Fernhandelsweg von Köln zu den Hansestädten an der Nord-

und Ostsee entlang. Die Kaufleute richteten hier ihre Marktstände auf, aus denen dann erste Behausungen und später die **prächtigen Häuser mit Schaugiebeln** und den typischen **Arkadengängen** wurden, unter denen sie ihre Waren feilboten. Die Verkaufsräume setzten sich in den Dielen fort, dahinter befanden sich Küche und Stuben. Im ersten Stock war meist ein repräsentativer Saal, darüber lagen Werkstätten und Lagerräume.

Mit zunehmendem Wohlstand erneuerten die Besitzer ihre Häuser und passten sie dem jeweiligen Stil der Zeit an, sodass am Prinzipalmarkt und in der Fortsetzung auch teilweise am **Roggenmarkt** und in der **Bogenstraße** ein Ensemble aus Bauten der Gotik, der Renaissance, des Barock, des Klassizismus und des Historismus entstand.

Nur wenig von dieser Bausubstanz blieb vom Zweiten Weltkrieg verschont, so teilweise die **Fassaden** der Häuser Nr. 13, 21/22, 47 und insbesondere Nr. 48. Das Rathaus und das Stadtweinhaus wurden originalgetreu wieder aufgebaut, die anderen Häuser unter Beibehaltung der Parzellenaufteilung vereinfacht in Anlehnung an die alte Bausubstanz, unter Beibehaltung der Bogengänge und in dem für die Bauweise typischen Baumberger Sandstein.

Doch führten die von Stadtbaurat *Heinrich Bartmann* erarbeiteten Richtlinien zum Wiederaufbau der Häuser auch zu einer gewissen Vereinheitlichung in ihrem Erscheinungsbild. Insofern sei besonders auf das Haus **Prinzipalmarkt 48** hingewiesen, dessen Werksteinfassade aus dem Jahr 1627 zwar 1922 überarbeitet wurde, aber im Kern als Spätrenaissance-Fassade den Krieg überdauert hat.

Typisch für die Erneuerungsarchitektur der Stadt Münster und insbesondere der Häuser am Prinzipalmarkt ist das Haus **Prinzipalmarkt 5.** Im Ursprung bestand dieses Haus aus drei Giebelhäusern aus dem Jahr 1500. Ihr Zustand war am Ende des 18. Jh. nicht mehr besonders gut, eines wurde 1779 sogar erneuert. Bis 1829 konnte die Familie *Gerbaulet* alle drei Häuser erwerben. Sie errichtete 1841 einen giebellosen Neubau mit klassizistischer Fassade für einen hochwertigen Hotelbetrieb, der bis 1816 als „Hohenzollernhof“ geführt wurde. Das Haus kam 1918 in den Besitz der Stadt Münster und wurde 1943/45 komplett zerstört. Der Wiederaufbau führte zu erheblichen Diskussionen, wollte der Rat der Stadt trotz prekärer Finanzlage doch einen Dreifachgiebel vorsetzen, denn die Giebellosigkeit des zerstörten Gebäudes war als ausgesprochen untypisch empfunden worden. Der Rat konnte sich durchsetzen und so hat das Gebäude wieder die für den Prinzipalmarkt typischen Giebel, allerdings in vereinfachter Form, wie die anderen Gebäude des Prinzipalmarkts auch.

Unser Tipp:

Rathaus und Friedenssaal

Das Rathaus (Prinzipalmakt 10) ist der repräsentativste Bau am Prinzipalmarkt, zunächst Ende des 12. Jh. in Fachwerkbauweise als Schöffenhaus errichtet, um 1200 in Stein erneuert, um 1320 um eine

Das Rathaus am Prinzipalmarkt

Halle erweitert und Ende des 14. Jh. mit vorgesetzter Fassade und Bogegengang versehen. Der Umbau des Jahres 1576 vereinigte beide Bauteile unter einem Dach, wobei die noch aus dem ersten Steinbau stammende **Ratskammer** – später als Friedenssaal bekannt geworden – neu ausgestattet wurde.

1944 wurde der Bau weitgehend zerstört. Bereits 1948 konnte der Friedenssaal wieder eingerichtet werden, bis 1958 war der Neubau des Rathauses mit der Rekonstruktion der Marktfassade unter Verwendung noch vorhandener Fassadenreste fertiggestellt.

Die **Rathausfassade** ziert einen der bedeutendsten gotischen Profangiebel ganz Deutschlands – der **Fialengiebel** mit seinen charakteristischen aufgesetzten schmalen Türmchen war einst Vorbild für viele Fassaden der Patrizierhäuser. Vier Spitzbögen öffnen den Bogengang zum Markt, vier große Fenster mit reichem Maßwerk weist das erste Obergeschoss auf, vierfach gestuft ist der Giebel.

Die **Ausstattung** des Friedensaals ist dank der Auslagerung im Zweiten Weltkrieg vollständig erhalten und wieder eingebaut, sodass sich der Betrachter ein

010ml ot

Bild vom realen Umfeld der **Unterzeichnung des Westfälischen Friedens** im Jahr 1648 machen kann. Die reiche Ausstattung mit Täfelungen, Schnitzwerk, Gemälden und dem aus dem Krameramtshaus stammenden Kamin beeindruckt bis heute!

■ **Friedenssaal im Rathaus,** Prinzipalmarkt 10, Tel. 0251-4922724, www.stadt-muenster.de/tourismus/kunst-und-kultur/museen/friedenssaal.html (für Führungen nur im Rahmen der Stadtführungen von Stadt Lupe Münster e.V., StattReisen Münster e.V. und k3 – siehe „Praktische Tipps"), Di–Fr 10–17 Uhr, Sa, So, feiertags 10–16 Uhr, Eintritt 2/1 €.

Stadtweinhaus

Neben dem Rathaus steht das 1615 errichtete Stadtweinhaus (Prinzipalmarkt 8/9). Es wurde nach dem Krieg historisierend wieder aufgebaut und bildet mit dem Rathaus eine funktionale Einheit. Das Gebäude war einst als Stadtwaage errichtet worden, diente aber auch als Weinlager, woran die Weinschenke im Erdgeschoss erinnert. Der große Saal wird heute als Rats- und Festsaal genutzt.

Stadthausturm

Der Stadthausturm (Prinzipalmarkt 15) ist der einzig erhaltene Teil des 1903–05 errichteten Stadthauses. Dieser Turm überstand nahezu unbeschädigt den Krieg.

Roggenmarkt

Der Roggenmarkt bildet die nördliche Fortsetzung des Prinzipalmarktes. Hier wurde ab dem 11. Jh. Getreide gehandelt. Haus **Roggenmarkt 1** ist ein dreigeschossiges Bogenhaus, das auf das 15. Jh. zurückgeht. Sein einfacher Dreistaffelgiebel wurde 1950 mit vergrößerten Fenstern rekonstruiert. **Roggenmarkt 4** ist ein Dreibogenhaus aus dem 16. Jh. mit 1779 neu aufgesetzten, eng befensterten Obergeschossen. Seine 2,50 m hohe Kellerrückwand nimmt die alte Immunitätsmauer des Domareals auf, die

☐ Roggenmarkt vor der Lambertikirche

ansonsten frei gestanden hat. Rückwärtig befand sich ein Kurienhaus, das 1753 abgebrochen wurde. Im Krieg wurde das Haus nur leicht beschädigt, Brandspuren an der Eichentreppe sind Zeugen des Geschehens.

Kiepenkerl-Denkmal

Westlich setzt sich der Roggenmarkt über die Bogenstraße zum **Spiekerhof** fort. Auf dem Platz zwischen Spiekerhof und Bergstraße steht das Denkmal des Kiepenkerls. Das Standbild wurde hier 1896 aufgestellt, nach dem Krieg originalgetreu wieder hergestellt und 1953 im Beisein von Bundespräsident *Heuss* eingeweiht. Es zeigt diesen für das Münsterland so typischen reisenden **Händler mit Tragekorb,** Pfeife, Knotenstock und Leinenkittel. In der *Kiepe* auf seinem Rücken holte er Waren vom Land, um sie in der Stadt zu verkaufen. Im Gegenzug versorgte er das Land mit den Waren, die man dort nicht erwerben konnte. Am Platz findet man zwei bekannte Lokale, den „Großen Kiepenkerl" und den „Kleinen Kiepenkerl" (siehe „Praktische Tipps: Essen und Trinken").

Bürgerhäuser in der Altstadt

Nicht nur der Bestand an historisch wertvollen alten Häusern hat im Zweiten Weltkrieg gelitten, sondern die gesamte Altstadt. Wenig ist erhalten, aber eine Reihe von Bürgerhäusern wurde im alten Stil wieder hergerichtet.

Beispielsweise zeigt das Haus **Alter Fischmarkt 28** noch seine fünfachsige Sandsteinfassade von 1751. Das fünfgeschossige Bogenhaus **Bogenstraße 5** wurde 1953 erneuert. Interessant sind die breiten Arkaden. **Bült 23** ist ein Backsteinhaus mit Krüppelwalmdach vom Ende des 18. Jh. Es beherbergt das Münsteraner Traditionsrestaurant E.T. up'n Bült (s.u.: „Essen und Trinken"). Haus **Rothenburg 44** aus dem Jahr 1583 wurde 1974 hinter dem rekonstruierten Stufengiebel neu gebaut. Das Fachwerkhaus in der **Hollenbeckerstraße 25** ist traufständig zur Straße mit einem Krüppelwalmdach eingedeckt und weist einen Mittelrisalit auf. Die Dachluke ist noch vorhanden. Im Inneren ist frühklassizistischer Stuck erhalten, der einzige in dieser Form in der Altstadt.

Östliche Altstadt

Lambertikirche

Das Gegenstück zum bischöflichen Dom bildet die Lambertikirche (Lambertikirchplatz 5), die **Stadt- und Marktkirche** des aufstrebenden Bürgertums in Münster. Ihr Bau schließt den Prinzipalmarkt nach Norden ab.

Die Lamberti-Pfarre geht wohl schon auf das Jahr 1000 zurück. Es gab mehrere Vorgängerbauten: Um 1100 stand hier eine Saalkirche, um 1200 eine vollständig eingewölbte einschiffige, zweijochige Kirche mit einem eingezogenen einjochigen Chor und halbrunder Apsis, um 1270 eine von den Bürgern initiierte dreischiffige Hallenkirche mit eingezogener Apsis und Turm vom Vorgängerbau. Hierfür erwarb der damalige Pfarrer der Lambertikirche eigens einen Steinbruch aus den Baumbergen, um dieses vorzügliche Baumaterial für die Kirche einzusetzen.

Möglicherweise nach einem Brand wurde 1375 mit dem sukzessiven Neubau der Lambertikirche zu einer der bedeutendsten **spätgotischen Hallenkirchen** begonnen. Den Anfang machte der Hauptchor, an den später der atypische Alte Chor südlich angesetzt wurde. Etwa ab 1450 entstand das heutige Langhaus nach und nach unter Verwendung vorhandenen Baumaterials, teilweise der Fundamente und Pfeiler, aber mit neuen Sockeln und Kapitellen der Vorgängerkirche.

Noch vor 1500 wurde der **Turm** um ein Geschoss erhöht, die Einwölbung erfolgte 1525 kurz vor der Schreckensherrschaft der Wiedertäufer. Nach der Rückeroberung Münsters wurden die drei Rädelsführer der Wiedertäufer hingerichtet und ihre Leichname in drei am Turm der Lambertikirche aufgehangenen **Käfigen** zur Schau gestellt. Die leeren Körbe hängen immer noch an der Kirche – heute als große touristische Attraktion. Im 19. Jh. war der Turm der Kirche baufällig geworden und wurde bis 1898 durch den heutigen neugotischen Turm ersetzt. Nach schweren Bombentreffern im Krieg und der Nachkriegsrestaurierung erhielt die Kirche 1960 ein durchgehendes Satteldach über alle drei Schiffe und den Chor.

Zur Ausstattung der Lambertikirche gehören zwei **Orgeln,** die große Hauptorgel im Westen und eine kleine fahrbare Chororgel. Der älteste Hinweis auf eine Orgel in St. Lamberti stammt aus dem Jahr 1386. Das älteste Kunstwerk der Kirche ist die **gotische Madonna** aus dem Jahr 1390 vom Nordportal, die jetzt am Pfeiler zwischen den beiden Chorräumen angebracht ist. Weitere bedeutende Ausstattungsstücke sind ein Flügelretabel aus dem Jahr 1500, um 1600 gefertigte lebensgroße Pfeilerfiguren, Schnitzfiguren aus mehreren Jahrhunderten sowie nicht zuletzt die **Kreuzigungsgruppe** am Turmpfeiler mit Steinmetzzeichen von *Franz Brabender* aus dem Jahr 1536.

www.stock.adobe.com © MCM

[>] Lambertikirche am Prinzipalmarkt

Krameramtshaus

Hinter der Lambertikirche in der historischen Handelsstraße **Alter Steinweg** findet sich das Krameramtshaus, ein backsteinernes Giebelhaus aus dem Jahr 1589, das bis 1771 mehrfach umgebaut wurde und zu den repräsentativsten Profanbauten der Stadt zählt, aber schwere Kriegsschäden erlitt. Es wurde bis 1953 restauriert und ist das einzig verbliebene **Gildenhaus** der Stadt. Über dem hohen Kellergeschoss besteht ein hohes Parterre mit niedrigem Obergeschoss. Darüber setzt der Dreistaffelgiebel an. Der Keller ist zweischiffig gewölbt und diente als Lagerraum. Im Erdgeschoss war der große Versammlungsraum der Gilde. Die Holzvertäfelung aus dem Jahr 1621 wurde 1913 ergänzt.

Während der Friedensverhandlungen zur Beendigung des Dreißigjährigen Krieges diente das Haus der niederländischen Delegation als Gesandtenquartier. Heute ist es als **Haus der Niederlande** ein wissenschaftliches Institut der Westfälischen Wilhelms-Universität, das sich fakultätsübergreifend in Lehre, Forschung und Dienstleistung dem Verständnis des niederländischen Sprachraums widmet.

Salzstraße

Von der Lambertikirche verläuft die Salzstraße zum Servatiiplatz, ein historisch bedeutender Zuweg zum Prinzipalmarkt. Es ist die belebteste **Einkaufszone** der Stadt mit Edelgeschäften der Bereiche Textil, Schmuck und Accessoires, mit **Kaufhäusern, Café und Restaurants.** Historisch erwähnt wurde die Straße erstmals als *Vicus Salis* im Jahr 1346. Sie wurde von Fernhändlern gern als rückwärtige Zufahrt zu den Kaufmannshäusern genutzt. Im Laufe der Jahrhunderte entwickelte sich die Salzstraße zu einer feinen Adresse, wo Adelige ihre Höfe errichteten.

Bis heute birgt die zur Fußgängerzone umfunktionierte Salzstraße die „Barockinsel", bestehend aus den barocken Architekturjuwelen des Erbdrostenhofs, der Clemenskirche sowie der Dominikanerkirche (s.u.). In die **Pflasterung** der Salzstraße eingelassene, mit Messing umrandete **Steine** aus Hansestädten wurden 1993 anlässlich der 1200-Jahr-Feier der Gründung Münsters im Jahre 793 angebracht und sollen an seine Mitgliedschaft in der Hanse erinnern.

Dominikanerkirche

Über die Salzstraße erreicht man von der Lambertikirche aus die barocke Dominikanerkirche (Salzstraße 10). Im frühen 17. Jh. erwarben die Dominikaner das Grundstück und errichteten später **Klosterbauten** sowie eine Kapelle. 1708 war Baubeginn der Kirche mit Kuppel und zwei Türmen. Nach der Säkularisation diente die Kirche unter anderem als Munitionslager. Inzwischen besitzt die Stadt Münster die Kirche und stellt sie der Theologischen Fakultät als **Universitätskirche** zur Verfügung. Der Baustil ist für Münster recht ungewöhnlich, da er eher an mediterrane Gefilde erinnert. Ihre Kuppel überragt die Straßenbebauung bei weitem. Von der im Krieg zerstörten Klosteranlage ist nur noch eine Wand erhalten, die an die Sandsteinfassade der Kirche angrenzt.

> Erbdrostenhof

Erbdrostenhof

Der Erbdrostenhof (Salzstraße 38) ist eine architektonische Meisterleistung des Architekten *Johann Conrad Schlaun*, dem es 1753–55 auf beengtem Grundstück gelang, für seinen Auftraggeber, den Erbdrosten *Adolf Heidenreich Freiherr von Droste zu Vischering*, einen repräsentativen **dreiflügeligen Barockbau** zu erstellen. Der dreigeschossigen Anlage unter hohem Mansarddach ist ein großer Ehrenhof vorgelagert. Als Bildhauer war *Johann Christoph Manskirch* am Bau beteiligt, die Fresken schuf *Nikolaus Loder*.

Bemerkenswert ist der große **Festsaal**, der durch beide Obergeschosse reicht und als herausragende Raumschöpfung gilt. Er ist bei besonderen Anlässen wie Konzertveranstaltungen zugänglich. Der Landschaftsverband (LWL) als Pächter des Erbdrostenhofs unterhält hier eine

Sammlung historischer Tasteninstrumente, darunter als echte Rarität ein dreichöriges, zweimanualiges **Ruckers-Cembalo** aus dem Jahr 1640. Anlässlich der **Erbdrostenhofkonzerte** wird das Instrument bespielt.

■ **Erbdrostenhofkonzerte,** veranstaltet vom Sinfonieorchester Münster, Information unter www. sinfonieorchester-muenster.de.

Stadtmuseum

Das Stadtmuseum zeigt eine umfangreiche Sammlung zur **Geschichte der Stadt** sowie der eingemeindeten Nachbarorte. Es ging 1979 aus einer Schülerinitiative des Johann-Conrad-Schlaun-Gymnasiums mit einer Ausstellung zum Thema der Wiedertäufer hervor. Zum eigentlichen Stadtmuseum in der Salzstraße gehören als Außenstellen Haus Rüschhaus, Wohnsitz der *Anette von Drüste-Hülshoff* (s.u.: „Sehenswertes in den Außenbezirken"), sowie der **Zwinger** in der Promenade, ein Wehrturm aus dem Jahre 1528 (s.u.: „Promenade").

■ **Stadtmuseum Münster,** Salzstraße 28, Tel. 0251-4924503, www.muenster.de/stadt/museum, Di–Fr 10–18 Uhr, Sa, So und feiertags 11–18 Uhr, Eintritt frei, rollstuhlgerechte Einrichtung.

Clemenskirche

Nicht weit von Erbdrostenhof und Stadtmuseum steht die Clemenskirche (An der Clemenskirche 1). Im Auftrag von Fürstbischof *Clemens August* wurde sie 1745–53 nach Plänen von *Johann Conrad Schlaun* für den Orden der Barmherzigen Brüder errichtet. Sie war als Eckgebäude dem Clemenshospital, das heute nicht mehr existiert, angeschlossen. Die Kirche, die mit ihrer Architektur zu den **bedeutendsten barocken Kirchenbauten Norddeutschlands** zählt, hatte im Zweiten Weltkrieg großen Schaden genommen. Ihr Wiederaufbau und die Wiederherstellung der üppigen Innenausstattung, die schon den Stil des Rokoko widerspiegelt, währten Jahrzehnte.

Für *Schlaun* charakteristisch sind sowohl die Kombination von hellem Sandstein mit rotem Backstein für die Außenwände als auch die geschwungene Architektur eines unregelmäßigen Sechsecks. Insbesondere für die Innenausstattung hatte *Schlaun* süddeutsche Künstler

☑ Clemenskirche

012ml ot

wie *Jakob Rausch* für den Stuck und *Johann Adam Schöpf* für die Fresken verpflichtet. Gekrönt wird das Bauwerk von einer Kuppel mit Laterne. Der Glockenturm steht seitlich des Sechsecks wie ein Campanile.

St. Servatii

Unweit der Clemenskirche an der parallelen Klosterstraße steht die St. Servatiuskirche (Servatiuskirchplatz 3), die im Zuge der mittelalterlichen Stadterweiterung als Pfarrkirche des Südostens diente. Sie soll schon 1197 als Holzkapelle bestanden haben und wurde im 13. Jh. durch einen steinernen Bau ersetzt. Im 15. Jh. erhielt sie einen gotischen Chor mit Maßwerkfenstern. Im Inneren birgt die Kirche ein **spätgotisches Flügelretabel** aus der Zeit um 1520 mit Mariendarstellungen, wohl aus dem fränkisch-süddeutschen Raum stammend.

Museum für Lackkunst

Das Museum für Lackkunst an der Promenade im Südosten der Altstadt bietet eine Sammlung von rund 1000 Objekten der Lackkunst aus Ostasien, Europa und der islamischen Welt aus mehr als zwei Jahrtausenden. Das unter der Obhut der BASF stehende Museum ging aus den Sammlungen zweier Industrieller der Lackherstellung hervor.

■ **Museum für Lackkunst,** Windthorststraße 26, Tel. 0251-418510, www.museum-fuer-lackkunst.de, geöffnet Mi bis So 10–18 Uhr, Eintritt frei, Führungen nach telefonischer Absprache, Multimediaguides frei, barrierefrei.

Südliche Altstadt

In der **Königsstraße,** die sich vom Zentrum Richtung Süden zum Ludgeriplatz zieht, finden sich einige der wenigen erhaltenen **Adelshöfe** der Stadt – in der Königsstraße gab es allein zehn davon.

Beverfoerder Hof

Der **frühbarocke** Beverfoerder Hof (Königsstr. 46) wurde 1699–1702 im Stil des französischen Maison de Plaisance auf hufeisenförmigem Grundriss errichtet. Er öffnet sich zur Straße hin und ist durch eine Mauer mit einem hohen Eisengitter abgesperrt. Der Mittelbau weist einen flachen Mittelrisalit mit Dreiecksgiebel auf, der das gekrönte Wappen der *Beverfoerde* und *Neuhoff* trägt. Der Beverfoerder Hof diente mit seiner dreiflügeligen Bauweise anderen frühbarocken Adelsbauten in Münster als Vorbild. Zwei Jahrzehnte später setzte sich dann unter dem Architekten *Johann Conrad Schlaun* (1695–1773) im Gegensatz zu dieser strengen Bauweise der eher heitere italienische Barockstil durch. Der Beverfoerder Hof wurde nach dem Krieg vereinfacht wieder aufgebaut.

UNSER TIPP

Heeremannscher Hof

Heute ist ein Teil des Münsteraner Oberverwaltungsgerichts im Heeremannschen Hof (Königsstr. 47) untergebracht, der einst im Besitz der Familie der Freiherrn *Heereman von Zuydtwyk* war. Der Adelshof wurde 1549–64 nach Entwürfen von *Hermann tom Ring* errichtet. Die

Schaufront gilt als eine der bedeutendsten **Renaissance-Fassaden** Deutschlands, eine großzügig durchfensterte Fassade mit Erker. Nach der Zerstörung im Zweiten Weltkrieg wurde der Adelshof in alter Form wiederaufgebaut. Seine Räumlichkeiten, vor allem die Säle, dienen heute der Universitätsfortbildung.

Oer'scher Hof

Der Oer'sche Hof (Königsstr. 42) wurde 1748 als schlichter Adelshof mit Fassadengliederung durch Lisenen und Bänder errichtet. Der Torhausanbau entstand 1800. Im Inneren – heute ein Restaurant – sind die Treppe, Kamine und Stuck sowie der Saal im Anbau erhalten.

Sendenscher Hof

Der ehemalige Sendensche Hof (Königsstraße 39) wurde im 17. Jh. als Herrenhaus des Freiherrn *Droste zu Senden* erbaut und erhielt 1705 eine neue Fassade. 1972 konnte zumindest das Vorderhaus unter teilweiser Verwendung der originalen Bausubstanz und Ausstattung rekonstruiert werden. Das Gebäude beherbergt heute eine Bank.

Ludgerikirche

Im Zuge der mittelalterlichen Stadterweiterung entstand im Süden der Stadt zwischen Königsstraße und Ludgeristraße die Pfarrkirche St. Ludgeri. Erste urkundliche Nachweise stammen aus dem Jahr 1173, als sie zur Pfarrkirche erhoben wurde. An der Kirche wurde wenig später ein Kollegiatstift gegründet. Nach wechselvoller Baugeschichte zeigt sich die Kirche, die nach Kriegszerstörung wiedererrichtet wurde, als im Kern **spätromanische Stufenhalle** mit leicht vorspringendem Querhaus, neoromanischen Westtürmen, markantem Vierungsturm und einem erhöhten, spätgotischen Chor mit Apsis im 7/10-Schluss. Besonders am **Vierungsturm** kann man die einzelnen Bauphasen erkennen – die beiden Untergeschosse sind noch romanisch und durch Fensteröffnungen, Lisenen und Friese gegliedert, darauf ist das dritte spätgotische Geschoss hinter einer Maßwerkgalerie etwas zurückgesetzt. Das vierte Geschoss bietet alle Formen neogotischer Verzierungen. Zur Ausstattung gehören ein Taufstein aus dem Jahr 1500, das restaurierte Chorgestühl, das nach der Wiedertäuferzeit gefertigt wurde, ein spätmittelalterliches Flügelretabel im Chor, 1603–1607 von *Bernd Katzmann* geschaffen, inzwischen stark ergänzte lebensgroße Chorpfeilerfiguren sowie verschiedene Schnitzfiguren.

Kunstmuseum Pablo Picasso

Das Kunstmuseum Pablo Picasso in der Königsstraße beherbergt über 800 Lithografien des Künstlers selbst sowie Werke seiner Zeitgenossen wie **Braque, Matisse, Chagall** und **Max Ernst.** *Picassos* 100 Grafiken der sogenannten Suite Vollard sind sogar vollständig vorhanden. Die Ausstellungsräume befinden sich hinter der wiedererrichteten Fassade des 1784–88 erbauten **Druffel'schen Hofes,** einem der ehemaligen klassizistischen Adelshöfe der Stadt, sowie im benachbarten Hensenbau.

■ **Kunstmuseum Pablo Picasso,** Picassoplatz 1, Tel. 0251-4144716, www.kunstmuseum-picasso-muenster.de, geöffnet Mo–So und feiertags 10–18 Uhr, Fr bis 19 Uhr, 3. Okt. und 24./25./31.12. geschlossen, Eintritt 10 €, ermäßigt 8 €, Kinder bis 6 Jahre frei, unter 16 Jahren 4 €, mit Museumsshop.

Aegidiikirche

Die **ehemalige Kapuzinerkirche** (Aegidiikirchplatz 2) wurde von *Johann Conrad Schlaun* 1724–28 anstelle eines Vorgängerbaus als Klosterkirche errichtet. Sie überstand den Zweiten Weltkrieg relativ unbeschadet. Es ist ein Saalbau aus Backstein mit gerade geschlossenem Chor und westlicher Sandsteinfassade, nach den Ordensregeln nur mit einem Dachreiter versehen. Nach der Säkularisation diente die Kirche ab 1811 dem Militär als Lager, die barocke Ausstattung war verkauft worden. Als die für die südwestliche Stadterweiterung zuständige Pfarrkirche St. Aegidii 1823 einstürzte, erhob man den Schlaun'schen Bau zur neuen Pfarrkirche. Die Reste der Klostergebäude wurden abgerissen. Die von einem Käufer nach der Säkularisation ersteigerte Kanzel gab dieser der neuen Aegidiikirche als Stiftung zurück. Andere Ausstattungsstücke wurden zugekauft. Um 1860 wurde ihr Innenraum im Stil der Spätnazarener ausgemalt.

Westliche Altstadt

Liebfrauen-Überwasserkirche

Die Pfarrkirche der westlichen Stadterweiterung ist die Liebfrauen-Überwasserkirche (Überwasserkirchplatz 4), die ihren Namen der Tatsache verdankt, jenseits der den Domhügel abgrenzenden Aa zu liegen. Hier hatte Bischof *Hermann I.* das adelige Liebfrauenstift gegründet, die Stiftskirche wurde 1040 aufwendig in Anwesenheit von König *Heinrich III.* und vieler Reichsfürsten geweiht. Nach einem Brand erfolgte ein Neubau, der 1340 durch einen weiteren Neubau ersetzt wurde. Am Turm wurde bis ins 15. Jh. hinein gearbeitet. Die Wiedertäufer rissen den Turmhelm ab, um Kanonen gegen die Armee des Bischofs aufzustellen, entfernten die Portalskulpturen und vergruben sie in den Stadtwällen. Ein später aufgesetzter Turmhelm fiel 1704 einem Orkan zum Opfer – seit-

Kunst im städtischen Raum: Skulptur.Projekte

Münster hat sich auch einen Namen als Stätte **moderner Kunst** gemacht. Die Aktion „Skulptur.Projekte" ist eine **internationale Ausstellung** von Plastiken und dreidimensionalen Objekten, die seit 1977 alle zehn Jahre stattfindet. Dazu werden Künstler nach Münster eingeladen, um für einen selbst gewählten Ort eine Skulptur zu entwerfen. Die Kunstwerke sind über die Stadt verteilt, einige finden sich auch im westlichen Münsterland. Nach der jeweils 100 Tage währenden Ausstellung wird entschieden, welche Objekte aufgekauft und so Teil des Stadtbildes werden. Die letzte Ausstellung fand 2017 statt und endete mit einem Besucherrekord.

■ **Skulptur.Projekte,** www.skulptur-projekte.de. Informationen bietet auch die **Skulp-Tour** durch den Kunstraum Münster, www.muenster.de/skulptur_projekte.html

dem steht der mächtige Turm ohne Spitze da.

Es ist eine dreischiffige **gotische Hallenkirche** mit Chorjoch und 5/8-Chorschluss unter einem großen Walmdach. Der Nachkriegs-Wiederaufbau war trotz schwerer Bombentreffer möglich. Zehn der ursprünglich dreizehn herausgerissenen Portalskulpturen aus der Zeit um 1370 fanden sich in den Wällen der Kreuzschanze wieder und stehen heute als großartiges Beispiel mittelalterlicher Steinmetzkunst im Landesmuseum. Eine Rokokokanzel, das Chorgestühl aus der Zeit um 1540, verschiedene Skulpturen und Epitaphe gehören auch heute noch zur Ausstattung der Kirche.

Observantenkirche

Etwas nördlich der Überwasserkirche steht die ehemalige Observantenkirche (Schlaunstraße 3), ehemals dem heiligen *Antonius von Padua* geweiht, heute **Evangelische Universitätskirche.** Die nüchterne Backstein-Wandpfeilerkirche mit langem Chor wurde Ende des 17. Jh. errichtet und nach schwerer Kriegszerstörung in den 1950er Jahren wieder aufgebaut. Die Westfassade der in Nord-Süd-Ausrichtung gebauten Kirche blieb mit ihren mächtigen Pilastern erhalten.

Kuhviertel

Um die Überwasserkirche hatte sich im Mittelalter eine Kaufmannssiedlung gebildet, in der vor allem Viehhandel betrieben wurde. Nicht umsonst heißt eine dieser Straßen Kuhstraße. Spätestens seit preußischer Zeit setzte der Niedergang des Viertels ein. Hierher zog es die Armen – Hausierer, Bettler, kleine Handwerker, Schrotthändler und Schausteller. Der Krieg zerstörte die Wohnstruktur und danach zogen vornehmlich **Studenten** ins Kuhviertel. Es entwickelte sich eine **Kneipenszene** mit Bars, Clubs und Discos (siehe „Praktische Tipps: Spät am Abend"), auch viele Galerien und Kunstgewerbeläden finden sich.

Nördliche Altstadt

Apostelkirche

Ganz im Norden der Altstadt steht die Apostelkirche (Neubrückenstraße 5), die ehemalige **Minoritenkirche der Franziskaner.** Sie wurde in der zweiten Hälfte des 13. Jh. als zunächst zweischiffige gotische Hallenkirche mit langem Chor und Dachreiter errichtet. Anfang des 16. Jh. erfolgte die Verlängerung der beiden Schiffe um zwei Joche, im 17. Jh. baute man ein zweites Seitenschiff, ohne den Gesamteindruck der Kirche wesentlich zu verändern. Nach der Säkularisation ging sie 1822 an die **evangelische preußische Kirchengemeinde** über und wurde später als Apostelkirche bezeichnet. Nach dem Krieg erfolgte die Restaurierung des weitgehend schmucklosen Innenraums, dessen gotische Raumwirkung durch die Schlichtheit nachhaltig unterstrichen wird.

Johanneskapelle

Als Filialkirche der evangelischen Apostelkirche dient die nahegelegene kleine Johanneskapelle (Bergstraße). 1282 gründeten die Johanniter aus Burgsteinfurt eine Stadtresidenz, an der sie nach 1311 eine dem heiligen *Johannes dem Täufer* geweihte Kapelle errichteten. Sie wurde in der Münsteraner Stiftsfehde zerstört und bis 1487 als kleiner vierjochiger Backsteinsaal mit Werksteingliederung, Maßwerkfenstern und oktogonaler Apsis neu errichtet. Bombenangriffe zerstörten die Kommendengebäude im Zweiten Weltkrieg weitgehend, nicht aber die Kapelle. Mitglieder des CVJM richteten sie bis 1948 wieder her.

Theater Münster

Der **Romberger Hof** (Neubrückenstraße 64) entstand 1779–82 als klassizistisches Adelspalais nach Plänen von *Wilhelm Ferdinand Lipper.* 1798 erwarb *Gisbert Freiherr von Romberg* das Palais. Als Exzentriker seiner Zeit wurde dieser als „Toller Bomberg" betitelt, eine Figur, die später in die Literatur einging durch den Roman des westfälischen Schriftstellers *Josef Winckler* (1923) und seine Verfilmung (1957, mit *Hans Albers*).

Das Rombergpalais wurde 1890 zum **Städtischen Theater** umfunktioniert, benannt nach *Albert Lortzing,* der zwischen 1826 und 1833 als Schauspieler und Sänger an der Münsteraner Bühne tätig war. 1941 fiel es einem Bombenangriff zum Opfer.

Nach dem Krieg entschied sich der Stadtrat zunächst für einen **Neubau** im neoklassizistischen Sinn, der aber aus Etatgründen nicht realisierbar war. Die folgende Ausschreibung gewann das junge Architektenteam *Deilmann/von Hausen/Rawe/Ruhnau,* das das erste Theater in den Formen der **Nachkriegsmoderne** in Deutschland errichtete. Der 1956 fertiggestellte Bau hat knapp 1000 Sitzplätze. Im Innenhof wurde der Mittelrisalit der Gartenfront als einzig erhaltener Teil des Rombergpalais integriert.

1971 wurde das Theater um das **Kleine Haus** mit variabler Innengestaltung erweitert, das eine flexiblere Bespielung ermöglicht. Im Theater hat auch das **Sinfonieorchester Münster** seinen Sitz. Des Weiteren findet hier seit 1997 in allen ungeraden Jahren am ersten Wochenende im Januar das **Internationale Jazzfestival Münster** statt. Die Festivalleitung veranstaltet darüber hinaus in der Zwischenzeit Konzerte unter dem Motto **Jazz Inbetween.**

■ **Theater Münster,** Neubrückenstraße 63, Tel. 0251-5909100, www.theater-muenster.de. Kassenstunden Mo–Fr 10–18 Uhr, Sa 10–14 Uhr, Abendkasse eine Stunde vor Beginn der Aufführungen geöffnet. Kartenvorverkauf Jazz Inbetween über die Theaterkasse.

Martinikirche

Im Zuge der mittelalterlichen Stadterweiterung wurde im Nordosten eine dem heiligen *Martin* geweihte Pfarrkirche (Martinistraße 9) mit einem angegliederten Kollegiatstift angelegt. Ihr Ursprung geht auf das Jahr 1180 zurück. Der erste Bau von St. Martini war als dreischiffige romanische Basilika mit einem zur Hälfte im Langhaus eingebauten Westturm angelegt. Das Langhaus wurde später auf gleichem Grundriss durch eine dreischiffige Hallenkirche mit Rundpfeilern ersetzt, der um 1380 ein Langchor angesetzt wurde. Von dem romanischen Bau ist noch der unterste

Teil des Turms mit einer niedrig eingewölbten Turmhalle erhalten. Der Sockel wurde 1480 um zwei figurengeschmückte Stockwerke aufgestockt und erhielt 1760 eine barocke Haube. Das ebenfalls eingewölbte zweite Geschoss des Turms öffnet sich mit einem Maßwerkfenster zum Langhaus. Das von *Johann Bockhorst* 1654 in Antwerpen als Mitarbeiter von *Peter Paul Rubens* geschaffene Altarbild befindet sich inzwischen im Stadtmuseum.

Lotharinger Chorfrauenkirche

Die Lotharinger Chorfrauenkirche im Nordosten der Altstadt nahe der Promenade (Hörsterstraße 28) ist eine von *Johann Conrad Schlaun* 1764 für den Orden der Lotharinger Chorfrauen erbaute **barocke Klosterkirche.** Der zweigeschossige Backsteinbau mit Werksteingliederung und hohem Mansarddach weist an der Südfront einen geschweiften Mittelrisalt mit dem Wappen des Stifters auf. Das Kloster wurde im Zuge der Säkularisation aufgehoben, die Kirche im Zweiten Weltkrieg zerstört und danach ohne Figurennischen, Dachreiter und rückwärtigen Chor wieder aufgebaut. Die Kirche diente zunächst als Stadtarchiv, heute als Standesamt.

Promenade

Die auf dem Gelände der ehemaligen **Stadtbefestigung** angelegte Promenade ist ein viereinhalb Kilometer langer, **grüner Ring um die Altstadt,** autofrei und deshalb Fußgänger- und Radlerparadies. Diesen Grüngürtel verdankt die Stadt dem bischöflichen Minister *von Fürstenberg,* der um 1770 eine Lindenallee um die Altstadt anlegen ließ. Die Münsteraner Bürger entschieden 1945, die Promenade autofrei zu gestalten.

Reste der Stadtbefestigung bzw. deren Nachfolgebauten sind noch zu sehen. So steht das **Mauritztorhaus** (Mauritzstraße 27) am Standort der ehemaligen Mauritzbastion an der Straße nach Telgte. Der klassizistische Bau ist der Rest der in den 1830er Jahren hier errichteten Toranlage. Das ebenfalls klassizistische **Neutor** aus dem Jahr 1778 grenzte die Stadt nach Norden ab. Es besteht aus zwei gegenüberliegenden Wachthäuschen.

Darüber hinaus sind noch zwei **Wasserbären,** wie die Wehre zur Regulierung des Wasserstandes im Stadtgraben genannt werden, zu sehen – einer an der Kleimannstraße im Norden und der zweite im Zoogelände. Der **Buddenturm** nahe der Kreuzschanze wurde 1150 als Wehrturm der Stadtbefestigung gebaut. Er blieb als Pulverturm nach der Schleifung bestehen. Nördlich dieses letzten erhaltenen Turms der Stadtbefestigung wurde nach dem Dreißigjährigen Krieg die **Kreuzschanze** zusammen mit den nicht mehr erhaltenen Schanzen am Hörstetor und Servatiitor ausgeweitet und den veränderten militärischen Bedingungen angepasst. Das einst umgräf-

Die etwa 4,5 km lange Promenade umschließt die Altstadt

tete Gelände erweitert heute als Parkfläche die Promenade.

Zwinger

Der Zwinger am nördlichen Austritt der Aa aus der Stadtbefestigung stammt aus dem Jahr 1528. Der **Wehrturm** diente später als Gefängnis und im Zweiten Weltkrieg der Gestapo als **Exekutionsstätte,** selbst nachdem das Gebäude am Ende Krieges noch Bombentreffer bekam.

1987 engagierte sich die Künstlerin *Rebecca Horn* mit ihrer Installation „Das gegenläufige Konzert" für den Erhalt des Zwingers, der dann als **Gedenkstätte für die Opfer des Nationalsozialismus** ausgebaut wurde. Diese Installation wurde im Rahmen des Münsteraner Kunstvorhabens **Skulptur.Projekte** (siehe Kasten Seite 45) aufgebaut und ist seither in Betrieb: ein beklemmendes Mahnmal aus Ton- und Lichtkulisse.

■ **Zwinger,** regelmäßige Führungen April–Okt. 1. So im Monat 11 Uhr, 3 €/ermäßigt 2 €, Taschenlampenführungen 3. Do im Monat, Treffpunkt 20 Uhr am Zwinger, 3 €/ermäßigt 2 €, ansonsten nach Absprache. Besichtigung ohne Führung Juni bis Sept. 1,50/1 €, Sonderöffnungszeiten siehe www.stadt-muenster.de/museum/museum/zwinger.html, nicht barrierefrei.

Sehenswertes im weiteren Stadtgebiet

Schloss und Schlossgarten

Gleich hinter der Promenade im Westen findet sich der großartigste Profanbau außerhalb der mittelalterlichen Ummauerung: die ehemalige **fürstbischöfliche Residenz** (Schlossplatz 2). Das Schloss ist heute Hauptgebäude der **Westfälischen Wilhelms-Universität.**

Hier im Westen der Altstadt hatte Fürstbischof *Christoph Bernhard von Galen* 1661/62 in einer Bauzeit von nur wenig mehr als einem Jahr eine **Zitadelle mit fünf Bastionen** zur Absicherung seiner Herrschaft über die Stadt Münster anlegen lassen. Um die Stadt mit der Festung zu verbinden, wurde die stauferzeitliche Stadtmauer im Norden und Süden verlängert und mit der Festungsmauer verbunden. Dadurch entstand eine große Freifläche zwischen der Zitadelle und der Stadt, die heute vom **Schlossplatz** eingenommen wird.

Schon Fürstbischof *Clemens August* (1719–61) hatte 1719 Pläne, die Zitadelle als Standort für eine neue Residenz zu nutzen. Doch er verwarf die Entwürfe von *Johann Conrad Schlaun*, auch die aus dem Jahr 1734. Erst unter Fürstbischof *Max Friedrich von Königsegg-Rochenfels* (1762–84), dessen Minister *Franz Freiherr von Fürstenberg* 1764 die Zitadelle schleifen ließ, nahm das Bauprojekt einer Residenz nach neuen Plänen von *Schlaun* konkrete Formen an. Nach dessen Tod führte *Wilhelm Ferdinand Lipper* das Bauprojekt bis zur Vollendung 1787 verantwortlich weiter.

Der nachfolgende Fürstbischof *Maximilian Franz* (1784–1801), der auch wiederum Erzbischof von Köln war, hielt sich lieber in der erzbischöflichen Residenz in Bonn auf, sodass die Residenz in Münster fast nie als solche genutzt wurde. 1944/45 wurde sie bis auf die Außenmauern vollständig ausgebombt, nach dem Krieg außen wieder hergestellt, innen aber modern ausgestaltet.

Bis heute zeigt sich die 91 m lange **Dreiflügelanlage** als hochbarocker Bau von vollkommener Symmetrie. Über dem Erdgeschoss als Wirtschaftsetage breiten sich im Hauptgeschoss als Beletage die Repräsentationsräume aus. Das niedrigere Geschoss darüber diente Wohnzwecken, darüber sind die Dachkammern. Der in Nord-Süd-Richtung angelegte Mitteltrakt wird von zwei gleich hohen, nach Osten vorragenden Seitenflügeln flankiert, die den Ehrenhof umschließen. Die **Schauseite** des Haupttraktes ist nach Osten zur Stadt ausgerichtet. Dem Betrachter fällt sofort der geschwungene fünfachsige, mit Pilastern gegliederte Mittelrisalit mit dem Wappen des Fürstbischofs *Max Friedrich* im

⊡ Der Schlossplatz wird für Veranstaltungen genutzt

013ml ot

Giebel ins Auge. Der erhöhte Mittelteil des Daches des Haupttraktes wird von einer Laterne bekrönt.

Im Gegensatz zur reich gegliederten Schaufassade ist die Gartenfront nur mit geringem Formenaufwand ausgestaltet. Der Mittelpavillon tritt leicht geschwungen hervor. Während *Lipper* in der Nachfolge von *Schlaun* die Außenfassade der Residenz nicht mehr klassizistisch verändern konnte, gab es im Inneren nur wenige Räume, die im Rokoko-Stil von *Schlaun* gestaltet waren, den größten Teil konnte *Lipper* frühklassizistisch ausstatten. Leider hat der Zweite Weltkrieg fast den gesamten Innenausbau zerstört. Von den ehemaligen Schlossnebenbauten sind noch die beiden **Wachthäuser** am Schlossplatz erhalten.

In einem der historischen Wirtschaftsgebäude ist das Restaurant-Café Schlossgarten untergebracht (siehe „Praktische Tipps: Essen und Trinken").

Botanischer Garten

Der Residenz nach Westen angegliedert war der große **Schlossgarten** auf dem Gelände der ehemaligen fünfzackigen Zitadelle. Der **sternförmige Wassergraben** umgibt bis heute das Gelände. Die noch von *Schlaun* gefertigten Pläne wurden nur in sehr vereinfachter Form ausgeführt. Vor allem sind noch die beiden an der Westbastion zusammengeführten Alleen erhalten. Nach der Säkularisation wurde auf dem Gelände des Schlossgartens der Botanische Garten angelegt, der Schlossgarten später in einen englischen Landschaftspark umgewandelt.

■ **Botanischer Garten,** Schlossgarten 3, 48149 Münster, Tel. 0251 83-21618, www.uni-muenster.de/BotanischerGarten. Mit Orangerie, Sukkulentenhaus, Boskettzone, Botanischem Institut, täglich 8–19 Uhr, Gewächshäuser bis 16.45 Uhr, im Winter Freiland und Gewächshäuser 9–16 Uhr, Fotografie-

Münster

Steinfurter Str.
Grevener Str.
Stadtpark Wienburg
Westfälische Klinik für Psychiatrie
219
Austermann-str.
Kunstakademie
York-Ring
Friesen-ring
Cherusker-
Ev. Krankenhaus
Steinfurter Str.
Grevener
Mendel-str.
Apffelstaedtstr.
Ring
Kapuziner-kloster
54
1
Heilig-Kreuz-Kirche
Universitäts-kliniken
Fachhoch-schule
Naturwissen-schaftliches Zentrum
Orleans-
Einstein-str.
Von-Esmarch-Str.
Schloss-garten
Universität
Schloss
Botanischer Garten
Dom
Universität
Universität
Schweitzer-Str.
Albert-
Universitäts-kliniken
Rishon-Le-Zion-Ring
Fachhoch-schule
ALTSTADT
Universität
Zentral-friedhof
Kardinal-
Aasee-terrassen
SENTRUP
Ludgeriplatz
Aasee
5
von-Galen-Ring
Wewerka-Pavillon
219
Str.
54
Str.
LWL-Museum für Naturkunde
Freilichtmuseum Mühlenhof
Universität
Kloster Friedrichsburg
Weseler
Kolde-ring
Ring
Hammer
Südpark
Aasee
Str.
Allwetterzoo
Fachhoch-schule
Mecklenbecker
Haus Kump
Friedrich-

Übernachtung
1 Nordstern Hostel
5 JugendGästehaus Aasee
7 City Hotel Amadeus
13 Campingplatz Münster
Essen und Trinken
2 Münsteraner Finne
3 Café Nachtisch
10 Coconut Beach
12 teilchen & beschleuniger
Nachtleben
8 Club Favela, Sputnikhalle, Tryptichon, KCM, Fusion Club
9 Jovel Club
11 Hot Jazz Club
Einkaufen
4 Bäckerei Prünte
6 Die Marmeladenmanufaktur
Umschlag hinten
Kanal-str.
Münstersche Aa
ring
Lublinring
Piusallee
Niedersachsenring
Damm
Hafen Mauritz
Schifffahrter
Warendorfer
Telgte B51
Kaiser-Wilhelm-Ring
Geschichtsort Villa ten Hompel
St.-Mauritz-Kirche
Dortmund-Ems-Kanal
Warendorfer Str.
Kloster vom Guten Hirten
Franziskus-Hospital
Mauritz-Friedhof
Stadtbad Ost
Hauptbahnhof
Wolbecker Str.
Hohenzollern-ring
MAURITZ
Wolbecker Str.
51
Bremer Str.
Hansa-ring
Hafenweg
Kunsthalle Münster
Wolfgang-Borchert-Theater
Stadthafen
Am Mittelhafen
Albersloher Weg
Kiesekamps Mühle
Hafengrenzweg
Messe & Congress Centrum Halle Münsterland
Dortmund-Ems-Kanal
Hawerkamp
Ebert-
Am Hawerkamp
Pängelanton-Museum, Gremmendorf
Gasometer
Haus Lütkenbeck
Karnevalsmuseum

ren nur gegen Entgeld. Eintritt frei, Fahrräder und Hunde nicht zugelassen.

Rund um den Aasee

Am Rande der Altstadt schließt sich im Südwesten der Aasee als **stadtnahes Erholungsgebiet** an. Die Aa wurde hier auf einer Länge von 2,3 km zu einem bis zu zwei Meter tiefen See aufgestaut, der von zahlreichen Grünflächen mit einem gut ausgebauten Wegenetz umgeben ist. Das Parkgelände ist beliebt bei Radfahrern und Joggern.

Die Münstersche Aa hat über Jahrhunderte immer wieder für Überschwemmungen der Stadt gesorgt, die Feuchtwiesen der Aa-Aue oberhalb der Stadt waren stets eine Bedrohung. Ende des 19. Jh. reiften Pläne, die Aa aufzustauen und so eine Erholungsfläche für die Bürger zu schaffen und die Hochwassergefahr zu bannen.

Mit den Arbeiten wurde 1914 begonnen, bis 1934 entstand ein See von 20 ha Größe. Im Zuge der Verlegung und Erweiterung des städtischen Zoos zum Allwetterzoo in den Aawiesen wurde der See in den 1970er Jahren auf eine Fläche von 40 ha verdoppelt, dazu hat man die Parkflächen mit **Spazierwegen und Liegewiesen** auf 90 ha vergrößert. In den 1990er Jahren legte man **Flachwasserzonen** an, renaturierte den Fluss im oberen Bereich und baute eine Fischtreppe.

Baden und Surfen ist aufgrund der schlechten Wasserqualität nicht möglich, andere **Wassersportarten** können aber betrieben werden. Es gibt einen **Bootsverleih** und einen Segelklub sowie die Möglichkeit zu Ausflugsfahrten per Schiff. Uferwege laden zur Umrundung des Sees ein (ca. 1 Std.). (Zur Gastronomie am Aasee s.u.: „Praktische Tipps: Essen und Trinken“.)

Rund um den See finden sich einige der **Skulpturen,** die im Zusammenhang

mit den Ausstellungen „Skulptur.Projekte“ (s.o.) geschaffen wurden. Als Ausstellungsraum der Kunstakademie Münster steht auf einer Wiese am Aasee der **Wewerka-Pavillon** (Kardinal-von-Galen-Ring 1, www.wewerka-pavillon.de), vom Architekten und Künstler *Stefan Wewerka* (geb. 1928) entworfen.

■ **Bootsverleih Overschmidt am Aasee,** Annette-Allee 1, 48149 Münster, Tel. 0251-8493000, www.overschmidt.de/Aasee. Vermietet Tretboote (19 €/Std.), Ruderboote(19 €/ Std.), Paddelboote (12 €/Std.) und Segelboote (25 €/Std.), dazu Segelschule. Mit **Aasee-Shop,** Souvenirs aus dem Heimathafen Aasee, Funktionales, Maritimes, Mode für Wasser- und Landratten, in der Saison täglich 10–19 Uhr.

■ **Aasee-Schifffahrt,** mit dem Solarboot „Solaris“ von den Aaseeterrassen zum Freilichtmuseum, Allwetterzoo und zurück, verkehrt im Stundentakt vom 23.3. bis 3.11., Rundfahrt 9 €, Kinder/Studenten 6,50 €, Familienticket 24 €, www.aaseeschifffahrt.de.

www.fotolia.de © schickold

■ **Segel-Club Münster,** Annette-Allee 7, 48149 Münster, Tel. 0251-7635113, www.segel-club-muenster.de. Für alle auf dem See geeigneten Bootsklassen, mit Jugendgruppe und Versehrtengruppe, richtet Regatten aus.

Allwetterzoo

Der Münsteraner Zoo wurde 1974 am Rande des Aasees als Allwetterzoo neu eröffnet, mit **überdachten Besucherwegen,** den sogenannten Allwettergängen, die alle großen Tierhäuser verbinden. Der Zoo bietet die Möglichkeit, die Tiere „hautnah“ zu erleben, z.B. bei der Besucher-Elefantenfütterung. Papageien und Affen können in ihren Anlagen besucht werden. Das Delphinarium wird bis 2014 zum **Robbenhaven** umgestaltet, in dem man Seelöwen beim Spiel oder bei den Vorführungen beobachten kann. Dazu gibt es eine Streichelwiese und einen Kinderspielplatz.

In die Anlage integriert ist das **Westfälische Pferdemuseum,** das der Natur- und Kulturgeschichte des Pferdes in Westfalen gewidmet ist.

Allwetterzoo, Sentruper Straße 315, 48161 Münster, Tel. 0251-89040, www.allwetterzoo.de. Täglich ab 9 Uhr, Kassenschluss April bis September 18 Uhr, März und Oktober 17 Uhr, November bis Februar 16 Uhr. Vorführungen im Robbenhaven. Mo–Sa 11.30, 14.30 und 16.30 Uhr, So, feiertags und während der NRW-Schulferien 12.30, 14, 15

‹ Aaseeterrassen mit Bootsanlegestelle

und 16.30 Uhr, Nov. bis Feb. Mo–Sa 11.30 und 14.30, So und feiertags 12.30, 14 und 15 Uhr, Eintritt (inkl. Robbenhaven und Pferdemuseum), Tagesticket 17,90 €, Kinder von 3 bis 14 Jahren 9,80 €, Schüler und Studenten 11,90 €, der Zoo ist teilweise barrierefrei und bietet viele Kinderattraktionen, wie zum Beispiel das Ausrichten von Kindergeburtstagen.

Wanderung

Rund um den Aasee

Der Rundweg um den Aasee beginnt an der Kreuzung Annette-Allee und Adenauerallee, führt gegen den Uhrzeigersinn um den Aasee herum und endet mit einem Stadtbummel durch Münster. Man kommt am Freilichtmuseum und dem Allwetterzoo vorbei. Am Ende des See überquert man die Aa bei Haus Kump mit dem historischen Spieker. Nun geht es auf der anderen Seeseite wieder in Richtung Münster, vorbei an der Jugendherberge in Richtung Altstadt. Man folgt der Aegidiistraße und Pferdegasse über den Domplatz, den Überwasserkirchplatz auf der Frauenstraße zum Schloss. Als Letztes steht ein Besuch des Botanischen Gartens an, von dem man über die Seepromenade zum Ausgangspunkt zurückkehrt.

- **Wegstrecke:** 12 km
- **Gehzeit:** 3 Std. + „Bummel"-Zeit
- **Schwierigkeitsgrad:** leicht
- **Steigung:** 100 m

Freilichtmuseum Mühlenhof

Nicht weit vom Zoo findet sich das Freilichtmuseum Mühlenhof, 1961 mit der Wiedererrichtung einer **Bockwindmühle** eröffnet. Es zeigt an die 30 große und kleine, von ihren ursprünglichen Standorten hierher versetzte Gebäude, darunter Rossmühle, Backhaus, Spieker, Mühlenhaus und Gräftenhof, dazu Exponate zur bäuerlichen und handwerklichen Kultur sowie zur Geschichte des Münsterlandes.

- **Freilichtmuseum Mühlenhof,** Theo-Breider-Weg 1, 48149 Münster, Tel. 0251-981200, www.muehlenhof-muenster.org. Geöffnet täglich 10–18 Uhr, im Winter bis 17 Uhr, 24./25./26./31.12. und am 1.1. geschlossen, Eintritt 5 €, Kinder bis 16 Jahre 3 €, Jugendliche 3,50 €, Kinder unter 6 Jahren haben freien Eintritt.

LWL-Museum für Naturkunde

Das Naturkundemuseum des Landschaftsverbandes Westfalen-Lippe zeigt auf einer Fläche von 4200 m² interessante Sonder- und Dauerausstellungen, Schwerpunktthemen sind das Leben der Urzeit und Astronomie. Dazu gehört ein modernes **Planetarium.** Einzigartig ist ein riesiges Fossil im Museumsfoyer, der weltweit größte Ammonit mit 1,80 m Durchmesser. Vor allem das Planetarium bietet spezielle Programme und Ausstellungsteile für Kinder und Jugendliche, z.B. zu den Themen Sterne und Polarlicht an.

- **LWL-Museum für Naturkunde,** Sentruper Straße 285, 48161 Münster, Tel. 0251-59101, www.lwl.org/LWL/Kultur/lwl-naturkunde/portal, Di–So und feiertags 9–18 Uhr, 24.12. Sonderprogramm, 25.12. und 31.12. geschlossen, Eintritt 7,50 €, Planetarium 7 €, Kombiticket 13 €, Kinder von 6 bis 17 Jahren Museum frei, Planetarium 4 €, für Kinder unter 6 Jahren Museum frei, Planetarium 3,50 Euro.

Haus Kump

Südwestlich des Aasees, unweit des Allwetterzoos, findet sich einer der **ältesten Höfe des Münsterlandes.** Hier ist schon für das Jahr 889 ein dem Domkapitel zugehöriger Bauernhof genannt, der später als Schultenhof fungierte. Von der schon seit dem 13. Jh. Haus Kump genannten Anlage ist noch der 1549 errichtete, großzügige **Fachwerkspeicher** (Mecklenbecker Str. 252) erhalten, was auf die frühere Bedeutung des Schultenhofes verweist. Der zweigeschossige, quadratische Speicher wurde auf hohem Sockel errichtet, das Obergeschoss und das Satteldach kragen auf geschweiften Knaggen aus. Das Untergeschoss diente als Wohnung, wohl auch das Obergeschoss, wie an den Austritterkern zu sehen ist. 2013 richtete die Handwerkskammer Münster zwei Ausbildungsbereiche in der renovierten Hofstelle ein.

Hafen

Mit der Fertigstellung des Dortmund-Ems-Kanals erhielt Münster einen Binnenhafen, der sich inzwischen vom einstigen Güterumschlagplatz zu einem lebendigen **Kunst- und Szene-Treff** entwickelt hat. Die umgebauten **Speicherhäuser,** in denen sich Werbeagenturen, Verlage, Restaurants, Cafés und Kneipen angesiedelt haben, machen den Reiz des Quartiers aus. Auch der **Hot Jazz Club** und das **Wolfgang-Borchert-Theater,** eine private Spielstätte mit festem Ensemble, finden sich hier. Der **Speicher II** bietet Raum für Künstlerateliers und große Veranstaltungen, im fünften Stock ist die **Kunsthalle Münster** untergebracht.

11 **Hot Jazz Club,** Hafenweg 26b, 48155 Münster, Tel. 0251-68667908, www.hotjazzclub.de. Legendäre Adresse in Münster, Auftrittsort für viele berühmte Bands, geöffnet Mo bis Sa ab 19 Uhr, So ab 15 Uhr.

■ **Wolfgang-Borchert-Theater,** Hafenweg 6–8 48155 Münster, Tel. 0251-40019 (Eintrittskarten), www.wolfgang-borchert-theater.de.

■ **Kunsthalle Münster,** Hafenweg 28, 48155 Münster, Tel. 0251-4924191, www.muenster.de/stadt/kunsthalle. Öffnungszeiten während der Ausstellungen Di bis So 12–18 Uhr, Eintritt frei.

Hawerkamp

Im südlichen Hafenbereich **Am Hawerkamp,** dem Gelände eines ehemaligen Betonwerks, trifft man auf Diskotheken und Nachtclubs, Ateliers und Probenräume als Merkmale der alternativen Kunstszene Münsters. Hier richten Klubs Musikevents aus und hier findet das alljährliche Hawerkamp-Festival mit den offenen Ateliers von über 50 Künstlern statt. Das alternative Herz der Stadt schlägt in der Sputnikhalle, einem Veranstaltungsraum für Theater, Party und Konzerte und in den Discos, allen voran der Fusion Club, der Club Favela, das Tryptichon, das Jovel oder das KCM.

8 **Sputnikhalle,** 48155 Münster, Am Hawerkamp 31, 48155 Münster, Tel. 02545-9805, www.sputnikhalle.de.

8 **Fusion Club,** Dockland GmbH, 48155 Münster, Hafenweg 46, Tel. 0251-481690, www.fusion-club.de.

8 **Club Favela,** 48155 Münster, Am Hawerkamp 31, Tel. 0176-10430136, www.clubfavela.de.

8 **Tryptichon,** Nachtclub, Veranstaltungsort und Kunstverein, 48155 Münster, Am Hawerkamp 31c, Tel. 0251-661888, www.triptychon.net.

9 **Jovel,** Music Hall, 48155 Münster, Am Mittelhafen 63–67, Tel. 0251-201070, www.jovel.de. Konzerthalle und traditionsreicher, angesagter Club.

8 **KCM,** Schwulenzentrum Münster e.V., Beratungsstelle und Selbsthilfeorganisation, 48155 Münster, Am Hawerkamp 31, Tel. 0251-665686, www.kcm-muenster.de.

Mauritzviertel

Östlich des Zentrums gelegen, war Mauritz bis 1875 ein selbstständiger Ort. Er wurde eingemeindet und entwickelte sich seither zu einem beliebten **Wohnvorort.** Historischer Kern ist die St.-Mauritz-Kirche.

Geschichtsort Villa ten Hompel

In der Villa ten Hompel kann man aktuelle Geschichte erleben. Die einstige Fabrikantenvilla war **Sitz der Ordnungspolizei im Nationalsozialismus.** Nach dem Krieg wurde am gleichen Ort das Dezernat für Wiedergutmachung im Nachkriegsdeutschland eingerichtet. Heute ist der sogenannte Geschichtsort ein **Museum,** das Exponate zum historischen Themenkreis zeigt und Veranstaltungen im Sinn der Auseinandersetzung mit Macht und Demokratie durchführt.

■ **Geschichtsort Villa ten Hompel,** Kaiser-Wilhelm-Ring 28, 48145 Münster, Tel. 0251-4927101,

014ml ot

www.muenster.de/stadt/villa-ten-hompel. Geöffnet Mi und Do von 18 bis 21 Uhr, Fr bis So von 14 bis 17 Uhr, Führungen nach Vereinbarung, kostenlose öffentliche Führungen an jedem 1. So im Quartal, Eintritt frei.

UNSER TIPP St.-Mauritz-Kirche

Die St. Mauritz-Kirche hat von allen Kirchen Münsters den Krieg am besten überstanden. Es war die Stiftskirche des Kollegiatstifts St. Mauritz. Es ist davon auszugehen, dass Bischof *Friedrich I.* das Stift vor 1070 begründet hat. Noch im 11. Jh. war eine erste Stiftskirche unter seinem Nachfolger Bischof *Erpho* fertiggestellt worden. Die Ostpartie mit gewölbtem Chorjoch war von zwei Chorseitentürmen flankiert, der Chor schloss mit halbrunder Apsis. Das Langhaus wurde unter Bischof *Erpho* eingewölbt. Der Westabschluss erfolgte durch eine Vorhalle. Der Westturm entstand in der zweiten Hälfte des 12. Jh., dazu kam die westlich anschließende Erpho-Kapelle mit dem Grab des verehrten Bischofs. 1476 wurde der romanische Chor durch einen gotischen ersetzt, danach die Sakristei angebaut.

Das baufällige Langhaus musste Mitte des 19. Jh. durch ein neuromanisches ersetzt werden. Dabei hat man nicht Rundbögen, sondern Spitzbögen verwendet, sodass der Kirchenraum ein einheitliches Ganzes bildet, dessen Langhaus und Chor mit einem durchgehenden Dach eingedeckt wurden.

Die **drei Türme** der Kirche bestimmen das Erscheinungsbild, obwohl sie gar nicht so sehr über das Dach hinausragen. Massiv ist der quadratische Westturm aus mehreren eingewölbten Etagen, der die ganze Breite des vormaligen romanischen Langhauses einnimmt. Die geschwungene Turmhaube mit zwiebelförmig überdachter Laterne wurde ihm 1709 aufgesetzt. In der seitlichen kreuzrippengewölbten **Erphokapelle** befinden sich die Grabmäler der Bischöfe *Friedrich I.* und *Erpho,* Ersteres 1576 von dem Bildhauer *Johann Reining* geschaffen, Letzteres aus dem Jahr 1620.

Das sich an die Turmhalle anschließende, im neoromanischen Stil erbaute

[<] Das Langhaus der St.-Mauritz-Kirche

Langhaus wurde im Gegensatz zum alten einschiffigen nunmehr dreischiffig angelegt. Die zusätzlichen Seitenschiffe, durch schwere Kreuzpfeiler vom Mittelschiff abgetrennt, erhielten an ihrer westlichen Front Seitenportale, der südlichen Front wurde noch eine Vorhalle vorgesetzt, in der eine Josephskulptur aufgestellt ist.

Die schlanken **Chorflankentürme** stellen die ältesten Bauteile der Kirche dar, ihre Nischenreliefs, direkt unter den Turmhelmen angebracht, stammen noch aus dem Jahr 1090 und sind kunsthistorisch so wertvoll, dass drei von ihnen im Landesmuseum in Münster aufbewahrt werden. Aus dem ursprünglich romanischen Chor entstand der zweijochige Rechteckchor mit 5/8-Schluss. Vom ehemaligen **Barockaltar** besteht noch das Hochaltargemälde von *Johann Bockhorst*. Die Kreuzigungsdarstellung aus dem Jahr 1547 stammt von *Hermann tom Ring*. Besondere Aufmerksamkeit verdient das von *Ludger Hinse* geschaffene Lichtkreuz, das mit seinen zwei Meter langen Armen über dem Altar hängt. Es ist aus Plexiglas und reflektiert das Licht in allen Farben des Spektrums, je nach Standort des Betrachters. Wertvollstes Stück des Kirchenschatzes ist das sogenannte **Vortragekreuz** des Bischofs *Erpho*, ein filigran skulptiertes kleines Reliquienkreuz, dessen Vorderseite aus der Zeit um 1050 stammt, die Rückseite um 1090.

Von den **Stiftsgebäuden** und dem **Kreuzgang**, die in der Wende zum 12. Jahrhundert errichtet und nach der Stiftsauflösung weitgehend abgerissen wurden, sind noch die ehemalige Stiftskurie, das heutige Pfarrhaus und die ehemalige Dechanei erhalten.

Im Südosten

Pängelanton-Museum

Ein ungewöhnliches Museum im Südosten von Münster ist dem *Pängelanton* gewidmet. So bezeichnet man volkstümlich die **Dampfzüge der Kleinbahnen,** die vor hundert Jahren an Bahnübergängen durch ein laut vernehmbares Bimmeln (plattdeutsch: *pängeln*) ihr Nahen ankündigten. Die Kleinbahn von Münster nach Lippstadt hatte einen Halt in **Gremmendorf** an der Gaststätte Heuckmann, in der die „Karnevalsgesellschaft Pängelanton 1932“ ihre Treffen abhält. Diese betreibt das Pängelanton-Museum, dessen Herzstücke eine **Dampflok** der Baureihe T 9/3 (Baujahr 1902) der Henschel-Werke in Kassel und eine alte **Draisine** namens „Pängelblitz“ sind.

■ **Pängelanton-Museum,** Münster-Gremmendorf, Albersloher Weg/Ecke Erbdrostenweg, www.paengelanton.de. So 11–12.30 Uhr, Eintritt frei, Spenden erwünscht.

Karnevalsmuseum

Die **Karnevalsgesellschaft Paohlbürger** stellt seit den 1970er Jahren eine Sammlung mit karnevalistischen Exponaten aus Westfalen und dem Rheinland aus. Daraus entwickelte sich das Westfälisch-Rheinische Karnevalsmuseum, das eine umfangreiche Sammlung an Uniformen, Orden, Masken und Bildern zeigt.

■ **Westfälisch-Rheinisches Karnevalsmuseum,** Paohlbürgerhof, Heumannsweg 127, Tel. 0251-315927 (nach 16 Uhr), http://kgpaohlbuerger.de, Öffnungszeiten nach Vereinbarung.

Praktische Tipps

- **Postleitzahlen:** 48143 bis 48167
- **Tel.-Vorwahl:** 0251, darüber hinaus in den Außenbezirken: 02501 (Hiltrup, Amelsbüren), 02506 (Wolbeck, Angelmodde), 02533 (Nienberge), 02534 (Roxel), 02536 (Albachten)

Informationen

- **Münster Marketing,** 48143 Münster, Klemensstraße 10, Tel. 0251-4922710, www.stadtmuenster.de/tourismus, **Münster Information,** Heinrich-Brüning Straße 9.
- **Information im historischen Rathaus,** Prinzipalmarkt 10, Tel. 0251-4922724, Di–Fr 10–17 Uhr, Sa, So und feiertags 10–16 Uhr.
- **Ultimo,** www.ultimo-muenster.de. Kostenloses, 14-tägig erscheinendes Stadtmagazin mit Veranstaltungshinweisen.
- **Westfälische Nachrichten,** www.westfaelische-nachrichten.de, **Münstersche Zeitung,** www.muensterschezeitung.de, die beiden regionalen Tageszeitungen.

Stadtführungen

- **StattReisen Münster,** 48143 Münster, Rothenburg 47, Tel. 0251 4140333, www.stattreisenmuenster.de, bietet ein breit gefächertes Angebot an Stadtführungen.
- **Stadt Lupe Münster,** 48143 Münster, Heinrich-Brüning-Str. 9, Tel. 0251 59068760, www.stadtlupe.de. Geöffnet Mo bis Fr 10–18 Uhr, Sa 10–13 Uhr.
- **k3 Stadtführungen Münster,** Tel. 0251-1432516, www.stadtfuehrungen-in-muenster.de. Führungen zu unterschiedlichen Themen, z.B.:

Krimi-Stadtführung, vor dem Hintergrund der Wilsberg-Krimis, April bis Oktober Sa 16 Uhr, 1 Std., Teilnahme 10 €, Jugendliche 7 €, Treffpunkt steht auf dem Ticket.

Münster kulinarisch, Termine Di–Sa frei wählbar, inklusive Kostproben regionaler Spezialitäten, 3½-stündige Führung, Teilnahme 17 € (Wochenmarkt), 35 Euro (Kreuzviertel), Buchungshotline Tel. 0251-45933.

Radstationen und -verleih

Zum sicheren Abstellen der Räder gibt es in Münster drei Radstationen. Die am Hauptbahnhof ist mit 3500 Stellplätzen die größte Deutschlands. Hier finden sich neben dem Fahrradverleih ein **Werkstattservice** und sogar eine Fahrradwaschanlage! In der Radstation der Münster Arkaden steht neben Stellplätzen ebenfalls ein Reparaturservice zur Verfügung, dazu gibt es einen **Fahrradshop.** Das Radlager an der Stubengasse bietet Platz für 360 Fahrräder. Hier gehören **Schließfächer** für Einkaufstaschen, Regenkleidung und Helme zum Service.

- **Radstation Münster,** Berliner Platz 27a, am Hauptbahnhof, Tel. 0251-4840170, www.radstation.de, Mo–Fr 5.30–23, Sa und So 7–23 Uhr, 8 €/Tag, ab 16 Uhr 7 €, 3 Tage 20 €, Tandem/Tag 17,50 €, E-Bike 22,50 €, Kaution Tandem/E-Bike 50 €.
- **Arkaden-Radstation,** Königstraße 7, Tel. 0251-48412642, www.arkaden-radstation.de. Geöffnet Mo bis Fr 9–18 Uhr, Sa 9.30–14 Uhr, für Dauerparker durchgehend geöffnet.
- **Radlager,** Stubengasse, Tel. 0251-9732317, www.adfc-nrw.de. 360 vollautomatische Plätze, Mo–Sa 7–23 Uhr, So und feiertags 10–18 Uhr, Parkgebühr 0,10 € pro Std., 0,50 € pro Tag, 70 € pro Jahr, geöffnet April bis Oktober.

Unterkunft

Stadtplan Umschlag hinten

21 **Central Hotel Münster**④, Aegidiistraße 1, Tel. 0251-51015-0, www.central-hotel-muenster.

de. Nahe an den Museen in der Altstadt. Ein Hotel der Gruppe Flowers Hotels GmbH, nach Umbau Mitte 2021 ein Design-Boutique-Hotel mit 25 individuell gestalteten Zimmern und gemütlicher Bar mit Bistro.

18 Mauritzhof Hotel Münster④, Eisenbahnstraße 17, Tel. 0251-41720, www.mauritzhof.de. 2016 grundsaniertes, kunstsinniges, modernes Hotel an der Promenade, elegante Zimmer, Gartenterrasse. Snacks und kleine Gerichte in der Loungebar.

26 Hotel Windthorst③, Windthorststraße 19, Tel. 0251-484590, www.hotel-windt horst.de. Zentral gelegenes, familiengeführtes Hotel mit praktischen Zimmern, Frühstücksraum im 4. Stock mit Altstadt-Sicht.

11 Hotel Busche am Dom④, Bogenstraße 10, Tel. 0251-46444, www.hotel-busche.de. Zentrale Lage nahe Dom und Prinzipalmarkt, großzügige Zimmer, Frühstücksraum „über den Dächern von Münster".

8 Hotel International am Theater②, Neubrückenstr. 12–14, Tel. 0251-899780, www.hotel-in ternational-am-theater.de. Einfach eingerichtete Zimmer, drei Suiten.

Stadtplan Seite 52

7 City Hotel Amadeus②, Friedrich-Ebert-Str. 55–57, Tel. 0251-97280, www.city hotel-muens ter.de. Fußläufig zum Bahnhof, praktisch eingerichtetes Hotel mit Parkgarage.

1 Nordstern Hostel①, Hoyastraße 3, Tel. 0251-3997315, www.nordstern-hostel.de. Preisgünstige Übernachtungsmöglichkeit im Kreuzviertel in der Innenstadt, individuell gestaltete Zimmer, Bad/WC auf dem Flur, angeschlossenes Restaurant bietet preiswerte gutbürgerliche üche.

5 JugendGästehaus Aasee①, Bismarckallee 31, Tel. 0251-530280, www.djh-wl.de/de/jugendher bergen/muenster. 2–4-Bettzimmer, Einzelbelegung

Mit dem Solarboot „Solaaris" über den Aasee

015ml ot

möglich, Übernachtung/ Frühstück ab 35 €, Zuschläge für +27 und Einzelbelegung.

13 **Campingplatz Münster,** 48157 Münster-Stapelskotten, Laerer Werseufer 7, Tel. 0251-311982, www.campingplatz-muenster.de. Preisgekrönter, weitläufiger Campingplatz an der Werse nahe dem Freibad, 4,5 km östlich des Zentrums, modern ausgestattet mit Zeltwiese, Womo-Stellplätzen, Mietwohnwagen, Ferienwohnungen, ganzjährig offen.

Essen und Trinken

In der Altstadt (Umschlag hinten)

17 **Altes Gasthaus Leve**②, Alter Steinweg 37, Tel. 0251-45595, www.gasthaus-leve.de. Ältestes Gasthaus in Münster, Bewirtung seit 1607. Gepflegte Münsterländer Hausmannskost, aber auch vegetarische Gerichte stehen auf der Karte. Gemütlich eingerichtete Räumlichkeiten, reich ausgestattet mit Delfter Kacheln, Gemälden, Kupferstichen und altem Hausgerät, nach dem Krieg Wiederaufbau im Stil münsterscher Altbierküchen und Schenken. Geöffnet von 12 bis 24 Uhr, kein Ruhetag.

10 **Großer Kiepenkerl**③, Spiekerhof 45, Tel. 0251-40335, www.grosser-kiepenkerl. de. Historisches Haus mit gemütlichem Gewölbe, bietet kreative regionale Gerichte nach Großmutters Art (auch vegetarisch) und eigens für das Gasthaus gebraute Biere, täglich 12–22 Uhr geöffnet.

12 **E.T. up'n Bült**③, Bült 23, Tel. 0251-43235, www.muenster-geht-aus.de. Traditionsrestaurant in denkmalgeschütztem Backsteinhaus aus dem 18. Jh., bietet Nouvelle Cuisine regional interpretiert. Traditionsgericht Lammfilet auf Blattspinat mit Schneckenrahmsauce. So und Mo Ruhetag.

9 **Deckenbrocks Kleiner Kiepenkerl**③, Spiekerhof 47, Tel. 0251-43416, www.kleiner-kiepen kerl.de. Restaurant mit 300-jähriger Gasttradition, mehrere traditionell und modern eingerichtete Räume, große Terrasse, ausgezeichnete westfälische Küche zeitgemäß dargeboten, geöffnet 10.30–24 Uhr, Jan. bis März, Mo Ruhetag.

23 **Spitzner im Oer'schen Hof**④, Königsstr. 42, Tel. 0251-41441550, www.oerschenhof.ms. Im 1798 erbauten Adelshof, Münsterländer Spitzenküche, basierend auf regionalen Produkten, mit Bistro, Kaminzimmer, Innenhofgarten, Galerie und antik eingerichteter Upkammer, Di–Sa 12–14 und 18.30–23 Uhr, Mo Ruhetag.

7 **Klamm&Heinrich**②, Breul 9, Tel. 0251-45830, www.klammundheinrich.de. Ehemaliges Gasthaus *Alter Pulverturm,* traditioneller westfälischer Gastbetrieb, vor allem bekannt durch seinen großen Biergarten, Platz für 200 Gäste an der Promenade, geöffnet Mi bis Sa 18–23 Uhr.

UNSER TIPP: 4 **Pinkus Müller**②, Kreuzstraße 4–10, Tel. 0251-45151, Tischreservierung Tel. 55567, www.pinkus-mueller.de. Renommierte Brauhausgaststätte im Kuhviertel, die letzte von einst 150 Altbierbrauereien in Münster. Quirliges Ambiente, die Küche bietet traditionelle Münsteraner Gerichte wie *Töttchen* (Kalbseintopf), *Pannekoken mit Pillewörmer* (Pfannkuchen mit gebratenen Speckstreifen, die aussehen wie Regenwürmer), *Möppkes* (Grützwurst) und *Schmoräppelkes* (Bratäpfel). Außenplätze vor dem Lokal (Kreuzstraße) und auf dem Platz Kreuzstraße/Ecke Rosenplatz, geöffnet Mo–Sa 12–24 Uhr, So/feiertags geschlosssen.

15 **Bei „Stuhls", Gasthaus Stuhlmacher,** Prinzipalmarkt 6/7, Tel. 0251-44877, www.gasthaus-stuhlmacher.de. Traditionshaus neben dem Rathaus in 4. Generation 2015 neu eröffnet, münsterländische Küche, mit Biergarten und Außengastronomie auf dem Markt, geöffnet ab 10.30 Uhr, Sa ab 10 Uhr, So ab 11 Uhr.

5 **Drübbelken,** Buddenstraße 14–15, Tel. 0251-42115, www.druebbelken.de. Traditionelles Restaurant in urigem Fachwerkhaus, zentral im Kuhviertel gelegen, auf der Speisekarte findet man die typischen münsterländischen Gerichte, angefangen vom *Töttchen* bis hin zum *Potthast,* ausgeschenkt werden Pinkus-Biere (s.o.), geöffnet von Mo bis Fr

12–14.30 Uhr und 17.30–24 Uhr, Sa und So 12–24 Uhr.

Cafés und Restaurant, Stadtplan S. 52

3 Café Nachtisch, Kanalstr. 30, Tel. 0251-15467739, www.nachtisch.ms. Erstes Nachtisch-café in Münster, Speisekarte mit bis zu 4-gängigen Dessertmenüs, hausgemachte Konfitüren und Liköre, bietet Kochkurse, geöffnet 9.30–18 Uhr, So, Mo und feiertags Ruhetag.

12 teilchen & beschleuniger, Wolbeckerstr. 55, Tel. 0251-39505786, www.teilchenundbeschleuniger.de. Serviert werden Bagels und kleine Köstlichkeiten, geöffnet Mo–Fr ab 8.30 Uhr, Sa, So und feiertags ab 9 Uhr.

Im Schlossgarten (Umschlag hinten)

1 Schlossgarten③, Schlossgarten 4, Tel. 0251-9879696, www.schlossgarten.com. Restaurant, Café und Bar in einem der historischen Wirtschaftsgebäude des Gartens, mit Restaurant-Terrasse und Biergarten, exklusive Küche, geöffnet Mo bis Fr 12–18 Uhr, Sa, So und feiertags 11–18 Uhr.

Am Aasee (Umschlag hinten)

■ **Aaseeterrassen,** Annette-Allee 1 und 3, www.aaseeterrassen.de. Mit **24 Restaurant Il Divino** ④, Tel. 0251-98298730, www.ildivino-aasee.de. Anspruchsvolle Küche, Di Ruhetag und **24 A2 am See**②, Tel. 0251-2846840, www.a2amsee.de. Restaurant auf vier Ebenen mit großer Außenterrasse auf dem Wasser, Cocktailbar, Skybar und Bistro sowie Veranstaltungsbereich mit Blick über den Aasee, täglich geöffnet ab 11.30 Uhr.

25 Hier und Jetzt, Bismarckallee 11, Tel. 0251-8379574, ww.hier-und-jetzt.ms. Ehemaliges *Café Uferlos,* jetzt Bistro des Studierendenwerks Münster, Kneipe und Café am Aasee, geöffnet von Mo bis Fr 17–23 Uhr , Sa, So und feiertags 15–23 Uhr.

Kreuzviertel und Hafen (Stadtplan S. 52)

11 Hot Jazz Club, 48155 Münster, Hafenweg 26 b, Tel. 0251 68667908, www.hotjazzclub.de. Hier wird Blues, Country, Dixieland und Pop gespielt, Kabarett und Literatur geboten, die Küche ist italienisch – Pizza und Pasta, geöffnet Mo–Sa ab 19 Uhr, So ab 15 Uhr.

10 Coconut Beach, Hafenweg 46, Tel. 0251-481690, www.coconutbeach.de. Mit 400 Tonnen frischen Sandes gerüstete Sommer-Location am Hafen, mit Palmen, Sonnenliegen, Strandbuden und Grillbar, bietet Cocktails, Eis und Veranstaltungen, im Sommer Mi bis Sa 17–3 Uhr geöffnet.

2 Münsteraner Finne, Kerßenbrockstraße 8, Tel. 0251-74867004, www.finnebrauerei.de. Craft-bier-Brauerei und Gastronomie, kreative Newcomer, die sechs Sorten Bier und Snacks und kleine Spezialitäten im Ausschank anbieten, alles in Bio-Qualität, bietet Tastings an, Ladenverkauf, abends geöffnet, Mo und So Ruhetage.

Spät am Abend

Stadtplan Umschlag hinten

3 Cavete Münster, Kreuzstr. 37/38, Tel. 0251-4143516, www.muenster-cavete.de. Studentenlokal, das sich selbst als „Akademische Bieranstalt" bezeichnet, im Kuhviertel. Mit viel Elan 2001 von Studenten eröffnet, Mo–Do 17–1 Uhr, Fr + Sa 12–2 Uhr, So 12–1 Uhr geöffnet.

2 Das Blaue Haus, Kreuzstraße 16, Tel. 0251-42151, www.blaue-haus-münster.de. Entstanden aus einem abbruchreifen, blau gestrichenen Haus, zunächst Hippie-Kneipe, heute charmante Studentenkneipe mit kleiner Speisekarte, täglich ab 12 Uhr.

13 Schwarzes Schaf, Alter Fischmarkt 26, Tel. 0251-4843577, www.schaf.ms. Kneipe und Disco, Cocktailbar, großer Saal. Einlass ab 21 Jahren, mit Studentenausweis ab 18 Jahren, geöffnet Mi–Sa 20–3 Uhr.

Einkaufen

- **Prinzipalmarkt:** meist Geschäfte für Luxusbedarf und gehobenen Konsum, die Einkaufszone setzt sich am Roggenmarkt und in der Rothenburg fort.
- **Salzstraße:** die belebteste Einkaufsstraße mit Fachgeschäften und Kaufhäusern.
- **Münster-Arkaden:** Ludgeristraße 100, www.arkadenmuenster.de, Mo–Sa 10–20 Uhr. Großes Einkaufszentrum südlich des Prinzipalmarktes, an dessen Arkaden die Bezeichnung anknüpft, auf 26.000 m² Fläche Einzelhandelsgeschäfte und zahlreiche Gastronomiebetriebe, mit Parkhaus.

Märkte

- **Wochenmarkt:** auf dem Domplatz Mi und Sa 7–14.30 Uhr
- **Biomarkt:** Domplatz Fr 12–18 Uhr
- **Büchermarkt:** Rosenplatz, 1. So im Juni, Juli und August 11–18 Uhr.
- **Flohmarkt:** Promenade/Schlossplatz, 3. Sa im Monat von Mai bis September, 8–16 Uhr

Weihnachtsmärkte

- In der Adventszeit bis 23. Dez. an fünf Orten: Traditionsmarkt unter Lichterhimmel auf dem **Platz des Westfälischen Friedens** (Rathaus-Innenhof), Lichtermarkt **St. Lamberti** rund um den Lichterbaum am Nordende des Prinzipalmarktes (nur bis 22.12.). Mit besonderer kulinarischer Ausrichtung das **Weihnachtsdorf am Kiepenkerl,** der **Giebelhüüskesmarkt an der Überwasserkirche** (nur bis 22.12.) sowie der Adventsmarkt am **Aegidiimarkt.**

Spezialitäten

Stadtplan Umschlag hinten

22 **Aux Chocolats,** Königsstraße 46, Tel. 0251-48820800, www.aux-chocolats.de. Große Auswahl an Schokoladenspezialitäten, raffinierte Pralinen etc., Mo 14–19 Uhr, Di–Sa 10–18 Uhr.

Stadtplan Seite 52

6 **Die Marmeladenmanufaktur,** Blücherstr. 16, Tel. 0251-3226075, www.die-marmeladenmanufaktur.de. Fruchtaufstriche, Konfitüren, Chutneys etc. aus Münsterländer Obst und Gemüse, Di–Fr 10–18 Uhr, Sa 10–13 Uhr.

4 **Bäckerei Prünte,** Niedersachsenring 80, Tel. 0251-2301511, www.pruentes-pumpernickel.de. Bäckt in 3. Generation große Pumpernickel-Laibe. Geöffnet Mo bis Fr 6.30–18 Uhr, Sa 6.30–13 Uhr, So 8–11.30 Uhr.

Souvenirs

Stadtplan Umschlag hinten

16 **Münster-Souvenirs,** Heinrich-Brüning-Str. 7, Tel. 0251-9816003, www.muenster-souvenirs.de. Andenken, Fan-Artikel und Geschenke, gestaltet von Münsteraner Designern und Künstlern, 9.30–19 Uhr (außer So).

Bücher, CDs, DVDs, Vinyl

Stadtplan Umschlag hinten

6 **Medium Buchmarkt,** Rosenstr. 5–6, Tel. 0251-46000, www.mediumbooks.de. Große Auswahl an preisreduzierten Büchern, viele Schnäppchen, Secondhand, Sonderangebote, Mo– Fr 10–19 Uhr, Sa bis 18 Uhr.

Feste und Veranstaltungen

- **Send:** Dreimal jährlich findet in Münster der Send statt, die städtische Kirmes, bezeichnet als Frühjahrssend, Sommersend und Herbstsend. Es ist die größte Kirmes im Münsterland mit 250 Schaustellern, traditionellem Pottmarkt und einem Höhenfeuerwerk. Der Frühjahrssend findet vom 3. Samstag bis zum 4. Sonntag nach Aschermittwoch statt, der Sommersend vom Donnerstag vor dem letzten Sonntag im Juni bis zum folgenden Montag und der Herbstsend vom Donnerstag vor dem 4. Sonntag im Oktober bis zum folgenden Montag. Informationen: www.send.muenster.de.

- **Karneval:** Am Rosenmontag zieht der größte Karnevalsumzug des Münsterlandes durch die Stadt: 80 Wagen, 70 Fußgruppen, 100.000 Zuschauer. Der Zug startet am Schlossplatz und zieht über den Servatiiplatz und den Ludgeriplatz, den Prinzipalmarkt und wieder zurück zum Schlossplatz.
- **Hafenfest:** Um das erste Juni-Wochenende findet das Hafenfest statt, mit einer bunten Mischung aus Unterhaltung, Spiel, Spaß und Kulturprogramm, darunter Live-Musik und Kleinkunst auf drei Bühnen, Info: www.ms-hafenfest.de.

UNSER TIPP: **Internationales Jazzfestival:** Weit überregionale Bedeutung hat das Jazzfestival im Städtischen Theater, in allen ungeraden Jahren am ersten Wochenende im Januar. Infos: Kulturamt, Büro Jazzfestival, Tel. 0251-4924121, richtet auch die Konzerte unter dem Motto *Jazz Inbetween* aus, (siehe Theater Münster) jazzfestival.multimediadesign.net.

- **Internationales Lyrikertreffen:** Seit 1979 veranstaltet der Literaturverein Münster in Kooperation mit dem Kulturamt im zweijährlichen Rhythmus Ende Mai das Internationale Lyrikertreffen Münster, in dessen Rahmen der „Preis der Stadt Münster für Europäische Poesie" verliehen wird, Info: www.lyrikertreffen.muenster.de, Info: www.ms-hafenfest.de.
- **Turnier der Sieger:** Im August wird auf dem Schlossplatz das Turnier der Sieger durchgeführt, ein hochrangiges Reitturnier, das vom Westfälischen Reiterverein von 1835 ausgetragen wird. Infos: www.turnierdersieger.de.
- **Weihnachtsmärkte:** Die Adventsmärkte in Münster ziehen Besucher weit über das Umland hinaus an. Vor allem hat sich die Besucherzahl aus den Niederlanden stetig erhöht (s.o.: „Einkaufen").

Medizinische Versorgung

- **Allgemeiner Notruf:** 112
- **Ärztlicher Notfalldienst:** Tel. 0251-116117
- **Uni-Klinik Münster Zentralklinikum,** Albert Schweitzer Campus, Notfallaufnahme Tel. 0251-8344955
- **Zahnärztlicher Notdienst,** Tel. 0251-1449588
- **Kinder-Notdienst,** im Clemens-Hospital, Düesbergweg 124, Tel. 0251-9760

Post

- **Hauptpostamt Münster,** Domplatz 6–7, Tel. 01802-3333, www.deutsche-post.de, Mo–Fr 9–18.30 Uhr, Sa 9–14 Uhr.

Internet

Stadtplan Umschlag hinten

Es gibt über 100 WLAN-Hotspots in der Innenstadt, darunter in den Münster Arkaden, flächendeckend und kostenlos im gesamten Einkaufszentrum.

- **Internetcafé X,** Wolbecker Str. 35, Tel. 0251-4819922, www.cafex.de. Nähe Hauptbahnhof, geöffnet Mo bis Sa 10–13.30 Uhr (Pause 13.30–15 Uhr).

14 **Floyd Coffee,** Domplatz 6, Tel. 0251-9811267, www.floyd-coffee.de. Coffee-Lounge mit WLAN, geöffnet Mo bis Sa 9.30–19 Uhr, So 11–18 Uhr.

19 **Café & Bar Celona,** Stubengasse 17, Tel. 0251-48449407, www.cafe-bar-celona.de. Frühstück, Kuchen und Cocktails, mit WLAN, täglich 9–1 Uhr.

Verkehrsmittel

Taxis

Große **Taxistände** gibt es z.B. am Hauptbahnhof und am Roggenmarkt. Taxizentrale: **Tel. 60011.**

Busse

Seit der Stilllegung der Straßenbahnen im Jahr 1954 wird der öffentliche Personenverkehr in Münster durch Busse betrieben. Ampelvorrangschaltungen und Sonderspuren beschleunigen den Busverkehr.

■ **Ticket-Preise:** Einzelfahrt elektronisches Ticket 2,90 € (90 Min.), elektronisch 2,20 € (90 Min.), Tagesticket elektronisch 4,90 €, Tagesticket Papier 6,40 €, im Vorverkauf 5,40 €, Kinderticket Papier 1,50 €, im Vorverkauf 1,20 €, Münster Abo 30 Tage 49,90 €, weiter Ermäßigungen siehe www.stadtwerke-muenster.de.

Autofahren

Der Stadtkern von Münster darf als Umweltzone nur mit grüner **Umweltplakette** befahren werden. **Parkleitsysteme** zeigen freie Plätze und Parkhäuser an. An den großen Einfallsstraßen gibt es **Park-and-Ride-Parkplätze** mit Busanbindung in die Stadt.

Fahrradstraßen

Eine Besonderheit des Münsteraner Stadtverkehrs besteht in den Fahrradstraßen. Es handelt sich dabei um Anliegerstraßen der **Tempo-30-Zone,** bei denen der **Radverkehr Vorrang** vor jeder anderen Verkehrsart hat. 1990 wurde die Schillerstraße, eine Wohnstraße zwischen den Hauptverkehrsstraßen Wolbecker Straße und Albersloher Weg, als erste Fahrradstraße in Münster ausgewiesen. Inzwischen gibt es 10 km Fahrradstraßen im Zentrum von Münster.

Sehenswertes in den Außenbezirken

Nienberge

Nienberge ist ein Vorort Münsters ganz im Nordwesten. Hervorgegangen ist der Ort aus den frühmittelalterlichen Rodungen. Um das Jahr 1040 wurde die Pfarre begründet, aus der sich eine Gemeinde entwickelte, die 1142 erstmals als Nigenberge Erwähnung fand. Aus den sogenannten Domkuhlen des nahen Höhenrückens wurden die Steine für den Münsteraner Dom und auch für die dem heiligen *Sebastian* geweihte Ortspfarrkirche gewonnen.

Der Turmkern der **Sebastianskirche** (Nienberger Kirchplatz 42) mit dem barocken Helm stammt noch von einem Bau des 12. Jh., das dreijochige spätgotische Kirchenschiff mit Chor im 5/8-Schluss wurde 1499, das Querschiff 1957/58 angefügt.

Unterkunft, Essen und Trinken

■ **Hotel Schloss Wilkinghege**⑤, Steinfurter Str. 374, 48159 Münster, Tel. 0251-144270, www.schloss-wilkinghege.de. Die Wasserschlossanlage wurde erstmals 1311 als Lehnsgut der Familie *Rhemen zu Barensfeld* erwähnt. Das Herrenhaus in Backsteinbauweise ist im Kern aus dem 16. Jh., 1719 wurde es barock umgebaut und 1985 nach Brand erneuert. Die Südseite zeigt einen übergiebelten dreiachsigen Mittelrisalit mit runder Freitreppe, an der Südwestecke wurde 1896 eine achteckige neobarocke

Kapelle anstelle eines barocken Pavillons errichtet. Seit 1970 werden die ehemaligen Wirtschaftsgebäude als Hotel genutzt. Das Restaurant ist bekannt für seine Gourmet-Menüs, mit Schlossgewölbe.

Aktivitäten

- **Golfclub Münster-Wilkinghege e.V.,** Steinfurter Str. 448, 48159 Münster, Tel. 0251-214090, www.golfclub-wilkinghege.de. 18-Loch-Golfplatz direkt hinter dem Hotel Schloss Wilkinghege, Gelände im Stil der Münsterländer Parklandschaft mit Wallhecken, Seen und Bachläufen, mit Restaurant.

Haus Rüschhaus bei Nienberge

Unser Tipp: Haus Rüschhaus

Mit dem Rüschhaus bei Nienberge hat sich der Barockbaumeister *Johann Conrad Schlaun* seinen Traum vom „Leben auf dem Land“ erfüllt. Aus einem verwohnten Gräftenhof schuf er 1745–47 diesen **Landsitz** als stilvolle Kombination aus feudalem französischen Herrensitz und bäuerlichem Gutshaus mit eigenständigem Landwirtschaftsbetrieb.

Schlaun nutzte das Anwesen eine Zeit lang selbst als Sommersitz. 1825 erwarb die in der nahen Burg Hülshoff ansässige Adelsfamilie *Droste zu Hülshoff* das Landhaus. Hier verbrachte die Dichterin **Annette von Droste-Hülshoff** viele Jahre ihres Lebens, hier schuf sie den größten Teil ihrer literarischen Werke.

016ml ot

Haus Rüschhaus besteht aus einem herrschaftlichen Längsdielenhaus, dem zwei durch Viertelrundmauern mit dem Herrenhaus verbundene Wirtschaftsgebäude vorgelagert sind, sodass der Eindruck einer Dreiflügelanlage entsteht. Die Hofseite des Herrenhauses ist mit Dielentor und Wirtschaftstüren versehen. Die Gartenseite mit erhöht gelegenen Wohnräumen trägt einen Schweifgiebel mit dem Wappen *Schlauns*. Eine Freitreppe führt in den Garten, der in den 1980er Jahren in einen **französischen Barockgarten** mit symmetrisch gegliederten, mit Buchsbaum eingefassten Beeten und Rasenflächen rückverwandelt wurde.

Heute ist das Rüschhaus im Besitz der Hülshoff Stiftung, die Führungen durch das Haus anbietet, dessen Einrichtung aus der Zeit der *Annette von Droste-Hülshoff* weitgehend original erhalten ist. Besonderes Augenmerk verdienen nicht nur die persönlichen Gegenstände der Dichterin, sondern vor allem die bemalte Tapete mit realitätstreuen Motiven aus Neapel in *Schlauns* Schlafzimmer.

Nur wenig südwestlich vom Rüschhaus gelegen, zählt **Haus Vögeding** zu den typischen umgräfteten münsterländischen Herrenhäusern. Erstmals 1353 erwähnt, ging es immer wieder in andere Hände über, bis es an die Familie *Droste-Hülshoff* kam. *Annette von Droste-Hülshoff* soll mit der Tochter der Pächterfamilie befreundet gewesen und dort auf Spazierwegen häufig eingekehrt sein. Von der ehemals viertürmigen Vorburg ist noch das Brauhaus aus dem 16. Jh. erhalten, das heute als Wohntrakt genutzt wird. Nach mehrfachen Beschädigungen sind noch der Treppenturm und der nordwestliche Dreistaffelgiebel ursprünglich. Der südöstliche Giebel wurde 1980 mit einem großen Dielentor versehen. Haus Vögeding wird privat bewohnt und kann nicht besichtigt werden, es ist aber von der Straße aus gut einsehbar.

■ **Haus Rüschhaus,** Am Rüschhaus 81, 48161 Münster, Tel. 02533-1317, www.haus-rueschhaus.de. Führungen April bis Okt. 11,12,14 und 15 Uhr, Mai bis Sept. zusätzlich 16 Uhr, Teilnahme 5 €, ermäßigt 3,50 €, Kombiticket mit Burg Hülshoff 8/6 €.

Burg Hülshoff

Burg Hülshoff ist als **Geburtshaus von Annette von Droste-Hülshoff** weit über das Münsterland hinaus bekannt. Die Wasserburganlage etwa 10 km westlich von Münster bei Havixbeck, nicht weit vom Rüschhaus, hat ihren Ursprung im 14. Jh. und war seit 1417 im Besitz der Familie *Droste zu Hülshoff*.

Jutta Freifrau von Droste zu Hülshoff hat ihr gesamtes Sachvermögen sowie Burg Hülshoff mit Bibliothek, Kunst- und Einrichtungsgegenständen sowie das Rüschhaus bei Nienberge (s.o.) in die Hülshoff Stiftung eingebracht, die nunmehr Eigentümerin beider Gebäude ist. Damit ist gewährleistet, dass beide Orte dauerhaft für die Öffentlichkeit zugänglich sind. Die Burg beherbergt heute das **Hülshoff-Museum.**

Die Gebäude stehen auf einer Insel im großen Hausteich, zu erreichen von der Vorburg über eine Allee und eine Brücke. Das großzügige eigentliche Herrenhaus mit Dachreiter, schmalerem Seitenflügel und kleinem ummauerten Hof stammt aus dem Jahr 1545 und wurde in typisch münsterländischem Stil überwiegend in Backsteinbauweise mit

Annette von Droste-Hülshoff

Annette von Droste-Hülshoff wurde als Tochter von *Clemens August von Droste zu Hülshoff* und *Therese von Haxthausen* am 10. Januar 1797 auf **Burg Hülshoff** geboren. Als Frühgeburt war sie in ihrer Kindheit kränklich, führte bis in ihre Jugend ein zurückgezogenes Leben und wurde privat unterrichtet. Als der Vater starb und ihr Bruder das Schloss übernahm, zog sie mit ihrer Mutter und ihrer älteren Schwester auf den Witwensitz **Haus Rüschhaus** bei Nienberge.

Als junge Frau begann *Annette* zu reisen und traf viele der führenden Literaten und Musiker ihrer Zeit, zu denen sie bis zu ihrem Lebensende in brieflichem Kontakt blieb. Zu diesen Persönlichkeiten zählten *Johanna* und *Adele Schopenhauer, Goethes* Schwiegertochter *Ottilie, August Wilhelm Schlegel*, die *Gebrüder Grimm* und etwa auch *Christoph Bernhard Schlüter.*

Schon bald wurde *Annette* durch ihre Balladen und Novellen berühmt, darunter „Die Judenbuche" (1842) und „Der Knabe im Moor" (auch 1842) oder „Die Vergeltung" (1844), ein Gedicht über das Schiff Batavia, das in Seenot gerät und dessen einziger Überlebender von einem Piratenschiff gerettet, später aber als vermeintlicher Pirat hingerichtet wird. Auf dem Galgen stand geschrieben „Batavia 510" – ganze Generationen von Schülern mussten dieses Gedicht auswendig lernen. Auch als Komponistin von Musikwerken und musikalischen Bühnen-

017ml ot

werken hat *Annette von Droste-Hülshoff* sich einen Namen gemacht – aber ihren eigentlichen Ruhm begründet ihre Dichtkunst.

Das größte „Meer", das *Annette von Droste-Hülshoff* jemals gesehen hat, war das Schwäbische Meer. Hierhin zog es sie immer wieder zu ihrer Schwester und ihrem Schwager, der Schloss Meersburg am Bodensee erworben hatte. Ab 1841 verblieb sie für längere Zeit am Bodensee, hatte sich dort auch das sogenannte Fürstenhäuschen bei Meersburg erworben. Aber immer wieder kehrte sie ins Münsterland zurück, um zuhause Mutter und Verwandte zu pflegen.

Levin Schücking, dem Sohn einer verstorbenen Freundin, verschaffte sie eine Anstellung als Bibliothekar auf Schloss Meersburg. Mit ihm verband sie eine lange (mütterliche?) Dichterliebe, seine unbändige Fabulierlust, die ihm posthum die Bezeichnung als „Westfälischer Walter Scott" einbrachte, zog sie unbändig an. Dennoch trennte sie sich 1846 nach dessen Weggang und Verlobung von ihm. 1848 starb *Annette von Droste-Hülshoff* auf Schloss Meersburg an einem Herzinfarkt. Sie wurde auf dem Meersburger Friedhof nahe der alten Friedhofskapelle beerdigt.

⊲ Burg Hülshoff – das Geburtshaus der Annette von Droste-Hülshoff liegt nicht weit von Haus Rüschhaus, wo die Dichterin lange Zeit lebte

Werksteingliederung und hohem Dreistaffelgiebel errichtet. Ende des 18. Jh. wurde es nach damaligen Gesichtspunkten renoviert, später kam ein neugotischer Kapellenanbau hinzu. Die L-förmige Vorburg entstand im frühen 17. Jh. mit zwei Ecktürmen teilweise auch in Fachwerk. Der Park wurde im Stil des beginnenden 19. Jh. erneuert.

Zu besichtigen sind mehrere original erhaltene Räume im Parterre von Burg Hülshoff und das dort eingerichtete Museum, mit Café und Restaurant.

■ **Burg Hülshoff,** 48329 Havixbeck-Schonebeck, Schonebeck 9, Tel. 02534-1052, www.burg-huelshoff.de. Eintritt 5 €, ermäßigt 3,50 €, Kombiticket mit Haus Rüschhaus 8/6 €.

Haus Brock

Ganz im Westen des Münsteraner Ortsteils Roxel findet man am Helmer Bach den alten **Gräftenhof** Haus Brock (Brock 27). Von hier aus leitete Fürstbischof *Christoph Bernhard von Galen* 1621 die Belagerung der sich gegen ihn aufbegehrenden Stadt Münster.

Vom ehemaligen Haupthaus steht noch der Pavillonturm, 1630 aus Baumberger Sandstein mit Dreistaffelgiebel errichtet. Im Inneren sind Reste der alten Ausgestaltung der hier im 16. Jh. residierenden Besitzerfamilie erhalten, darunter ein Kaminsturz mit Wappen. Das Wirtschaftsgebäude aus dem Jahr 1632 wurde in Backsteinbauweise mit Werksteingliederung, breiter Tordurchfahrt und Dreistaffelgiebeln errichtet. Es wurde als Torhaus, Brauhaus und Speicher genutzt. Haus Brock ist heute **nur von außen zu besichtigen.**

Lepramuseum

Im Stadtteil **Kinderhaus** gibt es mit dem Lepramuseum einen besonders interessanten Ort, das einzige Museum dieser Art in Deutschland. Die von *Martin Luther* stammende Übersetzung von „Lepra" als „Aussatz", zeigt, wie wenig man in früherer Zeit gegen die Krankheit ausrichten konnte, als man die Betroffenen aus der Gemeinschaft verstieß und vor den Städten ansiedelte. Hier in Kinderhaus wurde 1328 eine **Leprosenstation** gegründet, das Museum ist in einem kleinen Fachwerkhaus des 17. Jh. untergebracht. In dem Gebäude findet sich auch ein **Heimatmuseum,** das über die Geschichte des Münsteraner Ortsteils Kinderhaus informiert.

Die auf das 14. Jh. zurückgehende Ortskirche St. Josef erhielt 1449 ein rechtes Seitenschiff als Leprosenkirche. Zwei Reliefs am Turm und am Vorbau weisen noch darauf hin.

■ **Lepramuseum,** Kinderhaus 15, 48159 Münster, Tel. 0251-525295, www.lepramuseum.de, **Heimatmuseum,** Tel. 0251-211609, www.heimatmuseum-kinderhaus.de, So 15–18 Uhr (Winter bis 17 Uhr), Eintritt frei.

Rieselfelder

Nördlich des Ortsteils Coerde erstrecken sich die Rieselfelder der Stadt Münster, einst angelegt, um Abwässer zu filtern und heute **Naturschutzgebiet.**

Angesichts der im 19. Jh. gestiegenen Stadtbevölkerung mussten neue Wege der **Abwasserreinigung** gefunden werden, da sich die Klagen von Aa- und Emsanrainern unterhalb der Stadt häuften. Nach Berliner Vorbild legte man dazu Rieselfelder an. Als Gelände eigneten sich die Sandflächen der Coerheide und der Gelmerheide zwischen Münsterscher Aa und Ems. Bis 1960 war die Berieselungsfläche auf über sechs Hektar angestiegen.

Wegen der Trockenlegung großer Moorflächen im Münsterland nahmen vor allem die bedrängten Watvogelarten die nunmehr ganzjährig gefluteten Rieselfelder als neue **Rast- und Brutgebiete** an. Zum Schutz dieser Flächen wurde 1968 die **Biologische Station Rieselfelder Münster** gegründet. Sie führt Pflege- und Gestaltungsmaßnahmen zum Erhalt des Gebiets im optimalen Zustand durch und beteiligt sich an Forschungs- und Erfassungsprogrammen.

Mit dem Bau der Großkläranlage von Münster im Jahr 1975 drohte das Ende der Rieselfelder, Pläne sahen nunmehr ein Gewerbegebiet auf der trocken zu legenden Fläche vor. Doch der Naturschutz behielt die Oberhand. Seit 1998 sind weite Teile des Areals als **Naturschutzgebiet** ausgewiesen. Es wurden auch schon trocken gelegte Flächen in Feuchtgebiete zurückverwandelt.

Heute zeichnet sich der Kern des Naturschutzgebietes durch Wasser- und Schlammflächen, Röhrichte und **Nasswiesen** aus, wo an die 10.000 Vögel Lebensraum finden. Insgesamt wurden hier schon fast **130 Vogelarten** gezählt, darunter die Rohrdommel, die Kornweihe, der Raubwürger, der Alpenstrandläufer, der Gänsesäger und der Silberreiher. Außerdem gibt es eine große Vielfalt an Amphibien, Insekten und Spinnen.

Gleichermaßen schützenswert ist die Flora des Gebiets. **Streuobstwiesen** im Randbereich liefern weitere Pflanzenvielfalt. **Heckrinder** beweiden die offenen Flächen, um ihre Verbuschung zu verhindern – so wie Tiere das vor Jahrtausenden auch schon getan haben.

Teile des Gebiets sind für Besucher zugänglich. So gibt es im Nordwesten einige **Beobachtungsstände,** von denen man die Vögel störungsfrei sehen kann. In der südöstlichen Hälfte befindet sich das **Naturerlebnisgebiet** mit einem Naturlehrpfad und einem Netz von Rundwanderwegen und Beobachtungsmöglichkeiten.

Die Biologische Station der Rieselfelder ist mit den erforderlichen Pflegemaßnahmen beschäftigt, um ihren Naturzustand zu erhalten. Neben der Ausstellung im Verwaltungsgebäude der Biologischen Station bietet der Rieselfeldhof im Süden des Geländes sowohl eine Innenausstellung als auch eine Außenausstellung. Bewirtet werden Gäste im Gasthaus Heiderkrug des Rieselfeldofes.

- **Biologische Station Rieselfelder Münster,** 48157 Münster, Coermühle 181, Tel. 0251-161760, www.biostation-muenster.org. Geöffnet Mo–Do 8.15–16.15 Uhr, Fr 8.15–15 Uhr.
- **Gasthof Heidekrug,** 48157 Münster, Coermühle 100, Tel. 0251-1620444, www.heidekrugmuenster.de. Mo Ruhetag, Ausstellung zur Landschaftsgeschichte der Rieselfelder im ehemaligen Kuhstall des Rieselfeldhofes geöffnet So 12–18 Uhr, im Winter bis 17 Uhr.

Handorf

Handorf mit seinem **idyllischen Ortskern an der Werse** war schon immer ein beliebtes Ausflugsziel der Münsteraner. Wegen seiner vielen Gartencafés wurde es „Dorf der Kaffeehäuser" genannt. Die Tradition des nachmittäglichen Kaffeeausflugs hat nachgelassen, viele der Kaffeehäuser haben geschlossen.

Die der heiligen *Petronilla* geweihte **Ortspfarrkirche** (Petronillaplatz 1) bestand im 11. Jh. als Eigenkirche einer *Gräfin von Cappenburg.* Die heutige Pfarrkirche ist ein anstelle des romanischen Vorgängerbaus errichteter vierjochiger barocker Saalbau mit Westturm und Querarmen, dessen polygonaler Chor aus dem Jahr 1913 stammt. Im Zweiten Weltkrieg wurde die Spitze des Turms abgebrochen, um freies Flugfeld für den nahe gelegenen Flugplatz zu haben, und 1977 niedriger wieder aufgebaut. Der mit Fries und gerahmten Feldern versehene Taufstein aus dem späten 13. Jh. stammt noch vom Vorgängerbau.

Westfälisches Pferdezentrum

Das Westfälische Pferdezentrum veranstaltet Auktionen, Wettbewerbe und andere Events rund um den **Pferdesport.** Es ist seit den 1980er Jahren die führende Prüfungsanstalt für Hengste und Stuten und beteiligt sich an Messen und Ausstellungen. Hier ist das 1904 gegründete Westfälische Pferdestammbuch e.V. des Verbandes westfälischer Pferdezüchter mit rund 10.000 Mitgliedern angesiedelt.

- **Westfälisches Pferdezentrum,** Sudmühlenstr. 33, 48157 Münster-Handorf, Tel. 0251-328090, www.westfalenpferde.de.

Pleister Mühle

Südlich von Handorf an der **Werse** steht die Pleister Mühle, die älteste Gastwirtschaft der ehemaligen Bauerschaft Werse, in der seit 1808 Ausschank betrieben wird. Heute ist die von der Mühle aufgestaute Werse ein beliebtes **Kanu-Gebiet,** die Mühle selbst attraktive Gastwirtschaft mit Restaurant und Biergarten.

■ **Landgasthof Pleister Mühle,** Pleistermühlenweg 196, 48157 Münster-Handorf, Tel. 0251-136760, www.pleistermuehle.de. Setzt die Tradition der Handorfer Kaffeewirtschaften fort, im Sommer im Biergarten, im Winter am Kamin. Täglich hausgemachte Blechkuchen, frische Waffeln, klassischer Filterkaffee und Kaffeespezialitäten. Das Restaurant bietet leichte, abwechslungsreiche Küche mit leckeren Produkten der Region. Angeschlossener **Hotelbetrieb③**, dazu **Kanu-Verleih.** Gasthof geöffnet Mo bis Fr 17–22.30 Uhr, Sa, So und feiertags 12–21.30 Uhr, Kiosk 12–20 Uhr (nicht bei Regen), im Winter Mi und Do Ruhetag.

Dyckburg-Kirche

Etwas westlich von Handorf steht auf dem Gelände einer ehemaligen Burg die Dyckburg-Kirche. 1735 plante *Johann Conrad Schlaun* für den Dompropst *Graf von Plettenberg-Mathülsen* einen Landsitz anstelle des seit dem 16. Jh. bestehenden Herrenhauses Dyckburg (Dyckburgstr. 220–28). Es wurden jedoch nur zwei Wirtschaftsgebäude und eine Kapelle fertiggestellt. An der Gestaltung der Bauten im Stil von Bauernhäusern mit Dielentoren erkennt man die Kunstfertigkeit des Planers.

Die Kapelle ist der Heiligen Kapelle von Loreto, dem berühmtesten Marienwallfahrtsort des Mittelalters in Italien, nachempfunden, weshalb sie auch die Bezeichnung **Loreto-Kapelle** erhielt. Insbesondere an der Vorderfront mit konkav

018ml ot

geschwungenem Giebel hat *Schlaun* italienischen Architektureinfluss zur Geltung kommen lassen. So ist auch das aus der Erbauungszeit stammende Marienbild in der Altarnische eine Nachbildung des Gnadenbildes von Loreto. Vor dem Ersten Weltkrieg wurde die Kapelle durch die Besitzer der Dyckburg um einen Rundbau und einen neubarocken Chorbereich erweitert. Damit hatte sie die Ausmaße einer Kirche angenommen – und diente bis 2008 auch als Pfarrkirche.

Unterkunft, Essen und Trinken

■ **Romantik-Hotel Hof zur Linde**⑤, Handorfer Werseufer 1, 48157 Münster-Handorf, Tel. 0251-32750, www.hof-zur-linde.de. Idyllische Lage, moderner Komfort in historischem Ambiente, großzügige Zimmer und Suiten verschiedener Kategorien, breites Wellness-Angebot. Das Restaurant bietet klassische westfälische Küche auf hohem Niveau.

■ **Landhaus Eggert**⑤, Zur Haskeneu 81, 48157 Münster-Handorf, Tel. 0251-328040, www.landhaus-eggert.de. Hotelbetrieb mit geräumigen, luxuriös eingerichteten Zimmern, mit **Restaurant Hof Wesendrup**④, regionale Küche, auf hohem Niveau interpretiert.

Aktivitäten

■ **Sportbad Sudmühle,** Dyckburgstr. 468, 48157 Münster-Handorf, Tel. 0251-325555, www.schwimmvereinigung.de/schwimmbad.php. Freibad im Wersepark Sudmühle, mit Gastronomie, Tennis, Beachvolleyball, beheiztes Schwimmbecken, Nichtschwimmerbecken, Planschbecken, Mai bis September täglich 10–20 Uhr, Eintritt 4 €, ermäßigt 2,50 €.

◁ Die Pleister Mühle

Angelmodde

Angelmodde ist durch den Gesprächssalon der **Fürstin Amalie von Gallitzin** bekannt, die sich im Sinne der Aufklärung für Reformen in Schule und Kirche engagierte und sich für die Erneuerung der katholischen Kirche einsetzte, aber am Ende ihres Lebens in den Schoß der katholischen Kirche zurückkehrte.

Im Ort steht noch eine der wenigen ursprünglichen westfälischen romanischen Dorfkirchen (Kirchplatz 2). Der verputzte Bau entstand um die Wende zum 13. Jh., ein kleiner zweijochiger Saal mit niedrigerem quadratischen Chor und abgeflachter Apsis. Das Portal zieren eingestellte Säulen. Das Grab der 1805 gestorbenen Fürstin befindet ich an der Südseite der Kirche.

Wolbeck

Wolbeck liegt im äußersten Südosten des Stadtgebiets von Münster. Hier errichtete der Münsteraner Bischof in dem 1185 erstmals als *Walbecke* erwähnten Ort einen Wohnturm, der bis ins 14. Jh. zu einer großen Landesburg als Sitz des Amtes Wolbeck ausgebaut wurde. Das Drostenamt in Wolbeck wurde von den Herren *von Merveldt* ausgeübt. Im 18. Jh. verfiel die Landesburg, bis sie 1767 endgültig geschleift und das Baumaterial für das Schloss in Münster verwendet wurde.

Fürstbischof *Clemens August* wandelte das von den Bischöfen gern genutzte

019ml ot

Jagdrevier im Staatsforst Wolbeck in einen **Tiergarten** um, indem er Erdwälle an den Waldrändern und breite, rasterförmige Wege anlegen ließ. Diese prägen bis heute den Charakter des zum **Naturschutzgebiet** erklärten Waldstückes.

Pfarrkirche

Sehenswert ist die um 1300 errichtete dreischiffige Pfarrkirche **St. Nikolaus** (Neustraße 22a), ein frühgotischer vierjochiger Hallenbau mit niedrigerem Chor mit 5/8-Schluss. Der Westturm stammt noch vom Vorgängerbau aus dem frühen 13. Jh., dessen obere Geschosse nach einem Brand 1666 in Backsteinbauweise erneuert wurden und der dabei auch eine barocke Haube mit Laterne aufgesetzt bekam. Im Chor steht der Memorienaltar für den 1227 verstorbenen Grafen *Goswin von Merveldt,* dessen Entwurf von *Johann Conrad Schlaun* stammt und der zunächst für die Kapelle des Drostenhofs vorgesehen war. Der Altar wurde dann aber zunächst in der Anfang des 18. Jh. an die Kirche angebauten Merveldtschen Grabkapelle aufgestellt.

Drostenhof

Wie kaum ein anderes Bauensemble spiegelt der Drostenhof in Wolbeck (Am Steintor 5) die **adelige Wohnkultur der**

⌃ Der Drostenhof von Wolbeck

> Die neue St.-Clemens-Kirche in Hiltrup

Renaissance wider. Das Bauwerk, in dem bis 2012 das Westpreußische Landesmuseum untergebracht war (heute Warendorf, siehe dort) ist bis heute im Besitz der Familie *von Merveldt.*

Hervorgegangen aus einem Burgmannshof, wurde der Drostenhof ab 1545 von *Dirk von Merveldt* mit Herrenhaus, Torhaus und Wirtschaftsbau um einen Hof errichtet. Das Herrenhaus in Backsteinbauweise mit einem vierfach gestaffelten Giebel und Treppenturm auf der Hofseite weist zwei hohe Geschosse mit großen Steinkreuzfenstern auf. Im Inneren ist es reich mit Stuckdecken, Reliefs und Kaminen ausgestattet. Das Torhaus mit Werksteingliederung hat einen dreifach gestaffelten Giebel mit Tordurchfahrt in der Mitte und einer zusätzlichen Passantentür. Zwei flache Erker zieren das Torhaus auf jeder Seite über der Durchfahrt. Im Inneren befindet sich ein besonders reich skulptierter Kamin.

Hiltrup

Siedlungsspuren lassen sich im Münsteraner Ortsteil Hiltrup bis zur Zeitenwende zurückverfolgen. Zur Zeit der Christianisierung bestand Hiltrup aus drei Bauerschaften mit zusammen etwa 120 Bewohnern, die die südlich gelegene Hohe Ward als gemeinsame Waldweide nutzten.

Auf dem Grundstück des Schulten von Hiltrup wurde in der zweiten Hälfte des 12. Jh. eine feste Kirche gebaut. Diese **erste St. Clemenskirche** (Alter Kirchplatz 1) ist ein zweijochiger romanischer Saalbau mit einem seitlich etwas versetzten gotischen Chor mit 5/8-Schluss. Westlich besteht ein Vorbau in der Breite des Kirchenschiffs, aus dem der kurze Turm herausragt. 1913 wurde die Kirche zugunsten des Neubaus der St. Clemenskirche profaniert, aber 1965 neu geweiht. Die **neue St.-Clemens-Kirche** (Hohe Geest 1) ist eine neuromanische

www.stock.adobe.com © hkama

Basilika mit zwei hohen dominanten Chorflankentürmen.

Mit dem Bau des **Dortmund-Ems-Kanals,** der einen großen Bogen um Hiltrup macht, begann die Industrialisierung des Ortes. Der Kanalbereich bietet den Bewohnern heute auch Naherholung, ein großes Freibad wurde angelegt.

Hiltruper Museum

In der ehemaligen Hiltruper Feuerwache ist das **Heimatmuseum** untergebracht, das die Geschichte Hiltrups präsentiert und in Wechselausstellungen verschiedene **Künstler** vorstellt. Der zugehörige Museumspark ist Ort für vielfältige kulturelle Veranstaltungen wie Konzerte oder Open-Air-Kino.

■ **Hiltruper Museum,** Zur Alten Feuerwache 26, 48165 Münster-Hiltrup, Tel. 02501-1205, www.hiltruper-museum.de, So 15–17 Uhr, zusätzlich 1. So im Monat 11–12.30 Uhr, Eintritt frei.

Aktivitäten

■ **Freibad Hiltrup,** Zum Hiltruper See 171, 48165 Münster-Hiltrup, Tel. 02501-16922, www.stadt-muenster.de/sportamt/baeder/freibad-hiltrup.html. Unterschiedliche Wasserbecken für Jung und Alt, Sprudelliegen und Strömungskanal, Kleinkinderbereich mit Wasserspielgarten und sonnengeschütztem Planschbecken, Strandkörbe, Holz-Liegedeck-Pyramide. Mo, Mi, Do und Fr 7–20 Uhr, Di 12–20 Uhr, Sa, So und feiertags 9–20 Uhr, Eintritt 4 €, ermäßigt 2 €.

Amelsbüren

Ebenfalls zum Stadtbezirk Münster-Süd gehört Amelsbüren. Seit 1137 besteht der Ort als Pfarre. Hatte das Dorf schon in den Kriegen des 15. bis 17. Jh. schwer gelitten, so vernichteten es Brände in den Jahren 1716 und 1816 völlig. Bis 1825 wurde das Dorf in seiner heutigen Form komplett erneuert.

Vom ersten Bau der **romanischen Kirche** besteht noch der Unterbau des Turms. Das Langhaus wurde spätgotisch als dreischiffiger Saalbau, die Ostpartie aus Querhaus und Chor mit 5/8-Schluss 1893 erneuert. Die Kirche verfügt über eine reiche neugotische Ausstattung. Reste der Rankenmalerei aus der gotischen Bauperiode konnten freigelegt werden.

Haus Amelsbüren

Das Ministerialiengeschlecht derer von Amelsbüren hatte seinen erstmals 1231 erwähnten Sitz westlich des heutigen Ortes. In den folgenden Jahrhunderten wechselten die Besitzer des Gräftenhofs häufig, bis es mit seiner Substanz aus dem 16. und 17. Jh. zu Beginn des 20. Jh. zu einem Jagdhaus ausgebaut wurde. Das backsteinerne Haupthaus mit Fachwerkelementen, dessen Dachstuhl auf das Jahr 1533 datiert werden konnte, weist Dreiecksgiebel auf. Mit seinen niedrigeren Anbauten zeigt es einen T-förmigen Grundriss. Der nördliche Anbau endet mit einer halbrunden, bedachten Terrasse. Inzwischen hat eine Bietergemeinschaft das Herrenhaus zu Wohnzwecken erworben.

Haus Sudhoff

In Amelsbüren gibt es mit Haus Sudhoff (Davertstr. 129) im Süden des Orts noch einen weiteren Gräftenhof. Die Gräben sind vollständig vorhanden. Das Anwesen besteht aus mehreren Fachwerkbauten aus verschiedenen Jahrhunderten.

Kunsthaus Kannen

Das Kunsthaus Kannen ist eine außergewöhnliche Galerie, die in den Komplex des Krankenhauses der Alexianer-Brüderschaft für Psychiatrie und Psychotherapie integriert ist. Die Fachklinik fördert die Kreativität künstlerisch besonders begabter Langzeitpatienten, ihre Arbeiten sind von hohem künstlerischen Wert.

■ **Kunsthaus Kannen,** Alexianer Münster GmbH, Alexianerweg 9, 48163 Münster-Amelsbüren, Tel. 02501-96620000, www.kunsthaus-kannen.de, Di–So 13–17 Uhr, Führungen nach Vereinbarung. Eintritt frei, mit Café.

Essen und Trinken

■ **Altes Gasthaus Freitag**②, Davertstr. 40, 48163 Münster-Amelsbüren, Tel. 02501-5039, www.gasthaus-freitag.de. Ein gutes Beispiel traditioneller Münsterländer Gastronomie, Mo–Sa 15–24 Uhr, So 11–24 Uhr, Do Ruhetag.

◁ Brücke über den Dortmund-Ems-Kanal

2 Steinfurter Land

Das Torhaus von Schloss Steinfurt

STEINFURTER LAND – DER NORDEN

Das Steinfurter Land stellt den Kern des Kreises Steinfurt dar, der in seiner heutigen Form seit 1975 besteht. Es erstreckt sich von den Ausläufern des Teutoburger Waldes ostwärts und umfasst große Teile der Emsniederung. Östlich von dieser verläuft der Münsterländer Kiessandzug als Relikt der Eiszeit. Doch diese Höhenrücken sind wenig spektakulär, sie erheben sich – durch Bachtäler unterteilt – gerade einmal zehn bis zwanzig Meter über das Umland. Im Süden reicht das Steinfurter Land bis an die Baumberge heran, im Westen geht es bis über die Vechte hinaus. Den nördlichen Abschluss bildet die Grenze zu Niedersachsen.

Steinfurt

- **Postleitzahl:** 48565
- **Tel.-Vorwahl:** 02551 (Burgsteinfurt), 02552 (Borghorst)
- **Info:** Steinfurt-Touristik, Markt 2, Burgsteinfurt, Tel. 02551-1383, www.steinfurt-touristik.de, Mo–Fr 9–12.30 Uhr und 14–17 Uhr, Mai bis Sept. zusätzlich Sa 10–13 Uhr.

Stadtführungen (Auswahl)

- **Von Evangelen und Katholen,** Kirchenführung, **Stadtrundgang mit der Wehmutter,** Hebammentour, **Stadtrundgang mit der Kammerfrau,** Dienstbotentour, jeweils 90 Min., ab 6 € pro Pers., mind. 50 €.
- **Mittelalterliches Stemmert,** historische Führung, 60 Min. mit Verkostung, Preis je nach Menü.

Steinfurt als Kreisstadt des gleichnamigen Kreises gibt es in seiner heutigen Form erst seit der Gebietsreform von 1975, durch die die vormaligen Städte **Borghorst** und **Burgsteinfurt** zur Stadt **Steinfurt** zusammengelegt wurden. Die Kerne der beiden Ortsteile liegen etwa sechs Kilometer voneinander entfernt, dazwischen erstreckt sich der Bagno-Park mit dem angrenzenden Waldgebiet Buchenberg. Nicht nur verwaltungsmäßig, sondern auch touristisch präsentiert sich der 30 km nordwestlich von Münster gelegene Doppelort heute als Einheit.

Geschichte von Burgsteinfurt

An einer Furt über die Aa hatten die **Herren von Steinfurt** ihren Stammsitz errichtet, die 1129 erstmals als *Edle von Stenvorde* erwähnt wurden. Schriftliche Unterlagen über lange vorher bestandene Bauerschaften reichen ins 9. Jh. zurück. Über Jahrhunderte lagen die Herren von Steinfurt im Streit mit den Münsteraner Bischöfen. 1164 wurde ihre Burg erstmals zerstört, im gleichen Jahrhundert wieder aufgebaut. Im Laufe der

NICHT VERPASSEN!

- Eine der schönsten Wasserburgen des Münsterlandes – **Schloss Steinfurt** | 84
- Der mittelalterliche **Marktplatz von Burgsteinfurt** mit seinen prächtigen Bürgerhäusern | 85
- Die **Stiftskirche des Klosters Metelen** mit ihrer reichhaltigen Ausstattung | 116
- **Kloster Bentlage** bei Rheine – das Museum beherbergt wertvolle Reliquienschreine | 133
- Pferdesport am Schloss – die **Surenburg** ist Austragungsort von Weltmeisterschaften im Gespannfahren | 144

Diese Tipps erkennt man an der gelben Hinterlegung

Zeit konnten sie ihren Besitz erheblich ausweiten, so beispielsweise mit der Vogtei des Damenstiftes Borghorst, womit sie aber die Rivalität mit den Bischöfen forcierten. Ursprung der Siedlung Stenvorde war die **Wasserburg** der Herren von Steinfurt. Bereits 1322 wird diese Marktsiedlung als Oppidum bezeichnet, die 1347 das Stadtrecht erhielt und bis 1396 ummauert wurde.

1421 starb das Geschlecht der Steinfurter im Mannesstamm aus und ging durch Einheirat an die Grafen von Bentheim. 1454 wurden die Territorien der Grafschaft Bentheim und der Herrschaft Steinfurt wieder getrennt. Zum Schutz gegen die Bischöfe wurde die Herrschaft Steinfurt 1495 dem Reich als Lehen aufgetragen und dabei zur **Reichsgrafschaft** erhoben – geholfen hat dabei sicherlich die Tatsache, dass *Eberwin II.* von Steinfurt Kaiser *Maximilian* bei seinen Kriegszügen zu Diensten war. Bis 1806 konnte Steinfurt so seine Reichsunmittelbarkeit als einzige kleine Landesherrschaft im Münsterland bewahren.

Ende des 16. Jh., als die Grafschaft ihre größte politische Bedeutung erlangt hatte, führte Graf *Arnold IV.* die reformierte Lehre in seinem Herrschaftsbereich ein. Spätere Erbauseinandersetzungen schwächten die Grafschaft, sodass Bischof *Christoph Bernhard von Galen* Steinfurt bis 1720 besetzt halten konnte. Er setzte durch, dass die Willibrorduskirche beiden Konfessionen offen stand und ließ die Nepomukkirche als katholische Pfarrkirche errichten. Die Befestigungsanlagen wurden ab 1720, die Stadttore 1841–55 abgerissen.

▷ Die Schlossmühle

Sehenswertes in Burgsteinfurt

Der Marktplatz bildet die Keimzelle der mittelalterlichen Siedlung von Steinfurt, die sich aus mehreren Kernen heraus entwickelte. Das Zentrum bildet das Schloss – die Wasserburg auf zwei Inseln in der Steinfurter Aa. Am ältesten ist aber die Siedlung südlich des Schlosses um die Johanniterkommende und Kirche. Nördlich davon steht die ummauerte Große Kirche mit der lang gezogenen Vorstadt, die wohl schon im 11. Jh. umgräftet wurde. Westlich von Schloss und Vorstadt liegt der katholische Pfarr- und Siedlungsbezirk, weitgehend auf Druck der Münsteraner Fürstbischöfe angelegt. Das Zusammenwachsen der Siedlungskerne hat das längliche Bild der heutigen Altstadt in Nord-Südausrichtung mit rechteckigem Marktplatz und davon ausgehender Straßengabelung um die Burganlage ergeben.

Schloss Steinfurt

Am Standort des im Jahr 1129 erstmals erwähnten Haupthofs seiner Vorfahren begann *Rudolf II. von Stenvorde* (1155–1193) mit dem Bau der Burg in Steinfurt. Die bis heute zum Schloss (Burgstr. 6) ausgebaute Anlage zählt zu den ältesten, mächtigsten und **schönsten Wasserburgen im Münsterland.**

Zunächst entstand ein Wohnturm, der von der aufgestauten Aa umgräftet wurde, danach auf einer zweiten künstlichen Insel der Buddenturm als Festungsturm. Nach der Zertsörung durch die mit dem Münsteraner Bischof verbündeten Herren von Ascheberg entstand die Burg neu – nachdem die Steinfurter die Ascheberger Burg zerstört hatten.

Ende des 12. Jh. wurde die **Burgkapelle** an die Ummauerung der neuen Anlage angebaut. Es ist eine typische Herrenkapelle in zwei Etagen, deren oberes Geschoss den Burgherren vorbehalten war, die durch einen Sichtdurchbruch im Fußboden dem Geschehen im Untergeschoss folgen konnten.

Mitte des 13. Jh. wurde der **Wohnturm** um den Rittersaal erweitert und in die Ringmauer eingefügt. In dieser Zeit entstand auch die **Vorburg** mit Wirtschaftsgebäuden und Burgmannshöfen, deren Bewohnern die Verteidigung der Anlage auferlegt war.

Über hundert Jahre wurde die Burg nicht mehr bewohnt, dann aber ab 1558 zur **Residenz** mit mehreren Trakten und der Kapelle im Dreiviertelrund um den Burghof ausgebaut. Nach Zerstörungen aus der Zeit des Dreißigjährigen Krieges folgten Instandsetzungen sowie die Niederlegung von Buddenturm und Ringmauer, deren Baumaterial für die Steinbauten des Bagno (s.u.) Verwendung fand. Heute wird das Schloss privat von der Familie *zu Bentheim und Steinfurt* genutzt und **ist nicht zu besichtigen.**

Am Markt

Das **Rathaus** (Markt 2) bildet den Mittelpunkt des Marktplatzes, der von zahlreichen repräsentativen Bürgerhäusern überwiegend mit Steinfassaden, die das Selbstbewusstsein seiner früheren Bewohner bezeugen, umsäumt ist. Das Gebäude wurde 1561 als verputzter Bruchsteinbau mit aufwendiger Fassade und geschweiftem Giebel anstelle der vorangegangenen Scharne (mittelalterliche Markthalle), die auch als Rathaus diente,

026ml ot

errichtet. 1570 erhielt das Gebäude einen Dachreiter aufgesetzt. Im Obergeschoss befinden sich der große Ratssaal und die rückwärtige Ratskammer mit Kamin und Balkendecke.

Das **Haus Peter van der Swaagh** (Markt 13) ist ein repräsentativer Fachwerkbau mit vorgesetzter klassizistischer Sandsteinfassade, benannt nach seinem ehemaligen Bewohner, einem aus Holland geflohenen Rentmeister. Skurril wirken die kupfernen Agaventöpfe auf der Giebel-Balustrade – sie stammen vom Bagno (s.u.).

Das **Beamtenhaus Kestering** (Markt 16) wurde 1648 im kriegszerstörten Burgsteinfurt mit markantem Treppengiebel im Stil eines holländischen Grachtenhauses errichtet. Zwei bemerkenswerte Sandsteinkamine befanden sich im Inneren, von denen einer, der Justitia-Kamin mit Darstellungen der Gerechtigkeit mit Schwert und Waage, ohne Augenbinde, noch vorhanden ist.

Das **Haus Goddaeus** (Markt 18), benannt nach dem Rechtsprofessor *Johannes Goddaeus*, geboren als *Johann Gödde* und 1642 in Burgsteinfurt in diesem Haus verstorben, stammt im Kern aus dem 14. Jh. Es erhielt 1509 an der Rückseite einen Fachwerkanbau und 1614 eine Backsteinfassade mit gegliedertem Schweifgiebel und Muschelaufsatz. Interessant ist der Gewölbekeller zur Weinlagerung, wie er typisch für die Burgsteinfurter Bürgerhäuser jener Zeit war.

Im Haus Markt 19 ist heute die **Stadtbücherei** untergebracht. 1445 wurde es von den Steinfurter Grafen als Wohn- und **Weinhaus** errichtet und ging 1569

in private Hand. Das Gebäude wurde seither mehrfach erneuert und erhielt 1912 seine Stuckfassade. Im Erdgeschoss ist der zweite Kamin aus Haus 16. Der repräsentative Saal im Inneren ist sieben Meter hoch. Die Grafen setzten mit ihrem herrschaftlichen Wohnsitz einen deutlichen Kontrapunkt zum Rathaus gegenüber.

Bürgerhäuser in der Altstadt

Die Burgsteinfurter Altstadtstraßen sind dank der Tatsache, dass Steinfurt vom Zweiten Weltkrieg weitgehend verschont blieb, bis heute mit einem großen Bestand an **Fachwerkhäusern** gesäumt. Eingeschossige Bauweise herrschte nach dem Dreißigjährigen Krieg vor. Typisch sind die Dielen mit großen Toreinfahrten. Die Giebeldreiecke sind oft verbrettert. Später kragen die Obergeschosse vor. Ab der Mitte des 19. Jh. setzte man der Vorderfront oft steinerne Giebel vor und widmete die Dächer als Krüppelwalm um.

In der Steinstraße, am Viefhoek, am Bütkamp oder auch am Friedhof sind Beispiele dieser meist giebelständigen Bauweisen zu sehen. An den äußeren Rändern der Altstadt, besonders am Verlauf der ehemaligen Stadtmauer, findet man die meist traufständigen Wohnbauten der weniger wohlhabenden Bewohner.

Reine Steinbauten konnten sich nur die Ministerialen oder reiche Kaufleute leisten. Insbesondere die **Burgmannshöfe** waren in der Regel zweigeschossig,

030ml ot

027ml ot

Steinfurt (Burgsteinfurt)

wie der letzte erhaltene von ihnen in der Kirchstr. 24, für den Drosten von Hewen errichtet. Das Hinterhaus stammt aus dem Jahr 1519, das Vorderhaus ersetzte 1780, im klassizistischen Stil errichtet, einen mittelalterlichen Vorgängerbau.

In diesem Zusammenhang ist auch das **Huck-Beifang-Haus** (Hahnenstr. 8) zu nennen. Es wurde als zweigeschossiger Steinbau auf schmaler Parzelle 1609 für den Rentmeister *Huck* gebaut, der in die Familie *Beifang* eingeheiratet hatte. Blickfang des Hauses ist der reich ornamentierte, übergiebelte Renaissance-Erker. Heute dient das Haus dem Kunstverein als Veranstaltungsort.

Zu erwähnen ist auch das **Hubertushaus** in der Wasserstr. 12, ein Renaissancebau mit Schaugiebel, den der gräfliche Gerichtsschreiber und Notar *Gerhard Hubertus* im Jahr 1609 erbaute. Im Dreißigjährigen Krieg wurde das Haus komplett zerstört, aber kurz darauf originalgetreu wiedererrichtet. Andere Wohngebäude der Stadt sind in ähnlicher Bauweise entstanden, so auch das Haus Goddaeus (s.o.), was darauf schließen lässt, dass die gleichen Baumeister am Werk waren.

Hohe Schule

Ein weiteres markantes Gebäude in Burgsteinfurt ist die Hohe Schule (An der Hohen Schule 25). Das Gebäude ließ *Graf Arnold IV.* 1591 für die von ihm gegründete **Reformierte Akademie** errichten. Dem calvinistischen Bildungsideal entsprechend, war diese ehemalige Hochschule mit den Fakultäten Theologie, Jurisprudenz, Physik/Medizin und Philosophie ausgestattet. Berühmte Lehrer waren an dieser Bildungsstätte tätig, unter ihnen *Vorstius, Althusius, Pagenstecher* oder *Casmann.*

Das zweigeschossige Gebäude ist mit seinen charakteristischen Türmen und welschen Hauben, dem Dreistaffelgiebel und den dreiteiligen Steinkreuzfenstern noch ganz der Renaissance verpflichtet. Heute sind die Musik- und Volkshochschule in dem Gebäude untergebracht.

Stadtmuseum

Exponate zur Stadtgeschichte sowie Modelle historischer Gebäude und des Bagno-Parks zeigt das Stadtmuseum.

■ **Stadtmuseum Steinfurt,** An der Hohen Schule 13, Tel. 02551-5987, www.heimatverein-burgsteinfurt.de, geöffnet Di bis Fr 10–12 Uhr, Sa und So 14.30–17 Uhr und nach Vereinbarung, der Eintritt ist frei.

Blaudruckwerkstatt

Die historische Blaudruckwerkstatt, vom Heimatverein betrieben, widmet sich der **Färbertradition** Burgsteinfurts. Besucher können diese alte Technik des Textildrucks kennenlernen.

■ **Blaudruckwerkstatt,** Kirchstr. 4, Tel. 02551-6372, www.heimatverein-burgsteinfurt.de, geöffnet Di und Fr 9.30–12 Uhr, 1. Sa im Monat 9.30–12.30 Uhr, Sondertermine und Führungen (2 € pro Person) unter der o.g. Telefonnummer.

Johanniterkommende

Die erste Johanniterkommende Westfalens (Kommende 1–13) wurde im 12. Jh. von *Rudolf II. von Steinfurt* als Niederlassung des **Johanniterordens** gestiftet. Seit die Herren von Steinfurt immer offensichtlicher dem protestantischen Glauben zuneigten, bestand die Kommende als katholische Enklave in Burgsteinfurt. Bis 1654 blieb sie sogar Sitz einer Komturei, zuständig für ganz Nordwestdeutschland. Allerdings hatte der Komtur seine Residenz schon 1603 nach Münster verlegt und ließ sich bis in die napoleonische Zeit vor Ort durch einen Rentmeister vertreten. Bis heute zeigt die ummauerte Anlage der Kommende an der Grenzmauer zur Großen Kirche noch den Charakter eines Verwaltungszentrums mit den unterschiedlichsten Bauwerken wie dem **Fachwerk-Konventshaus,** 1398 als Dormitorium errichtet, dem **Haus des Cappelans** von 1400, dem um 1290 entstandenen **Komturs-Wohnbau,** der 1687 anstelle eines Vorgängerbaus errichteten Hauskapelle, dem Brauhaus und dem Wohnbau des

Rentmeisters. Das **Torhaus** ist ein Fachwerkbau aus dem Jahr 1446.

Schlusenturm

Von der Steinfurter **Stadtbefestigung** sind nur noch minimale Reste vorhanden, etwa Mauerreste, die als rückwärtige Hausmauern verwandt wurden, sowie der Schlusenturm (Türkei 15) aus dem 15. Jh., von dem aus die Wasserstände am Stadtgraben reguliert wurden.

Große Kirche

Die **evangelische ehemalige St. Willibrorduskirche** (Friedhof 18) wurde vermutlich von den Herren von Steinfurt begründet und später den Johannitern übertragen, deren Prior dann auch Stadtpfarrer war. 1564 ging die Kirche im Zuge der religiösen Neuorientierung in Burgsteinfurt in den Besitz der Stadt über, wurde 1648 den Protestanten zugesprochen und ab 1673 auf Druck des Münsteraner Bischofs simultan betrieben, bis 1724 die katholische Pfarrkirche gebaut war.

Der erste Bau der Großen Kirche entstand wohl nach 1100. Heute stellt sich die Kirche mit ihrem Mitte des 14. Jh. errichteten, 50 m langen Langhaus mit einem Nordanbau in Form eines Querhauses und halbrunder Apsis dar, deren Kirchturm an der Westseite ein Satteldach mit beidseitigen Treppengiebeln trägt. Im Inneren wird sie von einem hölzernen Tonnengewölbe überspannt. Besondere Aufmerksamkeit verdient die 1658 vom Orgelbauer *Konrad Bader* aus Unna geschaffene **Barockorgel,** deren dekorativ gestalteter Prospekt original erhalten ist, das Klangwerk ist neueren Datums.

Kleine Kirche

Bei der Kleinen Kirche (Kirchstraße 10) handelt es sich um die ehemalige Kapelle zum Heiligen Geist, die 1381 der Johanniterkommende inkorporiert wurde. Der schlichte **spätgotische Saalbau** aus verputztem Bruchstein entstand 1471–1477 anstelle eines hölzernen Vorgängerbaus. 1945 brannte die Kirche aus, erhielt eine neue Fassade, und die Holztonne im Inneren wurde durch ein Rippengewölbe ersetzt.

St. Johannes Nepomuk

Die Kirche St. Johannes Nepomuk (Friedhof 6) entstand nach 1716 auf Veranlassung des Hochstiftes Münster als katholische Exklave Burgsteinfurts vor den Toren der Stadt. Die verputzte **barocke Bruchsteinsaalkirche** wurde 1722– 1724 von den Gebrüdern *Pictorius* errichtet und 1885 um Querhaus und Chor erweitert. Die Fassade mit Pilastern, geschweiftem Giebel und der Figur des hl. *Johannes Nepomuk* ist nach Süden, der reformierten Stadt entgegen gerichtet. In der barocken Innenausstattung darf das Wappen des Fürstbischofs nicht fehlen.

Bagno

Mitte des 18. Jh. legten die Grafen den Bagno-Park in den **Aa-Auen** in Erweiterung ihres Schlossparks an. In dieses **Parkgelände** wurden chinesische Pagoden, Fontänen und Kaskaden und 1774 eine **Konzertgalerie** eingebracht, die als ältester frei stehender Konzertsaal nach dem Vorbild des Gartenpalais Grand Trianon in Versailles gilt. Ab dem beginnenden 19. Jh. erfolgte die Umgestaltung zu einem **englischen Landschaftsgarten** mit Turmruine, Seenlandschaften und der Neuen Wache, die heute einem **Golfplatz** zugehörig ist (s.u.: „Aktivitäten").

■ **Bagno-Konzertgalerie,** Hollich 156, 48565 Steinfurt, www.bagno-konzertgalerie.de.

Kreislehrgarten

Der Kreislehrgarten am südwestlichen Rand von Burgsteinfurt ist eine einzigartige Einrichtung. In dem 1914 gegründeter Lehrgarten wird auf 32.000 m² in einem Obstbaumkunde und Gemüseanbau zu Demonstrations- und Schulungszwecken betrieben. Besucher können sich über die vielfältigen Möglichkeiten der Gartengestaltung informieren. Teilbereiche sind ein Zierpflanzengarten und verschiedene Themengärten, ein Bienenhaus, der „GartenErlebnisPfad" und eine Hausmosterei. Äpfel, Birnen und Pflaumen werden von August bis Dezember im Direktverkauf angeboten.

Kreislehrgarten Steinfurt, Wemhöferstiege 33, Tel. 02551-833388, www.kreislehrgarten-steinfurt.de. Ganzjährig von Sonnenaufgang bis Sonnenuntergang geöffnet, Eintritt frei. Der Obstgarten ist während der Erntezeit geschlossen. Obstverkauf August bis Dezember. Für Führungen, z.B. zum Thema Bienen, ist eine Anmeldung erforderlich.

■ **Saisonaler Obstverkauf:** Im Kreislehrgarten während der Erntesaison Mo bis Do 7.30–16.30 Uhr, Fr 7.30–12.30 Uhr.

Hollicher Windmühle

In der Bauerschaft Hollich ist eine Kappenwindmühle zu besichtigen. Die 1859 auf dem Hollicher Esch errichtete Holländermühle mit zwei Mahlgängen hatte zuvor bereits im Osnabrücker Raum gestanden. 1988 wurde sie stillgelegt und restauriert.

■ **Hollicher Windmühle,** April bis Okt. Sa 14–17 Uhr, Führungen nach Vereinbarung, Tel. 02551-2737, www.hollicher-muehle.de, Eintritt 3 €, ermäßigt 1,50 €, Gruppenpreis ohne Mahlbetrieb 15 €, mit Mahlbetrieb 40 €.

Wanderung

Von Steinfurt zum Bagno und zur Hollicher Mühle

Die Rundwanderung folgt teilweise dem Steinfurter Mühlenrundweg und führt von Burgsteinfurt zunächst durch das Bagno, der Parkanlage von Schloss Steinfurt mit dem Bagnosee. Weiter geht es entlang der Markierung Mühle, unter der B54 hindurch und auf der *Finnbahn* genannten Laufstrecke weiter durch den Wald auf den Buchenberg. Abwärts geht es auf Waldwegen der Markierung Mühle folgend bis zur Tecklenburger Straße. Die Landstraße wird überquert und man geht parallel auf die Holliger Mühle zu. Hier genießt man zunächst den Ausblick und tritt dann den Rückweg entlang der Markierung Mühle nach Burgsteinfurt an.

- **Wegstrecke:** 12,5 km
- **Gehzeit:** 3½ Std.
- **Schwierigkeitsgrad:** leicht
- **Höhendifferenz:** 120 m

Geschichte von Borghorst

Archäologische Funde von Gräbern weisen auf eine Besiedlung des Gebiets von Borghorst schon vor dem 8. Jh. hin. Im Jahr 968 gründete *Gräfin Bertha von Borghorst,* Witwe des *Grafen Bernhard* aus dem Geschlecht der Billunger, mit ihrer Tochter *Hedwig* auf dem gräflichen Burggelände inmitten der drei Bauerschaften Dumte, Ostendorf und Wilmsberg ein Damenstift, dessen erste Mitglieder aus dem Kloster Essen stammten. 974 und 989 wurden die Rechte des Stiftes durch die Kaiser *Otto II.* bzw. *Otto III.* bestätigt. Die Vogtei über das Stift wurde 1297 den Herren von Steinfurt übertragen. In der Zeit der Äbtissin *Hedwig von Galen* (1674–81), die Schwester des Münsteraner Bischofs *Christoph Bernhard von Galen,* erlebte das Stift eine erneute Blüte. Im Zuge der Säkularisation wurde das Stift 1811 aufgelöst.

Um die Stiftsimmunität hatte sich eine kleine Ansiedlung entwickelt, die 1512 als Wigbold bezeichnet wird. Nachdem Borghorst während des Achtzigjährigen Krieges um die Freiheit der Niederlande sehr gelitten hat, siedelten sich **Leineweber** im Ort an, dessen Bevölkerung dann bis 1650 stark anwuchs, sogar eine Leinentuchmachergilde wurde 1657 gegründet. Aus der Hausweberei entwickelte sich im 19. Jh. die **Textilindustrie,** die bis heute das Bild der Stadt prägt.

Sehenswertes in Borghorst

Stiftskirche St. Nikomedes

Der 95 m hohe Turm der ehemaligen Stiftskirche St. Nikomedes (Kirchplatz 2) ist weithin sichtbar. Die heutige dreischiffige, 2200 m² große Hallenkirche aus fünf Jochen und Querhaus mit 5/10-Schluss wurde Ende des 19. Jh. vom Architekten *Hilger Hertel d.Ä.* an der Stelle der Vorgängerstiftskirche erbaut. Hoch ragt das hallenförmige Innere auf, das mit einem Kreuzrippengewölbe, in der Vierung mit einem Sterngewölbe versehen ist. Die Ausstattung ist im Wesentlichen bauzeitlich, aber manches ist auch aus der Vorgängerkirche übernommen worden, so der Taufstein von 1170, eine Pietà von 1440, eine weitere von 1460 und der Torso eines Kruzifix von ca. 1525, der dem Osnabrücker Meister *Evert van Roden* zugeschrieben wird.

031ml ot

Das Borghorster Kreuz, ausgestellt in der Stiftskammer der Nikomedeskirche

Die **Stiftskammer** in der Sakristei birgt mit dem **Borghorster Kreuz** das größte Kunstwerk der Nikomedeskirche, ein ottonischer Kreuzreliquiar des ehemaligen Kanonissenstiftes, das von der dritten Äbtissin *Bertha* gestiftet wurde. Diese Goldschmiedearbeit aus der Mitte des 11. Jh. trägt auf der Vorderseite das Abbild von Kaiser *Heinrich III.*, der familiäre Beziehungen zum Kloster hatte. Einbrecher hatten das Kreuz aus der diebstahlgesicherten Vitrine in der Kirche entwendet, dann aber wohl doch Skrupel bekommen. Am 17. Februar 2017 konnte der Münsteraner Bischof voll Stolz das von der Polizei wieder beschaffte Kreuz präsentieren.

Verblieben vom Stift ist die **Kapelle** (Kapellenstraße 29), ein 1756 aus einer Stiftung der Äbtissin *Antonette Isabella Josina von Nagel zu Vornholz* ganz im Stil des Rokoko im Stiftswald errichteter achteckiger Bau. Das Dach der Kapelle ist als geschweifte Haube ausgestaltet und erinnert an den Korpus einer Holländerwindmühle. Originell ist der ornamental weiß-blau gekachelte Innenraum mit Alabasterskulpturen.

Weber-Haus Buckshook

Das älteste in Borghorst erhaltene Wohnhaus ist das Weber-Haus in Buckshook 4. Es stammt aus dem Jahr 1657. Dem schiefen **Fachwerkhaus** vorgebaut ist ein kleiner Schweinestall – Selbstversorgung war für die Weber wichtig, die ein hartes Los hatten. In Diele und Küche bestand der Boden aus gestampftem Lehm. Durchgebogene Balken kennzeichneten das kleine, niedrige Wohnzimmer. Die dicken Wände des ebenerdigen Vorratsraums sollten Frostschäden an den Vorräten verhindern.

Heimathaus

Das ehemalige Rathaus von Borghorst (1887) ist heute Heimatmuseum und Veranstaltungszentrum des Steinfurter Ortsteils. Hier gibt es einen Tante-Emma-Laden, eine Spinn- und Webstube sowie Apotheke, Schusterwerkstatt und Holzschuhmacherei zu sehen. In den **Haugen Stuoben,** dem ehemaligen Ratssaal, kann wieder geheiratet werden.

■ **Heimathaus,** Münsterstr. 7, Tel. 02552-2822, www.heimatverein-borghorst, geöffnet an ausgewählten So 15–17.30 Uhr, Eintritt frei.

Heinrich Neuy Bauhaus Museum

Ganz dem Bauhaus verpflichtet, werden im ehemaligen Stiftskurienhaus aus dem Jahr 1668 Arbeiten aus den Bereichen Kunst, Design und Architektur vom Bauhausschüler *Heinrich Neuy* (1911–2003) und seiner Kollegen gezeigt.

■ **Heinrich Neuy Bauhaus Museum,** Kirchplatz 5, Tel. 02552-9958309, www.heinrichneuybauhausmuseum.de, Mi–Fr und So 11– 17 Uhr und nach Vereinbarung, Eintritt 4 €, ermäßigt 2 €.

Niedermühle

Die Borghorster **Wassermühle** an der Aa, einst wichtiger Bestandteil der mittelalterlichen Stadtbefestigung, wurde vom Heimatverein zur Besuchermühle umgewidmet. Erstmals 1352 als Neue

Mühle erwähnt, wurde sie ab 1475 als Niedermühle (im Gegensatz zur Burgsteinfurter Schlossmühle) bezeichnet. Im 17. Jh. nutzte man sie als Ölmühle, 1957 wurde der Betrieb eingestellt.

- **Niedermühle,** An der Niedermühle, Tel. 02552-14920, www.heimatverein-burgsteinfurt.de, geöffnet April bis Sept., 3. Sa im Monat 15–16.30 Uhr, Pfingstmontag (Mühlentag) und 2. So im Sept. (Denkmaltag) ganztägig, Eintritt frei.

Praktische Tipps

Unterkunft, Essen und Trinken
(Stadtplan S. 88)

In Burgsteinfurt

3 3 **Hotel-Café-Restaurant Bagno**③, Hollich 156, Tel. 02551-3365, www.bagno-restaurant.de. Im herrlichen Bagno-Park gelegen mit Blick auf den Golfplatz, internationale Küche, mit Biergarten, großzügig und modern eingerichtete Zimmer.

2 2 **Landgasthof Teepe**②, Veltrup 5, Tel. 02551-93800, www.landgasthof-teepe.de. Etwas südlich von Burgsteinfurt, Gaststube und großer Saal, Gartenwirtschaft und Spielplatz, Di Ruhetag, modern eingerichtete Zimmer. Für Vegetarier geeignete Salatteller, bei denen man das (Hähnchen-) Fleisch weglassen kann.

1 **Bergers Flammerie**②, 48565 Steinfurt, Sellen 57, Tel. 02551-996692, www.bergers-landhaus.de. Alteingesessener Landgasthof in Burgsteinfurt. Große Variation an Flammkuchen, traditionell auf dem Holzbrett serviert, Mo/Di Ruhetag.

In Borghorst

4 4 **Lindenhof**①, Dumter Str. 62, Tel. 02552-2182, www.lindenhof-steinfurt.de. Gasthaus mit Kegelbahn, einfache Zimmer.

5 5 **Hotel Schünemann**③, Altenberger Str. 109, Tel. 02552-702480, www.hotel-schuenemann.de. Gekonnte internationale Küche, serviert in klimatisiertem Restaurant, gut ausgestattete Zimmer, dazu Suiten, großzügiger Wellness-Bereich mit 30 °C warmem Hallenbad, Sauna, Solarium, Massage, große Gartenanlage.

6 6 **Posthotel Riehemann**③, Münsterstraße 8, Tel. 02552-99510, www.riehemann.de. Entstanden aus einer Posthalterei aus dem Jahr 1827, komfortabel eingerichtete Zimmer, dazu Suiten. Das geschmackvoll gestaltete Restaurant bietet gehobene westfälische und internationale Küche, große Weinkarte, Gartenterrasse.

Aktivitäten

- **Golf:** Golf Club Münsterland e.V., Bagno, Hollich 156a, Tel. 02551-833550, www.gc-muensterland.de. 9-Loch-Anlage inmitten des alten Baumbestands im Bagno-Park und mit der ehemaligen Hauptwache aus dem 18. Jh. als Clubheim, Driving-Range und Gastronomie.

Feste und Veranstaltungen

- **Emmausgang,** christliche Tradition, die an den Gang der Jünger am Ostermontag nach Emmaus erinnert, bei dem Jesus unerkannt bleibt. Die besondere Steinfurter Form besteht darin, dass die Mitglieder des Schützenvereins (Schütten tho Borchorst) am Abend des Ostermontag in einem Fackelzug mit der Emmauslaterne, einer Messinglaterne, zur Pfarrkirche ziehen und dort eine nächtliche Andacht feiern.

  Info: www.prinzen-schuetzen.chayns.net/Emmausgang
- **Schweinemarkt Borghorst,** wo früher lebende Schweine auf dem Markt gehandelt wurden, gilt heute jeweils am ersten Septemberwochenende „Shoppen, Schlemmen, Party", reges Markttreiben in der Innenstadt, Open-Air-Musik auf einer Showbühne.

Info: www.borghorster-werbegemeinschaft.de/veranstaltungen/schweinemarkt

■ **Steinhart500,** Nachfolgeveranstaltung des Steinfurt-Marathons, jeweils 2. So im November. Drei-Runden-Kurs mit Trailcharakter im Naherholungsgebiet Bagno-Buchenberg, bei dem 500 Höhenmeter (wie beim 42-km-Marathon) zu überwinden sind, Streckenangebot 16 km, 29 km oder 42 km.

Emsdetten

■ **Postleitzahl:** 48282
■ **Tel.-Vorwahl:** 02572
■ **Info:** Verkehrsverein Emsdetten, Friedrichstr. 2, Tel. 93070, www.vvemsdetten.de

Wenige Kilometer östlich von Steinfurt bahnt sich die Ems ihren Weg durch recht flaches Land. Die **Emsniederung** ist mit ihren häufigen Überschwemmungen ein erst relativ spät besiedeltes Gebiet. Ein Ort namens *Thetten* wird im Jahr 1178, *Detten* im Jahr 1498 urkundlich erwähnt.

Im Mittelalter hatte sich der Ort zu einem Zentrum der **Wannenmacherei** entwickelt. Im Zusammenhang mit der sich im Münsterland stetig entwickelnden Textilindustrie entstand in Emsdetten 1856 eine **Flachsmaschinenspinnerei,** wenig später eine **Fabrik für mechanische Webstühle.** Nach dem Zweiten Weltkrieg erzwang der Strukturwandel die Abkehr von der immer stärker von Krisen geschüttelten Textilindustrie. 1938 wurde Emsdetten zur Stadt erhoben.

Sehenswertes

Kirchen

Die Ortspfarrkirche **St. Pankratius** in der Kirchstr. 4 aus dem Jahr 1845–48 ist einer der frühesten neugotischen Bauten im Münsterland. Späthistoristisch ist dagegen die 1912 errichtete evangelische **Gustav-Adolf-Kirche.** Die **Herz-Jesu-kirche** in der Karlstraße wurde 1924 erbaut und 1935 um einen zweitürmigen Westquerbau erweitert.

Museen

Die Stadt bietet gleich drei Museen: Das **August-Holländer-Museum** präsentiert in einem alten Fachwerkhaus Exponate zur Handweberei, zur industriellen Textilherstellung und aus dem Alltagsleben. Das **Wannenmacher-Museum** demonstriert die Herstellung der flachen, aus Weiden geflochtenen Körbe. In einem alten Speicher zeigt das **Speicher-Museum** Landwirtschaftsgeräte. Alle drei Museen befinden sich in der Parkanlage um den **Hof Deitmar,** dem einzigen von vier Urhöfen des ehemaligen Dorfes Emsdetten, der noch erhalten ist.

■ **Museen der Stadt Emsdetten,** Mühlenstraße 28–30, Tel. 02572-941316, www.heimatbund-emsdetten.de, Di–So 15–18 Uhr, So 10–12 und 15–18 Uhr.

Kunst und Kultur

Das Kulturgeschehen vollzieht sich heute in der **Ems-Halle** in Stroetmanns Fabrik, einer ehemaligen Textilfabrik, in der einmal jährlich die **Emsdettener Jazztage** stattfinden (s.u.: „Feste und Veranstaltungen"), sowie in der **Galerie Münsterland,** einer ebenfalls zentral gelegenen ehemaligen Textilfabrik, die vor allem für Ausstellungen genutzt wird. Emsdetten ist auch eine der **Rock-Hochburgen** des Münsterlandes. Die Initiative **„DettenRockt"** veranstaltet Konzerte und Festivals mit jungen Nachwuchsbands und ein jährliches Open-Air-Konzert gegen Diskriminierung, ebenso die **„Rockinitiative Emsdetten"**, die vor allem Nachwuchsbands unterstützt.

- **Stroetmanns Fabrik,** Ems-Halle, Friedrichstr. 2, Tel. 02572-97472, www.ems-halle.de.
- **Galerie Münsterland,** Friedrichstraße 3, Tel. 02572-89007, www.galerie-muensterland.de.

Praktische Tipps

Unterkunft, Essen und Trinken

- **Hotel Kloppenborg**③, Frauenstraße 15, Tel. 02572-9210, www.hotel-kloppenborg.de. Zentral in der Ortsmitte zwischen Kirche und Rathaus gelegen, seit über 300 Jahren in Familienbesitz, praktisch eingerichtete Zimmer, rustikale Gaststuben, gutbürgerliche Küche, vom 23.12. bis 1.1. Betriebsferien.
- **Café Extrablatt**②**,** Rheiner Straße 2, Tel. 02572-9604141, https://cafe-extrablatt.de/standorte/details/cafe-extrablatt-emsdetten. Ältestes Café der Gruppe, perfekte Systemgastronomie, preisgünstige Gerichte, Cocktails, mit überdachter Außenterrasse , täglich ab 9/9.30 Uhr geöffnet.
- **Waldhotel Schipp-Hummert**③**,** Veltrup 17, Tel. 02572-6098370, www.waldhotel-schipphummert.de. Versteckt in den waldreichen Emsauen südlich von Emsdetten, geschmackvolle Zimmer, neu eingerichtete Waldgaststätte, großer Biergarten inmitten einer ausgedehnten Wiesenfläche, ideal für Radfahrer auf dem Emsauenweg, Gaststätte barrierefrei, Mo Ruhetag.

Feste und Veranstaltungen

- **Emsdettener Jazztage,** in Stroetmanns Fabrik (s.o.), http://emskult-goes-jazz.de. Jeweils in der 1. März-Woche Di–Sa, Information und Karten beim Verkehrsverein (s.o.).
- **Rockinitiative Emsdetten e.V.,** www.rock-ini.de
- **DettenRockt e.V.,** www.dettenrockt.de

Saerbeck

- **Postleitzahl:** 48369
- **Tel.-Vorwahl:** 02574
- **Info:** Gemeinde Saerbeck, Kultur & Touristik, Ferrières-Straße 11, Tel. 02574-890 503, www.saerbeck.de

Saerbeck liegt neun Kilometer östlich von Emsdetten auf der anderen Seite der Ems. Die Gemeinde war bis zum Zweiten Weltkrieg landwirtschaftlich geprägt. Landwirtschaftlich ist auch ihr Ursprung – aus Unterlagen um das Jahr 1100 geht hervor, dass sich mehrere Hofstellen im Ort befanden. Die erste urkundliche Erwähnung von Saerbeck erfolgte im Jahr 1161, die der Pfarre 1196. Heute sind es Gewerbe und Industrie, die neben der Landwirtschaft den Charakter des Ortes bestimmen.

Bemerkenswert sind die Bemühungen Saerbecks um den Klimaschutz. Besonderes Augenmerk liegt dabei auf Solarenergie, Nahwärme und Biogas. Bis 2030 hat man sich das ehrgeizige Ziel gesetzt, mehr erneuerbare Energie zu erzeugen als verbraucht wird. Dafür hat Saerbeck 2009 den NRW-Preis als **Klimakommune** erhalten, verbunden mit einem Preisgeld in Millionenhöhe.

Sehenswertes

Die **Pfarrkirche St. Georg** steht im Ortsmittelpunkt. Eine erste romanische Kirche wird es hier bereits um 1200 gegeben haben. Im frühen 16. Jh. wurde dieser Bau durch einen spätgotischen ersetzt, der Turm trägt die Jahreszahl 1526. Auch diese Kirche wurde baufällig und 1896–98 durch eine neugotische Kirche ersetzt. Ihre Ausmalung, die 1917 mitten im Ersten Weltkrieg erfolgte, gilt als künstlerisch besonders wertvoll. Von den Vorgängerkirchen erhalten sind vor allem der mit Ranken und Arkaden skulptierte romanische Taufstein aus dem frühen 13. Jh., eine Skulptur der heiligen Anna aus dem späten 13. Jh., eine Madonnenfigur vom Beginn des 16. Jh. sowie eine Pietà aus dem 17. Jh.

Museen

In der ehemaligen Dorfschule aus dem Jahr 1905 ist das **Heimatmuseum** untergebracht, das seit 2019 als Archiv geführt wird. Neben den Klassenräumen im Parterre und der Lehrerwohnung im Obergeschoss gibt es Exponate zur Geschichte des Ortes sowie zur Flachsverarbeitung, alte bäuerliche Geräte und eine Holzschuhmacherwerkstatt zu besichtigen.

Die ehemalige landwirtschaftliche Kornbrennerei Dalmöller-Niehaus, bis 1972 betrieben, wurde zum **Kornbrennereimuseum** hergerichtet.

- **Heimatmuseum,** Am Kirchplatz 12, Öffnungszeiten nach Vereinbarung, Tel. 02574-938030, www.heimatverein-saerbeck.de/Museen. Führungen auf Anfrage.
- **Kornbrennereimuseum,** Grevener Str. 8, Tel. 02574-983098, www.heimatverein-saerbeck.de/Museen, geöffnet So 10.30–12.30 Uhr und nach Vereinbarung.

Sinninger Mühle

In der Saerbecker Bauerschaft Sinningen, einige Kilometer westlich des Ortes an der B475 Richtung Emsdetten, steht die Sinninger Mühle, 1866/67 als **Wallholländer-Getreidemühle** mit drehbarer Haube errichtet. Die Umstellung auf Motorbetrieb erfolgte im Jahr 1900, die Einstellung des Windbetriebs 1922, die Betriebsschließung 1983. Heute dient die Mühle als Feuerwehr-Gerätehaus. Im obersten Geschoss, dem früheren Steinboden, wird eine Ausstellung zur Geschichte der Saerbecker Wind- und Wassermühlen präsentiert. In Erinnerung an die grausamen Kriegsereignisse des Jahres 1628, als spanische Soldaten in Saerbeck ein Blutbad anrichteten, hat die Feuerwehr im Jahr 1993 vor der Mühle eine **Friedenseiche** gepflanzt.

- **Sinninger Mühle,** Innenbesichtigung und Führung nach vorheriger Anmeldung beim Förderkreis Sinninger Mühle e.V., Heinrich Beermann, Sinningen 51, Tel. 02572-952110.

Info: www.saerbeck.de/Sehenswertes/Sinninger-Windmuehle.htm?

Wildfreigehege Nöttler Berg

Zwei Kilometer östlich des Ortes an der B475 Richtung Ladbergen findet sich ein Wildfreigehege mit 40 Arten Hoch- und Niederwild, darunter **Bisons** und **Hängebauchschweine.** Der Park bietet verschiedene Kinderaktivitäten, so auch Ponyreiten.

■ **Wildfreigehege Nöttler Berg,** Tel. 02574-474, www.wildfreigehege-saerbeck.de. Im Sommer geöffnet werktags 9–18 Uhr, So und feiertags bis 19 Uhr, im Winterhalbjahr werktags 10 Uhr bis Einbruch der Dunkelheit, Dez. bis 1. Sa Jan. geschlossen, Mo geschlossen (außer in den NRW-Schulferien), Eintritt 5 €, Kinder von 3 bis 14 Jahren 3 €, Ponyreiten 3 € (15 Min.).

Praktische Tipps

Unterkunft, Essen und Trinken

■ **Hotel-Restaurant Stegemann**③, Saerbeck-Westladbergen, Westladbergen 20, Tel. 02574-9290, www.hotel-stegemann.de. Bereits seit drei Generationen in Familienbesitz, komfortable Zimmer, Hallenbad, Solarium und Sauna. Das Restaurant bietet regionale Küche mit Spezialitäten der Saison.

■ **Pension Gildehaus**②, Saerbeck-Middendorf, Middendorf 20, Tel. 02574-98822, www.pension-gildehaus.de. Kinderfreundliches Urlaubsquartier, einfache Zimmer, ein Zimmer behindertengerecht. Die Küche verarbeitet Produkte vom eigenen Hof, dazu Haus- und Hoftiere.

Aktivitäten

■ **Badesee:** Familienfreundliches Naturfreibad nahe dem Ortskern, Zum Badesee, Tel. 02574-730, https://www.saerbeck.de/Freizeit-und-Touristik/Badesee.htm?, Mai bis Ende August, Liegewiese, Schwimmaufsicht, Eintritt 2 €, ermäßigt 1/0,50 €, Familienkarte 4 €.

■ **Reiten:** Islandpferdehof Landskron, zwischen Saerbeck und Emsdetten, 48369 Saerbeck, Middendorf 62, mobil: 0172-5662495, www.reittherapie-landskron.de. Reitunterricht, Reittherapie für Kinder und Erwachsene mit Halle und Außenreitplatz, bietet Ausritte.

Ponyhof: Gestüt Steenhaar, Saerbeck-Ladbergen, Westladbergen 11, Tel. 02574-767, www.steenhaar.de. Reiten im Toit, der speziellen Pony-Gangart, Reitschule, Ferienfreizeiten, Übernachtungsmöglichkeiten in 2-/4-Bett-Zimmern.

Feste und Veranstaltungen

- **Saerbecker Triathlon** (600 m Schwimmen, 20 km Radfahren, 5 km Laufen), jeweils 1. So im Juli, Austragungsort ist der Badesee, Startgeld je nach Anmeldungszeitpunkt 22–26 €, www.wasser-freizeit.org.

Greven

- **Postleitzahl:** 48268
- **Tel.-Vorwahl:** 02571 (Greven und Gimbte), 02575 (Reckenfeld)
- **Info:** Greven Marketing, Alte Münsterstraße 23, Tel. 02571-1300, www.greven-tourismus.de

Greven liegt inmitten einer abwechslungsreichen Landschaft, die einerseits von den **Emsauen** mit ihren Altarmen, Baggerseen und Feuchtwiesen und andererseits vom **Naturschutzgebiet Bockholter Berge,** einer durch Wanderwege gut erschlossenen Dünen- und Heidelandschaft, gebildet wird. Der Ort südlich von Emsdetten ist etwa 17 km von Münster entfernt.

Archäologische Funde belegen, dass Menschen als Jäger und Sammler in der mittleren Steinzeit vor 8000 Jahren das Gebiet um Greven durchstreiften. Einzelne Siedlungen der Region wie die Bauerschaft Aldrup (*Alathorpe* = „altes Dorf") entstanden in der Sachsenzeit. Beispielhaft zeigt der rekonstruierte Sachsenhof an der B219 in der Bauerschaft Pentrup (s.u.) die Lebens- und Bauweise der damals dort lebenden Menschen.

Im Zuge der Missionierung entstand um das Jahr 800 eine fränkische Neusiedlung am Endpunkt der Emsschifffahrt, die als *Grevaon* im Werdener Urbar verzeichnet ist. Die Ortschaft, die vom Fernhandel auf der Ems lebte, der hier mit als *Pünten* bezeichneten flachen Booten betrieben wurde, entwickelte sich zu einem Marktort von überregionaler Bedeutung. 1257 wird erstmals **Burg Schöneflieth** als Befestigung des Emsüberganges erwähnt. Burgherr *Dietrich von Schoenenbeke* betätigte sich als Raubritter. Deshalb wurde seine Burg vom Münsteraner Bischof vernichtet. Die Münsteraner errichteten dann im 14. Jh. eine **Zollburg** an gleicher Stelle, von der noch Reste am Emsufer erhalten sind.

In den Wirren der folgenden Jahrhunderte verlor der Marktort an Bedeutung. Erst im 19. Jh. ging es mit der Textilindustrie und dem Anschluss an die Eisenbahn wieder aufwärts. Seit 1950 darf sich Greven „Stadt" nennen. Der **Flughafen Münster/Osnabrück** liegt etwas nordöstlich des Ortes (siehe „Praktische Reisetipps A–Z: Anreise").

◁ Die Sinninger Mühle

Sehenswertes

Die erhöht am Marktplatz gelegene **Ortspfarrkirche St. Martin** geht in ihrem Ursprung auf eine Gründung des Bischofs *Liudger* zurück. Vom romanischen Bau ist der Turm erhalten. Das Langhaus entstand als Halle um 1500, der Chor wurde 1890 neugotisch erweitert. Die Kreuzigungsgruppe im Inneren mit Christus am Gabelkreuz ist mit 1722 bezeichnet und wird *Johann Wilhelm Gröninger* zugeschrieben.

Um den Markt und an der Marktstraße gibt es noch einige **Ackerbürgerhäuser** aus der Zeit nach dem Dreißigjährigen Krieg. Im Süden der Altstadt stellt der **Hoek** (niederdeutsch = „Winkel"), die „Neustadt" aus dem 17. Jh. dar, den ältesten erhaltenen Ortsteil Grevens. Mit der Industrialisierung erhielt Greven eine Reihe von **Fabrikantenvillen,** im Stil des Spätklassizismus, des Historismus und des Jugendstils errichtet.

Schulzenhof Höping-Pellengahr

Südlich des Ortskerns findet man an der B219 nach Münster den Schulzenhof Höping-Pellengar. Der durch eine Gräfte befestigte Hof steht an historischem Standort, wo die Emsschifffahrt auf den Handelsweg von Münster über Rheine nach Emden traf. Der Fachwerk-Wohnspeicher der Hofanlage stammt aus dem Jahr 1574. Der **Wehrspeicher** lässt mit seinen Schießscharten noch erahnen, welch raue Sitten hier einst herrschten.

☒ Historischer Wehrspeicher

UNSER TIPP:

Freilichtmuseum Sachsenhof

Nahe der B219 Richtung Saerbeck/Ibbenbüren in der Bauerschaft Pentrup steht die Nachbildung eines **Gehöfts aus sächsischer Zeit,** wie es um 800 n. Chr. ausgesehen hat. Dieses als Sachsenhof bezeichnete Gehöft mit Nebengebäuden und Pflanzgarten für Kulturpflanzen und Wildkräuter wurde auf der Basis der Erkenntnisse aus Ausgrabungen des Westfälischen Museums für Archäologie im Sandabbaugebiet Münster-Gittrup rekonstruiert. Inzwischen ist das Gelände zum Freilichtmuseum ausgebaut worden, das das Alltagsleben der früheren Bewohner darstellt. Hier wird vor allem experimentelle Archäologie betrieben, um mehr Kenntnisse über damalige Handwerks- und Arbeitstechniken zu erlangen.

- **Freilichtmuseum Sachsenhof,** Greven-Pentrup, Pentruper Mersch 7, Tel. 02571-51958. Das Gelände ist für Besucher frei zugänglich und bietet auch Aktionstage zur Lebensweise frühmittelalterlicher Menschen im 6. bis 8. Jahrhundert, Auskunft beim Heimatverein Greven, www.heimatverein-greven.de.

Reckenfeld

Der Ortsteil Reckenfeld hat eine interessante Entstehungsgeschichte. Im Nordwesten von Greven bestand während des Ersten Weltkriegs ein großes **Munitionsdepot,** das über mehrere Gleisanschlüsse verfügte. Nach den Bestimmungen des Versailler Vertrages musste das Depot geräumt werden. Das Gelände wurde von einer Wohnungsbaugesell-

170ml ot

schaft erworben, die ab Mitte der 1920er Jahre die **ehemaligen Schuppen zu Wohnhäusern** um- und ausbaute. Alle Schuppen hatten zum Be- und Entladen eine Rampe, die heute noch an manchen der Häuser zu erkennen ist. Aus den ehemaligen Schienentrassen entstanden die Straßen. Heute wohnt fast ein Viertel der Bewohner von Greven im Ortsteil Reckenfeld, der durch seine überregional bekannte **Freilichtbühne** (s.u.) immer wieder Ziel von Besuchern ist.

Gimbte

Gimbte ist mit weniger als 1000 Einwohnern der kleinste und idyllischste Ortsteil von Greven. Am Dorf erstrecken sich die geschützten **Emsauen** mit den Wacholderheiden der Guntruper und Bockholter Berge. Hier hat sich auch der Heimatdichter *Hermann Löns* aus der Lüneburger Heide aufgehalten. Der **Lönsstein,** ein großer Findling, erinnert an ihn. Im Ortskern mit seiner schönen

Bebauung steht ein Fachwerkhaus aus dem 18. Jh. mit roter Backsteinausfachung, das heute als Standesamt der Stadt Greven genutzt wird.

Die Dorfpfarrkirche **St. Johannes Baptist** (Alter Fährweg) am Dorfrand zur Emsaue hin wurde schon vor 1040 begründet. Der heutige Bau entstand im Jahr 1836 als klassizistischer Saal mit eingezogenem, dreiseitigem Chor und Flachdecke. Wertvollstes Ausstattungsstück ist der zylindrische Taufstein mit Arkadenfries vom Ende des 12. Jh., einer der ältesten Taufsteine des Münsterlandes.

Am nördlichen Ortsrand des Dorfes Gimbte liegt der **Museumshof Averkamp,** der sich seit über 300 Jahren in Familienbesitz befindet. Die Familie hat in langwieriger Arbeit eine sehenswerte Sammlung von historischen Geräten und Werkzeugen zusammengetragen, die als Hof- und Landwirtschaftsmuseum einen Einblick in das Leben früherer Bauerngenerationen gewähren.

Museumshof Averkamp, Greven-Gimbte, Grevener Str. 32, Tel. 02571-53155, www.hofmuseum,de, geöffnet April–Okt. Sa/So 13–18 Uhr, im Winter bis 17 Uhr. Kinderattraktion: Holsken-Golf, eine spezielle Form des Mini-Golf, dazu Biergarten und kleiner Streichelzoo. Eintritt 2 €, Kinder 1 €.

Kanalüberführung

Folgt man von Gimbte der Ems weiter flussaufwärts nach Süden, gelangt man an die **Wasserkreuzung mit dem Dortmund-Ems-Kanal.** Die 1899 angelegte Kanalüberführung über die Ems ist längst durch eine moderne und leistungsfähigere „Neue Fahrt", was Breite und Tiefgang anbelangt, ersetzt worden. Die **alte Brücke** steht als technisches Denkmal malerisch in der Emsaue.

034ml ot

032ml ot

Praktische Tipps

Unterkunft, Essen und Trinken

- **Altes Wirtshaus Kaltefleiter**②, Greven-Gimbte, Alter Fährweg 6, Tel. 02571-95420, www.gimbte.de/gastronomieingimbte.htm. Traditioneller Familienbetrieb seit 1853, bietet westfälische, insbesondere auf Wildspezialitäten abgestimmte Küche, dazu Gästehaus in der ehemaligen Knabenschule mit geschmackvoll eingerichteten Zimmern im Landhausstil, außerdem Hausbäckerei: täglich frisches Brot und frische Kuchen vom Blech.
- **Landhotel Große Drieling**③, Hüttruper Straße 189, Tel. 02574-98332-0, www.mein-ferienhof.de. Nordwestlich von Greven in ruhiger Lage, der Hof ist seit dem 12. Jh. verzeichnet, nach Brand 1990 erneuert. Kinderfreundliches Garni-Hotel mit modern eingerichteten Zimmern, dazu Ferienwohnungen und Ferienhaus, großer Garten mit Spielgeräten, Kleintier-Streichelzoo und Ponys.
- **Hotel Landgasthaus Wermelt**③, Nordwalder Str. 160, Tel. 02571-9270, www.hotel-wermelt.de. 3 km nördlich der Stadt, Hotel-Restaurant in typisch westfälischem Ambiente, komfortabel eingerichtete Zimmer, frische saisonale Küche, Außengastronomie, bietet Planwagenfahrten an.
- **Hoeker Hof**③, Münsterstraße 44, Tel. 02571-5788310, www.hotel-hoeker-hof.de. Hauptgebäude (1850) und Gästehaus (1612) als Baudenkmäler restauriert, Garni-Hotel mit modernen Zimmern.
- **Hotel-Restaurant Schraeder**②, Greven-Gimbte, Dorfstraße 29, Tel. 02571-9220, www.hotel-schraeder.com. Idyllisch im Ortszentrum gelegenes Restaurant, eingerichtet wie zu Großmutters Zeiten, mit kleiner, reizvoller Terrasse vor dem Haus,

⌃ Im Dorfkern von Gimbte

‹ Blick von den Emsauen auf Greven-Gimbte

bietet regionale und internationale Küche, hausgebackene Kuchen, Steinofenbrot, Produkte aus eigener Schlachtung, geöffnet Mo und Di ab 17.30 Uhr, Mi bis So ab 11.30 Uhr, Angeschlossener Hotelbetrieb im Gästehaus, dazu Ferienwohnung und Appartements.

Camping

■ **Campingplatz Westheide,** Altenberger Str. 23, südwestlich von Greven, Tel. 02571-560701, www. ferienpark-westheide.de. Familienfreundlicher, barrierefreier Ferienpark am Westeroder See, sehr gut ausgestattet, auch Jahresplätze mit frostfreiem Wasseranschluss und Abwassereinrichtung.

Aktivitäten

■ **Kartbahn:** Knatterdrom, Industriepark Greven/ Emsdetten, Werner-von-Siemens-Straße 40, Tel. 02571-2062, www.knatterdrom.de. Auf 10.000 m^2 Fläche, geöffnet von Di bis Do 16–21 Uhr, Fr 15–21 Uhr, Sa 12–21 Uhr, So 12–20 Uhr, Mo Ruhetag, im Winter Mo und Di Ruhetag, Trainingsticket 10 Min. 13 €, Kinderticket 10 Min. 10,50 €, Doppelsitzer 10 Min. 20 €. 24.–26.12., 31.12. und 1.1., Rosenmontag bis Donnerstag geschlossen.

■ **Golf:** Golf-Club Aldruper Heide, Greven-Aldrup, Aldruper Oberesch 12, Tel. 02571-97095, www. golfclub-aldruper-heide.de, ländlicher 18-Loch-Platz mit Gastronomie und Shop.

■ **Angeln:** Felixsee, 10 ha großer See östlich von Greven, 1967 durch Ausbaggerung für den Bau der A1 entstanden, Angelgewässer des Angelsportvereins Greven, www.asv-greven.de, das Baden ist hier verboten.

Kultur

■ **Kulturzentrum GBS,** Friedrich-Ebert-Str. 3–5, in der 1993 geschlossenen Grevener Baumwollspinnerei (GBS), gebaut 1855, heute Kultur-, Bildungs- und Jugendzentrum im Ambiente eines ehemaligen Ballenlagers, Veranstaltungsort für renommierte Künstler, Kleinkunst bis hin zu Schützenbällen, Info: www.greven.net/freizeit_kultur_tourismus.

■ **Münsterländische Freilichtbühne Greven-Reckenfeld,** Greven-Reckenfeld, Zur Freilichtbühne 36, Tel. 02575-1566, www.reckenfeld-freilicht buehne.de. Die Laienspielgruppe wurde 1947 gegründet, bei zwei bis drei Inszenierungen pro Jahr über 20.000 Zuschauer.

■ **Kleinkunstmarkt Gimbte:** Jahrmarkt und Kunstfestival im Ortskern mit Handwerkerpräsentation, Schmuckangeboten, mehr als 100 Aussteller, Wochenende Mitte August.

Nordwalde

■ **Postleitzahl:** 48356
■ **Tel.-Vorwahl:** 02573
■ **Info:** Gemeindeverwaltung Nordwalde, Bahnhofstr. 2, Tel. 02573-9290, www.nord walde.de

Die Besiedlung von Nordwalde, zehn Kilometer westlich von Greven, ging von einzelnen **Herrenhöfen** aus, vor allem von den seit etwa 900 n. Chr. bestehenden Herrensitzen des Bispinghofs (Hof des Bischofs) und des Pröbstinghofs (Hof des Domprobstes), hervorgegangen aus sächsischen Haupthöfen. Darüber hinaus spielten die Herrensitze Althaus und Herzhaus für die Entwicklung von Nordwalde eine Rolle. Am Ende des Mittelalters wurde der Ort durch fremde Truppen schwer in Mitleidenschaft gezogen, so zu Beginn des niederländischen Unabhängigkeitskrieges und während des Dreißigjährigen Krieges. Der

Zweite Weltkrieg traf Nordwalde dagegen nur partiell. Heute besteht die Gemeinde Nordwalde aus dem eigentlichen Ort und fünf Bauerschaften.

Sehenswertes

Prägend für das Ortsbild ist der Turm der **Ortspfarrkirche St. Dionysius.** Im Kern ist es ein gotischer Hallenbau aus vier Jochen, der 1894 um ein weiteres Joch mit eingebundenem Turm verlängert wurde. Herausragend ist die Barockorgel der Kirche, die seit dem Jahr 2000 unter Denkmalschutz steht.

Vom **Pröbstinghof** (Pröbstingstr. 31) steht noch der mittelalterliche Spieker (Speicher), der ursprünglich umgräftet war. Es handelt sich um einen um 1500 gebauten, dreigeschossigen Bruchsteinbau mit verschiedenen Fensteröffnungen, unter anderem Schießscharten. Von hier aus trieb der Verwalter des Domkapitels die Steuern bei den Bauern ein, vor allem das sogenannte Wortgeld für ausgegliederten Kirchenbesitz. Heute wird der Speicher von den Franziskanerinnen von Münster-Mauritz genutzt.

Den **Bispinghof** (Bispingallee 31) betritt man durch den Torzugang, der 1800 mit geschweiftem Pyramidendach auf vier Eckpfeilern errichtet wurde. Die ursprüngliche Anlage stand in einem ausgedehnten Grabensystem. Der alte Wehrspeicher ist noch erhalten, ein in der ersten Hälfte des 16. Jh. errichteter dreigeschossiger, turmartiger Bau auf hohem Kellersockel unter einem Krüppelwalmdach. Das Gebäude ist wohl seit dem 18. Jh. verputzt, war aber vorher schon für Wohnzwecke genutzt worden, wie beispielsweise der eingebaute Kamin zeigt. Nach dem Zweiten Weltkrieg kam das Evangelische Diasporawerk in den Besitz des Geländes und schuf hier mit Kirche und Freizeitinitiativen für die vielen nicht-katholischen Vertriebenen aus den Ostgebieten und sonstigen Zugewanderten eine Heimstatt. 2012 wurde die inzwischen unter Denkmalschutz gestellte Anlage vom Förderverein Bispinghof erworben. Heute dient sie Asylanten als Unterkunft.

Haus Althaus ist ein weiteres Zeugnis aus der Entstehungszeit von Nordwalde, auch wenn das heutige Anwesen Mitte des 18. Jh. anstelle eines älteren, großen steinernen Baus errichtet wurde. Im Jahr 1505 kam das damals durch eine Doppelgräfte geschützte Anwesen als Lehen der Dompropstei Münster in den Besitz der Herrn von Althaus (damals Oldenhus). Spätere Besitzer waren finanziell überfordert, sodass das Anwesen 1772 wieder an den früheren Lehnsträger, die Dompropstei Münster, zurückfiel. Zum Haus Althaus gehörte ein in einem Waldgelände gelegener Kotten, der der Unterkunft Pestkranker in Epidemiezeiten diente. Die Insassen mussten mittels einer Klapper Gesunde am zufälligen Betreten des Quarantänegeländes hindern.

Im ehemaligen Schulgebäude aus den 1930er Jahren war das **Heimatmuseum** untergebracht. Die Exponate wurden noch vom damaligen Dorflehrer zusammengetragen. Wegen Baumängeln im Schulgebäude war das Museum lange auf der Suche nach einer neuen Bleibe – die hat es nun endlich im Bispinghof gefunden.

■ **Georg-Kramann-Heimatmuseum,** im Bispinghof, Bispingallee 31, Tel. 02573-957514, 1. und 3. So im Monat 15–18 Uhr.

Praktische Tipps

Essen und Trinken

- **Bistro-Café Brandenburger Tor,** 48356 Nordwalde, Emsdettener Straße 16, Tel. 02573-920685, www.brandenburgertor-nordwalde.de. Im ehemaligen Feuerwehrhaus von Nordwalde. Geboten werden typische Bistro-Gerichte wie Burger, Flammkuchen oder Schnitzel, Mi und So Frühstücksbuffet, geöffnet 16.30–22 Uhr, Mi und So auch 9–12 Uhr, Mo Ruhetag.

Altenberge

- **Postleitzahl:** 48341
- **Tel.-Vorwahl:** 02505
- **Info:** Gemeindeverwaltung Altenberge, Kirchstr. 25, Tel. 8232, www.altenberge.de

Von Münster ziehen sich die stellenweise über hundert Meter hohen **Altenberger Höhen** nordwestwärts entlang der gleichnamigen Gemeinde bis über Burgsteinfurt hinaus. Der Paschhügel bei Altenberge ist sogar 119 m hoch.

Wie viele der Ortschaften des Münsterlandes geht der Ursprung der Siedlung und Pfarre Altenberge auf den ersten Münsteraner Bischof *Liudger* zurück. Hier im alten sächsischen Dreingau herrschten die Herren *von Cappenberg* als Gaugrafen. *Gottfried von Cappenberg* vermachte seinen Besitz 1122 dem Prämonstratenserorden, womit das Gebiet unter die Verwaltungshoheit des Münsteraner Hochstiftes fiel. Eine erste urkundliche Erwähnung von Oldenberge erfolgte 1182. Im Dreißigjährigen Krieg wurde der Ort gebrandschatzt, blieb aber während des Zweiten Weltkriegs von Zerstörungen verschont. Heute besteht Altenberge aus dem Ort selbst und sechs weiteren Bauerschaften.

Sehenswertes

An die Zeiten, als *Karl der Große* das Gebiet der Sachsen erobert und christianisiert hatte, erinnert noch die **Krüsellinde** (Alter Münsterweg, gegenüber Haus Nr. 47), die den Standort eines alten Freistuhls, den Gerichtssessel eines alten Femegerichts, markiert. Heute erhebt sich hier eine 300 Jahre alte Sommerlinde, die als Baumdenkmal geschützt ist.

Die Ortsparrkirche **St. Johannes Baptist** zählt höchstwahrscheinlich zu den Urpfarren des Münsterlandes. Die ersten drei Joche des heutigen Baus stammen aus der Mitte des 14. Jh., der in den 80er Jahren des 19. Jh. um ein neugotisches Westwerk mit 75 m aufragendem Turm erweitert wurde. Der Hochaltar ist ebenfalls neugotisch. Zwei Seitenaltarretabel wurden wohl um 1625 von *Gerhard Gröninger* gefertigt.

Einige Bürgerhäuser von Altenberge sind von kulturhistorischem Interesse. So stammt das **Bürgerhaus Kirchstr. 13** als typisches Wohn-Wirtschaftshaus aus dem Jahr 1840. Das Fachwerkhaus zeigt eine Backsteinfront zum Kirchplatz, deren hohe Fenster mit Sandstein gerahmt sind. Die Upkammer des Hauses ist heute das Trauzimmer der Gemeinde, ansonsten dient sie als Veranstaltungsraum.

Ein weiteres dieser Bürgerhäuser ist das **Ammenhaus** (Kirchstraße 4), auch

Haus Plettendorf genannt. Hier lebte *Katharina Plettendorf*, die Amme der am 10. Januar 1797 viel zu früh geborenen *Annette von Droste-Hülshoff*.

Heimhues Kittken

In der Friedhofstr. 9 steht das Heimathues Kittken mit Speicher und Backhaus als vormaliges Ackerbürgerhaus, im Kern vor 1840 errichtet. Zuletzt diente es als Arrestlokal mit Polizeidienstwohnung. Die Scheune des Ensembles wurde durch Mitglieder des Heimatvereins aus der Bauerschaft Hohenhorst hierher versetzt.

■ **Heimhues Kittken,** Friedhofstr. 9, 1. So im Monat 11–17 Uhr, Information durch Gemeindeverwaltung Altenberge bzw. durch www.heimatverein-altenberge.de, Tel. 02505-8232, dazu Brotbacken nach alten westfälischen Rezepten von März bis Okt. 1. und 3. Fr im Monat ab 12 Uhr durch das Back-Team des Heimatvereins.

Informationszentrum Eisscholle

Ebenfalls durch die Mitglieder des Heimatvereins Altenberge wurde die alte **Eiskelleranlage der Ortsbrauerei** aus dem Jahr 1840 der Öffentlichkeit zugänglich gemacht. Ehemals viergeschossig, ist dieses einmalige Industriedenkmal im Berghang am Borndal gelegen.

■ **Informationszentrum Eisscholle,** Grüner Weg 1, Information durch die Gemeindeverwaltung Altenberge, Tel. 02505-8232, www.eiskeller-altenberge.de. Besichtigung im Rahmen von stündlichen Führungen Mai bis Sept. Sa 13–16.30 Uhr, So und feiertags 11–16.30 Uhr, ansonsten nach Vereinbarung, Eintritt 2 €. Der Ausstellungspavillon „Eisscholle" (in der Form einer Eisscholle) kann während der allgemeinen Öffnungszeiten gebührenfrei besichtigt werden!

Museum Zurholt

Das Museum Zurholt zeigt **Fossilien und Mineralien** vom Altenberger Höhenrücken. Die umfangreiche Privatsammlung wurde 2011 der Gemeinde übergeben. Die Exponate stammen teilweise aus der Urzeit, teilweise aus der Eiszeit.

■ **Museum Zurholt,** Lindenstr. 8, Tel. 02505-8221, www.museum-zurholt.de, geöffnet April bis Okt. 1. So im Monat 11–17 Uhr und nach Vereinbarung, Eintritt frei.

Waltrup

Haus Sieverding in der Bauerschaft Waltrup (Waltrup 151 an der K50 nach Hohenholte im Süden) war einst Lehnsgut des Münsteraner Domkapitels, wurde dann an das Jesuitenkolleg abgegeben, das den ehemaligen Wehrspeicher 1661 als Sommersitz ausbaute. Erhalten ist nur dieses stattliche dreigeschossige, sicherlich einzigartige Wohngebäude, das heute dem Studienfonds der Universität Münster gehört.

Der hohe Wehrspeicher auf dem **Hof Schulze-Lefert** (Waltrup 53) aus dem 16. Jh. war einst umgräftet. Über dem Kellergerschoss aus Bruchstein erheben sich Wohn- und Lagergeschoss, darüber das steile Satteldach. Das Mauerwerk ist durch Schießscharten im Werkstein gegliedert, die allerdings weitgehend zugemauert sind.

Der Wehrspeicher auf **Hof Schulze-Schwickering** (Waltrup 9) ist ein kleinerer dreigeschossiger Bruchsteinbau aus dem 15. Jh., der bis heute noch umgräftet ist. Öffnungen hat er im Erdgeschoss nur als Schießscharten, ansonsten im Obergeschoss kleine Fenster.

Haus Böding

In der Bauerschaft **Westenfeld** im Nordwesten steht Haus Böding (Westenfeld 106). Der umgräftete Hof war der Sitz der Ritter *von Oldenberge*, später wurde er vom Münsteraner Dienstadel bewohnt. Das Torhaus stammt aus dem Jahr 1580, das Hauptgebäude vom Anfang des 17. Jh. Besonders interessant ist der große Wehrspeicher.

Schlepper- und Geräte-Museum Altenberge

In der Altenberger Bauerschaft **Kümper** findet man in den Gebäuden einer ehemaligen Landmaschinenfabrik das Schlepper- und Geräte-Museum Altenberge. In der Fabrik wurden bis 1966 **Wesseler-Traktoren** hergestellt. Über Schlepper-Oldtimer hinaus werden Exponate zu Geschichte und Brauchtum, Alltag und Arbeit der jüngeren Vergangenheit gezeigt sowie **Oldtimer-Treffen** organisiert.

- **Schlepper- und Geräte-Museum Altenberge e.V.,** Altenberge-Kümper, Kümper 110b (direkt an der L874 in Richtung Billerbeck), www.schlepper-museum-altenberge.de, geöffnet zu themenbezogenen Aktivitäten bis hin zum Kartoffeln pflanzen meist Sa und So 10–17 Uhr, Information zu den Oldtimer-Treffen unter www.altenberger-oldtimertreffen.de.

Praktische Tipps

Unterkunft, Essen und Trinken

- **Hotel Gasthof Stüer**③, Laerstr. 6, Tel. 02505-93310, www.hotel-stueer.de. Großes, modernes Hotel, Sauna, Solarium, Fitnessraum, Kegelbahnen, Fahrradverleih, Tagungsräume, teilweise barrierefrei, viele Aktionsangebote. Das Restaurant bietet internationale Küche.
- **Akzent Hotel Altenberge**③, Eisenbahnstr. 2, Tel. 02505-939080, www.akzent.de/hotels/hotel-altenberge. Die Betriebsbasis bildet das ehemalige Bahnhofsgebäude, komfortable Zimmer. Das angeschlossene Restaurant mit offener Küche und Biergarten bietet mediterran angehauchte Gaumenfreuden.
- **Das kleine Kartoffelhaus**②, Billerbecker Str. 4, Tel. 02505-1422, www.kartoffelhaus-altenberge.de. Uriges Lokal, zentral gelegen, die Küche bietet allerlei Kreatives rund um die Knolle, Sa mittags geschlossen, Mo Ruhetag.

Laer

- **Postleitzahl:** 48366
- **Tel.-Vorwahl:** 02554
- **Info: Dorfmarketing Laer e.V.,** Am Rathaus 1 – Alter Speicher, Tel. 910610, www.tourismus-laer.com

Von Altenberge in Richtung Westen trifft man nach wenigen Kilometern auf das Örtchen Laer.

Lange vor der eigentlichen Siedlung bestand im nahen Waldgebiet Borg eine Ringwallanlage, deren Entstehung bis auf das 5. Jh. n. Chr. zurückgeht und die um das Jahr 1050 aufgegeben wurde. Eine schriftliche Nennung erfolgte aber erst 1189 als *Oldenborg* (= „Alte Burg“). Der 1134 erstmals urkundlich erwähnte Ort Laer war Sitz der Freigrafschaft Rüschau, die aus einem Gogericht, der Thingversammlung im vorkarolingischen Sachsen, das auch das Münsterland umfasste, hervorging. Die später von den Herren *von Ahaus* in Besitz genommene Freigrafschaft ging im 13. Jh. an die Grafen von Steinfurt über, die hier aber die Gerichtshoheit des Bischofs anerkannten.

Sehenswertes

Aus alter Zeit zeugt noch der **Heidenbaum** (Mühlenhoek 1), heute eher eine Baumruine, der einst als Gerichtslinde diente. Sie ist mit einem Steinkreuz aus vorchristlicher Zeit versehen. Weithin sichtbar ist die alte **Windmühle** am Rand des Ortskerns, die privat bewohnt wird.

Ortspfarrkirche St. Bartholomäus

Die Ortspfarrkirche St. Bartholomäus wurde schon im 12. Jahrhundert erwähnt und 1278 an die Johanniter in Burgsteinfurt abgegeben. Die dreijochige **spätgotische Hallenkirche** mit Chorjoch im 5/8-Schluss ersetzte einen romanischen Vorgängerbau, von dem im Westen Teile eingearbeitet wurden, so vor allem der mit der Jahreszahl 1484 bezeichnete Turm. Chor und Turmhelm wurden nach Brand im Jahr 1599 erneuert.

Die wichtigsten Ausstattungsstücke sind die überlebensgroße Figur des heiligen *Bartholomäus* aus dem 3. Viertel des 13. Jh. wieder in mittelalterlicher Farbfassung, die Sakramentsnische mit Fischblasen-Maßwerk vom Ende des 15. Jh., ein achteckiger gotischer Taufstein, ein Holzkruzifix aus der Zeit um 1420, die wenig später entstandene Figur des heiligen *Antonius Abt,* ebenfalls wieder in ursprünglicher Farbfassung und nicht zuletzt die barocke Kreuzigungsgruppe aus Baumberger Sandstein an der Turmsüdseite.

Hof Schulze-Lohoff

Der Hof Schulze-Lohoff (Altenburger Str. 6) zählt zu den **Längsdielenhäusern,** deren Bauweise für das Münsterland typisch ist. Die einst umgräftete Anlage entstand 1574 und wurde 1860 umgebaut. Im **Flett,** einer Hallen-Wohnküche über die gesamte Hausbreite, befindet sich eine offene Herdstelle. Die Wirtschaftsgebäude wurden 1880 erbaut, der Speicher in Fachwerkbauweise mit Backsteinausfachung stammt aus dem Jahr 1495.

Holzschuhmuseum

Im *Holskenmuseum* wird noch altes Handwerk praktiziert. Hier kann man dem Holzschuhmacher bei der Arbeit zuschauen. Sein Haus gibt Einblicke in die Wohn- und Arbeitsverhältnisse früherer Zeiten.

■ **Holskenmuseum,** Terup 19, Information über den Heimatverein Laer, Am Rathaus 1, Alte Scheune, Tel. 02554-910610, www.tourismus.laer.com, geöffnet nach Vereinbarung, Eintritt 1,50 €, Kinder 0,75 €.

Unterkunft, Essen und Trinken

■ **Smeddinck-Hotel**②, Münsterdamm 43, Tel. 02554-917010, www.hotel-smeddinck.de. Freundlich eingerichtete Zimmer, gemütliche Gaststätte mit Kaminzimmer und Biergarten, vermietet auch ein Ferienappartement.

Horstmar

■ **Postleitzahl:** 48612
■ **Tel.-Vorwahl:** 02558
■ **Info:** Stadt Horstmar, Kirchplatz 1–3, Tel. 790, www.horstmar.de

Der westliche Nachbarort von Laer entwickelte sich im Umfeld der Burg der Herren *von Horstmar*, die 1092 als Lehnsleute der Herren *von Cappenberg* erwähnt werden. Die Lehnshoheit ging 1269 an den Bischof von Münster über, seither bestand das fürstbischöfliche Amt Horstmar. Unter Bischof *Otto von Hoya* (1410–24) wurde die Burg als Bollwerk gegen die benachbarte, selbständig gebliebene Landesherrschaft Bugsteinfurt und zu einem der Lieblingssitze der Bischöfe und Sitz eines Amtsdrosten ausgebaut. Im Dreißigjährigen Krieg wurde die Burg zerstört.

Eine erste Quelle erwähnt im 11. Jh. Horstmar als *Hurstmere*, der Ort selbst wird seit 1297 als Stadt bezeichnet. Er wurde in einer für das Münsterland einzigartigen Weise planmäßig auf rechteckigem Grundriss errichtet. Im Schnittpunkt der kreuzförmigen Straßen stehen die Pfarrkirche und das Rathaus. Im Doppelwallgrabensystem der Stadtbefestigung mit Stadttoren waren einst acht wehrhafte **Burgmannshöfe** eingearbeitet. Vier dieser Höfe existieren noch. Die Stadtbefestigung und das Grabensystem wurden Ende des 18. Jh. weitgehend niedergelegt.

Im 19. Jh. erlebte Horstmar durch die Ansiedlung von Textilbetrieben einen außerordentlichen Aufschwung. Mit dem Niedergang der Textilindustrie in der zweiten Hälfte des 20. Jh. ging ein erneuter Strukturwandel einher. Im Zuge der Gebietsreform des Jahres 1969 wurde die bis dahin selbstständige Ortschaft Leer eingemeindet.

Sehenswertes

Ortspfarrkirche St. Gertrud

Nachdem das Hochstift Münster Horstmar übernommen hatte, richtete es 1325 an der Ortspfarrkirche St. Gertrud ein Kollegiatsstift ein. Die damit beabsichtigte Bedeutungssteigerung der Pfarre führte zum Abriss der alten Kirche sowie dem Neubau als dreijochige Stufenhalle mit Chor im 5/8-Schluss und Westturm. Der Grundriss der Kirche zeigt deutlich den Chorraum einer Ordenskirche, der um ein Joch verengt ist. Hohe Maßwerkfenster erhellen den Innenraum. Der viergeschossige Turm weist noch Schießscharten auf. Den Pyramidenhelm erhielt er 1861.

Kapelle

Auf dem nahe Horstmar gelegenen Schöppinger Bergrücken steht (nahe der L579) die dem heiligen *Antonius Abt* geweihte Kapelle der 1651 gegründeten Antoniusbrüderschaft. Der kleine Bruchsteinsaal aus dem Jahr 1770 ist vor allem wegen seiner Innenausstattung beachtenswert. Aus der Erbauungszeit stammen eine Figur des *St. Antonius Abt* und zwei Kruzifixe. Außen am Chor ist eine Ende des 15. Jh. gefertigte Pietà aus Baumberger Sandstein angebracht. Am bedeutendsten sind die **Skulpturenfragmente** des *St. Antonius Abt,* die um 1440 wohl vom Meister des Bentlager Kreuzigungsreliefs gefertigt wurden. Heute überragen die weithin sichtbaren, fast hundert Meter hohen Windenergieanlagen der näheren Umgebung die Kapelle bei Weitem!

Altes Rathaus

Dem Bruchstein-Sockelgeschoss des Alten Rathauses wurde 1571 ein Obergeschoss unter Krüppelwalmdach aufgesetzt. Die Giebelseiten des Obergeschosses sind ebenfalls aus Bruchstein, die Gefache der Längsseiten mit Backsteinen ausgefüllt. Insgesamt kragen die Längsseiten auf den Balkenenden der Erdgeschossdecke vor. Über dem Eingang der Ostseite kragt ein Erker auf kräftigen Steinkonsolen noch weiter vor. Er erhielt bei einem Gebäudeumbau 1912 ein Giebeldreieck aufgesetzt. Heute wird das Gebäude als Trauzimmer und Sitzungssaal genutzt.

Unser Tipp: Burgmannshöfe

Die Stadtplanung von Horstmar sah eine **Befestigung** aus einem Graben mit Butenwall und Binnenwall vor, in die befestigte Höfe integriert und mit Stadttoren versehen waren. Der Bischof belehnte meist nachgeborene Söhne des niederen Adels mit diesen Burgmannshöfen, um sie als Beamte und Ritter mit Verwaltungs- und Verteidigungsaufgaben zu betrauen.

Der **Sendenhof** (Schlossstr. 16) am nördlichen Stadtwall ist der der ehemaligen Burg nächstgelegene Burgmannshof. Als ältester nachgewiesener Inhaber dieses Lehens wird 1366 *Albert von Senden* genannt. Das Herrenhaus steht auf einem mittelalterlichen Gewölbekeller mit Sandsteingefassten großen Fenstern. Das Fachwerkobergeschoss wurde nach dem Brand 1756 aufgemauert, Fachwerk blieb nur auf der Wallseite bestehen. Der Westflügel erhielt seine heutige Form 1763. Der Südflügel mit Krüppelwalmdach wurde 1767 angebaut. An der Westseite schließt sich das **Schlosstor** als einziges erhaltenes Stadttor an. Anstelle des älteren Überbaus wurde der mittelalterlichen spitzbogigen Tordurchfahrt im 18. Jh. ein Wohngeschoss in Fachwerkbauweise aufgesetzt. Durch eine Ummauerung entstand ein intimer Innenhof.

Im Osten des Altstadtbereichs steht der **Münsterhof** (Münsterstr. 16), einst von den Herren von Münster bewohnt. Hier besteht noch ein traufständiger Zweiflügelbau aus der Renaissancezeit mit Werksteingliederung und Dreistaffelgiebeln. Westlich ist ein Nebengebäude angebaut. An das Gebäude grenzt ein großer Garten an, der durch eine 1662 erfolgte Ummauerung von der Straße

036ml ot

abgetrennt und heute als **Rosengarten** der Allgemeinheit zugänglich ist.

Der **Borchorster Hof** (Südring 2) wurde 1521 anstelle eines Vorgängerbaus als rechteckiges, unterkellertes Anwesen in Backsteinbauweise mit Werksteingliederung mit Staffelgiebeln errichtet. Im Zuge späterer Umbauten hat man die Steinkreuzfenster durch Sprossenfenster ersetzt. Der kleine Anbau an der Südseite stammt im Kern auch noch aus dem 16. Jh. Zu beginn des 18. Jh.

037ml ot

038ml ot

wurde der Ehrenhof ummauert und erhielt vasenbesetzte Torpfeiler. Heute ist im Anwesen ein Pfarrzentrum untergebracht.

Der **Merfelder Hof** (Gossenstr. 10–12) befindet sich ebenfalls am Nordwall. Er besteht aus einem Herrenhaus mit Wirtschaftsgebäude und ist zur Straße hin ummauert. Das Mauerwerk des Herrenhauses von 1561 wurde unter teilweiser Verwendung eines Vorgängerbaus in Specklagentechnik gebaut, einer aus den Niederlanden bekannten Mauerbauweise aus abwechselnd roten Ziegelsteinen und gelben Sandsteinen und mit farblich abgesetzten Giebeln. Der Westflügel fiel im 19. Jh. dem Abbruch zum Opfer. Das Wirtschaftsgebäude entstand um 1600 als Fachwerkbau, dessen Gefache mit Backstein ausgekleidet sind.

Herrenholz

Durch das Schlosstor des Sendenhofs gelangt man über eine Lindenallee zum Herrenholz, einem leicht verwunschenen **Waldstück** im Norden des Ortes, einst Jagdrevier der Herren *von Horstmar.* Vorbei an den grasüberwachsenen Steinschuttwällen der 1635 geschleiften und nur noch durch Bodenerhebungen erkennbaren Burg erreicht man das sich auf den Höhen des Schöp-

[<] [^] Burgmannshöfe in Horstmar: Sendenhof mit Schlosstor (links), Münsterhof (oben links) und Borchorster Hof (oben)

Der Westfälische Bauernkönig

Die **Landwirtschaft** spielt im Münsterland bis heute eine entscheidende gesellschaftspolitische Rolle. Wer seine ganze Tatkraft zum Nutzen der Bauern im Lande einsetzt, genießt hier allerhöchste Anerkennung – so auch **Burghard Freiherr von Schorlemer-Alst,** der am 21.11.1825 auf Schloss Herringhausen bei Lippstadt geboren wurde und am 17.3.1895 auf der Wasserburg **Haus Alst** bei Horstmar starb.

In seiner Jugendzeit war *von Schorlemer* noch ganz seiner adeligen Herkunft verpflichtet und konnte sich nicht mit den Gedanken der Revolution von 1848/49 einverstanden erklären. In preußischem Militärdienst stehend, war er sogar aktiv an der Niederschlagung des Aufstands beteiligt. Nachdem er 1852 aus dem Militärdienst ausgeschieden war, kam er in seiner münsterländischen Heimat in unmittelbaren Kontakt mit der Landbevölkerung, bei der es durchaus Sympathien für das freiheitliche Gedankengut der, wenn auch fehlgeschlagenen, Revolution gegeben hat. Er kam zu der Überzeugung, dass die zahlenmäßig immer noch stärkste Bevölkerungsgruppe der Bauern aus seiner katholisch-konservativen Sicht keine angemessene gesellschaftliche Beachtung mehr fand, lenkte doch die Industrialisierung die Geschicke der Nation in den Liberalismus und das kapitalistische Marktsystem – und ein Ausweg aus dieser Situation konnte nur durch Kooperation erfolgen.

In diesem Sinn gründete *von Schorlemer* 1852 den **ersten Bauernverein Westfalens** im Kreis Steinfurt, den Vorläufer des heutigen Westfälisch-Lippischen Landwirtschaftsverbands. Über die berufsständischen Angelegenheiten wie den Warenbezug oder die Kreditversorgung hinaus ging es ihm vor allem um generelle Probleme des Landlebens wie beispielsweise Ausbildung, Versicherungen oder auch die Rechtsstellung, so speziell das Anerbenrecht. Im Laufe der weiteren Entwicklung wurde er Vorsitzender des **Westfälischen Genossenschaftsverbandes** und des Westfälischen Provinzialvereins, aus dem die **Landwirtschaftskammer** hervorging. Sein Bemühen um den landwirtschaftlichen Berufsstand brachte ihm im Laufe der Jahre die Ehrenbezeichnung „Westfälischer Bauernkönig" ein.

pinger Bergrückens erstreckende, beliebte **Naherholungs- und Wandergebiet.**

Das unter Naturschutz stehende, 170 Hektar große Areal weist artenreiche Buchenwälder auf kalkhaltigem Boden aus. Geschützt wird es vor allem wegen seiner **seltenen Pflanzen,** die hier ihre nordwestliche Verbreitungsgrenze erreichen – dazu zählen dichte Bestände an Bärlauch, Einbeere, Wald-Bingelkraut und Waldmeister. Man findet sogar einige **Orchideenarten,** die auf dem kalkartigen Boden gedeihen.

Leer

Der in Horstmar eingemeindete Weiler Leer weist mit der **Pfarrkirche St. Cosmas und Damian** einen südwärts gerichteten Bau aus den Jahren 1929/30 auf, in den eine kleine, kreuzgewölbte romanische Saalkirche aus der Zeit um 1250 integriert ist. Im Inneren befindet sich ein hölzernes Kruzifix aus der Zeit um 1290, das das Kreuz als Lebensbaum darstellt.

Außerdem sind zwei **Mühlen** in Leer zu sehen. Aus „Jannings Quelle" auf dem Schöppinger Bergrücken, einer Fortsetzung der Baumberge, entspringt der Leerbach, der die Mühle am Hof Jenning antrieb. Ihr Betrieb wurde 1939 eingestellt. Wenig unterhalb trieb der Leerbach auch die Wilming-Mühle an. Sie hatte zwei Wasserräder, eines für die Ölmühle, das zweite für die Kornmühle. Wegen nicht immer ausreichender Wasserführung baute der Müller eine Windmühle dazu. Sie war bis nach dem Zweiten Weltkrieg in Betrieb.

Haus Alst

Zu Leer gehörig und über einen Zugang von der L550 erreichbar, erhebt sich Haus Alst als **Wasserburg mit Vorburg und Torhaus,** begründet als Lehen des Stiftes Vreden. Anstelle der einst von einem hohen Ringwall umgebenen Burganlage auf einer Doppelinsel wurde 1624–27 ein zweigeschossiges Herrenhaus im Stil der niederländischen Renaissance mit Specklagenmauerwerk des Obergeschosses auf einer der beiden, inzwischen aber teilweise verfüllten Gräfteninseln errichtet. Niederländisch beeinflusst sind auch die flachen Entlastungsbögen aus Ziegelsteinen mit Sandsteinquadern über den Fenstern. Das Portal des sich an der Nordseite ans Herrenhaus anschließenden Treppenturms dient als Zugang zum Gebäude. Der dreigeschossige Turm an der Südwestseite stellte einst die Verbindung zum Ostflügel dar, der 1800 abgebrochen wurde. Die Wirtschaftsgebäude auf der ehemaligen zweiten Gräfteninsel stammen aus dem 19. Jh. Das Untergeschoss des Torhauses am südlichen Teil des Ringwalls ist aus dem 17. Jh., das Obergeschoss wurde 1860 in einer an die Mauerbauweise des Herrenhauses angepassten Weise erneuert. Schloss Alst gehörte zwischenzeitlich Freiherrn *von Schorlemer-Alst.* Auch heute noch ist es in Privatbesitz und **kann nur von außen besichtigt werden.**

Praktische Tipps

Unterkunft, Essen und Trinken

- **Holskenbänd**③, Schulstr. 12–14, Tel. 02258-997970, www.holskenbaend.de. 1957 vom Holzschuhmacher *Heuer* als Nebenerwerbsbetrieb gegründet (*Holskenbänd* = Holzschuh-Bernd), in dritter Generation zum Hotel-Restaurant erweitert, komfortable Zimmer, eine Suite. Die Küche bietet münsterländische Spezialitäten.
- **Gasthof Vissing**①, Horstmar-Leer, Dorfstr. 8, Tel. 02251-5272, www.gasthof-vissing.de. Hotel und Restaurant im Dorfzentrum, einfache Zimmer, Gesellschaftsräume, Kegelbahn, Di Ruhetag.
- **Meis-Gratz**①, Hortmar-Alst, Alst 13, Tel. 02258-7368, www.meis-gratz.de. Typisches Landgasthaus, rustikale westfälische Küche, Wintergarten und Biergarten, Mi Ruhetag, einfach eingerichtete Zimmer.
- **Hof Reining,** Schagern 8 (westlich von Horstmar), Tel. 02558-9979198, www.hof-reining.de. Urlaub auf dem Bauernhof in fünf unterschiedlich großen Ferienwohnungen (eine davon ist behindertengerecht ausgebaut). Großer Garten, Swimming-Pool, Spielgeräte, Islandponyzucht, Kleintiere, Ausritte.

Metelen

- **Postleitzahl:** 48629
- **Tel.-Vorwahl:** 02556
- **Info:** Tourist-Infomation Metelen, Sendplatz 18, Tel. 8941, www.metelen.de

Ganz im Westen des Steinfurter Landes liegt Metelen, etwa zehn Kilometer von Burgsteinfurt entfernt. Der Ort ist vor allem durch sein 889 gegründetes Kloster geprägt worden.

Kloster Metelen

Im Jahr 889 gründete die sächsische Edelfrau *Friduwi* aus dem Geschlecht der *Billunger* das Kloster Metelen, die **Keimzelle des späteren Ortes** gleichen Namens an der Vechte. Die Erlaubnis zur Gründung wurde von König *Arnulf von Kärnten* erteilt, der den Status der Immunität verlieh und die Reichsunmittelbarkeit herbeiführte. *Friduwi* stattete das Kloster mit ihrem umfangreichen Besitz aus, womit es auch wirtschaftlich unabhängig war. Die Münsteraner Bischöfe, denen die durch Kaiser *Otto III.* bestätigten Privilegien des Klosters ein Dorn im Auge waren, versuchten über Jahrhunderte, ihren Einfluss durchzusetzen, was ihnen aber nie richtig gelang.

Aufgenommen wurden in das Kloster Töchter begüterter Adelsfamilien der Umgebung, sehr viel später auch aus Bürgerkreisen. Erstmals im Jahre 993 findet der Name des Klosters als *de loco mattellia* urkundliche Erwähnung und entwickelte sich rasch zu einem religiösen Zentrum für das Umland. Ende des 13. Jh. wandelte es sich in ein **Augustinerinnenstift,** ab 1494 in ein freiweltliches Damenstift.

Im Laufe der Zeit wurde der Immunitätsbezirk mit einer Ummauerung versehen, vor der sich die **Siedlung Metelen** von Bauern, Handwerkern und Händlern mit Marktrecht entwickelte. Die Wigbold-Rechte wurden 1591 zugestanden. Im gleichen Zug wurde Metelen mit einer **Stadtbefestigung** aus Graben, Wällen und vier Stadttoren versehen, deren Verlauf heute noch an dem um den Ort führenden Wallweg zu erkennen ist.

Innerhalb des Immunitätsbezirks gab es neben der Stiftskirche **St. Cornelius und Cyprianus** einen Kreuzgang, um den sich die Konventsgebäude gruppierten. Seit das Kloster freiweltlich geworden war, lebten die Stiftsdamen in eigenen Gebäuden, den Kurien, die an den Kreuzgang angelehnt waren.

Zu Beginn des 18. Jh. wurden die Stiftsgebäude erneuert. Im Zuge der Säkularisation wurde das Stift geschlossen. Einige der Stiftsgebäude wurden auf Abriss verkauft. Schon im 17. Jh. war als neuer Wirtschaftszweig die **Weberei** für Metelen von Bedeutung geworden, die im 19. Jh. industrialisiert wurde. Nach dem Zweiten Weltkrieg kam der Zusammenbruch der Textilindustrie, der letzte Betrieb schloss 1973 seine Tore.

Stiftskirche

Über den von *Friduwi* initiierten Gründungsbau der Stiftskirche ist nichts bekannt. Mit dem heutigen Bau auf dem baumbestandenen Kirchplatz wurde zu Beginn des 12. Jh. mit der Westfassade begonnen, er endete mit der Fertigstellung des mit reicher Bauverzierung versehenen Chors und dem nördlichen Seitenschiff in der zweiten Hälfte des 13. Jh. Es entstand eine zweijochige Stufenhalle mit einjochigem Rechteckchor unter einem Satteldach. Von dem als breiter Doppelturmanlage geplanten Westbau wurde nur der mit einem Treppengiebel eingedeckte Südturm ausgeführt.

Im Zuge des Umbaus Mitte des 19. Jh. erfolgte die Anfügung einer Sakristei an das nördliche Seitenschiff und die Ergänzung eines südlichen Seitenschiffs. Die Chorostwand erhielt eine Fensterrose. 1934 senkte man den Boden der Kirche ab und fand dabei die Fundamente der alten Nonnenempore. Eine weitere Renovierung wurde bis 1961 vorgenommen, 1989 die Stiftskammer angebaut.

Reichhaltig ist die Ausstattung der ehemaligen Stiftskirche mit romanischem Taufstein, Kruzifix, Steinskulpturen, spätmittelalterlicher Pietà und Reliefs. In der **Stiftskammer** findet man eine Sandstein-Pietà von 1480, eine Holzfigur des heiligen *Sebastian* von 1500, eine Passionssäule vom Anfang des 15. Jh. sowie unter anderem ein Taschenreliquiar in Bursenform (= „Börse“) aus dem frühen 11. Jh. Nicht zuletzt verfügt die Kirche über ein vollständiges Geläut mit **Glocken** aus dem 15. bis 18. Jh.

039ml ot

■ **St. Cornelius und Cyprianus,** Kirchstraße 6, Tel. 02556-98817 (Pfarramt), www.katholische-kirche-metelen.de. Stiftskammer geöffnet 1. So im Monat Mai bis Okt., 15–18 Uhr, oder nach Voranmeldung.

Stiftsgebäude

Von den Stiftsgebäuden ist das **Äbtissinnenhaus** (Stiftsstr. 12) mit ummauertem Garten aus dem Jahr 1720 erhalten. Der zweigeschossige **Bruchsteinbau** (Stiftsstr. 8) wird als ehemaliges Dormitorium interpretiert. Dazu sind noch Reste des **Kreuzgangs** zu sehen.

Sehenswertes im Ort

Mühlenmuseum

Seit 1984 ist in **Plagemanns Mühle** ein Museum untergebracht, das Einblick in die erste mit Turbinen betriebene Mühlenanlage gewährt. Das Mühlen- und Gattermuseum steht unter der Obhut des Metelener Heimatvereins.

☒ Der Taufstein in der Stiftskirche von Metelen aus dem 13. Jahrhundert

■ **Mühlenmuseum Plagemanns Mühle,** Mühlentor 4, Tel. 02556-223, www.heimatverein-metelen.de. Besichtigungstermine April bis Sept. jeden 3. So im Monat 14–17 Uhr, Pfingstmontag „Mühlentag", 2. So im Sept. „Denkmaltag" und am Fettmarkt-Sonntag im Oktober, ansonsten auf Anfrage, Eintritt 1,50 €.

Bahnhofsmuseum

Das Eisenbahnmuseum besteht in dem ehemaligen Abfertigungsgebäude der Station „Metelen-Land", 1875 in Fachwerkbauweise errichtet, an der Bahnstrecke Münster – Gronau – Enschede, heute ein Haltepunkt ohne Personalbesetzung. Im **Bahnhofsgebäude,** das durch Denkmalschutz vor dem Abriss gerettet werden konnte, sind die alten **Stellwerksanlagen** noch funktionstüchtig und können an einem Schaugleis demonstriert werden. Im Obergeschoss findet sich eine **Modelleisenbahnanlage.**

■ **Bahnhofsmuseum Metelen,** Naendorf 74, Tel. 02556-407, www.bahnhofsmuseum.de. Mai bis Okt. 1. So im Monat 14–18 Uhr oder nach Vereinbarung, Eintritt 1,50 €.

Haus Tendyck

Haus Tendyck (Mühlentor 11) ist das letzte in Fachwerkbauweise in der Altstadt erhaltene **Ackerbürgerhaus,** wie es Mitte des 18. Jh. typisch für die handwerklich- landwirtschaftlich tätigen Bewohner war. Die Viehhaltung wurde erst 1938 aus dem Haus ausgelagert. Nach mehreren Besitzerwechseln und Renovierung hat es jetzt Museumscharakter und steht dem Heimatverein als Veranstaltungsort zur Verfügung.

Artenschutzzentrum

Interessant ist auch das Artenschutzzentrum Metelen als Außenstelle des Landesamtes für Natur, Umwelt und Verbraucherschutz (LANUV). Hier werden die durch die nordrhein-westfälischen Arten- und Tierschutzbehörden **beschlagnahmten Tiere** vorwiegend exotischer Art „aufbewahrt" und fachgerecht versorgt. Es finden Fortbildungsveranstaltungen statt.

Artenschutzzentrum, Metelen-Samberg, Samberg 65, Tel. 02556-93840, www.lanuv.nrw.de/natur/arten/metelen.htm.

Praktische Tipps

Unterkunft, Essen und Trinken

■ **Landhotel Heidecafé**②, Metelen-Samberg, Samberg 61, Tel. 02556-93880, www.landhotel-heidecafe.de. In waldreicher Umgebung gelegenes, renoviertes Haus, gediegen eingerichtete Zimmer mit Balkon und Blick in den Garten, hundefreundlich, Sonntagnachmittags-Tanz, Restaurant und Bar.

■ **Ferienhof Hinkert**①, Metelen-Naendorf, Eperstr. 38, Tel. 02556-389, www.ferienhof-hinkert.de. Garni-Bauernhofpension, gemütliche Zimmer, Aufenthaltsraum mit TV, Kleintiere, Spielgeräte.

Feste und Veranstaltungen

■ **Fettmarkt,** 3. Oktoberwochenende, Handwerker- und Krammarkt mit 90 Buden, Tradition seit dem 14. Jh., auf dem Sendplatz und entlang der alten Durchgangsstraße der B70 vom Düwelshook bis zum Viehtor sowie im Kultursaal des Bürgerhauses am Sendplatz.

Dino-Zoo Metelen, Samberg 60. Park aus 200 lebensgroßen Dinofiguren und lebenden Tieren (Servale, Alpakas, Zwergschafe, Polarfüchse, Kängurus und Volieren mit verschiedenen Vogelarten) inmitten eines Waldes bei Metelen, speziell für Kinder fossile Dinosaurierknochen zum Freigraben, Spielgeräte, Dinos, auf denen die Kinder reiten können, Dinos, die Eier legen und eine Fotostation im Maul des Tyrannosaurus Rex. Geöffnet Anf. April bis 1.11., 10–18 Uhr, Eintritt 10 €, davon 6 € Verzehrsgutschein für Gastronomie und Shop.

Ochtrup

- **Postleitzahl:** 48607
- **Tel.-Vorwahl:** 02553
- **Info:** Veranstaltungs- und Werbegemeinschaft Ochtrup, Töpferstraße 5a, Tel. 98180, www.vwo-ochtrup.de

Das Stadtgebiet von Ochtrup bildet den Nordwestabschluss des Kreises Steinfurt. Der Ort liegt etwa auf der Mitte zwischen Burgsteinfurt und Gronau, ein bedeutendes Mittelzentrum mit einer attraktiven Innenstadt. Bundesweit wurde die Stadt als die am stärksten vom sogenannten „Münsterländer Schneechaos" betroffene bekannt (siehe „Land und Leute: Geschichte"). Im November 2005 hatte ein plötzlicher Wintereinbruch die Stromleitungen so stark vereist, dass die Masten unter der Last zusammenbrachen und Ochtrup mehrere Tage stromlos blieb.

Die Stadt hat ihren Ursprung in einer karolingischen Pfarre. Erwähnt wird der Ort erstmals als *Ohtepe* im Jahr 1134, der sich allmählich zu einem Wigbold entwickelte und 1593 durch eine viereckige **Wall- und Grabenanlage** mit drei Toren gesichert wurde. Die Stadtbefestigung war aber zu schwach, um Brandschatzungen zu verhindern. Wirtschaftliche Bedeutung erlangte im 17. Jh. die Herstellung von Töpferwaren. Im 19. Jh. entstand in Ochtrup eines der größten Textilunternehmen des Münsterlandes, das aber 1960 die Tore schloss.

Sehenswertes

Stadtbefestigung

Um 1820 wurden die Stadttore abgebrochen und Ende des 19. Jh. die Wälle zu **Grünanlagen** eingeebnet. Die Straßennamen Nord-, Ost- und Westwall erinnern noch daran. Verblieben ist einzig der **Wasserbär** am Westwall, eine am Ausgang des Mittelalters gebräuchliche Einrichtung, den Wasserpegel der Gräben trotz nicht einheitlichen Bodenreliefs in geeigneter Höhe zu halten. Der Wasserbär von Ochtrup, mundartlich *Stüwwenkopp* genannt, ist eine solche steinerne Vorrichtung zum Anstauen des Wassers im Stadtgraben, der an jeder Stelle mindestens eineinhalb Meter tief sein musste, um seinen Verteidigungszweck zu erfüllen.

Pfarrkirche

Die Pfarrkirche **St. Lambertus** (Kolpingstraße 1) hat ihren Ursprung wohl schon im 12. Jh. und war dem Stift Langenhorst unterstellt. Der heutige Bau mit hohem Nordturm entstand 1868–73 im neugotischen Stil. Auch diese Kirche beherbergt einen im späten 12. Jh. aus Baumberger Sandstein skulptierten romanischen Taufstein.

Villa Winkel

Die Villa Winkel (Winkelstr. 11) ist der ehemalige Wohnsitz des **Textilfabrikanten** *Anton Laurenz.* Er wurde 1899 als zweigeschossiger Backsteinbau mit Zierelementen in Sandstein und Stuckwerk im Stil der Neorenaissance mit Jugendstilelementen errichtet, so vor allem die Glasfenster im Treppenhaus und im Wintergarten mit szenischen Motiven. Die Stadt kaufte das Haus 1969 und machte den großen **Park** der Öffentlichkeit als erholsame Innenstadtoase zugänglich.

Beltmann-Bau

Der Beltmann-Bau (Laurenzstr. 55) ist das imposante Verwaltungsgebäude der ehemaligen **Textilwerke Gebr. Laurenz.** Der überdimensionierte Bau des niederländischen Architekten *Gerrit Beltmann* entstand 1893 im Stil der Neorenaissance als Musterbau des Historismus mit prägnanten Eckrisaliten und anschließenden eingeschossigen Anbauten.

Zwischen dem dreigeschossigen Lagerhaus und dem Haupthaus steht die von dem Architekten *Dominikus Böhm* 1947 geplante Empfangshalle mit Rotunde. Dieser **Böhm'sche Rundbau** steht unter Denkmalschutz. In ihm wurde ein Verkaufsshop eingerichtet, der unter Einbeziehung des Beltmann-Baus zu einem großen **Factory Outlet Center** ausgebaut wurde (s.u.: „Einkaufen“).

Bergwindmühle

Auf dem Ochtruper Berg steht eine 1848 errichtete Windmühle des Typs **Wallholländer,** die mit festem Rumpf auf einem Wall steht und deren Kappe sich mit den Flügeln im Wind dreht. Der Betrieb der unter Denkmalschutz stehenden, in den 1990er Jahren renovierten Mühle wurde eingestellt. Seither macht der Heimatverein sie der Öffentlichkeit zugänglich.

■ **Bergwindmühle,** Turmstraße 24, Tel. 02553-6823, www.windmuehle-nobbenhuis.de. Sa 14–18 Uhr und nach Vereinbarung, mit Mehlverkauf (Spezialität Buchweizenmehl), dazu **Gaststätte Nobbenhuis** der Müllerfamilie, altdeutsch eingerichtet, gutbürgerliche Küche, Café, Biergarten, täglich mittags und abends geöffnet.

Töpfereimuseum

Das Töpfereimuseum ist in dem 1678 gebauten Wohnhaus der Töpferfamilie *Eiling* untergebracht. Es handelt sich um ein typisches **Ackerbürgerhaus** in Dreiständerbauweise. Das Inventar stammt von der Wende vom 19. zum 20. Jh. – damals gab es noch 23 Töpfereien in Ochtrup. Der Niedergang der Töpferei wurde durch aufkommendes Emaille- und Blechgeschirr herbeigeführt. Ausgestellt werden Zierschüsseln, Pfannkuchenteller, Gebrauchsgeschirr und Blumentöpfe aus mehreren Jahrhunderten, das älteste Stück stammt vom Ende des 14. Jh.

▷ Die ehemalige Klosterkirche des Stifts Langenhorst

■ **Töpfereimuseum Ochtrup,** Töpferstr. 10, Tel. 02553-80854, Di–Fr 9–12 und 15–17 Uhr, So 15–17 Uhr, Mai bis Oktober auch Sa 15–17 Uhr, Eintritt freiwillige Spende.

Puppen- und Spielzeugmuseum

Das Puppen- und Spielzeugmuseum zeigt Puppen verschiedener Hersteller aus der Zeit von 1900 bis 1990, dazu das entsprechende Zubehör wie Kleidung, Puppenstuben, Teddys und Kaufläden der 1950er Jahre. Eine „Puppendoktorin" steht auf Anfrage bereit, erforderliche Reparaturen vorzunehmen.

■ **Puppen- und Spielzeugmuseum,** Gronauer Str. 57, Tel. 02553-2465, www.puppenmuseum-ochtrup.de, geöffnet März bis Sept. Mi, Do und jeder 1. So im Monat 15–18 Uhr, ansonsten bis 17 Uhr und auf Anfrage, Eintritt: freiwillige Spende.

Langenhorst

Stift

1178 stiftete der Vizedominus und spätere Domdechant *Feranko von Wettringen* auf seiner schon damals ruinösen Burg in Langenhorst an der Vechte nahe Ochtrup ein **Augustinerinnenstift.** Durch Kon-

130ml ot

ventsbeschluss wurde das Kloster ab 1576 als freiweltliches adeliges Damen-Stift weitergeführt. Seine letzte Blütezeit hatte das Stift Mitte des 18. Jh. und wurde dann im Zuge der Säkularisation 1811 aufgelöst. Heute prägt das Stift die Silhouette das Straßendorfs Langenhorst.

Das Zentrum des Stiftsbezirks wird von der ehemaligen Stiftskirche und heutigen Pfarrkirche **St. Johannes der Täufer** gebildet. Er lag im Mittelalter auf einer Insel zwischen zwei Vechtearmen. An der Nordseite des Stiftsbezirks ist noch ein Teil des Burggrabensystems erhalten, bis heute fließt die Vechte vor der Kirche entlang. Diese wurde 1230 als gedrungene zweischiffige Stufenhallenkirche mit zwei Türmen fertiggestellt und zählt bis heute zu den imposantesten Klosterkirchen aus dem Mittelalter. Der 1556 einem Brand zum Opfer gefallene Turm wurde erst nach dem Zweiten Weltkrieg wieder aufgerichtet. In der westlichen Kirchenmauer ist noch deutlich das zugemauerte Tor sichtbar, durch das die Nonnen aus dem angrenzenden Klostergebäude die Kirche betraten. Ihre Stiftsfrauenempore zog sich im Langhaus bis zum Querhaus hin. Der Chor als ältester Teil der Kirche ist um zwei Stufen erhöht. Ein fast viereckiger Klostergang rund um den Innenhof verband die Kirche mit allen Gebäuden und Seitenflügeln des Klosters.

Die Kirche beherbergt zahlreiche Kunstwerke, darunter der **Taufstein** aus dem späten 13. Jh., Chorstuhlwangen aus dem frühen 16. Jh., ein Kruzifix aus dem 14. Jh., eine hölzerne Pietà aus dem 15. Jh. und nicht zuletzt ein Reliquiar in Form einer **Elfenbeinmadonna** von der Wende zum 14. Jh. In der Stiftskammer werden kostbare Reliquien und kunstvolle liturgische Gefäße aufbewahrt.

In den noch vorhandenen Teilen des ehemals dreiflügeligen **Stiftsgebäudes** sind heute Wohnungen untergebracht. Der Westflügel stammt im Kern aus dem 16. Jh., der Südflügel aus dem 15. Jh., ebenso der teilweise unterkellerte Nordflügel, der nach 1556 in Fachwerkbauweise erneuert wurde. Im Süden steht das 1722 errichtete **Äbtissinnenhaus,** das *Peter* und *Gottfried Pictorius* zugeschrieben wird.

Alter Fachwerkspeicher

Im Ort steht noch ein aufwendig restaurierter **Spieker** des Hofs Althoff (Metelener Damm 12), 200 m vom früheren Standort entfernt, von dem er 1995 versetzt wurde. Er dient dem Ochtruper Heimatverein als Tagungsstätte.

Welbergen

Auch im Ochtruper Ortsteil Welbergen reicht die Geschichte weit in die Vergangenheit zurück, wurde der Ort doch um das Jahr 1000 vom Kloster Metelen gegründet. Die katholische **Pfarrkirche St. Dionysius** wird als Tochterpfarre von Metelen zum ersten Mal 1139 erwähnt. Es handelt sich um einen romanischen Saalbau mit Westturm und 1511 ergänztem, dreiseitigem spätgotischen Chor. Im Zuge dieser Umbaumaßnahme wurden das Langhaus aufgestockt, die Nordseite in Fachwerkbauweise aufgerichtet und das Kirchenschiff mit einer Holztonnendecke versehen.

▷ Haus Welbergen – das Haupthaus mit dem Barockgarten im Innenhof

Haus Welbergen

Etwas südlich des Ortes steht Haus Welbergen in Bökerhook, seit dem 13. Jh. nachweisbar, in dem bis 1330 die Herren *von Welleberghe* residierten.

Heute stellt sich Haus Welbergen als **Wasserburg** mit Herrenhaus, unregelmäßiger Vorburg, weiteren Wirtschaftsgebäuden und Gartenanlagen dar. Das komplett umgräftete Herrenhaus ist über eine Zugbrücke zu erreichen. Die Fassade des 1560–1570 unter Einbeziehung älterer Teile errichteten rechteckigen, achtachsigen Baus ist asymmetrisch angelegt. Zu Beginn des 18. Jahrhunderts wurde das Innere mit Treppenhaus neu angelegt. Die Vorburg gruppiert sich um einen Wirtschaftshof mit einem Torhaus, einigen Wirtschaftsgebäuden und Stallungen auf der einen Seite und einer Mauer mit runden Ecktürmchen auf der anderen. An der Zugbrücke befindet sich die **Wassermühle** aus der Zeit zwischen 1625 und 1632. Direkt neben der Mühle steht ein aus dem beginnenden 19. Jh. stammender Getreidespeicher.

Vor der Mühle breitet sich der **Barockgarten** aus, hinter dem Herrenhaus der ehemalige **Landschaftsgarten.** Die Parkanlagen von Haus Welbergen gehören zum European Garden Heritage Network, das sich um den Erhalt historischer und zeitgenössischer Gartenanlagen bemüht.

041ml ot

Nach vielen Besitzerwechseln ist die Anlage in die „Bertha Jordaan-van-Heek Stiftung“ übergegangen, deren wertvollster Teil die Korrespondenz aus dem Kreise des *Freiherrn von Fürstenberg* mit der *Fürstin von Gallitzin* (1748–1806) ist, die einen beeindruckenden Einblick in das Spannungsfeld zwischen Aufklärung und Katholizismus in der Zeit vor der Französischen Revolution bietet. Dieser Briefwechsel spielt übrigens eine entscheidende Rolle in dem Roman von *Otto Jägersberg*, „Weihrauch und Pumpernickel“, dem gleichermaßen zeitkritischen wie humorvollen „Standardwerk“ über münsterländische Befindlichkeiten in der Zeit nach dem Zweiten Weltkrieg (siehe „Literaturtipps“).

- **Haus Welbergen,** ca. 5 km von Ochtrup an der L510, 48607 Ochtrup, Bertha-Jordaan-van-Heek-Straße 1, Informationen und Führungen Tel. 02553-1333, die Gartenanlage ist tagsüber jederzeit zugänglich. Hausführungen für Gruppen außer So und feiertags nach telefonischer Anmeldung 4 €, Kinder 3 €.

Praktische Tipps

Unterkunft, Essen und Trinken

- **Althoff's Landhotel**③, Ochtrup-Langenhorst, Metelener Damm 14, Tel. 02553-1500, www.landhotel-althoff.de. Zimmer teilweise mit Balkon, eine Suite, Restaurant mit internationaler Küche, Kaminzimmer, Sommergarten, urige Kneipe. Fahrradgarage, E-Bike-Lademöglichkeit.
- **Hotel-Restaurant Brinckwirth**②, 48607 Ochtrup, Bahnhofstraße 41, Tel. 02553-98585, www.hotel-restaurant-brinckwirth.de. Kleines familiär geführtes Haus mit Restaurant, Spezialität Wildgerichte.
- **Zum Kapellenhof**②, 48607 Ochtrup-Welbergen, Dorfstr. 15, Tel. 02553-993744, www.zum-kapellenhof.de. Seit 1910, Ausschank von Pott's Brauerei in Oelde, verschiedene Gasträume, regionale Küche, Café, Öffnungszeiten z. T. nach Absprache.

Feste und Veranstaltungen

- **Pottbäckermarkt,** Darbietung alter Handwerkskunst an verschiedenen Kunsthandwerkerständen am letzten So im Okt. in Ochtrups Fußgängerzone, in Anknüpfung an die alte Töpfertradition im Ort. Die Puppendoktorin ist anwesend (siehe Puppenmuseum).

Einkaufen

- **FOC (Factory Outlet Center) Ochtrup,** Laurenzstr. 55, Tel. 02553-97300, www.foc-ochtrup.de. Fabrikverkauf von Markenprodukten zu günstigen Preisen auf 11.500 m² Verkaufsfläche, mit Restaurant und Bistro, Kinderhort, geöffnet Mo bis Sa 10–20 Uhr, 24.12. 10–14 Uhr, 31.12. 10–15 Uhr, 25.,26. 12. und 1.1. geschlossen.

Wettringen

- **Postleitzahl:** 48493
- **Tel.-Vorwahl:** 02557
- **Info:** Gemeinde Wettringen, Kirchstr. 19, Tel. 780, www.wettringen.de

Zwischen Ochtrup und Rheine liegt der kleine Ort Wettringen. Die Kirche von *Weteringas* an der Steinfurter Aa wurde schon im Auftrag von *Karl dem Großen* begründet und fungierte als Urpfarre für

042ml ot

die umliegenden Ansiedlungen. Mit einer am 7. Juni 838 ausgestellten Urkunde stiftete Kaiser *Ludwig der Fromme* die der heiligen *Petronella* geweihte Kirche und den Hof von Wettringen dem Benediktinerinnenkloster Herford. Der alte karolingische Kirchenbau wurde 1522 erweitert und 1862/63 durch einen neugotischen Neubau ersetzt.

Die Ritter *von Wettringen,* die das Gebiet von ihrer schon im 12. Jh. ruinösen Burg von Langenhorst aus beherrschten, verfügten auch über einen eigenen Freistuhl. Die Landwirtschaft bildete das Rückgrat der Bewohner, im 16. Jh. kamen die Handweberei und der Leinenhandel hinzu. 1731 wurde der Max-Clemens-Kanal (s. Exkurs) bis **Maxhafen** auf dem Wettringer Gemeindegebiet verlängert, doch wurde sein Betrieb 1840 eingestellt.

Das 500 Jahre alte **Heimathaus Ahlers** ist das älteste Gebäude von Wettringen. Es stand einst im Ortsteil Klein-Haddorf und wurde in den 1980er Jahren an seinen heutigen Standort in der Flussniederung der Steinfurter Aa nahe der Kirche versetzt (Werninghoker Str. 5). Heute dient es den Wettringer Vereinen als Veranstaltungsort. Höchst interessant ist der **Spieker Termühlen,** als einer der ältesten seiner Art um 1575 als Wehrspeicher in unruhigen Zeiten errichtet (Andorf 2). Sein Untergeschoss besteht aus 80 cm dicken Bruchsteinmauern. Auf den Längsseiten befinden sich jeweils drei Schießscharten.

Sehenswert ist die **Villa Jordaan** mit ihrem Landschaftspark auf der Anhöhe des 95 m hohen Rothenberges nahe Wettringen. Das repräsentative Gebäude wurde Anfang der 1920er Jahre im Stil

⌃ Villa Jordaan

einer Maison de Plaisance des 18. Jh. durch den Bankier *Jordaan* als sein Sommersitz errichtet. Heute ist die Villa im Besitz der Universität Münster und wird als Tagungshaus genutzt.

Haddorfer Seen

Nördlich von Wettringen breitet sich inmitten einer Dünen- und Heidelandschaft das **Naherholungsgebiet** Haddorfer Seen aus. Einer der fünf durch Kiesabbau entstandenen Seen ist als **Naturfreibad** angelegt, daneben gibt es einen **Boots- und Angelsee** mit Bootsvermietung (Angeln auf Schleie, Aal, Karpfen, Hecht und Zander) und einen Campingplatz, dazu Minigolf, Spielplatz, Beachvolleyball- und Streetbasketballfeld.

■ **Restaurant-Café Haddorfer Seen,** Wettringen-Haddorf, Haddorf 56, Tel. 02557-1018, gutbürgerliche Küche, hauseigene Fleischerei ab 10 Uhr, Di bis Fr 15–23 Uhr, Sa 10–24 Uhr, So und feiertags 11–22 Uhr, Mo Ruhetag, Imbisswagen am Badesee.

Praktische Tipps

Unterkunft, Essen und Trinken

■ **Hotel zur Post**②, Kirchstr. 4, Tel. 02557-93720, www.zurpost-wettringen.de. Zentral gelegenes Traditionshaus, hell und freundlich eingerichtete Zimmer. Das Restaurant bietet regionale und saisonale Küche, dazu Gaststube, Wintergarten „Glashaus" mit mediterranem Flair, Biergarten, So nachmittags geschlossen.

■ **Gaststätte Fabry**②, Maxhafen 20, Tel. 02557-1275, cufabry@osnanet.de, im ehemaligen Hafengebäude des Max-Clemens-Kanals (siehe Exkurs), gutbürgerliche Küche, Mi und Do Ruhetag.

Camping

■ **Camping Haddorfer Seen,** Wettringen-Haddorf, Haddorf 59, Tel. 02557-2742, www.campingpark-haddorf.de, ganzjährig geöffnet, 150 Kurzzeit- und 420 Dauerplätze, dazu Komfortplätze mit direkter Ver- und Entsorgung, Bistro und Verkaufsladen, moderne Sanitärgebäude, Angelkarten für Gastangler 5 €.

Rheine

■ **Postleitzahl:** 48431
■ **Tel.-Vorwahl:** 05971 (Rheine), 05975 (Mesum)
■ **Info:** Verkehrsverein Rheine, Bahnhofstraße 14, Tel. 800650, www.rheine.de

Das Gemeindegebiet von Rheine erstreckt sich im Nordwesten des Kreises Steinfurt und grenzt an Niedersachsen. Mit rund 80.000 Einwohnern ist Rheine nach Münster die **zweitgrößte Stadt des Münsterlandes.**

Die **Ems** durchfließt den Ort von Süden nach Norden. Quer zur Ems verläuft als Ausläufer des Teutoburger Waldes ein kreidezeitlicher Kalkrücken, dessen Muschelkalkgestein vor 70 Mio. Jahren abgelagert wurde und der östlich der Ems **Stadtberg,** westlich **Thieberg** genannt wird. Im Westen steigt der Höhenzug bis zur Hünenborg im Stadtteil Wadelheim auf 69 m „Höhe" an. Der Emsdurchbruch erfolgte an einer tektonischen Schwachstelle. Es verblieben Untiefen auf felsigem Untergrund, die als **Furt** ein Queren des Flusses ermöglichten. An der durch fünf Meter hohe Steilufer gekennzeichneten Furt verengt sich das Flussbett, südlich und nördlich erweitert sich die Flussaue zu breiten Überschwemmungsgebieten.

Stadtgeschichte

An dieser Furt kreuzten sich vorgeschichtliche **Fernwege,** sodass hier auch schon jungsteinzeitliche Siedlungsfunde gemacht wurden. Eine dauerhafte Besiedlung ist für die altsächsische Zeit nachgewiesen. Es folgte die fränkische Besiedlung im Zuge der von *Karl dem Großen* gewonnenen Sachsenkriege. Mit einer am 7. Juni 838 ausgestellten Urkunde (siehe auch Wettringen) stiftete Kaiser *Ludwig der Fromme* den Gutshof **Villa Reni** samt Kirche und abhängigen Bauern dem Benediktinerinnenstift Herford. In weiteren Urkunden des 12. Jh. wird die Villa Reni bereits als *Pagus* bezeichnet, d.h. als dörfliche Ansiedlung – in der Villa Reni ist somit die **Keimzelle der Stadt Rheine** zu sehen.

Ihre strategisch so bedeutsame Lage veranlasste die Münsteraner Bischöfe, sich der Ortschaft Rheine zu bemächti-

Der Max-Clemens-Kanal

Die Verkehrswege von Münster an die Nordsee spielten schon immer eine große Rolle für die Region Münsterland. Größere Lasten wurden bis in die Neuzeit vor allem auf dem Wasserweg transportiert. So begann Fürstbischof *Clemens August* 1724 mit dem Bau einer Kanaltrasse in Richtung der Zuiderzee in den Niederlanden, deren erstes 30 km langes Teilstück vom Neubrückentor in **Münster** bis nach Neuenkirchen bei Rheine 1730 fertiggestellt war. Hier entstand **Clemenshafen** als Umschlagplatz und vorläufiger Endpunkt des Kanals mit entsprechenden Hafen- und Speditionsräumen. Befahren wurde der Kanal mit **Treckschuten,** kleinen Holzkähnen, die in der Regel von zwei Pferden getreidelt wurden und eine Traglast von bis zu zehn Tonnen hatten. Dazu verkehrte regelmäßig ein **Postboot.**

Der Siebenjährige Krieg (1756–63) bescherte dem Hafen seine Blütezeit. Unter Fürstbischof *Maximilian Friedrich* wurde 1771 ein weiteres, sechs Kilometer langes Teilstück des Kanals bis **Maxhafen** in der heutigen Gemeinde **Wettringen** gebaut. Die geplante Trasse bis zum Anschluss an das niederländische Wasserstraßennetz wurde nie vollendet. So blieb Maxhafen der Endpunkt des Kanals. Die Wasserstraße war bis 1840 in Betrieb, lohnte dann aber nicht mehr. Maxhafen lag zu abgelegen. Die Güter mussten von und zu dem Hafen auf dem Landweg transportiert werden. Inzwischen waren auch die Überland-Chausseen soweit ausgebaut, dass der Kanal seine Bedeutung verloren hatte. Mit den wenig später errichteten Eisenbahnlinien wäre er ohnehin überflüssig geworden.

Während seiner aktiven Zeit wurde der Kanal als „Münsterscher Canal" bezeichnet. Erst danach bürgerte sich der Name Max-Clemens-Kanal ein. In den ehemaligen **Hafengebäuden** von Clemenshafen und Maxhafen befinden sich heute **Gaststätten.** Die Kanaltrasse ist großteils nur noch als Mulde erkennbar.

Im Jahr 1899 wurde die Idee einer Wasserstraße vom Münsterland zur Nordsee in abgewandelter Form und Funktion durch die Eröffnung des Dortmund-Ems-Kanals verwirklicht.

043ml ot

gen und diese auszubauen, stellte sie doch auch das Bindeglied zwischen dem Ober- und dem Niederstift dar. In einer Urkunde aus dem Jahr 1314 wird bereits vom *Oppidum Rene* gesprochen, also der „Stadt Rheine", die schon eine Stadtmauer hatte. 1327 erhielt Rheine dann offiziell die Stadtrechte, womit der Bischof die Besitzrechte des Stiftes Herford ignorierte. Denn bislang kassierte der Vogt des Stiftes den **Wegezoll über die Furt.** Nun ließ der Bischof einen Damm schräg über die Ems errichten, der die Furt unpassierbar machte, und die erste **hölzerne Brücke** über die Ems bauen, sodass der Zoll fortan an die Stadt ging.

Die nachfolgenden Jahrhunderte waren trotz Aufschwung von Kriegseinwirkungen wie Brandschatzungen und Einquartierungen gekennzeichnet. Die Wiedertäufer fanden wenig Anklang in der Stadt, aber den Sympathien für die lutherische Lehre folgte die Gegenreformation, die während des **Dreißigjährigen Krieges** die Protestanten aus Rheine vertrieb. 1647 – ganz am Ende des Dreißigjährigen Krieges – wurde die Stadt noch von schwedisch-hessischen Truppen beschossen und in Brand gesteckt. Im Giebel des Beilmannschen Hauses am Markt sind bis heute die Kugeleinschläge aus jener Zeit zu sehen.

Die Stadt benötigte über ein Jahrhundert, um sich von diesen Schäden zu erholen. Ende des 17. Jh. waren die Stadtmauern der modernen Militärtechnik nicht mehr gewachsen und verfielen. Ende des 18. Jh. begann mit der Französischen Revolution auch für Rheine eine neue Epoche. 1803 wurde im Reichsdeputationshauptschluss das Fürstbistum Münster aufgelöst. Rheine wurde durch *Napoleons* Gnaden kurzzeitig **Residenzstadt des Landesfürstentums Rheina-Wolbeck** (s. Exkurs „Kloster Bentlage").

Doch dann begann die eigentliche „Franzosenzeit". Ab 1806 gehörte Rheine zum **Großherzogtum Berg,** das bis 1809 von *Napoleons* Schwager *Joachim Murat* und anschließend für seinen minderjährigen Neffen *Louis Napoleon* von *Napoleon I.* selbst verwaltet wurde, bis auch Rheine 1811 schließlich dem Kaiserreich Frankreich angeschlossen wurde. Nach der Niederlage *Napoleons* bei Waterloo kam Rheine mit dem gesamten Münsterland an Preußen.

Noch im 19. Jh. wurde die Stadtbefestigung ganz abgetragen. Rheine entwickelte sich zu einem bedeutenden Standort der **Textilindustrie,** der Bahnanschluss förderte den weiteren wirtschaftlichen Aufschwung. Leider hinterließ der Zweite Weltkrieg starke Schäden. Heute ist Rheine die größte Stadt im Kreis Steinfurt, bekannt für seine vielen Veranstaltungen, die ein breites kulturelles Spektrum abdecken.

Sehenswertes im Zentrum

Rheine hat zwei Siedlungskerne, die in die karolingische Zeit zurückreichen, einen um die Villa Reni (heute Falkenhof-Museum) und einen um die flussaufwärts in der Nähe errichtete Pfarrkirche St. Dionysius. Beide liegen auf Emsterrassen, die durch ein Bachbett getrennt sind. Nahe dem Falkenhof entstand die bäuerliche Siedlung Thie, die noch außerhalb der ersten Befestigung aus dem Jahr 1327 lag, aber Ende des 15. Jh. aus strategischen Gründen in die Stadtbefestigung einbezogen wurde. Um den **Markt an der Pfarrkirche** entwickelte sich das spätere Stadtzentrum.

Pfarrkirche St. Dionysius

Die Pfarrkirche St. Dionysius ist die **Hofkirche der Villa Reni,** als solche im Jahr 838 erstmals urkundlich erwähnt. Sie diente als Missionszentrum der Sachsenmissionierung durch *Karl den Großen.* Der heutige Bau wurde als fünfjochige asymmetrische Hallenkirche der Spätgotik mit eingezogenem Westturm ab 1400 errichtet. Die Seitenschiffe sind unterschiedlich breit und hoch, der einjochige Chor schließt im 5/8-Schluss. Das Portal des zum Markt gerichteten südlichen Seitenschiffs ist als Schauseite aufwendig gestaltet. Der Bau war nach 120 Jahren 1520 abgeschlossen, die unterschiedlichen Bauphasen sind am besten am unterschiedlichen Mauerwerk zu erkennen. Reichhaltig ist die Ausstattung, so das Sakramentshaus, das Chorgestühl und Skulpturen des 15. und 16. Jh.

Rund um den Marktplatz

Der Marktplatz wird von vielen historischen Häusern gesäumt, die nach dem Stadtbrand von 1647 mehr oder weniger schnell erneuert wurden. Manche der Fassaden der alten **Fachwerkhäuser** wurden nach 1800 klassizistisch über-

☐ Am Marktplatz

Rheine

0 50 m

formt, so etwa Haus Markt 14, ein Fachwerkhaus aus dem 17. Jh., bei dem man 1802 die klassizistische Steinfronterneuerung vornahm. Mitte des 19. Jh. war es im Besitz des angesehenen Arztes *Dr. Friedrich Schilgen*, der hier ein Mathias-Spital für Arme betrieb. Seit der Sanierung im Jahr 2012 beherbergt es das **Pfarrbüro St. Dionysius** (Markt 14).

Das **Haus Nienkemper** (Markt 2) ist ein Doppelfachwerkhaus, dem 1765 ein Rokokogiebel vorgesetzt wurde. Die Schaufenster wurden 1860 eingesetzt. **Haus Beckers** (Markt 12) wurde 1649 mit stattlichem Giebel und horizontalem Gesims errichtet. Der Firstaufsatz trägt eine Wetterfahne. Das **Beilmannsche Haus** (Markt 15) ist durch sieben Kanoneneinschüsse aus dem Jahr 1647 gekennzeichnet. Der plastische Reliefschmuck am Giebel zeigt Fabelwesen, die die Kriegsgräuel symbolisieren.

Im Innenstadtbereich stehen eine Reihe weiterer sehenswerter Bauten, darunter viele Bürgerhäuser wohlhabender Stadtbewohner. Dazu zählt das **Kanne-**

gießerhaus (Marktstr. 12). Der Bruchsteinbau mit Fensterformen der Renaissance wurde nach dem Stadtbrand auf dem Stadtgraben, dem ehemaligen Bachbett zwischen den Siedlungskernen, unter Einbeziehung älterer Teile errichtet. Es beherbergte später das Stadtarchiv und ging 2013 in private Hände über.

Die Straße Auf dem Thie zweigt von der Markstraße nach Norden ab. Das Fachwerkhaus **Auf dem Thie 12** ist eher als kleinbürgerlich zu bezeichnen, wurde früher vielleicht sogar von Tagelöhnern bewohnt. Das Erdgeschoss war Viehstall, der zweite Stock Speicher. Weiterhin sehenswert sind die Häuser **Auf dem Thie 6** mit niederländischem Giebel und **Auf dem Thie 11,** ein fünfachsiger Bau auf hohem Sockel. Viermal am Tag erklingt am **Nasch-Haus** (Auf dem Thie 12) ein an der Fassade angebrachtes Glockenspiel *(Carillon)* aus 23 Glocken.

Das **Alte Rathaus** südlich des Marktplatzes (Klosterstr. 8–10) ist ein dreiflügeliges Gebäude, das 1662 als Franziskanerkloster errichtet und später umgebaut wurde. Bis 1811 befand sich an der jetzt offenen Hofseite die lange Klosterkirche. Heute nutzt die Stadtverwaltung das Gebäude.

Besondere Aufmerksamkeit verdient das Stadtpalais des Mühlenpächters *Johann Heinrich Striethorst* (Heiliggeistplatz 2, vom Marktplatz in Richtung Ems), um 1794 unter Einbeziehung eines älteren Bauteils und einer Remise errichtet. Dieses heute als **Strätersches Haus** bezeichnete Gebäude galt lange als das vornehmste der Stadt.

Im **Kümperschen Haus** (Emsstr. 7–9, vom Marktplatz nach Süden), 1743 im Stil des niederländischen Spätbarocks gebaut, besteht seit jeher die Adler-Apotheke als zweitälteste Apotheke der Stadt. Beachtenswert ist das Gebäude allein wegen der Frontbreite.

Nahe beim Münstertor steht das frühere Gasthaus „Zum weißen Roß“ (Münsterstr. 34), errichtet für den Bürgermeister *Gerhard Wesselinck.* Später bestand dort eine Manufaktur- und Kolonialwarenhandlung. 1815 erhielt das heute **Barönchen** genannte Gebäude seinen heutigen Schaugiebel. Es ist auch das Geburtshaus des Genremalers *Carl Weddige* (1815–62).

Apothekenmuseum

Das Rheiner Apothekenmuseum ist in einem denkmalgeschützten Gebäude am Markt untergebracht, der alten **Löwenapotheke** als ältester Apotheke der Stadt. Sie ist seit 1677 urkundlich belegt, geht aber wahrscheinlich schon auf das Ende des 15. Jh. zurück. Der letzte Apotheker überließ 2002 seine teilweise jahrhundertealten pharmazeutischen Gerätschaften und Einrichtungsgegenstände der musealen Nutzung.

■ **Apothekenmuseum,** Marktstraße 2, Gruppenführungen möglich, Infos über den Verkehrsverein (s.o.), Führungen bis 20 Pers. 55,00 €, http://museen.de/apothekenmuseum-rheine.html.

Unser Tipp: Falkenhof-Museum

Der Falkenhof auf dem Thieberg, am Hang zur ehemaligen Emsfurt gelegen, entstand aus dem karolingischen Königshof, der **Villa Reni.** Benannt ist er nach seinem Eigentümer *von Valcke,* der den Hof 1371 bezog. Die heutigen Bauten stellen sich als **dreiflügelige Anlage** in geschlemmter Bruchsteinbauweise mit Nebenbauten dar. Der Mitteltrakt als Haupthaus wurde 1536 auf hohem Kellersockel, der Torbau wenig vorher, der Ostflügel als Küchentrakt 1547 errichtet und später erhöht.

Bei Renovierungsarbeiten entdeckte man 60 m lange, **unterirdische, begehbare Gänge,** deren Zweck bis heute unklar ist und von denen einer im Gewölbesaal endet. Die Stadtbewohner nutzten die Gänge später zur Abfallentsorgung, sodass bei der Freilegung wertvolle Gebrauchsgegenstände des 18. und 19. Jh. geborgen werden konnten, die nunmehr im hier untergebrachten **Stadtmuseum** ausgestellt sind. Zu sehen sind weiterhin archäologische Funde, ein Grafikkabinett, eine Gemäldesammlung des 14.–20. Jh. und Sonderausstellungen.

■ **Falkenhof-Museum,** Tiefe Str. 22, Tel. 05971-920611, www.rheine.de/falkenhof-museum, Di–Sa 14–18 Uhr, So 10–18 Uhr, Eintritt 5 €, ermäßigt 3 €, Sonderausstellungen 8 €.

Emswalzenmühle

Die Emswalzenmühle (Mühlenstr. 64) ist eng mit der Geschichte Rheines verbunden. Erwähnung fand sie bereits im Zusammenhang mit dem Bau des Emswehrs. Seit 1550 stand hier eine steinerne Mühle, die mit dem Stauwasser betrieben wurde. Der heutige Bau entstand 1754, das Wappenrelief am Südgiebel erinnert an den Bauherrn Fürstbischof *Clemens August.* In der napoleonischen Zeit fiel das Mühlenmonopol und es entstanden in und um Rheine wie im gesamten Münsterland konkurrierende Mühlen.

Bauliche Veränderungen erfolgten durch Brände und Umnutzungen, 1937 wurde ein Silo angefügt. 1965 stellte die Emswalzenmühle ihren Betrieb ein. Nördlich der Mühle zweigt ein 1743–45 angelegter Seitenkanal zur Saline Gottesgabe (s.u.) ab. Hochwassermarken erinnern an die exponierte Lage der Mühle.

St.-Antonius-Basilika

Ein markanter Kirchenbau erhebt sich am anderen Flussufer: Für die durch die Industrialisierung Rheines entstandenen neuen Stadtbezirke östlich der Ems wurde die markante **neoromanische Pfarrkirche** St. Antonius nach dem Vorbild der Michaelskirche in Hildesheim 1901–1905 errichtet. Ihr Turm ist über 100 m hoch und damit der höchste des Münsterlandes.

Textilmuseum

Das Textilmuseum, untergebracht im südlichen Eingangsgebäude des 1 **Ems-Einkauf-Center (EEC),** repräsentiert 300 Jahre Textilgeschichte der Stadt. Gezeigt werden Exponate zur Arbeitswelt, Arbeiterkultur, Migration und Industriearchitektur. Besondere Attraktion – im neuen Eingangsbereich des EEC aufgestellt – ist eine Sulzerdampfmaschine aus dem Jahr 1922, die letzte ihrer Art in der Region.

■ **Textilmuseum Rheine,** Humboldtplatz 4 (im EEC), Tel. 05971-10018, www.textilmuseum-rheine.de, geöffnet jeden 3. Mi im Monat 15–18 Uhr und zu Sonderveranstaltungen und Ausstellungen, Führungen auf Anfrage.

Sehenswertes im weiteren Stadtgebiet

Kloster Bentlage

Das ehemalige Kreuzherrenkloster Bentlage liegt wenige Kilometer nördlich von Rheine inmitten eines Naherholungsgebietes am westlichen Emsufer. Das Kloster ging aus einem bischöflichen Hof mit einer im Jahr 1022 gestifteten Kapelle hervor. Das Anwesen mitsamt Ländereien wurde 1437 den Kreuzherren übertragen. Mit der Gründung erhielten sie auch das Recht der Salzgewinnung und Fischerei. Im 15. Jh. errichteten die Mönche eine **vierflügelige Klosteranlage** mit Kirche. Dazu schufen sie Platz für eine Reihe von Handwerken.

Der Dreißigjährige Krieg hinterließ schwere Schäden am Kloster, die aber beseitigt werden konnten. Als die Adelsfamilie *Looz-Corswarem* in den Besitz des Klosters kam (siehe Exkurs), bauten sie die Gebäude zu einem **Schloss** um. Die Kirche ließen sie 1828 abreißen, aber ihr Grundriss wurde später rekonstruiert und für Besucher sichtbar gemacht.

1978 kaufte die Stadt Rheine Kloster Bentlage und renovierte es. Heute befinden sich hier das **Klostermuseum,** die Europäische Märchengesellschaft, das Klostercafé und Räume für kulturelle und wirtschaftliche Veranstaltungen. Das Museum widmet sich der Kunst- und Kulturgeschichte Westfalens vom Mittelalter bis zur Gegenwart mit Exponaten aus der ehemaligen Klosterkirche. Die wertvollsten Exponate sind zwei um 1443 bzw. 1460 geschaffene **Reliquienschreine** in bestem Erhaltungszustand, geschaffen von den nach diesen Werken benannten Bildhauern, dem *Meister des Bentlager Kreuzigungsreliefs* und dem *Meister des Bentlager Sippenreliefs.* Zu den großartigen Kunstwerken zählen des Weiteren zwei um 1500 geschaffene Reliquiengärten in Form von Retabelaufsätzen sowie die **Gemäldesammlung Westfälische Galerie.**

Museum Kloster Bentlage, mit Café, Bentlager Weg 130, www.kloster-bentlage.de. Di–Sa 14–18 Uhr, So und feiertags 10–18 Uhr, für Gruppen auf Anfrage, Eintritt 5 €, ermäßigt 3 €, bei Sonderausstellungen 8 €, ermäßigt 5 €.

044ml ot

Saline Gottesgabe

In unmittelbarer Nähe des Klosters Bentlage ist die Saline Gottesgabe mit ihrem Gradierwerk, eingebettet in eine schöne **Parklandschaft,** ein beliebtes Ausflugsziel.

Salzgewinnung im Rheiner Umfeld ist seit der ersten Hälfte des 11. Jh. nachgewiesen. 1437 überließ der Münsteraner Bischof dem Kloster Bentlage im Zusammenhang mit dem Kauf eines Hofguts das Recht der Salzerzeugung. Die Mönche gewannen das Salz wohl nur zum Eigenbedarf. Ab 1577 betrieb der Münsteraner Edelmann *Herman von Velen* die Salzgewinnung. Sein Sohn erschloss 1603 die Solequelle des Klosters Bentlage neu und nannte sie wegen ihres hohen Salzgehalts „Gottesgabe". Der Dreißigjährige Krieg beeinträchtigte den Salinenbetrieb, der völlig überschuldet von den Erben verpachtet wurde, bis er wieder in den Besitz des Bischofs gelangte. Mit fachmännischem Rat durch den Salinenspezialisten *Joachim Friedrich von Beust* wurde der Salinenbetrieb ab 1743 als Salinen-Sozietät zur **Versorgung des gesamten Münsterlandes** erneuert. Die erforderlichen Bauten schuf der fürstbischöfliche Architekt *Johann Conrad Schlaun.* Den Kern bildet ein 300 m langes **Gradierwerk,** ein mit Reisig bestücktes Holzgerüst, durch das die Sole zur Verdunstung geleitet wird. Drei eingeschossige Siedehäuser entstanden auf T-förmigem Grundriss, die 1815–29 erneuert und erweitert wurden. 1890 eröffnete man zum bestehenden Salinenbetrieb den **Bade- und Kurbetrieb.** Die Saline schloss 1952, Solebäder wurden noch bis 1975 verabreicht.

Kloster Bentlage: die Torbauten

Kloster Bentlage und das Fürstentum Rheina-Wolbeck

Die Weltgeschichte hat viele Kuriosa hervorgebracht, so auch das Fürstentum Rheina-Wolbeck, das ganze drei Jahre von 1803 bis 1806 als **selbstständiger Kleinstaat** mit dem Kloster Bentlage als Residenz existierte. Das Fürstentum erstreckte sich über 556 km² Fläche westlich der Ems **von Rheine bis Lingen.** Es war gemäß den Regelungen des Reichsdeputationshauptschlusses geschaffen worden, um deutschen Reichsfürsten Ersatz für ihre an Frankreich verlorenen linksrheinischen Gebiete zu gewähren.

Mit dem Fürstentum Rheina-Wolbeck, entstanden aus Teilen der Ämter Bevergern und Wolbeck des säkularisierten Fürstbistums Münster, wurde Herzog *Wilhelm-Josef von Looz-Corswarem* für seine verlorenen Gebiete in den Österreichischen Niederlanden entschädigt. Er starb noch im Jahr 1803, sodass sein Sohn *Joseph Arnold von Looz-Corswarem* sein Erbe antrat. Als Ergebnis der 1806 zwischen *Napoleon* und den wichtigsten Reichsfürsten unterzeichneten Rheinbundakte verlor er allerdings seine Reichsunmittelbarkeit. Die Familie blieb bis 1946 im Besitz von Kloster Bentlage und hatte dort bis 1978 ihren Wohnsitz.

☐ Das Kloster beherbergt heute ein Museum

045ml ot

Zum Komplex gehört das **Josef-Winckler-Haus.** Der Sohn (1881–1966) des Salineninspektors war Schriftsteller und ist Autor von „Der tolle Blomberg". Sein Geburtshaus wurde zum Museum hergerichtet.

Saline Gottesgabe, Salinenstr. 105, www.kloster-bentlage.de. Führungen durch den Verkehrsverein Rheine, Tel. 05971-54055, oder durch das Info-Zentrum Dreigiebelhaus, Salinenstr. 105, Tel. 05971-9127894. Die **Salzwerkstatt** bietet Schulklassen Informationen zu Salzgewinnung und Saline, Anmeldung bei den Städtischen Museen Rheine, Tel. 05971-920610 (Kindergeburtstag 60 €).

■ **Josef-Winckler-Haus,** Salinenstr. 105, Tel. 05971-920610, Sa und So 14–18 Uhr, Eintritt 5 €, ermäßigt 2 €.

Unser Tipp:

NaturZoo Rheine

Der Zoo von Rheine erstreckt sich im Anschluss an das Salinengelände und beheimatet rund 1000 Tiere, darunter Kamele und Kängurus, Zebras, Antilopen und Affen, Pinguine und Seehunde, Watvögel, Flamingos und die größte Webervogel-Kolonie in einem Zoo, aber auch Wirbellose wie Ameisen und Vogelspinnen. Über 100 Weißstörche leben frei. Ein Streichelzoo lockt besonders die Kleinsten an.

■ **NaturZoo Rheine,** Salinenstraße 150, Tel. 05971-161480, www.naturzoo.de. Ganzjährig ab 9 Uhr geöffnet, im Sommer bis 18 Uhr, So und feiertags bis 19 Uhr, im Winter bis 17 Uhr bzw. bis zum Einbruch der Dämmerung, Eintritt 9,50 €, Kinder von 3 bis 17 Jahren 5,50 €, darunter frei, ermäßigt 8,50 €, Familienkarte 33 €.

Altenrheiner Kluse

Im Ortsteil Altenrheine steht die Altenrheiner Kluse (Hopstener Str. 135) als zweiachsiger Putzbau mit verschiefertem Giebelreiter. Die kleine **Kapelle** erhielt 1676 ihre heutige Form. Im Inneren befinden sich Skulpturen eines spätgotischen Retabels aus Baumberger Sandstein, das die Mönche des nahen Klosters Bentlage 1639 erneuert haben.

Metropoli

Ein Fotograf aus Rheine sammelt historische Film- und Kinomaterialien sowie Ausrüstungsgegenstände aus Kinos und alles zur Rheiner Kinogeschichte. In seinem kleinen Metropoli-Kino führt er restaurierte alte Filme vor. Alle Einrichtungsgegenstände stammen aus ehemals ansässigen Kinos, es erklingt sogar noch ein originaler Kinogong.

■ **Metropoli – Kino für kleine Leute,** 48432 Rheine-Hauenhorst, Oderstraße 1, Tel. 05971-10366, www.metropoli-filmhistorie.de.

Mesum

In südlichen Rheiner Stadtteil Mesum, der im Mittelalter aus vier Bauerschaften bestand, gab es seit dem 12. Jh. eine *Johannes dem Täufer* geweihte Kapelle, die aber wohl nur eine Eigenkirche des damals bestehenden bischöflichen Hofes Schulte Mesum war. Im 14. Jh. entwickelte sich aus den Bauerschaften eine eigene Pfarre, für die um 1350 eine eigenständige **Dorfkirche** (Alte Kirchstraße 25) in dem damals für die Region noch unbekannten gotischen Stil gebaut wurde, hier allerdings in bescheidenen, schlichten Formen. Ab 1888 riss man den Turm und die Sakristei ab, um die Steine als Baumaterial für einen neugotischen Neubau zu verwenden. Der komplette Abriss der gotischen Kirche wurde von amtlicher Seite nicht zugelassen, sodass es in Mesum jetzt zwei dem heiligen *Johannes* geweihte Kirchen gibt.

Elte

Das benachbarte Elte wurde 1975 nach Rheine eingemeindet. Die **Ortspfarrkirche St. Ludgerus** (Ludgerusring 24) wurde 1661 in der Barockzeit, aber noch in spätgotischen Formen, errichtet. Auch das Westportal und die Kanzel zeigen noch spätgotische Gestaltung.

Am Rande von Elte hat der Maler und Bildhauer *Heinz Pöpping* eine bemerkenswerte **Fachwerkhofanlage** mit Stellmacherei, Backhaus, Spieker und Wassermühle zusammengetragen.

■ **Hof Pöpping,** Rheine-Elte, Schulte-Elte-Str. 17, Tel. 05975-1760, www.fachwerkhofanlage-poepping.de. Besuch auf Anfrage, Krippenausstellung am 3. Adventswochenende.

Praktische Tipps

Unterkunft, Essen und Trinken

3 **Altstadthotel**③, Tiefe Str. 30–32, Tel. 05971-804040, www.altstadthotel-rheine.de. Zentral neben dem Falkenhof und in Bahnhofsnähe gelegen, familiengeführter Betrieb, dazu 3 **Steakhouse El Cadoro,** modern eingerichtet, regionale und internationale Küche.

4 **Hotel Lücke**④, Heiliggeistplatz 1a, Tel. 05971-16180, www.hotel-luecke.de. Zentral an der Ems gelegenes, modernes Haus, großzügige Zimmer, mit Café/Bar/Restaurant 4 **SunDays**②.

2 **City Club Hotel Rheine**④, Humboldtplatz 8, Tel. 05971-80800, www.cch-rheine.de. An der Ems gelegen, mit der Stadthalle verbunden, mit Hotelbar (17–1 Uhr).

6 **Jugendherberge Rheine**①, Kopernikusstr. 82, Tel. 05971-2407, www.djh-wl.de/jh/rheine. Am Stadtpark, 15 Min. Fußweg ins Zentrum, geschlossen Mitte Dezember bis Ende Januar, Übernachtung/Frühstück ab 28,10 € Ü/F.

5 **Altes Gasthaus Borcharding**②, Rheine-Mesum, Alte Bahnhofstr. 13, Tel. 05975-1270, www.altes-gasthaus-borcharding.de. Familienbetrieb in historischem Gebäude von 1712. Münsterländische Spezialitäten und internationale Küche. Erfüllt auch vegetarische Speisewünsche. Mit Weinstube, Gartenterrasse, ab 18 Uhr, So Ruhetag, dazu 5 Hotelbetrieb mit klassisch eingerichteten Zimmern.

7 **Bockholter Emsfähre**②, Rheine-Elte, Butterpilzweg 11, Tel. 05975-9170307, www.bockholter-emsfaehre.de. Insbesondere bei Radfahrern beliebtes Ausflugslokal an der Ems, Café und Restaurant, bekannt für seine selbstgemachten Kuchen, geöffnet Mi bis Fr ab 14 Uhr, Sa, So und feiertags ab 12 Uhr.

Aktivitäten

■ **Golf:** Golfclub Rheine, Rheine-Mesum, Wörstraße 201, Tel. 05975-9490, www.golfclub-rheine.de. 9-Loch-Nordkurs, 18-Loch-Südkurs, angeschlossen 5 **Golfhotel**④, Wörstr. 210, Tel. 05975-919560, www.golfhotel-rheine.de. Großzügige Zimmer, modern eingerichtet, elegantes Restaurant.

Schwimmbäder

■ **Hallenbad Rheine,** Hemelter Str. 38, www.stadtwerke-rheine.de/de/Baeder. Mit Solewasser betrieben, geöffnet im Winter teilweise ab 6.45 Uhr, nachmittags bis 17.30 Uhr (Fr) bzw. bis 22 Uhr (Di), Mo geschlossen, im Sommer So 9–13 Uhr, mit Snackbar (nachmittags geöffnet).

- **Hallenbad Mesum,** Hassenbrockweg 55, www.stadtwerke-rheine.de/de/Baeder. Mit Piratenlandschaft Attraktion für Familien, täglich teilweise ab 6.45 Uhr, bis 21 Uhr, Sa bis 18 Uhr, So bis 13 Uhr.
- **Kombibad Rheine,** Kopernikusstr. 58, www.kombibad-rheine.de. Neues Hallenbad am bestehenden Freibad, Fertigstellung 2022, mit Solebecken, Sportbecken, Trainingsbecken, Riesenrutschen etc.

Veranstaltungen

- **Kinderkochfestival,** Tel. 05971-914797, www.paedagogischedienste.de/partner-projekte/kinderkochfestival-ev. „Sinnvoll den Bauch voll" ist das Motto – schon seit über 20 Jahren sollen so Kinder den Umgang mit regionalen Lebensmitteln lernen und Freude an der Zubereitung von Mahlzeiten und an einer sinnvollen und schmackhaften Ernährung gewinnen, dazu bereiten Starköche mit den Kindern der Besucher Gerichte zu. So Mitte Juni auf dem historischen Markplatz.
- **Kinderflohmarkt:** Deutschlands größter Kinderflohmarkt findet jeweils Sa Mitte Aug. in der Innenstadt statt.
- **Ems Festival,** www.rheine-tourismus.de/events/monatliche-stadtfeste/emsfestival/index.htm, Open Air-Festival auf einer schwimmenden Bühne auf der Ems. Bis zu 20.000 Zuschauer sitzen auf Tribünen auf dem gegenüberliegenden Emsufer, jeweils Do bis So Ende Juli/Anf. August.

> Die barocke Kanzel in der Klosterkirche Gravenhorst

Hörstel

- **Postleitzahl:** 48477
- **Tel.-Vorwahlen:** 05454 (Hörstel, Riesenbeck), 05459 (Bevergern), 05978 (Dreierwalde)
- **Info: Tourismus Information,** Stadtmarketing Hörstel, Am Markt 8, Hörstel, Tel. 05459-9069348, www.stadtmarketing-hoerstel.de

Wie viele der Gemeinden im Münsterland ist auch Hörstel in seiner heutigen Ausdehnung durch die Gebietsreform von 1975 entstanden. Die Kleinstadt zwischen Rheine und Ibbenbüren, die historisch auch immer wieder dem Tecklenburger Land zugeordnet war, setzt sich seither aus den Ortsteilen Hörstel, Bevergern, Dreierwalde und Riesenbeck zusammen und orientiert sich heute eher nach Rheine im Steinfurter Land. Hier geht die Landschaft in die Hänge des **Teutoburger Waldes** über, weshalb sich die Region auch gern als „Balkon des Münsterlands" bezeichnet.

Unser Tipp: Kloster Gravenhorst

Das ehemalige Zisterzienserinnenkloster Gravenhorst in der gleichnamigen Hörsteler Bauerschaft wurde 1256 vom Ritter *Konrad von Brochterbeck* gegründet und mit Grundbesitz ausgestattet. Seine Tochter *Oda* wurde erste Äbtissin und konnte den Klosterbesitz noch mehren. Trotz aller Schwierigkeiten in den folgenden Jahrhunderten blieb das Kloster bis Anfang des 19. Jh. bestehen und wurde dann im Zuge der Säkularisation aufgelöst. In der Folgezeit fanden viele Besitzerwechsel statt, Verfall drohte, bis die Anlage durch Aufkauf dem Kreis Steinfurt übertragen wurde.

Trotz vieler Zerstörungen in seiner Geschichte stellt sich das Kloster heute als eine fast vollständig erhaltene Anlage dar, die vorbildlich restauriert wurde. Es beinhaltet nunmehr neben Gastronomie das **DA, Kunsthaus Kloster Gravenhorst,** in dem Ausstellungen, Workshops, Konzerte, Theateraufführungen und Lesungen stattfinden. „DA" steht für Denk-Mal-Atelier, die Einrichtung soll ein Forum sein für Künstler und Laien, Kinder, Jugendliche und Erwachsene.

Den Kern der Anlage bildet die **Klosterkirche St. Bernhard,** ein um 1280 errichteter vierjochiger Saal mit geradem Ostabschluss und weit in den Kirchenraum hineinragender Nonnenempore, die heute verkleinert als Orgelempore dient. Das Altarretabel aus Baumberger Sandstein aus dem Jahr 1641 stammt vom Rheiner Bildhauer *Heinrich Meyering,* die geschnitzte Kanzel datiert vom Ende des 17. Jhs.

Von den Klostergebäuden bestehen noch zwei Flügel aus geschlemmtem Bruchstein, der Westflügel wurde nach Brand im Jahr 1817 klassizistisch erneuert. Vom Kreuzgang sind noch Reste zu erkennen, den Hof umgibt eine Mauer. Von den Wirtschaftsgebäuden sind das **Back- und Brauhaus** sowie die **Mühle** und das Müllerhaus erhalten.

■ **DA, Kunsthaus Kloster Gravenhorst,** Hörstel-Gravenhorst (s.u.), Klosterstraße 10, Tel. 05459-91460, www.da-kunsthaus.de, Di–Sa 14–18 Uhr, So und feiertags 11–18 Uhr, die Kunstwerke im Außenraum und die Klosteraußenanlage sind jederzeit zugänglich.

■ **Klostercafé Gravenhorst②,** 48477 Hörstel-Gravenhorst (s.o.), Klosterstraße 10, Tel. 05459-9069310, www.wertarbeit-steinfurt.de/cafe. Modernes Ambiente, Café, Snacks, kleine Gerichte, geöffnet Di bis Fr 14–18 Uhr, Sa, So und feiertags 10–18 Uhr, Mo Ruhetag.

Torfmoorsee

Der Torfmoorsee, in einem 57 Hektar großen **Freizeitgelände** südwestlich von Hörstel gelegen, entstand aus einem bis zu 20 m tiefen Baggersee, der für den Bau der A30 ausgehoben wurde. Ein **Rundwanderweg** mit geologischem Lehrpfad, ein geschütztes Feuchtgebiet und eine **Badebucht** mit DLRG-Aufsicht während der Saison machen das Gelände zu einem beliebten Ausflugsziel (Parkgebühr 5 €/5 Std.).

180ml ot

Bevergern

Nordwestlich einer Burg, die die Grafen von Tecklenburg zur Grenzsicherung um 1300 erbaut hatten, entwickelte sich die Siedlung Bevergern, die 1366 Stadtrechte erhielt. Ein Stadtbrand vernichtete 1658 den gesamten Häuserbestand bis auf die Kirche. Die Geschichte des Ortes ist durch andauernde Auseinandersetzungen mit den Bischöfen von Münster gekennzeichnet, in deren Folge die Burg wiederholt erobert wurde. Frieden trat erst ein, nachdem Bischof *Ferdinand II.* die Burg 1680 sprengen ließ. Das Baumaterial wurde in vielen Häusern des Ortes eingesetzt.

Das **pittoreske Stadtbild** von Bevergern wird von Kopfsteinpflaster und giebelständigen, eingeschossigen Dielenfachwerkhäusern bestimmt. Im Pflaster des Dorfplatzes sind die Grundmauern der zerstörten Burg Bevergern nachvollzogen. Im Bundeswettbewerb „Unser Dorf soll schöner werden" konnte Bevergern eine Goldmedaille erzielen.

Zu den bemerkenswerten Bauten in der Altstadt zählt der **Klosterhof** (Haus Markt 2), ein Fachwerkbau auf Sandsteinsockel mit seitlichem Torbogen und zweimal vorkragendem Giebel aus dem Jahr 1669, das die Äbtissin des Klosters Gravenhorst als Zufluchtsstätte an der Bischofsburg anlegen ließ. Das **Haus Markt 8** mit reich verzierter Rokokofassade, Firstaufsatz und der Figur der Immaculata aus dem Jahr 1767 wurde von *Johann Hermann Niemann* aus der im 18. und 19. Jh. in Bevergern ansässigen Bildhauer- und Baumeisterfamilie errichtet. Haus **Papenhoek 2** ist ein typisches Ackerbürger-Fachwerkhaus aus dem 17. Jh. Sein Deelentor von 1608 ist der einzige Hausteil in Bevergern, der den Stadtbrand von 1658 überstanden hat. Ein Ebenso typisches Fachwerkhaus

168ml ot

ist die **ehemalige Küsterei** in der Kirchstraße 5 mit Krüppelwalmdach und Torbogen aus dem Jahr 1663.

Heimatmuseum

In der Kirchstraße steht ein Komplex aus **drei Häusern in Fachwerkbauweise,** in denen heute das Heimatmuseum von Bevergern untergebracht ist. Haus Hickmann als Vorderhaus stammt aus dem Jahr 1742. Die ehemalige Upkammer weist eine Rokokostuckdecke auf. Die Exponate zur örtlichen Geschichte, Kultur und Arbeitswelt in den drei eng aneinandergefügten Häusern vermitteln eine Vorstellung von der früheren Wohn- und Arbeitsweise im Ort.

■ **Heimatmuseum Bevergern,** Kirchstraße 4, April bis November So und feiertags 14.30–18 Uhr, Führungen nach Vereinbarung, Tel. 05459-1058, www.heimatvereine-hoerstel.de/heimathaus-bevergern.html.

Ortspfarrkirche St. Marien

Die Ortspfarrkirche St. Marien ist ein dreijochiger **spätgotischer Saalbau** in Bruchsteinbauweise mit Chor im 5/8-Schluss. Ihr Ursprung liegt wohl noch in einer Kapelle, die die Grafen von Tecklenburg im Zuge des Burgbaus errichtet hatten. Von dieser Vorgängerkirche stammen die Grundmauern des **Turms.** Dessen geschweifter Spitzhelm wurde 1757 aufgesetzt, die Fenster hat man erst in der Barockzeit eingefügt. Die Kapellenanbauten erfolgten wenig später.

Der umgebende, teilweise ummauerte **Friedhof** wurde 1934 geschlossen. Die Friedhofskapelle ist ein barocker Bau aus dem Jahr 1775 mit reich gestaltetem Giebel. Das **Pfarrhaus** (Papenhoek 13) ist ein Bruchsteinbau mit Eckquaderung aus dem Jahr 1724, das Baumaterial stammt wohl von der gesprengten Burg.

Levedags Mühle

Nur wenig außerhalb des Altstadtkerns erhebt sich Levedags Mühle, eine ehemalige **Öl- und Walkemühle.** Bei ihrem unteren Teil handelt es sich möglicherweise um einen ehemaligen Bastionsturm. Der Mittelteil wurde aus sorgfältig behauenen Werksteinquadern aufgemauert, die der gesprengten Burg entstammen. Die Mühle arbeitete von 1799 bis 1923, dann verfiel sie zunehmend. Investoren kauften die Ruine auf, restaurierten sie in den 1970er Jahren und verwandelten das Areal mit den umstehenden Häusern in ein attraktives Wohngebiet.

Riesenbeck

Die Gründung von Riesenbeck, am Rand des Teutoburger Waldes gelegen, fällt in die Epoche der Christianisierung gegen Ende des 10. Jh. Eine erste urkundliche Erwähnung fällt ins 11. Jh., die des Ortsteils Bergeshövede erfolgte schon im Jahr 965. Die erste Pfarre ist für das Jahr 1160 belegt. Ein erster hölzerner Kirchenbau wird in dieser Zeit existiert haben. Der zweite romanische

☒ Fachwerkensemble am Kirchplatz

047ml ot

Bau wurde mit seinen ständigen Erweiterungen und Anbauten baufällig und musste 1807 abgerissen werden.

1807–15 errichtete der Baumeister *Friedrich Wilhelm Müser* den heutigen, dem heiligen *Kalixtus* geweihten **Kirchenbau.** Den unteren Teil des Turmes mit dem überwölbten Turmraum aus der Zeit um 1400 behielt er bei. Das Langhaus ist ein großer klassizistischer Saalbau, architektonisch bedeutsam für die damalige Zeit. Die Turmaufstockung mit dem Zwiebelturm erfolgte 1850. In St. Kalixtus befindet sich die leicht trapezförmige **Grabplatte der Reinhildis,** einer Volksheiligen, die hier *Sünte Rendel* genannt wird. Diese kunstgeschichtlich außerordentlich wertvolle Grabplatte aus der Zeit um 1130 ist einer der ältesten Reliefgrabsteine des Münsterlandes und stellt die Verstorbene mit ihren zum Gebet erhobenen Händen dar.

Ein Erlebnis der Landschaft bietet die **Schöne Aussicht,** ein Turm, den man von Riesenbeck aus über eine Treppe mit 256 Sandsteinstufen erklimmen kann. Auf halber Höhe begegnet man der vierten Station des **Riesenbecker Kreuzwegs,** der an der Pfarrkirche St. Kalixtus beginnt und aus fünf nach drei Seiten offenen Kapellen mit lebensgroßen Figuren aus der Zeit um 1720 besteht. Oben angekommen, genießt man den Blick weit über das nördliche Münsterland.

Die fast 900 Jahre alte Grabplatte der Reinhildis in der Ortskirche von Riesenbeck

Schloss Surenburg

Schloss Surenburg

Schloss Surenburg gehört zu den reizvollsten kleineren **Wasserburgen** des Münsterlandes, inmitten eines Parks mit altem Baumbestand gelegen, durch den hochstämmige Alleen führen. Im Ursprung war es eine Zweiinsellage. Der Nordfügel stammt im Kern aus der zweiten Hälfte des 16. Jh., der Westflügel wurde im frühen 17. Jh. angebaut. Seit 1786 ist die Anlage im Besitz der Familie *Heereman von Zuydtwyck*. Zu Beginn des 19. Jh. wurde die Vorburg abgerissen und dort später das Renteihaus errichtet, der Graben zur Hauptburg und zwischen den Inseln wurde zugeschüttet und bis 1825 der Südflügel angebaut. Der **französische Park** im Westen der Burg war bereits vor der Zeit des Besitzerwechsels ab 1750 angelegt worden.

Das heutige Bild des Herrenhauses zeigt noch die Veränderungen des 19. Jhs., so den Anbau der neugotischen Kapelle, die Dreistaffelgiebel und die Freitreppe, die Orangerie sowie den Wirtschaftshof, der Anfang des 20. Jh. erweitert wurde. So präsentiert sich die Surenburg heute als **dreiflügelige Schlossanlage** mit Anlehnung an niederländische Architekturvorbilder – was bei der Herkunft der Besitzer kein Wunder ist. Die heutigen Besitzer sind die Nachfahren von *Constantin Freiherr Heereman von Zuydtwyck*,

048ml ot

Gespannfahren auf der Surenburg

Riesenbeck im Ostmünsterland gilt als das Mekka der Gespannfahrer. Hier hat es der **Zucht-, Reit- und Fahrverein Riesenbeck** zu internationalem Ansehen gebracht. Austragungsort von Wettbewerben ist die **Reitsportanlage Surenburg** der Adelsfamilie *Heereman von Zuydtwyck*, deren 2017 verstorbener bekanntester Vertreter *Constantin Freiherr Heereman von Zuydtwyck* auch Schirmherr der Vierspänner-Weltmeisterschaft 2012 war.

Die Anlage ist von internationalem Zuschnitt. Auf einer Gesamtfläche von zehn Hektar befinden sich der Hauptplatz mit einer modernen Flutlichtanlage, ein Fahrplatz, die Dressurstation, die erforderlichen Arbeitsplätze für Dressur, Springen und Fahren und eine großzügige Reithalle.

Seit der Zeit nach dem Zweiten Weltkrieg hat sich der Verein, der sich zunächst primär der Zucht und Hobbyreiterei gewidmet hatte, auf die alte Tradition des Gespannfahrens besonnen. Die Reitsportanlage ermöglicht die Austragung der unterschiedlichsten Reit- und Fahrsportdisziplinen. Höhepunkte sind die Austragung der nordrhein-westfälischen und deutschen Meisterschaften sowie vor allem der **Zweispänner-Weltmeisterschaften** (1987, 1997 und 2001) sowie der **Vierspänner-Weltmeisterschaften** (1992 und 2012). Zu solchen Anlässen kann die Zuschauerkapazität auf 20.000 Steh- und 5000 Sitzplätze erhöht werden. Zuletzt fanden 2019 die deutschen Meisterschaften auf der Anlage statt.

der für seine Schlagfertigkeit und Vortragskunst bekannte ehemalige deutsche Bauernpräsident. Die Anlage kann **nur von außen besichtigt** werden.

Nasses Dreieck

Südlich von Hörstel zweigt der **Mittellandkanal** vom **Dortmund-Ems-Kanal** ab. An diesem wichtigen, Nasses Dreieck genannten Wasserstraßenverkehrsknotenpunkt gibt es durchschnittlich 120 Schiffsbewegungen am Tag. Mehrere **Aussichtspunkte** gewähren einen Blick über dieses Ausflugsziel, so auch der Informationspavillon Red Box, den man über eine Fußgängerbrücke erreicht.

Landmaschinenmuseum

Exponate zur Entwicklung der Landmaschinentechnik aus der Zeit vor der Erfindung der Dampfmaschine bis zum modernsten Traktor zeigt das Landmaschinenmuseum. Einige der Arbeitsgeräte werden auf einem Acker am Museumsgelände vorgeführt.

- **Landmaschinenmuseum Riesenbeck,** Im Vogelsang 75, www.lm-museum-riesenbeck.de, April bis Oktober 1. Sa im Monat 14–18 Uhr und nach Vereinbarung, Eintritt 2,50 €, Kinder unter 16 Jahren frei, Führung 10 €.

Dreierwalde

Erste Hinweise auf eine Ortschaft aus „drei Hofstellen im Walde“ *(tres domos in foresto)* im Kirchspiel Rheine stammen aus dem 11. Jh. und geben einen möglichen Hinweis auf den Ursprung von Dreierwalde. Erstmals urkundlich erwähnt wird der Ort als *Dregerwolde* im Jahr 1446. Eine erste Kapelle bestand wohl schon im 15. Jh. Mit dem Bau der **Pfarrkirche St. Anna** wurde 1509 begonnen. In mehreren Bauphasen entstand zunächst eine einjochige spätgotische Halle, die 1771 um zwei Joche mit dem Westturm erweitert wurde und nach dem Zweiten Weltkrieg Seitenschiffe unter Querdächern und einen neuen Turm erhielt. Wertvollster Teil der Innenausstattung sind zwei Steinfiguren aus dem späten 17. Jh., die dem Rheiner Bildhauer *Bernd Meyering* (1631–1703) zugeschrieben werden.

■ **Reinings Mühle,** 48477 Dreierwalde, Knüwenstraße 3, Tel. 05978-353, www.heimatvereine-hoerstel.de/aktuelles-dreierwalde.html. 1800 errichtete Wassermühle erhielt 1900 eine Turbine, wurde 1990 renoviert und kann als technisches Mühlendenkmal besichtigt werden, hier stellte „Siems Maria“ aus Dreierwalde (= Maria Uleer – siehe Literaturtipps im Anhang) 2014 ihren Münsterlandroman „Fremde im Dorf“ vor, geöffnet Mi 14–17 Uhr, Info: Heimatverein Dreierwalde.

Praktische Tipps

Unterkunft, Essen und Trinken

■ **Parkhotel Surenburg**④, Hörstel-Riesenbeck, Surenburg 13, Tel. 05454-93380, www.parkhotel-surenburg.net. In unmittelbarer Nähe der Surenburg, elegante Einzel- und Doppelzimmer und Suiten, großer Wellness-Bereich mit Hallenbad, Sauna, Dampfbad. Das **Restaurant Surenburg** bietet französisch-mediterrane Küche, **Restaurant Westfälische Stube** neu interpretierte westfälische Küche mit Bar.

■ **Hotel Riesenbeck**③, Hörstel-Riesenbeck, Sünte-Rendel-Str. 5, Tel. 05454-93070, www.hotel-riesenbeck.com. Traditionelles Haus mit neuem Gästehaus mit Schwimmbad, Sauna etc. Das Restaurant bietet kreative, regionale „Erlebnisküche“, auch Außenbewirtung.

■ **Hotel Wenninghoff**②, Hörstel-Dreierwalde, Hauptstr. 13, Tel. 05978-233, www.hotel-wenninghoff.de. Traditionsreicher Betrieb im Zentrum, praktisch eingerichtete Zimmer, eine Ferienwohnung, modern gestalteter Gastraum, regionale/internationale Küche, Di Ruhetag.

Camping

■ **Campingplatz Hertha-See,** Herthaseestr. 70, Tel. 05459-1008, www.hertha-see.de. 25 ha großes Gelände um den ca. 1,40 m tiefen Badesee mit 1 km Sandstrand, hervorragend ausgestattet, geeignet für Dauer- und Saisoncamper, mit Restaurant und Indoor-Spielplatz.

Feste und Veranstaltungen

■ **Riesenbecker Karfreitagsprozession** *(Karfriedagsdracht),* ein Jahrhunderte alter Brauch, der in den dreißiger Jahren des 18. Jh. seinen Ursprung hat. Der Prozessionsweg führt bis auf die Höhe des Teutoburger Waldes und kommt an fünf lebensgroßen Stationsbildern vorbei, die die Geheimnisse des schmerzhaften Rosenkranzes darstellen. Drei der hölzernen Standbilder stammen aus der Zeit um 1730. Die beiden anderen Stationen sind aus Baumberger Sandstein erneuert. Die Prozession beginnt am Karfreitag jeweils um 9 Uhr bei der ersten Station neben der Pfarrkirche und endet bei der fünften Station auf dem Berg.

■ **Castellans Folk Sommer,** Open Air Festival der irischen Volksmusik mit mehreren Bands auf dem Festivalgelände am Nassen Dreieck, hat sich ganz dem Celtic Rock verschrieben, traditionell, jeweils am letzten Sa im Juli, Eintritt 8,50 €, VVK,11 € AK, Information www.castellans.de.

3

Tecklenburger Land

Wikimedia Commons © J.H. Janßen

< Sehenswertes Fachwerkstädtchen: Tecklenburg

Tecklenburger Land
0
5 km
©Reise Know-How
Muen03 3/21
Merzen
B218
Alfsee
B68
Halverder Aa
161
Schale
Memedingsbach
Balkum
Ueffeln
Hesepe
161
Halverde
Voltlage
B218
Bardegraben
Weeser Aa
Neuenkirchen
Schapen
Bramsche
158
Hopsten
157
Recke
158
Recker Moor
Achmer
St. Annakapelle
160
NSG Heiliges Meer
Steinbeck
Mittellandkanal
Sloopsteine
Seeste
Zweigkanal Osnabrück
Hollage
Düsterdieker Niederung
Halen
Wallenhorst
164
Wester-kappeln
162
Mettingen
Dickenberg
Dickenberg 143
Schafberg
Schafberg 150
Schaf-berg
Pye
Haus Cappeln
1
Rheine
Hörstel
Püssel-büren
150
Ibbenbüren
Eversburg
Huckberg 96
Hollenbergs Hügel
Rubben-bruchsee
Bevergern
Schierloh
Aasee
Lotte
Osnabrück
30
Laggenbeck
Riesenbeck
165
Velpe
Sommerrodel-bahn
Dörenther Klippen 159
Jagdschloss Habichtswald
Heinken-garten
Birgte
171
Ledde
NaturaGart-Unterwasserpark
Campingplatz Dörenther Klippen
Habichts-wald
Hasbergen
171
Brochterbeck
166
Tecklenburg
Tecklenburg
172
Leeden
Dörenthe
Teutoburger
Haus Marck
Natrup-Hagen
B219
Wechte
Dortmund-Ems-Kanal
Rheine
174
Lengerich
Wald
Hagen
B475
Ems
178
Holperdorp
Saerbeck
Haus Vortlage
Westerbecker Berg 235
1
Gut Erpenbeck
178
Lienen
Bad Iburg
Flughafen Münster-Osnabrück
Ladbergen
B475
B219
Warendorf
Hermannsweg
Münster
Greven

TECKLENBURGER LAND – DER NORDOSTEN

Das Tecklenburger Land erstreckt sich im Nordosten des Münsterlandes und ist weitgehend deckungsgleich mit der historischen Grafschaft Tecklenburg. Im Gegensatz zur Niederung der Westfälischen Bucht breiten sich hier die bewaldeten Höhen des Teutoburger Waldes aus, der mit dem 96 m hohen Huckberg bei Bevergern sein westliches Ende findet. Vor allem in den Bereichen um Ibbenbüren und Tecklenburg zeigt sich die Landschaft bergig. Südlich des Teutoburger Waldes beginnt der Übergang in die Ebene um Lengerich, Lienen und Ladbergen. Im Osten grenzt das Tecklenburger Land an das Osnabrücker Land, mit dem es in der Geschichte viele Gemeinsamkeiten und Bindungen hatte.

NICHT VERPASSEN!

- Weite Ausblicke in die Ebene von den bizarren Sandsteinfelsen der **Dörenther Klippen** | 154
- **Tecklenburg** mit einem einmaligen Ensemble schöner Fachwerkhäuser | 166
- Wanderung durch den Teutoburger Wald auf dem **Hermannsweg** | 179

Diese Tipps erkennt man an der gelben Hinterlegung

Geschichte

Erste schriftliche Unterlagen über das Tecklenburger Land liegen aus dem 11. Jh. vor. Mit *Ekbert I.* (ca. 1090–1150) beginnt die Linie der **Tecklenburger Grafen.** Der Vorläufer der **Burg Tecklenburg** wurde vom Grafen von Zutphen, heute in den Niederlanden gelegen, errichtet. *Ekbert I.* beerbte die Burg, weil er in zweiter Ehe dessen Tochter *Adelheid* heiratete. Die Tecklenburger Grafen hielten die Vogtei über das Bistum Münster bis 1173 in ihren Händen, zusätzlich von 1180 bis 1236 auch die des Bistums Osnabrück.

Ekbert I. und die ihm nachfolgenden Grafen von Tecklenburg bauten ihre Herrschaft zwischen Hunte und Ems aus. Nach dem Aussterben der Tecklenburger Linie kam die Grafschaft bis 1328 an die Grafen von Bentheim, danach bis 1562 an die Grafen von Schwerin. Es ist nur allzu verständlich, dass die erstarkte Grafschaft sich im latenten und offenen **Konflikt mit den Bischöfen von Münster** befand. An sie verloren die Tecklenburger Grafen ab 1400 die Bereiche Cloppenburg, Frisoythe und Bevergern.

Konrad von Tecklenburg-Schwerin führte in den 30er Jahren des 16. Jh. vorsichtig die **Reformation** in seinem Herrschaftsbereich ein, was weiteren Konfliktstoff mit den Bischöfen brachte. 1639 trat *Konrad* sogar dem Schmalkaldischen Bund bei, der sich gegen Kaiser

Karl V. auflehnte, von diesem aber geschlagen wurde. Als Ergebnis der Niederlage musste *Konrad* 1548 Teile seiner Herrschaft abgeben.

In der Folge war die Grafschaft Tecklenburg durch Erbauseinandersetzungen, Gerichtsverfahren und neue Herrscherlinien und Besitzzugehörigkeiten gekennzeichnet, sie wurde preußisch, in napoleonischer Zeit französisch und danach als **Kreis Tecklenburg** wieder **preußisch.** 1975 wurden die ehemaligen Kreise Burgsteinfurt und Tecklenburg zum neuen Kreis Steinfurt zusammengelegt.

049ml ot

Ibbenbüren

- **Postleitzahl:** 49477
- **Tel.-Vorwahl:** 05451
- **Info:** Tourist-Information Ibbenbüren, Oststraße 28, Tel. 05451-545450, www.tourismus-ibbenbueren.de

Ibbenbüren liegt 45 km nördlich von Münster, südlich der sich aus dem Schafberg und dem Dickenberg zusammensetzenden Ibbenbürener Bergplatte an den **Ausläufern des Teutoburger Waldes.** Hier hat man schon im Mittelalter **Sandstein** gewonnen, der in vielen Kirchen und Häusern der Umgebung bis hin zum Osnabrücker Dom verarbeitet wurde. Die Bergplatte birgt auch die bis heute abgebauten **Kohleflöze,** die seit der beginnenden Neuzeit entscheidend zur wirtschaftlichen Entwicklung Ibbenbürens beigetragen haben.

Das oberhalb der Stadt auf dem Schafberg thronende **Kohlekraftwerk** mit seinem 245 m hohen Schornstein ist das weithin sichtbare Wahrzeichen von Ibbenbüren. Das heutige, 1985 gebaute Kraftwerk wird mit Anthrazitkohle aus der Schachtanlage Ibbenbüren befeuert und zählt zu den modernsten Anlagen dieser Art. Es ist mit hoch wirksamen Filteranlagen ausgestattet.

Stadtgeschichte

Aus Unterlagen geht hervor, dass in Ibbenbüren bereits im Jahr 799 eine Kirche existierte. Die Herren *von Ibbenbüren,* Vögte der Abtei Herford, die hier begütert war, errichteten um das Jahr 1000 in der Niederung der Ibbenbürener Aa ihre Burg. Die erste urkundliche Erwähnung erfolgte 1146 in einer Schenkungsurkunde des Bischofs von Osnabrück. Der letzte Vertreter des Geschlechts der Herren *von Ibbenbüren* war Bischof in Paderborn und übereignete die kleine Herrschaft Ibbenbüren seiner Kirche, die ihrerseits die Grafen von Tecklenburg damit belehnte. Ibbenbüren teilte dann als Teil der Grafschaften Tecklenburg bzw. Lingen das militärische Schicksal der Region mit mehreren Herrschafts- und Religionswechseln.

Im 16. Jh. kam Ibbenbüren in habsburgischen Besitz. In diesem Jahrhundert begann auch der **Kohlebergbau** in der Region. 1548 wurde Ibbenbüren der Grafschaft Lingen beigegeben und 1648 durch den Westfälischen Friedensschluss den Oraniern zugeschlagen. Im 17. Jh. wurde mit dem **Erzbergbau** in der Region begonnen, der bis ins 19. Jh. andauerte. 1702 fiel Ibbenbüren durch Vererbung an Preußen und erlangte 1724 Stadtrechte. In napoleonischer Zeit gehörte der Ort zum französischen Département de l'Ems, um danach wieder unter preußische Verwaltung zu kommen.

Mitte des 19. Jh. nahm die Kohleförderung industrielle Maßstäbe an. Aus dieser Zeit stammen noch die **Schachtanlagen** Pommeresch und Beustschacht. Im Zweiten Weltkrieg blieb die Stadt weitgehend von Bombenschäden verschont, nicht aber das Kraftwerk auf dem Schafberg. Nach dem Krieg wurde Ibbenbüren im Zuge der Zusammenlegung der Kreise Tecklenburg und Burgsteinfurt 1975 Teil des neuen Kreises Steinfurt.

☒ Die Mauritiuskirche in Ibbenbüren

Sehenswertes

Alte Häuser in der Altstadt

Zwischen dem Oberen und dem Unteren Markt der von Fachwerk und Sandstein geprägten Altstadt erhebt sich der Turm der Christuskirche. Hier finden sich noch einige alte Häuser aus dem 18. Jh., auch eines aus dem Jahr 1690 in der **Kanalstraße 3.** Es ist ein zweistöckiges Gebäude auf fünf Ständern, in dem heute die Gaststätte „Kneipe am Kirchplatz" (s.u.) untergebracht ist.

Am Kirchplatz, dem ehemaligen Friedhof, stehen zur Kanalstraße noch denkmalgeschützte Häuser. Die **ehemalige Schule** (Kanalstr. 9) ist ein 1800 errichtetes, zweistöckiges Sandsteingebäude. Der **Lindenhof** (Kanalstr. 5) wurde vor 1800 errichtet und zeigt zum Kirchplatz einen geschweiften Giebel. Nahebei beherbergt der **Posthof** (Poststr. 5) aus dem Jahr 1743 als ehemaligem Kern der Stadt heute mit seinem Nebengebäude eine Vielzahl von kleinen Geschäften in einem reizvollen Bauensemble.

Kirchen

Die **Christuskirche** (Kanalstr. 11), die ehemalige katholische Pfarrkirche St. Mauritius und Gefährten, ist ein bis

Ibbenbüren

Übernachtung

1 Gasthof Dickenberg
2 Hotel Leugermann
5 Hotel Hubertushof
6 Campingplatz Dörenther Klippen

Essen und Trinken

3 Kneipe am Kirchplatz
4 Café am Alten Posthof

1535 errichteter spätgotischer, dreijochiger Hallenbau aus Ibbenbürener Sandstein, dessen Untergeschosse des Westturms noch aus dem 13. Jh. stammen. Im Inneren ist die spätgotische Steinkanzel mit durchbrochenem Maßwerk beachtenswert.

Nachdem die Kirche evangelisch geworden war, errichtete man 1721 für die katholische Bevölkerung die eigenständige katholische Pfarrkirche **St. Mauritius und Gefährten** (An der Mauritiuskirche 1). Dieser Bau wurde 1829–33 durch einen klassizistischen Neubau ersetzt, der bis heute stilrein erhalten ist. Die im Inneren angebrachten, in Sandstein gefassten Figuren der Kirchenpatrone stammen aus dem Jahr 1460.

Stadtmuseum

Das Stadtmuseum ist in einem 1892 von *Julius Hövel* im Stil des Historismus mit klassizistischen Elementen erbauten Wohnhaus untergebracht, das unter Denkmalschutz steht. Das Innere weist bemalte Stuckdecken, Supraporten über den Türen, Bodenfliesen mit Jugendstilmotiven und die Marmorierung von Wänden auf. Das Museum zeigt Dauer- und Sonderausstellungen zu den Bereichen Kunst, Kultur und Stadtgeschichte.

■ **Stadtmuseum Ibbenbüren,** Breite Straße 9, Tel. 05451-5047795, www.stadtmuseum-ibbenbueren.de, So 15–18 Uhr, Eintritt zur Dauerausstellung frei, ansonsten variable Eintrittspreise, Gruppenführung 30 €.

Heimatmuseum

Im **Freizeithof Bögel-Windmeyer** nahe dem Aasee ist das Heimatmuseum von Ibbenbüren untergebracht. Das Haus wurde aus drei alten Gebäuden mit Original-Ziegeln, -Balken und -Dachpfannen am heutigen Standort erbaut. Im Rahmen des Dielentors und im Kamin ist die Jahreszahl 1823 vermerkt. Hier präsentiert der Verein zur Heimat- und Brauchtumspflege alte Holzschuhmachermaschinen, Geräte zur Flachsverarbeitung, eine Wagenmacherei, einen Webstuhl und alte Möbel und Textilien.

■ **Heimathaus Ibbenbüren,** Am Sportzentrum 30, Tel. 05451-74673, www.heimatverein-ibbenbueren.de. Zu Führungen geöffnet nach Absprache, Eintritt 1 €.

Fahrzeug- und Technikmuseum

Die alte Feuerwache von Ibbenbüren bietet heute Platz für ein sehenswertes Fahrzeug- und Technikmuseum. Hier gibt es Klassiker zu bewundern, beispielsweise **Draisinen und Oldtimer** auf zwei und vier Rädern.

■ **Fahrzeug- und Technikmuseum,** Püsselbürener Damm 23, Tel. 05451-5055728, www.altefeuerwache.net. Öffnungszeiten auf Anfrage, mit Café, „Auszeit Ibbenbüren" und Oldtimershop.

Motorradmuseum

Das Motorradmuseum, im Süden des Ortes nahe der A30 gelegen, präsentiert 170 Exponate zur Geschichte des Motorrads, vom Hochrad aus dem Jahr 1882 bis zum Münch Mammut 1200 TTS, dem schwersten Motorrad deutscher Fertigung. Dazu gibt es klassische Tourenmaschinen, Sportmodelle, Fahrräder mit Hilfsmotor und Rennmaschinen. Alle Fahrzeuge sind im fahrbaren Originalzustand. Übrigens findet seit langer Zeit zu Pfingsten ein internationales Motorrad-Veteranen-Treffen mit Motorrädern aus der Zeit vor dem Zweiten Weltkrieg statt.

■ **Motorradmuseum Ibbenbüren,** Markweg 26, Tel. 05451-6454, www.ibbenbüren.de, April bis Oktober Sa 14–18 Uhr, So und feiertags 10–18 Uhr, für Gruppen auch nach Absprache, Eintritt 5 €, Kinder von 6 bis 14 Jahren 2 €.

■ **Oldtimer-Treffen,** Motorrad-Veteranen-Ralley, Pfingsten, 140-km-Strecke rund um Ibbenbüren mit Motorrädern bis Baujahr 1939, darunter Motorräder, die über 100 Jahre alt sind, Info: www.veteranenrallye.de.

UNSER TIPP: Bergbaumuseum

Das Bergbaumuseum spiegelt ein Stück Stadtgeschichte wider, wird doch Kohle in Ibbenbüren seit dem 16. Jh. abgebaut. Das Museum ist in der **Turbinenhalle** des stillgelegten 100-MW-Kraftwerks auf dem **Betriebsgelände des Bergwerks** eingerichtet und über Tor 2 (ersatzweise Tor 1) zu erreichen. Das Museum zeigt Exponate der bergbaulichen Aktivitäten in der Region vom Beginn bis in die Gegenwart. Hier wurde der Kohlenhobel erfunden, der heute weltweit in Bergwerken eingesetzt wird. Die **Grubenbahn** begeistert nicht nur Kinder. Dazu gibt es eine **Mineraliensammlung** mit Funden aus der Umgebung.

■ **Bergbaumuseum Ibbenbüren,** RAG Anthrazit Ibbenbüren GmbH, Osnabrücker Straße 112, Tel. 05451-510, www.ibbenbüren.de. Anmeldung Tel. 05451-899617 oder 88678, Mai bis September 2. und 4. Sa im Monat 14–16.30 Uhr und nach Vereinbarung, im Winter Gruppen vorbehalten, Eintritt frei.

Aasee

Unmittelbar ans Stadtzentrum angrenzend, erstreckt sich der Aasee über eine Fläche von fünfzehn Hektar als Hochwasserrückhaltebecken, das in den 1970er Jahren im Zuge des Baus der A30 angelegt wurde. Heute bietet der See als Naherholungsgebiet Freizeitmöglichkeiten wie **Segeln, Angeln** und **Tretbootfahren,** dazu gibt es Spielplätze und eine **Skateranlage** (Grillen und Baden verboten). Am südlichen Seeufer findet sich das **Aaseebad,** ein Wellenhallen- und Freibad (s.u.: „Aktivitäten").

Dörenther Klippen

Die **bizarren Felsformationen** der Dörenther Klippen im Teutoburger Wald sind vom Wanderparkplatz an der B219 in der Nähe der Sommerrodelbahn (s.u.) zu erreichen. Dem herausragenden Felsen **„Hockendes Weib"** liegt eine Sage zugrunde, nach der eine Frau mit ihren Kindern bei einer Überflutung Schutz auf den Klippen suchte. Das Wasser stieg so hoch, dass sie die Kinder auf die Schultern nehmen musste und selbst zu Stein erstarrte.

Von den bis zu 159 m hohen Sandsteinfelsen bieten sich **weite Ausblicke** in die Ebene und auf den Teutoburger Wald. In unmittelbarer Nähe verläuft der Fernwanderweg **Hermannsweg** (siehe Wandervorschlag am Ende dieses Kapitels).

Praktische Tipps

Unterkunft, Essen und Trinken

1 Gasthof Dickenberg③, Ibbenbüren-Dickenberg, Rheiner Straße 324, Tel. 05451-74463, www.gasthof-antrup.de. Komfortabel eingerichtete Zimmer, dazu Doppelzimmer im Blockhaus am See und Ferienhäuser, Wellnessbereich. Stilvolle Gasträume, die Küche bietet eine umfangreiche Speisekarte mit saisonalen Gerichten, mit Biergarten und Kegelbahn.

5 Hotel Hubertushof④, Münsterstr. 222, Tel. 05451-94100, www.hotelhubertushof. de. Großzügig eingerichtete Zimmer mit Sitzgruppe und Terrasse/Balkon. Restaurant mit Bauernmöbeln eingerichtet, große Terrasse, vielseitige internationale Küche, Di Ruhetag, Ende Dezember bis Ende Januar geschlossen.

2 Hotel Leugermann③, Osnabrücker Straße 33, Tel. 05451-9350, www.hotel-leugermann.de. In ruhiger Lage, modern eingerichtete Zimmer verschiedener Kategorien, mit Wellnessbereich. Das Restaurant bietet kreative Küche, So nur mittags geöffnet.

4 Café am Alten Posthof①, Am Alten Posthof 25 und 27, Tel. 05451-5012679, www.cafe-posthof.de. Im denkmalgeschützten Gebäude, historisch eingerichtet, Kaffee, Schokolade und Kuchen, hausgemachtes Brot, geöffnet Di bis So 9–18 Uhr.

3 Kneipe am Kirchplatz①, Kanalstraße 3, Tel. 05451-73357, www.kneipe-am-kirchplatz.de. Restaurant und Kneipe in einem alten Fachwerkhaus an der Christuskirche auf zwei Etagen, gepflegte Küche, mit Außenterrasse, Mo Ruhetag.

Camping

6 Campingplatz Dörenther Klippen, Münsterstr. 419, 49479 Ibbenbüren-Dörenthe, Tel. 05451-2553, www.campingplatz-doerenther-klippen.de. Kleiner Platz im Teutoburger Wald inmitten eines großen Wandergebietes. Geboten werden 50 Dauer- sowie 20 Kurzzeitplätze,mit Schwimmbecken und einem Kinderspielplatz. Geöffnet März bis Oktober für Urlauber, ganzjährig für Dauercamper.

Das Ibbenbürener Kohlerevier

Das Ibbenbürener Kohlerevier erstreckt sich von der Ibbenbürener Bergplatte bis zum niedersächsischen Piesberg bei Osnabrück und den Hügeln bei Hasbergen. Abgebaut wird heute nur noch auf westfälischem Gebiet.

Die Kohleflöze aus dem erdgeschichtlichen Zeitalter des Karbon treten als Schichten im Sandstein und Schiefer des Untergrunds auf. Sie wurden durch tektonische Aktivitäten bis unter die Erdoberfläche angehoben. Durch einen magmatischen Austritt, einen sogenannten Pluton, erhitzte sich das Gestein und die Kohle wurde teilweise in Anthrazit umgewandelt. Durch diese Erhitzung drangen auch verflüssigte Erze in entstandene Klüfte der einzelnen Schichten ein, diese wurden vom späten Mittelalter bis zuletzt 1921 abgebaut.

Die Ibbenbürener Bergplatte besteht aus dem Schafberg mit dem Ostfeld des Kohlebergbaus und dem Dickenberg mit dem Westfeld. Der zwei Kilometer breite, nach Süden ansteigende Bockradener Graben trennt die beiden Teile als geologische Senke. Von den Höhen hat man eine weite Aussicht nach Lingen im Norden, Osnabrück im Osten, auf den Teutoburger Wald im Süden und Rheine im Westen.

Die Schachtanlagen des Ostfelds wurden 1923 von der Preußag AG übernommen. Hier entwickelte man in der Zeit des Zweiten Weltkrieges den Kohlenhobel, ein Gerät zum mechanischen Abbau der Kohle, das heute weltweit verwendet wird. Um die tiefen Anthrazitkohleflöze zu erschließen, wurde der Nordschacht ab 1974 auf 1418 m Tiefe angelegt, bis 1998 sogar auf 1545 m. Die geförderte Kohle, hauptsächlich Anthrazit, wird zum größten Teil direkt im benachbarten Kraftwerk Ibbenbüren mit seinem weithin sichtbaren, 245 m hohen Kamin verfeuert.

Die Anfänge des Kohleabbaus im Westfeld reichen bis ins 15. Jh. zurück. Im 17. Jh. hat man unter anderem Kalkbrennöfen mit Kohle aus dem Westfeld betrieben. Heute ist der Abbau hier eingestellt. Für die Zukunft ist geplant, Kohle aus dem Westfeld vom Ostfeld aus abzubauen.

Aktivitäten

Sommerrodelbahn, Münsterstraße 265, Tel. 05451-3226, www.sommerrodelbahn.de. Großes Wald- und Parkgelände mit 120 m Schlittenpiste, dazu ein in die Landschaft eingebetteter Märchenwald, Wasserspiele, große Kinderspielplätze und die „Weltreise" als Themenpark, geöffnet Mitte April bis Mitte Oktober 10–18 Uhr, Parkzugang frei, Eintritt für Attraktionen 0,50–4 €.

Kletterwald Ibbenbüren, Am Sportzentrum, Tel. 05451-5448794, Reservierungs-Tel. 05451-3469210, www.kletterwald-ibbenbueren.de. Bietet auf einer Waldfläche von 30.000 m² sieben Parcours unterschiedlicher Schwierigkeitsgrade mit Netzbrücken, Bohlen, Surfbrettern und Tarzan-Sprüngen in Höhen bis zu 14 m, geöffnet Mitte März bis Mitte September 9.30–19.30 Uhr, außerhalb der Schulferien nur Fr–So, Eintritt 21,50 €, Jugendliche von 13 bis 17 Jahren 17,50 €, Studenten, Schüler u. Senioren 19,50 €, Kinder von 4 bis 12 Jahren 15,50 €, Gruppenermäßigungen. Achtung: die Parcours sind altersbeschränkt und teilweise erst ab 13 Jahre erlaubt!

Aaseebad Ibbenbüren, An der Umfluth 99, Tel. 5451-14770, www.aaseebad-ibbenbueren.de. Wellenhallen- und Freibad am Aasee, geöffnet außerhalb der Schulferien in NRW und Niedersachsen Di bis So und feiertags 10–20 Uhr, ansonsten auch Mo 10–20 Uhr, Frühschwimmen Di bis Fr 8–10 Uhr, Eintritt 8 €, Kinder 3,50 €, 2 Std./Frühschwimmen 4 €, Familienkarte 16 €.

NaturaGart-Unterwasserpark, Riesenbecker Straße 63–65, Tel. 05451-5934621, www.naturagart-tauchpark.de. Großes, 4 m tiefes Tauchbecken auf Teichfolie auf dem Gelände der Firma NaturaGart, mit Höhlen, künstlichen Riffen, „antiken" Ruinen, geöffnet Mai bis Oktober, 1. Tauchgang 20 €, 2. Tauchgang 10 €, Tageskarte 25 €, Wochenende 35 €, dazu Kosten für Pressluft- und Ausrüstungs-

ausleihe, evtl. auch Tauchführer, Nachttauchgänge auf Anfrage. Dazu große Parkanlage auf dem Firmengelände zur Demonstration der Anwendung von Teichfolien. Mit Café Seerose, geöffnet Mo bis Fr 8–17 Uhr, Sa in der Teichbausaison 9–14 Uhr, bei Schnee und Eis geschlossen.

■ **SwinGolf Ibbenbüren,** Münsterstr. 222, beim Hotel Hubertushof (s.o.), Tel. 05451-941083, www.swingolf-ibbenbueren.de. Vereinfachtes Golfspiel, das mit einem weichen Ball und einem dreiseitigen Universalschläger gespielt wird. Die Bahnen haben eine Länge von bis zu 300 m, 9-Loch-Anlage, Parcours von 1119 m Länge, geöffnet Mi bis Fr 14 Uhr bis zur Dämmerung, Sa, So und feiertags ab 10 Uhr, Teilnahme 10 €, Kinder bis 14 Jahre 7 €, Ballpfand 2 €, dazu Bistro.

Feste und Veranstaltungen

■ **Internationales Schnauferltreffen,** Fahrzeuge mit Baujahr vor 1919, Schnauferlparade am 1. Sa im Juli durch die Ibbenbürener Innenstadt, Info über die Tourist-Information Ibbenbüren.

■ **Kirmes,** 1. September-Wochenende, mit 250 Ausstellern eine der größten Stadtkirmessen in Deutschland.

■ **Tolle Knolle,** Kartoffelfest zu Ehren der „Trüffel des kleinen Mannes" am 1. Oktober-Wochenende in der Innenstadt mit Rahmenprogramm, Tanz, Unterhaltung, verkaufsoffenem Sonntag, Info: knolle.stadtmarketing-ibbenbueren.de.

Ibb on Ice, Alte Münsterstraße, Tel. 05451-5454530, www.ibbonice.de. Winterliches Eisvergnügen auf der größten freiliegenden Eisbahn im Münsterland, umrahmt von Schaustellerbuden etc. Geöffnet Ende Nov. bis Anfang Jan.

◁ Felsformation „Hockendes Weib" in den Dörenther Klippen

Recke

■ **Postleitzahl:** 49509
■ **Tel.-Vorwahl:** 05453
■ **Info:** Tourist-Information Recke, Hauptstr. 28, Tel. 91040, www.recke.de

Recke erstreckt sich nördlich von Ibbenbüren an den **Ausläufern des Teutoburger Waldes.** Hier ist das Bergbaurevier von Ibbenbüren nahe. Gleichzeitig ist Recke wie Hopsten (s.u.) eine Töddengemeinde. Der reizvolle Marktplatz zeugt noch von diesem einträglichen Gewerbe.

Recke gilt als Gemeinde der drei Dionysos-Kirchen. Die älteste von ihnen ist die **evangelische Dionysos-Kirche** vom Ende des 12. Jh., ein romanischer zweijochiger Saalbau mit Rechteckchor und beeindruckendem Westturm. Die unteren Teile der Langhauswände stammen noch von einem Vorgängerbau. Das Kreuzrippengewölbe des Chors weist Rankenmalerei auf.

Die **ehemalige katholische Pfarrkirche** St. Dionysos aus dem Jahr 1752 wurde nach dem Zweiten Weltkrieg in ein Jugendheim umgewidmet. Dafür errichtete man 1955 die **neue katholische Pfarrkirche** St. Dionysos, deren Ausstattung aus der alten Kirche stammt, darunter der bedeutende Hochaltar, der 1755 von *Johann Heinrich König* im Stil des Rokoko geschaffen wurde.

Heimat- und Korbmuseum

Das Heimat- und Korbmuseum **Alte Ruthemühle** zeigt heimatgeschichtliche

Exponate zum Bergbau und zum Töddenhandel sowie eine Holzschuh- und Schuhmacherwerkstatt, eine Korbmacherwerkstatt und handwerkliche Vorführungen.

- **Heimat- und Korbmuseum „Alte Ruthemühle",** Steinbecker Str. 40, Information bei der Tourist-Information, geöffnet April bis November So 14–18 Uhr, Eintritt frei, mit Café.

Recker Moor

Nordöstlich von Recke besteht mit dem Recker Moor ein Rest des einst 50 km^2 großen Vinter Moores, dessen Entstehung vor 5000 Jahren begann. In dem 4 km^2 großen **Naturschutzgebiet** finden sich ein Aussichtsturm, ein Fernrohr und Info-Tafeln.

Praktische Tipps

Unterkunft, Essen und Trinken

- **Altes Gasthaus Greve**②, Markt 1, Tel. 05453-9188690, www.hotel-greve.de. Münsterländer Fachwerk-Gasthaus, in fünfter Generation betrieben, modern und praktisch eingerichtete Zimmer. Das Restaurant bietet regionale Küche, zwei Kaminzimmer und Kegelbahnen.

Aktivitäten

- **Marina Recke,** Recke-Steinbeck, Auf der Haar 23, Tel. 05453-981022, www.marina-recke.de. Sportboothafen am Mittellandkanal mit 60 Liegeplätzen, mit Panoramacafé und Partyboot „MS Paula" für 16 Personen.

Bäder

- **Hallenbad,** Brookweg 11, Tel. 05453-932084, www.baeder-recke.de. Drei Schwimm- und Badebecken für Schwimmer, Nichtschwimmer und Kleinkinder sowie eine Wasserrutsche.
- **Waldfreibad,** Auf der Haar, Recke-Steinbeck, Tel. 05453-8717, www.baeder-recke.de. 10.000 qm großer Natursee, mit Kiosk.
- **Schwefelbad,** Bad 22, Recke-Steinbeck, Tel. 05453-8155, www. schwefelbad-steinbeck.de. Privates Badehaus, gespeist von Schwefelquellen, 34 °C warmes Bewegungsbecken und beheiztes Außenbecken, Sauna, Massage-, Behandlungs- und Ruheräume, Mo–Fr 7–20 Uhr, Sa 14–19 Uhr, So 9–14 Uhr, Eintritt 8 € (Thermal- und Außenbecken), Kinder bis 16 Jahre 5 €, Saunapark 21 €, Kinder 13 €.

Hopsten

- **Postleitzahl:** 48496
- **Tel.-Vorwahl:** 05458 (Hopsten), 05457 (Schale, Halverde)
- **Info:** Tourist-Information Gemeinde Hopsten, Bunte Str. 35, Tel. 05458-93250, www. hopsten.de

Westlicher Nachbarort von Recke ist Hopsten. Der **nördlichste Zipfel** des Tecklenburger Landes und damit auch des Münsterlandes wird vom Gemeindegebiet von Hopsten gebildet. Der Ort erstreckt sich südlich der Lingener und Ankumer Höhen auf der einst vermoorten Plantlünner Sandebene.

Einst den Grafen von Tecklenbug untertan, mussten diese halb Hopsten im Jahr 1400 an den Bischof von Münster abtreten. Nach dem Dreißigjährigen Krieg wurde von Hopsten aus **Tödden-**

handel betrieben, ein von reisenden Kaufleuten betriebener Handel mit meist holländischen Waren, die bis ins Baltikum geliefert wurden. Seinen Ursprung hatte dieser Handel in Wanderarbeitern, die aus dem verarmten Münsterland Sommerbeschäftigung in Holland suchten. Im Laufe der Zeit gewannen die Tödden an Wohlstand, was noch an manchem alten Haus in Hopsten zu erkennen ist. Das eindrucksvollste dieser **Toddenhäuser** ist **Haus Nieland,** ein 1734 errichtetes, großzügiges Fachwerkhaus im reizvollen kleinen Ortskern, das besichtigt werden kann.

■ **Museum Haus Nieland,** Haus-Nieland-Str. 6, Besichtigung/Führung auf Anfrage, Tel. 05458-575, oder Heimatverein Hopsten, Tel. 05458-932550, www.heimatverein-hopsten.de.

Pfarrkirche St. Georg

Die katholische Pfarrkirche St. Georg (Marktplatz 4) geht auf eine Kapelle aus dem Jahr 1343 zurück. Der heutige Bau entstand als vierjochige barocke Halle in den Jahren 1732–34. Der Chor ist neugotisch. Der Unterbau des 1749 aufgestockten Westturms stammt vom spätgotischen Vorgängerbau. Auffallend ist die doppelseitige Strahlenkranzmadonna aus dem Jahr 1674, die im Mittelgang hängt. Insgesamt bildet die Pfarrkirche mit den umliegenden Häusern ein bemerkenswertes **barockes Bauensemble.**

Die Pfarrkirche St. Georg in Hopsten

172ml_ot

050ml ot

St. Annakapelle

Die **St. Anna-Wallfahrt** hat eine Tradition in Hopsten, die auf das Jahr 1677 zurückgeht. In diesem Jahr wurde in der Bauerschaft **Breischen,** eine halbe Stunde Fußweg von Hopsten Richtung Hörstel, eine Eiche gefällt, in deren Unterteil man ein Bildnis der heiligen *Anna* zu erkennen glaubte. Ihr zu Ehren errichtete man eine kleine Gedenkstätte und 1728 eine Kapelle (Hörsteler Straße). Das Gnadenbild, das in der St. Annakapelle verehrt wird, stammt aus dem frühen 16. Jh. und wurde 1969 restauriert.

Naturschutzgebiet Heiliges Meer

Das 90 Hektar große Naturschutzgebiet Heiliges Meer erstreckt sich etwa vier Kilometer südöstlich von Hopsten und umfasst Moor- und Bruchwaldflächen, Heideflächen und mehreren Seen, von denen das **Große Heilige Meer** am ausgedehntesten ist.

Entstanden sind diese Seen durch Auswaschung tiefer gelegener Salz- und Gipsschichten. Das Grundwasser löste die Schichten auf und die dadurch entstandenen Hohlräume brachen im Lauf der Zeit ein. Der letzte dieser Erdfälle ereignete sich 1913, der daraus entstandene See heißt **Erdfallsee.** Das Große Heilige Meer ist 1100 Jahre alt, das benachbarte **Kleine Heilige Meer** 2000 Jahre. Daneben gibt es noch den **Heideweiher** und 60 kleinere Senken, die teils periodisch mit Wasser gefüllt sind. Durch die

Innenansicht der Pfarrkirche St. Georg in Hopsten mit Strahlenkranzmadonna

abrupte Absenkung des Bodens unter dem heutigen Erdfallsee geriet das Wasser des Kleinen Heiligen Meers sogar ins Brodeln. Das Wasser des Heideweihers als Stillgewässer in sumpfiger Umgebung zeigt eine zunehmende Versauerung, sodass davon ausgegangen wird, dass es in Zukunft zu einem Niedermoor verlandet.

Um das Große Heilige Meer erstreckt sich ein breiter **Erlenbruchwald.** Am Rand des Sees besteht seit 1930 eine Außenstelle des Westfälischen Landesnaturkundemuseums als **Naturschutzzentrum** mit Ausstellung, das gewässerkundliche Kurse anbietet.

Die Bezeichnung „Heiliges Meer" beruht übrigens nicht auf dem Wort „heilig", sondern leitet sich vom niederdeutschen Begriff *hel* oder *hil* (= schlimm) oder vom altsächsichen Begriff *hola* (= Bruch, Loch, Tiefe) ab und kann damit als „Bruchmeer" oder „tiefes Meer" gedeutet werden. Der Legende nach soll sich am Heiligen Meer einst ein Kloster befunden haben, dessen Insassen einem ausschweifenden Lebenswandel nachgingen. Als Gottesstrafe sei das Kloster schließlich samt sündigen Mönchen im See versunken.

■ **Naturschutzzentrum,** Außenstelle des LWL-Museums für Naturkunde, 49509 Recke, Bergstr. 1, Tel. 05453-99660, www.lwl.org. Eintritt frei, Unterkunfts- und Verpflegungsmöglichkeiten für 32 Kursteilnehmer.

Brockmöllers dicke Eiche

Die Eiche auf dem Hof Brockmöller an der Straße nach Recke soll über 800 Jahre alt sein. „Brockmöllers dicke Eiche", wie sie im Volksmund genannt wird, hat einen Stammumfang von 8,50 m und steht in der Liste der bemerkenswerten Bäume Deutschlands.

Halverde

Im Ortsteil Halverde, sieben Kilometer nordöstlich von Hopsten, befindet sich die **Pfarrkirche St. Peter und Paul.** Ihr Bau wurde 1788 vom preußischen König *Friedrich Wilhelm II.* genehmigt. Der verputzte Bruchsteinsaal mit dreiseitig geschlossenem Chor wurde Mitte des vorigen Jahrhunderts erweitert.

In Halverde steht eine **Korn- und Ölmühle** auf dem Hof Overmeyer, eine der wenigen noch erhaltenen, früher so typischen Doppelmühlenanlagen an Münsterländer Wasserläufen.

Halverde ist außerdem bekannt für die alljährliche Durchführung eines **Ballon-Festivals.**

Schale

Die **evangelische Kirche** in Schale, einem weiteren Ortsteil von Hopsten im Norden, ist die spätromanische Klosterkirche eines hier 1278 gegründeten und 1535 aufgelösten Zisterzienserinnenklosters. Der Chor ist der älteste Teil der Bruchsteinkirche.

Nahe bei Schale besteht das **Koffituten** als letztes natürliches **Hochmoor** im Kreis Steinfurt. Die über 20 Hektar große, nacheiszeitliche Moorfläche mit einer Torfmächtigkeit von zwei Metern konnte nach teilweiser Trockenlegung durch Wiedervernässung erhalten werden und steht heute unter Naturschutz.

www.fotolia.de © Phoxo

Praktische Tipps

Unterkunft, Essen und Trinken

■ **Zur alten Post**①, Hopsten-Schale, Poststr. 4, Tel. 05457-933743, www.zuraltenpost-kuhl.de. Gasthaus aus dem Jahr 1756, in dem schon der *Alte Fritz* und *Napoleon* übernachtet haben sollen, eine Inschrift im Giebel verweist darauf. Gutbürgerliche Küche, Sommerterrasse, Di Ruhetag.

Aktivitäten

■ **Bauerngolf:** Töddengolf Hopsten, Recker Straße 21, Tel. 0176-43198337. Eine neue Art Golf zu spielen in Anlehnung an die Innovationsfähigkeiten der alten Töddenhändler. Zehn Bahnen mit Hindernissen, gespielt wird wie beim Bauerngolf mit normalen Golfschlägern. Die Spieler treten gegeneinander an und schlagen nacheinander, die geringste Schlagzahl gewinnt. Geöffnet Ende März bis Mitte Oktober Di–Fr 14 Uhr bis zur Dämmerung, Sa und So ab 10 Uhr, Eintritt 7,70 €, Kinder von 8 bis 14 Jahren 5 €, 2 € Ballpfand.

Die evangelische Kirche in Schale

Feste und Veranstaltungen

■ **Leinen-, Handarbeits- und Handwerkermarkt,** 4. Wochenende im August im Kulturlandhaus Schale.

■ **Halverder Ballon Festival,** alljährlich starten 25 Heißluftballons am Fr bis So des letzten Wochenendes im Aug., die Ballonsportfreunde Halverde führen auch ansonsten Ballonfahrten durch, Info: www.ballonsportfreunde-halverde.de.

Mettingen

■ **Postleitzahl:** 49497
■ **Tel.-Vorwahl:** 05452
■ **Info:** Tourismus-Information Mettingen, Clemensstraße 2, Tel. 05452-5213/14, www.mettingen.de

Mettingen, am Nordostrand des **Schafbergs** gelegen, der als Ibbenbürener Bergplatte ein Ausläufer des Teutoburger Waldes ist und das Ibbenbürener Kohlefeld umfasst, wurde erstmals im Jahr 1088 in einer Schenkungsurkunde des Osnabrücker Bischofs *Benno II.* an das Kloster Iburg erwähnt. Im Grenzgebiet zwischen Tecklenburg und Münster gelegen, wechselte Mettingen im 16. und 17. Jh. oft seine politische wie auch re-

Tecklenburger Land

ligiöse Zugehörigkeit und stand zwischenzeitlich auch unter der Herrschaft der Oranier. Die Bevölkerung blieb aber überwiegend katholisch.

Auch in Mettingen hatte der **Töddenhandel,** hier auch *Tüöttenhandel* genannt, große Bedeutung, mit einer starken textilen Orientierung. Fast jeder zweite Haushalt war in der Hochzeit dieser Art des Handels mit der **Textilhausiererei** befasst, bis im 19. Jh. der Niedergang durch die sich entwickelnde Textilindustrie einsetzte. Aus diesem Textilhandel gingen die **Textilkaufhäuser Brenninckmeyer (C&A)** und **Hettlage** hervor.

Sehenswertes

Tüöttenmuseum

Das Tüöttenmuseum widmet sich der Textilhandelstradition Mettingens. Es ist seit 1962 im Innenhof des ehemaligen **Hotels Telsemeyer** und heutigen Rathaus untergebracht. **Drei Fachwerkhäuser** machen den Komplex aus, der Exponate zum Leben und Wirken der betroffenen Familien sowie Möbel, Gebrauchsgegenstände und andere Zeugnisse alten Brauchtums zeigt. Seit 2009 ist zudem die **Draiflessen Collection** als Privatinitiative der Familie *Brenninckmeyer* zu sehen. Der Begriff ist der Sprache der Tüöttenhändler (*drai* = drei, *Flessen* = Flachs/Leinen) entnommen. Die Sammlung widmet sich der Unternehmens- und Familiengeschichte.

■ **Tüöttenmuseum,** Sunderstr. 2, Tel. 05452-5213, www.mettingen.de, Di–So 11–20 Uhr, Mo Ruhetag, Eintritt frei, Führungen nach telefonischer Absprache pro Person ab 2,50 €, mindestens 30 €.

Schultenhof

Der Schultenhof bildet die Keimzelle Mettingens. Er geht wohl schon auf eine sächsische Hofanlage des 7. Jh. zurück und wird 1088 als Haupthof von Mettingen im Güterverzeichnis des Osnabrücker Bischofs *Benno II.* genannt. Die derzeitige Hofanlage setzt sich aus Haupthaus, Speicher, Remise, Scheune und Doppelheuerhaus zusammen und steht einschließlich der Bruchsteinmauer seit 1990 unter Denkmalschutz.

Inzwischen hat die Gemeinde den Hof übernommen und renoviert. Darin untergebracht sind das **Postmuseum** mit Exponaten zur regionalen Postgeschichte, das **Schulmuseum,** welches sich den ehemaligen Zwergschulen der Bauerschaften widmet, der **Kunstspeicher** für Ausstellungen und ein Saal für Versammlungen aller Art im Haupthaus. Attraktionen sind das **Stadtmodell,** eine **Mineraliensammlung** und der **Bauerngarten.**

■ **Schultenhof,** Burgstr. 9, Tel. 05452-5214, www.schultenhof-met tingen.de, geöffnet Sa und So 15–18 Uhr, Eintritt frei. Schulmuseum Sa und So 15–18 Uhr, Nov. bis März 15–17 Uhr, Eintritt 1 €, ermäßigt 0,50 €. Postmuseum geöffnet April bis Okt. 16–18 Uhr, Nov. bis März 15–17 Uhr, Eintritt frei. Mit Weinstube und Sektverkauf (s.u. „Einkaufen").

St. Agatha

Leicht erhöht über dem Ort steht die **katholische Pfarrkirche** St. Agatha, 1891–1895 als neugotischer dreischiffiger Bau mit ausladendem Querhaus und ortsbeherrschendem, 75 m hohem Turm errichtet (Kardinal-von-Galenstr. 1). Die

Kirche steht am Standort eines Vorgängerbaus aus dem Jahr 1777.

Evangelische Kirche

Die evangelische Kirche (Westerkappelenstr. 1) ist das **älteste Gebäude der Stadt.** Ihr Westturm mit Treppengiebel stammt noch aus dem 12. Jh., der spätgotische Langhaussaal mit dreiseitigem Chorschluss aus dem 15. Jh. Der verputzte Bruchsteinbau hatte zwei Vorgängerbauten, deren Fundamente ausgegraben werden konnten. Die zunächst katholische Pfarrkirche wurde 1674 von der evangelischen Kirche übernommen.

Brenninckhof

Kulturgeschichtlich beachtenswert ist der Brenninckhof (Ibbenbürener Str. 149) als **Stammsitz der Familie Brenninckmeyer.** Der Gebäudekomplex erstreckt sich beiderseits der L796 nach Laggenbeck. Das eindrucksvolle Haupthaus ist ein Zweiständerbau aus dem 18. Jh. Auf der gegenüber liegenden Straßenseite steht unter anderem das **Heuerhaus** aus dem Jahr 1541, das jetzt als Heimathaus genutzt wird.

Georgseiche

Imposant ist die Georgseiche, eine mehrere hundert Jahre alte **Stieleiche** an der Kreuzung Recker Straße/Schwarze Straße. Der Baum am historischen Georgshof, den die Familie *Brenninckmeyer* den Pfadfindern schenkte, wurde 1990 als **Naturdenkmal** ausgewiesen.

Praktische Tipps

Unterkunft, Essen und Trinken

- **Romantik Hotel Telsemeyer**②, Sunderstr. 2, Tel. 05452-9110, www.hotel-telsemeyer.de. Traditionelles Flair in einem modern umgebauten Fachwerkhaus im Fußgängerbereich, individuell eingerichtete Zimmer und Suiten. Das Restaurant mit Innenhof-Terrasse bietet kreative regionale Küche, dazu auch eine Auswahl an vegetarischen Gerichten, Mo Ruhetag.

Einkaufen

- **Sektmanufaktur Mettingen,** Burgstraße 9, Tel. 05452-5213, www.icon-em.de/kontakt.html. Produziert Schultenhofsekt, Verkauf in der Weinstube des Schultenhofs (s.o.), Do und Fr 15–18 Uhr, Sa 10– 12 Uhr.

Westerkappeln

- **Postleitzahl:** 49492
- **Tel.-Vorwahl:** 05404 (Westerkappeln), (05456) Velpe
- **Info:** Gemeinde Westerkappeln, Große Str. 13, Tel. 887139, www.gemeinde-westerkappeln.de

Westerkappeln liegt sieben Kilometer östlich von Mettingen in Richtung Osnabrück. In Westerkappeln waren die Herren *von Cappeln* zuhause. Die hier im Westen des Bistums Osnabrück um 800 errichtete Kapelle war im Besitz des Klosters Corvey. Die von den Herren *von Cappeln* errichtete Burg kam 1246 in

Tecklenburger Besitz. Im Ort soll *Reinhild von Westerkappeln* geboren worden sein, eine legendäre Heilige und Märtyrerin, die von ihrer Mutter aus Habgier ermordet wurde. Von dieser lokalen, *Sünte Rendel* genannten Volksheiligen gibt es eine kunstvolle romanische Grabplatte, die in der Kirche von Riesenbeck (siehe Hörstel im Kapitel „Steinfurter Land") zu sehen ist.

Die Turmbasis der heutigen **evangelischen Ortskirche** mit 1½ Meter dicken Mauern stammt noch aus dem 12. Jh. Eine Erhöhung dieses Wehrturms auf 29 m erfolgte im 13. Jh. Das Langhaus des 13. Jh. wurde als romanischer Saal mit querarmigem Anbau unter Einbeziehung älterer Mauerreste leicht seitlich versetzt zum Turm errichtet und im 15. Jh. eingewölbt. Reste von Gewölbemalereien wurden 1966 freigelegt.

Haus Cappeln war der Sitz der Herren *von Cappeln*. Ihre Burg war im 14. Jh. zerstört worden. Möglicherweise wurde schon im 15. Jh. auf ihren Fundamenten ein Herrenhaus mit Torbau in Zweiinsellage errichtet. 1777 erfolgte ein grundlegender Umbau des Herrenhauses zur eingeschossigen, auf hohem Kellergeschoss aufgesetzten **Dreiflügelanlage** mit Kapelle, Freitreppe und attraktivem Portal.

UNSER TIPP: Traktorenmuseum

Im Traktorenmuseum von Westerkappeln kann man 30 Landmaschinen-Oldtimer besichtigen, darunter einen noch fahrtüchtigen Lanz Bulldog.

■ **Traktorenmuseum Westerkappeln,** Lotter Str. 20, Tel. 05404-1785, www.westerkappeln.de, geöffnet April bis Okt. Sa, So und feiertags 10–18 Uhr und nach Vereinbarung, Eintritt 2,50 €, Kinder 1 €.

Düsterdieker Niederung

Im Süden der Westerkappelner Bauerschaft **Seeste** erstreckt sich das Vogelschutzgebiet Düsterdieker Niederung als größtes **Feuchtwiesen-Schutzgebiet** Nordrhein-Westfalens. Hier besteht ein Mosaik aus Mooren, Auen, Feuchtwiesen, Heideflächen und Sandmagerrasen. Das Gelände bietet über 100 Pflanzenarten Lebensraum, die auf der Roten Liste gefährdeter Arten stehen. Hier lassen sich Graureiher, Große Brachvögel, Kiebitze und Störche, Rohrweiher, Neuntöter und Uferschnepfen beobachten.

Sloopsteine

Ebenfalls auf dem Gebiet der Seester Bauerschaft findet man die Sloopsteine, die Reste eines **Megalith-Hühnengrabes** mit einer Fläche von 23,50 x 7,50 m aus der Zeit des Neolithikums um 2000 v. Chr. Zwar sind die Decksteine der Grabkammer zum Teil abgerutscht, dennoch gilt das Monument heute als das besterhaltene seiner Art in Westfalen.

Velpe

Wassermühle Görtemüller

Im sieben Kilometer südlich von Westerkappeln gelegenen Ortsteil Velpe steht die restaurierte Wassermühle Görtemüller. Es handelt sich um eine **Getreide-**

und Sägemühle mit oberschlägigem Wasserrad aus dem Jahr 1560. Eine Erneuerung erfolgte 1923. Die Anlage ist noch voll funktionstüchtig. Im oberen Stockwerk der Mühle befindet sich die **Gemäldegalerie** des Velper Malers *Gustav Künnemann.*

- **Wassermühle Velpe,** Laggenbecker Str. 6, Tel. 05456-1040, www.gemeinde-westerkappeln.de. Besichtigung auf Anfrage, am Mühlentag Bewirtung mit Kaffee und Kuchen.

Haus Velpe

In der bei Velpe gelegenen Bauerschaft Hambüren stand einst der Rittersitz Velpe. Die Herren *von Velpe* waren Ministeriale der Grafen von Tecklenburg. Ihr Name taucht erstmalig um 1200 in einem Einkünfteregister des Domprobstes von Osnabrück auf. Nach vielen Besitzwechseln und -teilungen wurde Velpe 1879 als Rittergut gelöscht. Die damaligen Hauseigner ersetzten das Herrenhaus durch einen Neubau. Erhalten sind vom heute in Privatbesitz befindlichen Haus Velpe nur noch das um 1700 errichtete **Torhaus** und ein Teil der alten **Gräfte.**

Praktische Tipps

Unterkunft, Essen und Trinken

- **Villa Fens**①, Schafberg 51, Tel. 05404-899 8915, www.villafens.de. Kleine Pension in ländlicher Umgebung mit großem Garten und Kinderspielplatz südlich von Westerkappeln, Zimmer im Landhausstil möbliert.
- **Kultur-Café Westerbeck,** Kulturhof Westerbeck, Burgweg 9, Tel. 0162-2116763, in einem alten Fachwerkhofensemble, hauseigener Kuchen, Mai bis Anfang Oktober Dauerausstellung mit Skulpturen afrikanischer Künstler, Eintritt frei, www.kulturhofwesterbeck.de.

Aktivitäten

- **Golfclub Habichtswald e.V.,** Westerkappeln-Velpe, Industriestr. 16, Tel. 05456-96013, www.golfclub-habichtswald.de. 18-Loch-Platz auf dem Gelände einer ehemaligen Tongrube, mit Gastronomie.

Tecklenburg

- **Postleitzahl:** 49545
- **Tel.-Vorwahl:** 05482
- **Info:** Tecklenburg Touristik GmbH, Markt 7, Tel. 9389-0, www.tecklenburg-touristik.de
- **Organisiert Stadtführungen,** u.a. zu den Themen Hexenzauber, Raubritter oder Leineweber, sowie Bastionsbesichtigungen und Führungen im Wasserschloss Haus Marck (April bis Oktober) etc.

Auf dem Kamm des Teutoburger Waldes gelegen, zählt die kleine Stadt Tecklenburg – mit ihrem Kern aus Fachwerkhäusern oft als **„westfälisches Rothenburg“** bezeichnet – zu den reizvollsten Orten des Münsterlandes.

Hier hat die Grafschaft Tecklenburg ihren Ausgang genommen, die im 13.

und 14. Jh. ihre Blütezeit erlebte. Die Ansiedlung um die **Burg** wurde 1226 als Burgvorstadt und 1388 schon als Stadt erwähnt, obwohl sie die eigentlichen Stadtrechte erst im 17. Jh. erhielt. In dieser Zeit brachte die **Leinenweberei** der Stadt Wohlstand. Nachdem die Grafschaft 1707 zu Preußen gekommen war, wurde mit dem Abriss der längst ruinösen Tecklenburg begonnen.

Seit 1975 gehört Tecklenburg mit dem alten Kreis Tecklenburg zum neuen Kreis Steinfurt.

Sehenswertes

Die Tecklenburg

An einem Einschnitt im Kamm des Teutoburger Waldes errichtete der Graf von Zutphen um 1100 eine mächtige Burg, die der **Zollerhebung** an dem wichtigen Handelsweg Lübeck – Bremen – Münster – Köln diente. In der Folgezeit siedelten die **Grafen von Tecklenburg** als Nachfolger Vasallenhöfe an den Zuwegen zur Absicherung der Burg ein, so die

Anwesen Mark, Kieseling, Horne, Meeseburg, Kronenburg, Hülshoff und Wondahl. In der Zeit des Religionswechsels in Tecklenburg wurden die Wehranlagen der Burg erweitert. Auch eine **Bastion** im Nordosten des Burggeländes hat man errichtet, deren Grundmauern man erst 1944 wiederentdeckte.

Anna von Tecklenburg-Schwerin ließ in der zweiten Hälfte des 16. Jh. die Burg wohnlich zur **Schlossanlage** ausbauen. Als die Preußen in Tecklenburg einzogen, wollten sie die Burg zur Festung ausbauen, was sich aufgrund von Geländeschwierigkeiten aber nicht durchführen ließ. Die Burg wurde geschleift, Teilstücke wurden im Ort vergeben.

Ab dem 19. Jh. konservierte man im Sinne des aufkommenden Denkmalschutzes die noch vorhandenen Reste der Burg, schüttete den Graben zwischen Vorburg und Hauptburg zu und errichtete dort einen Denkmalsturm zu Ehren des Hofarztes *Johann Weyer*, der sich mit Unterstützung der Gräfin *Anna* gegen die damals zunehmenden Hexenprozesse in katholischen Landesteilen gewandt hatte.

Erhalten sind Reste der **Umfassungsmauern,** die einen Eindruck von ihrer Ausdehnung vermitteln, und auch des 1657 errichteten **Torhauses.** Die Fundamente der Bastion, die ursprünglich ein runder Kuppelbau war, zeigen noch vier **Geschützstände.** Der **Wierturm** (so nach der alten Schreibweise des Hofarztes *Weyer* geschrieben) ist heute ein Aussichtsturm. Seit 1927 wird die Tecklenburg als **Kulisse für Freilichtspiele** genutzt, die 2300 Zuschauern Platz bietet.

› Straßencafés in der Landrat-Schultz-Straße

UNSER TIPP: **Freilichtspiele Tecklenburg e.V.,** Schlossstraße 7, Tel. 05482-220, www.buehne-tecklenburg.de. Zur Aufführung kommen Theaterstücke, Musicals, Konzerte, Kinderstücke etc., Ticketverkauf auch online.

Stadtbild

In der sichelförmig um den Burgberg angelegten Altstadt von Tecklenburg findet man in lockerer Bebauung noch 50 gut erhaltene **Fachwerkhäuser** aus der städtischen Blütezeit des ausgehenden 16. und der ersten Hälfte des 17. Jh. Eine zweite Bauphase betrifft den Zeitraum vom Anfang des 18. bis zur Mitte des 19. Jh. Erstellt wurden in der Regel eingeschossige, giebelständige Dielenhäuser mit vorkragendem Giebeldreieck. Nicht unüblich sind Utlucht-artige, auf Knaggen gestützte Vorbauten am Giebel, die als Platz für den Webstuhl dienten (zu den Begriffen s. Glossar im Anhang).

Markt

Der Markt bildet das Zentrum der Altstadt. Auf dem Platz steht eine fast **400-jährige Linde.** Er wird von einer geschlossenen Fachwerkbebauung eingerahmt, darunter einige traufständige und auch zweigeschossige Häuser. Besondere Aufmerksamkeit verdient die **Legge** (Markt 11). Dabei handelte es sich um eine zentral eingerichtete Leinenprüf- und -sammelstelle zur Gewährleistung einheitlicher Qualität der auf dem Lande produzierten Leinwände. In Tecklenburg wurde sie als zweigeschossiges Fachwerkhaus mit Durchgang zur Burg errichtet, deren Teile verschiedenen Alters sind. Es war seit 1654 die erste landesherrliche Legge in Westfalen. Von 1845 bis 1908 diente das Gebäude als Rathaus, heute ist es Ausstellungs- und Veranstaltungsort.

Fachwerkbauten in der Altstadt

Vom Marktplatz führt die **Krummacher Straße** in Richtung Burg. Haus Nr. 2 hat einen weit vorkragenden Giebel. Haus Nr. 3a ist ein einfaches Leineweberhaus, ein ein- bis anderthalbgeschossiger Dreiständerbau, der in den 1980er Jahren unter Beibehaltung der Verformung des schiefen Fachwerks renoviert wurde.

Die **Schlossstraße** folgt dem Verlauf der ehemaligen Stadtmauer im Bogen um die Burg. Hier stehen auch anderthalbgeschossige Querdeelenhäuser, so etwa gleich am Anfang Haus Nr. 1. Teilweise findet man auf den Grundstücken noch Reste der Stadtummauerung.

Unterhalb der Schlossstraße verläuft die **Ibbenbürener Straße** mit dem größten Bestand an Fachwerkhäusern. Die Häuser Nr. 8 und 10 sind mit Steinfassaden versehen. Sie entstammen dem 19. Jh. Großzügig angelegt ist der Vierständerbau (Nr. 11). Auffallend ist Haus Nr. 12, ein zweigeschossiges Fachwerkstockhaus mit Querdeelentor und Hofpflasterung. Im Inneren von Haus Nr. 30, einem eingeschossigen, teilverputzten Traufenhaus, befindet sich ein historischer Brunnenschacht. Das gräfliche Beamtenhaus von 1597 (Nr. 28) ist ein Vierständerfachwerkbau mit erhaltener Grundsubstanz, Originaltüren aus dem 17. Jh. und Resten der Bemalung der Holzbalkendecke im Saalzimmer.

052ml ti

Von der Ibbenbürener Straße zweigt die **Brauerstraße** ab. Haus Nr. 2 ist ein weitgehend original erhaltener, zweischiffiger Dreiständerfachwerkbau. Haus Nr. 4 ist mit der Jahreszahl 1605 bezeichnet, ein Vierständerbau mit vorkragendem Giebel und späterem Kammervorbau. Haus Nr. 6 ist ein giebelständiger Vierständerbau mit sechs Jochen, der 1597 unter Wiederverwendung älterer Fachwerkbalken errichtet wurde – am Torbalken ist die Jahreszahl 1513 eingraviert.

In der **Brunnengasse,** einer Verbindung zwischen Ibbenbürener und Brochterbecker Straße, steht ein großer giebelständiger Vierständerbau (Nr. 2), im Ursprung aus dem Jahr 1669, mit historischen Mauern der Grundstückseinfassung und davor einem Brunnen in Sandsteinfassung.

Sehenswert ist das Greiffsche Haus in der **Brochterbecker Straße** (Nr. 7). Es handelt sich um das stattliche Anwesen des gräflichen Rates *von Winkel,* ein lang gestrecktes Traufenhaus mit zweigeschossiger Stockwerkskonstruktion auf Werksteinsockel unter einem Walmdach. Die Gefache im Erdgeschoss sind teilweise mit Werksteinen gefüllt. Der Wohntrakt ist unterkellert, den Wirtschaftstrakt erreicht man durch das Dielentor.

Kirchen

Die Pfarre Tecklenburg wurde in der Wende zum 14. Jahrhundert begründet. Die heutige **evangelische Kirche** entstand zwischen 1562 und 1567 in schlichten, reformatorisch-gotischen Formen außerhalb der Stadtbefestigung anstelle der vorangegangenen St. Georgskapelle als neue Pfarrkirche von Tecklenburg und als Beerdigungsstätte der Grafen von Tecklenburg. Der teilweise eingestellte Westturm wurde 1718 fertiggestellt und mit einer geschweiften Haube versehen. Wenig später hat man die Balkendecke durch ein hölzernes Gewölbe ersetzt, getragen von einer schlanken Mittelsäule. Die dreijochige Saalkirche ist bis auf den eingezogenen Chor mit 5/8-Schluss verputzt. Der Taufstein stammt aus der klassizistischen Zeit. An der Seitenwand ist die Grabplatte des 1557 verstorbenen Grafen *Konrad,* von seiner Gemahlin *Mechthild* ein Epitaph angebracht. Ebenfalls an der Seitenwand hängt ein Totenschild aus dem Jahr 1674, eine damals übliche Totenerinnerung.

Die Hauptfassade der **katholischen St. Michaelskirche** zeigt wegen ihrer Hanglage nach Süden. Die klassizistische Saalkirche wurde 1846 aus Sandsteinquadern errichtet. Der Aufstieg erfolgt über eine doppelte Freitreppe an der Straßenfront. Der Bau trägt ein flaches Satteldach mit Dachreiter. Das Chorgestühl zieren klassizistische Gestühlwangen.

Puppenmuseum

Das Tecklenburger Puppenmuseum ist im ehemaligen Haus des Kanzlers *Dr. von Bentheim* untergebracht. Das mit einem Walmdach eingedeckte Fachwerkhaus wurde 1684 errichtet und diente ab 1834 den Herren auf Haus Marck (s.u.) als Gästehaus. Das rückwärtige Saalzimmer ziert eine schöne Stuckdecke.

Gezeigt werden neben Puppen, die älteste von 1875, auch Puppenstuben und Spielzeug sowie Exponate zum Leben in Tecklenburg und der Handweberei.

■ **Puppenmuseum Tecklenburg,** Wellenberg 1, Tel. 05482-703700, www.puppenmuseumtecklenburg.ev.ms, geöffnet April bis Okt. Di, Do, Sa und So 14–17 Uhr, Nov. bis März Sa und So 14–17 Uhr, Eintritt 2,50 €, Kinder 1 €, Familienkarte 5 €.

Otto Modersohn Museum

Ein Museum in Tecklenburg widmet sich dem Maler *Otto Modersohn*, der in den 1880er Jahren in Tecklenburg einen Ferienaufenthalt verbrachte. Diesem Aufenthalt entstammt ein Teil seines malerischen Frühwerks. Es handelt sich um vorwiegend kleinformatige Studien und Landschaftsbilder direkt von der Natur, die in der Tradition der französischen Maler des Barbizonkreises stehen.

■ **Otto Modersohn Museum (ommt),** 49545 Tecklenburg, Markt 9, Tel. 05482-9262160, www.ommt.de, geöffnet April bis Okt. Di bis So 11–18 Uhr, im Winter Fr 14.30–18 Uhr, Sa und So 11–18 Uhr, feiertags geöffnet, außer am 24., 25. und 31. Dezember, Neujahr 14.30–18 Uhr, Eintritt 5 €, Schüler/Studenten 3 €, Kinder bis 14 Jahre frei.

Haus Marck

In Richtung Ladbergen steht das **Wasserschloss** Haus Marck in reizvoller Tallage. Die Anlage wurde bereits im 14. Jh. als Sitz der Familie *von Horne* erwähnt. Nach Bauschäden hat man die heutige umgräftete Vieflügelanlage 1754 auf vorhandenen Bauresten eingeschossig umgestaltet. Hier wurde 1831 *Friedrich von Bodelschwingh* geboren. Im Inneren befindet sich ein großer barocker Festsaal, der sogenannte Rittersaal. Die seit über 200 Jahren residierende Besitzerfamilie öffnet das Haus für Veranstaltungen, Konzerte und Trauungen.

■ **Haus Marck,** 49545 Tecklenburg, Haus Marck 1, Tel. 05482-925773, www.hausmarck.de. Führungen April bis Okt. Sa 10 und 11 Uhr, Teilnahme 5 €.

Brochterbeck

Die **evangelische Kirche** des Tecklenburger Ortsteils Brochterbeck wurde nach Brand im Jahr 1430 unter Verwendung älterer Mauerteile als katholische Pfarrkirche St. Marien neu errichtet. Die Ausstattung ist weitgehend neugotisch. Der Turm wurde 1703 mit einem neuen Helm versehen.

Mitte des 19. Jh. wurde die neue katholische Pfarrkirche **St. Peter und Paul** gebaut. Zu ihrer Ausstattung zählen eine hölzerne Pietà aus der zweiten Hälfte des 15. Jh., ein um 1600 entstandenes hölzernes Kruzifix sowie Steinfiguren der Evangelisten vom Anfang des 17. Jh.

Ledde

Vom Tecklenburger Ortsteil Ledde, zwischen dem Schafberg und dem Teutoburger Wald gelegen, sind die alten **Fachwerkhäuser** und die **evangelische Dorfkirche** sehenswert, ein zweijochiger spätromanischer Saalbau mit Westturm und 1501 geweihtem spätgotischen Chor mit 5/8-Schluss. Das Kirchenschiff ist kreuzgratgewölbt.

Leeden

Vor 950 erstmals erwähnt, ist Leeden der älteste Ortsteil von Tecklenburg, schön gelegen an der Margarethenegge mit dem 202 m hohen Leedener Berg. Reizvoll ist sein neugestalteter **Dorfplatz** mit Kneipp-Tretbecken und -Armbecken, Boulebahn, Pavillon und Skulpturenpark.

Im Jahr 1240 gründeten die Grafen von Tecklenburg in Leeden ein Damenstift, das im Lauf der Zeit in den Zisterzienserorden aufgenommen, dann freiweltlich und schließlich 1812 aufgelöst wurde. Die **Pfarrkirche** war 1420 an die Nordseite der damals mit neuen Gewölben versehenen Kloster-, späteren Stifts- und heutigen evangelischen Kirche angebaut worden. Beide Kirchen hatten eine gemeinsame Innenwand, aber zwei Satteldächer. Im Zuge der Auflösung wurde auch die Pfarrkirche bis auf das Westjoch abgerissen. Am Ende des Zweiten Weltkrieges war alles zerstört. Die Pfarrkirche wurde in ihrer ursprünglichen Form als vierjochiger Saalbau mit geradem Chorschluss und Dachreiter am östlich angrenzenden **Äbtissinnenhaus,** einem um 1490 errichteten zweigeschossigen Fachwerkbau, wieder errichtet.

Nördlich von Leeden breitet sich der **Habichtswald** als historisches Waldareal aus, das einst im Besitz der Grafen von Tecklenburg war. Graf *Arnold* plante um 1590, am Nordrand des Waldes ein Jagdschloss zu errichten. Zur Realisierung kamen diese Pläne allerdings erst 1641. Das bis heute von einer Gräftenanlage umgebene **Jagdschloss Habichtswald** (Am Habichtswald 12), das bis 2012 als Hotelrestaurant geführt wurde, kann für Veranstaltungen gemietet werden. Der Außenbereich ist für interessierte Besucher zugänglich.

Östlich des Jagdschlosses steht auf einem Hügel eine **300 Jahre alte Linde,** die früher als sogenannte Gerichtslinde diente. Der Überlieferung nach soll unter diesem Baum der wohl aus Leeden stammende Heideläufer *Johann Heinrich Dolle* am 15. Juni 1785 wegen Ermordung eines jüdischen Händlers zum Tode auf dem Rad verurteilt worden sein. Die Hinrichtung wurde auf dem „Lengericher Galgenknapp“ an der Leedener Grenze im Oktober 1785 vollzogen. Es war die letzte Hinrichtung an diesem Ort; sie war so schlecht ausgeführt, dass der Scharfrichter angeklagt und zu einer zweijährigen Festungshaft verurteilt wurde. So steht es in der Akte aus dem Staatsarchiv Münster der Kriegs- und Domänenkammer Minden, XXXIX, Nr. 23.

Praktische Tipps

Unterkunft

3 Drei Kronen④, Landrat-Schultz-Straße 15, Tel. 05482-225, www.hoteldreikronen.de. Traditionshaus inmitten der Altstadt im Stil der Belle Époque, vor 400 Jahren Poststation. Großzügige, romantisch eingerichtete Zimme. Bierstube, Weinkeller, Terrasse.

7 Ringhotel Teutoburger Wald④, Tecklenburg-Brochterbeck, Im Bocketal 2, Tel. 05482-93000, www.ringhotel-teutoburger-wald.de. Ruhig außerhalb des Ortes gelegen, komfortable Zimmer mit Balkon, ein Zimmer barrierefrei, Wellnessbereich mit Hallenbad, Whirlpool, Sauna. Das Restaurant bietet frische saisonale Küche, für Nicht-Hotelgäste Anmeldung erforderlich.

4 Gästehaus Konermann②, Landrat-Schultz-Str. 19, Tel. 05482-1623, www.ferienwohnungen-konermann.de. Direkt am Markt gelegenes, 1680 erbautes Fachwerkhaus, vermietet rustikal eingerichtete Zimmer und Appartements, Frühstück im hauseigenen Café Lindenhof (s.u.).

6 **Jugendherberge Tecklenburg**①, Am Herrengarten 5, Tel. 05482-360, www.djh-wl.de/tecklenburg. Stadtnah direkt neben der Freilichtbühne gelegen, Ü/HP ab 28,80 €, Unterbringung überwiegend in Mehrbettzimmern, Doppelzimmer gegen Mehrpreis, sehr gut ausgestattet.

Camping

2 **Ferienanlage Regenbogen,** Tecklenburg-Leeden, Grafenstr. 31, Tel. 05405-1007, www.regenbogen.ag, großer Campingplatz, Mobilhomes unterschiedlicher Größe, Restaurant, Swimmingpool, Ritterburg-Spielplatz, Animation, Shows.

8 **Campingplatz Am Knoblauchsberg,** Königstr. 8, Tel. 05482-396, www.knoblauchsberg.de. Stadtnah am Südhang von Tecklenburg gelegener, 1,5 ha großer Platz mit Pool, Spielplatz, Kletterhaus und überdachtem Boule-Platz, dazu Gaststätte mit Imbiss und Getränkeverkauf, ganzjährig geöffnet.

Essen und Trinken

4 **Café Lindenhof**①, Landrat-Schultz-Str. 19, Tel. 05482-3360111, neu eröffnet, neu eingerichtet mit großformatigen Naturfotos, https://de-de.facebook.com/Lindenhof.Cafe. Am Marktplatz im Gebäude der Ferienwohnungen Konermann gelegen, auf zwei Etagen, mit Außengastronomie, Mo/Di Ruhetage.

1 **Landgasthaus Am Habichtswald,** Tecklenburg-Ledde, Osnabrücker Straße 37, Tel. 05482-1036, www.kemken.de. Westfälisch-rustikale Gerichte, hausgemachte Spezialitäten wie Knochenschinken, Wurst, Steinofenbrot, dazu Planwagenfahrten, geöffnet Mi–So 10–22 Uhr.

5 **Kostbar der Bio-Imbiss,** 49545 Tecklenburg, Schloßstraße 1, Tel. 05482-926878, www.kostbar-bioimbiss.de. Fastfood am Tecklenburger Markt einmal anders, Biopommes und leckere Saucen, ab Mi mittags geöffnet, Sa und So bis 18 Uhr.

Aktivitäten

- **Waldfreibad Tecklenburg,** Handal 51, Tel. 05482-288, www.baeder-online.de. Vielfältige Wasserlandschaft, beheizte Becken, Rutschen etc., große Liegewiese, geöffnet Juni–Aug. täglich 6.30–20 Uhr, Mo ab 10 Uhr, Sa und So ab 8 Uhr, verkürzte Öffnungszeiten in der Vor- und Nachsaison, Eintritt 3,50 €, ermäßigt 2,50 €.

Feste und Veranstaltungen

- **Leinen- und Handwerkermarkt,** 2. Septemberwochenende in der Altstadt.

Wanderung

Stadtwanderung durch Tecklenburg

Vom Parkplatz am Burgberg über einen schmalen Treppenweg geht es zum mystischen Hexenplatz, wo vermeintlich der Graf von Tecklenburg in den Tod gerissen wurde. Weiter geht es zum Markt, zum Gut Hülshoff, zum Denkmal Alte Sägemühle, zum Wasserschloss Haus Marck, durch die Fachwerk-Altstadt zum Markt und zum Wierturm, dem Ausgangspunkt zurück. Auch für Kinder abwechslungsreich!

- **Ausgeschildert:** Teutostadtschleife
- **Wegstrecke:** 6,2 km, ca. 2 Std.
- **Höhenmeter:** 210 m
- **Schwierigkeitsgrad:** mittel
- **Info:** www.teutoschleifen.de/tour/teutostadtschleife-tecklenburger-romantik

Lengerich

- **Postleitzahl:** 49525
- **Tel.-Vorwahl:** 05481 (Lengerich), 05482 (Wechte)
- **Info:** Tourist-Information Lengerich, Rathausplatz 1, Tel. 05481-339110,www.lengerich.de

Das Stadtgebiet von Lengerich schließt sich südlich an Tecklenburg an. Die Besiedlung der Region reicht 4000 Jahre zurück – ein so altes **Megalithgrab** wurde im **Ortsteil Wechte** gefunden. Schriftliche Zeugnisse über einzelne Bauerschaften sind älter als über den Ort selbst, der 1147 als *Liggerike* erstmals urkundlich erwähnt wird. Zwei Jahre später wird auch die Ortskirche St. Margareta erstmals genannt, die im 14. Jh. Ziel von Wallfahrten war. Ein Torhaus und die Fundamente eines Gegenbauwerks lassen auf eine Befestigung des Kirchdorfs um 1500 schließen, das schon ab dem 13. Jh. Marktrechte hatte.

Im 16. Jh. wurde auch in Lengerich die Reformation durchgesetzt. Nachdem die Preußen die Ortschaft übernommen hatten, übertrugen sie dem Flecken, der damals noch keine 1000 Einwohner hatte, 1727 die Stadtrechte. Zu diesem Zeitpunkt zeichnete sich schon ein bescheidener wirtschaftlicher Aufschwung durch die Leinenweberei ab, die im 19. Jh. durch Betriebe der Kalk- und Zementindustrie ergänzt wurde. Der 1919 erbaute, weithin sichtbare **Wasserturm** der ehemaligen Drahtseilfabrik mit dem markanten Wasserbehälter auf halber Höhe zeugt von weiteren Industriegründungen.

Einmal trat Lengerich in die deutsche Geschichte ein. Am 11. Juli 1645 trafen sich hier in Vorbereitung des Westfälischen Friedens Vertreter der Krieg führenden Parteien, um über die Rechte der Reichstände und Reichstädte in den Friedensverhandlungen zu beraten. Dieses treffen wird seither als *Lengericher Conclusum* bezeichnet.

> Altes Rathaus in Lengerich

Sehenswertes

Interessant sind die alten **Fachwerk-Dielenhäuser** aus dem 17. bis 19. Jh. am Kirchplatz, in der Bahnhofstraße und in der Münsterstraße. Das **Rathaus** am Rathausplatz, ein eigenwilliger Bau aus dem Jahr 1897, dient heute als Kulturtreff und Ratssaal. Ein steinernes Ackerbürgerhaus aus dem 17. Jh. ist das sogenannte **Beccard'sche Haus** (Bergstr. 10), das jetzige Heimathaus. Seine klassizistische Werksteinfassade sowie der Stallanbau stammen aus der ersten Hälfte des 19. Jh. Das **Kontor** genannte Gebäude in der Fußgängerzone (Bahnhofstr. 14) stammt im Kern aus dem 18. Jh. Es war das Wohnhaus der Industriellenfamilie *Gempt*, die dem Haus 1897 seine reizvolle klassizistische Fassade gab.

Wikimedia Commons © J.-H. Janßen

Pfarrkirche St. Margareta

Die ehemalige katholische Pfarrkirche St. Margareta am Kirchplatz ist eine zweijochige, zweischiffige Hallenkirche aus der Spätgotik mit Chor im 5/8-Schluss. Der erste Vorgängerbau, der im 12. Jh. abbrannte und durch einen Gewölbebau mit Westturm ersetzt wurde, stammt womöglich noch aus dem 9. Jh. Der heutige Turm ist aus dem 14. Jh., die heutige Kirche aus dem späten 15. Jh. Das südliche Seitenportal wurde ebenfalls vom Vorgängerbau übernommen. Ein einziger Mittelpfeiler trägt das gesamte Gewölbe. Nach der Reformation wurde die Margaretenwallfahrt hinfällig, die Kirche zur evangelischen Pfarrkirche.

Römer

Der Römer, das 1250 errichtete und erhaltene **Torhaus** (Rathausplatz 4) der vermuteten Ortsbefestigung, ist ein dreigeschossiger Walmdachbau, der zwischen dem 16. und 18. Jh. Fachwerkerweiterungen erfuhr. Sein gemauertes Erdgeschoss stammt noch aus der Ursprungszeit. Heute beherbergt das Torhaus eine Gaststätte (s.u.).

Haus Vortlage

Die Ursprünge des ehemaligen Rittersitzes Haus Vortlage (Vortlager Damm 7) im Süden von Lengerich an der Straße nach Ladbergen gehen auf ein befestigtes Haus auf einer Motte, einem von einer Gräfte umgebenen Erdhügel des 13. Jh., zurück. Das heutige verputzte und mit Walmdach versehene, umgräftete **Herrenhaus,** auf das eine Eichenallee zuführt, wurde an nahe liegendem Standort mit einer Fachwerkmühle im 18. Jh. errichtet. Eine Sandsteinbrücke, deren Torpfeiler mit „1730" gekennzeichnet sind, führt zur Hauptinsel. Die zweite Insel diente als Garten.

Gempt-Halle

Der Komplex aus drei 1917 errichteten **Stahlbeton-Fabrikhallen** der Drahtwerke Gempt mit dem unübersehbaren, 60 m hohen Schornstein, dessen Kühlwasserbehälter auf halber Höhe 150.000 Liter Wasser fasst, wurde 2002 von der Stadt übernommen und zur **Veranstaltungshalle** für Konzerte, Musicals, Theater, Kleinkunst und Ausstellungen umgebaut.

■ **Gempt-Halle,** Gemptplatz 1, Tel. 05481-305 015, www.gempthalle.de. Mit Bistro.

Praktische Tipps

Unterkunft, Essen und Trinken

■ **Römer,** Rathausplatz 4, Tel. 05481-37850, de-de.facebook.com/kneipe.im.roemer. Kneipe im historischen Torhaus, auch gastronomische Events.

■ **Gasthof Prigge**②, Lengerich-Wechte, Brochterbeckerstr. 60, Tel. 05482-9606, www.gasthof-

054ml ot

prigge.de. Einfacher Gasthof, praktisch eingerichtete Zimmer, gepflegte ländliche Küche, überwiegend mit Produkten aus ökologischem Anbau.

Der Römer in Lengerich

Einkaufen

UNSER TIPP: **Gut Erpenbeck,** Erpenbecker Straße 128, Tel. 05481-96090, www.gut-erpenbeck.de. Hofladen in einer der schönsten Hofanlagen des Münsterlandes, ein hervorragend erhaltener Gräftenhof mit Torhaus, erstmals 1260 urkundlich erwähnt. Hier wird traditioneller Spargelanbau betrieben. Der Laden bietet acht Monate gereifte

Westfälische Schinken, die dort in karierten Säcken hängen, und ein hofeigenes Wurst- und Käsesortiment, täglich geöffnet 9–18 Uhr, in der Spargelsaison bis 19 Uhr.

Lienen

- **Postleitzahl:** 49536
- **Tel.-Vorwahl:** 05483
- **Info:** Haus des Gastes Lienen, Diekesdamm 1, Tel. 739650, www.lienen.de

Der Ortskern von Lienen besticht durch seine zahlreichen liebevoll restaurierten **Fachwerkhäuser** und Kopfsteinpflastergassen und spiegelt die wechselvolle Geschichte des Ortes wider, der bereits die 1000-Jahr-Feier hinter sich hat. Heute will man neben dem Gewerbe mit dem Tourismus neue Einnahmequellen schaffen.

Herausragend im Ortsbild ist das **Hohe Haus** (Kirchplatz 1), ein Herrenhaus aus dem frühen 18. Jh. Die **evangelische Kirche** im Ortskern ist ein klassizistischer siebenachsiger Saalbau, dessen Langhaus aus dem frühen 18. Jh. stammt und 1802 erweitert wurde.

Barfuß-Park

Mit der Einrichtung eines Barfuß-Parks trägt Lienen seiner touristisch attraktiven Lage am Teutoburger Wald Rechnung und hat damit seinen Freizeitwert entsprechend erhöht. Auf diesem Pfad läuft man ohne Schuhwerk über verschiedene Untergründe wie Kies, Sand, Rinde und Waldboden. Abschließend findet eine Abkühlung im Wassertret- oder Armbadebecken statt.

- **Barfuß-Park,** der Eingang befindet sich beim Haus des Gastes, Diekesdamm 1, www.barfusspark-lienen.de. Für die Benutzung muss nichts bezahlt werden, Schließfächer für Schuhe können für 1 € gemietet werden.

Hermannsweg

Auf dem Gemeindegebiet von Lienen liegt der 235 m hohe Westerbecker Berg. Er ist damit die **höchste Erhebung des Münsterlandes.** Von hier weiter auf dem Kamm des Teutoburger Waldes verläuft der Hermannsweg, der als einer der bekanntesten Fernwanderwege Deutschlands gilt.

Holperdorp

Durch das **Holperdorper Tal,** eines der Quertäler des Teutoburger Waldes, führt der Hermannsweg zur jenseits des Kamms gelegenen Bauerschaft Holperdorp. Im Frühjahr ist das Tal bekannt für seine Kirschblüte. Der Kamm des Teutoburger Waldes wird hier von einem sandsteinernen Bergrücken geprägt, der aufragende Felsengebilde, darunter die **Duvensteine,** hervorgebracht hat. Bis hierhin breitet sich der **Natur- und Geopark TERRA.vita** aus, der das Gebiet des Teutoburger Waldes, des Wiehengebirges und der Ankumer Höhen umfasst (siehe dazu auch: www.naturpark-terra vita.de).

Praktische Tipps

Essen und Trinken

- **Jausenstation Malepartus,** Malepartusweg 6, Tel. 05483-8337, www.waldwirtschaft-malepartus.de. Waldgaststätte auf 225 m Höhe mit über 100-jähriger Tradition, bringt bayerisches Flair in den Teutoburger Wald, entsprechend ist das gastronomische Angebot, barrierefrei, 11–23 Uhr, Mi und Do Ruhetag, Anfang November bis Anfang Dezember Betriebsferien.

Camping

- **Campingplatz Eurocamp,** Holperdorp 44, Tel. 05483-290, www.camping-lienen.de. Im Holperdorper Tal gelegen, moderne Infrastruktur, 190 Dauer- und 60 Urlauberplätze, Gastronomie.

Wanderung

Der Hermannsweg durch den Teutoburger Wald

Der Hermannsweg gehört zu den bekannten **Fernwanderwegen** in Deutschland. Er führt auf einer Länge von 156 km über den Kamm des Teutoburger Waldes, 70 km davon durch das Tecklenburger Land. Benannt ist er nach Hermann dem Cherusker (lat. *Arminius*), der im Jahr 9 n. Chr. in der **Varusschlacht,** die sich im Bereich des Teutoburger Waldes abspielte, die Römer vernichtend schlug. Eingerichtet wurde der Weg 1902. Quertäler unterbrechen immer wieder die Gebirgslinie, sodass bei der Wanderung über den Kammweg **viele Auf- und Abstiege** zu bewältigen sind.

Der Hermannsweg **beginnt** im münsterländischen Flachland **in Rheine.** Die erste Etappe führt nach **Hörstel,** wo man auf die zunächst noch relativ niedrigen Ausläufer des Teutoburger Waldes trifft. Von hier geht es auf den Kamm des Teutoburger Waldes nach **Tecklenburg,** vorbei an den Dörenther Klippen mit der herausragenden Felsformation „Hockendes Weib". Nunmehr bewegt man sich auf einer Höhe von fast 200 m, **Fernsichten** bieten weite Blicke in nördlicher und südlicher Richtung.

Zwei weitere Etappen im Tecklenburger Land führen vorbei an **Lengerich** und **Lienen,** bis bei **Bad Iburg** niedersächsisches Gebiet erreicht wird. Bald verläuft der Weg wieder durch Nordrhein-Westfalen und passiert **Bielefeld** und **Oerlinghausen.** Das Ende des Hermannsweges ist mit dem 441 m aufragenden **Lippischen Velmerstot** bei Horn-Bad Meinberg erreicht.

Der Wanderweg wird in **8 Etappen** unterteilt. Die dritte Etappe führt von Tecklenburg durch Kalkbuchenwälder zum Stiftsort Leeden zunächst **durch die Ebene des Tecklenburger Landes,** dann wieder zurück auf den Gebirgskamm des Teutoburger Waldes und oberhalb von Lienen **nach Bad Iburg.**

- **Wegstrecke:** 23 km
- **Gehzeit:** 7-8 Std.
- **Schwierigkeitsgrad:** mittelschwer bis schwierig
- **Steigung:** 500 m hinauf, 570 m herunter

Der Südosten | 183

4 Warendorfer Land

‹ Die Wassermühle von Haus Steinfurt in Drensteinfurt

Warendorfer Land

WARENDORFER LAND – DER SÜDOSTEN

Das Warendorfer Land liegt im Südosten des Münsterländer Beckens. Bis hierhin erstreckt sich die von Wallhecken abgegrenzte münsterländische Parklandschaft aus Weiden und Äckern, die mit gelegentlichen Waldarealen durchsetzt sind. Die **Ems** durchfließt die Region in Ost-West-Richtung. Die **Werse** entspringt in den Beckumer Bergen und fließt an Münster vorbei, um schließlich in die Ems zu münden. Die

NICHT VERPASSEN!

- Der **Warendorfer Altar** in der Pfarrkirche St. Laurentius | 187
- Die reich ausgestattete **Stiftskirche von Freckenhorst** – der „Westfälische Bauerndom" | 193
- **Stromberg** – ein außergewöhnliches Burgensemble | 206
- **Kloster Liesborn** mit kunstgeschichtlichem Museum | 210
- **Haus Bisping** – ein Kleinod unter den Münsterländer Herrenhäusern | 226
- **Telgte** – bedeutendster Wallfahrtsort des Münsterlands mit historischem Altstadtkern | 234

Diese Tipps erkennt man an der gelben Hinterlegung

Lippe bildet im Süden den Abschluss. Die **Beckumer Berge** stellen mit der bewaldeten Kuppe des 173 m aufragenden Mackenbergs die höchste Erhebung der Region dar.

Warendorf

- **Postleitzahl:** 48231
- **Tel.-Vorwahl:** 02581
- **Info:** Tourist-Information, Emsstr. 4, Tel. 545454, www.warendorf.de.
- **Kreisinformation:** Touristische Arbeitsgemeinschaft „Parklandschaft Kreis Warendorf", Waldenburger Str. 2, Tel. 02581-536142, www.kreis-warendorf.de.
- **Stadtführungen:** Allgemeine Führungen und solche zu verschiedenen Themen wie „Warendorfer Frauen", „Pferd und Reiter", „Nachtwächterrundgang", „Aus Küche und Keller", Termine/Informationen/Anmeldung bei der Tourist-Information.

Fast 40.000 Einwohner zählt Warendorf, Hauptstadt des gleichnamigen Kreises, das gleichermaßen kleinstädtischen Charme wie internationales Flair ausstrahlt. Von Kriegszerstörungen weitgehend verschont, bietet Warendorf ein beeindruckendes Ensemble aus historischen Kaufmannshäusern. Doch ist es der **Reitsport,** der Warendorf zu Weltgeltung verholfen hat. Hier wird die deutsche Reiterelite für Meisterschaften und Olympiaden vorbereitet und das renommierte Landgestüt präsentiert seine Zuchtpferde in beeindruckenden Hengstparaden.

Stadtgeschichte

Die Geschichte der Stadt reicht in das 9. Jh. zurück, in dem an einer Emsfurt ein sächsischer Hof namens *Waranthar-pa* bestand, dessen Ursprünge aber wohl schon im 7. Jh. zu suchen sind. Um das Jahr 785 wurde ganz in der Nähe dieser Furt eine christliche Missionskirche begründet, die seit dem 9. Jh. dem Bistum Münster inkorporiert ist. Ihre erste Erwähnung als Pfarrkirche **St. Laurentius** geht auf das Jahr 1139 zurück.

Die von Bischof *Hermann II. von Katzenelnbogen* betriebene Stadtwerdung Warendorfs erfolgte im Übergang zum 13. Jh. Erstmals erwähnt als *civitas* wurde Warendorf im Jahr 1224. Bis zum Beginn des 14. Jh. war die Stadt völlig ummauert, das Bentheimer Tor und die wenigen Reste des Münstertors zeugen noch von dieser Epoche.

Mit in die Ummauerung einbezogen war die zu Beginn des 13. Jh. zu der bestehenden Pfarrgemeinde St. Laurentius im Westen der Stadt hinzugekommene neue Pfarrgemeinde **St. Marien.** Diese Erweiterung zeigt den steigenden Wohlstand der Bürger an, die vorwiegend durch das Leinengewerbe reich geworden waren. Diese Entwicklung vollzog sich aber in unruhigen Zeiten, und so trat die Stadt im Jahr 1255 dem **Rheinischen Städtebund** bei, um ihren Kaufleuten mehr Sicherheit und Schutz vor Wegelagerern zu bieten. Mit dem Beitritt zur **Hanse** erweiterten sich die wirtschaftlichen Möglichkeiten und Warendorf konnte sich zur zweitwichtigsten Stadt im Münsterland entwickeln.

Die Altstadt von Warendorf zeigt bis heute das Bild einer mittelalterlichen Stadt, um deren Marktplatz die reichen

Kaufleute ihre großartigen Bauten errichteten. Doch vollzog sich die weitere Entwicklung nicht ohne Probleme. 1404 legte ein Stadtbrand die Häuser und die „alte“ Kirche St. Laurentius in Schutt und Asche. 1533 übernahmen die Wiedertäufer kurzzeitig die Herrschaft über die Stadt, die dadurch ihre Stadtrechte verlor. Im Zuge der Auseinandersetzungen während des Dreißigjährigen Krieges geschah dies erneut. Nach einem weiteren Stadtbrand 1741 ging es abermals bergab. Die „neue“ Kirche und viele Häuser wurden Opfer der Flammen, Handwerk und aufkommendes Gewerbe zogen deshalb aus der Stadt aus. Als die Preußen in nachnapoleonischer Zeit das Münsterland übernahmen, fanden sie Warendorf als verarmte Stadt vor.

1826 begründete die preußische Gestütsverwaltung in Warendorf auf Anregung der Pferdezüchter des Landes das **Westfälische Landgestüt,** das bis heute als NRW-Landgestüt Bestand hat. Mitte des 19. Jh. begründeten sich Textilbetriebe, die dem „Warendorfer Leinen“ große Marktbedeutung verschafften. Nach dem Zweiten Weltkrieg konnte die ortsansässige Industrie weiteren Aufschwung nehmen, war die Stadt doch weitgehend von Schäden verschont geblieben.

Sehenswertes

Stadtbild

Die **Ems** begrenzt mit ihrer historischen Furt im Norden die im Oval um den Siedlungskern an der Laurentiuskirche gewachsene Stadt. Das Rathaus trennt die Bebauung um die Kirche vom **Markt,** um den sich wiederum der alte Pferdemarkt, der Schweine- und der Heumarkt gruppieren. Weitere Siedlungskerne gingen westlich der Furt vom bischöflichen Hof und im Osten vom Burghaus Bentheim der Grafen von Werl aus. Der **Bentheimer Turm** erinnert noch an diesen vormaligen Burgstandort, der später vom Franziskanerkloster eingenommen wurde. An den bischöflichen Hof erinnert der **Mühlenhof** mit der Mühle an der Ems, wo die fürstbischöfliche Amtsverwaltung früher ihren Sitz hatte.

Da sich die Stadt schlecht über die Ems hinaus ausdehnen konnte, erfolgten die nächsten Stadterweiterungen nach 1230 südlich des Altstadtkerns mit der Bebauung der Oststraße und Brünebrede sowie deren Querstraßen. In mehreren Bauphasen entstand das heutige Stadtbild aus **giebelständigen Bürgerhäusern** mit vorgesetzten Fassaden und abgewalmten Giebeln. Bereits Ende des 17. Jh. begann man mit der Niederlegung der Stadtbefestigung. Anstelle der im 19. Jh. beseitigten Stadtmauer kennzeichnet nun die begrünte **Promenade** die Begrenzung der Altstadt.

Bei den repräsentativen Kaufmannshäusern handelt es sich überwiegend um **kombinierte Wohn- und Wirtschaftshäuser,** die auf tiefen Parzellen in Vorder- und Hinterhaus unterteilt sind. Hinter den steinernen Giebelfassaden des 18. Jh. verbergen sich die Fachwerkkonstruktionen, soweit sie die Stadtbrände überstanden haben. Saalgeschoss- und Saalhäuser finden sich vor allem um Markt und Krickmarkt (= Pferdemarkt). In diesen Häusern befanden sich die Kontore und Warenlager im auf erhöhtem Kellergeschoss errichteten

Parterre und die Wohnräume im Obergeschoss. Giebelständig stehen eher verputzte Fachwerkhäuser an den Hauptstraßen der Altstadt.

Eine Besonderheit stellen die sogenannten **Gademe** in den Nebengassen der Hauptstraßen dar, bei denen es sich um eine geschlossene Fachwerkbebauung handelt. In diesen Häusern wohnten die Bediensteten der Kaufmannsfamilien und später die lohnabhängig Beschäftigten der frühen Textilindustrie zur Miete.

Pfarrkirche St. Laurentius

St. Laurentius ist eine der Urpfarren des von *Karl dem Großen* eingerichteten Bistums Münster. Beim ersten Kirchenbau wird es sich um eine Holzkirche gehandelt haben, die noch im 9. Jh. durch einen ersten romanischen Steinbau ersetzt wurde. Um 1150 entstand dann ein dreischiffig gewölbter romanischer Hallenbau, der ab der Mitte des 14. Jh. durch einen **spätgotischen Neubau** unter partieller Nutzung der alten Fundamente ersetzt wurde.

Im Zuge der Stadterweiterung war schon Mitte des 13. Jh. die neue Pfarre der Marienkirche eingerichtet und die Laurentiuskirche seither als „Alte Kirche“ tituliert worden. Nach dem Stadtbrand von 1404 wurde zügig am Neubau weitergearbeitet. Der Chor und die dreijochige Halle waren unter Beibehaltung des romanischen Turms bis 1414 fertiggestellt. Bis 1471 erweiterte man die Seitenschiffe um ein Joch beiderseits des Turms. Dieser wurde 1913 abgerissen und im Folgejahr der Kirche ein mächtiges Westwerk in neugotischer Formensprache mit hoch aufragendem,

055ml ot

056ml ot

massivem Turm und Seitentürmen vorgesetzt.

Die fast gleich breiten Schiffe der Laurentiuskirche verleihen dem Inneren eine besondere Raumwirkung. **Hohe Maßwerkfenster** lassen das Licht in den Raum fluten. Von besonderer architektonischer Wirkung sind die über den Jochen der Seitenschiffe angebrachten Quergiebel.

Zur Innenausstattung gehört der 1414 geweihte **Warendorfer Altar,** eine wertvolle Tafelmalerei, die wohl dem Umfeld der Werkstatt des Conrad von Soest entstammt. Die Mitteltafel ist noch original, von den sechzehn Flügeltafeln sind neun erhalten, heute teilweise in St. Bonifatius im Ortsteil Freckenhorst (s.u.) sowie im LWL-Museum für Kunst und Kultur in Münster. Bei den Seitentafeln handelt es sich um Kopien.

Das mit vielen Skulpturen versehene spätgotische **Sakramentshaus** stammt aus dem Jahr 1420. Zu erwähnen sind auch das Sassenberger Kreuz aus dem Jahr 1520, die Apostelgruppe des Münsteraner Bildhauers *Heinrich Brabender* von 1538 sowie die um 1650 entstandene frühbarocke Steinskulptur der heiligen Katharina. Einen besonderen Anziehungspunkt bildet das in einer Glasvitrine ausgestellte **Warendorfer Gnadenbild,** eine bekleidete Madonnenfigur im goldenen Strahlenkranz, das seit Mitte des 18. Jh. das Andachtsbild der Stadtprozession zu Mariä Himmelfahrt ist.

⌃ Die mächtige Laurentiuskirche

‹ Der Marktplatz von Warendorf

■ **St. Laurentius,** Klosterstr. 15, Tel. 02581-989170, www.stlaurentius-warendorf.de.

St. Mariä Himmelfahrt

Die zweite Pfarrkirche von Warendorf am heutigen Marienkirchplatz ist seit der Mitte des 13. Jh. bezeugt und wurde 1277 als „Neue Kirche“ von St. Laurentius abgepfarrt. Ihren nach 1200 errichteten massiven Westturm stockte man 1870 auf, das Schiff riss man 1927 ab. Schon 1911/12 war nordwestlich ein neoromanisches Kirchenschiff mit basilikalem Grundriss errichtet worden, dem man 1959 zwei weitere Joche anfügte. Von der Ausstattung des alten Kirchenschiffs wurde das **barocke Chorgestühl** übernommen. Des Weiteren verfügt die Kirche noch über eine um 1430 aus Baumberger Sandstein gefertigte Pietà, die als **„Maria im Hellegraben“** bezeichnet wird.

Franziskanerkloster

Am Standort des ehemaligen Burghauses Bentheim der Grafen von Werl wurde 1652–73 die **Klosterkirche** der Franziskaner als siebenjochiger verputzter Saalbau mit eingezogenem Chor und 5/6-Abschluss errichtet. Sie trägt nur einen Dachreiter. Das Barockportal befindet sich an der Westseite, das Langhaus und der Chor sind mit dreibahnigen hohen Maßwerkfenstern versehen. Der nördliche Kapellenanbau stammt aus dem Jahr 1870, die Chorerweiterung von 1934. Im Inneren ist die Kirche mit einem flachen Kreuzgewölbe aus verputzten Eichenbalken versehen. Die Mönche konnten aus ihren Oratorien hinter Innenfenstern auf der Südseite den Gottesdiensten folgen. Die einheitliche Ausstattung des kreuzrippengewölbten Chores mit Ziborienaltar, Seitenaltären, Kreuzigungsgruppe, Chorgestühl und Beichtstühlen stammt vom Ende des 18. Jh.

An der Südseite schließen sich die zweigeschossigen, verputzten **Klostergebäude** an, im Wesentlichen unmittelbar nach dem Kirchenbau errichtet. 2008 verließen die Franziskaner ihr Kloster, die Anlage wurde privatisiert. Teile davon werden als Mehr-Generationen-Wohnanlage genutzt, in anderen Teilen betreibt das **Westpreußische Landesmuseum** eine Dauerausstellung, die zuvor im Drostenhof von Münster-Wolbeck untergebracht war. Sie umfasst Exponate zur Kultur und Geschichte Westpreußens, das seit 1945 zum polnischen Staatsgebiet gehört. Die Kirche dient weiterhin als Gotteshaus und Veranstaltungsraum.

- **Kloster Warendorf,** Klosterstr. 30, Tel. 0251-6273035, www.kloster-warendorf.de.
- **Westpreußisches Landesmuseum,** 48231 Warendorf, Klosterstraße 21, Tel. 02581-927770, www.westpreussisches-landesmuseum.de, geöffnet Di bis So 10–18 Uhr, Eintritt 4 €, ermäßigt 2,50 €, Familienkarte 7 €.

Stadtbefestigung

Von der im 19. Jh. niedergelegten Stadtbefestigung ist der **Bentheimer Turm** an der Pater-Markötter-Promenade als ein-

Warendorf – Stadt der Pferdezucht und des Pferdesports

Warendorf hat sich im deutschen Sportgeschehen einen festen Platz erobert – es ist die Reiterhauptstadt Deutschlands. Die Basis hierzu legte die 1826 begründete preußische Gestütsverwaltung in Warendorf, die nunmehr als NRW-Landgestüt firmiert. Heute sind die Deutsche Reiterliche Vereinigung, das ihr angeschlossene Deutsche Olympiade-Komitee für Reiterei sowie das Bundesleistungszentrum in Warendorf angesiedelt. Die Deutsche Reitschule hat ebenfalls ihren Sitz in Warendorf auf dem Gelände des Landgestüts.

Nordrhein-Westfälisches Landgestüt

Das preußische Landgestüt ging 1945 in den Besitz des Landes Nordrhein-Westfalen über. Seine Aufgabe besteht weiterhin darin, den Züchtern genetisch hochwertige und im Sport erfolgreiche Hengste gegen ein angemessenes Deckgeld zur Verfügung zu stellen. Im Winter sind hier an die **100 Zuchthengste** beheimatet, im Sommer werden sie auf die Besamungsstationen im Land verteilt. In Warendorf verbleiben dann drei Vollbluthengste, die Warmbluthengste und der Großteil der Kaltbluthengste.

057ml ot

Dem NRW-Landgestüt seit 1968 angeschlossen ist die **Deutsche Reitschule** als „Zentrum der Berufsreiterei". Sie bietet Fortbildungs- und Prüfungslehrgänge für Berufsreiter, Amateure und Turnierfachleute. **50 Hengste und Wallache** gehören zum Lehrpferdebestand der Schule.

- **Nordrhein-Westfälisches Landgestüt,** Sassenberger Str. 11, Tel. 02581-63690, www.landgestuet.nrw.de. Besichtigung der Ställe Mo bis Fr von 9–12 und von 14–17 Uhr, Mi nachmittags nur 17–18 Uhr, Sa 9–12 und 17–18 Uhr, So 11–12 und 17–18 Uhr geöffnet, die Außenanlagen sind jederzeit zugänglich. Führungen durch das Gestüt bietet das NRW-Landgestüt direkt Mo bis Do 8.30–12 und 13–15 Uhr, Fr 8.30–12 und 13–14 Uhr an, auch die Tourist-Information (s.o.) z.B. in Kombination mit Stadtführungen.

Deutsche Reiterliche Vereinigung

Die Deutsche Reiterliche Vereinigung mit Sitz in Warendorf wird gemeinhin als „FN" nach ihrer internationalen Bezeichnung *Fédération Équestre Nationale* genannt. Sie ist als Bundesverband für Pferdesport und Pferdezucht der **Dachverband** aller Züchter, Reiter, Fahrer und Voltigierer in Deutschland und kümmert sich um die Organisation des Pferdeturnier- und Breitensports, die Pferdezucht und -haltung sowie die reiterliche Aus- und Weiterbildung.

Das bereits 1913 gegründete **Deutsche Olympiade-Komitee für Reiterei** ist der Deutschen Reiterlichen Vereinigung angeschlossen und dort für den Leistungssport zuständig. Das Olympia-Komitee schafft die Trainingsvoraussetzungen für Spitzensportler und den angehenden Nachwuchs zur Vorbereitung auf Wettkämpfe der Disziplinen Dressur, Springen, Vielseitigkeit, Fahren, Voltigieren und der *Reining* genannten Dressur des Westernreitens. Hierfür steht seit 1970 das **Bundesleistungszentrum** als Trainingsstätte für den Pferdesport zur Verfügung. Das Zentrum wird ständig ausgebaut und verfügt heute über drei Reithallen, eine Mehrzweck- und eine Longierhalle, zwei Dressurplätze sowie mehrere Mehrzeck- und Springplätze.

■ **Deutsche Reiterliche Vereinigung,** Freiherr-von-Langen-Str. 13, Tel. 02581-63620, www.pferd-aktuell.de.

UNSER TIPP: Hengstparaden

Höhepunkt eines jeden Veranstaltungsjahres in Warendorf sind die Hengstparaden. In dreistündigen Vorführungen präsentieren über 100 Hengste ihr Geschick in Dressur- und Fahrvorführungen unter musikalischer Begleitung und in abwechslungsreichen Schaubildern, einzeln und in Gruppen. Die einst für die Fachwelt gedachten Vorführungen der Landschäler genannten Deckhengste erfreuen sich längst großer Beliebtheit beim Publikum.

■ **Warendorfer Hengstparaden,** drei Termine Mitte Sept, jeweils Sa 14 Uhr, Eintritt 17,50 € bis 35 € (überdachte Tribüne), Kinder bis 6 Jahre frei, Familienticket 17,50 €.

◁ Im Landgestüt

ziger von fünf Stadttürmen verblieben, so benannt nach dem benachbarten, um 1080 errichteten Bentheimer Burghaus der Grafen von Werl. Der wuchtige Rundturm wurde 1300 in Bruchsteinbauweise errichtet. Sein Kegeldach erhielt er erst nach dem Zweiten Weltkrieg. Nahebei befindet sich der jüdische Friedhof.

An den Standort des nicht mehr existenten **Münstertors** in der Münsterstraße ließ der preußische König *Friedrich Wilhelm III.* 1823 acht barocke **Torpfeiler** mit Vasenaufsätzen von der Zisterzienserabtei in Harsewinkel versetzen. Klassizistische Torschreiberhäuser umgeben das Areal.

UNSER TIPP:

Dezentrales Stadtmuseum

Das Dezentrale Stadtmuseum von Warendorf besteht aus **fünf Objekten** in der Altstadt. Das **Rathaus** bildet die Zentralstelle des Museums. Der mit der Traufseite zum Markt stehende Bau wurde nach dem Stadtbrand von 1404 bis zum Jahr 1414 aus zwei bestehenden Gebäuden erschaffen. Das gotische Gebäude erhielt 1870 zur Marktfront einen neugotischen Risalit als Eingangsbereich vorgesetzt. Gezeigt werden Exponate zur Stadtgeschichte und der historische Ratssaal, außerdem finden Wechselausstellungen statt.

Der **Gadem** (Zuckertimpen 4) ist ein typisches „Arme-Leute"-Mietshaus mit zwei kleinen Wohnungen und Mobiliar aus der Zeit um 1925. Errichtet wurde das Gebäude schon um 1660 mit den Dachbalken an der nicht mehr existierenden Stadtmauer. Zu Beginn des

20. Jh. hat man es um eine Küche und Waschküche erweitert, etwas später erhielt es einen Stall mit Remise und Abort.

Das **Bürgerhaus** in der Klosterstr. 7 zeigt die typische Warendorfer Wohnhausarchitektur der klassizistischen Epoche mit repräsentativem Flur, Gartensaal, Salon sowie Wohn- und Schlafräumen im Obergeschoss. Die Besonderheit dieses in Privatbesitz befindlichen Hauses sind seine Panoramatapeten in den Repräsentationsräumen. Es handelt sich um handgedruckte Bildtapeten einer Pariser Manufaktur von 1823/24 mit Motiven aus der französischen Romanliteratur.

Im Stil des Historismus wurde die **Fabrikantenvilla Bispinck** (Münsterstr. 19) 1903–05 errichtet. Vor allem die Innenausstattung mit dem kunstvollen Treppenhaus und farbigen Stuck sind sehenswert. Das Haus wird heute von der Sparkasse als Konferenzstätte genutzt.

Das restaurierte klassizistische **Torschreiberhaus** an der Promenade (Oststr. 59) zeigt das Arbeitszimmer des Torschreibers und seine Wohnräume. Der Dachboden als früherer Heuboden dient als Ausstellungsraum zum Thema historische Zollerhebung. Torschreiberhäuser gab es vier an der Zahl in Warendorf. Sie wurden von der neuen preußischen Verwaltung in den 1920er Jahren anstelle der baufälligen Pförtnerhäuser an den ehemals vier Stadttoren errichtet und dienten der Erhebung von Akzisen bei der „Einfuhr" von Waren nach Warendorf. Auf diese Weise sollten die örtlichen Kaufleute vor Konkurrenz geschützt werden, primär ging es aber wohl um das Füllen der preußischen Staatskasse.

■ **Dezentrales Stadtmuseum,** Hauptmuseum Rathaus, Markt 1, Di–Fr 15–17 Uhr, Tel. 02581-54-1410, www.warendorf.de/tourismus-kultur-sport/kultur/museen-in-warendorf/dezentrales-stadtmuseum.html. Die Objekte des Dezentralen Stadtmuseums sind So und feiertags 15–17 Uhr geöffnet, Führungstermine nach Absprache, Eintritt frei, Führungen gegen Gebühr, erweiterte Öffnungszeiten Weihnachten, Neujahr sowie zum Heimatfest Mariä Himmelfahrt, Eintritt frei.

Emssee

Im Zuge der Hochwasserregulierung der Ems entstand im Norden der Stadt der 1,4 km lange Emssee aus einem ehemaligen Altarm des Flusses. Um ihn herum wurde ein weitläufiger **Park** angelegt, der als Naherholungsgebiet genutzt wird.

Heinrich Friedrichs Museum

Dem 1912 in Warendorf geborenen und schon 1944 an der Ostfront verstorbenen **Künstler** und Barlach-Schüler *Heinrich Friedrichs* hat die Stadt auf Initiative des örtlichen Heimatvereins 2011 in seinem Elternhaus ein Museum eingerichtet.

■ **Heinrich Friedrichs Museum,** Oststraße 47, www.heinrich-friederichs-museum.de, geöffnet Mi und So 15–18 Uhr, Eintritt frei, Führungen nach Vereinbarung.

> Stiftskirche St. Bonifatius in Freckenhorst

Affhüppenkapelle

Am östlichen Stadtrand von Warendorf steht eine dem heiligen *Johannes d.T.* geweihte Kapelle. Sie wurde anstelle der barocken Gutskapelle des Hofs Meier-Aufhüppe 1854–56 im Auftrag der *Maria Katharina Aufhüppe* errichtet und mit einer großzügigen testamentarischen Stiftung versehen. Die idyllisch gelegene Kapelle ist ein einschiffiger dreijochiger Backsteinbau mit aufwendiger Werksteinverzierung über kreuzförmigem Grundriss, ein stilvolles neugotisches Frühwerk des Münsteraner Diözesanbaumeisters *Emil von Manger.*

Der unter Denkmalschutz stehende Bau dient der Kirchengemeinde St. Laurentius als Unterstand für Kirchengüter. Es laufen Bestrebungen, die Kapelle, die einst der Bauerschaft Vohren als Gotteshaus diente, wieder zu reaktivieren. Die Silberschmiedearbeiten für die Ausstattung, so vor allem die Altargeräte, wurden vom Warendorfer Gold- und Silberschmied *Bernhard Georg Freise* gefertigt.

Freckenhorst

Freckenhorst, heute südlicher Ortsteil von Warendorf, zählt mit der dem heiligen *Bonifatius* geweihten Kirche des ehemaligen adeligen Damenstiftes zu den **beeindruckendsten Kulturkomplexen** des gesamten Münsterlands.

Eine erste Erwähnung erfolgte im Jahr 860 im Zusammenhang mit der Verbrin-

058ml ot

gung der Reliquien des heiligen *Bonifatius*. Schon vier Jahre zuvor hatte ein fränkisch-sächsisches Adelspaar in *Frikkenhurst* ein Kanonissenstift gegründet. Ihre Nichte wurde erste Äbtissin des an Größe und Bedeutung zunehmenden Konvents. Umfangreicher Grundbesitz ist im Freckenhorster Heberegister des 11. Jh. aufgeführt, dem ältesten Schriftdokument in altsächsischer Sprache. Dem Schaffen des Klosters entstammen viele Dokumente und Kunstwerke des 9. bis 12. Jh. Am Ende des 15. Jh. wurde das Kloster in ein freiweltliches Damenstift umgewandelt und 1811 im Zuge der Säkularisation aufgelöst.

Stiftskirche St. Bonifatius

Die ehemalige Stiftskirche St. Bonifatius prägt mit ihrer **trutzigen Westturmgruppe** und den östlichen Flankentürmen bis heute das Ortsbild von Freckenhorst – nicht umsonst wird der Bau von den Münsterländern auch als „Westfälischer Bauerndom" bezeichnet. Der um das Jahr 1000 entstandene ottonische Westbau der dreijochigen Basilika besteht aus einer Dreiturmgruppe mit seitlichen Treppentürmen und einem mächtigen quadratischen Mittelturm. Dieser weist in der Höhe dreifach übereinander angeordnete doppelbogige Schallöffnungen auf. Eingedeckt ist der Turm mit einer Dachpyramide, die eine barock gewölbte Turmhaube trägt.

Das **Langhaus** entstand zu Beginn des 12. Jh. anstelle des – bis auf schmalere Querarme – karolingischen Vorgängerbaus gleichen Ausmaßes. In der letzen Bauphase Ende des 12. Jh. wurde der Chor um ein Joch verlängert und die Krypta entsprechend ostwärts erweitert. Die Einwölbung des Langhauses erfolgte erst kurz vor dem Jahr 1500.

Als größten Schatz birgt die Kirche einen zylindrischen **Taufstein aus Bamberger Sandstein,** eine künstlerisch wertvolle Steinmetzarbeit, datiert 1129 zur Kirchweihe. Reliefs zieren den Stein in zwei Reihen, ein Ornamentfries bildet den oberen Abschluss. Sechs Löwen der unteren Zone veranschaulichen das in Bann geschlagene Böse. In der oberen Reihe findet man Darstellungen aus dem Leben Christi.

Zur wertvollen Ausstattung der Kirche zählen des Weiteren drei spätgotische **Sakramentshäuser,** zwei davon stehen flächig vor der Abschlusswand des Hochchores, das dritte mit feiner Maßwerkarbeit vor dem nördlichen Vierungspfeiler. Darin ist das berühmte **Freckenhorster Kreuz,** ein in Silber gefasstes Steinkreuz, ausgestellt.

In der Krypta findet man eine **Grabplatte** mit der lebensgroßen Figur der legendären **Stifterin Geva** aus dem 13. Jh. Die Inschrift gilt als älteste Überlieferung niederdeutscher Sprache.

Große **Kunstwerke** stellen auch das Gabelkreuz des Münsteraner Barockbildhauers *J.W. Gröninger* am Abschluss des südlichen Seitenschiffes und die Marienklage des Meisters von Osnabrück im nördlichen Querschiff dar. 1669 stiftete Bischof *Christoph Bernhard von Galen* den barocken Thiatildisschrein für die **Thiatildiskapelle** im südlichen Querhaus zu Ehren der legendären ersten Äbtissin des Klosters, womit er gleichzeitig ein demonstratives Zeichen der Gegenreformation setzte. Der ebenfalls silberummantelte Fuß birgt die Heilig-Kreuz-Reliquie der Kirche und verweist auf die seit dem Mittelalter bestehende Kreuzverehrung in Freckenhorst.

St. Petrikapelle

Weitere Schätze der Freckenhorster Stiftskirche sind gegenüber in der St. Petrikapelle ausgestellt. In der **Stiftskammer** findet man Silberschmiedearbeiten, liturgische Bücher, das Freckenhorster Hungertuch von 1628, Messgewänder, den Stab des heiligen *Bonifatius* und nicht zuletzt das Emma-Evangeliar, eine Pergamenthandschrift aus dem 10. Jh. Die Kapelle selbst stammt aus dem 9. Jh., vielleicht als Keimzelle der Pfarre Freckenhorst.

- **Stiftskammer in der St. Petrikapelle,** Stiftsplatz 2, geöffnet April bis Okt. So 15–16 Uhr, www.bonifatius-lambertus.de/kirchen/stiftskammer-in-der-petrikapelle.

133ml_ot

Klosteranlage und Schloss

Von der Klosteranlage sind noch spätromanische Arkaden mit doppelten Säulen und rankengeschmückten Kapitellen als Reste des **Kreuzgangs** an der Südseite der Stiftskirche erhalten. Bei der Überbauung des Kreuzganggevierts handelt es sich um Kurien, die von den Kanonissen bewohnt wurden, die seit der Aufhebung der Klostergemeinschaft als freiweltliche Damen das Kloster weiterführten.

Hinter der Apsis des Ostchores gelangt man zum Schloss, dem unter der Äbtissin *Clara Franziska von Westerholt* durch den Paderborner Hofarchitekten *Franz Christoph Nagel* 1740 errichteten repräsentativen **Äbtissinnenwohnhaus.** Der verputzte Backsteinbau mit rückwärtigem Seitenflügel steht auf hohem Kellersockel. Eine zweiarmige Freitreppe führt zum Portal im Mittelrisalit.

Der **Stiftsbezirk** ist bis heute an der historischen Bebauung in einem weiten Bogen im Norden und Westen der Kirche erkennbar. Auch im alten Ortskern sind noch einige Fachwerkhäuser erhalten, darunter Gademe, wie man sie von Warendorf kennt.

Milte

Pfarrkirche St. Johannes

Nördlich von Warendorf steht im kleinen Ortsteil Milte die **Pfarrkirche St. Johannes d.T.,** die dem nahe gelegenen

Denkmalgeschütztes Haus am Markt in Milte

Kloster Vinnenberg inkorporiert war. Dem klassizistischen Saalbau von 1830 mit halbrunder Apsis blieb der romanische Turm vom Vorgängerbau erhalten. Der helle Innenraum ist mit einer Balkendecke versehen. Die Innenausstattung ist einheitlich aus der Zeit der Erbauung, die kleinen Apostelfiguren an der Seitenwand stammen aber noch aus dem 15. Jh.

Unser Tipp: Kloster Vinnenberg

Nördlich von Milte steht auf einer Insel in der Bever Kloster Vinnenberg. Es wurde 1256 als Filiale des Münsteraner Zisterzienserinnenklosters St. Ägidii gegründet und später in eine Benediktinerinnenabtei umgewandelt. Im 17. Jh. entwickelte sich eine **Marienwallfahrt** zu einem Gnadenbild der thronenden Muttergottes – die 17 cm hohe Figur verbrannte im Zweiten Weltkrieg und steht heute als Kopie in der Klosterkirche.

Der Klosterkomplex auf der Insel mit Kirche und Klausur wurde in verputzter Bruchsteinbauweise errichtet. Die **Kirche** mit eingezogenem Chor in 5/6-Schluss und Dachreiter stammt aus der zweiten Hälfte des 14. Jh., das Schiff wurde nach Brand 1568 erneuert. Die Pfarrkirche St. Johannes in Milte (s.o.) wurde dem Kloster inkorporiert. Der heutige fünfachsige verputzte Saalbau an der Dorfstraße wurde 1830 unter Einbeziehung des romanischen Westturms des Vorgängerbaus errichtet. Architekturstil und Innenausstattung sind klassizistisch.

Das Kloster musste 2005 aufgegeben werden. Die Baulichkeiten sind renoviert und bieten heute Gästezimmer für geistliche Begegnungen in dem 1722 quer zur Kirche errichteten Propsteigebäude, dem ehemaligen Paterhaus.

Die malerisch am Mühlteich gelegene ehemalige **Klostermühle** beherbergt ein vor allem von Radfahrern gern aufgesuchtes Gartenlokal. Außerdem bietet der Freundeskreis des Klosters ein umfangreiches Programm mit Schwerpunkt auf Meditation, Exerzitien, Yoga und Konzerten.

■ **Kloster Vinnenberg,** Warendorf-Milte, Beverstrang 37, Tel. 02581-919959, www.kloster-vinnenberg.de. Das Kloster bietet „Stille Tage" für Einzelgäste und Zimmer für Urlauber an.

■ **Zum Kühlen Grunde**①, Tel. 02581-1060, www.zumkuehlengrunde-vinnenberg.de. Landgasthaus in der Klostermühle, rustikales Inneres, herzhafte Küche, hervorragende eigene Kuchen, Biergarten, Mo Ruhetag.

Praktische Tipps

Unterkunft, Essen und Trinken

4 **Im Engel**③, Brünebrede 33–37, Tel. 02581-93020, www.hotel-im-engel.de. Seit über 300 Jahren in Familienbesitz, Hotel mit komfortablen Zimmern, kleiner Saunabereich, gediegen eingerichtetes Restaurant, große Terrasse im Innenhof, ausgezeichnete Weinkarte, So Ruhetag, dazu Weinboutique, Anfang Januar geschlossen.

1 **Landhotel Aust**③, Gröblingen 52, Tel. 02581-9230, www.hotel-aust.de. Im Nordosten der Stadt im Grünen gelegenes Traditionshaus, komfortabel eingerichtete Zimmer, eines behindertengerecht. Angeschlossen **1** **Restaurant Tenne**② mit Galerie, Kaminzimmer, Sommerterrasse, exzellente Münsterländer Küche, ganzjährig geöffnet, Mo Ruhetag.

3 **Café Hülsmann,** Krickmarkt 4, Tel. 02581-2801, www.warendorfer-pferdeaeppel.de. Renommiertes Café, Konditorei, Confiserie und Weinhandlung, vertreibt die bekannten Warendorfer Pferdeäpfel: Schokoladentrüffel in Vollmilch und Zartbitter, auf Stroh gebettet im Einmachglas, geöffnet von Mo bis Sa 8.30–18 Uhr, So und feiertags geschlossen.

2 Café Extrablatt Warendorf②, Markt 13. Tel. 02581-1605, www.cafe-extrablatt.de/standorte/details/cafe-extrablatt-warendorf. Zentral gelegen auf zwei Ebenen, helles und freundliches Ambiente, bietet reichhaltiges Getränke- und Speisenangebot, mit Außenterrasse, täglich geöffnet ab 8.30 Uhr, Sa und So ab 9 Uhr.

5 Hof Heseker, 48231 Warendorf, Vohren 92, Tel. 02581-8995, www.hofheseker.de. Bauerncafé und Landfleischerei, schlachtet und produziert Wurstwaren auch für andere Selbstvermarkter, Café geöffnet Do bis Fr 14–18 Uhr, Sa, So und feiertags 11.30–18 Uhr (mit Mittagskarte), in den Oster-, Sommer- und Herbstferien auch Di und Mi 14–18 Uhr, Fleischerei geöffnet Mo bis Fr 8–12 und 14–18 Uhr, Sa 8–13 Uhr.

Feste und Veranstaltungen

- **Warendorfer Hengstparaden,** drei Termine Mitte Sept, jeweils Sa 14 Uhr, Eintritt 17,50 € bis 35 € (überdachte Tribüne), Kinder bis 6 Jahre frei, Familienticket 17,50 €.
- **Freckenhorster Sommerkonzert,** Freiluftkonzert alljährlich am dritten Wochenende im August vor der Kulisse von Schloss Freckenhorst, Info und Karten unter www.kulturinfreckenhorst.de.
- **Heimatfest,** viertägige große Kirmes und Bürgerschützenfest mit Prozession an Mariä Himmelfahrt mit feierlicher Illumination der neun Marienbögen, die Jahr für Jahr von den sogenannten Bogengemeinschaften errichtet werden, Info: www.warendorf.de.
- **Fettmarkt,** alljährlich vier Tage Mitte Oktober in der Innenstadt, speziell am Lohwall. Ursprünglich ein Bauernmarkt, auf dem die Landwirte ihr Vieh verkauften und Haushaltswaren einkauften, heute eine Mischung aus Trödelmarkt, Reitturnier, Kirmes und Landmaschinenmarkt mit Mandel-, Bratwurst- und Bierbuden, Info: www.warendorf.de.

Aktivitäten

Reiten

- **Hof Schulze Niehues,** Flintrup 3, 48231 Warendorf-Freckenhorst, Tel. 02581-4151, www.hof-schulze-niehues.de. Als Marienfelder Zehnthof erstmals 1261 beurkundet, umgebaut zum modernen Reiterhof, bietet Unterkunft und Reitausbildung von der Dressur über Springen bis zum Vielseitigkeitsreiten. Doppel- und Mehrbettzimmer und eine barrierefreie Ferienwohnung, Unterkunft und Reitunterricht für Jugendliche 110 € pro Tag, für Erwachsene 730 € wöchentlich.

Sassenberg

- **Postleitzahl:** 48336
- **Tel.-Vorwahl:** 02583 (Sassenberg), 5426 (Füchtorf)
- **Info:** Tourismus-Information, Verkehrsamt Sassenberg, Schürenstraße 17, Postfach 1240, Tel. 3090, www.sassenberg.de

Stolz ist Sassenberg, 6 km nördlich von Warendorf gelegen, auf seine Geschichte als ehemalige Residenzstadt der Fürstbischöfe von Münster, auch wenn heute davon nur noch wenig zu erkennen ist. Bereits 1121 war die Stadt an der **Hessel,** einem 40 km langen rechten Nebenfluss der Ems, durch die sächsischen Herzöge befestigt worden. Der Ursprung der **Sassenburg,** von der heute nur noch Reste existieren, geht auf eine auf einer Insel in der Hessel errichtete Motte zurück, ihre Ursprungsgeschichte ist aber kaum belegt. Es gibt Hinweise, nach denen *Lothar von Süpplingenburg,* Herzog von Sachsen und späterer deutscher Kaiser *Lothar III.*, die Anlage 1221 als Bollwerk gegen die Münsteraner Bischöfe ausbaute. 1305 wurde die Sassenburg unter Bischof *Everhard von Diest* erstmals urkundlich erwähnt – da war sie längst in bischöflichem Besitz. Im 14. Jh. bestand sie als wasserumwehrte Hauptburg mit Vorburg und Kapelle, umgeben von mehreren Burgmannshöfen. Fürstbischof *Christoph Bernhard von Galen* ließ die Burg erweitern und begann mit dem Bau der Pfarrkirche St. Johann Evangelist, womit er den eigentlichen Ort Sassenberg begründete. 1698 ließ Fürstbischof *Friedrich Christian von Plettenberg* die alte Burganlage abreißen und beauftragte den Baumeister *Ambrosius von Oelde* mit einem barocken Neubau. Fürstbischof *Clemens August von Bayern* bezog hier die ersten Jahre seiner Herrschaft Residenz und erweiterte die Anlage um ein Ballhaus und eine Orangerie. Im Zuge der Säkularisation wurde die Anlage weitgehend abgerissen, Reste dienten später als Fabrikhalle.

Sehenswertes

Sassenberg verfügt noch über einige historische **Fachwerkhäuser,** so das aus dem 17. Jh. stammende Haus nahe der Kirche (Lappenbrink 4). Das giebelständige **Alte Zollhaus** (Schürenstraße 6) stammt aus dem Jahr 1734 und wurde später erweitert. Im Inneren findet sich noch die alte Stuckdecke vom Typus der sogenannten Kölner Decke.

Pfarrkirche Johannes Evangelist

Fürstbischof *Christoph Bernhard von Galen* ließ die Pfarrkirche Johannes Evangelist als Hallenkirche aus verputztem Backstein errichten. Sie wurde 1678 fertiggestellt. Zu Beginn des 20. Jh. erhielt sie anstelle des Dachreiters einen hoch aufragenden Turm. Die Seitenaltäre stammen aus dem Jahr 1714. Das auf vier Cherubim ruhende Sandstein-Taufbecken von 1686 wird *Wilhelm Heinrich Kocks* zugeschrieben. Des Weiteren zählen die Beichtstühle, die Kirchenbänke, die geschnitzten Kreuze und nicht zuletzt die im Chor gefasste hölzerne Kreuzigungsgruppe zur wertvollen Innenausstattung der Kirche.

Haus Schücking

Haus Schücking (Von-Galen-Straße) ist das 1754 nach Plänen von *Johann Conrad Schlaun* errichtete Sommerhaus des bischöflichen Kanzlers *Ch.B. Schücking.* Der eingeschossige Bau wurde 1882 durch einen Anbau erweitert.

Schachblumenwiesen

Die Schachblumenwiesen am östlichen Ortsrand sind eines der wenigen Vorkommen dieser in Deutschland selten gewordenen Blume. Die Wiesen wurden 1977 zusammen mit dem **Waldgebiet Sassenberger Tiergarten** zu einem Naturschutzgebiet zusammengefasst. Hier dominiert eine weiß blühende Variante der ansonsten roten Schachblume. Es wird vermutet, dass es sich um Gartenflüchtlinge aus dem ehemaligen

Residenzgarten handelt, die diesem Biotop seine besondere Attraktivität verleihen.

Feldmarksee

Ein 13 ha großer Badesee findet sich am nordöstlichen Ortsrand im Erholungsgebiet Feldmark. Das **Strandbad** ist von Mai bis September geöffnet und hat Kiosk, Sanitäranlagen und DLRG-Aufsicht, die Wasserqualität wird überprüft (Hunderverbot). **Segeln, surfen, angeln und Tretboot fahren** sind auf dem See möglich. In der Mitte liegt eine Vogelschutzinsel (Info: www.sassenberg.de).

Füchtorf

Der 6 km nördlich gelegene Ortsteil Füchtorf rühmt sich wegen seiner zahlreichen Spargelhöfe als bekanntestes **Spargeldorf** in Westfalen-Lippe. Hier findet sich Schloss Harkotten, ein seltenes Ensemble aus zwei Barockschlössern, deren Entstehungsgeschichte auf den Münsteraner Lehnsmann *Heinrich von Korff* zurückgeht.

Im Ort selbst steht die sehenswerte Ortspfarrkirche **St. Mariä Himmelfahrt,** ein sehr früher neugotischer Bau. Die Herren *von Harkotten* ließen 1840 die alte romanische Pfarrkirche abreißen und dafür einen neugotischen Ersatzbau errichten. Die Ausstattung entstammt weitgehend dieser Zeit, doch gibt es auch noch Ausstattungsstücke des Vorgängerbaus, so das Hochaltarbild und die Seitenaltäre vom Anfang des 18. Jh., eine Antoniusfigur aus dem 15. Jh. und die Glocken aus dem Jahr 1300.

Schloss Harkotten

Im Ursprung bestand die heutige **Doppelschlossanlage** von Harkotten aus der auf Inseln in der Hessel angelegten Burg der Herren *von Korff,* die sie 1309 dem Bischof von Münster als Offenhaus andienten. Die beiden Söhne des *Heinrich von Korff* teilten 1334 das Erbe untereinander auf. Der Westteil mit dem alten Burghaus, das im 19. Jh. durch einen klassizistischen Neubau ersetzt wurde, ist bis heute im Besitz der Familie *von Korff.* Der Ostteil gehört der Familie *von Ketteler,* die durch Einheirat der Familie *von Korff* verbunden ist und dort im 18. Jh. ein Barockschloss errichten ließ.

Mit dem Bau von **Schloss Ketteler** wurde 1754 nach Plänen des Münsteraner Baumeisters *J.L.M. Gröninger* begonnen. Die Fertigstellung konnte erst nach Unterbrechung durch den Siebenjährigen Krieg bis 1767, die der geschwungenen zweiarmigen Freitreppe bis 1769 erfolgen. Der zweigeschossige Bau auf hohem Sockelgeschoss trägt ein abgewalmtes Mansarddach. Die Schaufassade mit Eckrisaliten und Mittelrisalit, dessen geschweifter Giebel das Allianzwappen derer *von Korff* und *von Ketteler* trägt, zeigt nach Süden. Im Osten des Schlosses steht an der ehemaligen Försterei eine monumentale Atlasskulptur aus dem Jahr 1729. Eine Lindenallee mit über 200-jährigen Bäumen führt auf das Schloss und die Zugbrücke zu. Davor steht eine große Apollostatue. Nach der Freilegung von historischen Wandmalereien richteten die Schlossherren in den Räumlichkeiten der unteren Etage ein **Schlossmuseum** ein.

Schloss Korff zeigt sich als elegantes klassizistisches Herrenhaus, das 1805–

061ml ot

1806 nach Plänen von *Adolf von Vagedes* auf den Fundamenten der alten Burg errichtet wurde. Die Fassade zum ehemaligen Hof ist durch drei Risalite gegliedert. Vorgesetzt ist ein eingeschossiger Portikus mit aufgesetztem Balkon. Der Hof wurde wohl noch von *Vagedes* als Landschaftspark mit Teich gestaltet.

Die **Burgkapelle St. Antonius** auf dem Gelände der ehemaligen Vorburg wurde 1744 an ein bestehendes Wirtschaftsgebäude angefügt. Weitere Nebengebäude bestehen in den beiden Torhäuschen am alten Burgtor, dem quadratischen verputzten Gerichtshaus mit Stube und Gefängnis von 1701, der Fachwerkscheune und dem Müllerhaus, der ehemaligen Wassermühle auf der Mühleninsel sowie dem langgestreckten Fachwerk-Brauhaus aus dem 17. Jh. und der zweigeschossigen Försterei inmitten mehrerer Wirtschaftsgebäude.

Nicht zuletzt sei noch die mit Krüppelwalmdach eingedeckte ehemalige **Rentei** von 1730 erwähnt, auf halbem Weg zwischen Harkotten und Füchtorf.

■ **Schloss Harkotten,** Freiherr von Korff'sche Gutsverwaltung, Tel. 05426-2638, www.schlossharkotten.de. Gastronomie im Wappensaal, dem ehemaligen Kuhstall, geschmackvoll eingerichtet, Mittagstisch, Kaffee und Kuchen, mit Außenbewirtung angesichts des Schlosses, Mo–Sa 12–18 Uhr, So 11–19 Uhr.

- **Museum Schloss Korff,** Museumsführungen Mi und Sa 14 und 18 Uhr, Teilnahme 10 €, Familienrabatt.

Praktische Tipps

Unterkunft, Essen und Trinken

- **Hotel am Feldmarksee**②, Füchtorf, Fichtenstr. 24, Tel. 05426-300506, www.hotel-am-feldmarksee.de. Kleines Hotel mit **Restaurant Ratsstübchen,** kleine Karte, gekonnte Küche. Vegetarische Speiseangebote lassen sich zu einem Menü zusammenstellen.

Camping

- **Campingpark Münsterland Eichenhof,** Feldmark 3, Tel. 02583-1585, www.campmuensterland.de. 250 m vom Feldmarksee entfernt gelegen, Hofladen, Gastronomie (Mo Nachmittag geschlossen), großzügige Sanitäreinrichtungen, behindertengerecht, große, technisch gut ausgestattete Stellplätze, geöffnet April bis Oktober.

Feste und Veranstaltungen

- **Bauernmarkt Füchtorf,** Wochenende Ende Mai/Anfang Juni auf dem Höhepunkt der Spargelsaison, Traditionsveranstaltung auf dem Hof Nettelnstroth mit 80 Marktständen und Bauernhofcafé.
- **Schachblumenmarkt,** Mitte März im Zentrum (van-Galen-St.), mit Aktionen, Attraktionen, Buden etc., Info: www.gewerbeverein-sassenberg.de.

◁ Schloss Ketteler

Ennigerloh

- **Postleitzahl:** 59320
- **Tel.-Vorwahl:** 02524
- **Info:** Gemeindeverwaltung Stadt Ennigerloh, Marktplatz 1, Tel. 280,www.enniger loh-erleben.de

Von der frühen Siedlungsgeschichte der Kleinstadt Ennigerloh südlich von Warendorf gibt es keine schriftlichen Quellen, aber Sekundärquellen verweisen auf eine erste Nennung des Ortes im Jahr 860. Größter Grundherr war das Stift Freckenhorst, das im Jahr 1050 mit dem Haupthof *Aningeralo,* dem heute noch existierenden Hof Schulze Nünning, über viele weitere Bauernstellen verfügte. Des Weiteren waren der Bischof von Münster, die Domkellerei, das kaiserliche freiweltliche Stift Essen, die Grafen von Ravensberg sowie weitere Klöster und Adelige in Ennigerloh begütert.

1240 überließ *Bernhard zur Lippe* die Vogtei Ennigerloh, der das nicht näher dokumentierte Rittergeschlecht derer *von Ennigerloh* vorstand, dem Bischof von Münster. Ihr Rittersitz war der bischöfliche Hof Schulze Ennigerloh. Die Siedlung erstreckte sich zwischen der Ortspfarrkirche, die auf einem Hügel an der Stelle einer ehemaligen heidnischen Kultstätte errichtet worden war, und dem Haupthof Schulze Ennigerloh, der Mitte des 19. Jh. aufgelöst wurde. Der Platz, an dem die Ritter *von Ennigerloh* Gericht abhielten, genauso wie später die Bischöfe, wurde von letzteren 1690 zur Bebauung freigegeben. Auf diesem Freistuhl- oder Femeplatz entwickelte sich in einem Ring um die Kirche der zentrale Ortsteil **Im Drubbel,** der sehenswerte Altstadtkern.

Sehenswertes

St. Jakobuskirche

Die Pfarrkirche St. Jakobus d.Ä. wurde im 13. Jh. als spätromanische Stufenhalle auf fast quadratischem Grundriss errichtet und 1886/87 um ein Querschiff und einen Chor erweitert. In der Kirche steht noch der alte Taufstein aus dem 13. Jh. Aus dem Baumberger Sandstein herausgearbeitet ist die Figur des Kirchenpatrons, außergewöhnlich mit Schwert und Bibel dargestellt. Weiterhin sehenswert sind die Kirchenbänke aus dem 18. Jh., ein Ölbild mit der Darstellung der Marienklage aus dem späten 17. Jh. sowie die Schnitzfigur der *Anna selbdritt* aus dem frühen 17. Jh.

Ostenfelde

Unser Tipp: Schloss Vornholz

Im Ortsteil Ostenfelde (in Richtung Beelen) steht Haus Vornholz, eine dreiflügelige Schlossanlage aus dem Jahr 1666, die erstmals 1171 als Sitz der Ritter *von Ostenfelde* belegt ist. Die Vorburg stammt aus dem 17.–19. Jh. Der verputzte zweigeschossige, mit einem Walmdach eingedeckte Hauptflügel zieht sich über acht Achsen. Nach vielen Besitzerwechseln kam Haus Vornholz in den Besitz von *Dietrich Hermann von Nagel*, dem Oberkommandierenden der Münsteraner Truppen. Auf ihn geht der schlichte barocke Neubau zurück, dessen Seitenflügel erst 1687 fertiggestellt wurden.

Nach mehreren Um- und Erweiterungsbauten besteht Haus Vornholz heute als eine auf zwei Inseln angelegte **Wasserburg.** Eine Brücke führt auf die zweiarmige Freitreppe zum barock verzierten Hauptportal, das das Allianzwappen von *Christoph Bernhard von Nagel* und seiner Ehefrau *Elisabeth von Brabeck* trägt. Mitte des 20. Jh. wurden im Westen des Hauses eine Terrasse und die Brücke über die Hausgräfte errichtet. Im Osten schließen sich über den Mittelgraben die um einen Hof gruppierten Wirtschaftsgebäude an, die überwiegend aus dem 17. Jh. stammen und an den Außenkanten ebenfalls Ecktürme tragen.

Haus Vornholz ist von weitläufigen **Gartenanlagen** umgeben, die einen Golfplatz beherbergen (s.u.). Südlich des Herrenhauses steht am Rand des Gartens die **Rentei** als einstöckiger, mit einem Mansarddach eingedeckter Barockbau. Die Pläne erstellte der Schlaun-Schüler *Hyeronimus Boner.*

Das **Kavalleriemuseum** in der Anlage zeigt sehenswerte Ausrüstungsgegenstände einstiger Reiterregimenter von 1748 bis zum Ersten Weltkrieg.

- **Schloss Vornholz,** Ennigerloh-Ostenfelde, Tel. 02524-2222, www.ennigerloh-erleben.de/portfolio-item/schloss-vornholz. Besichtigung und Führung durch das Museum über die Gemeindeverwaltung Ennigerloh (s.o.).

„Im Drubbel" in Ennigerloh

Praktische Tipps

Unterkunft, Essen und Trinken

- **Hotel Hubertus**①, Enniger Str. 4, Tel. 02524-9308-0, www.hotelhubertus.de. Familiäres Haus im Zentrum, moderne Zimmer.
- **Lindenhof**①, 59320 Ennigerloh-Enniger, Hauptstraße 62, Tel. 02528-8465, www.lindenhof-enniger.de. Gaststätte in einem Dorfhaus aus dem 17. Jh., früher auch Brennerei, seit drei Generationen in Familienbesitz, rustikale Küche, mit Festsaal, 11.30–14 und 17–22 Uhr, Sa 17.30–22 Uhr, So 11–14 und 17.30–22 Uhr, Di Ruhetag.

Feste und Veranstaltungen

- **Enniger Markt,** alle zwei Jahre am 2. Mi im Juli im Ortsteil Enniger, erstmals 1512 erwähnt und damit einer der ältesten Märkte im Münsterland, www.enniger-markt.de.
- **Mettwurstmarkt,** Traditionskirmes, Ende September. Höhepunkt ist das satirische Schauspiel der „Conflutoren" mit dem Ennigerloher *Döuwel* (Teufel), die die Lokal- und Bundespolitik aufs Korn nehmen, www.mettwurstmarkt.com.

Aktivitäten

- **Golf:** Golfclub Schloss Vornholz e.V., Steinpatt 13, Tel. 02524-5799, www.gcsv.de. 18-Loch-Anlage mit großzügiger Driving-Range, Restaurant Mo Ruhetag, Tel. 02524-951551.
- **Ballonfahrt:** MK Ballontours Mario Kaldewey, Im Mengendiek 15, Tel. 02524-9297851, www.mk-ballontours.de. Fahrt pro Person 215 €, 2. Person 210 €, 3. Person 205 €, 4. Person 200 €, 5. Person 195 €, Pärchenfahrt 570 €.

062ml ot

Oelde

- **Postleitzahl:** 59302
- **Tel.-Vorwahl:** 02522 (Oelde), 05245 (Lette), 02529 (Stromberg), 02520 (Sünninghausen)
- **Tourist-Info Oelde:** Forum Oelde, 59302 Oelde, Ratsstiege 1, Tel. 02522-72800, www.oelde.de

Oelde liegt an den Ausläufern der Beckumer Berge und wurde erstmals um 900 im Werdener Urbar unter der Bezeichnung *Ulithi* genannt. Die Stadt ist von mehreren Waldarealen umgeben, von denen der **Staatsforst Geisterholz** Schauplatz von Diplomatenjagden war, die von den Bundespräsidenten ausgerichtet wurden. Die Stadt wurde im Lauf ihrer Geschichte mehrfach von Bränden heimgesucht, die ihr Erscheinungsbild nachhaltig veränderten. Verheerend war der Brand von 1457, ein weiterer wütete 1605. Das Großfeuer von 1800 zerstörte sogar zwei Drittel aller Häuser.

Heute prägt das Nachkriegsgeschehen das Bild der Stadt. Nur wenige alte Häuser sind verblieben, teilweise durch kommerzielle Nutzung umfunktioniert. Profitiert hat die Stadt aber von der **Landesgartenschau,** die sie 2001 unter dem Motto „Blütenzauber & Kinderträume" ausgerichtet hat und deren Gelände heute als Vier-Jahreszeiten-Park vielseitig genutzt wird.

▷ Die Vorburg von Haus Geist

Sehenswertes

Vier-Jahreszeiten-Park

Das Park- und Veranstaltungsgelände der Landesgartenschau 2001 beherbergt Spielplätze, eine Konzertbühne und Gastronomiebetriebe. Im **Kindermuseum KLIPP KLAPP** in der historischen Kramerschen Wassermühle aus dem Jahr 1726 können Kinder in die Rolle eines Müllers schlüpfen und Getreide mahlen. Im modernen Glasanbau wurde eine **Erlebnis-Wasserlandschaft** eingerichtet, außerdem gibt es eine offene Küche zum Backen und Kochen.

Vier-Jahreszeiten-Park, Konrad-Adenauer-Allee 20, täglich 9.30–19 Uhr, Eintritt (für Park, Parkbad, Kindermuseum) 4 €, ermäßigt 3 €, Jugendliche 2 €, Kinder bis 6 Jahre frei, Kindermuseum geöffnet Sa und So 14–18 Uhr, im Winter bis 17 Uhr, in den Schulferien zusätzlich Di bis Fr 14–18 Uhr, im Winter 11–17 Uhr, www.kinder museum-klipp-klapp.de.

Pfarrkirche St. Johannes der Täufer

Die Pfarrkirche von Oelde geht in ihren Ursprüngen auf das Jahr 1188 zurück. Sie fiel dem Stadtbrand von 1457 zum Opfer und wurde unter Nutzung von Resten des Vorgängerbaus neu errichtet. 1864 hat man den Bau um drei Joche verlängert und mit einem neuen Westturm versehen. Ein Sakramentshäuschen aus Baumberger Sandstein aus dem Jahr 1491 mit reichem Fialenbesatz wird dem Münsteraner Steinbildhauer *Bernd Bunickman* zugeschrieben. Beachtenswert sind auch der ebenfalls aus Baumberger Sandstein gefertigte gotische Taufstein mit Maßwerkverzierung, die von der Decke herabhängende, 1928 gefertigte Strahlenkranzmadonna sowie das überlebensgroße Kruzifix aus Lindenholz aus dem Jahr 1250.

Georg-Lechner-Biermuseum

Im originalen Sudhaus der **Brauerei Pott's** aus dem Jahre 1900 werden 1330 historische Brauereikrüge gezeigt, außerdem 320 Bierflaschen, Emailleschilder sowie die mit 220.000 Stück weltweit größte Sammlung westdeutscher Bier-Etiketten.

■ **Pott's Brauerei,** In der Geist 120, nahe der A2, Abfahrt Oelde, Tel. 02522-93320, www.potts.de. Neubau mit „gläserner Produktion" 2018 eröffnet, mit **Georg-Lechner-Biermuseum,** täglich geöffnet 11–19 Uhr, Eintritt 1 €, mit **Pott's Brau- und Backhaus**①, urige Brauereigaststätte mit rustikalem Speisenangebot, Tel. 02522-93770, täglich geöffnet 9–22 Uhr. Ruhetage: Heiligabend bis Silvester. Brauereibesichtigung auf Anfrage, mit Verkaufsgeschäft von Fleischwaren bis Textilien.

Haus Geist

In der drei Kilometer nordwestlich von Oelde gelegenen Bauerschaft **Ahmenhorst** steht das **Wasserschloss** Haus Geist, eine 1750–55 errichtete barocke Zwei-Inselanlage mit imposantem Hauptgebäude. Die Ursprünge der bis Mitte des 14. Jh. zum Kloster Freckenhorst gehörigen Anlage gehen auf das 11. Jh. zurück. Einst stand auf der Hauptinsel eine im Stil der Lipperenaissance 1550–58 errichtete Dreiflügelanlage, die teilweise schon dem barocken Neubau weichen musste – so wurde das Haupthaus auf den Fundamenten des Nordflügels der Renaissanceanlage errichtet. Bis 1773 bestand in Haus Geist

064ml ot

eine Niederlassung des Jesuitenordens. 1773 wurde der Orden durch Papst *Clemens XIV.* aufgelöst. Das Haus wurde eingezogen und ging als Studienfonds in den Besitz des Fürstbistums Münster über. Nach der Auflösung des Fürstbistums 1803 wurden die verbliebenen Renaissancebauten bis auf den Torbau abgerissen. Die Anlage ist heute in Staatsbesitz und kann von den vorbeiführenden Wegen eingesehen werden.

Das zweigeschossige Hauptgebäude unter einem Walmdach hat auf der Hofseite einen Mittelrisalit mit aufgesetztem Giebel. Von den Renaissancebauten ist neben dem Torhaus mit zwei Durchfahrten noch der Ostflügel der Wirtschaftsbauten der Vorburg erhalten. Davon wurde das Brauhaus 1982 restauriert, ein schmucker Backsteinbau mit horizontalen Bändern aus verputztem Sandstein.

Lette

Der Oelder Ortsteil Lette ist eine bis ins Mittelalter zurückreichende Bauerschaft an der Letter Mühle im Bereich der Herrschaft Rheda. Die **Ortspfarrkirche St. Vitus** war ursprünglich eine Stiftskirche des Prämonstratenserinnenstiftes Lette. Ihre Erbauung geht auf die Mitte des 12. Jh. zurück. Das einst eingewölbte dreijochige, mit geradem Chorabschluss versehene Langhaus erhielt im 17. Jh. wegen Baufälligkeit eine Balkendecke. Es wurde 1972 um einen quer angelegten, rückwärtigen Anbau erweitert. Der romanische Turm war schon 1958 aufgestockt worden. Das rundbogige, mit Ecksäulen versehene Portal an der Südseite trägt ein Tympanon mit einem von Blattranken eingerahmten Kreuz. Aus der Entstehungszeit der Kirche stammen auch Teile der romanischen Kunstschätze von überregionaler Bedeutung, so das Reliquiar und der Tragaltar im Altarsockel. In der Marienkapelle befindet sich eine barocke Pietà mit dem toten Leib Christi auf dem Schoß von Maria.

Stromberg

Der historische **Wallfahrtsort** Stromberg mit seinem Heiligen Kreuz hat zwei Wurzeln. Mit zunehmendem Pilgerstrom entstand nördlich der Burg Stromberg die sogenannte Burgfreiheit, während sich das ältere Pfarrdorf Unterstromberg am Fuß der Burg entwickelte.

In beiden Ortsteilen gibt es noch eine große Anzahl regionaltypischer **Fachwerkhäuser.** Das 1622 errichtete längsständige Längsgiebelhaus in der Burgfreiheit (Daudenstraße 20) ist besonders charakteristisch. Es zeigt die typische große Diele in der Mitte, die Seitenteile dienen als Stall und zum Wohnen.

Burg Stromberg

Im Jahr 1177 gab Bischof *Hermann II.* Burg Stromberg an den Ausläufern der Beckumer Berge als Lehen an die Grafen *von Rüdenberg,* um die Südostflanke des Bistums abzusichern. Die Burg selbst geht möglicherweise schon auf die Zeit *Karls des Großen* zurück. Sie wurde zu einer dreieckigen Höhenburg mit drei Burghöfen ausgebaut. In den Höfen standen die Wohnhäuser der Burgmannen und des Burggrafen. 1463 fiel die Burg nach dem Aussterben der *Rüdenberger* an den Bischof zurück. 1780 ließ der damalige Bischof *Maximilian Franz* die Burgmauern abbrechen. Einzig der im späten 13. Jh. aus verputztem Bruchstein errichtete **Paulusturm** zeugt noch vom Burgbering und stellt heute den Zugang auf das Gelände dar.

Zu den wenigen erhaltenen alten Burgmannshöfen zählt das **Mallinckrodthaus,** das an der westlichen Hangkante der Burg steht. Das am Ende des 15. Jh. entstandene spätgotische, steilgieblige Haus mit niedrigen Anbauten aus späterer Zeit, das zur Talseite im Kellergeschoss Schießscharten aufweist, zeigt, wie solche Gebäude früher ausgesehen haben. Vom Kaminraum aus gab es einen direkten Zugang zum früheren Wehrgang. 1972 wurde das Haus restauriert und dient seither der Stromberger Pfarrgemeinde als kulturelles Zentrum und Begegnungsstätte.

Kreuzkirche

Inmitten des über 150 m hoch gelegenen Burgareals steht erhöht die Kreuzkirche, deren Heiliges Kreuz Ziel von **Wallfahrten** ist. Sie wurde als dreijochige gotische Halle mit direkt anschließendem Chorjoch im 5/8-Schluss anstelle eines 1316 abgebrannten Vorgängerbaus errichtet und 1344 geweiht. Hohe Maßwerkfenster kennzeichnen den verputzten Bruchsteinbau. Das Kreuzrippengewölbe der fast quadratischen Halle wird von Rundsäulen getragen. Der mit drei Fenstern versehene Chor weist eine umlaufende Sockelbank auf.

Bis zum 15. Jh. stieg die Zahl der Pilger zum **Heiligen Kreuz** von weither ständig an, danach ebbte sie wieder ab. Das zwischen 1080 und 1100 geschaffene **Kruzifix** hat einen Holzkern und war ursprünglich mit Silber beschlagen. Es gehört zu den ältesten Christusdarstellungen in Westfalen und wurde wiederholt beschädigt, 1877 restauriert und neu mit Silber ummantelt.

Ein weiteres wertvolles Ausstattungsstück ist die um 1350 entstandene Steinskulptur der **Madonna mit dem Kind,** ein typisches Beispiel rheinischer Madonnenbildnisse, das durch die schlanke Gestalt in schwungvoller Darstellung auffällt. Des Weiteren gibt es eine von der Decke hängende hölzerne Strahlenkranz-Doppelmadonna vom Anfang des 16. Jh. Wertvoll ist auch das Bild der Kreuzabnahme, das im 17. Jh. seitenverkehrt nach einer Darstellung von *Peter Paul Rubens* geschaffen wurde.

063ml ot

☒ Madonnenskulptur in der Kreuzkirche

Burgbühne Stromberg

Die imposante Kulisse der Wallfahrtskirche Heilig Kreuz im Areal der Burg Stromberg ist der Schauplatz für Freilichtaufführungen. Seit Jahrzehnten spielt das Laientheater des Ortes geistliche und weltliche Stücke für Erwachsene und Kinder. Gespielt wird von Mai bis September mit dem Monat Juli als Sommerpause. Im Winter finden Aufführungen im Kulturgut Haus Nottbeck statt.

■ **Burgbühne Stromberg,** www.burgbuehne.de, Karten 10 €, Kinder 8 €.

Das **Pastorat** auf dem ehemaligen Burg- und heutigen Wallfahrtskirchengelände wurde 1780 als achtachsiger zweigeschossiger Backsteinbau im klassizistischen Stil unter Krüppelwalmdach anstelle eines alten Burgmannshof errichtet. Weitere Fachwerkbauten werden heute privat genutzt.

Pfarrkirche St. Lambertus

Am Hang unterhalb der Burg steht die mit ihrer Schauseite dem Ort Stromberg zugewandte Pfarrkirche St. Lambertus, deren Chor und Westturm wohl noch aus dem 13. Jh. stammen. Das Langhaus wurde im 14. Jh. als dreijochige Halle in Anlehnung an die Heiligkreuzkirche neu errichtet und im folgenden Jahrhundert eingewölbt. Das Chorgestühl aus Eiche entstammt in den Grundzügen der Mitte des 16. Jh. Darüber hinaus gibt es in der Kirche noch ein um 1525 kunstvoll geschnitztes Relief des heiligen *Rochus,* das wohl Teil eines Altarretabels war. Ein Bildmotiv des heiligen Wandels vom Anfang des 18. Jh. und eine Pietà von der Mitte des 18. Jh. ergänzen die Ausstattung.

Kulturgut Haus Nottbeck

Im ehemaligen Rittergut Nottbeck, dessen Geschichte ins 15. Jh. zurückreicht, ist das **Museum für Westfälische Literatur** untergebracht. Im Erdgeschoss wird die westfälische Literatur von ihren Anfängen bis 1900 vorgestellt, im Obergeschoss stehen Autoren des Kreises Warendorf im Vordergrund, im Kellergeschoss westfälische Kinder- und Jugendliteratur. Dazu gibt es ein umfangreiches Veranstaltungsprogramm und Sonderausstellungen.

Von der alten Zwei-Inselanlage des Anwesens ist nur noch die Vorburg erhalten, das heutige Haupthaus stammt dem Jahr 1805.

■ **Kulturgut Haus Nottbeck, Museum für Westfälische Literatur,** Stromberg, in Richtung St. Vit, Landrat-Predeick-Allee 1, Tel. 02529-945590, www.kulturgut-nottbeck.de, Di–Fr 14–18 Uhr, Sa, So und feiertags 11–18 Uhr, Eintritt frei, Spende erbeten.

Sünninghausen

Im Ortsteil Sünninghausen steht die **Dorfpfarrkirche St. Vitus,** ein vierjochiger Saalbau mit hohem Turm und Chor im 5/8-Schluss. Der Kirchenbau stammt aus dem Jahr 1865. Die Kirche beherbergt im Chorbereich ein Sakramentshaus aus Baumberger Sandstein. Es soll der Münsteraner Bunickmann-Werkstatt entstammen, die mit Vater *Bernd* und Sohn *Johann* in den Jahren 1500 bis 1525 tätig war.

Praktische Tipps

Unterkunft, Essen und Trinken

- **Hotel Engbert**④, Lange Str. 24–26, Tel. 02522-93390, www.hotelengbert.de. Komfortables Garni-Hotel in der Fußgängerzone, modern und wohnlich eingerichtete Zimmer.
- **Mühlenkamp**③, Geiststraße 36, Tel. 02522-93560, www.hotel-muehlenkamp.de. Hotel-Restaurant im Zentrum, praktisch eingerichtete Zimmer, Restaurant So und feiertags auch mittags geöffnet.
- **Landhotel Meier Gresshoff,** Gresshoffweg 6, Tel. 02522-9130, www.meier-gresshoff.de. Stadt- und autobahnnah in ruhiger ländlicher Umgebung. Herrenhausanlage, Haupthaus mit Kamin- und Jagdzimmer Anfang 19. Jh., seitwärtige Flügel Hotelzimmer (früher Stall) und Seminarräume (früher Scheune), Zimmer unterschiedlicher Kategorie und Größe, engagierte Gastgeber.
- **Lindenhof**③, Oelde-Lette, Hauptstr. 17–19, Tel. 05245-86010, www.hotel-lindenhof-lette.de. Praktisch eingerichtete Zimmer, Restaurant abends geöffnet, gutbürgerliche Küche, gemütliche Gaststuben, kleine Hausbar.
- **Zum Burggrafen**②, Oelde-Stromberg, Daudenstraße 5, Tel. 02529-221, www.burggrafen.de. Gehobene bodenständige Küche, gutes Preis-Leistungs-Verhältnis, Mi Ruhetag, angeschlossener Hotelbetrieb.
- **Hofcafé Reinkenhoff,** Oelde-Sünninghausen, Heibrink 3, Tel. 02520-1670, www.reinkenhoff.de. Ältestes Anwesen im Dorf, 2002 in den gemütlichen Wohnstuben eröffnet, 2008 renoviert und erweitert, mit Cafégarten, bekannt für Frühstücksbuffet, Kuchen und Torten. Mindestens ein vegetarisches Gericht gehört zum Kernangebot. 9–18 Uhr, So und feiertags 9.30–19 Uhr, Di Ruhetag, über Ostern und zwei Wochen in den Sommerferien sowie 23.12.–2.1. geschlossen.

Veranstaltung

- **Oelder Pfingstkranz:** Traditionelles Aufstellen eines Pfingstbaums am Pfingstsonntag. Der Brauch geht auf germanische Rituale zurück. Tanz um den Baum bis Pfingstmontag.

Wadersloh

- **Postleitzahl:** 59329
- **Tel.-Vorwahl:** 02523
- **Info:** Stadtverwaltung Wadersloh, Liesborner Str. 5, Tel. 9500, www.wadersloh.de

Das Gemeindegebiet von Wadersloh markiert den Südostabschluss des Münsterlands. Die „Grenze" wird von der **Lippe** und ihrem Nebenfluss Glenne gebildet. Die Gemeinde setzte sich seit der Gebietsreform 1975 aus den Ortsteilen Wadersloh, Liesborn und Diestedde zusammen. Alle blicken auf eine unterschiedliche Entwicklungsgeschichte zurück.

Wadersloh war von Anfang an ein Kirchdorf, im Jahr 1187 erstmals urkundlich erwähnt, die Pfarre 1193. Die heutige **Ortspfarrkirche St. Margaretha** entstand 1892–94 mit ihrem weithin sichtbaren Westturm nach Plänen von *Wilhelm Rincklage* als neugotische Halle mit Querhaus anstelle eines spätromanischen Vorgängerbaus. Das Tympanon dieser Vorgängerkirche vom Ende des 12. Jh. wurde für die neue Kirche übernommen. Vom Vorgängerbau stammt auch der künstlerisch wertvolle Taufstein mit der Darstellung der Taufe und Kreuzigung Christi aus dem 15. Jh.

Diestedde

Die Ortschaft Diestedde geht namentlich auf eine Thingstätte zurück. Die angeblich **1000-jährige Eiche** am Schloss Crassenstein soll diese Gerichtsstätte markieren. Hier hat sich auch die erstmals 1136 als *Disteten* urkundlich erwähnte Siedlung entwickelt.

Schloss Crassenstein

Ein erster Bau von Schloss Crassenstein, eventuell noch eine Motte, wurde erstmals 1177 genannt. Der heutige Bau am Dorfrand entstand ab 1570 im vereinfachten Stil der **Lipperenaissance,** wohl geplant vom Baumeister *Laurenz von Brachum,* der vergleichbare Anlagen im Lippischen Raum errichtet hat. Das Wasserschloss war als Vierflügelanlage mit Ecktürmen geplant, der vierte Flügel wurde aber nicht fertig gestellt. 1840 erfolgte eine klassizistische Umformung der Anlage, bei der die plastischen Backsteinverzierungen überdeckt wurden. Nach einem Dachstuhlbrand wurde das alte Dach 1923 durch ein mächtiges Mansarddach ersetzt sowie ein Mittelrisalit und die neue Haupteingangstreppe angelegt. Nach der Veräußerung im Jahr 1999 erhielt das Herrenhaus, in dem sich heute eine Forschungseinrichtung befindet, seinen ockergelben Außenanstrich.

▷ Im Inneren der Klosterkirche von Liesborn

Liesborn

Kloster Liesborn

Die größte Sehenswürdigkeit von Wadersloh stellt das Kloster Liesborn dar, über dessen Entstehungsgeschichte es keine unmittelbaren Zeugnisse gibt. Vermutet wird, dass die Gründung als Kanonissenstift im Jahr 785 auf Veranlassung von *Karl dem Großen* nach seinem im Vorjahr erfolgreichen Feldzug gegen die Sachsen erfolgte. Andere Annahmen nennen das Gründungsjahr 815. Am wahrscheinlichsten ist die Gründung im Jahr 860 durch Reichsadelige, wohl die sächsischen Adeligen *Boso* und *Bardo.* Auf jeden Fall erhielt das Damenstift durch die karolingische Königsfamilie **wertvolle Reliquien,** so die Simeonreliquie. Durch Kaiser *Heinrich II.* ging das Vogteirecht an Liesborn auf den Bischof von Münster über, der das Damenstift 1130 in ein Benediktinerkloster umwandelte. Die wirtschaftliche und kulturelle Blüte erlebte das Kloster im 15. Jh. Nach seiner Aufhebung 1803 wurde die Klosterkirche der Pfarre übertragen. In den verbliebenen Abteigebäuden ist heute das Museum des Kreises Warendorf untergebracht.

Klosterkirche

Der massive Turm der ehemaligen Klosterkirche und heutigen Pfarrkirche **St. Cosmas und Damian** (Abteiring 16) stammt noch vom ersten Bau aus der Zeit um 1100. Nachdem diese abbrannte, erfolgte zu Beginn des 12. Jh. der Neubau des Langhauses. Ein weiterer Neubau entstand ab 1306, beginnend mit dem Chor. Das Langhaus wurde 1441–65 als zweischiffige gotische Halle erneuert, das Querhaus kam um 1500 hinzu. Das Sei-

tenschiff wurde 1820 abgebrochen. Zu Klosterzeiten waren Querschiff und Chor durch eine Mauer für den Konvent abgetrennt. An der Nordseite sind noch Spuren des Kreuzgang-Gevierts zu erkennen. Von der Westseite betritt man die Turmkapelle mit ihrer halbrunden Apsis-Nische als etwas tiefer liegenden Raum. Die Gewölbe des Langhauses sind mit Rankenmalerei versehen.

Bis heute verfügt die Kirche über eine Reihe von **wertvollen Ausstattungsstücken,** so Skulpturen, Bilder aus dem 17. und 18. Jh. und das Chorgestühl. Doch das wertvollste Stück ist nicht mehr in der Kirche. Es ist der dem namentlich nicht bekannten *Meister von Liesborn* zugeschriebene **Hochaltar** aus dem Jahr 1465. Es war kein Flügelaltar, sondern ein reiner Bilderaltar, der in der Mitte Christus am Kreuz und in den Seitenbildern Szenen aus dem Leben der Maria und von Heiligen zeigte. Schon 1704 zersägt und zerlegt, kam er nach der Säkularisation in Einzelteilen zum Verkauf. Einige der Bilder befinden sich heute sowohl in der National Gallery in London als auch im Westfälischen Landesmuseum in Münster. Wegen seiner Fragmentierung kann das Konstrukt dieses zu den wichtigsten Kunstwerken des Münsterlandes zählenden Altars leider nicht mehr genau rekonstruiert werden.

Ein weiteres wertvolles Ausstattungsstück ist die um 1250 gefertigte Thronende Muttergottes. Eine doppelseitige Strahlenkranzmadonna aus dem Jahr 1525 hängt im Langhaus von oben herab. Das Original einer Hälfte befindet sich im Landesmuseum, dieses teil wurde durch eine Kopie ersetzt. Die Skulptur der Maria mit dem toten Christus auf dem Schoß stammt aus dem 17. Jh. und ist eine Nachbildung des Telgter Gnadenbildes. Die 1700 gefertigte Kreuzigungsgruppe hängt im südlichen Querschiff. Der barocke Hochaltar wurde 1925 restauriert und ergänzt.

Die **Turmkapelle** wurde ab dem 14. Jh. unter Abt *Florinus* figürlich ausgemalt. Sein Abbild mit Stab ist an der rechten Seitenwand zu finden. Weitere dargestellte Heilige sind neben den Kirchenpatronen Cosmas und Damian der heilige *Christopherus, Karl der Große* und die heilige *Barbara.* In der Apsis-Nische befindet sich eine weitere, in Gold gefasste Strahlenkranzmadonna.

Museum

Die heutigen **Abteigebäude** entstanden in der Zeit des Abts *Gregor Waltmann* (1698–1739). 1725 war der Südflügel des Hauptgebäudes errichtet und 1735 der Mittelflügel als Abschluss des Werks. Über dem über die Freitreppe des Mittelflügels zugänglichen Portal prangt das Abteiwappen, der Giebel wurde 1736 abschließend mit der Salvatorfigur geschmückt. Für das Museum wurde 2004 den vorhandenen Gebäuden ein neuer Flügel hinzugefügt.

Gezeigt wird eine umfassende **kunstgeschichtliche Sammlung** der Region von Gemälden, Plastiken, Goldschmiedearbeiten und Druckgrafiken aus der Zeit des Mittelalters, der Renaissance, des Barock, des 19. Jh. und der Moderne. Schwerpunkte der Sammlung bilden Werke des um 1460–80 tätigen *Meisters von Liesborn,* der als Hauptvertreter der westfälischen Tafelmalerei des ausgehenden Mittelalters gilt, sowie eine **Kruzifixsammlung** aus über 500 Kruzifixen, Kreuzen und Kreuzigungsdarstellungen. Wertvollstes Ausstellungsstück ist das

Liesborner Evangeliar aus dem 11. Jh. mit einem Ledereinband aus dem späten 15. Jh., das *Berthildis*, die Schwester des Bischofs *Hermann I.* von Münster, dem Kloster Liesborn stiftete. Nach der Säkularisation ging das Evangeliar durch viele Hände, bis ein Stifterkonsortium unter Führung des Bischofs *Felix Genn* es für 3 Mio. Euro zurück erwerben konnte. Das Museum der Abtei Liesborn zeigt das Evangeliar ab 2019 im Rahmen eines neuen Ausstellungskonzepts.

Im Abteimuseum werden ebenfalls alljährlich im Mai/Juni **Kammermusikkonzerte** gegeben, die weit überregionalen Ruf besitzen (www.abteikonzerte.de).

■ **Museum Abtei Liesborn,** Abteiring 8, Tel. 02523-98240, www.museum-abtei-liesborn.de, Di–Fr 9–12 und 14–17 Uhr, Sa und So 14–17 Uhr, Mo und feiertags geschlossen, Eintritt frei, Führungen 40 €, barrierefrei.

Hofanlagen

Im Süden von Liesborn findet man in der Lippeaue an der Göttinger Straße **Gut Heerfeld,** ein typisches Rittergut des Münsterländer Adels, 1197 erstmals erwähnt. Vom L-förmigen Anwesen ist das Haupthaus das älteste. Quer dazu steht das Wirtschaftsgebäude als Vierständerbau unter mächtigem Krüppelwalmdach, datiert 1597 mit nachfolgenden baulichen Änderungen. Aufwendig geschnitzte Balken zieren das Giebelfeld über dem Deelentor, über dem eine Sonnenuhr angebracht ist.

Eine weitere dieser alten Hofanlagen, der **Hof Schulze Hollenhorst,** steht an der Lippstädter Str. 40. Er ist weiträumig umgräftert. Das Haupthaus ist ein mächtiger Vierständerbau mit Längsdiele, 1803 anstelle eines kleineren Vorgängerbaus errichtet. Zwei Schafställe aus dem 18. Jh. sind vorhanden. Der kulturgeschichtlich wichtigste Teil ist der dreigeschossige Speicher von 1664 mit vorkragendem Oberstock, der von einem eigenen Wassergraben umgeben ist.

Praktische Tipps

Unterkunft, Essen und Trinken

■ **Landgasthaus Heitmeier**③, Kühlheide 1, Tel. 02523-1442, www.landgasthaus-heitmeier.de. Stilvolles Haus mit Saal und Biergarten (Mai bis Okt.), bietet stilvolle regionale Küche, geöffnet Fr und Sa ab 17 Uhr, So und feiertags ab 11 Uhr, Mo bis Do auf Vorbestellung.

Beckum

■ **Postleitzahl:** 59269
■ **Tel.-Vorwahl:** 02521 (Beckum, Vellern), 02525 (Neubeckum)
■ **Tourist-Info Beckum:** 59269 Beckum, Weststraße 46, Tel. 02521-29171, www.beckum.de

Im Beckumer Stadtgebiet, im Süden des Kreises Warendorf, vereinigen sich die drei Quellbäche Kollenbach, Siechenbach und Lippbach zur **Werse,** die nach 66 km langem, zunächst westwärts, dann nordwärts gerichteten Verlauf in die Ems mündet. Die Region war schon seit der Jungsteinzeit besiedelt, wie ein bei Dalmer gefundenes Hünengrab zeigt. Auch aus germanischer und sächsischer Zeit gibt es Funde, so ein sächsisches Fürstengrab mit reichen Beigaben. Die heutige Stadt Beckum geht auf eine karolingische Kirchensiedlung zurück. Stadtrechte erhielt Beckum 1224, Mitglied im Rheinischen Städtebund ist die Stadt seit 1255, später auch Mitglied der **Hanse.**

Die strategisch günstig gelegene, befestigte Stadt war Wohn- und Handelssitz umtriebiger Kaufleute. Eine Erweiterung des Stadtkerns erfolgte in der zweiten Hälfte des 13. Jh. Schwere Brände und nachlassender Wohlstand ließen die Bevölkerung bis 1700 auf 200 Einwohner sinken. Die Industrialisierung erfolgte ab der Mitte des 19. Jh., woran die Zementindustrie, für die die Rohstoffe in der Umgebung abgebaut wurden, entscheidenden Anteil hatte. So wurde 1938 beim Bau der Reichsautobahn nach Berlin (heute A2) im Beckumer Ortsteil Vellern die erste Spannbetonbrücke mit Vorspannung im Verbund in Deutschland errichtet. Beim Neubau der Autobahn wurde sie abgebaut und am Parkplatz der Raststätte Vellern als Denkmal aufgestellt.

■ **Zementmuseum,** Köttings Mühle, Hammer Straße 12, www.zement-museum.de. Das Museum zeigt Exponate zur Zementherstellung und -verwendung im einst größten Zementrevier um Beckum, geöffnet Mai bis Okt. 1. So im Monat 14–17 Uhr, statt Eintritt wird um eine Spende gebeten.

Sehenswertes

Der älteste Siedlungskern von Beckum entstand an einer Furt der Werse um den **Stiftsbezirk** der Propsteikirche St. Stephanus und Sebastian. Seit 1270, als die Ummauerung der Stadterweiterung abgeschlossen war, begrenzt die Werse das Stadtoval im Süden. Der Stiftsbezirk ist durch das Rathaus mit seinen angrenzenden Bauten vom **Marktplatz** getrennt. Hier kreuzten sich die Straßen Dortmund – Paderborn und Soest – Osnabrück. Die Stadtbefestigung zählte vier Stadttore mit 22 Türmen, von denen nur noch der viereckige **Buddenturm** erhalten ist. Zusätzlich hatte man die Feldmark als unmittelbar umgebende landwirtschaftliche Nutzfläche mit einer Wallanlage geschützt. Die Soestwarte als mittelalterlicher Wehrturm (s.u.) zeugt noch von diesen Befestigungsanlagen.

Durch die Stadtbrände, der letzte 1734, hat Beckum viel von seinem mittelalterlichen Baubestand verloren. Nach diesem Brand in wirtschaftlich nicht so günstigen Zeiten erfolgte der Wiederaufbau mit eher schlichten giebelständigen **Fachwerkhäusern** mit den für das Münsterland typischen Deelen. Dazu zählt das Längsdielenhaus Lindenstraße 7, dessen Gefache mit roten Ziegeln ausgefüllt sind, ein Dielenhaus in der Weststraße 1 und mehrere Scheunen in der Oststraße. Die 1857/58 an der Westseite des Marktplatzes errichtete Posthalterei ist ein auf hohem Kellergeschoss errichteter, verputzter Bruchsteinbau mit dreiachsigem Mittelrisalit und Freitreppe, der in besten Zeiten bis zu 70 Pferde beherbergte.

Rathaus

Das Rathaus beherrscht das Erscheinungsbild des Beckumer **Marktplatzes.** Im Ursprung geht der Bau auf das 13. Jh. zurück, der heutige Bau stammt im Kern aus dem 15. Jh. 1879 wurde er um ein Stockwerk erhöht und erhielt den neugotischen Giebel vorgesetzt. Westlich fügt sich die 1820 erbaute **Alte Apotheke** an, einst traufständig mit dem Rathaus verbunden, in deren Keller sich der ehemalige Rathauskeller befindet. Die Ausstellung im Rathaus zeigt Exponate zur stadtgeschichtlichen Entwicklung vom 13. bis 19. Jh., dazu frühgeschichtliche Funde und einen nachgestellten Tante-Emma-Laden aus dem Jahr 1908.

- **Stadtmuseum Beckum im Alten Rathaus,** Markt 1, Tel. 29264, www.beckum.de, geöffnet 9.30–12.30 und 15–17 Uhr, Mo, Sa vormittags und feiertags geschlossen, Eintritt frei.
- **Schmiede Galen,** 59269 Beckum, Clemens-August-Straße 10, Tel. 3412 (Kolpinghaus) oder 6806. Nachbau einer typischen historischen Schmiede neben dem Kolpinghaus, wie es sie vor 150 Jahren in Beckum gab, ein virtueller Rundgang zeigt die Räumlichkeiten und handwerklich hergestellte Schmiedeprodukte. Durch Vorführungen können Besucher das alte Schmiedehandwerk kennenlernen, Info: www.heimatverein-beckum.de.

Propsteikirche St. Stephanus und Sebastian

Die Pfarre St. Stephanus in Beckum hat karolingische Wurzeln, möglicherweise ist sie sogar älter als das Bistum Münster selbst. Ihre erste urkundliche Erwähnung erfolgte 1134 als *parrochia bikeheim.* 1267 wurde der Kirche durch Schenkung ein Stift angegliedert, dessen Propst ein Münsteraner Domherr war. Der derzeitigen Propsteikirche sind drei Bauten vorangegangen. Der älteste war ein um 785 erstellter karolingischer Saalbau aus Bruchstein. Heute steht hier ein in zwei Abschnitten bis 1516 fertiggestellter, stattlicher **fünfjochiger gotischer Hallenbau** mit einjochigem Chor im 5/8-Schluss. Der massige **Westturm,** dessen Unterbau vom dritten Bau übernommen wurde, ist ins Langhaus integriert, in der Barockzeit erhielt er seine Haube. Das doppelbogige Eingangsportal unter großem Spitzbogen befindet sich an der der Stadt zugewandten Nordseite. Im Inneren wird das Kreuzrippengewölbe von starken Rundpfeilern getragen.

Das bedeutendste Kunstwerk ist der **Prudentiaschrein,** 1230 für die Reliquien der Kirchenpatrone und des Märtyrerpapstes *Fabian* aus versilbertem und verkupfertem Eichenkern mit reichlich Steinbesatz gefertigt. Dieser Schrein wurde in Prozessionen zu den vier Kapellen im Stadtgebiet getragen, um die Äcker und Felder der Bürger, die den Schrein gestiftet hatten, zu segnen. 1881 wurden die Prudentia-Reliquien in den Schrein gegeben. Er steht im Chor hinter dem Hauptaltar unter dem Gipfelpunkt des gotischen Zeltdaches.

Darüber hinaus weist die Kirche noch einen Taufstein aus der Mitte des 13. Jh., das Chorgestühl aus dem späten 15. Jh. sowie viele Gemälde und Skulpturen aus der Erbauungszeit bis in den Barock hinein auf.

St. Quirinus

Bei der **Siechenkapelle** St. Quirinus in der Stromberger Straße handelt es sich um die ehemalige Kapelle eines im Jahr 1487 erwähnten, ursprünglich vor der Stadt gelegenen Leprosenhauses. Es ist ein flach gedeckter, einschiffiger Ziegelbau. Die Kirche besitzt ein im Münsterland einzigartiges Ädikularetabel, einen mit einem tempelartigen Aufsatz versehenen Altar, der um 1660 von Bischof *Christoph Bernhard von Galen* gestiftet wurde.

Kloster Blumenthal

Beachtenswert ist auch das **Dormitorium** des ehemaligen Klosters Blumenthal in der Südstraße 21. Zunächst hatte sich die Schwesterngemeinschaft vor den Toren der Stadt etabliert. Später wurde das Kloster in die Stadt verlegt, die Klosterkirche 1463 geweiht. Übrig blieb nach Bränden und Säkularisation nur das Wohn- und Schlafhaus, das seit der Renovierung 2009 als Heimat- und Familienarchiv dient.

Höxberg

Das letzte Zeugnis der ehemaligen Umwallung der Feldmark von Beckum bildet die **Soestwarte** auf dem 160 m hohen Höxberg in den **Beckumer Bergen,** die sich südlich des Ortes erheben. Der aus der Mitte des 15. Jh. stammende Turm wurde 1889 auf eine Höhe von 23 Metern zum **Aussichtsturm** aufgestockt. Ausgemalt wurde er 1958 mit Motiven aus den „Beckumer Anschlägen". Dabei handelt es sich um Schildbürgergeschichten, deren Entstehung auf das 16. Jh. zurückgeht. Dargestellt ist beispielsweise die Geschichte vom Beckumer Ochsen, den man mit einem Strick um den Hals an der Stadtmauer hochzieht, weil er das dort wachsende Gras abweiden soll, und die Geschichte von der Beckumer Sonnenuhr, die zum Schutz vor der Witterung mit einem Dach versehen wurde.

Auf dem Höxberg steht auch noch eine 1853 errichtete **Windmühle** vom Typ „Erdholländer", ein seltener Typ des Binnendrehers, bei dem die obere Kappe mit dem Windrad drehbar ist.

■ **Windmühle am Höxberg,** Lippborger Straße, Unterberg II 33, Tel. 02521-17239, www.heimatverein-beckum.de. Besichtigung Mai bis Okt., 3. Sa im Monat 15–17 Uhr, individuelle Führungen nach telefonischer Absprache.

Unser Tipp: Freizeitsee Tuttenbrock

Nördlich des Ortes nahe der A2 findet sich in einem renaturierten Kalksteinbruch ein großes Freizeitgelände. An dem **Badesee** gibt es neben einem Bootsverleih eine **Wasserski-Seilanlage** mit Anfängerstrecke sowie Angel- und Tauchmöglichkeit. Ein Rundwanderweg, Beachvolleyball- und Beachsoccerfeld, Trampolinanlage und ein Kiosk ergänzen das Angebot.

■ **Freizeitsee Tuttenbrock,** Eintritt in der Saison Mo–Do 2,50 €, Sa und So 5 € (inkl. Parkplatz), www.beckum.de/de/freizeit/erholungsgebiete.html.

Vellern

Die Siedlung Vellern, heutiger Ortsteil von Beckum, entstand um die **Pfarrkirche St. Pankratius,** möglicherweise als Bestandteil einer burgähnlichen Anlage der Ritter *von Vellern.* Diese hatten ihre Burg westlich der Pfarrkirche und so trägt der Bereich um sie herum bis heute die Bezeichnung „Burg". Die Kirche ist im

Ursprung ein dreijochiger romanischer Saal, 1193 erstmals erwähnt. Der Westturm stammt vom Beginn des 13. Jh. Im 15. Jh. wurde die Kirche um ein schmales Südseitenschiff erweitert, das nunmehr Mittelschiff ist, weil 1933 noch ein südliches Seitenschiff und ein Chor angebaut wurden. Die Kirche birgt einige Schätze westfälischer Sakralkunst, so vor allem den romanischen Taufstein. Der ursprünglich farbig gefasste Stein aus Baumberger Sandstein entstand um 1240.

Sehenswert ist auch der **alte Ortskern** von Vellern. Er wird von Fachwerkhäusern aus dem 18. und 19. Jh. geprägt, die die Kirche umgeben, darunter das ehemalige Pfarrhaus, ein Vierständerbau mit Längsdiele aus dem Jahr 1745.

Praktische Tipps

Unterkunft, Essen und Trinken

- **Hotel Westfälischer Hof**③, Weststr. 33, Tel. 02521-3369, www.bei-kliewe.de. In einem 1781 errichteten Handwerkerhaus, in dem Kutschen hergestellt wurden. Seit 1954 Gastronomiebetrieb, gründlich renoviert und modernisiert, sonntags und feiertags geschlossen, praktisch eingerichtete Zimmer.
- **Bauernhofcafé,** Landsitz Schulze-Pellengahr, Hinteler 9, Tel. 02521-950606, https://bauernhofcafe.info/index.php?action=plzpellengahr, bereits seit 500 Jahren in Familienbesitz, Café in der 300 Jahre alten Scheune So und feiertags 14.30–18 Uhr, ansonsten im Tee- und Gartenhaus Mi–So 14.30–18 Uhr. Die alte Hofkapelle steht für Trauungen zur Verfügung.
- **Zur Windmühle**③, Restaurant-Hotel, 59269 Beckum, Unterberg II-33/Höxberg, Tel. 02521-86030, www.zur-windmuehle.de. Ausflugslokal und Hotel direkt an der Höxberger Mühle, elegant eingerichtet, umfangreiche Speisekarte, vielseitige Weinkarte, mit Restaurantgarten.

Feste und Veranstaltungen

- **Beckumer Sommer,** Veranstaltungsreihe Mitte Juli bis Anfang Sept. mit Kultur und Unterhaltung, sportlichen Höchstleistungen, kulinarischen Erlebnissen unter dem Motto „umsonst und draußen" mit besonderen Attraktionen für Kinder, www.beckum.de/de/kultur/veranstaltungen/beckumer-sommer.html.
- **Musik im Alten Pfarrhaus,** weithin anerkannte Kammermusikreihe seit dem Jahr 1882 im alten Pfarrhaus Vellern, Programminformation und Kartenservice über das Bürgerbüro Beckum, Rathaus Beckum, Weststr. 46, Tel. 02521-29222, Musik im Alten Pfarrhaus.

Aktivitäten

- **Ponyreiten:** Ponyhof Hesseler, Hesseler 12, Beckum-Vellern, Tel. 0175-5229619, www.ponyhof-hesseler.de. Typische Münsterländer Bauernhofanlage, gruppiert um einen großen Innenhof. Reitanlage mit Halle, Reitplatz, Ausreitgelände, Hauptstall und Außenstall, großer Ponybestand, Reitunterricht. Vermietet Achtbettzimmer für Ferienkinder mit separatem Betreuerzimmer.

Einkaufen

- **Bauernhof Plümpe – Gut Holsen,** Holter 7, Tel. 02521-18623, www.hof-pluempe.de. Landwirtschaftlicher Vollerwerbsbetrieb mit Bullen- und Schweinemast sowie eigenem Ackerbau. Im Hofladen frische Brot- und Backwaren, Plätzchen etc. aus traditioneller Handarbeit, dazu Getränke für Besucher, Fr und Sa ab 15 bis 18 Uhr. Marktscheune für Veranstaltungen verfügbar.

Ahlen

- **Postleitzahl:** 59227, 59229
- **Tel.-Vorwahl:** 02382 (Ahlen), 02852 (Vorhelm)
- **Info:** Wirtschaftsförderungsgesellschaft Ahlen, Beckumer Str. 34, Tel. 02382-964307, www.ahlen.de

Ahlen, im Süden des Münsterlandes am Rande des Ruhrgebiets bei Hamm gelegen, ist die größte und wirtschaftlich bedeutendste Stadt des Kreises Warendorf.

Ahlen grenzt an den Hellweg, eine der wichtigsten Verkehrs- und Handelszonen des Heiligen Römischen Reiches Deutscher Nation. An einem Übergang der Werse entwickelte sich die Siedlung, die 850 als *Villa Alna* erstmals urkundlich bezeugt ist, um den zur Burg ausgebauten Amtshof der Bischöfe von Münster. Die Ortspfarre St. Bartholomäus war schon um 800 begründet worden. Die Siedlung kam zu Wohlstand, es siedelten sich Händler und Handwerker an, zu deren Schutz 1212 mit der Befestigung begonnen wurde. 1224 erhielt Ahlen Stadtrechte und trat 1255 dem Rheinischen Städtebund bei. Die Stadtbefestigung mit fünf Tortürmen war 1271 fertiggestellt. Später wurde Ahlen Mitglied der **Hanse.**

Inzwischen war die Ahlener Bevölkerung so weit angewachsen, dass neben der Pfarre St. Bartholomäus die zusätzliche Neue Pfarre St. Marien begründet wurde. Mit der Beseitigung der Stadtbefestigungen wurde 1765 begonnen, die letzten Reste davon wurden 1929 beseitigt. Mit der Pest, den Folgen des Dreißigjährigen Krieges und bedingt durch mehrere Stadtbrände setzte der Niedergang Ahlens ein. Wie im benachbarten Beckum begann im Laufe des 19. Jh. die wirtschaftliche Neubelebung mit Kalksteinbergbau und Industrialisierung, die später nachhaltig durch den **Kohlebergbau** ergänzt wurde.

Im Zweiten Weltkrieg erlitt Ahlen schwere Bombenschäden, wurde doch vor allem die Zeche immer wieder Ziel von Angriffen. Durch seine vielseitige Wirtschaftsstruktur konnte die Stadt am Wirtschaftswunder der Nachkriegszeit teilhaben und die Strukturkrise des Bergbaus, die in der endgültigen Schließung der Zeche im Jahr 2000 gipfelte, relativ gut meistern.

Sehenswertes

Alte Pfarrkirche St. Bartholomäus

Die Pfarrkirche St. Bartholomäus zählt zu den **Urpfarren** im Münsterland. Sie wurde 1139 durch den Münsteraner Bischof dem Prämonstratenserstift Cappenberg beigegeben, wo sie bis zur Säkularisierung 1803 verblieb. Die heutige schlichte, vierjochige Hallenkirche unter steilem Satteldach mit einjochigem Chor im 5/8-Schluss entstand anstelle von Vorgängerbauten Ende des 15. bis Anfang des 16. Jh. Das romanische Kapitell neben der Orgel und der Schlussstein des ersten Joches mit der ältesten Darstellung eines geflügelten Aals verweisen noch auf den Vorgängerbau. Die zeitliche Abfolge der Bauabschnitte zeigt sich an der unterschiedlichen Ausformung

> Im Zentrum von Ahlen

der Maßwerkfenster. Der Westturm wurde 1744 durch Blitz beschädigt, stürzte 1811 ein und wurde bis 1819 wieder aufgebaut. Beachtenswert im Inneren sind das spätgotische Chorgestühl aus dem 15. Jh. wie auch das aufwendig skulptierte Sakramentshaus von 1512 aus Baumberger Sandstein.

Neue Pfarrkirche St. Marien

Die Neue Pfarrkirche St. Marien wurde 1289 von St. Bartholomäus abgepfarrt. Der frühgotische Bau wurde Anfang des 20. Jh. durch eine neugotische Kirche ersetzt, wobei man das tief gestaffelte Portal vom Vorgängerbau übernahm. Von diesem stammen auch der mit Maßwerk versehene Taufstein aus dem 16. Jh. und die Doppelmadonna im Strahlenkranz.

Burgmannshöfe und Wohnhäuser

Der Bischopinkhof in der Freiheit 2, besser bekannt als **Haus Geisthövel,** ist einer der ehemals sieben Burgmannshöfe der Stadt. Das an der Frontseite verputzte Fachwerkhaus, das wohl in der zwei-

066ml ot

Mühlen in Ahlen

Verings Mühle

An der Werse nordwestlich von Ahlen gelegene Wassermühle des Hauses Seppenhagen aus dem 17. Jh., deren Inhaber das Staurecht der Werse hatten. Anfang des 20. Jh. durch einen langen Anbau für ein neues Mahlwerk erweitert, Betrieb 1960 eingestellt.

■ Ahlen-Halene, Prozessionsweg 30, nur Außenbesichtigung möglich.

Rubberts Mühle

Städtische Mühle nahe dem Stadtpark, ursprünglich außerhalb der Stadtbefestigung gelegener Standort, dessen Mühlenstau aber wohl in Zusammenhang mit der Befestigung Ahlens durch Wassergräben Anfang des 13. Jh. erfolgte. Der heutige Bau stammt aus der zweiten Hälfte des 19. Jh. als Ersatz für eine ältere Mühle, 1901 zu Wohnzwecken umgebaut.

■ Weststr. 100, nur Außenbesichtigung möglich.

Mühle Münstermann

20 m hoher Windmühlenkorpus aus dem Jahr 1848 vom Typ des Durchfahrtsholländers mit Galerie und besegelten Flügeln. Bereits 1910 wurden die Segel durch einen Motor ersetzt.

■ Bahnhofstr., nur Außenbesichtigung möglich.

Wassermühle Haus Vorhelm

Ende des 16. bis Anfang des 17. Jh. als Kornmühle erbaut, ab dem 19. Jh. durch *Clemens Graf Droste zu Vischering* als Öl- und Stampfmühle genutzt. 1874 durch einen Zweckbau mit Allianzwappen der Grafen *Droste zu Vischering* ergänzt, später Mahlwerk entfernt und als Kesselhaus mit Lokomobilen genutzt.

■ Vorhelm, Droste-zu-Vischering-Weg 10–14, nur Außenbesichtigung möglich.

Windmühlenturm

1830 als Turmwindmühle nach dem Typ der Holländermühle erbaut, nach Brand 1907 Einbau eines Sauggasmotors zur Stromerzeugung für Vorhelm, Einstellung des Mahlbetriebs 1935, heute Sitz des Heimatvereins Vorhelm.

■ Mühlenstr. 5, Ahlen-Vorhelm, Tel. 02528-8093, Sitz des Heimatvereins Vorhelm, Innenbesichtigung nach Vereinbarung.

ten Hälfte des 17. Jh. errichtet wurde, diente lange als Gaststätte und beherbergt heute Büroräume.

Haus Pusterkrey in der Alten Beckumer Straße 112 ist ein weiterer Burgmannshof. Der 1614–16 errichtete Fachwerkbau mit Backsteinausmauerung auf einer quadratischen Gräfteninsel ist Teil einer ehemals größeren Anlage, heute aber leider erheblich renovierungsbedürftig.

Zu den erhaltenen Fachwerkhäusern zählt **Haus Pieper** am historischen Marktplatz. Das Haus ist von großer politischer Bedeutung, wurde hier doch 1870 unter *Hermann von Mallinckrodt* das Programm zur Gründung der Deutschen Zentrumspartei ausgearbeitet.

Zu den Ahlener Herrenhäusern zählt **Haus Küchen,** drei Kilometer westlich der Stadt gelegen (Mallinckrodtweg 21). Das Anwesen ist erstmals 1392 beurkundet worden. Es war ein Lehen der Grafen *von der Mark,* das 1502 an die Herren *von Mallinckrodt* fiel. Heute ist die ursprünglich umgräftete, T-förmige Anlage in privater Hand und beherbergt einen Reiterhof. Die Gräben wurden schon im 18. Jh. verfüllt. Das Haupthaus mit gewinkelter Freitreppe weist einen Dreistaffelgiebel auf, der 1716 erstellte Ostflügel ein Krüppelwalmdach.

Zechensiedlung Neustadt

Ein besonderes architektonisches Kleinod ist die Zechensiedlung Neustadt zwischen Humboldtstraße, Sattelstraße und Förderweg nördlich der stillgelegten Ahlener **Zeche Westfalen.** Das Bauensemble entstand zwischen 1910 und 1924 als Bergarbeitersiedlung ganz im Sinn der Gartenstadtbewegung, mit Ställen und Wirtschaftsgärten für die Bewohner.

Heimatmuseum

Das wohl älteste erhaltene Wohnhaus in Ahlen ist **Oers Hof** in der Wilhelmstraße 12, ein typisches Ackerbürgerhaus (auch Petersscher Hof genannt). Das schlichte Fachwerk-Dielenhaus vom Vierständertyp entstand im Kern im 16. Jh., das Vorderhaus mit Flettküche und Deele im 19. Jh. Heute beherbergt es das Heimatmuseum von Ahlen mit Exponaten zur Stadtgeschichte.

■ **Heimatmuseum Ahlen,** Wilhelmstraße 12, Tel. 02382-59290, www.ahlen.de/bildung-kultur/museen/heimatmuseum-ahlen, geöffnet Mi und Sa 15–18 Uhr, So 11–17 Uhr.

Kunstmuseum

Das Ahlener Kunstmuseum besteht seit 1993. Zwecks stilvoller Präsentation der Exponate stellte der Unternehmer *Theodor F. Leifeld* seine gründerzeitliche, denkmalgeschützte Villa mit ihren herrschaftlichen Räumen im Stil der Neurenaissance zur Verfügung. Wechselnde Ausstellungen widmen sich der **Kunst des 20. Jahrhunderts** und dem aktuellen Kunstgeschehen.

■ **Kunstmuseum Ahlen,** Museumsplatz 1/Weststraße 98, Tel. 02382-91830, www.kunstmuseum-ahlen.de, geöffnet Mi bis Sa 15–18 Uhr, So und feiertags 11–17 Uhr, Führungen So 15.30 Uhr und nach Vereinbarung, Eintritt 6 €, ermäßigt 4 €, mit Führung 8,50/6,50 €.

Fritz-Winter-Haus

Der als Bauhausschüler bekannt gewordene Maler *Fritz Winter* (1905–76) begründete 1975 zusammen mit seiner Nichte *Helga Gausling* ein Museum in den Räumen seines Elternhauses. Gezeigt werden **Malerei, Grafik und Skulpturen** des Künstlers sowie Werke seiner zeitgenössischen, abstrakt schaffenden Kollegen.

■ **Fritz-Winter-Haus,** Südberg 72–74, Tel. 02382-61582, www.fritz-winter-haus.de, Di, Mi, Sa 15–18 Uhr, So 11–18 Uhr, Eintritt frei, Führung auf Anfrage 50 €.

067ml ot

Museum im Goldschmiedehaus

Das Goldschmiedehaus Fischer zeigt in der Oststraße eine umfangreiche Sammlung **sakraler Goldschmiedekunst,** alte Uhren ab dem späten 16. Jh., jüdische Kultgeräte und buddhistische Kunstwerke, als Ort des Erinnerns, des Besinnens und der Auseinandersetzung mit der Vergangenheit.

■ **Museum im Goldschmiedehaus,** Oststr. 69, Tel. 02382-2914, www.museumimgoldschmiede haus.de. Interreligiöses Museum, Gruppenbesuche nach Absprache werktags und eingeschränkt an Wochenenden, Gruppeneintrittspreis für 8 Personen 24 €.

⌃ Haus Vorhelm

Vorhelm

Vorhelm ist ein aus mehreren Bauerschaften zusammen gesetzter Ort, heute in Ahlen eingemeindet. Im 13. Jh. wurde Vorhelm durch den Bischof von Münster zu einem eigenständigen Kirchspiel, die Eigenkirche des Burgherrn damit zur Pfarrkirche erhoben.

Das 1254 erstmals erwähnte **Haus Vorhelm** (s. Infokasten S. 220) wurde in seiner heutigen Form auf mehreren

Gräfteninseln mit Haupt- und Vorburg sowie weitläufiger Garteninsel errichtet. Das L-förmige Haupthaus aus verputztem Fachwerk entstand Mitte des 16. Jh. in drei Bauabschnitten. Alle Gebäudeteile wurden mit einem gemeinsamen abgewalmten Dach und Dachreiter versehen. Der Renaissance-Westflügel entstand 1601 mit einem Dreistaffelgiebel. Die Hauskapelle verfügt über ein Altarretabel aus dem 18. Jh. Seit 1974 ist das Schloss im Besitz der Familie der Reichsgrafen *von Schall-Riaucour.*

Die **Kapelle St. Antonius** (Tönnishäuschen 12) wurde 1752 als Eigenkapelle der Herren auf Haus Vorhelm anstelle eines Vorgängerbaus aus dem 16. Jh. als schlichter Backsteinsaal errichtet.

Praktische Tipps

Unterkunft, Essen und Trinken

- **Haus Witte**③, Ahlen-Vorhelm, Hauptstr. 32, Tel. 02528-9295290, www.hotel-witte.com. Zentral im Dorf, dennoch ruhig gelegen, 130-jährige Tradition als Dorfgasthaus, modern und praktisch eingerichtete Zimmer, rustikale Gasträume bieten ländliche Küche, angeschlossener Hotelbetrieb.
- **Hof Münsterland**②, Kruppstraße 11, Tel. 02382-701485, www.hof-muensterland.de. Das Restaurant bietet reichhaltige Münsterländer Küche, eigene Metzgerei, Mo Ruhetag.
- **Geisthövel 2.0**③, Freiheit 2, Tel. 02382-772 9007, www.geisthoevel-ahlen.de. Ältestes Gasthaus der Stadt mit historischer Inneneinrichtung, bietet regionale und saisonale Küche, großer Außenbereich, geöffnet Mai bis Sept. Fr und Sa 17–22 Uhr, So ab 14 Uhr, dazu **Verkaufsladen Destille** für Spirituosen und Geschenke, geöffnet Fr und Sa 15–18 Uhr.

Aktivitäten

- **Modellflug:** Flugplatz MFC Ahlen, Alter Münsterweg, www.mfc-ahlen.de. In der Bauerschaft Jonsthövel zwischen Tönnishäuschen und Sendenhorst, Flugzeiten Mo–Sa 10–12 und 15–19 Uhr, So und feiertags bis 18 Uhr, Gastflieger nach Absprache gegen Startgebühr zugelassen.

Drensteinfurt

- **Postleitzahl:** 48317
- **Tel.-Vorwahl:** 02508 (Drensteinfurt), 02538 (Rinkerode), 02387 (Walstedde)
- **Info:** Tourismusinformation Drensteinfurt, Stadtverwaltung, Landsbergplatz 7, Tel. 02508-995-1004, www.drensteinfurt.de

Drensteinfurt liegt westlich von Ahlen an der Werse. An einer steinernen Furt bestand wohl schon im 7. Jh. eine Siedlung, die erstmals 851 beurkundet wurde, als *Walbraht,* ein Enkel *Widukinds,* die Gebeine des Märtyrers *Alexander* von Rom nach Wildeshausen überführte und dabei Station in *Stenvorde in regione Dreni* machte. Die Siedlung wuchs zu einem Pfarrbezirk heran, der erste Kirchenbau erfolgte wohl noch als Eigenkirche der Herren *von Rinkerode* als vom Osnabrücker Bischof belehnte Grundherren.

Ab 1300 entwickelte sich eine halbkreisförmig geschlossene Ortschaft um Kirche und Burg der Grundherren. Im 15. Jh. war Drensteinfurt ein Wigbold mit Stadtgraben, Wällen und vier Stadttoren. Bis zum Ende des 16. Jh. wurde die Stadtbefestigung verstärkt. Inzwischen war der Besitz von den Herren *von der Recke* an die Herren *von Landsberg* übergegangen.

Zu Beginn des 19. Jh. bekam der Kalksteinbergbau wirtschaftliche Bedeutung. War die Stadt von den Kriegswirren des 16. und 17. Jh. weitgehend verschont geblieben, erlitt sie 1944 umso schwerere Bombenschäden. Der Wiederaufbau ist gut gelungen und hat dem Kirchplatz und dem Marktplatz einen eigenständigen Charme verliehen.

Sehenswertes

Fachwerkhäuser

Einige sehenswerte Wohnhäuser sind in Drensteinfurt trotz Bombenschäden erhalten geblieben. Eines der berühmtesten Fachwerkhäuser des Münsterlands ist die **Alte Post** (Mühlenstraße 25). Der Hauptbau stammt aus dem Jahr 1647, der Vorbau ist jünger. Im Hauptbau ist die alte Struktur aus dreischiffiger Diele, Küche und unterkellerter Kammer erhalten. Die Vorderfront ist durch Backsteinverzierungen reich gegliedert.

Sehenswert ist auch das zweigeschossige Längsdielen-Fachwerkhaus **Mühlenstr. 7** aus dem 16. Jh., das 1651 umgebaut wurde und dessen rückwärtiger Teil nach dem Zweiten Weltkrieg erneuert werden musste. Haus **Markt 8** als mehrfach verändertes Haus aus dem 16. Jh. zu erwähnen, dessen *Utlucht* (s. Glossar im Anhang) um 1800 hinzugefügt wurden. Das Innere weist noch Reste einer bemalten Holzbalkendecke auf. Haus **Kirchplatz 9** stammt aus der Mitte des 16. Jh., Haus **Kirchplatz 12** ist die ehemalige Kaplanei mit Krüppelwalmdach aus der ersten Hälfte des 18. Jh.

Haus Steinfurt

Die Herren *von der Recke* gelangten 1429 durch Heirat in den Besitz von Haus Steinfurt, damals eine burgartige Zwei-Inselanlage. 1480 konnte *Johann von der Recke* die Burg mit dem dazu gehörigen Besitz aus der Osnabrücker Lehnshoheit auslösen.

Mathias Freiherr von Reck(e) ließ 1706 die alte Burg unter Beibehaltung von Nebengebäuden abreißen und dafür ein **barockes Herrenhaus** errichten. Die vom Architekten *Lambert Friedrich von Corvey* in Ziegelsteinbauweise ausgeführte Dreiflügelanlage mit kurzen Seitentrakten über hohem Kellersockel und je einem Mittelrisalit auf der Hof- und Gartenseite ist mit einem abgestuften Walmdach eingedeckt. Die Gräben zur Vorburg wurden verfüllt. Das Innere beherrscht eine dreiflügelige Treppe. Die

068ml ot

Räume haben Kölner Decken, im Saal ist eine Balkendecke, darin auch ein prächtiger spätgotischer Kamin mit Renaissanceornamenten aus dem Jahr 1550, *Johann Brabender* zugeschrieben.

Die ehemalige Vorburg besteht aus lang gestreckten Nebengebäuden aus dem frühen 17. Jh. sowie dem um 1580 errichteten **Renaissance-Torhaus** mit viel Backstein-Ornamentik, das später zum Schloss hin erweitert wurde. An der Zufahrt von der Mühlenstraße steht am Südrand der alten Werse die **Backsteinwassermühle** mit einem Krüppelwalmdach, die nach Kriegszerstörung 1958 zu Wohnzwecken wieder errichtet wurde. Zwei symmetrisch angeordnete **Torhäuser** flankieren die 1830 neu an gelegte Zufahrt zum Herrenhaus. Nördlich des Schlosskomplexes breitet sich die barocke **Parkanlage** aus, die von zwei Armen der Werse begrenzt wird.

Pfarrkirche St. Regina

Im Ursprung ist die 1137 erstmals erwähnte Ortspfarrkirche St. Regina eine Gründung der Bischöfe von Osnabrück. Diese Exklave bestand als solche bis 1580. Der heutige Kirchenbau entstand als klassizistischer Saal mit flacher Kassettendecke und eingezogenem Westturm 1783–85 auf den Fundamenten einer Vorgängerkirche. Den Abschluss des Turms bildet eine auf acht Pfählen ruhende Laterne. Vom Vorgängerbau wurde der eingezogene Chor aus dem 17. Jh. übernommen, der von Sakristeien flankiert wird. Auch der Taufstein mit Rankenfries aus dem 13. Jh. sowie die Glocken sind vom Vorgängerbau. 1889/90

Haus Steinfurt

wurde die Kirche um zwei niedrigere Seitenschiffe erweitert.

Loretokapelle

Am nördlichen Ortsausgang, an der Straßengabelung von Drensteinfurt nach Sendenhorst bzw. Albersloh, bestand im 17. Jh. eine Leprosenstation mit einer Johanniskapelle. Anstelle dieser Kapelle wurde 1726 eine mit Walmdach und Dachreiter versehene **barocke Backsteinkapelle** mit dreiseitiger Vorhalle für die Herren *von der Recke* errichtet. Es ist eines der wenigen *Loreto* geweihten Gotteshäuser in Westfalen, architektonisch genau der Santa Casa in Loreto nachempfunden. Durch Anbau Ende des 19. Jh. entstand hier die Gruft der Herren *von Landsberg.*

Synagoge

Die 1874 für die kleine jüdische Gemeinde in der Synagogenstraße 2, einer schmalen Verbindung zwischen dem Kirchplatz St. Regina und der Münsterstraße, errichtete Synagoge ist eine der wenigen, die 1938 zwar verwüstet, aber nicht zerstört wurden. Bis heute fügt sich der rechteckige Backsteinsaal als eines der wenigen weitgehend originalgetreu erhaltenen jüdischen Gebetshäuser in die umgebende Bebauung ein.

Rinkerode

1975 wurde das zwölf Kilometer südlich von Münster zwischen dem Waldgebiet Davert und der Werse gelegene Dorf Rinkerode in die Stadt Drensteinfurt eingemeindet. Der Ort hat bis heute seinen ländlichen Charakter erhalten. Die Dorfpfarrkirche und drei Herrenhäuser sind besonders sehenswert.

Die dem heiligen *Pankratius* geweihte **Pfarrkirche** wurde 1721–24 vom Architekten *Gottfried Laurenz Pictorius* anstelle eines Vorgängerbaus errichtet. Der heutige Bau ist ein schlichter dreijochiger Saal mit einjochigem fünfseitigen Chor und schlankem Westturm. Blickfang im Inneren ist der barocke Hochaltar mit der Darstellung der Himmelfahrt Christi.

Haus Bisping

Haus Bisping, an der Straße von Rinkerode nach Davensberg gelegen, ist seit dem 16. Jh. Sitz der **Familie von Galen,** dabei auch Geburtsort und Stammsitz des Fürstbischofs *Christoph Bernhard von Galen* (1606–78). Ursprünglich war Haus *Bischoping* als Bauernhof ein „Tafelgut“, das der Versorgung des Haushalts (= Tafel) des Bischofs diente und 1537 von der Familie *von Galen* aufgekauft wurde.

Von der ursprünglichen umgräfteten Anlage sind das **Torhaus** (1651) und die Remise verblieben. Das Torhaus wurde aus roten Ziegeln mit Dreistaffelgiebel und Sandsteinleibungen errichtet. Die ehemalige Durchfahrt ist vermauert. Nichtsdestotrotz bietet das von Gräben umgebene Torhaus inmitten eines parkartigen Waldareals ein malerisches Bild. Die Gräben wurden inzwischen wieder zur geschlossenen Umgräftung ergänzt.

› Haus Bisping

069ml ot

Haus Borg

An Haus Borg, in der Nähe von Haus Bisping etwas zurückversetzt von der Straße gelegen, hat ebenfalls der Architekt *Gottfried Laurenz Pictorius* gearbeitet. Die Drei-Inselanlage besteht aus Vorburg, Hauptburg und Garten. Das schlichte, in Ziegel- und Bruchsteinbauweise errichtete **Herrenhaus** auf der Hauptinsel geht im Kern auf die zweite Hälfte des 15. Jh. zurück. Eine nach Westen ausgerichtete Erweiterung erfolgte Ende des 16. Jh. Vom geplanten Ausbau zur repräsentativen Dreiflügelanlage wurde nur der östliche Seitenflügel 1719 fertiggestellt. Auf der Hauptinsel steht zudem rechtwinklig zum Haupthaus das aus dem 16. Jh. stammende **Brauhaus,** das an der Nordwestseite einen wehrhaften Rundturm mit Kegeldach aufweist. 1706 erhielt es eine Remise angebaut.

Auf der Vorburginsel hat das 1664 errichtete **Fachwerk-Torhaus** einen achteckigen Treppenturm. Das Gartenparterre erstreckt sich an der Nordseite von Hauptburg und Vorburg. Dieser großzügige **Barockgarten** ist als lange Baumschneise angelegt, die sich als Mittelachse über eine Brücke zur Hauptburg fortsetzt. Die östliche Zufahrt zur Vorburg ist als eine von Kanälen begleitete Allee gestaltet.

Haus Göttendorf

Südöstlich von Rinkerode führt eine lange Allee auf Haus Göttendorf zu. Im 16. Jh. gehörte es der Familie *von Ascheberg,* die ein dreiflügeliges Herrenhaus errichtet hatte. 1758 wurde die Anlage von der Familie *von Galen* erworben, die sie zur landwirtschaftlichen Nutzung verpachtete. Die heutigen Besitzer ersetzten 1977 die verfallene Anlage durch einen Neubau. In der zugehörigen Kapelle finden gelegentlich Konzerte statt.

Mühlen- und Gerätemuseum

In einer 1810 durch die Familie *von Galen* errichteten Windmühle wird die intakte Technik von 1935 vorgeführt, dazu Exponate aus dem ländlichen Alltagsleben.

- **Mühlen- und Gerätemuseum Rinkerode,** Information durch den Mühlenmuseumsverein e.V., Eickenbeck 44, Tel. 02538-756, www.muehlenmuseum-rinkerode.de. Besichtigung auf Anfrage, der Mühlenbesitzer führt selbst, seine Spezialität sind Rübenkrautbrötchen.

Mersch

Haus Venne

In Mersch, einem im Süden gelegenen Ortsteil von Drensteinfurt, findet sich das Herrenhaus Venne, im Ursprung auf das 13. Jh. zurückgehend. Besitzer war unter anderem die Familie *von Galen,* bis die Anlage 1610 auf die heutige Besitzerfamilie *von Ascheberg* überging. Die entscheidende Umgestaltung erfuhr die Anlage im frühen 18. Jh., als nach Plänen von *Lambert Friedrich von Corfey* ein barockes Backstein-Herrenhaus mit vier symmetrisch zugeordneten Nebenbauten errichtet wurde. Einer davon ist die Hauskapelle Mariä Himmelfahrt mit zierlichem Dachreiter und stuckverzierter Decke, darin ein beachtenswertes Deckengemälde.

Vom Park hinter dem Haupthaus sind noch Reste des barocken Gartenparterres erhalten. Darin befindet sich ein 1767 wohl durch *Johann Conrad Schlaun* errichtetes, zweigeschossiges Gartenhaus, das heute als Gruft der Familie *von Ascheberg* dient.

Praktische Tipps

Unterkunft, Essen und Trinken

- **Landhotel Lohmann**③, Drensteinfurt-Rinkerode, Albersloher Straße 25, Tel. 02538-203, www.lohmann-hotel.de. Zentral im Ort, komfortabel eingerichtete Zimmer, das Restaurant mit stilvollem Ambiente bietet gutbürgerliche Küche auf hohem Niveau, Di Ruhetag.

Einkaufen

- **Kornbrennerei Eckmann,** Drensteinfurt-Walstedde, Nordholter Weg 2, Tel. 02387-470, www.brennerei-eckmann.de. Im Brennereiladen diverse Brände und Liköre, Mo–Fr 10–14, Sa 10–12 Uhr.

Aktivitäten

- **Imkereibesichtigung:** „Dat kleine Immenhuisken", Ausstellung mit lebenden Bienen sowie historischen und modernen Imkergeräten, Felsenweg 5, Tel. 02508-1497, https://museen.de/dat-kleine-immenhuisken-drensteinfurt.html, Mitte Mai bis Mitte Aug. Do 11–18 Uhr, Eintritt 2,50 €, Kinder 1 €.

Die Davert

Ein historisch interessantes, ausgedehntes **Waldgebiet** erstreckt sich nördlich und westlich von Rinkerode bis nach Hiltrup im Norden. Die Davert ist heute als Naherholungsgebiet für die Münsteraner wie gleichfalls für das Ruhrgebiet von Bedeutung. Das größte weitgehend zusammenhängende Waldgebiet im zentralen Münsterland umfasst im Wesentlichen das ehemalige Jagdgebiet der Herren des Hauses Davensberg. Je nach Bodenbedingungen herrschen **Birken, Eichen und Hainbuchen** vor, an feuchten Standorten auch sumpfige Erlen-Bruchwälder. Dazwischen breitet sich auf sandigem Untergrund **Heide** aus, eingebettet sind immer wieder **Moore.**

Der Wald war hier immer unwirtlich, was einer Besiedlung entgegenstand. So wurde seit dem Mittelalter eine gemeinschaftliche Bewirtschaftung mit Waldweide, Holznutzung und Wildbahn betrieben. In dieser nicht kontrollierten Aufzucht konnte sich mit dem Davertnickel eine eigenständige Pferderasse als Arbeits- und Militärtiere entwickeln, deren letztes frei lebendes Exemplar nachweislich 1812 verkauft wurde. Seither gilt die Rasse als ausgestorben.

Obwohl die Davert durch Trockenlegung, Straßenbau und Besiedlung viel von ihrer Ursprünglichkeit verloren hat, bietet sie zusammen mit der angrenzenden Hohen Ward immer noch eine bemerkenswerte naturräumliche Vielfalt. 2200 ha sind als **Naturschutzgebiet** ausgewiesen. Hier findet sich eines der größten Brutreviere des **Mittelspechts,** darüber hinaus kommen Schwarzspecht, Neuntöter, Rotmilan und Wespenbussard vor. Bemerkenswert ist der **Fledermausbestand** mit acht nachgewiesenen Arten wie auch die Artenfülle der im Münsterland ansonsten nur selten anzutreffenden **Tagfalter.**

Wanderung

Durch die Hohe Ward und die Davert bei Rinkerode

Ausgangspunkt der Wanderung ist die Pfarrkirche St. Pankratius von Rinkerode. Jenseits des Bahnhofs folgt man der Markierung X15 nordwärts in das Waldgebiet Hohe Ward. Nun geht es am Emmagraben links ohne Markierung zur Eisenbahnbrücke, hinter der man den Hiltruper See erreicht. Hier folgt man der Markierung Quadrat über die B54 weiter ohne Markierung dem Heidhornweg parallel zur Straße Nottebrock. Dieser Straße folgt man bis zum Abzweig links, der Markierung Quadrat, dann X14 durch die Davert, kleineren Pfaden und auch breiteren Wegen folgend. Zum Abschluss der Wanderung kommt man an Haus Borg und Haus Bisping vorbei zurück nach Rinkerode.

- **Wegstrecke:** 18 km
- **Gehzeit:** 4,5 Std.
- **Schwierigkeitsgrad:** leicht
- **Höhendifferenz:** keine 20 m

Sendenhorst

- **Postleitzahl:** 48324
- **Tel.-Vorwahl:** 02526 (Sendenhorst), 02535 (Albersloh)
- **Info:** Stadttouristik Sendenhorst, Kirchstraße 1, Tel. 303122, www.sendenhorst.de

Das nördlich von Ahlen gelegene Sendenhorst war einst ein Zentrum der **Kornbrennerei.** Ehemalige Brennereistandorte sind im Innenstadtbereich als „Sendenhorster Brennereipfad“ mit Informationstafeln versehen. Von den einst zwölf Kornbrennereien haben bis heute lediglich drei überlebt (s.u.: „Einkaufen“).

Erste Siedlungshinweise im heutigen Stadtbereich von Sendenhorst liefern jungsteinzeitliche Urnengräber aus der Mitte des 1. Jahrtausends v. Chr. Im Werdener Urbar aus der Zeit kurz vor 900 n. Chr. wird die Hofgruppe *Seondonhurst* genannt. Diese Siedlung hatte im 12. Jh. schon eine Pfarrkirche, die auch einen befestigten Amtssitz bischöflicher Ministerialen beinhaltete. 1315 erhielt Sendenhorst Stadtrechte. Der Stadtbrand von 1806 hat fast die gesamte Bausubstanz vernichtet, sodass die Stadt neu errichtet werden musste.

Die hohen Türme der St. Martinskirche und die der St.-Josef-Stiftskirche bestimmen das Stadtbild von Weitem. Die **St. Martinskirche** wurde als neugotischer Hallenbau mit Kreuzrippengewölbe in harmonischer Architektur 1855–65 durch den Kölner Baumeister *Vinzenz Statz* errichtet. Einzelne Ausstattungsstücke der Vorgängerkirche sind noch vorhanden. Das dazu gehörige **Pfarrhaus** in der Kirchstraße 11 war 1806 zunächst als Wohnhaus mit Scheune vorgesehen. Sein klassizistisches Portal ist über eine zweiarmige Freitreppe zu erreichen. Das **St.-Josef-Stift** am Westtor 7 ist ein dreigeschossiger neugotischer Krankenhausbau mit rückwärtiger Kapelle. Einzelne Fachwerkhäuser des 18. und 19. Jh. sind noch vorhanden.

Haus Siekmann (Weststr. 18, www.haussiekmann.de) ist das Kunst- und Kulturzentrum der Stadt, untergebracht in einem denkmalgeschützten, mehrfach umgebauten Fachwerkbau mit vorgeblendeter Giebelfassade von 1882. Geboten werden Konzerte, Kabarett, Theater, Lesungen, Kinderkino und Vorträge.

Albersloh

Albersloh, an der Werse östlich des Waldgebietes Hohe Ward gelegen, taucht im Jahr 1171 erstmals urkundlich auf, als von einem *Albrecteslo,* Wald des Albrecht, die Rede ist. Die heutige Ortspfarrkirche St. Ludgerus geht auf eine kleine Chorturmkirche aus der Mitte des 11. Jh. zurück. Diese Eigenkirche diente wohl als Grablege der im Mittelalter einflussreichen Adelsfamilie *von Albersloh.*

Westlich des Ortes befand sich in der Hohen Ward der Albersloher Freistuhl. Er hatte überregionale Bedeutung und galt zeitweilig als einer der Hauptstühle des Bistums – denn es gab viel zu richten. Im Mittelalter verlief hier auf trockenem Untergrund ein Arm des Hellwegs, jener wichtigen Handelsstraße nach Osten, die immer wieder Ziel von Raub und Erpressung war. Nicht weit vom Wasserwerk erinnert eine Bronzetafel an den ehemaligen „Galgenknapp“. Die Richtschwerter aus der Mitte des 16. Jh. sind noch heute im Rathaus Münster zu besichtigen.

Die **Pfarrkirche St. Ludgerus** hat eine interessante Baugeschichte. Um das Jahr 1000 bestand schon eine steinerne Kirche mit Westturm, die 1150 durch die bereits erwähnte Chorturmkirche ersetzt wurde. Diese erhielt 1230 die Pfarrwürde. Wenig später begann der Bau einer großen dreischiffigen Hallenkirche, die 1370 fertiggestellt wurde und den Chor und die Apsis der Vorgängerkirche einbezog. Nach dem Zweiten Weltkrieg war eine Erweiterung der Kirche erforderlich. Den Ergänzungsbau mit großer Rundapsis setzte man ostwärts quer vor die Hallenkirche, sodass die Apsis des Kirchenbaus von 1150 nunmehr in den Neubau hineinragt. Die Kirche verfügt noch über ein komplett erhaltenes mittelalterliches Geläut.

Nur wenig nördlich von Albersloh steht in Rummler (Rummler 31) **Hof Schulze Dernebockholt** als eine der so beeindruckenden Hofanlagen des Münsterlandes. Der noch teilweise umgräftete Hof kam 1324 in den Besitz der Familie *Dernebockholt.* Zu den bemerkenswerten Nebengebäuden zählt der Fachwerk-Torbau aus dem Jahr 1568 mit seitlichen Aborterkern – der Bau war ursprünglich zweigeschossig. Dazu gibt es noch einen Schafstall aus dem Jahr 1559. Das Haupthaus wurde 1902 errichtet.

Praktische Tipps

Unterkunft, Essen und Trinken

■ **Waldmutter**④, Hardt 6, Tel. 02526-93270, www.waldmutter.de. Östlich von Sendenhorst an den Hardtteichen gelegen, der Hof wurde1450 erstmals erwähnt, seit 1797 in Familienbesitz, seit 1882 Schankerlaubnis. Komfortable Zimmer. Das Restaurant③ bietet abwechslungsreiche Münsterländer Küche, dazu Spezialitätenwochen, hausgemachten Kuchen, Biergarten.

■ **Landhotel Bartmann**③, Bracht 3, Tel. 02526-1228, www.landhotel-bartmann.de. Familiär geführtes Haus aus dem Jahr 1913 östlich vom Stadtzentrum, Zimmer verschiedener Kategorien in gehobener Ausstattung, Appartement und Ferienwohnung. Das Restaurant bietet traditionelle Münsterländer Küche auf moderne Art, mit Café und Biergarten sowie 16-Loch-Swingolf-Anlage.

☐ Reiterhof im Warendorfer Land

070ml ti

■ **Liveclub Titanic,** Ladestr. 1, Tel. 02526-2460, www.liveclub-titanic.de. Im Bahnhof Sendenhorst, Kneipe mit Veranstaltungen: Konzerte, Kabarett, Theater u.a., täglich ab 18 Uhr, So ab 16 Uhr, feiertags ab 17 Uhr, Mo Ruhetag.

Einkaufen

■ **Erlebnisbrennereien Sendenhorst,** Alter Postweg 36, Tel. 02526-2830, www.erlebnisbrennereien-sendenhorst.de. Eine der drei noch existierenden Kornbrennereien in Sendenhorst bietet im eigenen Hofladen neben Doppelkorn verschiedene Obstbrände und Liköre. Besichtigung mit/ohne Verköstigung auf Anfrage, Hofverkauf Mo bis Fr 11–18 Uhr und nach telefonischer Absprache.

Everswinkel

■ **Postleitzahl:** 48351
■ **Tel.-Vorwahl:** 02582
■ **Info:** Verkehrsverein Everswinkel, Vitusstr. 8, Tel. 02582-669313, www.verkehrsverein-everswinkel.de

Everswinkel, Nachbarort von Sendenhorst, unweit von Telgte und Warendorf, hat einen historischen Kern, der heute wieder ursprünglich in Erscheinung tritt.

Die Pfarre geht wohl auf das 9. Jh. zurück. Die Kirchsiedlung, die zunächst aus wenigen Bauernhäusern mit ihren Speichern (= *Spieker*) bestand, entwickelte eine charakteristische Form als unregelmäßiges Viereck mit Kirche und Kirchplatz im Südwesten.

Die Everswinkeler **Ortspfarrkirche St. Magnus,** als Wehrbau konzipiert, ist von einer halbkreisförmigen Ringbebauung umsäumt, deren Spieker in Zeiten der Gefahr auch als Rückzugsräume dienten. Der älteste Teil der Kirche ist der wuchtige Turm aus dem frühen 13. Jh. Das Kirchenschiff entstand als dreijochige Halle mit Chorjoch und 5/8-Schluss zwischen 1489 und 1512. Die Gewölbeausmalung am Triumphbogen mit Ranken- und Vogelmotiven erfolgte unmittelbar nach der Fertigstellung. Der Pyramidenhelm und das Westportal stammen aus dem 19. Jh. Den Charakter als Wehrkirche zeigen noch schießschartenartige Öffnungen im Turm. Dessen Fenster im Untergeschoss sind ebenfalls erweiterte ehemalige Schießscharten.

Haus Kirchplatz 13 in der halbkreisförmigen Ringbebauung um die Kirche ist ein altes **Ackerbürger-Fachwerkhaus** aus dem Jahr 1781, in dem die früheren Besitzer auch Handweberei betrieben. Die Stadt kaufte das denkmalgeschützte Anwesen und stellt es heute als Veranstaltungsraum zur Verfügung.

Alverskirchen

Alverskirchen, Ortsteil von Everswinkel, entstand um eine um 1200 unter Bischof *Hermann II. zur Lippe* gegründete Kirche, deren Patron zunächst der heilige *Johannes* war. Später gewann die heilige *Agatha* als Zweitpatronin an Bedeutung. Sie ist die Beschützerin vor Feuersnot und zweifelsohne haben viele Ortsbrände dazu geführt, dass die Ortspfarrkirche heute **St. Agatha** heißt. Es ist ein spätgotischer Backsteinbau, dessen eingezogener Turm aus dem Jahr 1200 vom Vorgängerbau übernommen wurde. Das aus Eiche geschnitzte Chorgestühl stammt aus der Zeit um 1525. Die kleine **Schatzkammer** der Kirche zeigt Zeugnisse aus der über 800-jährigen Alverskirchener Kirchengeschichte, darunter ein bemerkenswertes **Hungertuch** aus dem 17. Jahrhundert, eine Kreuzigungsszene darstellend.

■ **Schatzkammer der Katholischen Filialkirche St. Agatha,** Everswinkel-Alverskirchen, Sankt-Agatha-Platz 1, www.schatzkammer-alverskirchen.de. Besichtigung nach Absprache mit dem Pfarrkirche Tel. 02582-273.

Haus Brückhausen

Haus Brückhausen liegt südwestlich von Alverskirchen an der Straße nach Sendenhorst. Die ehemalige Zwei-Inselanlage geht auf ein bischöfliches Lehen aus der Mitte des 14. Jh. zurück. Das Herrenhaus wurde 1601 auf den Fundamenten des Vorgängerbaus im Stil der Spätrenaissance errichtet. Auf dem hohen Erdgeschoss in Backstein ist ein niedrigeres Obergeschoss in Fachwerk und darüber das spitze Satteldach aufgesetzt. Der Nordseite ist ein Dreistaffelgiebel vorgesetzt. Das Prunkstück des Herrenhauses ist der große Saal mit seiner Balkenstuckdecke von 1620. Die Wirtschaftsbauten der Anlage sind neueren Datums. In Haus Brückhausen werden Zimmer vermietet (s.u.).

Praktische Tipps

Unterkunft, Essen und Trinken

■ **Landhaus Bisping**③–④, Everswinkel-Alverskirchen, St.-Agatha-Platz 8, Tel. 02582-7001, www.landhaus-bisping.de. Wohnlich eingerichtete Zimmer mit schallisolierten Fenstern, das Restaurant bietet Münsterländer Landhausküche, bei gutem Wetter auch Außengastronomie, sonntags ist Ruhetag.

■ **Haus Brückhausen**④, Everswinkel-Alverskirchen, Freiherr und Freifrau von Twickel, Holling 6, Tel. 02582-277, www.herrenhaus-brueckhausen.de. Vermietet werden im Herrenhaus zwei gemütliche, historisch eingerichtete Gästezimmer mit modernen Bädern. Frühstück im Kaminzimmer, im Sommer auch im Garten.

Aktivitäten

■ **Golf:** Golfclub Brückhausen, Everswinkel-Alverskirchen, Holling 4, Tel. 02582-5645, www.golfclub-brueckhausen.de. 18-Loch-Platz mit Gastronomie und Shop.

■ **Erlebnisbad Vitusbad,** Alverskirchener Str. 29, Tel. 02582-668518680, www.vitus-bad.de. 2018 Ausbau zum Allwetterbad, Erlebnisbecken für Kinder, Warmbecken 34 °C, Grotte mit Fontaine, Kleinkinderbecken, 25-m-Mehrzweckbecken, Außenbecken ganzjährig beheizt, Liegefläche, Bistro, Laden, geöffnet in der Schulzeit Mo Mi und Fr, 14.30–21 Uhr, Do 6–21 Uhr, So 8–18 Uhr, Sa und feiertags 9–18 Uhr, dazu Di 6–8 Uhr, in den NRW-Schulferien Mo 12–21 Uhr, Di und Do 6–21 Uhr, Mi und Fr 10–21 Uhr, So 8–18 Uhr, Sa und feiertags 9–18 Uhr, Eintritt 6,50 €, Kinder unter 18 Jahren und Senioren 4,20 €.

■ **„Up'n Hoff" – Everswinkels Mitmachmuseum,** Wester 31, Tel. 02582-669313 www.verkehrsverein-everswinkel.de. Das Bauernhofmuseum zeigt landwirtschaftliche Geräte, Maschinen, Werkzeuge und große Dreschmaschinen, dazu gibt es Aktionen zum Mitmachen wie Dreschen, Säen, Mahlen, Buttern, Rösten von Roggenkaffee oder Brotbacken, geöffnet April bis Okt. für Gruppen nach Vereinbarung, an Aktionssonntagen 14–18 Uhr.

Telgte

- **Postleitzahl:** 48291
- **Tel.-Vorwahl:** 02504
- **Info:** Tourismus und Kultur Telgte, Kapellenstraße 2, Tel. 690100, www.telgte.de
- **Stadtführung:** Öffentliche Kurzführung für spontane Gäste und Bürger, April bis Okt. Fr 15 Uhr, Treffpunkt Marktplatz

Telgte, etwa mittig zwischen Münster und Warendorf gelegen, zählt zu den interessantesten Städten des Münsterlands. Es ist der bedeutendste **Wallfahrtsort** des Bistums.

Um 1100 wird erstmals die auf einer Anhöhe oberhalb einer Emsfurt gelegene Ansiedlung als *Telgoht* genannt, 1137 eine bischöfliche Emsmühle in der Ansiedlung urkundlich erwähnt. 1238 erhielt Telgte durch Bischof *Ludolf von Holte* Stadtrechte. 1255 trat die Stadt dem Rheinischen Städtebund bei und wurde später Mitglied der **Hanse.** 1370 entstand das **Telgter Gnadenbild,** eine große Pietà aus Pappelholz, das zum Ziel der Wallfahrten wurde.

1499 zerstörte ein großer Brand fast die gesamte Stadt, danach wurde sie in eingeschossiger, später auch zweigeschossiger Bauweise neu errichtet. 1623 – inmitten der Wirren des Dreißigjährigen Krieges – wurde das **Telgter Hungertuch,** das in der Fastenliturgie eine besondere Rolle spielte, angefertigt. Die stark vom Handwerk geprägte Stadt entwickelte sich im 18. Jh. zu einem Zentrum der **Handweberei.** Von den Bombardements im Zweiten Weltkrieg blieb Telgte weitgehend verschont, sodass sich das mittelalterliche Flair der Altstadt erhalten konnte.

Sehenswertes

Stadtbild

Im Inneren des noch heute erkennbaren **Mauerrings,** der im 13. Jh. entstand, war ein System paralleler Straßen angelegt worden, leiterförmig miteinander verbunden. Nach dem Siebenjährigen Krieg wurde die Ummauerung abgetragen. Einzig die alte Linde am einstigen Marientor erinnert noch an die ehemalige Stadtbefestigung – der Baum soll der Legende nach 750 Jahre alt sein. Nach dem großen Stadtbrand von 1499 wurden giebelständige Fachwerkbauten vom Typ der eingeschossigen Dielenhäuser errichtet, ab dem 18. Jh. hat man auch vermehrt zweigeschossig gebaut. Backsteinerne Bürgerhäuser setzten sich erst ab der Mitte des 18. Jh. vermehrt durch.

Rund um den Markt

Mittelpunkt der Altstadt ist der Markt mit seinen geschichtsträchtigen Häusern und dem Standbild des letzten, 1913 verstorbenen Stadtausrufers in seiner Amtstracht und mit dem Blatt Papier, auf dem die Bekanntmachungen verzeichnet waren. Am Platz finden sich Straßencafés, hier findet der Wochenmarkt statt.

Auch die historische Bebauung der umliegenden kleinen Plätze und Gässchen spiegelt das mittelalterliche Flair der Stadt wider. Überall überraschen **Kunstwerke** den Besucher. Durch die

Stadt schlängelt sich die **„Kulturspur"** aus gelegentlich auftauchenden roten Pflastersteinen. Zweieinhalb Kilometer lang ist dieser Rundweg, der 30 Sehenswürdigkeiten in der Altstadt miteinander verbindet, angefangen bei religiösen Orten wie der Gnadenkapelle oder dem Jüdischen Friedhof über besondere Straßenzüge und Gebäude bis hin zu Skulpturen.

Telgter Wallfahrten

Die Wallfahrt hat bis heute das **Telgter Gnadenbild** zum Ziel. Das Bildwerk wurde zunächst bei alljährlichen Flurprozessionen getragen. Nach dem Dreißigjährigen Krieg mit seinen Religionswirren ließ Bischof *von Galen* im Zuge der Rekatholisierungsmaßnahmen die Wallfahrtskapelle in Telgte errichten und förderte die Wallfahrt auch durch den Bau eines **Passionsweges von Münster nach Telgte,** heute entlang der B51 im Teilstück zwischen der Lützowstraße und der Straße Kiebitzpohl. Die fünf Doppelbildstöcke zeigen auf dem Weg nach Telgte die Schmerzen Mariens, auf dem Weg nach Münster die Freuden Mariens.

Heute führen **drei Prozessionswege** nach Telgte: von Münster, Warendorf und Osnabrück – Letzterer erfolgt seit 1852 jeweils am zweiten Wochenende nach Peter und Paul und ist mit durchschnittlich 8000 Teilnehmern die größte Wallfahrt in Deutschland.

Aus Anlass des 750-jährigen Stadtjubiläums im Jahr 1988 wurde die **Telgter Kutschenwallfahrt** begründet. Inzwischen kommen regelmäßig an Christi Himmelfahrt über 100 Pferdegespanne aus dem Münsterland, dem Emsland und dem Sauerland nach Telgte, um an der Prozession teilzunehmen. Prächtig geschmückte Karossen wie etwa Landauer, Wagonetten oder Jagdwagen folgen zunächst der Wallfahrtsmesse unter freiem Himmel auf der Planwiese, um dann nachmittags durch die Stadt zu ziehen.

072ml ot

☐ Ziel der Wallfahrten: die Gnadenkapelle

Historische Bauten in der Altstadt

In der Herrenstraße 7 steht das **Clarahaus,** um 1700 als Vikarienhaus mit leicht vorkragendem Giebel erbaut. Das Vorderhaus ist zweigeschossig. Da es als Klerikerhaus seinen Ursprung hat, fehlt die sonst so typische Diele. In dem Haus wohnte im 19. Jh. Pater *Christoph Bernsmeyer* (1777–1858), der Gründer des Ordens der Mauritzer Franziskanerinnen.

Das Haus **Emsstraße 2** wird *De Pottkieker* genannt (s.u.: „Einkaufen"). Das um 1820 gebaute Haus ist rot verputzt und zeigt eine einzigartige Klinkerbemalung, typisch für den Beginn des 19. Jh., als noch nicht jeder sich steinerne Bauten leisten konnte. Die hell bemalten hölzernen Fensterumrahmungen sollen dazu wie Sandsteinfassungen aussehen.

Haus **Emsstraße 25** (Gaststätte „Im Wilden Mann") stammt aus dem 17. Jh. mit einer Scheune von 1825. Der Bau zählt zu den großartigen zweigeschossigen Fachwerkhäusern von Telgte. Es handelt sich um eine ehemalige Pilgerherberge. Fast 30 solcher Schildwirtschaften gab es Ende des 18. Jh. im Ort. Das Gasthaus diente *Günter Grass* als fiktiver Handlungsort seiner Erzählung „Das Treffen in Telgte", mit der er an die Treffen der Literaturgruppe 47 erinnert.

In der **Königstraße 35** stellt das schmale, niedrige, eingeschossige Giebelhaus ein Musterbeispiel des Wiederaufbaus nach dem Stadtbrand vom 1499 dar. Weitere Beispiele sind die Hausnummern 5 und 37. Hundert Jahre später entstand **Haus Pieper** in der Ritterstraße 2. Es ist auch eingeschossig, mit vorkragendem Dachgeschoss und verbrettertem oberen Giebelteil. Bei der Renovierung dieses schon etwas großzügigeren Hauses wurde auf die Klinkerbemalung verzichtet. Es hat über Jahrhunderte hinweg sein typisches Aussehen bewahrt.

Auch am **Voßhof** steht eine Reihe der für Telgte typischen Wohnhäuser aus der Zeit nach dem großen Stadtbrand. Benannt ist die Straße nach der Burgmannenfamilie *Voß*, die sich hier im 15. Jh. angesiedelt hat. **Steinstraße 4** ist ein weiteres interessantes Gebäude in der Altstadt. Es handelt sich um eine Scheune, die vor dem großen Stadtbrand errichtet und nach 1500 aus den verbliebenen Balken wieder aufgebaut worden war. Die Giebelseiten wurden jeweils um ein Gefach zur Nutzung als **Synagoge** erweitert. Eine jüdische Gemeinde gab es in Teltge ab dem 16. Jh. Eine eigenständige Synagoge wurde 1875 gebaut und 1938 abgebrannt.

Zu den repräsentativen Profanbauten in der Teltger Altstadt zählt **Haus Pohlmeier-Bracht** in der Steinstr. 30, wohl 1568 als Adelshof errichtet. Der Giebel des stattlichen Backsteinhauses läuft in Voluten aus, am Kaminsturz ist die Jahreszahl eingemeißelt. Später war das Anwesen im Besitz des Teltger Scharfrichters, danach wurden Gastwirtschaften darin betrieben.

Christoph-Bernsmeyer-Haus

Am Umbau der Emsmühle zum repräsentativen Barockgebäude war der Barockbaumeister *Johann Conrad Schlaun* beteiligt. Die **Große Mühle** am linken Emsufer geht in ihrem Ursprung auf das 12. Jh. zurück. Der Umbau erfolgte in der Zeit von Bischof *Clemens August,* dessen Wappen mit der Jahreszahl 1754 im Giebel zu finden ist. Heute wird die Emsmühle Christoph-Bernsmeyer-Haus nach dem in Telgte geborenen Gründer des Franziskanerinnenordens St. Mauritz genannt. Das Haus wird als Erholungsheim für die Schwestern des Ordens genutzt.

St. Clemens

Am Kardinal-von-Galen-Platz erhebt sich die **Pfarr- und Propsteikirche** St. Clemens. Lange bevor der Ort Telgte erstmals urkundlich erwähnt wurde, hat es die Pfarre im Ort gegeben – wohl schon seit dem 9. Jh. Die heutige Clemenskirche ist eine spätgotische Halle mit eingezogenem, einjochigem Chor im 5/8-Schluss mit vorgesetztem Westturm. Mit ihrem Bau wurde 1522 begonnen, der romanische Vorgängerbau war bei dem Brand 1499 zerstört worden und musste ersetzt werden. Noch im 16. Jh. wurde die Kirche eingewölbt. Nach Abbruch des romanischen Turms

071ml ot

1865 hat man sie um ein viertes Joch erweitert, der neugotische Turm wurde bis 1876 vorgesetzt.

Zur Ausstattung zählen neben einem kunstvollen Kruzifix aus dem frühen 13. Jh., das später mit Silber beschlagen wurde, zehn Apostelfiguren aus Baumberger Sandstein an den Stirnwänden der Seitenschiffe, ein spätgotisches Madonnenbildnis von 1460 und vor allem das Telgter Hungertuch, das im benachbarten Museum RELIGIO aufbewahrt wird. Die Chorfenster mit Motiven aus der Offenbarung wurden ab 1950 vom Telgter Künstler *Ludwig Baur* entworfen.

Gnadenkapelle

Ebenfalls am Kardinal-von-Galen-Platz steht die Kapelle Beate Mariä Virginis, 1654–57 auf Veranlassung von Kardinal *von Galen* als Wallfahrtskapelle vermutlich auf dem Standort eines spätgotischen Vorgängerbaus errichtet. Es entstand ein oktogonaler Bau aus Sandsteinquadern mit Walmdach und aufgesetzter Laterne, dessen Ecken durch Säulen, die mit Aufsätzen versehen sind, betont werden. 1763 folgte der Sakristeianbau. 1854 entfernte man die Trennwand zwischen Kapelle und Sakristei und schuf so den Chorraum für einen neuen

⌃ „De Pottkieker" in der Emsstraße

Altar und das **Gnadenbild.** Diese große Pietà aus Pappelholz stammt aus der Zeit um 1370 und ist bis heute **Ziel der Wallfahrten** nach Telgte. Längst ist die Figur, den Leichnam des vom Kreuz abgenommen Christus im Schoß seiner Mutter Maria darstellend, durch Kerzenlicht verrußt. Im Kopf der Maria fand man 1991 Reliquien unbekannter Herkunft.

■ **Wallfahrten,** jährlich pilgern an die 100.000 Gläubige zum Gnadenbild in Telgte.
■ **Fußwallfahrt,** seit 1852 von Osnabrück nach Telgte am zweiten Sonntag nach Peter und Paul (29. Juni), größte Fußwallfahrt Deutschlands mit durchschnittlich 8000 Teilnehmern.
■ **Kutschenwallfahrt,** Christi Himmelfahrt mit über 100 Kutschen, die durch die Innenstadt zur Planwiese, der großen Veranstaltungsfläche in der Stadt, ziehen.

RELIGIO

Das unter dem neuen Namen RELIGIO auftretende **Museum für religiöse Kultur** ist in der alten Pastoratsscheune, einem Fachwerkbau aus dem frühen 17. Jh., untergebracht. Es wurde vor dem Zweiten Weltkrieg um drei Giebelhäuser erweitert, in den 1990er Jahren erfolgte eine nochmalige Erweiterung. Heute ist es inhaltlich breiter aufgestellt und stellt über die traditionellen Glaubensthemen hinaus die Frage nach der Religiosität in Westfalen und in der ganzen Welt. Auch die Präsentation des gestickten **Telgter Hungertuchs,** plattdeutsch *Smachtlappen* genannt, wertvollstes Ausstellungsstück des Museums, erfolgt im Rahmen dieser erweiterten Thematik. Darüber hinaus bietet das Museum eine großartige **Krippenausstellung.**

■ **RELIGIO – Westfälisches Museum für religiöse Kultur,** Herrenstraße 1–2, Tel. 02504-93120, www.museum-telgte.de, geöffnet Di bis So 11–18 Uhr, Sonderöffnungszeiten Ostern, Pfingsten Weihnachten, Neujahr jeweils 11–18 Uhr (25.12. 14–18 Uhr); geschlossen an Heiligabend, Silvester und Mariä-Geburts-Markt, Eintritt 5 €, Besucher bis 20 Jahre, Menschen mit Einschränkungen etc. frei, das Museum ist barrierefrei.

Kornbrennerei-Museum

Die im Münsterland weit verbreitete Kornbrennerei hatte auch in Telgte einen Standort, der heute als Kornbrennerei-Museum dient. Die Produktionsstätte wurde 1900 gebaut und war bis 1979 in Betrieb. Die Produktionsanlagen sind nahezu vollständig erhalten. Die Galerie im zweiten Stock bietet Platz für **Ausstellungen zeitgenössischer Kunst.**

■ **Kornbrennerei-Museum,** Steinstr. 9a, Tel. 02504-690100 (Tourismusbüro Telgte), Betriebsbesichtigung nur in Verbindung mit einer Führung. In der „Probierstube" im Keller anschließend Degustationsmöglichkeit, Führung mit Verkostung 5 € pro Person.

Naturschutzgebiet Klatenberge

Nördlich von Telgte erstreckt sich das für Münsterländer Verhältnisse große **Waldgebiet** der Klatenberge mit dem 59 m hohen **Lustenberg** als höchster Erhebung. Hier verläuft ein Teil des Dünenzugs an der Ems. Auf dem sandigen Untergrund der Lustenberg-Kuppe verbirgt sich die letzte Wacholderheide im Kreis Warendorf, mittlerweile versteckt hinter hohem Kiefernwald.

Westbevern

Mittelpunkt des zu Telgte eingemeindeten Ortes ist die Pfarrkirche **St. Cornelius und Cyprianus.** Ihr Turm stammt noch aus der romanischen Bauphase des 13. Jh., das vierjochige Kirchenschiff ist neugotisch aus den Jahren 1897/98. In der Kirche steht als wertvollstes Stück der Innenausstattung der Altaraufsatz des Bildhauers *Gerhard Gröninger* (1582–1652), gefertigt aus Baumberger Sandstein. Sein Zentrum wird von einem Kreuzigungsrelief eingenommen.

Haus Langen

1,5 km südwestlich von Westbevern steht Haus Langen an der Bever, ein ehemaliger Herrensitz inmitten einer Ringwallanlage, die vor das Jahr 1000 zurückdatiert wird und nach ihren vormaligen Besitzern, den Herren *von Langen,* benannt ist. Hier entstand eine Burg, umgeben von einer doppelten Umgräftung, die 1276 vom Bischof von Münster zerstört wurde. 1378 kam der Besitz an die Herren *von Letmathe,* die dort bis zum Jahr 1702 residierten. Von ihrer Burganlage existiert nur noch das **Torhaus,** ein unterkellertes Backsteingiebelhaus mit Schießscharten und dem Familienwappen aus dem frühen 17. Jh. Die Wirtschaftsgebäude in Fachwerkbauweise wurden Mitte des 18. Jh. errichtet.

Zusammen mit der Burganlage entstand im beginnenden 13. Jh. auch eine **Mühle** an der Bever kurz vor ihrer Mündung in die Ems, die erstmals 1298 erwähnt wurde. Ihre Erweiterung zu einer Doppelanlage beiderseits der Bever mit Ölmühle erfolgte um 1630. Die beiden heutigen Mühlen wurden 1813/1814 gebaut und waren bis 1960 in Betrieb.

073ml ot

Praktische Tipps

Unterkunft, Essen und Trinken

2 **Telgter Hof**②, Münsterstraße 29, Tel. 02504-889626, www.telgter-hof.com. Stadthotel mit **2** Restaurant, praktisch eingerichtete Zimmer, herzhafte Küche, Mo Ruhetag.

5 **Heidehotel Waldhütte**④, Im Klatenberg 19, Tel. 02504-9200, www.heidehotel-waldhuette.de. Inmitten der Park- und Wiesenlandschaft der Klatenberge nördlich von Telgte gelegen, komfortabel und großzügig eingerichtete Zimmer, das Restaurant bietet klassische Küche, Spezialität Wildgerichte aus eigener Jagd.

1 **Gasthaus Osthues-Brandhove,** Westbeverner Str. 56, Tel. 02504-1823, www.osthues-brandhove.de. Stilvolles Restaurant, qualitätvolle deutsche Küche, Montag Schnitzeltag, Mo–Sa 12–14 und ab 17 Uhr, So ab 11 Uhr durchgehend.

4 **Altes Gasthaus Pohlmeier,** Steinstraße 30, Tel. 02504-4560, www.altesgasthauspohlmeier.de. Bietet Zimmer, Appartements und Wohnungen für Feriengäste und Geschäftsreisende, Frühstück auf Anfrage, Biergarten für Hausgäste.

Einkaufen

3 **Delikatessen:** *De Pottkieker,* Emsstraße 2, Tel. 02504-2031, www.de-pottkieker.de. Im historischen Fachwerkhaus (s.o.), Feinkost, Weine, Destillate, mit kleiner Gastronomie à la carte, geöffnet Mi bis So 12–21 Uhr.

◁ Haus Langen bei Westbevern

Aktivitäten

- **Waldschwimmbad Klatenberg,** Waldweg 40, Tel. 02504-1891, www.telgte.de. Mit ausgedehnten Grünflächen und altem Baumbestand, Kinderspielbereich, Schwimmer- und Mehrzweckbecken (50 x 16 m), Wasserrutsche, Nichtschwimmerbecken, beheiztes und überdachtes Babybecken, dazu Beachvolleyballfeld, Fußballfeld, Basketballkorb, Tischtennisplatten, Kiosk. Mai bis Sept. Mo 13–19 Uhr, Di 6.30–7.30 und 9–18.30 Uhr, Mi und Do 9–19 Uhr, Do und Fr 6.30–7.30 und 9–19 Uhr, Sa und So 9–19 Uhr, bei gutem Wetter bis 20 Uhr, Eintritt 4 €, ermäßigt 2,50 €.
- **Flugplatz Münster-Telgte,** Aero-Club Münster/Münsterland e.V., Berdel 53, Tel. 02504-3366, www.flugplatz-muenster-telgte.de. Sportflughafen südlich von Telgte, zugelassen für Flugzeuge bis 5700 kg, Motorsegler, Segelflugzeuge, Ultraleichtflugzeuge. Gastronomie und Fahrradverleih sind angeschlossen, geöffnet von 9 Uhr bis Sonnenuntergang.

Feste und Veranstaltungen

- **Montgolfiade Telgte,** jährlich am ersten Maiwochenende, „Westfälische Heißluftballonfahrten" seit 1982, mit 15–20 Heißluft-, Modell- und Motivballonen, Startplatz Planwiese, Auskünfte über Mitfahrmöglichkeit und Buchung bei Tourismus und Kultur Telgte (s.o.), ab 165 €.
- **Mariä-Geburts-Markt,** von ehemals vier großen Jahrmärkten hat der Mariä-Geburts-Markt die Jahrhunderte überdauert, 650-jährige Tradition. Jeweils Dienstag um den 8. September ab 7 Uhr auf der Planwiese, Pferdemarkt, dazu Kirmes und Krammarkt mit Haushaltswaren, Textilien, Reitsportartikeln, Kleintier- und Geflügelmarkt mit Vögeln, Enten, Gänsen, Meerschweinchen, Kaninchen und Hamstern, ab dem Sonntag zuvor Kirmes, Eintritt 4 €, Kinder unter 11 Jahren frei, www.mariageburts-markt.de.

Die Emsauen

Die Emsauen **zwischen Telgte und Gimbte,** einem Ortsteil von Greven, sind von besonderem ökologischen Wert. Die Ems hat in diesem Bereich einen noch weitgehend natürlichen Verlauf bewahrt, eingebettet in eine weitläufige, von eiszeitlichen Sanden geformte Landschaft. Die Wasserführung hält den Boden in Bewegung. Die Wuchsbedingungen auf diesem ausgeschwemmten und nährstoffarmen Untergrund mit Steilufern, Sandbänken und Weidendickichten haben eine spezielle Flora und Fauna hervorgebracht. Hier fühlen sich nicht nur der **Eisvogel** und die **Uferschwalbe** wohl, es gibt auch viele der ansonsten so selten gewordenen **Libellen-, Käfer-, Wildbienen-** und **Grabwespenarten.**

Landwirtschaftliche Einflüsse haben dieses Biotop nachhaltig beeinträchtigt, doch hat man im Rahmen des Emsauenschutzprojekts durch **Renaturierungsmaßnahmen** in vielen Bereichen die ursprünglichen Lebensbedingungen wieder herstellen können. Inzwischen wurden 5000 Hektar der Emsauen unter Naturschutz gestellt.

In den drei Emsauenarealen von Pöhlen, Lauheide und Vadrup wird durch eine extensive ganzjährige Beweidung ohne Zufütterung mit **Auerochsen und Konikpferden** mit einer Dichte von höchstens einem Tier pro zwei Hektar die Verbuschung des Geländes verhindert. So können sich vielfältige Lebensräume für Brutvogel-, Amphibien-, Heuschrecken-, Stechimmen- (wie beispielsweise Taillenwespen oder Wildbienen) und Laufkäferarten entwickeln, deren Bestand laufend kartiert wird. Besonders gute Beobachtungschancen der ursprünglichen Auerochsen und Konikpferde bieten sich vom **Aussichtsturm Pöhlen-Nord.**

In der **Lauheide** haben sich inzwischen zahlreiche Uferabbrüche, artenreiche Stillgewässer und Sandtrockenrasen entwickelt. Im Bereich **Vadrup** wurden abgetrennte Flussschleifen wieder an die Ems angeschlossen und Absicherungen von Uferböschungen beseitigt, sodass der Fluss hier wieder mit alter Dynamik sein Bett gestalten kann.

Emsauen bei Telgte

074ml ot

Ostbevern

- **Postleitzahl:** 48346
- **Tel.-Vorwahl:** 02532
- **Ostbevern Touristik e.V.:** 48346 Ostbevern, Hauptstraße 43, Tel. 02532-4310350, www.ostbevern-touristik.de

Die Gemeinde Ostbevern kann auf eine über 900-jährige Geschichte zurückblicken – das „Beverdorf" wurde im Jahr 1088 erstmals urkundlich als *Beverne* erwähnt. Noch heute führt die dreibogige Brücke aus dem Jahr 1754 mit der Statue des Brückenheiligen *St. Nepomuk* auf das jenseitige Beverufer zum ehemaligen Zisterzienserinnenkloster Rengering, das heute ganz verschwunden ist.

Sehenswertes

Pfarrkirche St. Ambrosius

Das Zentrum des Ortes bildet die Pfarrkirche St. Ambrosius, die in ihren Ursprüngen auf das Jahr 1194 zurückgeht. Aus dieser Zeit stammt auch der untere Teil des heutigen Kirchturms. 1506 wurde das baufällige Langhaus durch einen dreijochigen gotischen Saal mit dreiseitigem Chor in Bruchsteinbauweise ersetzt. Im Rahmen der erneuten Erweiterung 1886 erfolgte die Aufstockung des Kirchturms auf insgesamt 60 m Höhe. Ein neuer Kirchenraum wurde 1960/62 westlich an den Kirchturm angesetzt.

Zum Bauensemble der Kirche gehört das **Alte Pastorat,** ein Fachwerkhaus aus dem Jahr 1640. Es vereinigt die Funktionen eines Pfarrhauses mit denen eines

Bauernhauses vom Typ Flett-Haus mit durchgehender Diele.

Haus Bevern

Von dem einst umgräfteten Haus Bevern, der Dienstmannenburg des Bischofs von Münster, ist der romanische Gefängnisturm verblieben. Das später auf dem Burggelände errichtete Fachwerkhaus wurde ursprünglich als Forsthaus genutzt.

Kutschenmuseum

Am Mühlenweg steht **Kock's Mühle** an der Bever, Ende des 18. Jh. errichtet. Ursprünglich waren hier zwei Mühlen als Korn- und Bockemühle zum Zerkleinern von Flachs- und Hanfpflanzen vorhanden, die jeweils über ein eigenes Wasserrad verfügten. Die Bockemühle wurde 1921 abgerissen, die Kornmühle zu Beginn der 1960er Jahre renoviert. In ihrem Lagerhaus befindet sich ein Kutschenmuseum mit einer umfangreichen Kutschen- und Karrensammlung.

■ **Kutschenmuseum,** Mühlenweg 20, geöffnet April bis Mitte November, Tel. 02532-8210 nach Absprache mit dem Ostbevern Touristik (s.o.).

Schloss Loburg

Das Wasserschloss Haus Loburg wurde um 1760 nach Plänen von *Johann Conrad Schlaun* als repräsentativer Barockbau mit reicher Werksteingliederung errichtet. Die mit ihren Wirtschaftsgebäuden umgräftete Anlage brannte nach einem Blitzschlag 1899 ab, zwei Jahre später entstand das Schloss nach Plänen des Hannoveraner Architekten *Prof. Schädler* in vergrößerter Form neu, aber in stilistischer Anlehnung an den Schlaunschen Bau. Auf der Gartenseite führen Treppenarme zum Bootsanleger an der Bever. An der Seite stehen Gartenpavillons mit der Schlosskapelle. Die Vorburg wurde 1972 durch große Seitentrakte ergänzt. Der Schlosspark verfügt über großartige alte Rhododendrenbestände. Seit 1951 ist in Schloss Loburg ein Gymnasium mit Internat in kirchlicher Trägerschaft untergebracht.

Heimathaus

Das Heimathaus ist ein Mitte des 19. Jh. errichteter Fachwerkkotten, in dem der spätere Münsteraner Bischof *Johannes Poggenberg* (1862–1933) geboren wurde. Der Heimatverein Ostbevern hat das Haus restauriert und dort eine Sammlung handwerklichen und bäuerlichen Brauchtums zusammengestellt.

■ **Heimathaus Ostbevern,** Lienener Damm 28a, Tel. 02532-7211 oder 7116, www.heimatvereinostbevern.de, So 14.30–17 Uhr und nach Vereinbarung.

Brock

Die **Pfarrkirche Herz Jesu** ist die Ortspfarrkirche des Ostbeverner Ortsteils Brock mit seinen schönen Fachwerkhäusern. Sie wurde 1933 nach Abriss des Vorgängerbaus als dunkelroter Backsteinbau mit einem massiven Glockenturm an der südlichen Fassade errichtet. 1934 erhielt sie an der Chorwand eine fast vier Meter hohe Christus-Figur aus Lindenholz von *Ernst Herrmanns*. Die Kirche steht wegen ihrer eigenwilligen Bauweise mit hohem und hellem Hauptschiff sowie gedrungenem Seitenschiff unter Denkmalschutz.

Museum der historischen Waschtechnik

Kurioses gibt es im Museum der historischen Waschtechnik zu sehen. Gezeigt werden Exponate zum mühevollen Alltag und dem von harter körperlicher Arbeit geprägten Waschtag der Frauen in früheren Zeiten. Die ältesten Exponate stammen aus dem 17. Jh., der größte Teil aus der Großeltern-Zeit, zum Teil in recht humorvoller Weise präsentiert.

Museum der historischen Waschtechnik, Ostbevern-Brock, Schmedehausener Str. 6, Info bei Ostbevern Touristik (s.o.), April bis Mitte Nov. So und feiertags 14–17 Uhr, Eintritt 2,50 €, ermäßigt 1 €. Das Museum bietet auch „Tagesausflüge" für Gruppen mit Führung durch die Ausstellung und Dorfspaziergang durch die Fachwerkhaussiedlung bis zum Dorfspeicher, in dem die Frauen der Dorfgemeinschaft die Besucher mit einem gedeckten Kaffeetisch zum „Kaffeeklatsch" erwarten.

Praktische Tipps

Unterkunft, Essen und Trinken

- **Alte Post**②, Hauptstraße 32, Tel. 02532-211, www.alte-post-ostbevern.de. Hotel-Restaurant, entstanden aus einer napoleonischen Poststation, praktisch und modern eingerichtete Zimmer. Gaststätte und Restaurant mit rustikaler Küche, regelmäßiger Mittagstisch.
- **Gasthof Mersbäumer**②, Loburg 47, Tel. 02532-5180, www.mersbaeumer.de. Traditionsbetrieb am Stadtrand, verschiedene Gasträume, ausgezeichnete Küche, Spezialität Wildgerichte zur Saison, Do Ruhetag, vermietet 8 Hotelzimmer.
- **Beverhof**②, Hauptstraße 35, Tel. 02532-5162, www.beverhof.de. Hotel, Gaststätte und Restaurant, einfach, aber gemütlich eingerichtete Zimmer. Die Küche bietet frisch zubereitete gutbürgerliche Speisen. Nimmt auf Kunden Rücksicht, die von Allergien geplagt werden.
- **Landhotel Beverland**③, Beverlandplatz 1, nahe der Bahnstation Brock, Tel. 02532-95680, www.hotel-beverland.de. Aus einer an der Bahnlinie Münster – Osnabrück errichteten Molkerei entstandenes Landhotel, Zimmer spektakulär bis liebevoll nach Themen eingerichtet. Spiel- und Spaßprogramm. **Restaurant Kaseinwerk**③ in der ehemaligen Produktionshalle mit modernem Interieur.

Feste und Veranstaltungen

- **Hagelprozession,** seit dem frühen 17. Jh. überlieferte Bittprozession durch die Flure von Ostbevern. Niedergang der Prozession im Zeitalter der Aufklärung im 18. Jh. und durch zunehmenden (hagelunempfindlichen) Kartoffelanbau und Hagelversicherung im 19. Jh. Heute führt die Prozession jeweils am 3. Sonntag nach Pfingsten zur Annakapelle. Im Mittelpunkt steht die Bitte um das tägliche Brot und die Sorge um die Schöpfung, sodass auch zunehmend evangelische Christen an der Prozession teilnehmen.

Aktivitäten

- **Beverbad,** Hanfgarten 22, Tel. 02532-1833, kombiniertes Hallen- und Freibad, Hallenbecken 30 °C mit Nichtschwimmer- und Babybecken, Freibad 24 °C mit Sprung- und Nichtschwimmerbecken, Mo geschlossen, Eintritt 4 €, ermäßigt 2,50 €.

5 Coesfelder Land

< Burg Lüdinghausen

Coesfelder Land

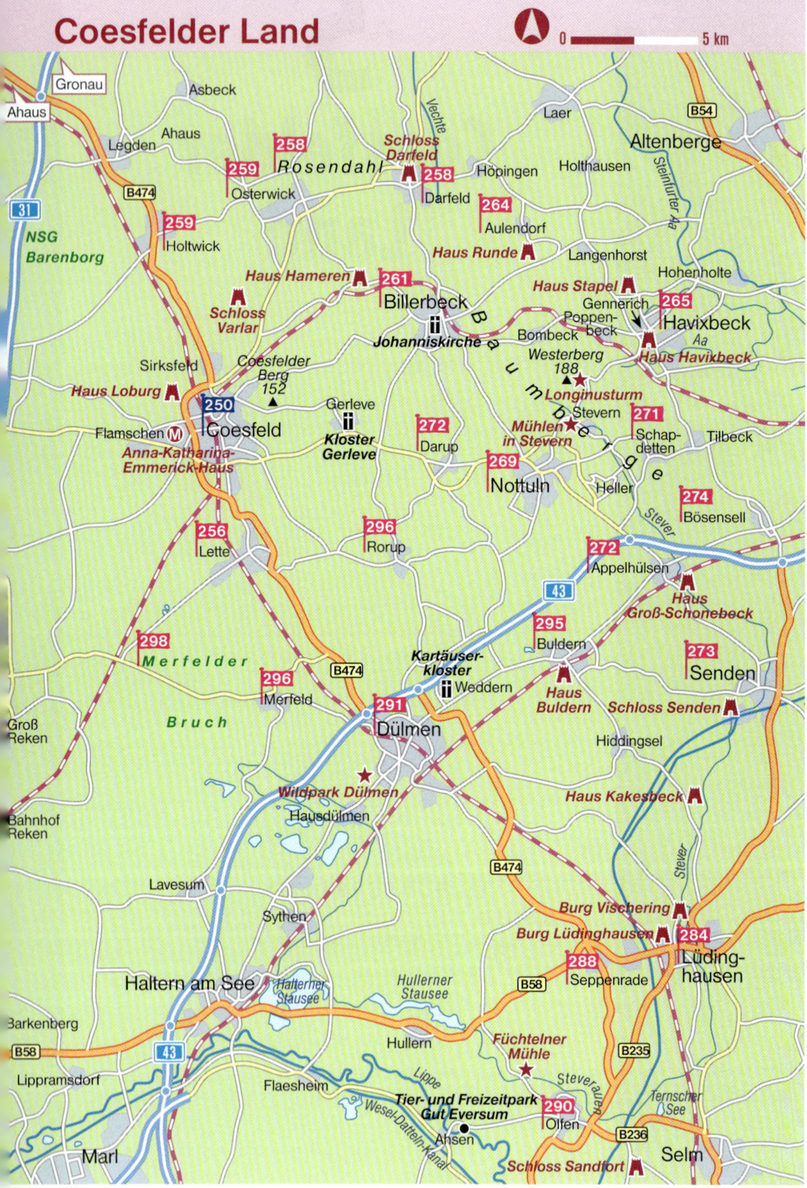

COESFELDER LAND – DAS ZENTRUM

Der Landkreis Coesfeld liegt im Herzen der Münsterländer Parklandschaft mit den Baumbergen als höchster Erhebung. Dieser kleine Höhenzug erstreckt sich südöstlich von Billerbeck bis Nottuln. Der Westerberg als höchste Kuppe ragt 188 m empor. Der Charakter der Baumberge zeigt sich als eine das Umland um bis zu 100 m überragende, weitgehend unbewaldete Hochfläche mit teils bewalde-

NICHT VERPASSEN!

- **Johanniskirche in Billerbeck** – mit einem spätromanischen Hauptportal | 262
- **Wasserschloss Nordkirchen** – prachtvollster Barockbau des Münsterlandes | 280
- **Burg Vischering** mit dem Münsterlandmuseum | 286
- **Heilig-Kreuz-Kirche Dülmen** – großartige Lichtarchitektur des Architekten Dominikus Böhm | 293
- **Wildpferde im Merfelder Bruch** – einzigartig in Mitteleuropa | 298

Diese Tipps erkennt man an der gelben Hinterlegung

ten Abhängen. Ihr plateauartiges Erscheinungsbild entstand während der Eiszeit, als die Eismassen das Relief der Berge abhobelten. Den Untergrund bildet kalkhaltiger Sandstein, der als Baumberger Sandstein seit über 1000 Jahren abgebaut wird und bei vielen Bauten im Münsterland Verwendung fand.

Die eigentliche Geschichte des Landkreises Coesfeld beginnt in preußischer Zeit. Der heutige Kreis erhielt im Zuge der Gebietsreform von 1975, mit der der vormals noch bestehende Kreis Lüdinghausen aufgelöst wurde, seine derzeitige Gestalt aus elf angehörigen Städten und Gemeinden.

Blick in die Lambertikirche mit dem Coesfelder Kreuz

075ml ot

Coesfeld

- **Postleitzahl:** 48653
- **Tel.-Vorwahl:** 02541, 02546 (Lette)
- **Info:** Tourist-Information Coesfeld, Markt 8, Tel. 9391017, www.coesfeld.de.
- **Historische Stadtführung:** ca. 90 Min., 35 € pro Gruppe (bis 25 Pers.), Termine und Information durch Tourist-Information.

Coesfeld liegt 40 km westlich von Münster. Ausläufer der Baumberge reichen mit dem 152 m hohen Coesfelder Berg bis ins Stadtgebiet hinein. Westlich erstrecken sich eher sandige, östlich lösshaltige Böden, wo Siedlungsspuren in die Jungsteinzeit hineinreichen.

Stadtgeschichte

Am 25. März 809 hat *Liudger,* der erste Münsteraner Bischof, in Coesfeld gepredigt. Tags darauf starb er in Billerbeck – so ist es in seiner viel später verfassten Lebensgeschichte beschrieben. 1122 wurde dem Prämonstratenserkloster Varlar bei Osterwick in der heutigen Gemeinde Rosendahl der Hof Coesfeld zugewiesen. Stadtrechte erhielt der Ort 1197 vom Münsteraner Bischof *Hermann II. von Katzenelnbogen,* was auch die Loslösung vom Kloster Varlar beinhaltete.

1246 trat Coesfeld dem Ladbergener Bund zum Schutz vor Fehden und marodierendem Volk bei, das die Handelswege im Münsteraner Bereich bedrohte, 1255 auch dem erweiterten Rheinischen Städtebund. Um 1300 erhielt Coesfeld seine Stadtbefestigung. Im 14. Jh. gab es eine Reihe von Klostergründungen in der Stadt. Während des Dreißigjährigen Krieges geriet sie mehrfach zwischen die Fronten, wirtschaftlich brauchte sie lange, um sich von den Schäden zu erholen. Im Zuge der Gegenreformation hatten sich schon 1620 Jesuiten in Coesfeld angesiedelt. Fürstbischof *Christoph Bernhard von Galen* residierte kurzzeitig nach dem Krieg in der vor den Toren gelegenen Ludgerusburg. Im Siebenjährigen Krieg wurden Coesfelds Befestigungsanlagen weitgehend geschleift, 1803 hat man eine Promenade auf dem alten Stadtwall angelegt.

Im Zweiten Weltkrieg wurde die Innenstadt zu großen Teilen zerstört. Im Zuge des Wiederaufbaus erfolgte eine Neugestaltung des Stadtkerns mit Grundstücksneuordnungen und Straßenerweiterungen. Historischer Baubestand ist nennenswert nur noch im Bereich um die Mühlen- und die Walkenbrückenstraße erhalten.

Sehenswertes

Lambertikirche

Die Lambertikirche am Markt geht auf eine im 9. Jh. gegründete Pfarre zurück, die 1137 dem Kloster Varlar übergeben wurde. Es handelt sich um eine ehemals romanische Kirche, die in eine abwechselnd in Ziegel- und Sandsteinbauweise errichtete gotische Hallenkirche umgewandelt wurde. Die Doppelturmfassade stürzte ein und wurde in der Wende zum 18. Jh. durch einen massiven Barockturm mit Anlehnung an den holländischen Klassizismus ersetzt. Auch diese Kirche nahm 1945 Schaden, ihr Fenstermaßwerk brach ein. Bemerkenswert ist die Ausstattung der Kirche. Dazu zählt vor allem das überlebensgroße ausdrucksstarke **Coesfelder Kreuz,** eine ausdrucksstarke Arbeit, die 1312 erstmals aus Anlass einer Prozession urkundlich erwähnt wurde (s.u. „Feste und Veranstaltungen: Kreuztracht"). Bei dem Kreuz handelt es sich um ein Reliquiar für eine Kreuzreliquie. Es gilt als wundertätig und ist deshalb ein wichtiger Wallfahrtsort im Bistum Münster.

Groß ist Zahl der **Skulpturen,** über die die Kirche verfügt, so vor allem die Apostelfiguren an den Wänden aus dem frühen 16. Jh. Üppig ausgestattet ist die Barockkanzel. Dazu kommen zwei Seitenaltäre, der Taufstein, ein bronzener Taufkessel, eine Sandsteinfigurengruppe aus dem Jahr 1624 von *Gerhard Gröninger* und ein barockes Gemälde, das seitenverkehrt nach einem Vorbild von *Rubens* die Kreuzabnehme darstellt.

St. Jakobikirche

Die St. Jakobikirche ist jünger als die Lambertikirche, von der sie Ende des 12. Jh. abgepfarrt wurde. Sie lag am Jakobsweg und war Sammelpunkt der Pilger nach Santiago de Compostela, woher sich ihr Name ableitet. Der ursprünglich romanische Bau wurde am 21. März 1945 bei einem Bombenangriff komplett zerstört. Aus den Trümmern konnten die Reste des Triumphbogens gerettet werden, der in die Basis des wieder errichteten Turms eingebaut wurde. Im Verbindungstrakt zwischen dem Turm und dem seitlich neu errichteten Kirchenschiff sind aus den Trümmern gerettete romanische Kapitelle und Skulp-

0 150 m ©Reise Know-How Muen14 3/21

turen ausgestellt. Das Kirchenschiff ist ein moderner zweischiffiger Bau, der in seiner Architektur an die zerstörte Kirche angepasst wurde. Zur Ausstattung zählen der um 1520 entstandene Schnitzaltar aus Antwerpen sowie ein beachtenswerter romanischer Taufstein. An diesem Taufstein wurde Anna Katharina Emmerick 1774 getauft (s.u. Anna-Katharina-Emmerick-Haus und Exkurs: „Die Mystikerin Anna Katharina Emmerick"). Die Weihe der zweimanualigen Orgel erfolgte 2014.

Evangelische Kirche

Die evangelische Kirche in der Bernhard-von-Galen-Straße war einst die Jesuitenkirche St. Ignatius, ihren Grundstein legte 1673 Fürstbischof *Christoph Bernhard von Galen*. Die im Zweiten Weltkrieg weitgehend zerstörte Kirche wurde 1957 in alter Form als lang gestreckte Wandpfeiler-Backsteinkirche neu aufgerichtet. Für ihren prunkvollen Barockaltar fand der Fürstenberg-Altar der Soester Minoritenkirche aus dem Jahr 1668 Platz. Die Kanzel stammt aus Erwitte. 1969 war die ehemalige Jesuitenkirche an die evangelische Gemeinde Coesfeld übergegangen, die dadurch auf einen Kirchenneubau verzichten konnte.

Jesuitenkolleg

Die ehemalige **Liebfrauenburg** wurde wahrscheinlich 1664–66 von *Peter Pictorius d.Ä.* als Jesuitenkolleg (Bernhard-von-Galen-Str. 10) errichtet. Im Zuge der Säkularisation ging das Gebäude an den späteren Fürst *zu Salm-Horstmar* über. Beim Wiederaufbau nach dem Zweiten Weltkrieg wurde das ehemalige Kolleg um einen zusätzlichen Flügel mit Straßendurchfahrt erweitert. Es diente dann als Provinzialhaus und Kloster des Ordens der Schwestern „Unserer Lieben Frau". 1977 erwarb die Stadt Coesfeld das Klostergebäude, heute ist es Teil der Stadtverwaltung.

Antoniuskapelle

Die Antoniuskapelle (Ecke Neustraße / Pumpengasse) ist 600 Jahre alt. Sie birgt eine gotische Antoniusfigur aus dem 15. Jh. Die Kapelle wurde nach dem Krieg in der Nähe des alten Standortes neu aufgebaut.

Ehemalige Synagoge

Die evangelisch-freikirchliche Christuskirche nutzt als Gotteshaus die ehemalige Synagoge. Der 1810 errichtete Bau ging 1938 in Privatbesitz über und blieb so als eines der wenigen jüdischen Gotteshäuser erhalten, nur der Beetsaal wurde verwüstet. Am Ende des Zweiten Weltkrieges brannte die Synagoge noch ab und wurde 1966–68 als tonnengewölbter Saalbau, in dem noch die Frauenempore und die altarähnliche Umrahmung für den Thoraschrein zu sehen sind, neu errichtet.

Walkenbrückertor

Die Stadtmauern von Coesfeld, errichtet in Form eines doppelten Mauerrings mit Türmen, Umflut und Wall, waren schon lange vor dem Zweiten Weltkrieg geschleift. Das verbliebene Walkenbrückertor wurde am Kriegsende in Mitleidenschaft gezogen, später aber in seiner alten dreigeschossigen, rechteckigen Backsteinform mit Spitzbogenfries auf Konsolen wieder errichtet. Heute beherbergt es das **Stadtmuseum** mit Exponaten zur Geschichte der Stadt und ihres Umfelds sowie eine städtische Galerie.

■ **Stadtmuseum „DAS TOR“,** im Walkenbrückentor, stadtmuseum.coesfeld.de, Themen des Museums sind die Stadtgeschichte, speziell die Zeit des Nationalsozialismus und jüdische Lebensgeschichte, geöffnet Sa und So 14–17 Uhr, als Eintritt ist eine Spende erbeten.

Pulverturm

Erhalten von der Stadtbefestigung ist auch der ebenfalls aus dem 13. Jh. stammende Pulverturm. Es ist ein zweigeschossiger Backsteinrundturm mit Kegelhaube und Mittelkamin. Seit 2002 nutzt der Heimatverein von Coesfeld das denkmalgeschützte Gebäude.

Umflut

Die Umflut entstand im Zuge der Ummauerung Coesfelds. Zu diesem Zweck wurde die in den Baumbergen entspringende Berkel am Walkenbrückentor gestaut und zum größeren Teil innerhalb der Wälle, aber außerhalb des Stadtrings geführt. Eine erste **Mühle** an der Umflut fand schon im 16. Jh. Erwähnung. Sie wurde als Kupfer-, Loh-, Graupen- und zuletzt als Papiermühle betrieben. Anfang des Jahrhunderts gelangte die Mühle in Privatbesitz und wird seither als Wohnhaus genutzt.

Ludgerusburg

Fürstbischof *Christoph Bernhard von Galen* hatte nach dem Dreißigjährigen Krieg seine Residenz nach Coesfeld verlegt, weil sein weiterer Aufenthalt in Münster angesichts der selbstbewusster gewordenen Münsteraner Bürger nicht mehr konfliktfrei abgelaufen wäre. 1665 begann er mit dem Bau der **Zitadelle** Ludgerusburg (Osterwicker Straße) als Bollwerk gegen die Münsteraner, womit er bei der Namensgebung auf den ersten Münsteraner Bischof *Liudger* Bezug nahm – ein Affront gegen die Bürger. Als der Bischof im Jahr 1688 starb, wurden die Bauarbeiten eingestellt, die Außenwerke der Festung eingeebnet. Verblieben sind die **Ruine des Torhauses** mit seitlichen, bogig geschlossenen Nischen und Schießscharten sowie ein **Ravelin** (Außenbollwerk zwischen zwei Bastionen).

Puppenmuseum

In einem denkmalgeschützten Gebäude mit klassizistischer Fassade in der Walkenbrückenstraße, z.T. mit Wand- und Deckenmalerei geschmückt, werden Puppen aus der Zeit von 1810 bis 1950 gezeigt.

■ **Puppen- und Spielzeugmuseum Coesfeld,** Walkenbrückenstraße 25, www.puppenmuseum-coesfeld.de, geöffnet Mi, Sa, So 14.30–17.30 Uhr, Tel.-Info über Sonderöffnungen und Führungen: 02541-70912.

Natz-Thier-Haus

In dem auf das 17. Jh. zurückgehenden Hinterhaus in der Pfauengasse werden Exponate zur Heimatbewegung in Coesfeld gezeigt und insbesondere zu *Natz Thier* (1886–1957), Sohn des letzten Coesfelder Zinngießers und bedeutender der Münsterländer Heimatdichter sowie Begründer der Coesfelder Karnevalsgesellschaft „Die-la-Hei". Das Museum in der oberen Etage des Gebäudes befindet sich derzeit in konzeptioneller Überarbeitung.

■ **Natz-Thier-Haus,** Pfauengasse 6, Tel. 02541-880018, www.coesfeld.de. Besichtigung nach Anmeldung im Stadtmuseum. Eintritt frei.

Anna-Katharina-Emmerick-Haus

Das Geburtshaus der Mystikerin *Anna Katharina Emmerick* (1774–1824) in der Bauerschaft Flamschen etwas außerhalb im Südwesten Coesfelds kann besichtigt werden. Der Dichter *Clemens von Brentano,* der jahrelang an ihrem Krankenbett weilte, zeichnete die Visionen der früheren Ordensschwester im Augustinerinnenorden auf, an deren Körper sich die Wundmale Christi fanden. Sie wurde 2004 seliggesprochen (siehe Exkurs bei Dülmen).

■ **Anna-Katharina-Emmerick-Haus,** Emmerickweg 20, Hausbesichtigung nach Voranmeldung, Tel. 02541-8468880.

Bischofsmühle

Die Bischofsmühle am südöstlichen Ortsrand von Coesfeld ist ein großer Ziegelbau unter einem Walmdach mit kräftigen Strebepfeilern, der bis 1594 dem Bischof von Münster gehörte. Der

☐ Reste des Torhauses der Ludgerusburg

076ml ot

offensichtlich um 1490 erstellte Bau ging in den Besitz von *Johann von Graes,* Herr auf Haus Loburg (s.u.), über. Das Gebäude diente bis zum Ersten Weltkrieg als Getreidemühle. Die Mühlenanlagen mit Stauwehren, Wasserrad und Fachwerkbauteil wurden 1988 restauriert. Das 2004 darin eingerichtete Museum bietet einen Rundgang durch die Geschichte der Mühlen Coesfelds und der Mahlkultur, dazu bäuerliche und mühlenhandwerkliche Gerätschaften.

■ **Mühlenmuseum,** Bischofsmühle 10, Tel. 02541-88468 bzw. 85464, http://stadtmuseum.coesfeld.de/museen-und-ausstellungen/bischofsmuehle.html, Besichtigung nach Vereinbarung, Führungen durch die Bischofsmühle für Gruppen bis 25 Personen 50 €, Info: Stadtmarketing Verein Coesfeld & Partner e.V., Tel. 02541-9391017.

Haus Loburg

In der Coesfelder Bauerschaft **Sirksfeld** nordwestlich des Stadtgebiets steht Haus Loburg (Sirksfeld 1), ein auf das Jahr 1181 zurückgehender ehemaliger Schulzenhof namens Markoldeswik. Das Herrenhaus der 1580 neu errichteten ursprünglichen Zwei-Inselanlage wurde im März 1945 durch Bombentreffer vernichtet, die nach 1600 entstandene und später um drei Achsen nach Westen erweiterte Vorburg brannte aus, der Torflügel in Traufenstellung blieb erhalten. Das Torhaus wurde im alten Stil als umgräfteter zweigeschossiger Backsteinbau in Werksteingliederung mit Dreistaffelgiebeln restauriert. Haus Loburg ist heute im Besitz der Prinzen *zu Salm-Salm,* die Land- und Forstwirtschaft betreiben, und **nur von außen zu besichtigen.**

Kreuzweg

Fürstbischof *Christoph Bernhard von Galen* ließ 1659 einen Kreuzweg von der heutigen Borkener Straße über den Kreuzweg zur Holtwicker Straße anlegen. Die elf übergiebelten Stelen wurden später auf vierzehn erweitert. Die Schlussstation steht heute in der Lambertikirche. 1666 ließ der Leitende Ingenieur des Fürstbischofs *Bernhard Spoede,* der die Zitadelle errichten sollte, zwei Kapellen dazu bauen, die Große Kapelle an der Holtwicker Straße mit einem Altarrelief, das vermutlich vom Hauptaltar der Lambertikirche stammt, und die Kleine Kapelle zwei Kilometer westlich im Wald.

Lette

Der Coesfelder Ortsteil Lette im Südosten der Stadt wurde 890 erstmals urkundlich erwähnt. Eine Kirche gab es schon im späten 12. Jh., sie wurde 1260 zur **Pfarrkirche** erhoben. Der Grundriss dieser 1919 abgerissenen Kirche ist im Pflaster des Alten Kirchplatzes sichtbar. Anstelle dieses „Altbaus“ war schon wenige Jahre zuvor mit einem neoromanischen Bau begonnen worden, dessen Ausstattung, vor allem die Wandmalereien, dem Jugendstil verschrieben ist.

Die Letter **Windmühle** ist das Wahrzeichen des Ortes. Die viergeschossige, hölzerne Kappenwindmühle mit Umgang am ersten Geschoss wurde 1813 errichtet und 1891 nach dem damaligen Stand der Technik modernisiert.

Außerdem kann man in Lette drei Museen besichtigen. Im **Eisenbahnmuseum** wird ein repräsentativer Querschnitt der Eisenbahngeschichte im

Westmünsterland gezeigt. Anstelle der früheren Zehntscheune des Alten Hof Herding aus dem 18. Jh. wurde ein **Glasmuseum** in klarer Architektur erbaut, das moderne Exponate der Glaskunst zeigt. Das **Heimathaus** präsentiert Exponate zur Ur- und Frühgeschichte, zum kirchlichen Dorfleben und zur Dorfentwicklung von Lette.

■ **Eisenbahnmuseum,** Im Alten Bahnhof Lette, Jakobiwall 1, Tel. 02541-6986, www.bahnhof-lette.de. Jeden 1. Sa im Monat 15–17 Uhr, Eintritt 2 €.
■ **Glasmuseum Alter Hof Herding,** Pascherhook 34, Tel. 02546-9110, www.glasmuseum-lette.de, geöffnet Mi und Sa 14–17 Uhr, So 11–17 Uhr, 23.–26.12., 31.12. geschlossen, 30.12. und 1.1. 14–17 Uhr, Eintritt 3 €, Kombi-Eintritt mit Depot 4 €, Führungen auf Anfrage, Kinder frei.
■ **Heimathaus Lette,** Bahnhofsallee 10, Tel. 02546-234, www.heimatverein-lette.de. 1. So im Monat 15–17 Uhr und auf Anfrage, Eintritt 1,50 €, Kinder 0,50 €.

Praktische Tipps

Unterkunft, Essen und Trinken

2 **Haselhoff**③, Ritterstr. 1–3, Tel. 02541-94200, www.hotel-restaurant-haselhoff.de, www.hotelhaselhoff.de. Hotel-Restaurant in der Fußgängerzone, geschmackvoll eingerichtete Zimmer, 2 Restaurant, westfälische und internationale Küche (auch vegetarisch), große Außenterrasse.
1 **Zur Mühle**③, Mühlenstraße 23, Tel. 02541-9130, www.hotelzurmuehle.de. Im Zentrum an der Berkel gelegen, mit gemütlicher 1 Gaststätte, auch barrierefreie Zimmer.
3 **Restaurant Freiberger**③–④, im Gasthaus Schnieder-Bauland, Sirksfeld 10 (nahe Haus Loburg), Tel. 02541-3930, www.restaurant-freiberger.de. Bietet bodenständige westfälische Küche, auch Gerichte für Liebhaber der feinen Gourmetküche, Mo und Di Ruhetag.
4 4 **Brauhaus Stephanus**②, Overhagenweg 1, Tel. 02541-1000, www.brauhaus-stephanus.de. Etwas außerhalb des Stadtkerns gelegen, mit angeschlossenem Hotel, bietet süffiges, vollmundiges Bier, dazu deftige Münsterländer Gerichte, täglich ab 11 Uhr geöffnet.
5 **Bauerncafé Höltingshof,** Letter Berg 41, Lette, Tel. 02546-934130, seit dem Mittelalter nachweisbarer Hof, ehemalige Bildungseinrichtung, 2003 übernommen durch Familie *Ernsting* (s.o.: Glasmuseum), die hier neben einem begehbaren Museumsdepot für zeitgenössische Glaskunst auch ein Café einrichtete, geöffnet Mi, Fr und Sa 14–18 Uhr, So 11–18 Uhr.

Aktivitäten

■ **Golf,** Golf- und Landclub Coesfeld, Stevede 8a, Tel. 02541-5957, www.golfclub-coesfeld.de. Im Südwesten in Richtung Velen, 18-Loch-Platz mit Shop und Gastronomie, Mo Ruhetag.

Feste und Veranstaltungen

■ **Kreuztracht,** Wallfahrer pilgern zur Lambertikirche, um das Coesfelder Kreuz, das größte Gabelkreuz Deutschlands, anzubeten. Traditionell fand diese „Große Kreuztracht" am Pfingst-Dienstag als 12 Kilometer langer Kreuzweg statt, neuerdings aber am Sonntag nach Kreuzerhöhung (14. Sept.). Die „Kleine Kreuztracht" geht seit 1652 am Pfingstsonntag um den Stadtkern, Info: www.lamberti-coe.de.
■ **Freilichtbühne Coesfeld e.V.,** Flamschen 22, Tel. 02541-3355, www.freilichtbuehne-coesfeld.com. Mit überdachtem Zuschauerraum, entstanden aus einer Laienspielschar, führt Musicals und Märchen auf, dazu Ballettschule.

Rosendahl

- **Postleitzahl:** 48720
- **Tel.-Vorwahl:** 02547 (Osterwick), 02545 (Darfeld), 02566 (Holtwick)
- **Info:** Tourist-Information Rosendahl, Hauptstr. 30, Osterwick, Tel. 02547-770, www.rosendahl.de

Im Zuge der Gemeindereform von 1975 wurde aus den drei bereits Ende des 9. Jh. erwähnten Dörfern **Darfeld, Holtwick und Osterwick** im Norden des Kreises Coesfeld die Gemeinde Rosendahl gebildet. Bei der Namensgebung bezog man sich auf einen für Heckenrosen günstigen Standort in einer Senke im heutigen Gemeindegebiet, die von den Dorfbewohnern bis zur Aufteilung Anfang des 19. Jh. als gemeinsame Weide genutzt wurde.

Darfeld

Am südöstlichen Ortsrand von Darfeld entspringt die **Vechte** in einer kleinen Karstquelle am Fuß der Baumberge. Die Ortsbezeichnung geht auf die Herren *von Darvelde* zurück, die hier ihren Sitz hatten. Eine eigenständige Pfarre gibt es seit 1284, der Bau der alten romanischen **Dorfkirche St. Nikolaus** (Nikolausplatz) geht aber noch auf die zweite Hälfte des 12. Jh. zurück. Der Unterbau des Turms stammt aus dem beginnenden 12. Jh. Nach Abriss des alten Kirchenschiffs entstand 1766 ein Neubau, in den man den unteren Teil des Turms halb einzog und neu aufrichtete. Die Skulpturen stammen aus der Neubauzeit, auch die Strahlenkranzmadonna, die im Kirchenschiff hängt.

In der nahe gelegenen Bauerschaft **Höpingen** gibt es die **Kapelle St. Anna** (Höpingen 41), die eine wertvolle Holzplastik der *Anna selbdritt* aus dem Jahr 1480 birgt.

Schloss Darfeld

Die eigentliche Sehenswürdigkeit des Ortes ist Schloss Darfeld (Netter 23), ehemaliger Sitz der Herren *von Darvelde.* Im 16. Jh. kam der Besitz in die Hand des Geschlechts derer *von Vörden. Jobst von Vörden* beauftragte 1612 den Münsteraner Bildhauer *Gerhard Gröninger* mit dem Bau eines Schlosses, das dieser nach Aufenthalten in Italien im beschwingten Stil der **venezianischen Renaissance** errichtete. Nach Streit zwischen dem Bauherrn und dem Architekten blieb es bei zwei Flügeln aus gelbem Baumberger Sandstein samt Vorburg auf zwei Inseln in einem großen Hausteich und vorgelagerten Wirtschaftsgebäuden.

Nach einem Brand im Jahr 1899 wurde Schloss Darfeld im Stil der Neorenaissance neu errichtet. Reste des ehemaligen Landschaftsgartens sind erhalten, darin das **Antoinettenburg** genannte Gartenhaus, 1767 von *Johann Conrad Schlaun* entworfen. Haus Darfeld wird privat von der Familie *Droste zu Vischering* bewohnt und kann nur von außen besichtigt werden.

▷ Blick auf die Ostfassade von Schloss Varlar

135ml_ot

Osterwick

Osterwick liegt in der Mitte zwischen Darfeld und Holtwick. Die Ortspfarre aus dem frühen 11. Jh. fand 1188 erstmals Erwähnung. Die heutige Ortspfarrkirche **Ss. Fabian und Sebastian** entstand 1907–10 als großer kreuzförmiger Quaderbau mit oktogonalem Vierungsturm und Doppelturmfassade unter Einbeziehung des Mittelschiffs des romanischen Kirchenbaus aus dem 13. Jh.

Schloss Varlar

Im Südwesten von Osterwick auf halbem Weg nach Coesfeld findet man Schloss Varlar inmitten von größeren Waldarealen. Den Ursprung des Schlosses bildet das um 1122 gegründete **Prämonstratenserkloster,** das im Zuge der Säkularisierung 1803 in den Besitz der Grafen *zu Salm-Grumbach,* den späteren Fürsten *zu Salm-Horstmar,* gelangte. Das Schloss ist auch heute noch Wohnsitz der Familie. Ab 1820 rissen die neuen weltlichen Besitzer des Klosters Kirche und Kreuzgang ab und beauftragten den Architekten *Adolf von Vagedes* mit dem Umbau der beiden Trakte des Klostergebäudes zum Schloss. Seitdem zeichnet sich die Anlage vor allem durch die klassizistische Ostfassade aus.

Holtwick

Die Holtwicker Pfarre wurde im 13. Jh. von Osterwick aus gegründet. Von dem Adelssitz Haus Holtwick besteht nur noch das inzwischen restaurierte, 1660 errichtete **Torhaus,** das heute als Veranstaltungsort der Gemeinde dient. Die **Pfarrkirche** ist ein neogotischer Bau aus dem Jahr 1860 mit reicher Ausstattung, das meiste davon aus dem Vorgängerbau. Ihr Geläut stammt teilweise noch von *Wolter Westerhues* (ca. 1470–1548), einem weithin bekannten Münsteraner Glocken- und Kanonengießer.

Holtwicker Ei

Bekannt ist Holtwick aber durch sein „Ei", den größten westfälischen **Granit-Findling** aus der Eiszeit, der vor etwa 150.000 Jahren aus der Gegend von Filipstad in Schweden nach Rosendahl verschoben wurde. Alte Sagen ranken sich um das Holtwicker Ei. Danach packte den Teufel die Wut, als im Münsterland Kirchen gebaut wurden. Mit den Worten „Holt wiek oder ick smiet" („Holz weiche oder ich schmeiße") setzte er zum Wurf auf die Holtwicker Kirche an. Der Stein war zu schwer, mit großer Wucht schlug er in den Boden vor der Kirche ein – da liegt er bis heute und gab dem Ort seinen Namen.

Naturschutzgebiet Barenborg

Die Gemeinde Holtwick verfügt mit der Barenborg noch über ein interessantes **Bodendenkmal** unmittelbar an der A31 nördlich vom kleinen Holtwicker See. Die Münsteraner Bischöfe errichteten die Motte im 10. Jh. gegen die benachbarten Aahauser Herren. Die 100 m im Durchmesser große Anlage besteht im Kern aus einem 25 m breiten, abgeflachten **Erdhügel,** umgeben von einem **doppelten Gräftensystem** mit einem die Außengräfte umgebenden Damm. Die wohl im 15. Jh. zerstörte Anlage ist als **Feuchtbiotop** heute Naturschutzgebiet.

Praktische Tipps

Unterkunft, Essen und Trinken

- **Gaststätte Vörding**①, Holtwick, Kirchstr. 7, Tel. 02566-553, www.gaststaette-voerding.de. „Concession" seit 1875, gepflegte Getränke in zwei Gasträumen und einem Saal, deftige Münsterländer Speisen, Mi Ruhetag.
- **Pension Immenhof**①, Darfeld, Hennewich 1, Tel. 02545-429, www.rosendahl.de. Kleine Frühstückspension mit Garten, bietet auch Produkte aus eigener Schlachtung.

Camping

- **Wohnmobilstellplatz Darfeld,** Sudetenstraße, 16 Stellplätze am Sportzentrum mit Strom und Wasserversorgung gegen Münzgebühr, Info-Tel. 02547-77218, im Notfall mobil: 0172-1799705 oder -701.

Aktivitäten

- **Radweg: Poaters Pättken** (Peterspfad), einer der schönsten Radwege des Münsterlands. Auf dem Weg gingen einst die Mönche vom Kloster Burlo nach Höpingen.
- **Mehrgenerationenpark Darfeld.** Mit EU-Mitteln auf dem Gelände des ehemaligen Bahnhofs Darfeld eingerichtetes Freizeitgelände. Der Bahnhof ist von der Gemeinde Rosendahl aufgekauft und in einen Kulturbahnhof umgewandelt, die Trasse in den Radweg Rheine-Rosendahl umfunktioniert, zwei historische Waggons dienen als Vereinstreff, dazu Kinderspielplatz, Boulebahn, Freiflächen, einem Lehmhaus als kultureller Bebegnungsstätte. Info: https://generationenpark-darfeld.eu/.
- **Mehrgenerationenpark Holtwick.** Auch Holtwick verfügt über einen Mehrgenerationenpark in unmittelbarer Nähe zum Torhaus, das Gelände ist mit seinen Einrichtungen eine Attraktion für Jung und Alt. Info: www.rosendahl.de.

Billerbeck

- **Postleitzahl:** 48727
- **Tel.-Vorwahl:** 02543
- **Info:** Tourist-Information Billerbeck, Markt 1, Tel. 7315, www.billerbeck-muensterland.de

Aufgrund der schönen Lage an den Baumbergen östlich von Coesfeld und wegen seiner historischen Bausubstanz nennt sich Billerbeck auch gern die **„Perle der Baumberge“.**

Die Ortsgeschichte greift weit zurück, ist in Billerbeck doch der erste Münsteraner Bischof *Liudger* im Jahr 809 verstorben. Billerbeck wurde 1302 zum Wigbold erhoben und erhielt 1435 Stadtrechte. Wiedertäufer, der Dreißigjährige Krieg und ein Brand im Jahr 1667 richteten große Schäden an. Die Stadtbefestigung wurde 1762 abgerissen. Heute ist Billerbeck staatlich anerkannter Erholungsort.

Sehenswertes

Stadtbild

Die frühmittelalterliche Siedlung entwickelte sich westlich des Marktes mit bäuerlichem Charakter an einer wohl schon seit dem 11. Jh. bestehenden Ludgeruskapelle und in einem südlichen Teil an der Pfarrkirche St. Johannes mit dem bischöflichen Haupthof. Am Ende des Mittelalters erfolgten Stadterweiterungen um den Markt wie auch um die Johanniskirche, später weiter nach Osten und Norden sogar über die Stadtbefestigung hinaus.

Die geschlossene Kirchplatzbebauung um die Johanniskirche zeigt noch als Speicher genutzte spätmittelalterliche Fachwerkbauten und im Westen Bausubstanz aus dem 18. bis 20. Jh. Die Fachwerkbauten wurden im Lauf der Zeit umgebaut. Haus Nr. 2 am **Johanniskirchplatz** kann man im Kern auf das Jahr 1513 datieren, das Speicherhaus (Nr. 6–7) von 1492 erfuhr 1616 eine Erweiterung. Nr. 15 ist ein Wohn-Wirtschaftsgebäude aus dem Jahr 1777. Nr. 11 ist das 1679 errichtete ehemalige Archidiakonatsgebäude, ein Zweiflügelbau in Werksteingliederung, in dessen Nordflügel ein älteres Steinhaus mit saalartigem Kellergeschoss aus dem Jahr 1500 integriert wurde.

Im Zuge der Stadterweiterung wurden die **Münsterstraße,** die **Schmiedestraße** und die **Beerlager Straße** bebaut. Das um 1570 errichtet **Haus Beckebans** (Münsterstr. 6) zählt zu den bedeutendsten Profanbauten Billerbecks. Es handelt sich um ein Wohn-Wirtschaftsgebäude mit langgestreckter Straßenfront mit Fachwerkobergeschoss, zweigeschossigem Dach und Dreistaffelgiebel, dessen Fassade nach Umbauten im 18. und 19. Jh. 1974 wieder freigelegt wurde. Die Nachbarhäuser mit Treppengiebel (Nr. 4 und 8) stammen aus der gleichen Zeit. Haus Nr. 16 weist einen verzierten Kamin aus dem Jahr 1693 auf. Von Nr. 25 ist noch das Hinterhaus (16. Jh.) erhalten.

Richthof

Der Richthof (Mühlenstraße 34) war ursprünglich seit dem 13. Jh. fürstbischöflicher Amtshof. Von der im 15. Jh. errichteten Burg sind noch Turmreste und Gewölbe erhalten. Bis 1803 bestand der Richthof als Sitz des Stadtrichters. Die heutige umgräftete Vierflügelanlage mit Lichthof entstand 1820 in eingeschossiger klassizistischer Bauweise.

Kolvenburg

Die Kolvenburg steht am Südrand der Stadt (An der Kolvenburg 7) jenseits der Berkel. Hier hatten die Ritter *von Billerbeck* ihren Sitz. Ihre Wasserburg, deren Gräfte nur noch zum Teil sichtbar ist, wurde um 1300 errichtet. Der heutige Bau entstand im 16. Jh. als zweigeschossiges kubisches Herrenhaus aus Bruch- und Werkstein mit hohem, von hervorragender Handwerksarbeit zeugendem doppelseitigen Krüppelwalmdach und schräg gestelltem Vorbau aus Backstein. Das Herrenhaus wurde nach dem Zweiten Weltkrieg renoviert und dient heute als Sitz des Kulturzentrums des Kreises Coesfeld. Es bietet **wechselnde Ausstellungen** zu Themen aus der Kunst- und Kulturgeschichte.

■ **Kulturzentrum Kreis Coesfeld,** An der Kolvenburg 7, Tel. 02543-1540, www.kolvenburg.de, Di–Sa 13–18 Uhr, So 10–13 und 13.30–17.30 Uhr.

Johanniskirche

Die Pfarre von Billerbeck gehört zu den Urpfarren des Münsterlands. Die Urpfarrkirche St. Johannes der Täufer (Johanniskirchplatz) ist der Platz der letzten Predigt des ersten Münsteraner Bischofs *Liudger*. Der Gründungsbau entstand wohl schon vor 800, ein Nachfolgebau 1074. Von diesem stammen nur noch die unteren Teile des Turms und der Grundstein im rechten Seitenschiff.

078ml ot

Der Grundstein für die heutige dreischiffige, dreijochige Stufenhallenkirche im gebundenen System mit gerade geschlossenem Chor und halbrunden Seitenschiffapsiden wurde im Jahre 1234 gelegt. Das kunstvoll gestaltete **spätromanische Hauptportal,** das zu den schönsten Beispielen dieser Epoche im Münsterland zählt, stammt aus dieser Bauphase. Der gotische Umbau der Kirche im Jahr 1425 lässt sich beispielsweise an den Fensteröffnungen erkennen.

Zur reichen Innenausstattung zählt eine im Mittelschiff hängende gotische Doppelstrahlenmadonna von etwa 1480. Aus der gleichen Zeit stammt die Steinskulptur der *Anna selbdritt* in der nördlichen Seitenapsis, hier auch eine Pietà von *Johann Wilhelm Gröninger* aus dem Jahr 1715. Im südlichen Seitenschiff steht der Magdalenenaltar von 1611, der *Gröninger* zugeschrieben wird, wie ebenfalls der Paulusaltar an der Rückwand des nördlichen Seitenschiffes. Die sandsteinerne Kanzel ist eine Renaissancearbeit. Besonders wertvoll ist das Geläut. Zwei der drei alten Glocken stammen noch aus den Jahren 1522/23.

St. Ludgerus

Über 100 m hoch ragen die Doppeltürme der 1892–98 von *Wilhelm Rincklage* errichteten **Propstei- und Wallfahrtskirche** St. Ludgerus (Markt 8) in den Himmel. Dieser monströse, gern auch **„Dom"** genannte Bau hat den Charakter des historischen Marktplatzes völlig verändert. In diesem Zusammenhang ist auch der Neubau des Rathauses (Markt 1) durch *Hilger Hertel* 1948/49 zu sehen, der sich weitgehend nach den Plänen seines Vaters aus den Jahren 1890–92 richtete. Die neugotische Ludgeruskirche aus Baumberger Sandstein entstand anstelle eines romanischen Vorgängerbaus und der 1732 von *Peter Pictorius d.J.* errichteten **Sterbekapelle des heiligen Liudger** – diese befindet sich heute im Südturm.

◁ Detail am Hauptportal der Johanniskirche

Ludgerus-Brunnenkapelle

Die Ludgerus-Brunnenkapelle (Ludgerisstraße) wurde 1702 auf einem von Linden bestandenen Platz an einer 1541 erstmals benannten Quelle errichtet, die nach der Tradition als Taufbrunnen des heiligen *Liudger* gilt. Die barocke Brunnenkapelle ist ein kleiner, offener Ziegelbau mit reicher Sandsteineingliederung.

In den Bauerschaften

Haus Hameren

Haus Hameren in Alstätte ist eine **Wasserburg** auf zwei rechteckigen Inseln, die seit der Mitte des 16. Jh. für mehr als 200 Jahre in zwei Burghäuser geteilt war. Der ältere Teil steht auf der östlichen Insel. Auf der westlichen beeindruckt das Herrenhaus durch seinen um 1600 in niederländischem Specklagenmauerwerk aus Ziegeln und gleichmäßig verlegten Werksteinbändern gebauten Rundturm. In gleicher Bauweise entstanden die eingeschossigen Wirtschaftsbauten, die im 19. Jh. ergänzt wurden. Auf der östlichen Insel steht der 1539 aus einem Umbau hervorgegangene Turmspeicher, der einzige seiner Art im Münsterland.

Kloster Gerleve

Das Kloster Gerleve entstand 1901–04 als Neugründung der Beuroner Benediktinerabtei, ein eindrucksvolles Anwesen im neoromanischen Stil aus Baumberger Sandstein. Die hölzerne Kreuzigungsgruppe, um 1230 in Spanien gefertigt, hängt seit 2005 in der Klosterkirche.

■ **Benediktinerabtei Gerleve,** 48727 Billerbeck, Gerleve 1, Tel. 02541-8000, www.abtei-gerleve.de. Mit Exerzitienhaus Luidgerrast, Jugendbildungshaus Sankt Benedikt, mit Kunst-Forum Gerleve, mit Gaststätte Tel. 02541-800134, geöffnet Di bis Sa 9.30–17 Uhr, So und feiertags 9–17.30 Uhr, und mit Kunstbuchhandlung, Tel. 02541-800130, geöffnet Di bis Fr 8–12 und 14.30–17.30 Uhr, So 11–12 und 14.30–17 Uhr, Mo 14.30–17.30 Uhr, Sa 9.30–12 und 14.30–17.30 Uhr.

Marienkapelle Aulendorf

Die Kapelle Mariä Empfängnis in Aulendorf birgt ein hölzernes Kruzifix aus der Mitte des 15. Jh., die einem Künstler aus dem Umfeld des Meisters des Bentlager Kreuzigungsreliefs zugeschrieben wird.

Haus Runde

Haus Runde in Esking ist eine für das Münsterland typische Gräftenhofanlage, die ab dem 15. Jh. als Lehensgut dem Mauritzstift in Münster gehörte. In der zweiten Hälfte des 18. Jh. gelangte der Hof in den Besitz der Münsteraner Familie *von Olfers,* die es weiter als Landwirtschaftsbetrieb führte. Das Wohnhaus wurde aus Baumberger Sandstein errichtet und teilweise verklinkert. Zum Landwirtschaftsbetrieb gehören neben dem Wohnhaus das Brauhaus, Scheunen, Speicher und eine Wagenremise.

Wohnspeicher

In **Bombeck** steht ein dreigeschossiger Wohnspeicher aus dem 15. Jh. aus behauenem Sandstein. Die Lichtschlitze im dicken Sockelmauerwerk wurden im 18. Jh. erweitert und die Eindeckung verändert.

Ein weiterer Wohnspeicher steht in **Langenhorst.** Es handelt sich um einen um 1500 errichteten zweigeschossigen Quaderbau, dessen Treppengiebel um 1600 erneuert wurde. Im Inneren gibt es einen gotischen Kamin, vor dem Hof steht ein Bildstock aus dem Jahr 1745.

Praktische Tipps

Unterkunft, Essen und Trinken

■ **Billerbecker Hof**③, Schmiedestraße 20, Tel. 02543-93280, www.hotel-billerbecker-hof.de. Familiär geführtes Haus im Zentrum, auch Tagungshotel, praktisch eingerichtete Zimmer, gepflegte Küche, vermietet auch eine Ferienwohnung.

■ **Hotel-Restaurant Weissenburg**④, Gantweg 18, Tel. 02543-750, www.hotel-weissenburg.de. Modernes Haus, aus einem ländlichen Ausflugsgasthof entstanden, mit parkähnlichem Garten am Hang der Baumberge, Zimmer mit Ausblick, Hallenbad, mehrere Gasträume, schöne Terrasse, Spezialität Wildgerichte.

■ **Restaurant-Hotel Domschenke**③, Markt 6, Tel. 02543-93200, www.domschenke-billerbeck.de. Mediterran angehauchtes Ambiente, drei Gaststuben rustikal bis elegant, gekonnte Küche, auch Bistro-Karte, stilvoll-modern eingerichtete Zimmer, auch Suiten.

■ **Ferienpark Holtmann,** Gut Holtmann, Tel. 02543-9645, www.ferienpark-baumberge.de. 35 Hektar großes Gelände mit Wald- und Grünflächen am Hang des 157 m hohen Südbergs. Bistro-Restaurant, Kiosk, Frei- und Hallenbad, Sauna, Tennisplätze, Reithalle und Pferdepension, verschiedene Ferienhaustypen, teilweise privat vermietet, auch zum Verkauf angeboten, ganzjährig geöffnet.

Feste und Veranstaltungen

■ **Freilichtbühne Billerbeck,** Weihgarten 17, Tel. 02543-1020, www.freilichtbuehne-billerbeck.de. 1950 gegründete Laienspielschar, zunächst Kinderbühne, spätere Angebotserweiterung mit Märchen- und Lustspielen, 2007 neue Bühne mit 850 Plätzen, mit Gaststätte „Bühnenheim".

Aktivitäten

■ **Ludgerus-Wanderweg,** 2015 eingerichtet, führt durch die reizvolle Parklandschaft der Baumberge mit seinen Wäldern, Wiesen und Weiden und die Orte Tilbeck, Havixbeck, Schapdetten, Nottuln, Darup, Billerbeck und Darfeld erfasst, ist schon als „Qualitätswanderweg" ausgezeicht worden, Info: www.baumberge-touristik.de, Tel. 02541-9391067.

Havixbeck

■ **Postleitzahl:** 48329
■ **Tel.-Vorwahl:** 02507
■ **Info:** Tourist-Information Havixbeck, Willi-Richter-Platz 1, Tel. 7510, www.touristik.havixbeck.de.
■ **Stadtführung mit dem Kiepenkerl:** Die Traditionsfigur des Münsterlandes zog früher als Kleinhändler und Erzähler von Markt zu Markt; Info bei der Tourist-Information, 1½ Std. 60 €.

Havixbeck liegt am **Nordosthang der Baumberge,** die hier mit dem Hoheberg 182 m hoch werden. Hier befinden sich die Quellen der **Münsterschen Aa,** die, nachdem sie das nahegelegene Münster durchquert hat, bei Greven in die Ems mündet.

Steinzeitliche Funde belegen die frühe Besiedlung der Region. Der Hof Havixbeck am Habichtsbach, auf dem auch die Ortskirche begründet wurde, führt in das 9. Jh. zurück, als dieser Hof noch Brüningshof hieß und ein Schulzengut des Münsteraner Stiftes St. Mauritz war. Die Siedlung entwickelte sich um diesen Schulzenhof, der seit 1040 belegt ist.

Schulzenhof und Pfarrkirche waren auf gegenüberliegenden erhöhten Standorten errichtet. Die Siedlung Havixbeck entwickelte sich um die Kirche. Mitte des 13. Jh. gab es hier schon an die 70 Hofstellen, meist Kötterhöfe. Aus ihren Spiekerbauten entstand im Lauf der Zeit ein eng geschlossener Ring von Wohn-Wirtschaftsbauten um den Kirchhof. Dieses **kirchburgähnliche Bauensemble** war mit torartigen Durchlässen versehen, von denen das Hallentor zur

Hauptstraße zusammen mit dem Kirchturm heute das beliebteste Fotomotiv von Havixbeck bildet.

Durch die kommunale Neugliederung 1975 erhielt Havixbeck seine heutige Ausdehnung mit dem eigentlichen Dorfkern, dem Ortsteil Hohenholte und zehn Bauerschaften.

Hinweis: Die am Rande des Gemeindegebiets liegende **Burg Hülshoff,** das Geburtshaus von *Annette von Droste-Hülshoff* mit dem Drostemuseum, ist im Kapitel „Münster – Sehenswertes in den Außenbezirken" beschrieben.

Sehenswertes

An der Südseite des Kirchplatzes steht das gotische **Torhaus** mit spitzbogiger Durchfahrt. Es ist ein zweigeschossiger Quaderbau unter einem Satteldach, in dem schon 1580 Schulunterricht erteilt wurde. Auf dem Kirchplatz steht auch die kleine **Pestkapelle.** Der quadratische Fachwerkbau trägt die Jahreszahl 1664. Außerdem lohnt ein Blick in die Bergstraße mit ihrem Bestand an schönen **Fachwerkhäusern.**

St. Dionysius

Die Pfarrkirche St. Dionysius (Kirchplatz), als bischöfliche Eigenkirche vor 1040 existent, wurde als dreischiffiges Hallenlanghaus mit einem Chor aus Vorjoch und 5/8-Schluss im 14. Jh. unter Einbeziehung des quadratischen Westturms vom Vorgängerbau aus dem 12. Jh. neu errichtet. Den Helm erhielt der Turm 1690. Das Kreuzrippengewölbe des Langhauses ruht auf Rundpfeilern, die Schlusssteine sind prächtig skulptiert. Die Gewölbemalereien – leider beschädigt – wurden 1971 freigelegt. In der Turmkapelle steht in einer Nische eine Pietà aus dem Jahr 1470. Fein skulptiert ist das Sakramentshaus im Chor aus der Zeit um 1450. Das Epitaph mit dem Thema der Beweinung Christi stammt von 1520. An der gegenüberliegenden Chorwand ist die Wappentafel der Herren *von Twickel* angebracht.

Haus Havixbeck

Der Kern der Anlage von Haus Havixbeck (Lasbeck 23) geht auf das 11./12. Jh. zurück. Heute zeigt sich die Anlage als typische **dreiflügelige Wasserburg,** hauptsächlich aus Quadern des Baumberger Sandsteins errichtet, deren Hufeisenform sich nach Süden zur Vorburg hin öffnet. Der östliche Teil des Herrenhauses wurde 1562, der westliche zwei Jahre später im Renaissancestil dazugebaut, der Mittelteil mit einem achteckigen Treppenturm versehen. Die Wirtschaftsbauten der Vorburg stammen aus dem frühen 19. Jh. Die Gräfte um die Schlossinsel wird von der Münsterschen Aa gespeist.

Der Westflügel des Herrenhauses wird in seiner gesamten Breite vom **Rittersaal** eingenommen. Die Holzvertäfelungen zeigen noch schlichte Ornamentierungen. Im Raum steht ein prächtiger Prunkkamin niederländischer Art mit einem skulptierten Wappenfries.

Zur Anlage gehört ein großer **Landschaftspark,** dessen barocker Ursprung noch zu erkennen ist. Im Park findet sich eine Kapelle aus dem 17. Jh. Haus Havixbeck wird privat bewohnt.

Baumberger Sandstein Museum

Das Museum im Ortsteil Gennerich zeigt Geschichte und Geschichten rund um den „westfälischen Marmor". In den Sommermonaten finden auf dem Gelände Bildhauerkurse für Laien statt.

■ **Baumberger Sandstein Museum,** Gennerich 9, Tel. 02507-1596, www.sandsteinmuseum.de. April bis Sept. Di bis So 11–18 Uhr, Okt. bis März Di bis So 13–18 Uhr, geschlossen 24. und 25.12., 31.12., Betriebsferien 2.–31.1. Führungen auf Anfrage, mit neu renoviertem Museums-Café, geöffnet Di–So 13–18 Uhr, Eintritt frei, Spenden erbeten.

Haus Stapel

Haus Stapel in Gennerich (Gennerich 18) wurde erstmals 1211 genannt. Hier hat man im Mittelalter die Poppenbecker Aa, Quellbach der Münsterschen Aa, zu **Fischteichen** gestaut, auch um die nahegelegene Stapler Mühle zu betreiben. Die tiefen und breiten Gräben im Park von Haus Stapel sind Reste der ehemaligen Fischereianlagen.

Als Adelssitz besteht Haus Stapel erst seit dem 16. Jh. anstelle eines vorherigen Bauernhofes. Das Herrenhaus wurde 1819–27 von dem aus Rheine stammenden Baumeister *August Reinkingist* als bis heute **bedeutendste klassizistische Schlossanlage** im Münsterland aus Baumberger Sandstein errichtet. Strenge, klare Linien kennzeichnen die Architektur dieses Gebäudes. Die Vorburg und das Herrenhaus stehen auf einer umgräfteten Insel und sind über eine Allee und eine Brücke vom Torhaus zugänglich. Die U-förmige Vorburg mit dem aufwendig gestalteten Torturm und den schönen Torpfeilern war schon 1719 durch *Maximilian von Welsch,* den Lehrer von *Johann Conrad Schlaun,* errichtet worden. Die früher zum Komplex gehörige **Stapelsmühle** ist ein romantischer Fachwerkbau in malerischer Umgebung.

■ **Haus Stapel,** Havixbeck-Gennerich, Gennerich 18, die Schlossherrin stellt seit den Corona-Erfahrungen jeweils Mitte Mai den Festsaal für Konzerte zur Verfügung, teilweise auch als Picknick-Aufführungen im Park, Karten 25 €, ermäßigt 15 €, Programm unter Tel. 02507-7979, bzw. www.haus-stapel-konzerte.de.

Stiftskirche Hohenholte

Das Stiftsdorf Hohenholte wurde erstmals 1090 erwähnt. 1142 wurde hier das Benediktinerkloster Hohenholte gegründet, das sich später der Augustinerregel anschloss und 1557 in ein freiweltliches Damenstift umgewandelt wurde. Von den Klostergebäuden ist – außer der ehemaligen Stiftskirche – wenig übrig geblieben.

Die heutige Pfarrkirche und ehemalige Stiftskirche **St. Georg** (Auf dem Stift) ist ein 1732–38 von *Peter Pictorius d.J.* errichteter einfacher barocker Saalbau. An die Kirche schließt sich das ehemalige Kapitelhaus unter gemeinsamem Satteldach an. Ihr Inneres birgt den Korpus eines Holzkruzifixes aus dem Jahr 1220, ein Kreuzigungsrelief aus der Zeit um 1530/40 sowie das Epitaph der Priorin *Richmond Warendorp* (gest. 1503) und ein Kreuzigungsepitaph mit Abbild der Stifterin, die beide *Johann Brabender* zugeschrieben werden, außerdem eine barocke Steinskulptur von *Wilhelm Gröninger,* Jesus im Elend darstellend.

079ml ot

Neben der Stiftskirche blieb die **Stiftsmühle** bestehen. Sie gehört zu den ältesten Mühlen im Münsterland und geht auf das Jahr 1225 zurück. Das Mühlengebäude wurde 1925 teilweise abgerissen, in veränderter Form 1992 restauriert und mit einem neuen unterschlächtigen Mühlrad versehen.

Steinskulptur von Wilhelm Gröninger in der Stiftskirche Hohenholte

Poppenbeck

In der Bauerschaft Poppenbeck steht nahe der Straße nach Billerbeck ein **Memorienkreuz,** aufgestellt in Erinnerung an den hier verstorbenen Ritter *Sweder von Bevern* vom Hause Havixbeck, der der Sage nach mit dem Kaiser in den Krieg gegen die Türken zog und dabei schwer verwundet wurde. Das über vier Meter hohe spätgotische Kreuz zählt zu den größten und schönsten Wegkreuzen im Münsterland.

Praktische Tipps

Unterkunft, Essen und Trinken

- **Brauhaus Klute**①, Havixbeck-Poppenbeck, Poppenbeck 28, Tel. 02507-98390, www.klute-ag.de. Brauhausgaststätte mit einem Brauhaus der Karmelitertradition, das auf das Jahr 1352 zurückgeht, bietet bodenständige westfälische Küche, dazu Laden für Wurst, Brot und Obstler aus eigener Brennerei, Jan. bis März Mo und Di Ruhetag.
- **Hotel-Restaurant Kemper**③, Altenberger Str. 14, Tel. 02507-1240, www.hotelkemper.de. 1726 im Fachwerkstil erbaut und seither in Familienbesitz, variantenreiche Küche von lokaler Deftigkeit, rustikal eingerichtete Gaststuben, Kaminzimmer, Upkammer und kleiner Konferenzraum, Sommerterrasse, zwei Kegelbahnen, praktisch eingerichtete Zimmer.
- **Hotel-Restaurant Beumer**③, Bestensee-Platz 2, Tel. 02507-98540, www.hotel-beumer.de. Restaurant im Landhausstil, saisonale internationale und münsterländische Gerichte, große Sommerterrasse, gemütliche Zimmer.
- **Haus Füsting**①, Havixbeck-Masbeck, Masbeck 30, Tel. 02507-1300, www.haus-fuesting.de. Nahe den Baumbergen, alte Tradition der Bewirtung von Steinmetzen, gutbürgerliche westfälische Küche.

Aktivitäten

Barfußgang, 2,5 km langer Fußweg um das 1881 als Anstalt für Epilepsiekranke gegründete Stift Tilbeck, Start am Parkplatz von Stift Tilbeck. Die Strecke über Waldwege und Felder vermittelt den Kontakt mit unterschiedlichsten Bodenbelägen, ein Brunnen am End-/Ausgangspunkt ermöglicht die abschließende Fußreinigung. Info: Stift Tilbeck, Tilbeck 2, Tel. 02507-9810, www.stift-tilbeck.de/de/kontakt/barfussgang. Dazu Café und kleiner Zoo.

- **Ballonfahrt:** über Havixbeck und Umgebung, vermittelt von der Tourist-Information Havixbeck (s.o.), Tel. 02507-7510, Getränke am Landeort, Start in Havixbeck, Treffpunkt nach Vereinbarung, Rücktransfer im Verfolgerfahrzeug, Preis pro Person/ Fahrt Euro 215 €.

Nottuln

- **Postleitzahl:** 48301
- **Tel.-Vorwahl:** 02502
- **Info:** Tourist-Information Nottuln, Stiftsplatz 8, Tel. 9420, www.nottuln.de

Nottuln liegt am Nonnenbach am **Südwesthang der Baumberge,** wo der Longinusturm auf der Hochebene des Westerberges einen weiten Blick in die Münsterländer Parklandschaft ermöglicht.

Die Grundung der dem heiligen *Martinus* geweihten Urpfarre des Ortes geht wohl auf die Zeit *Liudgers* zurück. Der Zeitpunkt der Gründung des **Damenstiftes** Nottuln geschah wohl noch im 9. Jh. Seit dem Jahr 1195 war es der Äbtissin gestattet, einen Priester als Archidiakon, Vorsteher des Kirchensprengels von Nottuln mit den heutigen Ortsteilen Appelhülsen und Schapdetten, einzusetzen, ab 1215 hatte das Stift sogar Vogteirechte inne. Mit der Übernahme der Augustinerregel begann die Blütezeit des Stiftes im späten Mittelalter. Doch 1493 erfolgte die Umwandlung in ein freiweltliches adeliges Damenstift. Noch vor 1530 wurde die „vita communis", das gemeinsame Leben der Stiftsdamen, aufgegeben. Ein verheerender Brand vernichtete 1748 das Stift, das Dorf und teilweise auch die Stiftskirche.

Der Wiederaufbau des Ortes gestaltete sich nach Plänen von *Johann Conrad Schlaun.* Heute besteht die Gemeinde Nottuln aus dem eigentlichen Ort, den Ortsteilen Appelhülsen, Darup und Schapdetten sowie über zehn Bauerschaften.

Sehenswertes

Unser Tipp: Stiftsbezirk

Schon sechs Tage nach dem Brand trafen *Schlaun* und seine Mitarbeiter in Nottuln zum Wiederaufbau ein. Er entwarf eine große Allee als Ost-West-Achse des ehemaligen Stiftsbezirks, vorgegeben durch den Verlauf des Nonnenbachs und der Kirche, an der sich die Neubauten orienteren sollten. Wenn auch seine Pläne aus Geldmangel nicht vollständig umgesetzt wurden, so bietet Nottuln doch heute ein bemerkenswertes **barockes Bauensemble** aus Kirche, Kurienhäusern, der Amtmannei und kleinerer Randbebauung, die das Flair des Ortes ausmachen.

Bei den **Kurienhäusern** am Stiftsplatz handelt es sich um Bauten aus der Zeit vor dem großen Stadtbrand, die nach

1748 neu aufgerichtet und teilweise umgebaut wurden. Im Einzelnen sind dies ein eher bescheidener, verputzter Bau aus dem Jahr 1706 (Nr. 6), die ehemalige Äbtissinnenkurie als spätgotischer Steinbau (Nr. 7), ein Ziegelbau mit Krüppelwalmdach (Nr. 8) und eine Kurie in der Stiftsstraße 4, die wohl von *Schlaun* gebaut wurde.

Die 1748 neu errichtete **Alte Amtmannei** (Stiftsstraße 15) dominiert die untere Stiftsstraße und stellt den östlichen Abschluss des barocken Ortskerns dar. Der ursprünglich eingeschossige Bau wurde 1784 um ein zweites Geschoss erweitert. Heute ist die Alte Amtmannei das **Kulturzentrum** von Nottuln und Veranstaltungsort der **Nottulner Kurienkonzerte** (s.u.).

Erwähnenswert ist auch der **Wohnspeicher** (Twiälf-Lampen-Hok 2), heute Hof Schürmann, um 1500 aus Baumberger Sandstein errichtet, mit einem spätgotischen Sandsteinkamin im Inneren.

Pfarrkirche St. Martinus

Die Ortspfarrkirche St. Martinus hat als ehemalige Stiftskirche zwei Vorgängerbauten aus den Jahren 1130 und 1230. Die heutige spätgotische siebenjochige Hallenkirche entstand nach 1489 aus der Erweiterung der Vorgängerkirche, wobei deren Westturm übernommen wurde. Nach dem Stadtbrand wurden zerstörte Gewölbe erneuert, ein abgewalmtes Dach aufgesetzt und der Turm mit einer von einer Laterne gekrönten Barockhaube versehen. Ihre Gewölbe sind so flach ausgelegt, dass sich das Langschiff als weiter Raum präsentiert und dem Innenraum Eleganz verleiht. In den Raum eingearbeitet ist ein dreijochiger Hallenchor mit 5/8-Schluss in Mittelschiffbreite. Die Gewölbeausmalung ist freigelegt und restauriert worden. Die Ausstattung der Kirche ist fast gänzlich neugotisch.

UNSER TIPP: Blaudruckerei Kentrup

Die Blaudrucktradition aus Indien hat sich im 18. Jh. im Zuge der Entwicklung der Textilwirtschaft im Münsterland ausgebreitet. Die alte Handwerkskunst ist aufwendig, mit der Industrialisierung mussten die meisten der handwerklichen Druckbetriebe schließen. Die Blaudruckerei Kentrup konnte bestehen.

- **Blaudruckerei Kentrup,** Kirchplatz 8, Tel. 02502-9347, www.kentrup.eu. Führungen nach telefonischer Absprache 39 €, Ladengeschäft geöffnet Di und Do 10–11.30 und 15–18 Uhr, Mi und Fr 10–11.30 Uhr, Sa bis Mo geschlossen, in den Weihnachtsferien ist der Betrieb geschlossen.

Longinusturm

Auf dem 188 m hohen **Westerberg** in den Baumbergen, nördlich von Nottuln, steht ein 1901 erbauter, 32 m hoher **Aussichtsturm** aus Baumberger Sandstein. Der Longinusturm beherbergt das gleichnamige Café, das höchstgelegene im Münsterland. Mit der „Baumbergschnecke", einem Touristenbus mit 30 Plätzen, kann man die Landschaft der Baumberge mit einer Reisegeschwindigkeit von 6 km/h erkunden (dazu Speisen und Getränke).

- **18|97 Café am Longinusturm,** 48301 Nottuln, Baumberg 45, Tel. 02502-4837190, www.lon

ginusturm.com, geöffnet Fr und Sa 14.30–18 Uhr, So 12.30–18 Uhr, Jan./Febr. 1 Woche Betriebsferien, der Turm kann während der Öffnungszeiten des Cafés bestiegen werden.

- **Baumbergschnecke,** umgebauter Flugfeldbus mit Sitzbänken und Tischen, mietbar für Kaffee- und Biertouren durch die Baumberge, Info: Café Longinus (s.o.).
- **Baumberge-Express,** Tourenbus mit Anhängern für bis zu 8 Personen, fährt Gäste durch die Baumberge-Region, Info: Tourist-Information Billerbeck (s.o.)

Mühlen in Stevern

Die **Stever** ist ein fast 60 km langer Fluss, der am Westerberg entspringt und bei Haltern in die Lippe mündet. Im Stevertal steht eine Reihe von Mühlen. Die Mühle **Schulze Westerrath** (Stevern 37) ist besonders sehenswert. Es handelt sich um einen dreigeschossigen Bau aus Sandsteinquadern unter Krüppelwalmdach mit Backsteingiebel und Fachwerk, der auf das Jahr 1600 zurückgeht. Die technische Einrichtung stammt aus dem Jahr 1928.

Weiterhin sehenswert sind die **Nottulner Stiftsmühle** (Stevern 7) und die **Westermannsche Mühle,** ebenfalls in der Bauerschaft Stevern.

Heller

In der nahen Bauerschaft Heller steht ein um 1500 errichteter **Wohnspeicher** einer Hofstelle, die erstmals 1217 als Haupthof des Ägidiusklosters erwähnt wurde. Der unterkellerte zweigeschossige Quaderbau aus Baumberger Sandstein mit einem über die Dachfläche hinausragenden Giebel weist einen mit Maßwerk verzierten und mit Jagdszenen versehenen Kaminstein am Kellereingang auf. Der grundlegend renovierte Bau gilt als einer der besterhaltenen Wohnspeicher Westfalens.

Schapdetten

Die heutige **Ortspfarrkirche St. Bonifatius** im Ortsteil Schapdetten geht auf eine Stiftung des sächsischen Adeligen *Everword* im 9. Jh. zurück und ging später in den Besitz des Klosters Fulda über. Ein romanischer Bau war Anfang des 11. Jh. geweiht worden. Um 1500 wurde die romanische Saalkirche spätgotisch in einen Gewölbebau mit 5/8-Schluss unter weitgehender Verwendung des Westturms umgestaltet. Der Turm erhielt später einen Renaissancetreppengiebel aus Ziegeln.

Appelhülsen

Im südöstlichen Nottulner Ortsteil Appelhülsen stehen gleich zwei sehenswerte Herrenhäuser. **Haus Groß-Schonebeck** (Wierling 13) ist eine ehemals auf zwei Inseln umgräftete, große Burganlage der Herren *von Schonebeck,* die ab 1398 als Amtshaus des münsterischen Domkapitels diente. Das erhaltene, eher unscheinbare Wohnhaus enthält Reste vom ersten Herrenhaus des Domkapitels. Von den Vorburggebäuden steht noch das quadratische Gerichtshaus mit Treppenturm und schmalem Anbau aus dem 16. Jh., das als Gerichtshaus diente und im Erdgeschoss das Gefängnis barg.

Das wenig entfernte **Haus Klein-Schonebeck** (Wierling 14) war ebenfalls im Besitz der Herren *von Schonebeck*. Von der ehemaligen Wasserburg aus dem 14. bis 16. Jh. sind die Gräben weitgehend zugeschüttet. Vorhanden ist das in Backsteinbauweise mit Werksteingliederung im Jahr 1522 errichtete Herrenhaus, das altertümlich anmutende Stufengiebel mit über Eck gestellten Fialen aufweist. Der Treppenturm wurde etwas später im Zuge der Verlegung des Eingangs angefügt. Ein seitlicher Anbau aus Backstein diente der Überbrückung einer früher vorhandenen Gräfte.

Darüber hinaus befindet sich südlich des Ortes am Nonnenbach das **Haus Giesking** als adelige Bauernhofanlage, deren Ursprünge bis ins frühe 14. Jh. zurückgehen. Noch vorhanden sind das Haupthaus aus der Mitte des 16. Jh., Vorburg, Speicher, Backhaus sowie einige Wirtschaftsgebäude. Heute beherbergt die privat bewohnte Anlage ein Gestüt und ist für Besucherverkehr geschlossen.

Darup

Die **Ortspfarrkirche Ss. Fabian und Sebastian** im westlich von Nottuln gelegenen OT Darup wurde als bischöfliche Eigenkirche auf dem Daruper Haupthof und späteren Schultenhof um das 10. Jh. gegründet. Der asymmetrische spätgotische Sandsteinbau mit einem Treppengiebelturm birgt die Mitteltafel eines Flügelretabels aus der Zeit um 1450, eines der frühen Beispiele der bedeutenden Tafelmalereien in Westfalen. Leider sind die Seitenflügel verloren gegangen.

Von **Haus Darup,** einer ehemaligen Wasserburg, besteht noch das Herrenhaus mit Mittelrisalit, das im 18. Jh. erneuert wurde. Von vier die Anlage umgebenden Gräften bestehen noch zwei. Neben dem Herrenhaus steht das fast quadratische Geflügelhaus. Die umfänglichen Wirtschaftsgebäude wurden 1909 durch den damaligen Besitzer errichtet. Sein Vorfahr war *Clemens Maria Franz von Bönninghausen,* der als erster Landrat des Kreises Coesfeld 1816 die Kreisverwaltung mit zwei Bediensteten in Hause Darup einrichtete. Er zählt zu den Mitbegründern der Homöopathie und war Hausarzt von *Annette von Droste-Hülshoff.*

Die Daruper **Kreuzkapelle** steht auf einer bewaldeten Anhöhe des Daruper Berges nahe der Straße nach Coesfeld. Die Wallfahrtskapelle wurde 1753 als kleiner Saal mit abgeschrägten Ecken, Schweifdach und Dachreiter errichtet. Ziel der Wallfahrten ist das in der Kapelle befindliche, als wundertätig geltende, lebensgroße Kruzifix aus Sandstein am Baumkreuz, 1718 geschaffen vom Bildhauer *Wilhelm Heinrich Kocks.*

Praktische Tipps

Unterkunft, Essen und Trinken

- **Steverburg**④, Baumberg 6, an der Straße nach Havixbeck, Tel. 02502-9430, www.hotel-steverburg.de. Als großes Jugendstilhaus am Rand der Baumberge 1925 errichtet, 1990 zum Hotel-Restaurant umgebaut, großzügige Zimmer verschiedener Kategorien, freundlicher Service im Restaurant, hochwertige Küche. Die Außenterrasse gilt als die schönste in den Baumbergen.
- **Zur Alten Post**②, Nottuln-Schapdetten, Roxeler Str. 5, Tel. 02509-99190, www.zuraltenpost.de. Traditionshaus und frühere Poststelle in wunderba-

rer Lage, das Restaurant bietet gutbürgerliche und regionale Küche, renovierte Zimmer.

■ **Gasthaus Stevertal**③, Stevern 36, Tel. 02502-04010, www.gasthaus-stevertal.de. Gaststube mit Einblick in die Küche, großes Restaurant, Saal und kleinere Räume, Außenterrasse, große Speise- und Weinkarte, hausgemachte Produkte (Schinken, Forellen, Backwaren), angeschlossener Hotelbetrieb.

■ **Jugendherberge Nottuln,** St. Amand-Montrond-Str. 6, Tel. 02502-7878, www.jugendherberge.de/jugendherbergen/nottuln-374/portraet. Modern eingerichtet, 133 Betten in 20 Schlafräumen, Übernachtung mit Frühstück ab 29,30 €.

Aktivitäten

■ **Wellenfreibad,** Rudolf-Harbig-Straße 16, Tel. 02502-6339 oder 942411, www.nottuln.de. Die große Attraktion von Nottuln – 1370 m² Wellenbad-Wasserfläche, dazu Springer- und Kleinkindbecken, Kinderparadies mit Burg in der Matschanlage, Beach-Volleyballfeld, große Liegewiese, Kiosk, in der Saison täglich geöffnet von morgens bis 20 Uhr, Eintritt 5/3,90 €, Kinderermäßigung.

■ **Gestüt Haus Giesking,** Appelhülsen, Hangenau 25, mobil: 0171-5023555, https://haus-giesking.business.site. Gestüt in historischem Umfeld, Ausbildung von Pferd und Reiter, professionelle Reitanlage mit großer Reithalle, 24 feste Boxen.

Feste und Veranstaltungen

■ **Martinimarkt,** alljährlich am Martiniwochenende (2. Wochenende im November), 1622 erstmals erwähnt, früher traditioneller Landwirtschaftsmarkt, heute rund 150 Stände von Krämern, Handwerkern, Künstlern sowie 30 Schaustellern unterschiedlichster Ausrichtung mit Fahrgeschäften angesichts der barocken Kulisse von Stiftsplatz und Kirchplatz, Info: https://www.nottuln.de/kultur-freizeit/maerkte-feste/martinimarkt.html.

■ **Kurienkonzerte,** veranstaltet durch den Verein „Kunst+Kultur Nottuln", Programm und Karten unter www.kunst-kultur-nottuln.de.

Senden

■ **Postleitzahl:** 48308
■ **Tel.-Vorwahl:** 02597
■ **Info:** Tourist-Information Senden, Anton-Aulke Ring 1, Tel. 02597-699799, www.senden-westfalen.de

Senden, am **Dortmund-Ems-Kanal** zwischen Dülmen und Münster gelegen, besteht aus vier Ortsteilen, neben Senden selbst noch Bösensell, Ottmarsbocholt und Venne. Bevor Senden 890 erstmals im Urbar des Klosters Werden erwähnt wurde, hat es hier wohl schon ab 700 eine durchgängige Besiedlung gegeben. Sogar Funde aus der Alt- und Mittelsteinzeit gibt es.

Schloss Senden

Schloss Senden (Holtrup 3) ist ursprünglich ein bischöfliches Lehen, ging um 1350 an die Herren *von Senden* und um 1400 an die *von Droste zu Kakesbeck* über. Die Wassergräben der vielgestaltigen Anlage werden von der Stever gespeist. Der älteste Bauteil stammt aus dem späten 15. Jh. Die Anlage öffnet sich nordwärts zu einem Hof. An der Ostseite befindet sich das Herrenhaus, dessen Dreistaffelgiebel als der älteste seiner Art im Münsterland gilt. Die Südseite wird von einer Remise mit übergie-

081ml ot

beltem Mittelrisalit eingenommen. Der Westbau aus dem 19. Jh. ist in Fachwerkbauweise ausgeführt. Der Park mit der ausgedehnten barocken Gräftenanlage ist im Kern noch ersichtlich.

Bösensell

Der Ortsteil Bösensell wird wie Senden selbst 890 im Urbar des Klosters Werden genannt – dort noch als *Basinseli*. Im 12. Jh. bestand Bösensell als Amt des Münsteraner Domkapitels und war zu diesem Zeitpunkt auch schon Pfarrort. Die heutige **Pfarrkirche St. Johannes Baptist** (Johannisplatz) wurde als neugotische Stufenhalle mit Querhaus 1913–16 errichtet. Ihr Chorgestühl stammt noch aus dem Jahr 1525. Von der alten Bebauung am Kirchplatz besteht noch ein **Fachwerkspeicher** aus dem 17. Jh.

Haus Ruhr (Brock 12) bestand seit dem 13. Jh. als bischöfliches Lehngut. Es stellt sich heute als Baugruppe aus Herrenhaus, Wirtschaftsflügel, Bibliothek und Orangerie sowie einer Kapelle dar. Das umgräftete Herrenhaus stammt im Kern aus dem 16. Jh. und wurde 1742 von *Johann Conrad Schlaun* umgestaltet. Der Wirtschaftsflügel wurde zur gleichen Zeit errichtet, Kapelle, Bibliothek und Orangerie kamen Ende des 19. Jh. hinzu. Die 9000 Bände umfassende Sammlung des Geisteswissenschaftlers *J.H. Nünning* (1675–1753), als Grund-

⌃ Die Kapelle von Haus Ruhr

stock für die Universität Münster gedacht, befindet sich heute in der Bibliothek des Herrenhauses.

Haus Alvinghof (Alvingheide 36), erstmals 1381 erwähnt, wurde 1749 als Sommersitz für den bischöflichen Vizekanzler *Ch.F. von und zu Mühlen* errichtet. Das Herrenhaus vom Typ des Maison de Plaisance der teilweise umgräftetn Anlage ist ein stark durchfensterter, siebenachsiger Backsteinbau mit Sandsteingliederung auf hohem Keller mit Mittelrisalit und Walmdach.

Venner Moor

Das Venner Moor erstreckt sich als 148 ha große **Naturschutzfläche** zwischen dem großen Waldgebiet des Davert und Senden am Dortmund-Ems-Kanal. Wenn das Moor in den vergangenen Jahrhunderten auch weitgehend abgetorft worden ist, so befinden sich im Zentrum noch waldfreie Reste des ehemaligen Torfkörpers. Ansonsten haben sich im Gebiet großflächig **Birken und Kiefern** ausgebreitet.

Begonnen hat die Entmoorung im Mittelalter mit dem bäuerlichen Handtorfstich. Im weiteren Verlauf wurden die Stichtechniken ausgefeilter, Entwässerungsgräben halfen, das Moor trocken zu legen. Mit dem Bau des Dortmund-Ems-Kanals im Jahr 1895 erfuhr das einst fast 300 ha große Moor seine letzte große Zerschneidung. Als der letzte bäuerliche Einstich 1964 eingestellt war, war vom einstigen Moor noch eine sechs Hektar große Naturfläche übrig.

Die Wiedervernässung wurde seit der Mitte der 1970er Jahre durch die Schließung von Entwässerungsgräben forciert, sodass es inzwischen wieder vier große wassergefüllte Torfstiche gibt, in denen ein allmählicher **Renaturierungsprozess** eingesetzt hat. Seither beginnen die Birken stellenweise abzusterben, dafür breitet sich die einst charakteristische **Torfmoorvegetaion** aus Wollgras, Pfeifengras, Preisel- und Heidelbeere, Glocken- und Besenheide sowie Rhododendren in den Randgebieten aus. Als neue Pflanze ist Grönländisches Porst aus der Familie der Heidekrautgewächse hinzugekommen.

Das Gebiet ist Lebensraum für **Wasserinsekten,** vor allem Libellen, für **Vögel** wie den Baumfalken, den Schwarz- und Mittelspecht, den Waldwasserläufer, den Zwergtaucher und für **Wildschweine,** die sich hier suhlen können.

■ **Naturschutzzentrum Kreis Coesfeld e.V.,** 48301 Nottuln-Darup, Alter Hof Schoppmann, Am Hagenbach 11, Tel. 02502-9012310, www.naturschutzzentrum-coesfeld.de. Organisiert Exkursionen im Venner Moor.

Praktische Tipps

Unterkunft, Essen und Trinken

■ **Ferienhof Große Hellmann,** Senden-Bösensell, Brock 7, Tel. 02597-341140, www.grosse-hellmann.de. Einzelhof mit Pferdehaltung, dazu zünftiges Bauernhofcafé. Familienferien oder Ponyferien für Mädchen von 8 bis 14 Jahren, Ferienwohnungen, Reitschule für klassische Dressur- oder Springreiterei, Reitstunde ab 45 € (30 Min.).

■ **Gasthof Lindfeld**②, Senden-Ottmarsbocholt, Dorfstr. 55, Tel. 02597-204, www.hotel-lindfeld.de. Gemütliches Landgasthaus, mit Gastraum, Saal und Kegelbahn, Wintergarten, vermietet auch einfache Zimmer.

Feste und Veranstaltungen

- **Karneval,** Ottmarsbocholt ist eine der Karnevals-Hochburgen im Münsterland, hier findet alljährlich am So vor Karnevalssonntag der nach Münster zweitgrößte Karnevalszug im Land statt, www.kg-ottibotti.de.

Ascheberg

- **Postleitzahl:** 59387
- **Tel.-Vorwahl:** 02593
- **Info:** Tourist-Information, Ascheberg-Marketing, Katharinenplatz 1, Tel. 6091300, www.ascheberg-marketing.de

Ascheberg liegt südlich von Münster nahe der A1 und besteht aus dem Kernort sowie Davensberg, Herbern und einigen Bauerschaften. Der Ort hat seinen Ursprung in einer sächsischen Siedlung, in der im Zuge der Christinisierung durch den ersten Münsteraner Bischof *Liudger* eine Kirche gegründet wurde.

Die **Pfarrkirche St. Lambertus** (Lambertus-Kirchplatz) wurde im Jahr 1023 erstmals urkundlich erwähnt. Der heutige vierjochige spätgotische Hallenbau entstand 1524. Gegliedert wird er durch ein umlaufendes Sohlbankgesims und dreigliedrige Fenster mit Fischblasenmaßwerk. Der bis 1740 eingezogene Rechteckchor geht auf Pläne von *Johann Conrad Schlaun* zurück. Der Turm ist neugotischen Ursprungs aus dem Jahr 1910. Zur Ausstattung gehören viele Kunstwerke des 16. und 17. Jh., so vor allem der reich verzierte achteckige Taufstein mit gedrehtem Schaft.

Davensberg

Davensberg gilt als das **Tor zur Davert,** dem großen Waldgebiet, das sich südlich von Münster erstreckt. Der Ortsname bezieht sich auch auf die in der Davert errichtete **Burg,** 1256 erstmals erwähnt. Seit 1813 gehört der Flecken Davensberg zu Ascheberg. Ein paar schöne **Fachwerkhäuser** haben sich noch im Bereich der Ortskirche erhalten.

UNSER TIPP: Die kleine spätgotische Backsteinkirche und spätere **Ortspfarrkirche St. Anna** (Burgstraße / Römerweg) ist 1905 nach Westen verlängert und 1975 grundlegend erweitert worden. Dem neuen, in Backsteinbauweise gehaltenen Langhaus blieb der Kern der spätgotischen Kirche als Chor erhalten, er wird gern als „Perle der Spätgotik" bezeichnet. Die Kirche birgt einen berühmten **Klappaltar von Johann Brabender.** Darüber hinaus finden sich viele Barockfiguren in der Kirche, außerdem zwei spätgotische Kerzenleuchter.

Burgturm

Die Davensburg wurde um 1250 von den Herren *von Meinhövel* als Doppelinselanlage errichtet, die sich hier eine „kleine Freiheit" geschaffen hatten, also ein vom Bischof unabhängiges Gebiet. Trotzdem wurde die Freiheit Davensberg mehrfach verpfändet, unter anderem an den Bischof von Münster. Die ehemalige, 1510 geweihte Burgkapelle wurde von dem damaligen Burgherrn *Balthasar von Büren* im Zuge der Burgerweiterung errichtet. Im Dreißigjährigen Krieg wurde die Burg erobert und geplündert, im 18. Jh. verfiel sie zur Ruine, von der nur noch der Burgturm erhalten ist. In dem Turm aus dem Jahr 1430 mit Kreuzrippengewölbe und Kamin sowie einem Verlies im Keller befindet sich heute das **Heimatmuseum.**

■ **Heimatmuseum Burgturm Davensberg,** Führung durch den Burgturm auf Anfrage, Teilnahme 2,50 €, Info: Heimatverein Davensberg, www.heimatverein-davensberg.de, Tel. 02593-880 oder 7707.

Haus Byink

Von Davensberg aus der Byinkstraße folgend, stößt man auf Haus Byink (Byinkstr. 20), eine ehemalige Zwei-Insel-Burganlage der Herren *von Ascheberg.* Von der ursprünglichen Anlage aus dem frühen 15. Jh. stehen noch zwei Renaissancebauten in Backsteinbauweise, das 1558 errichtete Bauhaus als Wirtschaftsgebäude der Burg und das Torhaus von 1661. Das rechteckige Torhaus hat eine doppelte Durchfahrt, es diente auch als Waffenhalle. Das Bauhaus ist ein massiver Vierständerbau. Beide Gebäude sind mit Dreistaffelgiebeln und Halbkreisaufsätzen versehen. Der Komplex wird privat bewohnt und bewirtschaftet und kann nicht besichtigt werden.

Haus Romberg

Nahebei steht Haus Romberg (Vierhegen 11), eine ehemals umgräftete Burganlage aus Herrenhaus und Torhaus. Das Renaissance-Herrenhaus aus dem frühen 16. Jh. ist ein kleiner rechteckiger Backsteinbau mit einem achteckigen Turm, der mit Eckquaderungen aus Sandstein versehen ist. Das Torhaus aus dem Jahr 1618, dessen steinerne Frontseite mit großer Tordurchfahrt und Schießscharten versehen ist, ist rückwärtig eine Fachwerkkonstruktion. Die Anlage wird privat bewohnt. Das Torhaus wurde von den Besitzern aufwendig restauriert.

Herbern

Auch in Herbern hatte das Kloster Werden Besitz. Eine Pfarre wurde 1188 erstmals erwähnt. Die **Ortspfarrkirche St. Benedikt** (Benediktus-Kirchplatz) ist ein 1666 errichteter nachgotischer Hallenbau mit Westturm und Chor im 5/8-Schluss. Den geschweiften Helm erhielt der Turm 1708. In den 1970er Jahren wurden neoromanische Veränderungen an der Kirche vorgenommen.

Schloss Westerwinkel

Größte Sehenswürdigkeit nicht nur von Herbern, sondern von ganz Ascheberg ist Schloss Westerwinkel. Der Sitz wurde 1255 erstmals urkundlich genannt. Seit 1555 war er im Besitz derer *von Merveldt.* Der Kern der heutigen Zwei-Insel-Anlage entstand von 1663 bis 1680. Das vierflügelige Herrenhaus steht auf der Westinsel inmitten einer eigens darauf angelegten Doppelgräfte. Es ist zweigeschossig, verputzt und weist an den Ecken Pavillontürme auf, deren Hauben im 19. Jh. erneuert wurden. An drei Seiten ist das Schloss von einem Ringwall mit Bastionen umgeben. Seit 1799 hat der Südflügel einen Zugang zu dem gärtnerisch umgestalteten Ringwall.

Im Norden der Westinsel breitet sich die Vorburg mit Torturm und Zugbrücke aus, die die ostwärtige Verbindung zur Gartenanlge der Ostinsel herstellt. Hier steht ein zweigeschossiger Pavillon aus dem Jahr 1718. Südlich dieser Insel steht die ursprüngliche Orangerie, die um 1870 errichtet wurde.

Der die Schlossanlage umgebende **Landschaftsgarten,** unter anderem mit einer sechs Jahrhunderte alten Linde, ist frei zugänglich. In seinem Umfeld erstreckt sich ein Golfplatz (s.u.). Im Schloss befindet sich ein Museum, das Säle und Salons in der Atmosphäre des 18. und 19. Jh. zeigt.

- **Schloss Westerwinkel,** Ascheberg-Herbern, Horn-Westerwinkel 1, Tel. 02599-98878, Führungen in Gruppen von mindestens 8 Personen nach Anmeldung, April bis 31. Okt. Fr–So 14–17 Uhr.

Wandergebiet Schlösserachse

Zwischen **Schloss Westerwinkel** und **Schloss Nordkirchen** im gleichnamigen westlichen Nachbarort, dem großartigsten Wasserschloss des Münsterlandes, führt ein Wanderweg durch die abwechslungsreiche Natur- und Kulturlandschaft. Teile des Gebietes mit alten Wäldern und Grünflächen sind als **Naturschutzgebiete** ausgewiesen, durch die speziell ausgewiesene Informationswege führen. Die Wegstrecken sind bequem begehbar und eben. Der Gesamtweg ist 12 km lang, besonders lohnend sind folgende Teilabschnitte:

- **Fledermaus-Rundweg** durch das Naturschutzgebiet „Tiergarten" (3,5 km)
- **Eichenblatt-Rundweg** durch das Naturschutzgebiet „Hirschpark" (4,9 km)

082ml ot

083ml ot

■ **Kaisermantel-Rundweg** durch das Naturschutzgebiet „Ichterloh" (4,2 km)
■ **Information:** www.schloessersachse.de

Haus Ittlingen

Haus Ittlingen, der einstige Sitz der Herren *von Herbern*, wurde um 1300 das erste Mal erwähnt und kam 1540 in den Besitz der Freiherren *von Nagel*. Der ehemaligen Burg gab *Johann Conrad Schlaun* um 1755 die heutige Hufeisenform, deren zwei Flügel mit Rundtürmen abschließen. Dabei bezog *Schlaun* Kernteile der vorhandenen umgräfteten Burg in sein Konzpt ein. Die Kapelle im südwestlichen Eckturm ist kreuzrippengewölbt. Die Vorburg wurde 1948 neu errichtet. Heute ist die Burg Sitz einer der bekanntesten **Pferdezuchtbetriebe.**

■ **Schlossgut Ittlingen,** Stauffenberg Vollblutzucht und Rennen, Philipp Graf von Stauffenberg, Ascheberg-Herbern, Forsthövel-Merschstr. 127, Tel. 740536, www.stauffenberg.com.

Praktische Tipps

Unterkunft, Essen und Trinken

■ **Goldener Stern**②, Appelhofstr. 5, Tel. 02593-95760, www.hotelgoldenerstern.de. Praktisch eingerichtete Zimmer, rustikales Restaurant mit westfälischer Küche.
■ **Clemens-August**②, Ascheberg-Davensberg, Burgstr. 54, Tel. 02593-6040, www.hotel-clemens-august.de. Aus großväterlicher Dorfgastronomie entstandener Gastbetrieb, praktisch eingerichtete

⌃ Haus Ittlingen

‹ Schloss Westerwinkel in Herbern: Torturm und Zugbrücke

Zimmer, teilweise in Gästehäusern nebenan oder gegenüber, mit Lift, verschiedene Restaurants bietet bodenständige Küche, Spezialität Kalbstöttchen, vielseitiges Veranstaltungsprogramm. Das Hotel verfügt mit dem „Clemens-August-Express" über einen Panoramabus in Form eines Planwagens, mit dem Spritztouren in die nahe gelegene Davert unternommen werden können, Mietpreis pro Stunde 70 €.

- **Gasthaus Frenking**②, Ascheberg, Bahnhofsweg 20, Tel. 02593-6242, www.frenkings-tenne.de. Traditionelle Gastwirtschaft bietet gutbürgerliche Küche, Familienunternehmen seit zweieinhalb Jahrhunderten, verschiedene Gasträume, geöffnet ab 16.30 Uhr, So ab 11.30 Uhr, Mi und Do Ruhetage.

Aktivitäten

- **Golf:** Golfanlage Wasserschloss Westerwinkel, Ascheberg-Herbern, Horn-Westerwinkel 5, Tel. 02599-759323, www.golfclub-westerwinkel.de. 18-Loch-Platz im Umfeld des Schlosses, bietet Golf-Kurse, mit angeschlossener Gastronomie.

Nordkirchen

- **Postleitzahl:** 59394,
- **Tel.-Vorwahl:** 02596
- **Info:** Nordkirchen Marketing e.V., Schloss 1a, Tel. 528848, www.nordkirchen-marketing.de

Der kleine Ort ganz im Süden des Münsterlands beherbergt eine seiner herausragendsten Sehenswürdigkeiten: Das Wasserschloss Nordkirchen gilt als die bedeutendste barocke Schlossanlage des Münsterlands, sie wird auch als **„westfälisches Versailles"** bezeichnet.

Nordkirchen und seine zugehörigen Ortschaften Südkirchen und Capelle sind aus drei Oberhöfen des unter *Liudger* gegründeten Bistums Münster hervorgegangen. Ein erster urkundlicher Nachweis Nordkirchens und Südkirchens erfolgte 1022 bzw. 1033. Der Hof Nordkirchen wurde in der Folgezeit dem Kloster Werden geschenkt, mit dem es die Edlen *von Morrien*, Herren von Lüdinghausen, belehnte. Ende des 14. Jh. errichteten diese ihre Burg im Bereich des heutigen Hirschparks. 1524 ließ *Gerhard von Morrien* das alte Dorf Nordkirchen mitsamt der Pfarrkirche niederlegen und mit dem Vorgängerbau der heutigen Kirche neu errichten.

1528 war Baubeginn der ersten Wasserburg Nordkirchen. Als 1694 die Familie *von Morrien* ausstarb, erwarb Fürstbischof *Friedrich Christian von Plettenberg-Leuhausen* den gesamten Besitz. Er legte den Grundstein zum heutigen barocken Wasserschloss.

Sehenswertes

Wasserschloss Nordkirchen

Mit dem Bau des Wasserschlosses Nordkirchen als **großartigstem Barockbau des Münsterlandes** wurde 1703 begonnen. Die erste Bauvorlage stammte von *G.L. Pictorius*, eine weitere von *Jacob Roman*, dem Erbauer von Schloss Het Loo in den Niederlanden, und noch eine weitere von *Peter Pictorius d.J.*, der dann auch die Bauleitung übernahm. Ab 1723 übernahm *Johann Conrad Schlaun* die Gesamtleitung. 1833 ging das Schloss an die Grafen *von Esterhazy*, dann an den Herzog *von Aremberg* und 1959 an das

084ml ot

Land Nordrhein-Westfalen, das zusätzlich die benachbarte Oranienburg, den Schlosspark und das 1000 Hektar große Waldgebiet Tiergarten erwarb. Heute beherbergt das Schloss die Finanzhochschule Nordrhein-Westfalen.

Als das Wasserschloss 1734 weitgehend fertiggestellt war, bot es sich als rechteckige **Doppelinsel-Anlage** dar, mit Ringwall, pavillonartigen Batterietürmen an den Ecken und breitem Außengraben. Die Bauten sind in symmetrischer Abfolge gestaffelt und in dieser Form das klassische Beispiel einer komplett erhaltenen barocken Schlossanlage, deren Ergänzungen im 20. Jh. das Gesamtbild nur unterstreichen.

⌃ Schloss Nordkirchen

Das Zentrum der Anlage – ganz in Backsteinbauweise mit Sandsteingliederungen in der Fassade – wird vom Hauptbau gebildet, dem **Corps de Logis** genannten Wohn- und Empfangstrakt mit vorgezogenen quadratischen Eckpavillons. An diesen schließen sich die niedrigeren **Flügelbauten** des 20. Jh. an. Sie stellen die Verbindung zu den einst frei stehenden Winkelbauten des Dienerflügels auf der einen und des Kapellenflügels auf der anderen Seite her und umschließen so den **Ehrenhof** U-förmig. Den Blickfang des Corps de Logis bilden der hohe Mittelrisalit mit **Dreieckgiebel** und die auf ihn zuführende halbrunde **Freitreppe.**

Das Innere ist mit Vestibül, Festsaal und West- und Ostappartement repräsentativ gestaltet – schließlich war hier sogar Kaiser *Karl VI.* zu Gast. Das Vorwerk wurde 1962 in Anlehnung an die alten Pläne vollständig erneuert.

Zu den Bauten im Park von Schloss Nordkirchen zählt vor allem die **Oranienburg,** eine dreiflügelige Anlage unter Walmdach, der *Schlaun* ein zweites Stockwerk aufsetzte. Die lang gestreckte Orangerie mit rückwärtigen kurzen Seitenflügeln wurde als Gärtnerwohnung konstruiert und dient heute als Verwaltungs- und Ausstellungsraum.

Die **Gartenanlage** trägt weitgehend den Stempel von *Schlaun.* Ihren Mittelpunkt bildet ein gepflegtes Broderieparterre, flankiert von zwei Rasenparterres. Vom Corps de Logis führt der Blick über den Inselgarten entlang einer **Allee** bis vor den Ort Nordkirchen. Auf 170 ha Fläche führen weitere Alleen in die umgebende **Parklandschaft.** Von besonderem Interesse sind dabei die rekonstruierte **Venusinsel** und die 385 im Park verstreuten **Skulpturen.**

■ **Schloss Nordkirchen,** Fachhochschule für Finanzen NRW, 59394 Nordkirchen, Schloss 1, Tel. 02596-9330, Schlossbesichtigung nur im Rahmen von geführten Gruppen, der Park ist ganzjährig zugängig. Schlossführungen: ohne Anmeldung Mai bis Sept. So und feiertags stündlich 11–17 Uhr, Okt. bis April 14–16 Uhr, mit Anmeldung täglich 9–18 Uhr, Eintritt 4 €, ermäßigt 2 €, Kinder unter 6 Jahre frei, Kombi-Führung Schloss und Gartenanlage ohne Anmeldung 1. So des Monats April bis Sept. 13.45 Uhr, mit Anmeldung täglich 9–18 Uhr, durchgeführt von der Fachhochschule ca. 1½ Std. pro Person 6 €, mindestens zusammen 60 €.

■ **Schloss Restaurant Nordkirchen**④, Tel. 02596-972472, www.lauter-nordkirchen.de. Stilvolles Restaurant mit Blick auf die Venusinsel, historischer Salon und Kaminzimmer, dazu Bistro, geboten wird Spitzenküche, Mi–Sa ab 15 Uhr, So und feiertags ab 12 Uhr, Kaffee und Kuchen ab 15 Uhr, Bistro ab 15 Uhr, Mo und Di Ruhetag, Weihnachten geschlossen, im Winter nur Fr bis So geöffnet, Winterpause im Januar.

087ml ot

Sehenswertes im Ort

Im Zusammenhang mit dem Schlossbau wurde auch das Dorf neu gestaltet. Hier haben die Architekten *G.L. Pictorius, Peter Pictorius d.J.* und *Johann Conrad Schlaun* Großartiges geleistet. Von den dreizehn Schlaun'schen Bauten in Nordkirchen bestehen neben dem Schloss noch das Hauptgebäude der Kinderheilstätte am Kirchplatz der St.-Mauritius-Kirche, die Kapelle St. Johannes Nepomuk an der Schloßstraße und direkt daneben die ehemalige Rentei sowie die Küsterei.

Die Kirchplatzbebauung, ganz in rotem Backstein gehalten, wird von der **Pfarrkirche St. Mauritius** dominiert. *Ferdinand von Plettenberg* stiftete die 1715–18 durch *Gottfried Laurenz Pictorius* als verputzter Hallenbau mit Bruch- und Backstein, Segmentbogenfenstern und polygonalem Chor errichtete Pfarrkirche (Mauritiusplatz 1). Der Backsteinturm in Werksteingleiderung mit geschweifter Haube und Laterne kam 1720 durch *Peter Pictorius d.J.* hinzu. Das Portal trägt das Allianzwappen derer *von Plettenberg* und *von Westerholt.*

Am Mauritiusplatz (Nr. 4) steht die 1734 errichtete ehemalige **Küsterei** als eineinhalbgeschossiger Backsteinbau mit Walmdach. Im Haus ist das *Schlaun-Café* mit Gartenterrasse und reizvollem Interieur aus Antiquitäten untergebracht (siehe unten).

☒ Schlaun-Café in Nordkirchen

Das ehemalige **Armenhaus** (Maritiusplatz 6) und heutige Hauptgebäude der Kinderheilstätte ist ebenfalls ein eineinhalbgeschossiger Backsteinbau mit Blendsteingliederung und Wappen. Der Torbogen wurde später angefügt. Die ehmalige **Vikarie** (Nr. 7) ist ein Fachwerkbau mit Backsteinausfachung, der schon 1675 gebaut wurde.

Die ehemalige **Rentei** (Schloßstr. 23) entstand 1730 als eingeschossiger Backsteinbau mit Blendsteingliederung unter hohem Walmdach. Sie wurde 1780 umgebaut, dazu kam das zurückgesetzte Wirtschaftsgebäude in Fachwerkbauweise. Die 1722 neben die Rentei gesetzte **Nepomukkapelle** dient als Grablege *Maximilians von Plettenberg-Mietingen* und ist heute Ehrenmal.

Capelle

Capelle ist ein hübscher Ortsteil von Nordkirchen, östlich gelegen auf halbem Weg zum Wasserschloss Westerwinkel (s.o.). Die **Ortspfarrkirche St. Dionysius** (Kirchstraße) wurde um 1700 als dreijochiger Saal aus Bruchstein mit Querhaus und Chor im 5/8-Schluss errichtet, wobei der ältere Westturm erhalten blieb. Heute wird dieser Sakralbau aber optisch durch die neugotische Erweiterung beherrscht.

Südkirchen

Südkirchen liegt als weiterer Ortsteil südlich von Nordkirchen. Eine Pfarre existiert hier bereits seit dem 11. Jh. Die **Ortspfarrkirche St. Pankratius** (Kirchplatz) wurde 1694 von Fürstbischof

Friedrich Christian von Plettenberg gestiftet. Es ist ein Bruchstein-Saalbau, dessen romanischer Westturm beibehalten wurde. Die Ausstattung stammt weitgehend aus der späten Barockzeit mit Hochaltar, Chorgestühl, Orgelgehäuse, verschiedenen Skulpturen und einer hölzernen Doppelmadonna aus dem Jahr 1700.

Praktische Tipps

Unterkunft, Essen und Trinken

- **Plettenberger Hof**②, Schloßstr. 28, Tel. 02596-9270, www.plettenberger-hof.de. Über 150-jährige Tradition eines Familenbetriebs, Hotel, Restaurant, überdachter Biergarten, Kegelbahn, sieben rustikale Doppelzimmer, ein Dreibettzimmer. Alle Zimmer mit kostenlosem WLAN. Die Küche bietet westfälische Spezialitäten (auch vegetarisch), Mo Ruhetag.
- **Schlaun-Café**③, Mauritiusplatz 2–5, Tel. 02596-97120, www.schlaun-cafe.de. Im historischen Ambiente der ehemaligen Küsterei (s.o.), Kuchenspezialitäten aus eigener Konditorei, Schokoladenspezereien, auch Restaurant, geöffnet Di bis So und feiertags 12–18 Uhr, angeschlossener Hotelbetrieb.
- **Schloss Restaurant Nordkirchen:** s.o.

Aktivitäten

- **Golf:** Golf- und Landclub Nordkirchen, Am Golfplatz 6, Tel. 02596-9190, glc-nordkirchen.de. Anspruchsvoller 18-Loch-Platz inmitten von altem Baumbestand nahe dem Schloss, mit angeschlossener Gastronomie.
- **Inline-Skaten:** neun gekennzeichnete Rundtouren von 9 bis 30 km Länge zwischen Lippe und Stever, Broschüre erhältlich bei Nordkirchen Marketing (s.o.).

Lüdinghausen

- **Postleitzahl:** 59348
- **Tel.-Vorwahl:** 02591
- **Info:** Lüdinghausen Marketing, Borg 11, Tel. 02591-78008, www.lhmarketing.de

Im Umfeld von Lüdinghausen gibt es gleich mehrere der für das Münsterland so typischen **Wasserburgen** zu sehen, allein drei davon im Stadtgebiet: Burg Vischering, Burg Lüdinghausen selbst und Burg Wolfsberg, deren Gräben von der durch Lüdinghausen fließenden Stever gespeist werden.

Lüdinghausen besteht aus der Kernstadt, dem Ortsteil Seppenrade und mehren Bauerschaften. Erstmals wurde der Ort 800 als *Ludinchusen* erwähnt, als *Liudger,* dem späteren Bischof von Münster, hier ein Hof übereignet wurde. Eine weitere Nennung erfolgte 974, als der Ort schon zur Abtei Werden gehörte, die ihr das Markt- und Münzrecht verlieh. Seit dem 12. Jh. war Lüdinghausen ein Werdener Lehen in der Hand der Herren *von Lüdinghausen,* die dem Ort 1309 Stadtrechte verliehen. 1443 kam der Ort an das Bistum Münster und war dann von 1509 bis zur Säkularisation Lehen des Domkapitels.

Sehenswertes

Die Siedlung Lüdinghausen entwickelte sich östlich des Sitzes der Herren *von Lüdinghausen,* die hier schon im 12. Jh. ihre Burg errichtet hatten. Die kleinparzellige Bebauung setzte sich im 13. Jh. in

Richtung der **Münsterstraße** fort. Am Nordende des alten Kerns bildete sich ein unregelmäßiger **Marktplatz.** Dieser wurde nach dem Stadtbrand 1852 vergrößert, das Rathaus (Borg 2) an den Altstadtrand nahe der zum Amtshaus umfunktionierten alten Wasserburg verlegt. So erhielt Lüdinghausen ein ansehnliches, 1845 fertiggestelltes, klassizistisches **Rathaus** mit Werksteingliederung und Mittelrisalit.

An der Mühlenstraße / Ecke Wolfsberger Straße erhebt sich die **Ortspfarrkirche St. Felizitas.** Mit dem Bau der spätgotischen dreischiffigen Hallenkirche aus Sandsteinquadern mit Staffelchor wurde 1507 begonnen. Der eingebundene hohe Westturm konnte wegen der Täufer-Problematik erst 1558 fertiggestellt werden. Die mächtigen Turmpfeiler im Inneren sind mit Inschriften versehen. Reichhaltig ist die spätgotische Ausstattung, die durch viele Stücke aus neugotischer Zeit ergänzt wird.

Burg Wolfsberg

Unmittelbar südlich des Altstadtkerns steht Burg Wolfsberg direkt an der Wolfsberger Straße. Verblieben ist von der alten umgräfteten Anlage ein Flügel, der im Kern aus dem 16. Jh. stammt. Das heutige Erscheinungsbild erhielt der schlichte, langgestreckte Putzbau mit Krüppelwalmdach und Mittelrisalit nach 1788.

Hakehaus

Ebenfalls in der Wolfsberger Straße steht das Hakehaus, das ehemalige Armenhaus der Stadt. Es ist ein Fachwerkhaus, das 1648 von der Familie *Hake* gestiftet und in den 1930er Jahren umgebaut wurde. Heute wird es als Schülercafé, Jugendheim und Altenbegegnungsstätte genutzt.

Unser Tipp: Burg Lüdinghausen

Burg Lüdinghausen am Westrand der Innenstadt (Amtshaus 8) war seit dem 12. Jh. Sitz der Herren *von Lüdinghausen,* Fundamentmauern aus dieser Zeit wurden ergraben. Sie gilt als die älteste Burg der Stadt, 1271 erstmals urkundlich genannt. Als sie in die Hand des Bistums bzw. in die des Domkapitels kam, baute Domherr *Gottfried von Raesfeld* die stark verfallene Anlage in der zweiten Hälfte des 16. Jh. zur **Amts- und Wohnburg** im Stil der Renaissance um. Den Kapitelsaal mit der mächtigen Eichenbalkendecke schmückt bis heute die große Wappentafel des Erbauers. 1880 konnte die Stadt Lüdinghausen die Burg erwerben, restaurierte sie nach und nach und errichtete das Torhaus neu. Heute werden die Räumlichkeiten der Burg für die unterschiedlichsten Veranstaltungszwecke genutzt.

Die zur Burganlage von Lüdinghausen gehörige **Borgmühle** (An der Borg), heute ein malerischer Blickfang im Stadtzentrum, ging mit der Burg im 15. Jh. an die Bischöfe von Münster über. Sie wurde 1406 noch von *Ludolf von Lüdinghausen* errichtet, indem er für den Bau einen eigenen, neuen Arm der Stever ausgraben ließ. Die Erneuerung der Mühle 1711 lässt sich an der Steininschrift über dem Eingang ablesen. Das jetzige Mühlrad stammt von 1988.

Burg Vischering

Burg Vischering wird gern als die **typischste aller Münsterländer Burgen** bezeichnet. Als die Münsteraner Bischöfe mal wieder in Fehde mit ihren vielen Nachbarn lagen, so auch mit den Herren *von Lüdinghausen,* errichteten sie ab 1271 in Sichtweite der Lüdinghauser Burg im Tal der Stever eine eigene Burg. Auf einem Unterbau aus Pfählen entstand eine wehrhafte Anlage aus Vorburg und Trutzburg auf separaten Inseln inmitten eines ausgedehnten Gräften-Systems.

Die **Trutzburg** inmitten des Hausteichs war mit Zugbrücke, Schießscharten und Wehrgängen als Verteidigungsbastion ausgestattet. Der mittelalterliche wehrhafte Kern der Anlage ist bis heute sichtbar, obwohl ein Brand die Trutzburg 1521 vernichtete, sie in der Folgezeit aber auf den alten Fundamenten im Stil und Komfort der Renaissance wieder aufgebaut wurde.

Die Ausgestaltung der Räume und der Anbau eines prachtvollen Saales spiegeln die neuen Wohn- und Repräsentationsbedürfnisse der *Droste zu Vischering* als Burgherren wieder. Die Familie ist nach wie vor Eigentümerin der Burg. Sie verpachtet die Burg an den Kreis Coesfeld, der dort das *Münsterlandmuseum* unterhält.

Man betritt das Burggelände von Westen durch ein Vorwerk mit Kapelle. Die **dreiflügelige Vorburg** aus Bauhaus und L-förmigen Wirtschaftsgebäuden öffnet sich nach Süden zu einem Vorplatz, den man durchschreiten muss, um auf die Brücke zur Hauptburg zu gelangen. Die runde **Hauptburg** besteht aus mehreren ineinander gefügten, großteils

▷ Burg Vischering

zweigeschossigen Bauten in Back- und Sandsteingliederung auf hohem Kellersockel. Im Westen öffnet sich die Burg durch das dreigeschossige **Torhaus.** Die sich südlich anschließende halbkreisförmige Bebauung ragt mit einem rechteckigen Vorbau in die Gräfte. Dieser reich verzierte Vorbau ist mit einem ausladenden Renaissanceerker und Dreistaffelgiebel versehen. Nach Osten öffnet sich die Bebauung zu einem Freiraum. Die ursprünglich die gesamte Hauptburg umgebende **Ringmauer** war mit einem zweigeschossigen Wehrgang versehen.

Das neu konzipierte, in der Burg Vischering eingerichtete **Münsterlandmuseum** bietet neben vielfältigen Programmen aus Volkskunde- und Kunstausstel-

085ml ot

lungen sowie Konzerten einen Einblick in das **Mittelalter** und die beginnende Zeit der **Renaissance.** Die Dauerausstellung in den Wirtschaftsgebäuden der Vorburg und im 1. Stockwerk der Hauptburg zeigt Exponate in spannender Aufmachung zur Geschichte der Herrlichkeit *Vischering* und dem Leben der Bewohner auf der Burg. In der Vorburg ist eine spezielle **Mitmach-Ausstellung für Kinder** eingerichtet, die ihnen Einblicke in die mittelalterliche Welt des Adels vermitteln soll. Mit Spielen, Rätseln, Basteltipps und Rezepten wird die frühere Zeit erschlossen. Für das leibliche Wohl sorgt ein Café/Bistro im ehemaligen Pferdestall der Vorburg.

Museum Burg Vischering, 59348 Lüdinghausen, Berenbrock 1, Tel. 02591-7990-0, www.burg-vischering.de, geöffnet Di bis So 10–18 Uhr, Eintritt Vorburg 3,50 €, Kombiticket Haupt- und Vorburg 7,50 €, ermäßigt 2/5 €, Kinder von 6 bis 18 Jahren 1,50/3,50 €, Familienticket 5/13 €, Führung (1 Std.) 35 € zzgl. Eintritt, 90 Min. (mit Außengelände und Kapelle 52,50 € zzgl. Eintritt).

Café Reitstall, in der Vorburg, Tel. 02591-9475782, www.cafe-reitstall.de. Mit eigenem Backhaus, Spezialität Frühlingstorte, geöffnet Di bis So 9–18 Uhr, Mo 12–16.30 Uhr.

Landschaftspark Lüdinghausen

Zwei Arme der Stever, die **Vischeringstever** und die **Mühlenstever** umschließen das ehemalige Sumpfgelände zwischen den Burgen Vischering und Lüdinghausen. Das inzwischen zur Parklandschaft umgestaltet Gelände breitet sich unmittelbar an der historischen Altstadt von Lüdinghausen aus. Dass sich die Herren auf den beiden Burgen nicht immer wohlgesonnen waren, bedeutete das Zusammenspiel der Flussarme, Gräften und Feuchtwiesen im flachen Münsterland, eine wirksame Verteidigungsform. Nur langsam fließt das Wasser durch das Gelände und bietet so typischen Teichpflanzen wie Seerosen, Rohrkolben, Blutweiderich und Schilfgewächsen üppigen Lebensraum. Ein **Rundwanderweg** von knapp 2 Kilometern Länge führt mit entsprechenden Informationstafeln durch die Parklandschaft.

Haus Kakesbeck

Fünf Kilometer nördlich des Stadtkerns befindet sich in der Bauerschaft Bechtrup Haus Kakesbeck (Bechtrup 63). Erstmals erwähnt wurde die Burg 1341, doch reichen ihre Ursprünge viel weiter zurück. Im 15. Jh. hatten die Herren der Burg die Anlage von einer einstigen Motte des 10. Jh. als Lehen des Klosters Werden zu einer Hauptburg mit fünf Vorburgen ausgebaut. Inzwischen war die Anlage in den Besitz einer Seitenlinie der *Droste zu Vischering* gelangt. Das Herrenhaus wurde 1601 unter Verwendung alter Fundamente grundlegend umgestaltet und nach Osten erweitert. Die heutigen Besitzer renovieren die umgräftete Anlage aus Hauptburg und Vorburgenbereich mit Brauhaus, Speicher und Torhaus nach landeskonservatorischen Grundsätzen.

Seppenrade

Der westliche Nachbarort Seppenrade ist seit 1975 durch Eingemeindung Ortsteil von Lüdinghausen. Die Siedlung entstand im 9. Jh., eine erste Nennung der Pfarre *Sepperothe* erfolgte 1184.

Bekannt ist Seppenrade vor allem als Rosendorf und Fundort des größten Ammoniten. Dieser 1895 gefundene **Ammonit,** nach dem Fundort *Parapuzosia seppenradensis* benannt, stammt aus einem Steinbruch bei der Bauerschaft Leversum. Er hat einen Durchmesser von 2,20 m und ist 40 cm dick. Ein Abguss steht im Seppenrader Ortszentrum an der Dattelner Straße.

Auf Initiative des Seppenrader Heimatvereins wurde in den 1970er Jahren auf einer stillgelegten Müllhalde an der B58 ein **Rosengarten** angelegt. Heute blühen hier 700 Rosensorten mit 30.000 Exemplaren.

Praktische Tipps

Unterkunft, Essen und Trinken

■ **Zur Post**②, Wolfsberger Str. 11, Tel. 02591-91900, www.hotel-zur-post-lh.de. Hotel-Restaurant in ruhiger Innenstadtlage in der Fußgängerzone, 300 Jahre altes Fachwerkhaus an der Brücke, vermutlich früher Stadt-Torhaus der Wolfsburg, seit 1836 Schankwirtschaft. Gemütlicher Gastraum, altdeutsche Bierstube, gepflegte westfälische Küche, deftig bis kulinarisch, mit Innengarten, angeschlossener Hotelbetrieb, Kegelbahn und Lift.

■ **Mutter Siepe**②, Lüdinghausen-Seppenrade, Treppken 1, Tel. 02591-8191, www.muttersiepe.de. Westfälische Lebensart im Herzen von Seppenrade, historische Gaststätte mit offenem Kamin, regionale und internationale Küche, dazu Hotelbetrieb mit modern eingerichteten Zimmern, Mo Ruhetag.

■ **Landgasthof Kastanienbaum**②, Elvert 6, Tel. 02591-940300, www.kastanienbaum.de. Stilvoll-rustikales Landgasthaus vor den Toren der Stadt, mit Biergarten und Winterzelt, Mai bis Sept. Di–Fr ab 12 Uhr, Okt. ab 14 Uhr, Sa und So ab 11 Uhr, im Winter Di–So nur abends.

Aktivitäten

■ **Klutensee-Bad,** Rohrkamp 23, Tel. 02591-799320, www.klutensee-bad.de. Sportbecken, Nichtschwimmerbecken, Sprungbereich, Kinderland, Breitrutschbahn, Sauna, Fitnessbereich, Bad geöffnet Di bis Fr 14–21 Uhr, Sa, So und feiertags 10–21 Uhr, Di und Do Frühschwimmen 6–7.45 Uhr, Mo geschlossen, Sauna Mo 14–22 Uhr, Di bis So und feiertags 10–22 Uhr, Di Damensauna, Eintritt Bad 2 Std. 4,90 €, 4 Std. 5,90 €, Tageskarte 6,90 €, Kinder/Jugendliche 3,20/4,20/5,20 €, Früh- und Spätschwimmtarif 3,90 €, Familienrabatt, Sauna ab 13,50 €. Dazu externes See-Restaurant, in der Nähe Waldschänke Kluten, Berenbrock 30, Tel. 02591-3340.

Einkaufen

■ **Korn:** Gut Forstmannshof – Hofladen Böcker, Lüdinghausen-Westrup, Westrup 10 (an der B58), Tel. 02591-22742, www.forstmannshof.de. Wunderschönes Herrenhaus, große Obstplantagen, hofeigene Brennerei. Der Hofladen bietet diverse Kornsorten, Liköre etc., großes Sortiment regionaler Produkte, dazu Keramikscheune, Gewölbe-Café, spezieller Adventsmarkt, Hofladen geöffnet Mo bis Sa 10–18 Uhr, So 11–17 Uhr, im Sommer 9–18 Uhr, So und feiertags 10–18 Uhr, Hofcafé geöffnet Sa und So 13–17 Uhr, Jan. geschlossen.

Feste und Veranstaltungen

■ **Seppenrader Rosenfest,** alljährlich am 3. August-Wochenende, Blüten- und Volksfest, Rosengarten (s.o.) tagsüber geöffnet, www.seppenrade.de/Rosengarten.

Olfen

- **Postleitzahl:** 59399
- **Tel.-Vorwahl:** 02595
- **Info:** Tourist-Information Olfen, im Rathaus, Kirchstraße 9, Tel. 3890, www.olfen.de

Wenn man sich zwischen Nordkirchen und Lüdinghausen über die Stever hinaus dem Lippetal nähert, erreicht man Olfen. Die Römer hatten die Lippe als **Einfallstor nach Germanien** genutzt. Hier hatten sie an der Lippe-Furt ein winterfestes Lager errichtet, das *Drusus* nach der verlorenen Varusschlacht in den Jahren 11 bis 7 v. Chr. als Nachschubstation diente. Die Römer konnten sich aber nicht in Germanien halten, so dass sie ihr Lager Olfen wieder aufgeben mussten.

Erste Erwähnung im Mittelalter fand Olfen Ende des 9. Jahrhunderts in einer Urkunde des Münsteraner Bischofs *Wolfhelm*, der seinen privaten Besitz an Olfen dem Kloster Werden übertrug. Die Ansiedlung blühte mit ihrem Fernhandel auf und brachte es bis in die Zeit um 1500 auf 500 Einwohner. Eine an der Lippe errichtete **Wasserburg** zeugt noch von der Bedeutung der Ansiedlung. Von dieser Wasserburg, der **Rauschenburg,** sind aber nur noch Reste vorhanden. Während der Kriege des 16. bis 17. Jahrhunderts hatte Olfen sehr zu leiden. Eine schon 1600 errichtete Wallgrabenanlage nutzte nur wenig. Ein Großbrand im Jahr 1857 vernichtete fast die gesamte Stadt.

Ende des 19. Jahrhunderts wurden die Kanalbauten des **Wesel-Datteln-Kanals** und des **Dortmund-Ems-Kanals** prägend für die Stadt Olfen. Die ehemalige Trasse *Alte Fahrt* des Dortmund-Ems-Kanals ist mit ihren Brücken eine große Attraktion von Olfen, darunter insbesondere die **Dreibogenbrücke über die Stever.** Eine weitere Attraktion bilden die **Steverauen.** Es handelt sich um zusammengelegte Kompensationsflächen, die heute als Naturgebiete von Wildpferden, Heckrindern und Wildeseln beweidet werden, um deren Verbuschung zu verhindern.

Jenseits des Dortmund-Ems-Kanals erhebt sich als weitere Sehenswürdigkeit **Schloss Sandfort.** Die Anlage wurde um 1450 errichtet, die beiden Rundtürme stammen noch aus dieser Zeit. Die Oberburg entstand im Übergang zum 17. Jahrhundert. Ihr mächtiger Turm wurde mit einer barocken Haube versehen. Die Toreinfahrt und die Wirtschaftsgebäude entstanden Mitte des 19. Jahrhunderts. Das Schloss wird bis heute privat bewohnt, aber in der Saison findet ein Spargelverkauf statt.

Praktische Tipps

Essen und Trinken

- **Füchtelner Mühle,** Kökelsumer Straße 66, Tel. 02595-430, www.fuechtelner-muehle.de. Landhaus-Restaurant und Café, zurückgehend auf die Anfang des 14. Jahrhunderts, einst vom Münsteraner Fürstbischof errichtete Mühle an der Stever, die zuletzt als Sägemühle betrieben wurde. Spezialität des Hauses sind Wildgerichte, Kuchen aus eigener Herstellung sind auch im Angebot. Mo und Di Ruhetage.

Einkaufen

■ **Spargelverkauf im Schloss Sandfort,** Schloss Sandfort, Sandforter Straße 2a, Tel. 02595-1059, www.spargel.schlosssandfort.de. Weißer und grüner Spargel, Erdbeeren, Eier, Kartoffeln, Schinken, Wurst, Marmelade, Käse, Weine und Liköre, auf Nachfrage auch Wildbret aus eigener Jagd. Geöffnet in der Saison 9–19 Uhr.

Wanderung/Radtour

Durch die Steverauen bei Olfen

Die Steverauen bei Olfen bieten ein ganz besonderes Landschaftsbild. Die große Attraktion bilden die wilden Pferde, Rinder und Esel, die auf natürliche Weise diese Auenlandschaft erhalten.

Ausgangspunkt der Route ist die **Tennishalle in Olfen.** Von dort folgt man dem mit blauen Holzpfählen markierten Steverauenweg im Uhrzeigersinn. Nun geht es entlang der Aue, gelegentlich im Blick die wilden grasenden Tiere. Eine Aussichtsplattform erleichtert die Suche. An der Füchtelner Mühle überquert man die Stever und folgt auf der anderen Uferseite dem asphaltierten Weg zurück, vorbei am Aussichtspunkt Am Storchenhorst und weiter bis zur Alten Fahrt, dem alten Kanalbett des Dortmund-Ems-Kanals. Auf der historischen Dreibogenbrücke überquert man die Stever und kehrt zum Ausgangspunkt zurück.

- **Wegstrecke:** 8,5 km
- **Gehzeit:** 2 Std.
- **Schwierigkeitsgrad:** leicht
- **Höhendifferenz:** 50 m

Aktivitäten

Tier- und Freizeitpark Gut Eversum, 59399 Olfen, Eversumer Str. 77, Tel. 02595-385225, www.gut-eversum.de. Tierpark mit Erdmännchen und Präriehunden, Streichelzoo, Terrarienhaus mit Pfeilgiftfröschen, Leopardgeckos und Vogelspinnen, Kinderattraktionen mit Nautic-Jet, einer Pendelbahn, Motorschaukel und Modelleisenbahn, dazu Grillhütten und Gastronomie, Park geöffnet Osterferien bis 1.11. täglich 10–18 Uhr, Eintritt 8 €, Kinder bis 14 Jahre 6 €, unter 90 cm frei, Hunde 1 €, Futtertüte 1 €. Vorführungen Modellbahn in der Regel Sa, So und feiertags um 14 und 16 Uhr.

Dülmen

- **Postleitzahl:** 48249
- **Tel.-Vorwahl:** 02594
- **Info:** Dülmen Marketing, Viktoriastr. 6, Tel. 12345, www.duelmen-marketing.de

Dülmen liegt 15 km südöstlich von Coesfeld am Rande des Naturparks Hohe Mark. Bekannt ist der Ort für die Dülmener Wildpferde und die Mystikerin *Anna Katharina Emmerick.* Die heutige Stadt besteht aus dem Ort selbst sowie den Ortsteilen Buldern, Hiddingsel, Hausdülmen, Merfeld, Rorup und dem Kirchspiel, das sich aus kleinen Bauerschaften zusammensetzt.

Stadtgeschichte

Schon in frühmittelalterlicher Zeit lag Dülmen an der Kreuzung wichtiger Handelswege. Die Keimzelle der frühen

Die Mystikerin Anna Katharina Emmerick

Anna Katharina Emmerick wurde 1774 in der heutigen Coesfelder Bauerschaft Flamschen als Tochter eines Kötters geboren. Schon früh zeigte sie großes religiöses Interesse, fiel durch ihre Frömmigkeit auf. Sie verdingte sich als Magd und Näherin und entschied sich 28-jährig gegen den Widerstand ihrer Eltern, als Nonne in das **Augustinerinnenkloster Agnetenberg in Dülmen** einzutreten. 1812 musste sie das unter französischer Herrschaft aufgehobene Kloster verlassen. Sie lebte fortan als *Jungfer Emmerick* unter ärmlichen Verhältnissen in Dülmen, fühlte sich dabei aber weiter an ihr Ordensgelübde gebunden.

Als 1813 berichtet wurde, dass sie die **Wundmale Christi an ihrem Leib** trage, fanden auch ihre mystischen Visionen, bei denen sie die **Passion Christi durchlitt,** immer mehr Zuhörer. Bald fand sich Prominenz in Dülmen ein, darunter auch *Clemens von Brentano,* der ihre Visionen später in Büchern verarbeitete. Kirchliche und weltliche Untersuchungen ihrer Stigmatisierung und Visionen, die 1813 bzw. 1819 unternommen wurden, fielen zwiespältig aus.

Bereits 1892 wurde ein erstes Verfahren zur Seligsprechung von *Anna Katharina Emmerick* auf der Basis der Tagebuchaufzeichnungen *Brentanos* eingeleitet, die aber für einen Entscheid nicht ausreichten. Die Wiederaufnahme des Verfahrens 1975 führte dann zur **Seligsprechung durch Papst Johannes Paul II.** im Jahr 2004. Inzwischen waren die Gebeine der am 9. Februar 1824 gestorbenen „Dulderin" in die Krypta der noch vor dem Zweiten Weltkrieg neben dem Friedhof errichteten Heilig-Kreuz-Kirche umgebettet worden.

- **Emmerickbund:** Emmerick-Verehrer in aller Welt halten untereinander Kontakt durch den Emmerickbund. Informationen durch das Pfarrbüro der Heilig-Kreuz-Kirche, An der Kreuzkirche 10, Tel. 02594-2126.
- Das **Geburtshaus** der Mystikerin steht in Coesfeld (siehe dort).

Ansiedlung bildete ein sächsischer Haupthof, der im Zuge der fränkischen Landnahme und Christianisierung des 8. Jh. in den Besitz des Bischofs von Münster überging. Eine erste Erwähnung fand Dülmen 889 als *Dulmenni.* Im Schutz der frühen, dem heiligen *Viktor von Xanten* geweihten Ortskirche siedelten sich Bauern und Handwerker an – die Remise als Rest des 1945 zerstörten Dülmener Schlosses wurde 2007 zugunsten eines Parkplatzes abgerissen.

Die Grenzlage zu Recklinghausen und zur Mark veranlasste die Münsteraner Bischöfe 1115 zum Bau der bischöflichen Landesburg Haus Dülmen. 1311 wurde Dülmen zum Oppidum erhoben, was mit dem Recht der Ummauerung verbunden war. Eine Blütezeit erlebte Dülmen im 15. und 16. Jh., wobei der Ort aber auch immer wieder in kriegerische Auseinandersetzungen verwickelt war, so auch während der Stiftsfehde. Mehrere Stadtbrände verheerten die

Bausubstanz während des Dreißigjährigen Krieges. Danach legte man die Wälle nieder, die Stadtbefestigung wurde 1721 endgültig geschleift. Ende des Zweiten Weltkriegs wurde Dülmen Opfer eines Fliegerangriffs, der die Innenstadt in Schutt und Asche legte. Der Wiederaufbau erfolgte auf verändertem Grundriss.

Sehenswertes

Stadtbefestigung

Von der Stadtummauerung sind drei Türme erhalten. Das **Lüdinghauser Tor** (Lüdinghauser Straße) besteht aus zwei Backstein-Rundtürmen des 15. Jh., der Mittelteil mit dem hohen Durchgang wurde 1908 eingefügt. Der **Lorenkenturm** (Viktoriastraße/Nordring) ist ein runder Backsteinturm aus dem Jahr 1536, dessen Oberteil leicht vorkragt. Der **Nonnenturm** (Nordring 17) wurde als quadratischer Backsteinturm zu Beginn des 16. Jh. errichtet und 1953 wieder aufgebaut. An seiner Seite bestehen Reste der Stadtmauer.

St. Viktorskirche

Die Ursprünge der heutigen St. Viktorskirche sind auf dem Dülmener Haupthof zu finden. Ein Nachfolgebau wurde 1074 geweiht, die 1189 erstmals genannte Pfarrkirche war dem Domkapitel inkorporiert. Von der Hallenkirche aus dem 13. bis 16. Jh. wurden nach Kriegszerstörung der Chor und der Turm wieder hergestellt, das Langhaus hat man mit modernen Mitteln neu errichtet.

Heilig-Kreuz-Kirche

Die 1936–39 gegen große politische Widerstände der Zeit errichtete Pfarrkirche Heilig Kreuz (Lüdinghauser Str. / Am Schlossgarten) von *Dominikus Böhm* gilt als einer **bedeutendsten modernen Kirchenbauten** im Münsterland. Die große Saalkirche aus Sandstein unter Satteldach mit ostseitig angebautem gedrungenen Turm ist konzeptionell auf die Geschichte der seliggesprochenen **Anna Katharina Emmerick** (1774–1824, siehe Exkurs) ausgerichtet. Hauptschiff und Chorraum bilden eine bühnenartige architektonische Einheit, die zum Altarbereich führt und im lichtdurchfluteten, überhöhten Grabraum der Seligen gipfelt. Ohnehin bilden Farbspiel und Lichtführung die große architektonische Besonderheit dieses Sakralbaus.

■ **Gedenkstätte Anna-Katharina-Emmerick,** mit Nachlass der *Anna Katharina Emmerick*, Pfarrbüro Heilig-Kreuz-Kirche, An der Kreuzkirche 10, Tel. 02594-2126, www.heilig-kreuz-duelmen.de, www.emmerick.de. Besichtigung der Gedenkstätte Sa 15.30–17 Uhr, Grab in der Krypta täglich 8–18 Uhr.

Kreuzkapelle

Die Kreuzkapelle (Lüdinghauser Straße 107) wurde als **Wallfahrtskirche** nach den Wirren des Dreißigjährigen Krieges außerhalb des Lüdinghauser Tores am Fuße eines Kalvarienberges mit einer Kreuzigungsgruppe errichtet und nach Brand 1765 wieder hergestellt. Ein Relikt dieser Gruppe stellt die um 1470 vom Meister des Bentlager Sippenreliefs gefertigte Statue „Christus im Grabe“ dar, die sich in der Kreuzkapelle befindet.

Für die Insassen der benachbarten Leprosenstation wurde eigens ein Anbau angefügt. Vor der Kapelle stehen Mitte des 18. Jh. gefertigte Steinfiguren der trauernden Maria und der heiligen Anna, die mit dem Wappen der Stifter versehen sind.

Jüdischer Friedhof

Der Jüdische Friedhof (Kapellenweg) wurde 1905 eingerichtet. Ein früherer jüdischer Friedhof bestand wohl schon Ende des 16. Jh. und steht beispielhaft für jüdisches Leben im Münsterland, das wie anderenorts auch 1938 ein jähes Ende fand. Am Ende der Friedhofsallee steht erhöht das **Mausoleum der Familie Bendix** als Beispiel der Übernahme christlicher Grabelemente in die jüdische Begräbniskultur.

Textilfabrik Bendix

Die Textilfabrik Bendix (Lüdinghauser Str. 72) zeigt, wie sich die Textilindustrie im 19. Jh. auch in Dülmen zu einer neuen Wirtschaftskraft entwickelte. Die Fabrikgebäude, teilweise im Stil der Neorenaissance, wurden umgenutzt und dienen heute Wohn- und Geschäftszwecken, wie auch das Lagerhaus. Die frühe Spinnerei wurde Turnhalle, die spätere Spinnerei zur Schule.

Haus Osthoff

Im Osten der Stadt steht das Herrenhaus Osthoff als einzig verbliebenes Gebäude eines ehemaligen umgräfteten Ritterguts, das auf das 13. Jh. zurückgeht. Das rechteckige Backstein-Herrenhaus wurde Ende des 17./Anfang des 18. Jh. im typischen westfälischen Barockstil errichtet. Auffallend ist das hohe Kellergeschoss, das mit einem Kreuzgratgewölbe versehen ist. Der Haupteingang auf der Nordseite wird über eine Freitreppe erreicht.

Das stark verfallene Haus konnte seit 2000 saniert werden und ist seither Sitz der Firma Designlager. Beachtenswert ist die Neugestaltung der Freiflächen um das Haus im Stil eines Barockgartens mit Schnitthecken, Buchenspalierbäumen als Raumteilern, Alleen und Teichanlage auf der Südseite.

■ **Haus Osthoff, Designlager und Galerie,** Von-Dem-Busche-Straße 30, Tel. 02594-993215, www. designlager.de. Ladengalerie Viktoriastr. 6–8, Verkauf von Designerprodukten wie Tische, Stühle, Accessoires.

Wildpark

Eine große Attraktion von Dülmen ist der 250 ha große Wildpark vor den Toren der Stadt. Der in den 1860er Jahren angelegte Landschaftsgarten war ursprünglich mit dem Park des nicht mehr existierenden Dülmener Schlosses verbunden. Hier wechseln sich Buchen-, Eichen- und Mischwälder mit Wasser- und Wiesenflächen ab. Heimisches Wild wie **Damwild, Schafe und Heidschnucken** bewegen sich vollkommen frei im Park.

■ **Wildpark Dülmen,** An der Ziegenweide, Eintritt und Parken frei, Info: www.duelmen-marketing.de/1266.html.

Kartäuserkloster

In der Bauerschaft **Weddern** finden sich Reste eines Kartäuserklosters, das 1803 aufgelöst wurde. Bis 1825 wurden die größten Teile der Klosteranlage bis auf die Kirche, Neben- und Wirtschaftsgebäude, zwei Torhäuser und den im Kern auf das 15. Jh. zurückgehenden Berggrovenhof abgerissen. In einem der Torhäuser wird heute die Klosterschänke Karthaus (s.u.) betrieben.

Die ehemalige Klosterkirche und heutige **Pfarrkirche St. Jakobus** wurde als spätgotische Saalkirche mit Chor im 5/8-Schluss errichtet. Die Grundsteinlegung war 1487, die endgültige Fertigstellung erst 1607. Eine neugotische Erweiterung erfolgte 1872. Im Inneren findet man ein schmiedeeisernes Chorgitter im Stil des Rokoko aus dem Jahr 1757. Das Chorgestühl stammt schon aus der Mitte des 14. Jh.

Buldern

Im nordöstlichen Dülmener Ortsteil Buldern war der „Tolle Bomberg" zu Hause, der den Ort landesweit bekannt gemacht hat. Mindestens ebenso bekannt wurde Buldern durch das 1951 im Haus Buldern eingerichtete Max-Planck-Institut für Verhaltensforschung, an dem *Konrad Lorenz* seine berühmten Versuche mit den Gänsen unternahm. Die Erben, die 1952 das Haus übernahmen, waren aber weniger an scheuen Gänsen als an der Jagd interessiert, so zogen die Wissenschaftler 1953 nach Seewiesen in Bayern um.

Am Marktplatz steht der **Alte Spieker,** ein hervorragend restaurierter, über 250 Jahre alter Speicher. Es handelt sich um den Spieker des Hofs Schulze Mönking in der Bauerschaft Bredenbeck bei Senden, der 1976 hier im Ortsmittelpunkt wieder aufgebaut wurde. Er dient als Heimat- und Vereinshaus, in dem auch standesamtlich getraut werden kann.

Haus Buldern

Haus Buldern wurde 1215 erstmals als Sitz der Herren *von Buldern* erwähnt. Der Sitz kam 1767 durch Heirat an die Freiherren *von Romberg,* deren bekanntester Spross *Gisbert von Romberg* war, genannt der **„Tolle Bomberg"** (1839–1897). Durch seinen ausschweifenden Lebenswandel, verbunden mit vielen Streichen, erregte er Aufsehen wie Kritik gleichermaßen. Doch seine Berühmtheit verdankt er vor allem dem Roman „Der tolle Bomberg" von *Josef Winckler,* der auch verfilmt wurde.

Das heutige Herrenhaus Buldern ist ein verputzter **klassizistischer Bau** auf hohem Kellersockel mit turmartigen Eckpavillons, übergiebeltem Mittelrisalit und von Säulen getragenem vorgesetzten Balkon. In den Nebengebäuden aus dem 17. Jh. ist seit 2005 ein Gymnasium mit angeschlossenem Internat untergebracht.

St. Pankratius

Die alte Kirche St. Pankratius in Buldern (Alte Kirchstraße) war als Eigenkirche der Herren von Buldern im 11. Jh. gegründet worden. Die Ende des 14. Jh. errichtete einschiffige und vierjochige gotische Saalkirche mit 5/8-Chor und Sakristei aus Buntsandstein und einem Turm aus dem 12. Jh. war Ende des 19. Jh. für die gewachsene Gemeinde zu klein geworden. Seit die neue Pfarrkirche St. Pankratius (Nottulner Straße/Clemensstraße) im neugotischen Stil errichtet worden war, blieb der alten Kirche die Funktion der **Grabkirche** der Herren *von Romberg*.

Merfeld

Neben dem **Merfelder Bruch** (siehe Exkurs) hat der westliche Dülmener Ortsteil Merfeld ein sehenswertes Herrenhaus zu bieten. Die Herren *von Merveldt* tauchen Mitte des 12. Jh. auf. Ihre Burg erfährt erstmals 1358 Erwähnung. Sie wurde 1594 zur Doppelburg ausgebaut und 1693 wieder vereinigt. Das heutige **Herrenhaus Merfeld,** Anfang des 19. Jh. unter Abbruch alter Bausubstanz neu errichtet, setzt rechtwinklig an das Torhaus an, dazu gibt es ein Bauhaus und eine Kapelle. Das Torhaus aus dem Jahr 1547 ist ein Backsteinbau mit Treppengiebel und Fialen darauf mit Werksteingliederung. Die Kapelle von 1466 wurde im 19. Jh. nach Westen erweitert.

Rorup

Das Dorf Rorup, als nördlichster Ortsteil zu Dülmen eingemeindet, war im Mittelalter Sitz der Herren *von Rodopo*. Die **Pfarrkirche St. Agatha** (Kirchplatz 4) entstand 1912 als neugotische Stufenhalle in Backstein mit Werksteingliederung. Der spätgotische Vorgängerbau wurde dabei als rechtes Seitenschiff mit einbezogen. Dieser spätgotische Teil ist ein dreijochiger Saalbau mit Chorjoch im 5/8-Schluss. Die spätgotischen Gewölbemalereien wurden freigelegt. Die Holzplastik der Anna selbdritt im Eingangsbereich stammt aus dem Jahr 1493, das große Triumphkreuz aus dem 12. Jh. Die Eichenholzplastik der Schmerzensmutter im Eingangsbereich des südlichen Seitenschiffes ist barocker Herkunft um 1750.

Auf dem Kirchplatz steht auch der **Schandpfahl,** wie der Pranger zur öffentlichen Vorführung Verurteilter genannt wurde, als Wahrzeichen der Ortschaft. Eine Inschrift bezeichnet den Freiherrn *von Kükelsheim* im 16. Jh. als Richter von Rorup.

Praktische Tipps

Unterkunft, Essen und Trinken

- **Merfelder Hof**③, Borkener Str. 60, Tel. 02594-9700, www.estellen.merfelder-hof.de. Direkt am Wildpark gelegen, seit mehreren Generationen in Familienbesitz, stilvoll eingedecktes Restaurant, dazu Whiskystube und Wintergartenrestaurant, deutsche und internationale Küche, praktisch eingerichtete Zimmer.
- **Große Teichsmühle**③, Dülmen-Hausdülmen, Borkenbergstr. 78, Tel. 02594-94350, www.grosse-teichsmuehle.de. Alte Öl- und Getreidemühle im Süden von Dülmen, die in ihrem Ursprung auf das Jahr 1115 zurückgeht, rustikale Gasträume, mit Sommerterrasse. Die Küche bietet verfeinerte westfälische Gerichte, Spezialität des Hauses ist Lammfilet in Kräuterkruste aus der hauseigenen Heidschnuckenzucht. Mi Ruhetag. Der angeschlossene Hotelbetrieb bietet Zimmer im Landhausstil. Familienbetrieb in dritter Generation. Das Haus ist Startpunkt für Fahrradtouren in den Naturpark Hohe Mark und die Baumberge.

- **Klosterschänke Karthaus**③, Dülmen-Weddern, Weddern 18, Tel. 02594-2362, www.klosterschaenke-karthaus.de. Westfälische, internationale und saisonale Spezialitäten in stilvoller Bauernstube im historischen Klosterambiente, ganztägig geöffnet, Mo und Di Ruhetag.
- **Ferienhof Schnieder,** Dülmen-Merfeld, Bauerschaft 80, Tel. 02594-791211, www.ferienhof schnieder.de. Hofcafé, vermietet Ferienwohnungen und Zimmer, Fahrstuhl zu den Zimmern im 1. Stock, einfache Ausstattung, behindertengerecht.

Feste und Veranstaltungen

- **Hille Puppille Figurentheater,** Klaus Menning, Am Hange 1, Tel. 02594-85912, www.hille-puppille.de. Kleinkunsttheater mit offen geführten Tisch- und Großfiguren für Kinder und Erwachsene, bietet Stücke zu aktuellen und zeitkritischen Themen.
- **Weihnachtsmarkt Buldern,** am 1. Adventswochenende rund um den Spieker, weitere Infos unter: www.buldern.de.

Wanderung

Rund um Rorup

Auf dieser Rundwanderung durch die Roruper und Daruper Mark genießt man eine leicht hügelige Landschaft. Ausgangspunkt ist die Kirche in Rorup. Man verlässt den Ort westwärts, vorbei an Haus Rorup und Haus Schwickering. Dann folgt man nordwärts der Markierung Raute durch die Roruper Mark bis in das Roruper Holz. Danach überquert man die L580 und wandert auf den Höhen der Daruper Mark weiter. Nun kommt man im Bereich der B252 an der Daruper Waldkapelle wieder auf die Markierung Raute. Durch einen Hohlweg gelangt man in die Ortslage Darup. Ab hier folgt man der Markierung X12 südwärts für ca. 1,2 Kilometer entlang der asphaltierten Straße. Dann biegt man nach links ab und folgt einem Feldweg durch die Ausläufer des Kestenbuschs. Nach erneutem leichten Aufstieg bietet sich eine weite Aussicht in das Umland. Letztlich wandert man für ca. zwei Kilometer entlang der Limberger Straße bis wieder die Kirche in Rorup erreicht wird.

- **Wegstrecke:** 15 km
- **Gehzeit:** 4 Std.
- **Schwierigkeitsgrad:** leicht bis mittel
- **Höhendifferenz:** 150 m

Wildpferde im Merfelder Bruch

Im **Naturschutzgebiet** Merfelder Bruch lebt eine Herde wilder Pferde. Die Tiere wurden schon 1316 erstmals urkundlich erwähnt, als sich die Herren *von Merfeldt* das Recht auf Jagd, Fischfang und die wilden Pferde im Bruch sicherten. Heute gibt es etwa **360 Wildpferde** dieser **„Dülmener"** genannten Rasse, die das einzig verbliebene Wildpferdevorkommen in Mitteleuropa bilden.

Durch die Ausdehnung der Ackerflächen, Urbarmachung von Mooren und Trockenlegung von Auen der ursprünglichen Münsterländer Landschaft wurde der Lebensraum der Wildpferde immer mehr eingeschränkt. Die Rasse wäre ausgestorben, hätte nicht *Alfred von Croy,* der 1836 das Merfelder Gelände übernommen hatte, 20 der noch wild lebenden Pferde eingefangen und auf das damals noch 33 ha große Ge-

lände der **Wildpferdebahn** im Merfelder Bruch bringen lassen. Die vollständig eingezäunte Reservatsfläche aus Weide, Moor, Heideflächen, Birkengestrüpp sowie Hochwald mit Nadelwäldern und Eichen ist inzwischen auf 360 ha ausgeweitet worden, in der die Tiere ohne menschlichen Eingriff frei leben. Einzig im Winter wird Heu ausgebracht. Mit Krankheiten und Geburten müssen die Tiere ohne tierärztliche Hilfe auskommen.

Die natürliche Selektion, ganz wie in freier Wildbahn, hat die Dülmener zu einer robusten und anspruchlosen Pferderasse mit einem Stockmaß von 1,30–1,35 m werden lassen. Ganz wild sind sie streng genommen aber nicht mehr, denn sie zeigen auch Merkmale der Domestizierung und Auswahlzucht, was an der Hängemähne und dem Stirnschopf zu erkennen ist.

www.fotolia.de © Krane

Andererseits sind die **Merkmale der Urpferde** noch dominant. Hellgraue und mausgraue Färbung geht auf das mongolische Przewalskipferd, graue Färbung auf das südrussische Tarpanpferd zurück. Beide Gruppen zeigen noch Zebrastreifen an Vorder- und Hinterbeinen und den schwarzen Aalstrich, der von der Mähne über den Rücken bis in den Schweif verläuft.

Alljährlich wird die Merfelder Herde zusammengetrieben, um die **einjährigen Hengste einzufangen.** Die geschieht durch Fänger per Hand, was viel Geschicklichkeit, Kraft und Ausdauer erfordert – und nicht immer auf Anhieb glückt. Anschließend werden die Einjährigen mit dem Brandzeichen des Herzogs *von Croy* versehen und dann **versteigert.** Die Eintrittskarten für dieses Spektakel sind Monate im Voraus ausverkauft.

- **Wildpferdefang,** letzter Sa im Mai, Arena an der L600 von Dülmen nach Borken, Veranstaltung ab 13.40 Uhr mit Vorführungen, 15 Uhr Einlauf der Pferde, Einfang, Versteigerung bis 18 Uhr, Tribünenkarten Stehplätze 9,50 €, Sitzplätze 26–32 €, Schwerbehinderte 21 €, Kinder unter 3 Jahren frei, Info: www.wildpferde.de.
- **Wildpferdebahn,** für Besucher Mitte März bis Oktober Sa, So und feiertags 10–18 Uhr geöffnet, Gruppen auf Anfrage, Zutritt 3 €, Kinder 1,50 €, Info: www.duelmen-marketing.de/1264.html.

< Aus biologischer Sicht ist die Herde der Dülmener Wildpferde im Merfelder Bruch nur „halbwild" – eine große Attraktion sind die Tiere dennoch

6

Münsterländer Ruhrgebiet

‹ Schloss Lembeck bei Dorsten

MÜNSTERLÄNDER RUHRGEBIET – DER SÜDWESTEN

Münsterländer Ruhrgebiet

Der gesamte Kreis Recklinghausen gehört verwaltungsmäßig zum Regierungsbezirk Münster. Die Stadtgebiete von Haltern am See und Dorsten werden als Teil des Münsterlandes betrachtet und bilden landschaftlich den Übergang zum Ruhrgebiet.

Haltern am See

- **Postleizahl:** 45721
- **Tel.-Vorwahl:** 02364, 02360 (Lippramsdorf)
- **Info:** Stadtagentur Haltern am See, Altes Rathaus, Markt 1, Tel. 933366, www.haltern-am-see.de

Haltern liegt an der **Mündung der Stever in die Lippe,** die hier die Grenze zwischen dem Münsterland und dem Ruhrgebiet bildet. In der Region breitet sich der **Naturpark Hohe Mark** mit seinen großen Wald-, Seen- und Moorgebieten aus. Vom Charakter her ist Haltern eher münsterländisch geprägt, orientiert sich aber zunehmend am Ruhrgebiet und ist inzwischen auch dem Regionalverband Ruhr angeschlossen.

Schon die **Römer** haben den Lippeübergang an der Stevermündung auf dem Weg vom Rhein zum Teutoburger

NICHT VERPASSEN!

- **LWL Römermuseum** – antike Zeugnisse im Münsterland | 305
- **Halterner Stausee** – vielfältige Sport- und Erholungsmöglichkeiten | 306
- **Schloss Lembeck** – reizvolles Wasserschloss mit Museum und wertvollen Stofftapeten | 312

Diese Tipps erkennt man an der gelben Hinterlegung

Wald mit Militärlagern befestigt und an dieser Stelle einen Umschlagshafen angelegt. Das mittelalterliche Haltern geht auf die Eroberung des Gebiets durch *Karl den Großen* und die Christianisierung zurück. So geht man davon aus, dass die Stadtpfarrkirche St. Sixtus schon karolingische, auf jeden Fall aber ottonische Wurzeln hat. Auch ein Haupthof des Münsteraner Bischofs hat seine Wurzeln in dieser Zeit.

1289 erhielt Haltern Stadtrechte und wurde befestigt, die Stadtmauer war um 1500 geschlossen. Als Mitglied der Hanse nahm Haltern im Spätmittelalter wirtschaftlichen Aufschwung, dem der Niedergang während des Dreißigjährigen Krieges folgte. Im Zuge der Industrialisierung wurden die Kohlezechen im südlich gelegenen Ruhrgebiet von Bedeutung. Inzwischen ist es aber die Wasserversorgung, die Haltern für das Ruhrgebiet so wichtig macht und die Erscheinungsstruktur der Stadt stark geändert hat. Ganz am Ende des Zweiten Weltkrieges wurde der Innenstadtkern von Haltern durch einen Bombenangriff zerstört. Nur noch wenige Fachwerkhäuser der ursprünglichen Bebauung blieben erhalten.

▷ Das Zentrum von Haltern mit der Kirche St. Sixtus

Sehenswertes

Die heutige **Stadtpfarrkirche St. Sixtus** am Markt ist ein 1874–85 errichteter neugotischer Backsteinbau mit Querschiff und Chor im 5/8-Schluss. Vom Vorgängerbau stammt das Antwerpener Altarretabel vom beginnenden 16. Jh. Sehenswert sind das **Halterner Kreuz,** ein Gabelkruzifix aus der Zeit um 1330/40 sowie das Steinepitaph für *W.G.A. von Galen,* 1710 durch *Johann Wilhelm Gröninger* geschaffen. Das Kreuz ist nach wie vor Ziel von Wallfahrten.

Der 1502 fertiggestellte **Siebenteufelsturm** (Turmstraße 11) ist das letzte erhaltene Stadttor der Stadtbefestigung, die Anfang des 19. Jh. abgetragen wurde.

Das 1575–77 errichtete **Alte Rathaus** (Markt 1) wurde nach der Zerstörung im Zweiten Weltkrieg in vereinfachter Form wieder aufgebaut. Der zweigeschossige Putzbau hat im Erdgeschoss Arkaden.

Entlang des Wesel-Datteln-Kanals gibt es drei Kirchen romanischen Ursprungs, davon zwei im Ortsteil Hamm-Bossendorf. Die **Heilig-Kreuz-Kirche** (Kirchweg) stammt aus dem 14. Jh., wobei Teile des Vorgängerbaus aus dem 12. Jh., wie etwa der Westturm, übernommen wurden. Die **Kapelle St. Katharina** (Kapellenweg) ist karolingischer Herkunft. Der heutige Bau inmitten eines rund ummauerten Friedhofs ist ein kleiner Bruchsteinsaal mit Rechteckchor aus dem 11./12. Jh.

Im Ortsteil Flaesheim steht die **Kapelle St. Maria Magdalena** (Stiftsplatz) als ehemalige Klosterkirche. Das Langhaus stammt im Kern aus dem aus dem frühen 13. Jh., der Chor vom Ende des 15. Jh. und der Turmunterbau aus dem 12. Jh. Die Gebäude des Klosters, das längst in ein freiweltliches Stift umgewandelt war, brannten 1790 ab und wurden nicht wieder errichtet.

LWL Römermuseum

Am Lippe-Ufer hat man archäologische Funde gemacht, die bezeugen, das sich hier einst ein wichtiger **römischer Militärstützpunkt** befand, möglicherweise das Römer-Kastell **Aliso.** Von hier aus wurde die Eroberung großer Teile Germaniens betrieben, die im Jahr 9 n. Chr. mit der Varusschlacht am Teutoburger Wald ihr Ende fand. 1200 Exponate zur Kultur und Technik der Römer, zu ihrer Bauleistung und Logistik, ihrer handwerklichen Kunstfertigkeit und zu ihrem Alltagsleben sind im Museum des Landschaftsverband Westfalen-Lippe (LWL) untergebracht. Im Außenbereich des Museums hat man die Realität des möglichen Kastells Aliso nachempfunden. Der Ausbau des Geländes erfolgte in zwei Abschnitten. Zunächst errichtete man das Westtor an der Stelle, wo Archäologen Spuren der einstigen Pfosten

090ml ot

164ml ot

im Boden gefunden haben. Anschließend wurden Teile der anschließenden Holz-Erde-Mauer mit ihren vorgelagerten Spitzgräben rekonstruiert. Der zweite Bauabschnitt widmete sich den Innenbauten. Alle Arbeiten wurden als archäologische Baustelle ausgeführt, also mit **römischen Handwerkstechniken** und den für die Zeit typischen Materialien und Werkzeugen.

■ **LWL Römermuseum,** Weseler Straße 100, Tel. 02364-93760, www.lwl-roemermuseum-haltern.de, Di–Fr 9–17 Uhr, Sa, So und feiertags 10–18 Uhr, barrierefrei, geschlossen am 24., 25. und 31.12. sowie 1.1., Eintritt 5 €, Kinder/Jugendliche bis 17 Jahre 1,50 €, Eintritt Museum und Römerbaustelle Aliso 6 €, ermäßigt 3 €, Kinder unter 17 Jahren frei.

Halterner Stausee

1930 wurde der Halterner Stausee mit einem Fassungsvermögen von ca. 20 Millionen Kubikmetern angelegt, den man 1985 um eine weitere Talsperre, den **Hullerner Stausee,** ergänzte. Die Halterner Seenlandschaften bieten vielfältige **Sport- und Freizeitmöglichkeiten** und gehören zur „Grünen Lunge des Ruhrgebiets". Seither darf sich die Stadt „Haltern am See" nennen.

Siebenteufelsturm in der Turmstraße 11

Silberseen

Nördlich von Haltern finden sich weitere Seen und Teiche. Im Zuge der Renaturierung der einst zum Quarzabbau ausgebaggerten Seen wurde der 100 ha große **Silbersee II** für die intensive Freizeitnutzung zum **Baden, Surfen und Tauchen** freigegeben, mit 800 m langem Sandstrand und großer Liegefläche. Ausreichend Pkw-, Motorrad- und Fahrradparkflächen, dazu sanitäre Anlagen, ein Imbiss und eine DLRG-Wachstation runden die Infrastruktur ab.

■ **Silbersee II,** www.silbersee-haltern.de. Zugang ist jederzeit frei, Eintritt 3 € (bei schönem Wetter), Parkplatzgebühr 2 € (für Pkw und Motorrad), 10 € (Wohnmobil bis 3 Tage), Badesaison Mai bis Sept. täglich 10–20 Uhr (außerhalb der Schulferien bis 19 Uhr), Surfsaison März bis Mitte Nov.

Ketteler Hof

Der Ketteler Hof bei Haltern, dessen Ursprünge auf das 15. Jahrhundert zurückgehen, war Sitz einer ritterbürtigen Familie. Ab 1800 wurde auf dem Hof eine **Gaststätte** betrieben. In den 1950er Jahren begann der Ausbau des Betriebs zu einem Ausflugslokal mit Freizeitpark mit naturnahen Park mit Wildgehegen, Ponyreiten und den ersten Erlebnisspielplätzen. Heute stellt sich der Ketteler Hof als **vielseitiger Erlebnispark** dar. Neben einem großen Außengelände mit Rutschen, Klettermöglichkeiten, Skaten, Wasserbereich etc. ist neuerdings ein Indoor-Bereich hinzugekommen, der Kindern spielerisch die verschiedenen Welten von der Arktis bis zum Dschungel näher bringt.

Ketteler Hof, Haltern am See-Lavesum, Rekener Straße 234, Tel. 02364-3409, www.kettelerhof.de. Eintritt 15 € (ab 2 Jahre), Saisonkarte 49 €, Jahreskarte 79 €, nur Park 7/9 €, Saisonkarte 20 €, div. Ermäßigungen.

Ein Teil des Halterner Stausees bietet die Möglichkeit zum Baden und Segeln

091ml ot

Lippramsdorf

Im westlichen Ortsteil Lippramsdorf steht die Burganlage **Haus Ostendorf** (Ostendorfer Straße 4). Die ursprünglich reichsunmittelbare Wasserburg war der Sitz des Ritters *Bernhard Bitter.* Inzwischen dient die durch Brand 1934 stark veränderte Anlage als Wohnsitz der Grafen *von Merveldt.*

Der **historische Spieker** ist als Heimatmuseum gestaltet und wird vom Heimatverein des Ortes betrieben.

- **Heimathaus Lippramsdorf,** Wehrstr., Ostern bis Anfang Nov. Di 14–18 Uhr, Gästebewirtung mit Kaffee und Erfrischungsgetränken, Eintritt frei, Info: www.heimatverein-lippramsdorf.de.

Sythen

Haus Sythen (Stockwieser Damm 25) im gleichnamigen Ortsteil wurde schon im 8. Jh. erwähnt. Von der ehemaligen Wasserburg, deren Herrenhaus 1971 abgerissen wurde, stehen noch das Torhaus mit Rundbogendurchfahrt und Schießscharten und die Kapelle mit Kreuzgratgewölbe. Malerisch dreht sich das Rad der **Sythener Mühle** am aufgestauten Halterner Mühlenbach gegenüber von Haus Sythen. Die historische Fachwerkmühle wurde zu einer Begegnungsstätte ausgebaut.

Praktische Tipps

Unterkunft, Essen und Trinken

- **Haus Teltrop**③, Haltern-Lippramsdorf, Dorstener Str. 649, Tel. 02360-99920, www.haus-teltrop.de. Rustikal eingerichtetes Restaurant bietet qualitätvolle tagesfrische und saisonale Spezialitäten, angeschlossener Hotelbetrieb mit stilvoll eingerichteten Zimmern.
- **Ratsstuben**④ im **Ratshotel**③, Mühlenstraße 3–5, Tel. 02364-3465, www.hotel-haltern.de. Exquisite Küche, ausgezeichnet mit einem Michelin-

092ml ot

Stern, So und Mo Ruhetage. Angeschlossenes Hotel mit komfortablen Zimmern.

Camping

■ **Freizeitpark Hoher Niemen,** Stockwieser Damm 263, Tel. 02364-2511, www.hoher-niemen.de. Freizeitanlage nahe dem Halterner Stausee und der Stever, großzügige Zeltwiesen und Stellplätze für Wohnmobile und Wohnwagen sowie Ganzjahresplätze in allen Größen.

Aktivitäten

■ **Prickingshof,** Haltern-Sythen, Niehüser Weg 14, Tel. 02364-9490030, www.prickingshof.de. Umstrukturierter Bauernhof mit vielen Attraktionen, Ziel von Bustouren aus nah und fern. 1,5 km Rundweg durch Stallungen mit Museum und Tierschau, Freiwildgehege, Kinderspielplatz, Speisewirtschaft, nachmittags „Danz-op-de-Deel", mit Fleischerei und Bäckerei, geöffnet Mo–Fr 9–18 Uhr, Sa, So und feiertags 9–19 Uhr (Winter bis 18 Uhr), 17.12.–25.1. Winterruhe. Eintritt 8 €, Jugendliche bis 18 Jahren 5 €, Kinder unter 10 Jahren frei.

■ **Ketteler Hof** (s.o.).

Feste und Veranstaltungen

■ **Halterner Kreuztracht,** alljährliche festliche Prozession mit dem „wundertätigen Kreuz" aus der St.-Sixtus-Kirche am Sonntag nach dem Fest Kreuzerhöhung (14. September) durch die Straßen Halterns. Info: www.st-sixtus.de/gottesdienste/grosse-kreuztracht. Darüber hinaus gibt es seit 1689 die **Wallfahrt zur Pilgerkirche St. Anna** auf dem Annaberg mit dem Gnadenbild der Anna selbdritt aus dem frühen 15. Jh.

☒ Heimathaus Lippramsdorf

Naturpark Hohe Mark-Westmünsterland

Über 1000 km² Fläche umfasst der Naturpark Hohe Mark-Westmünsterland, der sich von Bocholt und Wesel im Westen bis nach Datteln und Olfen im Osten, von Bottrop und Oberhausen im Süden bis nach Velen im Norden erstreckt. Vielfältig sind die Landschaftsformen in diesem Naturpark. Im Norden ist das Gelände von der Münsterländer Parklandschaft mit ihren Weiden, Äckern, Mooren und den allerorten eingebetteten Waldstücken geprägt. Im Süden breiten sich die Wälder des **Höhenzugs Hohe Mark** als Kernstück des Naturparks aus, als Teile davon die Rekener Berge, die Haard und die Borkenberge. Die höchste Erhebung wird von der 156 m hohen Kuppe des Stimberges in der Haard gebildet.

Die touristische Kernlandschaft stellt das **Seengebiet im Umland von Haltern** dar. Dies sind im Wesentlichen die drei Silberseen im Norden, entstanden durch Quarzsandabbau, und die beiden Talsperren, der Halterner und der Hullerner Stausee im Osten (s.o.).

Interessante Biotope werden von den Feuchtgebieten gebildet, so beispielsweise den als Fischteichen angelegten Gewässern am Nordrand des Naturparks nahe Dülmen. Dieses **Teich-, Torf- und Seengebiet** bietet wichtige Lebensräume für die typische Flora und Fauna und ist vor allem für viele Zugvögel ein Biotop von überregionaler Bedeutung. So hat sich die erste Westfälische **Kormoran-Kolonie** in der Heubachniederung bei Dülmen und eine große **Graureiherkolonie** auf der Overrather Insel im Halterner Stausee entwickeln können.

■ **Naturpark Hohe Mark-Westmünsterland e.V.,** Geschäftsstelle: Hagenwiese 40, 46348 Raesfeld, im Naturparkhaus Tiergarten Schloss Raesfeld, Tel. 02865-609113, www.hohemark-westmuensterland.de.

Dorsten

■ **Postleitzahl:** 46282
■ **Tel.-Vorwahl** 02362, 02369 (Lembeck)
■ **Info:** Stadtinfo Dorsten, Recklinghäuser Str. 20, Tel. 308080, www.stadtinfo-dorsten.de

Dorsten, südwestlich von Haltern beiderseits der **Lippe** und des parallel verlaufenden Wesel-Datteln-Kanals gelegen, ist die südlichste Stadt des Münsterlands.

Der Ort geht auf Siedlungen zurück, die schon im Werdener Urbar um 900 erwähnt wurden. Eine dieser Siedlungen

093ml ot

Der Marktplatz von Dorsten

wuchs um die Pfarrkirche St. Agatha am späteren Oberhof Dorsten. Hier war die Christianisierung durch die Kölner Erzbischöfe betrieben worden, die Dorsten 1251 das Stadtrecht verliehen. Wie Haltern wurde Dorsten Mitglied der Hanse. 1275 erhielt es eine Münzstätte, deren „Dorstener Pfennige", 1,35 g schwere Silbermünzen, überregionale Bedeutung hatten. Die Stadtbefestigung wurde noch im Dreißigjährigen Krieg verstärkt, aber schon ab 1674 wieder geschleift, die Tore wurden 1827 weitgehend abgerissen.

Industrialisierung und Zechengründungen führten ab dem 19. Jh. zu starkem Wirtschafts- und Bevölkerungswachstum. Gegen Ende des Zeiten Weltkrieges wurde die Stadt noch zu vier Fünfteln zerstört. Der Strukturwandel nach dem Krieg gipfelte in der **Schließung der letzten Zeche** im Raum Dorsten im Jahr 2001.

Sehenswertes

Das 1567 errichtete **Alte Rathaus** (Markt 1) ist das prägende Gebäude am Markt. Der ursprüngliche Renaissance-Gebäude wurde Ende des 18. Jh. aufgestockt, mit einer Vorhalle versehen und als Stadtwaage genutzt. Es diente dann als Rathaus, heute als Veranstaltungs- und Informationszentrum.

Zur Wiederbelebung des alten Stadtbildes wurden ab dem Jahr 2000 Teile der **Stadtgräben** aus der Zeit der Ummauerung im Bereich des Platzes der Deutschen Einheit und am Recklinghäuser Tor neu ausgehoben. Am Westgraben stehen noch zwei der alten **Stadttürme,** die als Wohnhaus bzw. als Gefallenengedächtnisstätte dienen.

Jüdisches Museum

Von großer Bedeutung für Dorsten und das Umland ist das Jüdische Museum. Die Dauerausstellung dokumentiert die **Geschichte der westfälischen Juden** vom Mittelalter bis in die Gegenwart anhand beispielhafter und schicksalhafter Lebensläufe. Das 1992 eröffnete Museum konnte 2001 um einen modernen Anbau erweitert werden.

■ **Jüdisches Museum Westfalen,** Julius-Ambrunn-Str. 1, Tel. 02362-45279, www.jmw-dorsten.de, Di–Fr 10–12.30 und 15–18 Uhr, Sa, So und feiertags 14–17 Uhr, Weihnachten/Neujahr geschlossen, Eintritt 4 €, ermäßigt 2,50 €.

Tüshaus-Mühle

Im Ortsteil **Deuten,** 6 km nördlich des Zentrums, steht die Tüshaus-Mühle. Die Geschichte des Tüshaus-Hofes lässt sich bis ins 14. Jh. zurückverfolgen. Hier hatten die Herren *zu Lembeck* das Wasserrecht. Die zum Hof gehörige und 1752 aufgestockte Mühle war zunächst eine Walkmühle zur Filzherstellung, denn in der von Sandböden geprägten Umgebung wurde Schafzucht betrieben. Im 19. Jh. wurde die Mühle zur **Ölpresse und Getreidemühle** umfunktioniert und bis 1948 betrieben. Strom wurde bis in die 1970er Jahre erzeugt und ins Netz eingespeist. Heute ist die Mühle ein **technisches Denkmal.** Das über 200 Jahre alte Backhaus vor der Mühle stammt vom ehemaligen **Hof Punsmann** im nahe gelegenen Emmelkamp; es wurde hier original wieder aufgebaut. Am Mühlentag und zu anderen Gegebenheiten wird hier wieder Brot gebacken. In den an die Mühle angrenzenden Stauteichen werden Forellen gezüchtet.

Tüshaus-Mühle, , www.hof-tueshaus.de/die-muehle, geöffnet April bis Okt., Führungen 1. und 3. So im Monat, 14–17 Uhr, Führungen auf Anfrage, Info: Kulturamt Dorsten, Tel. 02362-664050, anbei Forellenzucht und Sportangeln, Tel. 0176-8209 1297, tagsüber geöffnet, Mi Ruhetag.

Lembeck

Der 12 km nördlich von Dorsten gelegene Ortsteil Lembeck wurde erst durch die Gebietsreform von 1975 eingemeindet. Im Ortskern ist die **Pfarrkirche St. Laurentius** (Laurentiusstiege 3) von besonderem Interesse, eine 1936/37 errichtete, genordete Basilika, in die der aus dem 15. Jh. stammende asymmetrische, zweischiffige Vorgängerbau mit Chor samt spätgotischem Westturm als Querschiff integriert wurde.

Die kleine **Michaelskapelle** (Rhader Straße 132) wurde als verputzter Saalbau mit Apsis und Dachreiter 1726 von *Johann Conrad Schlaun* gestaltet. Sehenswert ist die mit Stuck und Gemälden verzierte Holztonnendecke. Das Chorgestühl wurde aus früheren, im 16. Jh. geschnitzten Materialien zusammengesetzt.

Wikimedia Commons © H.Helmlechner

Schloss Lembeck

Schloss Lembeck

Die Ritter *von Lembeck* waren seit dem 11. Jh. Herren eines bischöflichen Haupthofes. 1526 ging der Besitz an die Familie *von Westerholt* über, die hier **eines der schönsten Wasserschlösser** des

Münsterlandes anlegte. Im Tal des Wienbaches reihen sich die einzelnen Bauten entlang einer westwärts über den Bach verlaufenden Achse aneinander.

1670–92 ließ *Dietrich Conrad Adolf von Westerhold-Hackfurt* anstelle eines Vorgängerbaus und unter Einbeziehung von Bauteilen derselben eine der größten barocken Schlossanlagen errichten. Die bis heute in Familienbesitz befindliche Anlage beheimatet ein **Schlossmuseum,** das unter anderem Kunstgegenstände darbietet, welche die Besitzerfamilie in mehr als 300 Jahren zusammengetragen hat. Das Turmzimmer der Bibliothek dient auch als Standesamt. Im Dachgeschoss des Haupthauses zeigt das vom Heimatverein Lembeck betriebene **Heimatmuseum** eine Ausstellung historischer handwerklicher Gerätschaften.

Die Bauten des Vorwerks der Schlossanlage an der Landstraße nach Dorsten stammen aus dem 18. und 19. Jh. Die ostwärts zum Schloss verlaufende Mittelachse führt zunächst durch zwei Brückenpfeileranlagen über eine Brücke der Hauptgräfte zur **Vorburg.** Dieser einst dreiflügelige Bauteil, dessen Nordflügel 1887 abbrannte, wurde 1700 errichtet. Der mittige Torturm erhielt 1730 ein Mansarddach. Die Eckpavillons der Flügel sind mit einigen Schießscharten versehen.

Die Mittelachse führt weiter über die Vorburginsel und eine zweite Brücke auf die Insel der in Natursteinbauweise errichteten, zweiflügeligen **Hauptburg,** deren dritter Flügel offensichtlich geplant, aber tatsächlich nie ausgeführt wurde. Die schlicht gehaltene Front ziert ein zweigeschossiges **Portal** mit einer Marienstatue und weist an den Ecken Pavillontürme mit geschweiften Hauben auf. Im Pavillon am Seitenflügel befindet sich die Hauskapelle.

Im Inneren erschließt ein mittiger Korridor das Gebäude. Wertvoll sind die mit Rokokomotiven bemalten Stofftapeten. Der **Saal im Seitenflügel** mit feiner Stuckdecke wurde 1730 von *Johann Conrad Schlaun* konzipiert.

Die Mittelachse setzt sich durch die Schlossinsel über die Hauptgräfte in

dem nach Entwürfen von *August Reinking* nach französischem Vorbild angelegten **Barockgarten** fort.

■ **Schloss Lembeck,** Schloss 2, Tel. 02369-7167, www.schlosslembeck.de. Heimatmuseum, geöffnet Sa, So und feiertags 11–18 Uhr, Führungen stündlich, Sonderöffnungszeiten während der Rhododendrenblüte, Park geöffnet Mo bis Fr 10–17 Uhr, Sa, So und feiertags 10–18 Uhr, Eintritt Museum und Park 6 €, Jugendliche 13–17 Jahre 4,50 €, Kinder (3–12 Jahre) 3,50 €, Familienticket Museum (2 Erwachsene und 2 Kinder/Jugendliche) 18 €, nur Schlosspark 4,50 €, Jugendliche 3,50 €, Kinder 3 €, Familienticket 13 €.

■ 1. Juni-Wochenende **Landpartie** mit Ausstellern der Bereiche Landleben, Gartenschmuck, Kunsthandwerk etc., Tageskasse 15 €, Online-VVK ab 12,50 € (Kinder bis 14 Jahre frei), Info: www.landpartie.com/veranstaltung/landpartie-schloss-lembeck.

www.stock.adobe.com © Dörthe Huth

Praktische Tipps

Unterkunft, Essen und Trinken

■ **Das kleine Landhotel**③, Söltener Landweg 127, Tel. 2362-94690, www.das-kleine-landhotel.de. Kleines Hotel in ruhiger Lage in der Wald- und Wiesenlandschaft des Naturparks Hohe Mark, mit **Wirtshaus Durstine,** bietet regionale Küche (auch vegetarisch), Mo Ruhetag.

■ **Restaurant Rosin**⑤, Dorsten-Wulfen, Hervester Str. 18, Tel. 02369-6835, www.frankrosin.de. Elegantes Spitzenrestaurant des Kochs *Frank Rosin,* innovative Gourmetküche, enorme Weinkarte, Reservierung erforderlich, So und Mo Ruhetag.

■ **Restaurant Goldener Anker**④, Lippetor 4, Tel. 02362-22553, www.goldeneranker.info. Im Zentrum. Fernsehkoch *Björn Freitag* bietet eine fantasievolle, leichte Sterneküche mit französischem Einschlag, Reservierung erforderlich, Mo und Di Ruhetag.

■ **CurryStation52,** Dorsten-Feldmark, Bochumer Straße 52, mobil: 0178-3371452, Currywurst und Pommes in einer ehemaligen Tankstelle, heute Denkmal, das noch den Charme der 1950er Jahre versprüht, nach langem Leerstand mit Unterstützung des Dorstener Sternekochs *Björn Freitag* revitalisiert.

Feste und Veranstaltungen

■ **Tiermarkt,** 1. So im Mai, angeboten werden neben Ponys und Kleintieren typische Kramwaren, begleitet von Musik und Tanz der heimischen Vereine, zieht Zehntausende von Besuchern an, www.lembeck.de/lembeck-von-a-bis-z/tiermarkt-lembeck.

[<] Der Wesel-Dattel-Kanal im Herbst

7

Borkener Land

⊲ Das Torhaus von Stift Asbeck bei Legden

Diepen-veen
Borgele
Platvoet
Elzerslanden
Deventer
Bergweide
Twello
Colmschate
Bathmen
Overijssel kanaal
Platvoet
N348
N332
N344
Holten
Rijssen
Enter
Twentekanaal
Markelo
Goor
Gorssel
IJssel
N348
N332
Laren
Twentekanaal
N346
Diepenheim
Voorst
Twentekanaal
Almen
Lochem
Berkel
Warnsfeld
Hoven
Zutphen
N346
Neede
N315
Borculo
IJssel
Brummen
Vorden
Eibergen
Ruurlo
N18
N348
Beltrum
Steenderen
Spankeren
Hengelo
NIEDERLANDE
N319
Groenlo
N314
N312
Keijenborg
N317
Doesburg
Hummelo
Zelhem
Angerlo
Oude IJssel
N316
Lichtenvoorde
Doetinchem
Wehl
N18
Didam
18
Varsseveld
N318
Gaandere
N335
Aalten
Terborg
Ulft
N316
N317
s'-Heerenberg
Gentringen
Dinxperlo
Haus Diepenbrock
Elten
341
Anholt
334
333
Rijnwarden
Schloss Anholt
Bocholter Aa
Bocholt
Rhede
Emmerich
3
340
344
Anholter Schweiz
Isselburg
Schloss Rhede
Brienen
Rhein
345
Werth
Rindern
B220
Keelen
Issel
B67
Kleve
Kalflack
B8
B473
333
Dingdener Heide
Haldern
Dingden
Bedburg
Rees

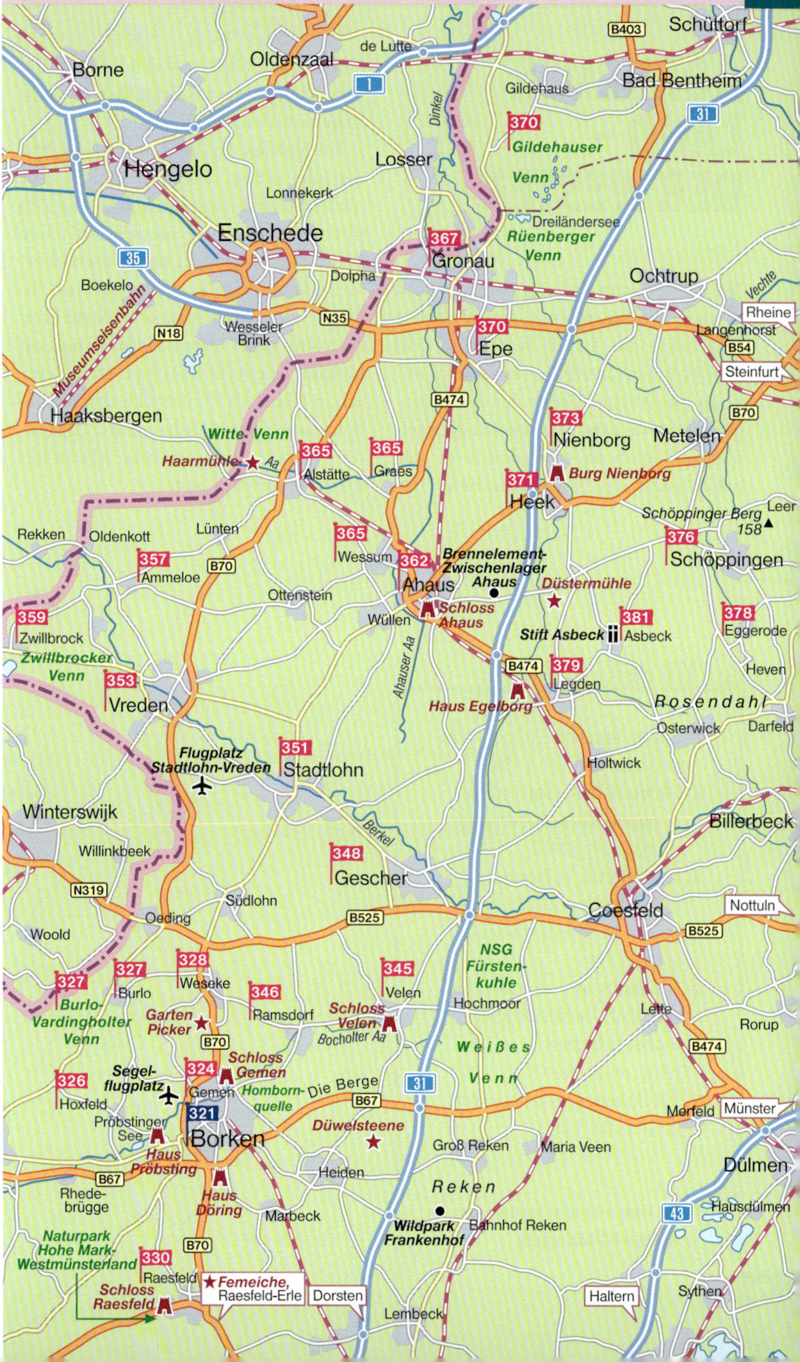

Schüttorf
B403
de Lutte
Borne
Oldenzaal
1
Gildehaus
Bad Bentheim
Dinkel
31
370
Gildehauser
Venn
Hengelo
Losser
Lonnekerk
Dreiländersee
Rüenberger
Venn
Enschede
367
Gronau
35
Ochtrup
Boekelo
Dolpha
Vechte
Rheine
Museumseisenbahn
N35
370
Langenhorst
N18
Wesseler
Brink
Epe
B54
Steinfurt
B474
B70
Haaksbergen
373
Nienborg
Metelen
Witte Venn
365
365
Haarmühle
Aa
Alstätte
Graes
371
Burg Nienborg
Heek
Leer
Schöppinger Berg
158
Rekken
Oldenkott
Lünten
365
376
357
Wessum
362
Brennelement-
Zwischenlager
Ahaus
Schöppingen
Ammeloe
B70
Ahaus
Düstermühle
Ottenstein
359
Schloss
Ahaus
Wüllen
381
378
Zwillbrock
Stift Asbeck
Asbeck
Eggerode
Zwillbrocker
Venn
Ahauser Aa
B474
379
353
Legden
Heven
Vreden
Haus Egelborg
Rosendahl
Osterwick
Darfeld
Flugplatz
Stadtlohn-Vreden
351
Stadtlohn
Holtwick
Winterswijk
Berkel
Billerbeck
Willinkbeek
348
Gescher
N319
Südlohn
Nottuln
Oeding
B525
Coesfeld
Woold
B525
NSG
Fürsten-
kuhle
327
328
345
327
Burlo
Weseke
346
Velen
Hochmoor
Burlo-
Vardingholter
Venn
Garten
Picker
Ramsdorf
Schloss
Velen
Lette
Rorup
Bocholter Aa
B70
Weißes
B474
Segel-
flugplatz
324
Schloss
Gemen
Venn
326
Gemen
Homborn-
quelle
Die Berge
31
Hoxfeld
B67
Merfeld
Münster
321
Pröbstinger
See
Düwelsteene
Borken
Groß Reken
Maria Veen
Haus
Pröbsting
Dülmen
B67
Heiden
Rhede-
brügge
Haus
Döring
Reken
Marbeck
43
Hausdülmen
Naturpark
Hohe Mark-
Westmünsterland
Wildpark
Frankenhof
Bahnhof Reken
B70
330
Raesfeld
Femeiche,
Raesfeld-Erle
Dorsten
Schloss
Raesfeld
Haltern
Sythen
Lembeck

BORKENER LAND – DER WESTEN

Je weiter man sich im Münsterland nach Westen bewegt, desto flacher zeigt sich das Land. Im Raum von Schöppingen streift das Borkener Land noch die Westausläufer der Baumberge, aber dann geht es in die Niederrheinische Tiefebene und damit in das breite Band des Norddeutschen Tieflandes über. Gleichzeitig wird auch der niederländische Einfluss immer deutlicher spürbar.

Im Norden der Region liegt das historische Gebiet des Hamalandes, eine mittelalterliche Gaugrafschaft, die sich über die heutigen niederländischen Provinzen Overijssel und Deventer erstreckte und bis ins Münsterland hineinreichte. Eine ausgeschilderte Freizeitroute führt über 255 km Länge auf kleinen niederländischen und deutschen Nebenstraßen durch das Hamaland (www.hamalandroute.de). Besonders reizvoll sind dabei die Alleen auf niederländischer Seite.

NICHT VERPASSEN!

- **Schloss Raesfeld** – Wasserschloss mit Sterndeuterturm | 330
- **Schloss Anholt** – mit Gemäldesammlung und englischem Landschaftsgarten | 341
- **Klosterkirche St. Franziskus in Zwillbrock** – barockes Meisterwerk an der niederländischen Grenze | 359
- **Schloss Ahaus** – ein großartiges ehemaliges Jagdschloss | 362
- **Gronauer Jazzfest** – Festival von internationalem Rang | 367
- **Stift Asbeck** – beeindruckendes Bauensemble | 381

Diese Tipps erkennt man an der gelben Hinterlegung

[>] Haus Pröbsting bei Borken

Borken

- **Postleitzahl:** 46325
- **Tel.-Vorwahl:** 02861, 02862 (Weseke, Burlo)
- **Info:** Tourismus-Info, Markt 15, Tel. 939 252, www.borken.de

Borken ist die Hauptstadt des gleichnamigen Kreises im westlichen Münsterland. Das Gebiet ist sehr flach: Hier erhebt sich das Gelände nur 50 m über dem Meeresspiegel. Allerdings reicht der Höhenzug der Hohen Mark mit ihren bewaldeten, bis knapp 100 m hohen, **Die Berge** genannten Ausläufern bis ans Stadtgebiet von Borken heran. Weiter westlich beherrschen Weiden- und Ackerareale das Landschaftsbild, in das nur kleinere Waldstücke eingebettet sind.

Stadtgeschichte

Schon in karolingischer Zeit befand sich an dem damals noch *Burk* genannten Übergang über die Bocholter Aa ein Königshof, der von *Karl dem Großen* aufgesucht wurde. In die Zeit um 800 fiel auch die Gründung der St. Remigiuspfarre an diesem Königshof. Um 1000 erfolgte die erste urkundliche Erwähnung des Borkumer Ortsteils Weseke im Güterverzeichnis des Klosters Werden. 1220 gründete ein Mönch namens *Siegfried* im Borkumer Ortsteil Burlo eine Kapelle. 1226 verlieh der Münsteraner Bischof *Dietrich II. von Isenburg* Borken die

095ml ot

Borken

0 150 m
© Reise Know-How
Muen15 3/21
1 Schloss Gemen, Garten Picker, Gemen, Weseke
An der Aa
Kapellenstr.
Paulskampstraße
Becklingsweg
An der Nordbahn
Nordring
Poststraße
Bahnhof
Jahnstraße
Am Replingsfunder
Johann-Walling-Straße
Bischof-Dietrich-Str.
Kardinal-von-Galen-Straße
Heidener Straße
Heinrich-Leifels-Str.
Realschulstraße
Butenwall
Im Piepershagen
Bahnhofstraße
2
Thielkeskamp
Diebesturm
Am Kuhm
Johann-Walling-Str.
Segelflugplatz, Burlo
Turmstraße
De-Wynen-Gasse
Wilbecke
Bierbaumstriege
Kuhmturm
Brinkstraße
3 Haus Pröbsting, Pröbstingsee, Hoxfeld
Heilig-Geist-Kirche
Mühlenstraße
Hl.-Geist-Str.
St. Remigius
Am Papendiek
Wasserstiege
Markt
Wallstraße
Neutor
An der Seilerei
Holkenturm
Sternstr.
Kapuzinerstr.
Mönkenstiege
Johanneskirche
Doktorskamp
Propsteipfarramt
Johanniterstraße
Wallenstraße
Wedemhoveturm
Lange Stiege
An der Alten Windmühle
Windmühlenturm
Borkener Aa
Weseler Landstraße
Am Boltenhof
Nünningsweg
4
Übernachtung
3 Landhaus Grüneklee
4 Stadthotel Borken
Essen und Trinken
1 Forellenhof
2 Villa
3 Landhaus Grüneklee
Windthorststraße
Siegenweg
Raesfelder Straße
Im Großen Esch
Hawerkämpe
Parkstraße
Freizeitbad Aquarius
Haus Döring

Stadtrechte. 1249 wurde nachweislich der erste Markt in der jungen Stadt abgehalten. Sie gewann schnell an Bedeutung und trat 1255 dem Rheinischen Städtebund bei. Im 14. Jh. wurde die Stadtbefestigung mit acht Rundtürmen ausgebaut. Im 16. Jh. war Borken Hansestadt, litt aber unter den Kriegsereignissen bis ins 17. Jh. sehr. Im 19. Jh. brachte die aufkommende Industrialisierung mit Leinen- und Baumwollverarbeitung den Bewohnern erneut großen Wohlstand. Ende des Zweiten Weltkrieges wurde Borken durch Bombenangriffe zu vier Fünfteln zerstört.

Sehenswertes

Stadttürme

Die Stadtbefestigung bestand zu Beginn des 15. Jh. aus einem geschlossenen Mauerring. Von den einst acht backsteinernen, vielfach mit Rautenmustern aus glasierten Ziegeln geschmückten Rundtürmen sind noch fünf erhalten. 16 m hoch, innen 5,70 m im Durchmesser und bis zu 2,20 m dick ist das Gemäuer des **Diebesturms** (Turmstr. 33), der nach schwerer Kriegszerstörung wieder aufgebaut wurde und heute auch als Trauzimmer des Standesamts dient. Der „Schiefe Turm von Borken" ist der **Kuhmturm** (Am Kuhm 39), der 60 cm aus dem Lot ist. 1913 bekam er sein neues Zeltdach. Der **Wedemhoveturm** (Am Papendieck 15) erhielt 1908 einen Treppenturm angebaut – beide bekamen dabei ein Kegeldach aufgesetzt. Der sich nach oben verjüngende **Windmühlenturm** (An der Alten Windmühle) wurde von Anfang des 17. Jh. bis 1869, als ein Sturm den Flügel zerstörte, als Windmühle genutzt, heute ist er in Privatbesitz. Seitlich schließen sich noch Reste der Stadtmauer an. Im **Holkenturm** (Wallstr. 5) war einst die Wohnung des Stadtkommandanten untergebracht.

St. Remigius

Die um 800 begründete Pfarrkirche St. Remigius (Remigiusstr. 3), seit 1934 **Propsteikirche,** hat ihren Ursprung in einer kleinen Holzkirche, an deren Stelle um 1100 ein steinerner Saalbau entstand. Dieser Bau erhielt um 1160 einen mächtigen Turm und wurde Anfang des 15. Jh. durch die heutige dreischiffige Hallenkirche ersetzt. Der aufgestockte Turm des Vorgängerbaus überragt bis heute die Stadt. Die Verlängerung der Kirche um ein Joch erfolgte zusammen mit dem Neubau des Chors 1872–74. Reich ist die Ausstattung der Kirche mit romanischem Taufstein, Antwerpener Triptychon, Gabelkruzifix, Pietà und verschiedenen Skulpturen.

Das zweigeschossige verputzte **Propsteipfarramt** (Papenstegge 10) steht südöstlich der Remigiuskirche inmitten einer Grünanlage. Es wurde 1769 erbaut.

Johanneskirche

Die Johanneskirche (Johanniterstraße / Ecke Kapuzinerstr.) ist heute Filialkirche von St. Remigius. Um 1200 stand an ihrem Standort schon eine Ludgeruskapelle, 1263 bauten Johanniter hier eine Kirche und ein Ordenshaus. Die Gebäude verfielen und wurden 1658 an die Kapuziner veräußert. 1649 entstand nach dem

Entwurf des Kapuzinermönchs *Ambrosius von Oelde* eine neue Kirche im Barockstil, die 1777 ein zusätzliches Seitenschiff erhielt. Zu ihrer barocken Ausstattung zählen eine Strahlenmadonna, der Hochaltar, der Seitenaltar mit einem Gnadenbild sowie die Kanzel.

Heilig-Geist-Kirche und Stadtmuseum

Die ehemalige Heilig-Geist-Kirche am Markt war einst das Gotteshaus des Armenspitals zum Heiligen Geist. Sie wurde 1390 als herausragendes Beispiel **norddeutscher Backsteingotik** mit Schaugiebel an der Nord- und Südseite, Blendarkaden, Bogenfriesen und Rautenmustern aus glasierten Ziegeln errichtet. Der schon 1809 profanierte, schlichte, rechteckige Sakralbau wurde nach Kriegsschäden als Ratssaal hergerichtet.

Im Obergeschoss der Kirche und im benachbarten **ehemaligen Rathaus** ist das Borkener Stadtmuseum untergebracht, das neben Exponaten zur **Stadt- und Regionalgeschichte** eine Sammlung historischer **Puppen** und Sonderausstellungen zeigt. Nach Umbau wurde das Stadtmuseum mit dem neuen Namen **FARB** (Forum Altes Rathaus Borken) und neuer Bestimmung 2020 als städtischer Kulturort für Museumsbesucher, Touristen und Kulturinteressierte wiedereröffnet. Geboten werden Erlebnisse auf mehreren Ebenen wie der Geschichte, der Freizeit, flankiert von Veranstaltungen und Begegnungen.

☒ Schloss Gemen

■ **Stadtmuseum FARB,** Heilig-Geist-Str. 12, Tel. 02861-939242 (Stadtverwaltung), www.borken.de, Di–Sa 15–18 Uhr, So 10.30–17.30 Uhr, Sonderöffnungszeiten an Feiertagen, Karfreitag, Oster- und Pfingstmontag, Weihnachten und 31.12. geschlossen, Eintritt frei, Sonderausstellungen Eintritt 5 €.

Haus Döring

Haus Döring im südlichen Borkener Ortsteil Marbeck (Haus Döringweg 5) ist von großer burgengeschichtlicher Bedeutung. Es handelt sich um eine von doppelten Gräften umgebene, bis heute erhaltene **mittelalterliche Motte.** Hier errichtete der Ritter *von Dornichove* 1292 auf einem acht Meter hoch aufgeworfenen Hügel im Graben seine Burg. Auf der zweiten Insel standen die Wirtschaftsgebäude mit der Mühle, die als Vorburg den Zugang zur Hügelburg schützte. Die heutige **Wassermühle,** ein rechteckiger Backsteinbau mit Sandsteindetails, geht auf das Ende des 17. Jh. zurück. Auf dem Hügel steht weiterhin ein 1727 gebauter, zweigeschossiger Barockbau auf den Kellerresten der mittelalterlichen Burg.

Gemen

Der sich unmittelbar ans eigentliche Stadtgebiet Borkens anschließende Ortsteil Gemen wird von seiner Burganlage beherrscht. Zur Absicherung der Anlage nach Westen waren zwei umgräftete Ortsteile angelegt worden, die Obere Freiheit als Sitz der Burgmannen und die Niedere Freiheit für die gemeine Bevölkerung.

096ml ot

Schloss Gemen

Schloss Gemen (Burgbezirk 1) geht im Ursprung auf eine Motte (Burg) zurück, die möglicherweise schon im 8. Jh. bestand, erstmals aber 1280 erwähnt wurde, als schon eine Vorburg zur Hauptburg existierte. Reste davon sind noch in der heutigen Bausubstanz zu erkennen. Aus der Motte entstand zunächst eine Ringburg mit einem Bergfried, dessen zwei Meter dicke Fundamentreste ausgegraben wurden. Im 14. Jh. erfolgte der Ausbau zu einer doppelt so großen Burganlage mit Palas und Wohnturm.

Im 15. Jh. wurde die Anlage zum Schloss in heutiger Größe ausgebaut, um dann bis zum 17. Jh. ihr heutiges Aussehen aus Hauptburg, ehemaliger Vorburg, neuer Vorburg und Schleusenturm in weitläufiger, aus der Bocholter Aa gespeister Umgräftung zu erhalten. Die verputzte und mit Quaderfugen versehene **Hauptburg** zeigt sich als U-förmiger, nach Süden offener Bau mit nordwestlichem Batterieturm unter einem Kegeldach und schlankerem Ballturm mit welscher Haube im Westen auf einer der beiden Inseln in der Hauptgräfte. Der zentrale Bauteil der Anlage wird vom dreigeschossigen, mit einem Walmdach eingedeckten Westbau gebildet. Der Grundriss des Nordflügels folgt der gebogenen Schildmauer. Der aus Quadergestein aufgemauerte und außenseitig mit Treppengiebel versehene Ostflügel hat an seiner Hofseite einen Treppenturm mit Uhrengeschoss und barocker Haube.

Die **Vorburg** auf der zweiten Hauptinsel war schon im 17. Jh. abgerissen worden. Die neue Vorburg aus zwei zweigeschossigen Backsteinbauten entstand Ende des 19. Jh. mit neu angelegter Südzufahrt zum Schloss. Der **Schleusenturm** ist ein quadratischer Backsteinbau aus dem 15. Jh., mit dem der Wasserstand der Hauptgräfte reguliert wurde.

Nach dem Zweiten Weltkrieg wurde Burg Gemen an das Erzbistum Münster verpachtet, das seither dort eine Jugendbildungsstätte betreibt.

Johanneskirche

Die evangelische Johanneskirche in Gemen (Coesfelder Straße/Ecke Ahauser Straße) wurde 1703–10 außerhalb der alten Freiheit, die die Obere und Niedere Freiheit umfasste, als reformierte Kirche errichtet. Ihre Glasfenster gelten als bedeutendster **barocker Glasfensterzyklus** im Münsterland. Typisch ist der Verzicht auf religiöse Motive, genauso typisch die schlichte Ausstattung der Kirche.

Franziskanerkloster

Das ehemalige Franziskanerkloster in Gemen (Freiheit 20) wurde 1719 gestiftet. Der Komplex aus Klosterkirche und sich anschließendem Konventsgebäude ist einzigartig in seinen münsterländischen Barockformen, weil die meisten städtischen Klostergebäude dieser Zeit im Land nicht mehr existieren. Die heutige **Pfarrkirche zur unbefleckten Empfängnis** ist ein schlichter Backsteinsaalbau mit gegliederter Fassade aus Lisenen, Giebelaufsatz und Sandsteinskulpturen beiderseits des Portals. Die Ausstattung mit Hochaltar und Kreuzigungsgruppe, pokalförmigem Taufstein, Orgelempore, Gestühl und Sakristei ist komplett erhalten. Das streng proportionierte, zweigeschossige **Konventsgebäude** dient als Pfarrhaus.

Hoxfeld

Haus Pröbsting und Pröbstingsee

Im Borkener Ortsteil Hoxfeld steht Haus Pröbsting (Pröbstinger Allee 14) als einstiges Rittergut, das schon 1221 als ein Probsteigut des Stiftes Vreden erwähnt wurde. Nach dem Zweiten Weltkrieg drohte der Bau aus dem 17. Jh. zu zerfallen. Seit dem Wiederaufbau 1988 zeigt es sich heute als reizvolles Wasserschloss nahe dem Pröbstingsee. Im Schloss ist eine Privatklinik untergebracht.

Der Pröpstingsee wird als **Badesee und Freizeitgelände** genutzt. Am See liegt ein Campingplatz mit Sandstrand und Liegewiese, Angelmöglichkeit und Bootsverleih, Minigolf, Spielplätzen, Volleyball und Basketballfeld sowie Gastronomie.

■ **Ferien- und Erholungsgebiet Pröbstingsee,** Borken-Hoxfeld, Pröbstinger Busch 14, Info: Tourist-Info Borken, Markt 15, Tel. 02861-939252, Info: www.borken.de/tourismus/urlaub-und-freizeit/freizeit-und-erholungspark-proebstingsee.html.

■ **Bootshaus am Pröbstingsee,** Gastronomie und Bootsverleih, 46325 Borken, Pröbstinger Allee 11, Tel. 02861-9029494, www.bootshaus-proebstingsee.de, geöffnet von Mitte März bis Mitte Oktober.

■ **Campingplatz Pröbstingsee,** 46325 Borken, Pröbstinger Allee 14, Tel. 02861-7870, www.campingborkenamsee.de. Direkter Zugang zum Badestrand, 312 Stellflächen für Dauergäste, 65 für sonstige Gäste, ganzjährig geöffnet.

Kletterwald Borken, Am Pröpstingsee, Pröbstinger Busch 16, Tel. 02861-604330, www.kletterwald-borken.de. Bietet verschiedene Parcours unterschiedlicher Schwierigkeitsgrade, speziell auch einen Parcours für Kleinkinder, Einzelpreis 20 €, Kinder von 13 bis 17 Jahren 16 €, Kinder bis 12 Jahre 12 €, nur Kleinkinderparcours 6 €.

Sternwarte

Auf dem höchsten Punkt auf Borkener Gebiet wurde 2003 eine Sternwarte errichtet. Sie ist mit dem bislang größten Serienteleskop, einem 16-Zoll-Schmidt-Cassegrain-Teleskop, ausgerüstet. Damit können beispielsweise der Mond, die Planeten unseres Sonnensystems, galaktische Staubnebel, Sternhaufen und weit entfernte Galaxien betrachtet werden.. Vom Parkplatz am Pröbstingsee führt ein Planetenweg (6 km) zur Sternwarte, auf dem man mit jedem Schritt 1 km zum fernen Zwergplaneten Pluto zurücklegt.

Josef-Bresser-Sternwarte, Borken-Hoxfeld, Vardingholter Straße / Ant Kruse Bömken 21, Tel. 02861-805881, www.josef-bresser-sternwarte.de. Betrieben durch die Mitglieder des Vereins der Sternfreunde Borken e.V., geöffnet bei klarem Wetter je nach Jahreszeit jeweils Do ab 20.30 Uhr bzw. ab 22.30 Uhr.

Burlo

Im nordwestlichen Borkener Ortsteil Burlo entstand 1245 eine Niederlassung der Wilhelmiten-Eremiten, die sich 1448 dem Zisterzienserorden anschlossen. Die drei östlichen Joche der **Klosterkirche St. Maria** (Vennweg 6) samt Chorschluss stammen aus dem 13. Jh. Später wurde der Bau um weitere fünf Joche erweitert. Dabei wurden beide Teile eingewölbt und 1474 geweiht. Die 1757 errichtete Sakristei dient heute als Kapelle. Einige Fenster mit Motiven des heiligen Michael entwarf *Georg Meistermann* 1953.

Die nördlich an die Kirche angebauten, aus dem 17. Jh. stammenden, zweigeschossigen **Backstein-Klostergebäude** wurden 1921 von den Hünfelder Oblaten übernommen, deren Missionsschule inzwischen als Gymnasium anerkannt ist.

Burlo-Vardingholter Venn

Nordwestlich von Borken breitet sich **beiderseits der deutsch-niederländischen Grenze** das Naturschutzgebiet Burlo-Vardingholter Venn aus, eine **Moor- und Heidelandschaft.** Dass es altes Grenzgebiet ist, zeigen die vielen noch vorhandenen Grenzsteine aus Bentheim-Sandstein aus dem 18. Jh. mit dem Wappen von Gelderland auf der einen und des Fürstbistums Münster auf der anderen Seite.

Man schätzt das Alter der nacheiszeitlich entstandenen Landschaft auf über 4500 Jahre. In dieser Zeit konnten sich im Moor zahlreiche, heute fast nur noch hier vorkommende Pflanzen- und Tierarten entwickeln. Seit 1937 steht das Moor unter Schutz. Nach dem zweiten Weltkrieg wurde aber die umliegende Landwirtschaft intensiver betrieben. Das Moor drohte durch angrenzende Entwässerungsmaßnahmen zu vertrocknen. Ein 1983 angelegter, 2,7 km langer Damm konnte diese Entwicklung stoppen. Durch die Einbeziehung des benachbarten Entenschlatts wurde das Schutzgebiet auf deutscher Seite auf 140 ha Fläche ausgedehnt. Gezielte Renaturierungsmaßnahmen erhalten seither die Qualität des Lebensraums für die gefährdeten Pflanzen und Tiere, dies vor allem durch die Extensivierung von Landwirtschaftsflächen und die Wiederherstellung von Feuchtwiesen.

■ **Käserei und Gasthof Harmienehoeve,** NL-7108 Winterswijk-Woold, Kulverweg 2–4, www.kaeserei-harmienehoeve.de. Landwirtschaftsbetrieb und Hofmolkerei auf der holländischen Seite des Naturschutzgebietes Burlo-Vardingholter Venn. Herstellung von traditionellem Winterswijker Bauernkäse, Gasthof im vormaligen Kuhstall im Achterhoeker Stil (holländische Grenzlandschaft). Bietet regionale Gerichte wie die Achterhoeksche Vespermahlzeit, gebackene Bauernkäseschnittchen oder verschiedene Pfannkuchen mit Füllungen wie Apfel, Speck, Schinken und dem hausgemachten Bauernkäse, geöffnet 9–19 Uhr, Mo Ruhetag (nicht Juli/ Aug.), im Winter nur am Wochenende, Hofladen 9–19 Uhr, Mo Ruhetag (nicht Juli/Aug.), im Winter 9.30–17.30 Uhr.

Weseke

Garten Picker

Ein abwechslungsreicher, romantischer **Staudengarten** von 3000 m² Fläche an der Welle, einem Bach im Ortsteil Weseke, lädt zum Entdecken idyllischer Gartenlandschaften ein. Neben Bauern- und Kräutergarten, Teichen und Wasserspielen, Steingarten und Rosen gibt es eine Scheune mit Cafébetrieb und eine Gärtnerei mit Verkauf.

Garten Picker, Borken-Weseke, Eschwiese 2, Tel. 02862-700041, www.garten-picker.de, 2. Mai bis Mitte Okt. Di–Fr 9.30–12.30 und 14–18 Uhr, Do bis 21 Uhr, Sa 9.30–14 Uhr, Mo, So und feiertags geschlossen.

Apothekergarten und Geologischer Garten

Die Mitglieder des Heimatvereins Weseke richteten im Bereich des Heimathauses einen speziell auf Apothekerpflanzen ausgerichteten **Schaugarten** ein, der in 21 Einzelbeeten über die Entwicklung der Heilpflanzen seit der Frühzeit Auskunft gibt. In Verbindung mit dem Apothekergarten besteht auch der vom Verein eingerichtete **Geologische Garten** des Ortes. Dieser stellt anhand einer geologischen Uhr die Geschichte der Entwicklung der Erde seit 4,5 Milliarden bis heute dar.

■ **Apothekergarten und Geologischer Garten,** Borken-Weseke, Hans Sachs Straße 16, Info durch den Heimatverein Weseke e.V., www.weseker-heimatverein.de.

Düwelsteene

Östlich von Borken findet man auf dem Gemeindegebiet von Heiden die Teufelssteine, ein **jungsteinzeitliches Hünengrab,** das im Volksmund Düwelsteene genannt wird, entstanden etwa 3500–2800 v. Chr. Die ursprünglich mit einem Steinkranz eingefasste Rundhügel wurde von Bauern der Trichterbecherkultur errichtet, die in dem Ganggrab über Generationen Bestattungen vornahmen, wie Grabbeigaben bezeugen.

Radtour

Borken – Winterswijk

Diese grenzüberschreitende Radtour führt durch die Westmünsterländer Parklandschaft zwischen Borken und Winterswijk. **Ausgangspunkt** ist der **Bahnhof Borken.** Von hier geht es über die Neumühlenallee und Weseler Straße bis Burlo mit dem Kloster an der Kirche St. Maria. Danach passiert man das Burloer Venn in Richtung Winterswijk. Hier bietet der Markt jeden Mittwoch und Samstag eine außerordentliche Vielfalt an Obst, Gemüse, Fleisch und Käse. Der Rückweg lohnt den Abstecher über den „Mosaikboden Hollands", einen ehemaligen Steinbruch bei Willinkbeek, in dem fast sämtliche Erdschichten Hollands an die Oberfläche treten. Vor Gemen quert man noch das Vogelschutzgebiet Sternbusch. Dann geht es an der Wasserburg Gemen vorbei zum Forellenhof östlich von Gemen, der zur Rast einlädt. Jetzt sind es nur noch 4 Kilometer **zurück bis zum Bahnhof Borken.**

- **Wegstrecke:** 55 km
- **Fahrtzeit:** 6 Std.
- **Schwierigkeitsgrad:** leicht
- **Steigung:** kaum Steigungen

Praktische Tipps

Unterkunft, Essen und Trinken

4 **Stadthotel Borken**③, Raesfelder Str. 2, Tel. 02861-8252800, www.stadthotel-borken.de. Ehemaliges Hotel Lindenhof, 2020 kernsaniert und zum Garni-Hotel modernisiert, zentral gelegenen mit komfortablen Zimmern, dazu Fitness- und Wellnesseinrichtungen.

2 **Villa**②, Heidener Straße 34, Tel. 02861-804634, www.cafevilla-borken.de. Café und Restaurant, gediegene Atmosphäre, heller Vorbau, vielseitige Speisekarte, bekannt für hausgemachte Dipps und vielseitige Salate, dazu Ofen- und Pfannengerichte, täglich geöffnet ab 9 Uhr, Sa und So ab 10 Uhr, Di Ruhetag.

3 **3** **Landhaus Grüneklee**③, Borken-Rhedebrügge, Rhedebrügger Str. 16, Tel. 02872-1818, www.landhaus-grueneklee.de. Gepflegte Landhausgastronomie, mit historischer Bauernstube und Gartenrestaurant, Mo und Di Ruhetag, angeschlossener Hotelbetrieb, Zimmer im Landhausstil eingerichtet.

1 **Forellenhof**②, Borken-Homborn, Zum Homborn 9, Tel. 02861-2448, www.facebook.com/ForellenhofRestaurant. Inmitten der Wald- und Grünflächen des Naturschutzgebietes Hombornquelle gelegener Forellenzuchtbetrieb mit Angelteichen, Wildgehege, Gestüt und Reiterhof, Kutschfahrten, große Reithalle, rustikale Gastronomie spezialisiert auf Grillplatten und Fischgerichte, geöffnet von Di bis So 8–21/22 Uhr, Tagesangeln ab 6 Uhr, Nachtangeln ab 18 Uhr, 25.12. und 1.1. geschlossen.

Aktivitäten

- **Aquarius,** Parkstr. 20, Tel. 02861-9350, www.aquarius-borken.de. Freizeitbad mit außergewöhnlicher Saunalandschaft, mit Massage, Bistro und Sauna-Außengastronomie, Bad geöffnet Mo bis Fr 6.30–21 Uhr, Sa, So und feiertags 8–21 Uhr, Sauna geöffnet 9–14.30 und 15.30–21 Uhr, Eintritt Bad

5,50 €, ermäßigt 4 €, Früh- und Spätschwimmen 4/2,80 €, Sauna-Einzelkarte 17,20 €.

Wildpark Frankenhof, 48734 Borken-Reken, Frankenstraße 32, Tel. 02864-1715, www.wildpark-frankenhof.de. Bietet 400 Tiere auf fast 40.000 m², überwiegend einheimische und nordamerikanische Tierarten wie z.B. Bisons, Elche, Wölfe und Waschbären, auch exotische Arten, darunter Erdmännchen, Nasenbären und Kängurus, großer Spielpark, nicht nur für Kinder, dazu Gastronomie und Wildpark-Shop, geöffnet März bis Okt. 9–18 Uhr, im Winter 10–17 Uhr, 24./25.12. geschlossen, es werden Führungen angeboten, Eintritt 9 €, Kinder von 2 bis 14 Jahren 8 €, Hunde 1 €.

Segelflugplatz, Borken-Hoxfeld, Zum Flugplatz 19, Tel. 02861-2046, www.lsvborken.de. Betrieben vom Luftsportverein Borken e.V., 5 Motorflugzeuge, davon 3 Schleppflugzeuge, Unterstellmöglichkeiten für 30 Flugzeuge, 960-m-Piste, Ballonsportgruppe.

Raesfeld

- **Postleitzahl:** 46348
- **Tel.-Vorwahl:** 02865
- **Info:** Verkehrsbüro am Schloss, Hagenwiese 40, Tel. 60919, www.raesfeld.de

Raesfeld liegt im Süden des Kreises Borken, angrenzend an den **Naturpark Hohe Mark-Westmünsterland** im Übergang zur Niederrheinischen Tiefebene.

Eine erste Nennung erfolgte im Jahr 889 als *Hruthusfeld* im Abgabenregister der Abtei Werden. Das Dorf entwickelte sich um die Pfarrkirche St. Martin, die wohl von *Rabodo von dem Berge,* dem Erbauer der ersten **Burg** nordöstlich des Dorfes, gestiftet worden war. *Rabodos* Familie verkaufte seine 1170 als Motte angelegte Burg an den Ritter *Simon von Gemen.* Er verlegte seinen Sitz an die Stelle, an der sich heute Schloss Raesfeld erhebt. Dort errichtete er eine steinerne Burg und nannte sich fortan *Simon von Raesfeld.* Die Burg kam 1559 nach Erbstreitigkeiten an die Herren *von Velen.* Bekanntester Vertreter des Geschlechts war *Alexander II. Graf von Velen zu Raesfeld* (1591–1657), der sich im Dreißigjährigen Krieg als Kaiserlicher Feldmarschall der Katholischen Liga große Verdienste erwarb, zu Vermögen kam und in den Reichsgrafenstand erhoben wurde. Er baute Burg Raesfeld zu einem repräsentativen Renaissanceschloss um.

Schloss Raesfeld

Die Schlossanlage (Freiheit 25–27) besteht aus vier Teilen: dem Schloss selbst, der Vorburg, der Kapelle in der alten Dorffreiheit sowie dem Tiergarten. Das umgräftete Schloss war einst vierflügelig angelegt, der Ausbau erfolgte 1643–58. Von diesen Bauten bestehen noch der Westflügel mit dem markanten stufenförmigen Turm sowie der nördlich angrenzende Altbau mit dem wieder aufgebauten Rundturm.

Der zweigeschossige **Westtrakt** erhebt sich über hohem Sockel mit Laubengang und gewölbter Pfeilerhalle. Horizontal wird das Mauerwerk durch Gesimsbänder, vertikal durch regelmäßige Steinkreuzfenster gegliedert. An den Trakt angebaut ist der fünfgeschossige Eckturm mit zurückspringendem Helm und

Schloss Raesfeld – der markante Sterndeuterturm

Zwiebelhaube. Der **Nordflügel** war im Kern schon im 15. Jh. unter Einbeziehung älterer Bauteile erfolgt. Nach Bränden 1597 und 1604 erfolgte der Wiederaufbau mit dem runden Eckturm, der aus dem 13. Jh. stammt. Der östlichen Schmalseite ist ein Dreistaffelgiebel vorgesetzt. Die Front ist mit einem Prunkerker versehen.

Die **Vorburg** erstreckt sich auf einer Insel zwischen der Hauptburg und der Freiheit. Sie entstand zwischen 1646 und 1648, wobei das an der Nordseite quer zur langgestreckten Vorburg gestellte Bauhaus dort schon um 1600 stand. Neben der Tordurchfahrt ist hofseitig ein Treppenturm angebracht. Am Südende steht der fünfgeschossige **Sterndeuterturm** mit Galeriegeschoss und geschweifter Haube mit Laterne. In diesem Turm soll *Alexander II.* seinem Hobby der Astronomie und Astrologie gefrönt haben.

Gegenüber der umgräfteten Vorburg steht die 1658 fertiggestellte **Schlosska-**

099ml ot

pelle als Saalbau mit Doppelturmfassade. Beachtenswert sind die Barockkanzel und die Hochaltarwand. Unter dem Chorraum befindet sich die Familiengruft. Die **Dorffreiheit,** in der die Kapelle steht, war planmäßig angelegt und mit Wällen geschützt. Die Häuser, von denen einige unter Denkmalschutz stehen, beherbergten die Dienstleute des Schlossherrn.

Der 1653–80 am Schloss angelegte **Tierpark** wurde rekonstruiert. Er war von einem fünf Kilometer langen Wall umgeben, in dem man Wild hielt. Im wieder von Rotwild bevölkerten Park befindet sich das **Informations- und Besucherzentrum** des Naturparks Hohe Mark-Westmünsterland (siehe Kapitel „Münsterländer Ruhrgebiet"), eine von einer gläsernen Hülle umgebene Holzkonstruktion. Eine Dauerausstellung befasst sich mit dem Schloss, den Schlossherren und dem Tierpark.

Das im Besitz der Handwerkskammern des Landes Nordrhein-Westfalen befindliche Schloss wird als Fortbildungseinrichtung genutzt. Auch Trauungen finden hier statt.

- **Schloss Raesfeld,** Besucherzentrum und Tiergarten, Hagenwiese 40, Tel. 02865-60919, www.tiergarten-schloss-raesfeld.de, Besucherzentrum (siehe Kapitel „Münsterländer Ruhrgebiet"), Eintritt frei.

Museen

Das direkt am Schloss gelegene **Museum am Schloss** zeigt Exponate zum beschwerlichen Landleben in der Zeit vor und während des Zweiten Weltkriegs. Über die Entwicklung des Dorfes Raesfeld von der jungsteinzeitlichen Siedlung über die mittelalterliche Dorfanlage bis zur Schlossanlage informiert das **Heimatmuseum.**

- **Museum am Schloss,** Freiheit 19, Tel. 02865-7225, geöffnet Karfreitag bis Herbstferien Sa, So und feiertags 14–18 Uhr, Eintritt frei, Info: Heimatverein Raesfeld, www.heimatverein-raesfeld.de/museum.html.
- **Heimatmuseum,** Im Mensing 14, in der Sebastianschule, geöffnet während der Schulzeiten bzw. nach Vereinbarung, Eintritt frei, Info: Heimatverein Raesfeld, www.heimatverein-raesfeld.de.

Femeiche

In der Raesfelder Bauerschaft **Erle** steht nahe der Pfarrkirche die Femeiche, mit weit über 1000 Jahren eine der **ältesten Eichen Deutschlands.** Unter dem Baum wurden nachweislich bis zum 16. Jh. Femgerichte abgehalten. Der zwölf Meter umfassende Stamm ist seit über zwei Jahrhunderten hohl.

Erle verfügt mit der **Pius-Eiche** am Friedhof über ein zweites Naturdenkmal.

Praktische Tipps

Unterkunft, Essen und Trinken

- **Hotel am Schloss**③, Freiheit 21, Tel. 02865-95950, www.hotel-am-schloss-raesfeld.de. Ehemaliges Ackerbürgerhaus aus dem 18. Jh., mit viel Liebe und Sorgfalt restauriert, individuelle Zimmer, Aufenthaltsraum mit mediterranem Charakter und Kaminofen, dazu Café.
- **Mahl & Meute,** Freiheit 27, Tel. 02865-2044-0, www.mahlundmeute.de. Das neue Steakrestaurant im Schlossinnenhof, Spezialität: Fleisch grillen bei

800 °C, um eine karamellisierte Kruste zu erhalten, ohne dass die Saftigkeit verloren geht. Alle Zutaten im Paket erhältlich, bietet auch vegetarische und vegane Kost an, Mi ab 17 Uhr, kein à-la-carte. Mi ab 17 Uhr: Mahl&Meute-Grill (ohne Karte, der Chef serviert, was die Küche hergibt). Geöffnet Mi bis So 17–22 Uhr.

■ **Gasthof Brömmel-Wilms②**, Raesfeld-Erle, Schermbecker Str. 20, Tel. 02865-8235, www.broemmel-wilms.de. Landgasthof im Familienbesitz, gutbürgerliche Küche, Gastraum mit großer Rundtheke, Saal bis 150 Personen mit Bühne, Biergarten, Mi Ruhetag. Angeschlossener Hotelbetrieb mit sechs praktisch eingerichteten Zimmern.

Feste und Veranstaltungen

■ **Großer Krammarkt,** jeden 1. Do im Monat im Sommer, ab 14 Uhr im Ortskern.

■ **Historischer Kappesmarkt,** seit den 1980er Jahren wiederbelebte Tradition, jeweils am Wochenende nach Allerheiligen, breites Angebot an Verkaufsbuden meist handwerklicher Artikel, Info: www.kappesmarkt-raesfeld.de.

Rhede

■ **Postleitzahl:** 46414
■ **Tel.-Vorwahl:** 02872
■ **Info:** Tourist-Information Rhede, Bahnhofstr. 1, Tel. 930100, www.rhede.de

Westlich von Borken und Raesfeld geht das Gebiet der Kleinstadt Rhede schon in die Niederrheinische Tiefebene über. Historisch ist es Teil des bis zur Ijssel reichenden und im frühen Mittelalter von Gaugrafen verwalteten **Hamalandes.**

Rhede hat sich einen Namen als **Pralinenstadt** gemacht. Hier gibt es drei Adressen, wo man in Handarbeit hergestellte Pralinen und Schokoladenwaren kaufen kann (s.u.: „Einkaufen").

Schloss Rhede

Das Schloss der Herren *von Rhede* (Schlossstr. 4) geht auf das 13. Jh. zurück. Die Herren *von Rhemen* als Nachfahren erneuerten die Anlage 1546. Heute stellt sich Schloss Rehde als doppelt umgräfteter, zweigeschossiger Backstein-Zweiflügelbau auf hohem Kellergeschoss dar. Der Nordostflügel stammt mit dem Treppenturm aus der Erneuerungszeit. Er weist beiderseitig Giebel mit geschweiften Staffeln und Rautenbändern aus blau gebrannten Backsteinen auf. Der schmalere Südwestflügel mit Satteldach und Dachreiter entstand 1846 auf älteren Grundmauern. Die Freitreppe stammt noch aus dem Vorgängerbau aus der Zeit um 1740. Der zum privat bewohnten Schloss gehörige Park ist nicht öffentlich zugänglich.

Dingdener Heide

Zwischen den Kreisen Borken und Wesel breitet sich das **Naturschutzgebiet** Dingdener Heide aus. Es ist ein von Äckern und Weiden, Baumreihen, Hecken und kleineren Waldparzellen durchzogenes Areal mit großer Artenvielfalt. Hier leben unter anderem Großer Brachvogel, Schwarzkehlchen und Weißstorch, Uferschnepfe, Rotschenkel, Kiebitz, Wachtel und Wiesenpieper. Zu den Wintergästen zählen neben Tausenden von Gänsen die Kornweihe und der Raubwürger.

Praktische Tipps

Unterkunft, Essen und Trinken

- **Landhaus am See**③, Schloßstr. 5, Tel. 02872-9482275, www.landhaus-rhede.de. Am Schlossteich gelegen, Restaurant und Terrasse mit Blick auf den See, internationale Küche, angeschlossener kleiner Hotelbetrieb, Di Ruhetag.

Museen

- **Medizin- und Apothekenmuseum,** Markt 14, Tel. 02872-7923, www.heimat-und-museumsverein-rhede.de. Bietet auf 3 Etagen Exponate zum historischen medizinischen Leben um 1750 im Münsterland, geöffnet Di bis So 14–17 Uhr.
- **Spielzeugmuseum Max und Moritz,** Auf der Kirchwiese 1, Tel. 02872-981012 oder 981000, www.max-u-moritz.de. Zeigt historisches Spielzeug, dazu Sonderausstellungen zu ausgewählten Themen, bietet auch Märchenlesungen an, geöffnet Di, Mi, Do und So 15–18 Uhr.

Einkaufen

- **Pralinen-Manufactur Große-Bölting,** Gutenbergstraße 5, Tel. 02872-5876, www.pralinen-manufactur.de. Familienbetrieb, stellt Pralinen- und Schokoladenspezialitäten her, Manufakturshop Mo–Sa 9–18 Uhr.
- **Schokoladenfabrik Schoko-Dragee,** Am Bowing 12, Tel. 02872-94860, www.schoko-dragee.de. Stellt neben Schokoladendragees auch Saisonartikel her, Hausverkauf Mo–Do 8–17 Uhr, Fr bis 16 Uhr.
- **Pralinenclub Rhede,** Voßkamp 1, Tel. 02872-948110, www.pralinenclub.de. Spezialisiert auf frische Pralinen im Direktvertrieb, Stand auf dem Markt in Münster auf dem Domplatz Mi und Sa 7–14.30 Uhr.

Bocholt

- **Postleitzahl:** 46395, -77, -99
- **Tel.-Vorwahl:** 02871, 02874 (Suderwick)
- **Info:** Tourist-Information Bocholt, Nordstr. 14, Tel. 5044, www.bocholt.de
- **Öffentliche Stadtführung:** April bis Okt. einmal monatlich So 11 Uhr, weitere Führungen zu speziellen Themen, Anmeldung beim Tourismusbüro, Teilnahme 3 €, Kinder 1 €.

In Bocholt, der größten Stadt im Kreis Borken, zeigt sich der Übergang vom Münsterland zur Niederrheinischen Tiefebene besonders ausgeprägt. Der westliche Teil des Stadtgebiets gehört mit Erhebungen bis zu 25 m landschaftlich zum Tiefland der Ijssel-Ebene, während der Ostteil mit Höhenlagen bis 50 m den Niederrheinischen Sandplatten des Westmünsterlandes zuzurechen ist. Die Stadt wird von der **Bocholter Aa** durchflossen und beherbergt mehrere sehenswerte **Museen.**

Stadtgeschichte

Sprachgeschichtlich geht der Name der Stadt auf *Buchenholz* zurück, was sich auch im mittelalterlichen Stadtsiegel widerspiegelt. In den fränkischen Reichsannalen des 8. und 9. Jh. taucht *Bohholz* auf. Die Siedlung nahm ihren Anfang im

▷ Das Historische Rathaus von Bocholt

frühen 9. Jh. um einen bischöflichen Haupthof am Übergang über die Bocholter Aa, wo auch eine der Urpfarren des Münsterlands begründet ist.

1222 erhielt Bocholt die Stadtrechte. Die Stadt wurde befestigt, im Zuge der weiteren Entwicklung auch erweitert. Im ausgehenden Mittelalter war Bocholt Wirkungsstätte des Kupferstechers **Israhel van Meckenem** – auf niemand anderen passt das Wort „abkupfern" besser als auf ihn (siehe Exkurs). Achtzigjähriger und Dreißigjähriger Krieg brachten tiefe Einschnitte in der wirtschaftlichen Entwicklung. Dazwischen gab es Zeiten des Wohlstands, wie etwa am Bau des Rathauses 1618–24 zu sehen ist. Im 18. und 19. Jh. brachte die Textilindustrie Bocholt erneut Wirtschaftswachstum. Nach dem Zweiten Weltkrieg, an dessen Ende die Innenstadt zerstört wurde, löste die Metall- und Elektroindustrie die Textilindustrie ab.

Sehenswertes

Historisches Rathaus

Der dreigeschossige, quer zum Markt stehende traufständige Bau (Markt 1) entstand in einer Wohlstandsphase zu Beginn des Dreißigjährigen Krieges, als Bocholt noch nicht betroffen war. Die Ostfassade des Baus, der 1622 fertiggestellt war und an vergleichbare nieder-

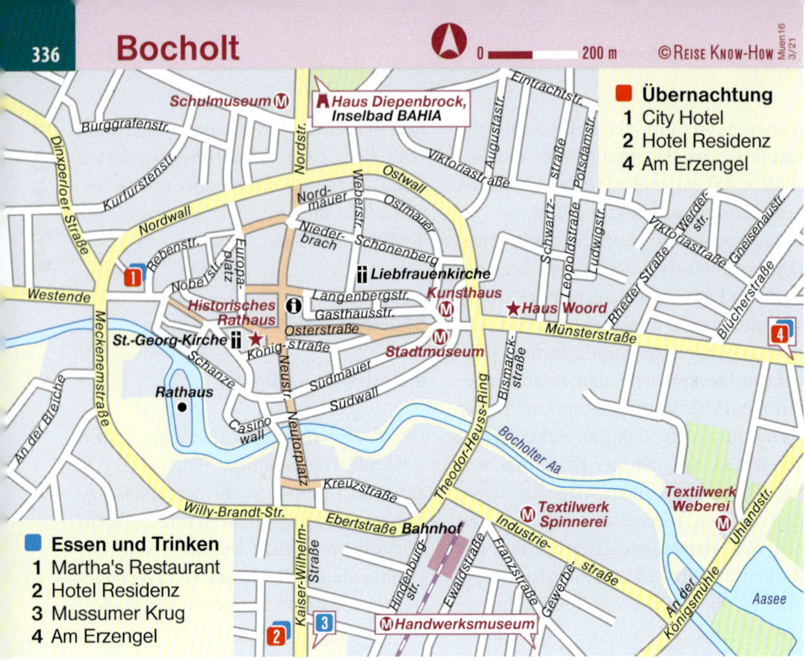

ländische Renaissancebauten erinnert, beherrscht den Marktplatz. Das Backsteingebäude mit Werksteingliederung weist zum Markt einen Laubengang auf. Die Front schließt nach oben mit einer den Dachansatz verdeckenden Balustrade ab, deren kleine Konsolen mit Tier- und Menschenfratzen versehen sind. Mittig ragt ein dreistufiger Zwerchgiebel mit dem Relief des heiligen Georg als Stadtpatron auf. Der Prunkerker ist asymmetrisch in die Fassade eingelassen.

St.-Georg-Kirche

Der Grundstein für die St.-Georg-Kirche (St.-Georg-Platz) als erste Pfarrkirche Bocholts wurde 1415 gelegt. Bis 1462 waren der Chor, das Querschiff und das dreischiffige Langhaus fertiggestellt. Mit dem Turmbau wurde 1472 begonnen, fertig gestellt wurde er aber erst 1879. Nach schwerer Kriegszerstörung 1945 wurde die Kirche unmittelbar nach dem Krieg wieder aufgebaut. Eindrucksvoll sind von der erhaltenen Ausstattung in der Kunstkammer vor allem ein Gabelkreuz aus Nussbaum aus dem 14. Jh., eine steinerne Madonna aus der Zeit um 1480, ein Wandrelief aus dem späten 16. Jh., Christus am Grabe darstellend sowie Gemälde, Handschriften, verschiedene liturgische und nicht zuletzt **Goldschmiedearbeiten,** die vermutlich vom Goldschmied *Israhel van Meckenem d.Ä.* stammen.

Liebfrauenkirche

Bei der Liebfrauenkirche (Langenbergstraße/Wesemannstraße) handelt es sich um die ehemalige Minoritenkirche. Ursprünglich war sie als zweite Pfarrkirche 1310 errichtet worden. 1628 wurde ein Minoritenkloster angeschlossen. Wegen Baufälligkeit wurde die Kirche Ende des 18. Jh. als schlichter Backsteinsaal mit eingezogenem Chor mit 5/8-Schluss erneuert. Der angebaute Wandpfeilersaal mit dem Nordturm stammt aus dem Jahr 1913. Auch diese Kirche brannte 1945 aus und wurde bis 1955 wieder aufgebaut. Zur Ausstattung zählen der Hochaltar vom Ende des 17. Jh., das Altargemälde sowie die aus St. Marien in Warendorf übernommene Kanzel.

Stadtmuseum

Das Bocholter Stadtmuseum, untergebracht in einer Art-déco-Villa, zeigt allgemeine Exponate zur Erdgeschichte, Vor- und Frühgeschichte sowie spezielle zur Stadtgeschichte. Dazu ist es auch Museum für Kunst mit einer wertvollen Sammlung von **Stichen Israhel van Meckenems.** In der kulturgeschichtlichen Abteilung wird über eine Hauswebkammer die Verbindung zum Textilmuseum geschaffen, dem einst für Bocholt wichtigsten Wirtschaftszweig.

- **Stadtmuseum,** Osterstraße 66, Tel. 02871-184579, www.stadtmuseum-bocholt.de, Di–So 11–13 und 15–18 Uhr, Führungen nach Vereinbarung, Eintritt 1,50 €, ermäßigt 0,50 €.

Textilwerk Bocholt

Das Bocholter Textilmuseum wurde 1989 nach historischen Vorbildern als münsterländische **Weberei** aus der Zeit

Israhel van Meckenem

Die **Künstlerfamilie,** die ihren Namen nach ihrer Herkunft aus Meckenheim im Rheinland ableitet, ist in Bocholt tätig gewesen. **Israhel van Meckenem d.Ä.** wurde Mitte des 15. Jh. in Mechelen geboren und starb um 1466 in Bocholt. Er war Goldschmied und gleichzeitig als Kupferstecher tätig, wobei er sich stark auf ornamentale Motive konzentrierte.

Sein Sohn **Israhel van Meckenem d.J.** wurde um 1440 geboren. Schon zu Lebzeiten hatte er erkannt, welche Verbreitungsmöglichkeiten die neue Kunst der **Kupferstecherei** bot. Die Kupferstichtechnik ist ein um 1420 entwickeltes grafisches Tiefdruckverfahren, bei der das Bild in eine Kupferplatte geritzt wird.

550 Kupferstiche sind von *Israhel van Meckenem d.J.* bekannt. Den großen Absatz seiner Werke in der neuen Kunsttechnik verdankt er aber auch der Tatsache, dass er sich wie seine spätmittelalterlichen Vorgänger nicht mehr nur religiösen Themen widmete, sondern vor allem weltliche Themen bearbeitete. Am berühmtesten wurden seine genrehaften „Szenen aus dem Alltagsleben“ mit charmant-humorvollen Blicken auf Liebespaare. Dabei hat er auch Motive von *Dürer, Holbein* und etwa auch *Schongauer* übernommen – was damals eine übliche Handlungsweise war.

Israhel van Meckenem d.J. starb am 10. November 1503 in Bocholt. Ein Teil der Ausstellung des Stadtmuseums (siehe dort) ist ihm gewidmet.

der Jahrhundertwende eröffnet. Dazu gehören ein Kesselhaus mit Schornstein, ein Maschinenhaus, eine Fabrikationshalle mit Werkstatt sowie Büros, Lager, Tor- und Pförtnerhaus, Remise, Eisenbahngleis und einige Arbeiterhäuser. Am **Handwebstuhl** können sich Besucher selbst als Weber versuchen. 2011 ist die historische **Spinnerei Herding** als zweiter Teil des Museums eröffnet worden.

Textilwerk Bocholt, Weberei: Uhlandstr. 50, Spinnerei: Industriestraße 5, Tel. 216110, www.lwl-industriemuseum.org, www.lwl.org/industriemuseum/standorte/textilwerk-bocholt. Weberei und Spinnerei geöffnet Di–So und feiertags 10–18 Uhr, 24. und 25.12. und 1.1. geschlossen (Spinnerei nur Anf. Mai bis Ende Okt.), Eintritt 4 €, ermäßigt 2 €, Führungen auf Anfrage, mit Museumsshop und Restaurant.

Handwerksmuseum

Das Handwerksmuseum entstand 1993 durch Privatinitiative eines Bocholter Tischlermeisters. Es zeigt altes Handwerkszeug, Geräte und Zeichnungen in einem wiedererrichteten Fachwerkhaus und diverse Werkstätten (u.a. Zimmermann, Schreiner, Holzschuhmacher).

Handwerksmuseum, Köcherstr. 4, Tel. 02871-15426, www.bocholter-handwerksmuseum.de. Di, Mi, Do 15–18 Uhr, So 14–18 Uhr, Führungen und zusätzliche Öffnungszeiten nach Vereinbarung, Eintritt 1,50 €, ermäßigt 1 €. Das Museum bietet spezielle Kinderführungen an, bei denen sich die Teilnehmer wie kleine Handwerker fühlen können.

Haus Diepenbrock bei Bocholt

Schulmuseum

Das Bocholter Schulmuseum ist das jüngste der Stadt, eingerichtet im **St.-Georg-Gymnasium.** Drei Komplexe aus 150 Jahren Schulgeschichte werden präsentiert. Es gibt eine anspruchsvolle Sammlung von Lehr- und Lernmaterialien, eine naturwissenschaftliche Sammlung sowie ein historisches Klassenzimmer aus „Kaisers Zeiten".

Schulmuseum, im St.-Georg-Gymnasium, Adenauerallee 1, Tel. 02871-2391480, www.bocholt.de. Führungen nicht regelmäßig, sondern nur nach Vereinbarung, Eintritt 1,50 €.

Kunsthaus

Das Kunsthaus Bocholt, untergebracht in einer Villa im Neo-Renaissance-Stil gegenüber dem Stadtmuseum, bietet wechselnde Ausstellungen unterschiedlichster Art.

Kunsthaus Stadt Bocholt, Osterstraße 69, Tel. 02871-7987, www.bocholt.de. Di–So 11–13 und 15–18 Uhr, Eintritt frei, Führungen nach telefonischer Vereinbarung.

Aasee

Am stadtnahen Aasee findet sich eine große **Freizeitanlage** mit Sandstrand, Liegewiese, Bootsverleih sowie Sport- und Spielanlagen in der Freizeithalle. Außerdem wurde am See ein kleines Naturschutzgebiet angelegt.

Info: www.bocholt.de/bocholterleben/sehenswuerdigkeiten/aasee-bocholt.

Haus Woord

Haus Woord (Münsterstr. 13) ist ein zweigeschossiges, 1792–95 für *Josef von Raesfeld* in Backsteinbauweise mit Werksteingliederung errichtetes Herrenhaus. Die Remisen entstanden teilweise später. Das Herrenhaus wurde 1827 an den Textilfabrikanten *L. Schwatz* verkauft, der auf dem Gelände eine Spinnerei und Weberei betrieb. Die **Statuen** vor dem Herrenhaus, im Jahr 1700 geschaffen von *Johann Leonhard Gröninger,* dem Enkel des Architekten und Bildhauers *Gerhard Gröninger,* stellen griechische Gottheiten dar – es sind Kopien, die Originale stehen in Schloss Ahaus. Haus Woord ist Privatbesitz und dient Wohnzwecken.

Haus Diepenbrock

Ganz im Norden des Bocholter Stadtgebiets in Barlo steht Haus Diepenbrock (Schlossallee 1), eine an drei Seiten von einer Gräfte umgebene Schlossanlage, deren Westseite sich zu einem länglichen Schlossteich erweitert. Das heutige Anwesen aus Herrenhaus, Torhaus und Bauhaus wurde 1326 erstmals als Arnheimisches Lehen im Besitz der Herren *von Diepenbrock* erwähnt. Das rechteckige, zweigeschossige Herrenhaus mit hohem Walmdach und Rundtürmen entstand 1736 im Zuge eines Umbaus aus vier zwischen dem 15. und dem frühen 17. Jh. errichteten Bauteilen. Das backsteinerne Torhaus mit Klötzchenfries stammt aus dem Jahr 1532, das

100ml ot

Fachwerkbauhaus aus dem 18. Jh. Haus Diepenbrock befindet sich in Privatbesitz und kann **nur von außen besichtigt werden.**

Praktische Tipps

Unterkunft, Essen und Trinken

Stadtplan Seite 336

2 2 **Hotel Residenz**④, Kaiser-Wilhelm-Str. 28–32, Tel. 02871-99750, www.hotelresidenz.de. Innenstadtnahes, elegantes, modernes Haus mit komfortabel eingerichteten, behaglichen Zimmern und Suiten, Tagungsräume, Bar, großes Gartengelände. Das angeschlossene Restaurant bietet leichte, frische Küche, Mo–Sa ab 18 Uhr.

4 4 **Am Erzengel**④, Münsterstraße 250, Tel. 02871-247700, www.am-erzengel. de. Großes Hotel mit gut ausgestatteten, großzügigen Zimmern, dazu A-la-carte-Restaurant mit Bistrobereich.

1 **Martha's Restaurant**②, Rebenstraße 88, www.cityhotel-bocholt.de/martas-restaurant, Reservierungen Tel. 02871-214335. Im neuen 1 **City-Hotel**③, Tel. 02871-21430, modern eingerichtet, vielseitige Speisekarte, auch vegetarische Gerichte, Spezialität Steaks vom Lava-Grill, geöffnet ab 17 Uhr, So ab 16 Uhr.

3 **Mussumer Krug**②, Mussumer Kirchweg 143, Tel. 02871-13678, www.mussumerkrug.de. Modern eingerichtet, bietet erlesene Gerichte aus der deutschen Küche, geöffnet Do bis So ab 17 Uhr, mit Verkaufsshop der im Restaurant dargebotenen Produkte.

Aktivitäten

- **Inselbad BAHIA,** Hemdener Weg 169, Tel. 02871-272660, www.bahia.de. Wasserwelt und Saunalandschaft, Wellness-Angebot mit Massagen und Solarien, abwechslungsreiche Gastronomie, Eintritt Bad Tageskarte 8,90 €, 2 Std. 5,60 €, Kinder bis 15 Jahre 5,20/2,80 €, Sauna Tageskarte 22,60 €, 3 Std. 17,30 €, Kinder 16/11,20 €.

Einkaufen

- **Großer Wochenmarkt,** Do und Fr 8–13 Uhr, Sa 8–14 Uhr, Marktplatz und Gasthausplatz.
- **Abendmarkt,** Do 15–19 Uhr, Marktplatz.
- **Krammarkt,** 1. Mi im März, Mai, August, Okt., letzter Mi im November 9–18.30 Uhr, Marktplatz, St.-Georg-Platz, Gasthausplatz, Nordstraße und Osterstraße.
- **Pralinen,** Pralinenclub e.V., 46397 Bocholt, Münsterstraße 25, Verkaufsstelle des Pralinenclubs aus Rhede (siehe dort), führt auch Pralinentastings durch, geöffnet Mo bis Fr 10–18 Uhr, Sa 10–14 Uhr.

Isselburg

- **Postleitzahl:** 46419
- **Tel.-Vorwahl:** 02874
- **Info:** Tourist-Info Isselburg, Markt 9, Isselburg-Anholt, Tel. 942344, www.isselburg.de/Kultur-Tourismus

Die Stadt Isselburg, von dem Fluss Issel durchzogen, liegt im äußersten Westen des Münsterlands zwischen dem Rhein und der niederländischen Grenze. Sie gliedert sich in die Ortsteile Isselburg, Anholt, Heelden, Herzebocholt, Vehlingen und Werth.

Die Ursprünge von Isselburg und des Ortsteils Anhalt liegen nicht im Bistum Münster, sondern im **Bistum Utrecht.** In Isselburg, erstmals 1350 als *Yselberge* erwähnt, bauten die Grafen *von Kleve* ab dem Jahr 1441 eine bereits vorhandene Burg als Grenzfeste *Neyenborg* gegen die Münsteraner Bischöfe aus. Zur gleichen Zeit erhielt Isselburg Stadtrechte und eine Ummauerung. Als Teil des Herzogtums Kleve fiel Isselburg 1609 an Brandenburg. 1624 wurde die Stadt von spanischen Truppen eingenommen und die Burg zerstört. Die letzten Befestigungsanlagen fielen 1672, erhalten sind nur Reste der Stadtmauer und ein runder Backsteinturm.

Sehenswertes

Die **Evangelische Kirche** (Minervastr. 8) ist ein klassizistischer Backsteinsaalbau mit Werksteingliederung aus den Jahren 1830–32, der Westturm des Vorgängerbaus aus dem 18. Jh. wurde einbezogen.

Eine Besonderheit stellt das Erbbegräbnis *Nering-Bögel* (Minervastr. 4) der Direktorenfamilie der Minervahütte dar. Die denkmalgeschützte **Grabanlage** zeichnet sich durch künstlerische Grabmäler in klassizistischen und neogotischen Formen aus, das erste datiert aus dem Jahr 1817.

Anholt

Anholt, unmittelbar an der deutsch-niederländischen Grenze gelegen, ist der sehenswerteste und historisch interessanteste Teil von Isselburg. Am Ende des Zweiten Weltkrieges wurde Anholt noch stark zerstört. Bewahrt sind aber das historische Rathaus, die Reste der Stadtbefestigung und der Wallanlagen mit dem alten Eiskeller, einige Adelssitze und vor allem die Wasserburg Anholt, die bis heute der Wohnsitz der Fürsten *Salm-Salm* ist.

Im Jahr 1169 wird ein Herr *von Sulen* als Gefolgs- und Lehnsmann des Utrechter Bischofs erstmals genannt. Die Herren *von Sulen* waren die Erbauer der Burg Anholt. Spätestens unter *Stephan III. von Sulen* (1313–47) war das Lehnsverhältnis zum Bischof von Utrecht erloschen, die **Herrschaft Anholt** reichsunmittelbar geworden. 1349 erteilte *Dietrich II. von Sulen* der nördlich seiner Burg gelegenen Siedlung Stadtrechte. Bis Ende des 15. Jh. wurde die Stadt mit einer Mauer, drei Stadttoren sowie Wall, Außen- und Binnengräben gegen die Territorial-Ansprüche der Nachbarn befestigt. Trotzdem erlitt sie in der Gelderschen Fehde 1610, im Achtzigjährigen und im Dreißigjährigen Krieg schwere Schäden. Seit 1641 war die Burg im Besitz der Herren *zu Salm,* die 1743 den erblichen Fürstentitel *zu Salm-Salm* erhielten. Im Zuge der Aufhebung des Fürstbistums Münster wurde die Herrschaft Anholt mit dessen ehemaligen Ämtern Bocholt und Ahaus 1802 zum **Fürstentum Salm** zusammengelegt. Bis 1810 konnte sich Anholt als *Fürstentum derer zu Salm-Salm* selbstständig halten, doch war es mit der Souveränität vorbei. Der Wiener Kongress mediatisierte das Fürstentum, das Westfalen als Teil Preußens zugeschlagen wurde, beließ aber den Fürsten ihren Titel und ihre Burg, die bis heute in ihrem Besitz ist.

Schloss Anholt

Die zum Schloss ausgebaute Anlage zählt heute zu den **eindrucksvollsten Wasserburgen des Münsterlandes.** Im

101ml ot

Ursprung wurde die Anlage im 12. Jh. mit einem **„Dicker Turm“** genannten Bergfried in Sandsteinbauweise und einem Wohnhaus in einer ovalen Ummauerung errichtet. Das heutige Aussehen ist von Um- und Ausbauten des 17. und 18. Jh. sowie von den Ausbesserungen nach dem Zweiten Weltkrieg geprägt.

Der Turm wurde in Backsteinbauweise in die im unregelmäßigen Geviert angelegte **Hauptburg** integriert. Der Westflügel entstand im 14. Jh., der Nord- und der Ostflügel mit dem Treppenturm im

15. Jh. Der Südflügel wurde anlässlich grundsätzlicher Umbauten im 17. und 18. Jh. auf der Basis älterer vorhandener Bausubstanz erneuert. Die einzelnen Gebäudeteile erhielten neue Fenster und neue Dächer und der Turm wurde, mit einer Laterne versehen, neu eingedeckt. Anfang des 20. Jh. wurde der Südflügel erweitert.

Die um 1700 angelegte dreiflügelige **Vorburg** öffnet sich nordseitig zur

Schloss Anholt

Hauptburg. Sie wurde am schwersten durch Bomben getroffen und nach dem Krieg mit dem Torturm, aber ohne das vorgelagerte Wohnhaus wieder aufgebaut. In den 1960er Jahren erfolgte der Umbau der Vorburg in ein Hotel (s.u.).

Zum Areal der Burganlage zählen auch zwei ehemalige **Mühlen** mit anschließendem Rundturm und Resten eines ehemaligen Wehrbaus. Die Burganlage ist von einem großzügig angelegten Gartengelände umgeben, das Mitte des 19. Jh. in einen **Landschaftsgarten im englischen Stil** umgewandelt wurde. Der Fürst ließ in den 1890er Jahren südlich dieses Landschaftsgartens den Leopoldspark als sogenannte Anholter Schweiz anlegen (s.u.).

Die **Ausstattung** des Schlosses mit Gemälden, Möbeln, Porzellan, Buchbeständen und einer **Gemäldesammlung,** die unter anderem Bilder von *Rembrandt* aufweist, hat internationale Bedeutung. Die berühmte **Bibliothek** des Schlosses ist einem großen klassizistischen Bau des Jahres 1860 untergebracht.

Teile des Schlosses sind als reich ausgestattetes **Museum** zugänglich. Führungen zeigen die eleganten Zimmer und Säle mit über Jahrhunderten angehäuften **Kunstsammlungen,** darunter Gemälde berühmter Maler des 16. und 17. Jh., und interessante Räume wie die Hofküche, das Verlies und die Rüstkammer.

■ **Museum Wasserburg Anholt,** Schloss 1, Tel. 02874-45353, www.wasserburg-anholt.de. Führungen Mai bis Sept. Di–So 11–17 Uhr (letzte Führung 16 Uhr), Premiumführung Di–So 13 Uhr, Kompaktführung Di–Sa 11–16 Uhr stündlich, So zusätzlich 14.30 und 15.30 Uhr, im Winter So 13–17 Uhr (letzte Führung 16 Uhr), Premiumführung nur nach Vereinbarung, Heiligabend, an den Weihnachtsfeiertagen, Silvester und Neujahr geschlossen, während der Führung müssen einige Stufen auf- und abwärts zurückgelegt werden, Eintritt ab 17 Jahre Kompakt 12 €, Premium 15 €, Museum und Park 15/18 €, Park allein 5 €, Gruppenermäßigung, Kinder bis 16 Jahren frei.

Sehenswertes im Ort

Das **Rathaus** von Anholt (Markt 14–16) entstand 1567 als giebelständiger, verputzter Backsteinbau anstelle eines Vorgängerbaus aus dem späten 14. Jh.

Der **Eiskeller** wurde um 1500 im Zuge der Anlage der Gräben und Wälle als Teil der Stadtbefestigung errichtet. Er diente gleichzeitig als Fundament eines Wachturms.

Sehenswert sind die Decken- und Wandbemalungen in der katholischen **Pfarrkirche St. Pankratius** (Kirchstraße). Die Kirche entstand 1851–62 als neoromanische Backsteinbasilika mit Querschiff. Das Chorgestühl stammt noch aus der Mitte des 18. Jh.

Anholter Schweiz

Fürst *Leopold zu Salm-Salm* schuf sich angrenzend an seinen Schlosspark an der Issel eine Landschaft, die ihn an den Vierwaldstätter See erinnern sollte, wohin ihn einst seine Hochzeitsreise geführt hatte. Er ließ aus herbeigeschafften Gesteinsbrocken Felspartien zu einer Alpenlandschaft formen und errichtete darin ein Schweizer Chalet auf einer Teichinsel und einen Tierpark.

Heute steht der 55 ha große Landschaftspark als **Biotopwildpark** unter Denkmalschutz. 6 km gut begehbare

Sandwege führen zu den weiträumigen Tiergehegen, Biotopen und Volieren mit vorwiegend einheimischen Tieren.

■ **Biotopwildpark Anholter Schweiz,** Isselburg-Anholt, Pferdehorsterstr. 1, Tel. 02874-45355, www.anholter-schweiz.de. Geöffnet Mitte März bis Okt. 9–18 Uhr, im Winter Mo bis Fr 11–15 Uhr, Sa und So 10–16 Uhr, Eintritt 8 € (ab 13 Jahre), Kinder ab 3 Jahre 4,50 €, diverse Ermäßigungen, mit **Gaststätte Schweizer Häuschen,** Tel. 02874-2038, www.schweizer-haeuschen.de. Geöffnet von März bis Okt. 11–18 Uhr, im Winter Sa, So und feiertags 12–17 Uhr, am 25.12. geschlossen, Mo Ruhetag.

Werth

Der hübsche, kleine Ort Werth liegt flussaufwärts östlich von Isselburg. Wahrzeichen des Ortes ist die **Turmwindmühle** an der Issel, die in den spätmittelalterlichen Befestigungsring um die Stadt einbezogen war. Die Mühle wurde 1554 nach einem Brand erneuert. Das historische **Rathaus** wurde im 16. Jh. wohl als Torhaus errichtet. Die **Evangelische Kirche** (Binnenstraße 13) entstand im 15. Jh. als Backsteinhalle mit nördlichem Seitenschiff und Chor mit 5/8-Schluss. Im Chor konnten Reste figürlicher Malerei aus dem 16. Jh. freigelegt werden.

Praktische Tipps

Unterkunft, Essen und Trinken, Aktivitäten

■ **Parkhotel Wasserburg Anholt**⑤, Isselburg-Anholt, Schloß, Tel. 02874-4590, www.schloss-anholt.de. Nobelhotel in der Vorburg in einmaligem Ambiente, großzügige und luxuriös eingerichtete Zimmer und Suiten mit Blick in den Schlosspark. Verschiedene Restaurants, reizvoll der **Wasserpavillon**④, fantasievolle Küche auf hohem Niveau, täglich mittags und abends geöffnet.

■ **Golfclub Wasserburg Anholt e.V.,** Isselburg-Anholt, Schloß 3, Tel. 02874-915120, www.golfclub-anholt.de. 18-Loch-Anlage im Parkbereich des Schlosses mit taktisch angelegten Wasserhindernissen und Bunkern, Übungsanlagen, Shop, Gastronomie, April bis Oktober täglich ab 11 Uhr bis Einbruch der Dunkelheit geöffnet.

Velen

■ **Postleitzahl:** 46342
■ **Tel.-Vorwahl:** 02863
■ **Info:** Tourist-Info, im Rathaus Velen, Ramsdorfer Str. 19, Tel. 926219, www.velen.de

Velen liegt etwa auf der Mitte zwischen Borken und Coesfeld. Das Stadtgebiet von Velen, das seit der Gebietsreform von 1975 auch den Nachbarort Ramsdorf umfasst, ist waldreich und landwirtschaftlich geprägt und wird von der Bocholter Aa durchzogen.

Die Ortschaft wurde im Übergang vom 9. zum 10. Jahrhundert erstmals genannt, die Eigenkirche der Herren *von Velen* um 1200, ihre Burg schließlich um 1245. Die Siedlung an der Burg stand in der Abhängigkeit der Herren *von Velen,* die sich seit dem Mittelalter als Amtsträger der Bischöfe von Münster zu einem der bedeutendsten Adelsgeschlechter des Münsterlandes entwickeln konnten.

UNSER TIPP: Schloss Velen

Die heutige Anlage von Schloss Velen, die ihr heutiges Aussehen im 17., 18., und 19. Jh. erhielt, bietet ein Ensemble aus Hauptburg, Vorburg, Vorwerk, Orangerie und Parkresten. Namhafte Architekten wie *Ambrosius von Oelde*, der die Vorburg als Dreiflügelanlage entwarf, und *Johann Conrad Schlaun*, der die Pläne für den 1744/45 im Wesentlichen neu erbauten Südflügel entwarf, waren daran beteiligt. Das 1931 ausgebrannte Schloss wurde nach alten Plänen wieder errichtet und wird seit Pächterwechsel 2019 als Veranstaltungs- und Seminarhaus betrieben.

Die sich nach Osten öffnende, unregelmäßig dreiflügelige **Hauptburg** mit Ecktürmen im Westen und einem frei stehenden Kapellenturm vor dem Nordflügel wurde in Backstein mit Sandsteinelementen errichtet. Die Hofseite ist verputzt. Der rechteckige Haupttrakt in Haustein stammt im Kern aus dem frühen 15. Jh. und wurde 1745 wohl von *J.C. Schlaun* vorgezogen und mit einem Verbindungstrakt zum Kapellenturm versehen. Die Seitenflügel der einst dreiflügeligen, 1693 errichteten **Vorburg** wurden zu Beginn des 19. Jh. klassizistisch umgestaltet. Den Ostflügel hat man abgerissen, sodass der Blick heute direkt auf den Kernbau der Hauptburg fällt. Die zweigeschossige **Orangerie** weist abwechslungsreiche Ausmalungen auf. Das stuckierte Treppenhaus führt zum reich geschmückten Salon im Obergeschoss. Der **Schlosspark** mit Orangerie, Forsthaus, Fasanerie und Tiergarten, der 2006 nach den Plänen *Schlauns* wieder hergerichtet wurde, verfügt über alte Baumbestände.

Ramsdorf

Der westlich gelegene Velener Ortsteil Ramsdorf erfuhr erstmals um 1225 Erwähnung. Die Grenzlage zu Geldern machte den Ort für die Münsteraner Bischöfe strategisch wichtig. Sie errichteten 1425 eine Burg, die im 17. Jh. verfiel.

Burg Ramsdorf

1727 ließen neue Besitzer ein rechteckiges Backsteingebäude mit Werksteingliederung und einen Rundturm auf den Resten der alten Burg errichten. Seit 1930 ist darin das Heimatmuseum von Ramsdorf untergebracht, das sich der Ur- und Frühgeschichte, der Stadt- und Sozialgeschichte sowie der Naturkunde widmet. Der Burgsaal dient kulturellen Veranstaltungen.

Lebendige Museen Velen/Ramsdorf

Längst ist das Museum Burg Ramsdorf zu einem **Erlebnismuseum** ausgebaut worden, das den Besucher zur Teilnahme an den dargebotenen Themen auffordert. Außerdem sind in dem Konzept vier weitere Standorte in Velen und Ramsdorf aufgenommen worden. Dazu zählen eine alte Schmiede, ein Dorfgemeinschaftshaus zum Thema Kartoffelanbau, ein Hof zur Geschichte des Getreideanbaus und eine alte Wassermühle. Abgerundet wird das museale Angebot mit einem Spaziergang durch den **Park** und den **Tiergarten von Schloss Velen.**

- **Museum Burg Ramsdorf,** Burgplatz 4, Tel. 02863-926215 bzw. 6820, www.lebendige-museen.de. Di–Sa 15–17, So 15–18 Uhr und nach Vereinbarung, behindertengerecht (Aufzug), Eintritt 2 € (ab 15 Jahre), Kinder 1 €, für alle anderen Standorte wird kein Eintritt erhoben, aber um eine Spende gebeten. Führungen werden angeboten.

■ **Alte Schmiede Beckmann,** Walpurgisplatz. Im ehem. Stall des Pfarrers, direkt neben der Ramsdorfer Walburgiskirche, wurde eine historische Schmiede eingerichtet, geöffnet So 14–17 Uhr.

■ **Hof Tenk-Döring,** Krückling 20, Tel. 5471, im Dorfgemeinschaftshaus auf dem Hof werden Exponate zur Geschichte der Kartoffel gezeigt, und vorgeführt, wie mit alten Maschinen aus den 1920er Jahren Kartoffeln sortiert wurden. Bauernhofcafé auf dem Hof geöffnet Mo, Mi bis Fr 14–18 Uhr, Sa 14–19 Uhr, So und feiertags 10–19 Uhr, Info: www.droenings-landcafe.de.

■ **Hof Picker-Warnsing,** Fischediek, in einem Schuppen des Hofs sind historischen Landmaschinen zum Getreideanbau mit entsprechenden Erläuterungen untergebracht, geöffnet Mi und So 14–18 Uhr, So 11–18 Uhr.

■ **Park und Tiergarten Schloss Velen.** Auch nach Pächterwechsel im Schloss Velen weiterhin ganzjährig zugänglich.

■ **Wassersägemühle.** Am Gut Roß, Heidener Str. 51, Tel. 1098, geöffnet So 15–17 Uhr. Vorführungen und Erläuterungen zu den Maschinen finden von April bis Okt. jeweils am letzten So im Monat an den Standorten Hof Picker-Warnsing und Hof Tenk-Dröning in der Zeit zwischen 14 und 17 Uhr, in Beckmanns Schmiede jeden 3. So im Monat sowie zur Säge in der Wassermühle So 15.30 und 16.30 Uhr statt.

Pfarrkirche St. Walburga

Die Pfarrkirche St. Walburga (Walburgisplatz) ist ein spätgotischer Bau von 1410, dem zwei Vorgängerbauten aus den Jahren 1200 und 1280 vorangingen. Zu Beginn des 16. Jh. wurde die Kirche um ein Halbjoch sowie den Turm mit Treppenturm ergänzt. 1912–14 erfolgte die Verlängerung des Chors mit Querhaus nach Osten. Der Taufstein stammt aus dem frühen 13. Jh. Die überlebensgroße, eichenhölzerne Christophorusfigur aus dem frühen 15. Jh. wurde wohl in einer Weseler Werkstatt gefertigt.

Praktische Tipps

Unterkunft, Essen und Trinken

■ **Schloss Velen④,** Schloßplatz 1, Tel. 02642-405250, www.chateauform.com/de/haus/schloss-velen. Seminarhotel.

■ **Hotel-Restaurant Coesfelder Tor,** Coesfelder Str. 34, Tel. 02863-4330, www.coesfelder-tor.de. Gemütlicher Gasthof im Zentrum, das Restaurant bietet westfälische Küche, Do Ruhetag, angeschlossener Hotelbetrieb.

Feste und Veranstaltungen

Kolle Karemes, alljährliche Großkirmes am 2. Oktober-Wochenende auf dem Kirchplatz, mit Bühnenprogramm, Veranstaltungen, Kindertrödelmarkt. Info: www.veelen.de.

■ **Büchermarkt Ramsdorf,** alljährlich am 1. So im September 13–18 Uhr, Bücherstände von zahlreichen Privatverkäufern und Händlern rund um den Marktplatz vor der Kulisse der Burg, Info: www.veelen.de.

Aktivitäten

■ **Bocholter Aa-Radweg,** 58-km-Radwanderweg von Velen über Borken, Rhede und Bocholt bis Isselburg, mit Piktogrammen beschildert, Infotafeln informieren über die Natur und lohnenswerte Umwege.

Gescher

- **Postleitzahl:** 48712
- **Tel.-Vorwahl:** 02542
- **Info:** Stadtmarketing Gescher, Amlandstr. 15, Tel. 98011, www.stadtmarketing-gescher.de, www.gescher.de

Die Glockengießerei hat Gescher weit über die Landesgrenzen hinaus bekannt gemacht. So nennt sich der nördliche Nachbarort von Velen auch **Glockenstadt.** Gescher kann gleich mit vier Museen aufwarten, von denen das Westfälische Glockenmuseum in ganz Deutschland einzigartig ist.

In den Niederungen der Berkel westlich von Coesfeld hatte das Stift Borghorst einen Oberhof namens *Gaschari.* Hier gründete das Stift um das Jahr 1000 eine Pfarrei, errichtete eine Kirche, um die sich allmählich eine Siedlung entwickelte. Die Siedler hatten in den Feuchtauen der **Siepen,** wie hier die Quellbäche genannt wurden, kein leichtes Leben. Sie errichteten ihre Häuser nicht auf trockengelegtem Land, sondern überbauten sie. Straßen- und Geländenamen erinnern bis heute an diese Siepen, die teilweise noch erkennbar sind.

In den folgenden Jahrhunderten webten die Bewohner zur Aufbesserung der schlechten wirtschaftlichen Situation in Heimarbeit aus Flachs **Leinen,** woraus im 19. Jh. die Textilindustrie hervorging. Naturgemäß hatte die bäuerliche Torfstecherei in Gescher lange Tradition. Doch erst zu Beginn des 20. Jh. setzte der systematische **Torfabbau** südlich von Gescher im heutigen Ortsteil Hochmoor ein.

137ml_ot

Im Zweiten Weltkrieg blieb Gescher weitgehend verschont. Seine Eigenschaft als Stadt erhielt Gescher erst im Zuge der kommunalen Neuausrichtung 1975. In dem hierfür errichteten neuen Rathaus wurde ein 38 m^2 großes Gemälde von *Corrado Simeoni* mit dem Titel „Maskerade" angebracht.

Sehenswertes

St. Pankratius

Die **Pfarrkirche** St. Pankratius (Kirchplatz) wurde in der Wende zum 16. Jh. als spätgotische dreijochige Halle mit Chorjoch und 5/8-Schluss anstelle eines vormaligen romanischen Baus errichtet. Von diesem spätgotischen Bau sind noch das östliche Joch und der Chor erhalten. 1889–91 wurden der Turm und das westliche Joch abgerissen, dafür der Bau in den alten Proportionen nach Westen um zwei Joche erweitert und mit Seitenschiffen versehen. Das westliche Mitteljoch ist querschiffartig ausgebaut. Über dem südlichen Querschiffarm erhebt sich der neue Turm. Der neugotische Hochaltar beinhaltet elf hölzerne Apostelfiguren, einfache Arbeiten aus dem frühen 15. Jh. Die zwölfte Figur des Philippus wurde ergänzt. Der Taufstein stammt noch aus dem 13. Jh. Dazu verfügt die Kirche über einige Skulpturen aus verschiedenen Zeiträumen.

Westfälisches Glockenmuseum

Das Glockenmuseum besitzt eine reichhaltige Sammlung von Kirchenglocken und bietet Einblick in 900 Jahre westfälische Glockengießerei. Es ist in der ehemaligen Polizeiwache aus dem Jahr 1902 untergebracht. Neben Glocken aus Bronze weist das Museum auch Kirchenglocken aus Gussstahl, Eisenhartguss und Sonderlegierungen auf. Eine originalgetreu im Museum aufgebaute Glockengrube zeigt, wie heute noch Glocken gegossen werden. Im Musikraum können Besucher einzelne Glocken selbst zum Klingen bringen und Glockenmusik entdecken.

■ **Westfälisches Glockenmuseum,** Lindenstraße 2, Tel. 02542-7144, www.glockenmuseum-gescher. de. Di–So 10–18 Uhr, geschlossen am 24., 25., 26. und 31.12. sowie 1.1., Eintritt 3 €, ermäßigt 1,50 €, Führung zusätzlich 20 €, Abendführungen 40 €, Themenführungen 50 €.

Museumshof auf dem Braem

Der Museumshof bietet in acht rekonstruierten Gebäuden Einblicke in das **bäuerliche Leben der 1920er Jahre** im Münsterland. Im Wohnteil des Haupthauses ist die alte Einrichtung erhalten. Über dem Herdfeuer hingen im „Westfälischen Himmel" Würste und Schinken. Auf der Tenne ist zeittypisches Handwerksgerät zu sehen. In der Remise und der Scheune finden sich landwirtschaftliche Maschinen jener Zeit. Dazu gibt es einen reizvoll gepflegten **Bauerngarten.**

◁ Glockenmuseum Gescher

■ **Museumshof auf dem Braem,** Armlandstraße 18, www.gescher.de. Werktags 10–17 Uhr, Eintritt 3 €, ermäßigt 1,50 €, Führungen zusätzlich 20 €.

Imkereimuseum

Das Westfälisch-Niederländische Imkereimuseum vermittelt Wissenswertes und Unbekanntes über die **Honig- und Wachsgewinnung,** es beherbergt eine reichhaltige Sammlung von Klotzbeuten, Strohstülpern oder verschiedenartigen Weidenkörben. Hier wird die frühere Bienenkorbflechterei wieder aktiviert. Außerdem lebt im Museum ein **Bienenvolk** mit 10.000 Bienen.

■ **Westfälisch-Niederländisches Imkereimuseum,** Lindenstraße 2, www.gescher.de. Öffnungszeiten und Führungen nach Vereinbarung, Tel. 02542-7144 oder 98011.

Kunsthalle Hense

Der ortsansässige Inhaber einer Maschinenbaufabrik ist leidenschaftlicher Kunstsammler. Seine **Sammlung zeitgenössischer Kunst,** die noch regelmäßig erweitert wird, hat eine Ausstellungsmöglichkeit in der ehemaligen Turnhalle der Volksschule Gescher gefunden. Hier war in früheren Jahren ein Kutschenmuseum untergebracht, das nicht weiter betrieben werden konnte und durch Hense der neuen Verwendung zugeführt wurde.

■ **Kunsthalle Hense,** Armlandstraße 20, Tel. 0234-95388-0 www.hense.art. Privatsammlung zeitgenösssicher Kunst, Ausstellungshalle für Wechselausstellungen, geöffnet So 14–18 Uhr, jeden 2. Mi 16–21 Uhr, Eintritt 5 €, ermäßigt 3,50 €, es werden Führungen angeboten.

Torfmuseum

Das Torfmuseum befindet sich in der ehemaligen Volksschule des Ortsteils **Hochmoor.** Es weckt Erinnerungen an die schwere Arbeit im Moor, zeigt Exponate zum Torfstich bis hin zum industriellen Abbau. Vom **Weißen Venn,** dem einst größten Hochmoorgebiet im Münsterland, das sich südlich der Ortschaft ausbreitet, ist wenig übrig geblieben. Verblieben ist aber das nahe gelegene **Naturschutzgebiet Fürstenkuhle,** das neben einer Heidekrautzone typische Moorpflanzen wie Torfmoos, Wollgras oder auch Pfeifengras aufweist.

■ **Torfmuseum,** Gescher-Hochmoor, Landsbergstraße, Tel. 02542-7144 (Stadt Gescher), www.gescher.de. Führungen nach telefonischer Vereinbarung.

Praktische Tipps

Unterkunft, Essen und Trinken

■ **Dom Hotel Gescher**③, Kirchplatz 6, Tel. 02542-93010, www.dom-hotel-gescher.de. Zentral gelegenes, familiäres Garni-Hotel in einem barocken Haus aus dem 18. Jh., 14 gemütliche Zimmer mit kleiner Sitzecke/Schreibtisch.

Camping

Brinkmann's Hof, Harwick 52, Tel. 02542-98606, www.brinkmannshof.de. Großer Ferienpark und Campingplatz nahe dem Ortskern und der Naturaue der Berkel, mit Gastronomie, ganzjährig geöffnet.

Einkaufen

■ **Krammarkt,** der Wochenmarkt von Gescher Do 8–12.30 Uhr, im Straßendreieck Hauptstraße / Katharinenstraße in Höhe der Skulptur „Wurstaufholer", erweitert sich am 1. Do im Monat zum Krammarkt, mit Textil- und Haushaltswaren, Modeschmuck und Kurzwaren.

Aktivitäten

Freibad: Auf dem Brink 81, Tel. 02542-1555, www.gescher.de. Mit 25-Meter-Becken, Erlebnisbecken, Kinder-Wasserspielgarten, großer Liegewiese, in der Saison Mo 14–20 Uhr, Di–Fr 6–20 Uhr, Sa, So und feiertags 7–20 Uhr, Eintritt 4 €, Kinder und Jugendliche 2 €.

Stadtlohn

■ **Postleitzahl:** 48703
■ **Tel.-Vorwahl:** 02563, 02862 (Südlohn)
■ **Info:** Stadtmarketing Stadtlohn, Dufkampstraße 11, im Haus Hakenfort, Tel. 879866, www.stadtmarketing-stadtlohn.de
■ **Stadtrundgang:** mit dem Stadtlohner Nachtwächter, Buchung über Stadtmarketing (s.o., Tel. 97200), 30 € bzw. 3 € pro Person, auch mit kulinarischer Verköstigung buchbar.

Die **Berkel,** die von Gescher kommend in fast naturbelassenem Lauf durch Stadtlohn fließt, zählt zu den wenigen **unregulierten Flussläufen** im Münsterland und ist in ihrem weiteren Verlauf flussabwärts bis Vreden unter Naturschutz gestellt. Hier siedelten die Menschen schon in vorgeschichtlicher Zeit.

Ein Zeuge aus karolingischer Zeit ist die gut erhaltene **Hünenburg** im sogenannten Bockwinkel nahe dem Fluss unterhalb von Gescher. Diese ehemalige Wallburg weist ein noch gut erkennbares doppeltes Wallsystem auf. Sie diente während der Sachsenkriege als Fluchtburg und der Absicherung des Verkehrswegs zum Rhein und zur Ijssel.

Der heutige Ort Stadtlohn entstand um einen Amtshof des Bistums Münster, der Mitte des 12. Jh. befestigt wurde. Im Zweiten Weltkrieg wurde Stadtlohn fast vollständig zerstört, danach neu wieder aufgebaut.

Sehenswertes

Ältester erhaltener Profanbau ist **Haus Hakenfort** (Dufkampstraße 11) aus dem Jahr 1808. Es ist ein hervorragendes Beispiel frühklassizistischer Häuser im Münsterland. Inzwischen wurde es von der Stadt erworben und dient als Ausstellungsraum und Konzertsaal. Hier ist die Touristeninformation untergebracht.

Die **St. Otgerkirche** (Markt 2) geht auf die Urpfarre aus der Zeit des ersten Münsteraner Bischofs *Liudger* um 800 zurück. 1890–98 entstand an dieser Stelle ein neugotischer Bau, der nach Kriegszerstörung in veränderter Form erneuert wurde.

Die ehemalige **Wallfahrtskapelle Unserer Lieben Frau** wurde 1695 auf dem Hilgenberg erbaut. Mit zunehmendem Pilgerstrom wurde die Kirche unter Einbeziehung des Vorgängerbaus als verputzter Saalbau mit Werksteingliederung, dreiseitigem Schluss und Dachreiter errichtet. Die Ausmalung der Holzdecke erfolgte 1885. Ein Jahr später wur-

104ml ot

de das Andachtsbild gestohlen, was das Ende der Wallfahrtszeit bedeutete.

Museen

Das privat geführte **Siku-Museum** zeigt auf einer Fläche von ca. 2000 m² etwa 20.000 Modellautos sowie 50 Old- und Youngtimer.

Das **Museum der Westfälischen Landeseisenbahn,** betrieben vom Eisenbahnclub Stadtlohn, stellt eine umfangreiche Fotosammlung, Modellbahnen, alte Möbelstücke wie etwa einen Fahrkartenschrank und die restaurierte Draisine der Bahnmeisterei Stadtlohn aus. Durch das Museumsareal führt eine Mini-Parkbahn, ein großes Vergnügen für Kinder.

Siku-Museum, Von-Ardenne-Straße 42, Tel. 02563-205929, www.automodelle-hoeing.de. Mo–Do 14–18 Uhr, So und feiertags 11–18 Uhr, Eintritt 6,50 €, Kinder 2,50 €, mit Museumsshop und Café.

Eisenbahnmuseum, Bahnallee 4, Tel. 0170-5483557, www.ecsev.de. Mai bis Oktober 1. Sa im Monat 14.30–18 Uhr, Eintritt 1 €, Fahrpreis Parkbahn 2 €.

Praktische Tipps

Unterkunft, Essen und Trinken

- **Landgut-Hotel Ritter**②, Almsick 64 („Zur Waldesecke"), Tel. 02563-8405, www.landgut-ritter.de. Restaurant bietet vielseitige regionale Küche, Do Ruhetag, angeschlossener Hotelbetrieb, dazu Biergarten.
- **Burghotel Pass**③, 46354 Südlohn-Oeding, Burgplatz 1, Tel. 02862-5830, www.burghotel-pass.de. In der Burg Oeding, entstanden aus dem ehemaligen Haupthof des Bistums Münster, der später zur Burg ausgebaut wurde, 1979 durch die Integrierung des alten Bergfrieds mit dem ehemaligen Verlies als moderner Hotelneubau wiederbelebt. 33 Zimmer auf drei Etagen, dazu zehn Zimmer in der Dependance und fünf romantische Turmzimmer. Restaurant mit regionaler Burgküche im historischen Gewölbe.

Einkaufen

- **Pralinen:** Pralinenmanufaktur Turmhaus, 46354 Südlohn, Eschstraße 35, Tel. 02862-980000, www.turmhaus.com. Kreative Pralinenideen, monatlich wechselndes Pralinenangebot, dargeboten im hauseigenen *Café Hüftgold* im Turmhaus, geöffnet Di bis So 9–18 Uhr.

Aktivitäten

- **Flugplatz Stadtlohn-Vreden,** Wenningfeld 41, Tel. 02563-3333 oder 0170-8995040, www.flugplatz-stadtlohn.de. Zugelassen für den gewerblichen und nichtgewerblichen Motorflug, Segelflug, UL-Flug und Fallschirmspringen.

☐ Haus Hakenfort in Stadtlohn

Vreden

- **Postleitzahl:** 48691
- **Tel.-Vorwahl:** 02564, 02567 (Lünten)
- **Info:** Vreden Stadtmarketing, Markt 7, Tel. 4600, www.stadtmarketing-vreden.de

Bodenfunde auf dem heutigen Stadtgebiet von Vreden, das wie ein Zipfel in die Niederlande hineinragt, lassen sich über 10.000 Jahre zurückverfolgen, als Jäger- und Sammlergruppen das **Zwillbrocker Venn** durchstreiften. Dieses Gewässer- und Feuchtwiesengebiet erstreckt sich unmittelbar an der Staatsgrenze und ist vor allem für seine Flamingokolonien bekannt. Die ersten Siedlungsspuren reichen fast 6000 Jahre, erste permanente Siedlungen über 5000 Jahre zurück.

Die wichtigsten Sehenswürdigkeiten der Stadt Vreden sind die Stiftskirche mit ihrer Krypta, der Flügelaltar in der Pfarrkirche und das Kulturhistorische Museum Westmünsterland („Kult").

Stadtgeschichte

Die Stadtgeschichte von Vreden beginnt, als die Reliquien der römischen Märtyrer *Felicissimus* und *Agapitus* sowie der heiligen *Felicitas* nach *Fredenna* übertragen wurden – so berichten es die Xantener Annalen im Jahr 839. Hier hatte Graf *Wilkbert,* möglicherweise ein Enkel des Sachsenherzogs *Widukind,* ein hochadeliges Kanonissenstift gegründet, das auch zu seiner Begräbnisstätte werden sollte. Um das **Stift** entstand eine Siedlung als Keimzelle der heutigen Stadt

105ml ot

Vreden. Das Stift entwickelte sich zu einem der bedeutendsten in Westfalen und war bis ins 12. Jh. hinein reichsunmittelbar, der Stiftsbezirk durch befestigte Gräben begrenzt.

1085 übergab Kaiser *Heinrich IV.* das Reichsstift Vreden dem Bremer Bischof *Liemar*. Unter Kaiser *Barbarossa* gelangte das Reichsstift dann an den Kölner Erzbischof *Philipp von Heinsberg*. Während das Stift dem Erzbistum Köln zuteilig war, gehörte die Stiftssiedlung zum Bistum Münster. Das Stadtwappen mit den Apostelfürsten *Petrus* für Köln und *Paulus* für Münster und dem Kölner Kreuz mit dem münsterischen Balken

⌃ ⌄ Stiftskirche St. Felicitas in Vreden: die Krypta und Epitaphe der Äbtissinnen

dokumentiert dies. Im Jahr 1252 verpflichteten sich der Erzbischof von Köln und der Bischof von Münster, die Stiftssiedlung als Stadt auszubauen und zu befestigen. 1255 trat Vreden dem Rheinischen Städtebund bei.

Ende des 14. Jh. wurde der bisherige Stadtgraben durch eine **Stadtmauer** ersetzt. Ab 1389 begann der Bischof von Münster mit dem Bau einer in die Stadtbefestigung eingebundenen **Burg.** Nach der mehrmaligen Belagerung und Einnahme Vredens im Verlauf der Münsterischen Stiftsfehde begann die wirtschaftliche Blütezeit der Stadt, die 1470 unter Coesfeld auch Mitglied der **Hanse** wurde. Doch nach der Mitte des 16. Jh. begann die Stadt mit ihren Bauerschaften unter den Auswirkungen des Achtzigjährigen und des Dreißgjährigen Krieges, in dessen Verlauf 1641 hessische

106ml ot

107ml ot

Truppen die Stadtmauer schleiften, zu leiden.

Im 18. Jh. etablierte sich in Vreden die Textilindustrie. Das 19. Jh. war durch die beiden schweren Stadtbrände von 1811 und 1857 gekennzeichnet. Im März 1945 erlitt Vreden noch eine Woche vor dem Einmarsch britischer Truppen schwere Bombenschäden.

Sehenswertes

Das Ruinengelände der 1398 errichteten bischöflichen **Burg** wurde 1690 vom Münsteraner Bischof an *Heinrich von Nahmen* vergeben. Wenige Jahre später errichtete dieser hier ein **Herrenhaus** (Burgstr. 1), ein lang gestrecktes Backsteingebäude mit Werksteingliederung und Krüppelwalmdach über hohem, gewölbtem Keller. Dabei verwendete er vorhandenes Baumaterial der Burgruine und der Stadtmauer. Nach Umbauten 1850 und 1962 dient das Herrenhaus heute als **Rathaus** der Stadt Vreden. Reste der **Stadtmauer** sind noch in der Burgstraße zu sehen.

Stiftskirche

Die Ursprünge der Vredener Stiftskirche St. Felicitas (Kirchplatz 3) liegen möglicherweise schon in einem im 8. Jh. angelegten christlichen Außenposten, von dem aus die Sachsenmissionierung betrieben wurde. Der Gründungsbau der Stiftskirche stammt aus dem 9. Jh. Mitte des 11. Jh. wurde diesem eine dreischiffige, vierjochige Hallenkrypta angefügt, wenig später hat man das Langhaus des

Gründungsbaus zunächst dreijochig mit Querhaus, nach Brand ca. 1080 vierjochig und eingewölbt erneuert. Im 15. Jh. wurde die Apsis durch einen gewölbten Chor ersetzt, der 1751 noch eine Mitteltreppe erhielt, im Langhaus vergrößerte man die Fenster gotisch spitzbogig.

Nach Bombenschäden im März 1945, durch die die barocke Ausstattung und Ausmalung verloren ging, orientierte man sich beim Wiederaufbau an den historischen Formen der frühromanischen Kirche mit ihren gotischen Elementen. Besonders sehenswert sind das in der ersten Hälfte des 13. Jh. eingebaute, reich verzierte **Stufenportal** an der nördlichen Querhauswand, die ottonische **Hallenkrypta** mit ihren abwechslungsreich dekorierten Kapitellen und der verwitterten Reliefdarstellung des Stiftsgründers aus dem 11. Jh., der gotische Kronleuchter, das Hungertuch mit Szenen des Lebens Jesu, das in den Tagen der Karwoche gezeigt wird, und nicht zuletzt die **Grabdenkmäler** der Vredener Äbtissinnen.

Pfarrkirche St. Georg

In unmittelbarer Nachbarschaft zur Stiftskirche steht die Pfarrkirche St. Georg (Kirchplatz 1). Nach Kriegszerstörung wurde sie in den 1950er Jahren neu errichtet. Bei Grabungen stieß man auf sechs Vorgängerbauten, der älteste davon aus den Jahren 820–30. In der Krypta sind Ausgrabungsfunde ausgestellt. Wertvollstes Ausstattungsstück der Kirche ist ein prächtiges **Antwerpener Flügelretabel** von 1520. Die Hauptseite weist 23 geschnitzte Figurengruppen mit Darstellungen aus dem Leben Christi auf. Die Malereien an den Außenseiten zeigen szenische Darstellungen der Wundertaten Christi und anderer biblischer Ereignisse. Der Taufstein stammt etwa aus dem Jahr 1500, ebenso vier große Apostelfiguren. Ein hölzernes Kruzifix ist aus dem 13. Jh.

- **Pfarrkirche St. Georg,** Kirchplatz 1, Tel. 02564-83810, Besuche und Führungen durch die Krypta nach vorheriger Anmeldung im Pfarrbüro oder beim Stadtmarketing Vreden (s.o.).

Unser Tipp:

Kulturhistorisches Museum Westmünsterland

„Kult" (abgeleitet von **Kultur und lebendige Tradition Westmünsterland**) ist der Begriff für das 2017 aus dem ehemaligen Hamaland-Museum weiterentwickelte Kulturhistorische Museum Westmünsterland. Mit dem Museum wurden hier das Kreisarchiv, das Archiv der Stadt Vreden sowie Seminarräume, die Landeskundliche Bibliothek und ein Lesesaal zusammengeführt. Neben dem neuen Museumsgebäude besteht „Kult" aus einer aus elf Gebäuden bestehende Hofanlage im Stadtpark am Ufer der Berkel, darunter das Haupthaus aus dem 17. und 18. Jh., Speicher, Scheunen, Schafstall, Back- und Brauhaus sowie ein Bienenhaus. Auch die Gebäudereste des ehemaligen **Hospitals Zum Heiligen Geist** von 1675 sind Teil des Museums. Hier werden Plastiken und wertvolle Ausstattungsstücke der Vredener Kirchen gezeigt, etwa Messgewänder aus dem 15. bis 19. Jh., die Perlenkasel der Äbtissin *Maria Schenkin zu Erbach* (1466–1511) und als wertvollstes Stück ein weiteres Gewand, die **Kasel des heiligen Sixtus,** dessen textile Grundstoffe sogar auf das 7. Jh. zurückgehen.

Im Rahmen des „Kult“-Ausbaus wurde das **Schaudepot,** das ehemalige *Gasthaus zum Heiligen Geist,* das von der freigelegten Außenwand des Pulverturms begrenzt wird, mit einbezogen. Hier wird die 33 Quadratmeter große historische Tapete aus den 1820er Jahren, die den Szenen eines 1699 erschienenen Romans „Die Abenteuer des Telemach“ von *François Salginac de la Mothe Fénelon* nachempfunden ist. Es gibt weltweit nur noch wenige Exemplare dieser Tapete.

■ **Kulturhistorisches Museum Westmünsterland,** Butenwall 4, Tel. 02564-39180, www.kult-westmuensterland.de, geöffnet Di–So 10–17 Uhr, Eintritt 4 €, ermäßigt 2 €.

Miniaturschuh-Museum

Vreden verfügt mit dem Miniaturschuh-Museum über eine weitere Attraktion. Es geht auf die Sammlung des Industrieschuhmachermeisters *Richard Fenchel* zurück, der in 50-jähriger Freizeitarbeit **Verkleinerungen historischen Schuhwerks im Maßstab 1:3** anfertigte. Teile der großen Sammlung werden inzwischen im Museum des *Schuhhauses Wessels,* einem Hersteller übergroßer Schuhe, ausgestellt. Die Ausstellungsstücke sind dabei mit zeitgenössischen Exponaten versehen, um den historischen Kontext herzustellen.

■ **Miniaturschuh Museum,** im *Schuhhaus Georg Wessels,* Ausbachstraße 2, Tel. 02564-4964, www.wessels-schuhe.com, geöffnet nach telefonischer Absprachen, im Februar und August ist das Museum geschlossen.

Kunst- und Kulturkreis Berkelkraftwerk

In den 2020 renovierten Räumlichkeiten des Berkelkraftwerks, in dem seit 1869 Strom erzeugt wird, und das von der Stadt Vreden übernommen worden ist, finden regelmäßig **Kunstausstellungen** statt, organisiert vom Kunstverein Vreden.

■ **Kunst- und Kulturkreis Berkelkraftwerk,** Butenwall 5, geöffnet So 11–17 Uhr und nach Vereinbarung.

Scherenschnittmuseum

Das **Alte Rathaus** wird von der Bürgerstiftung Vreden als Kultur- und Veranstaltungszentrum genutzt. In dem Gebäude hat die Stiftung außerdem das Scherenschnittmuseum eingerichtet, in seiner Art einmalig in Deutschland. Die Exponate reichen bis ins 18. Jh. zurück.

■ **Erstes Deutsches Scherenschnittmuseum,** Markt 6, Tel. 02564-9508927, www.scherenschnittmuseum.de, geöffnet Di bis So 9.30–12.30 und 14–17 Uhr, Eintritt frei.

Ammeloe

Der nördliche Vredener Ortsteil Ammeloe ist durch seine Bauweise rund um die Rektoratskirche St. Antonius Abt interessant. Dieser hier *Kring* genannte Kir-

108ml ot

chenring verleiht dem Ort ein **malerisches Ambiente.** Die neugotische Kirche birgt im Inneren die Holzskulptur der Anna selbdritt, eine kunstvolle niederrheinische Arbeit vom Anfang des 16. Jh.

Zwillbrock

St. Franziskus

Im Vredener Ortsteil Zwillbrock steht ganz nah der niederländischen Grenze eine ehemalige **Klosterkirche.** Sie wurde im Zuge der Gegenreformation an diesem Standort als sichtbares Zeichen des Katholizismus gegen das calvinistisch-reformatorische Bekenntnis, das sich nach dem Ende des Dreißigjährigen Krieges in den Niederlanden endgültig durchgesetzt hatte, errichtet. Die Geschichte des Klosters begann als eine der **Missionsstationen,** die Fürstbischof *Christoph Bernhard von Galen* (1650–1678) von Bocholt bis Gronau einrichten ließ, um die Katholiken jenseits der Grenze zu betreuen. Vor allem ging es um die Katholiken im grenznahen Borculo, einer kleinen Herrschaft, die zeitweise dem Münsteraner Bischof unterstand. Die 1651 gegründete und von den Minoriten unterhaltene Zwillbrocker Missionsstation wurde 1670 zum Konvent erhoben.

Ihre bis 1713 errichtete dreiflügelige Klosteranlage fiel der Säkularisation zum Opfer, die Kirche blieb aber als **Pfarrkirche von Zwillbrock** erhalten. Das barocke Meisterwerk überstand den Zweiten Weltkrieg mitsamt ihrer **prächtige Ausstattung** unbeschadet, darunter vor allem die Altäre, die Kanzel, die Bilder und die Orgel. Heute bemüht sich ein deutsch-niederländischer Freundeskreis um den Erhalt dieser „Barockperle des Münsterlandes“, wie die dem heiligen *Franziskus* geweihte Kirche auch gern genannt wird.

Zwillbrocker Venn

Das Zwillbrocker Venn zählt durch seine **Lachmöven- und Flamingopopulation** zu den bekanntesten Naturschutzgebieten Deutschlands. Hier verblieb nach dem Ende des Torfabbaus ein **flacher See** als vielseitiges Biotop für speziell angepasste Pflanzen und Tiere, darunter über 100 Vogelarten. Teile des Gebiets wurden schon 1928 unter Schutz gestellt, heute umfasst das geschützte Zwillbrocker Venn eine Fläche von 176 Hektar.

An die 80 Flamingos halten sich im Durchschnitt im Sommer im Zwillbrocker Venn auf. Sie haben hier ihren nördlichsten Brutplatz. Es handelt sich

☐ Barocke Kunst in der Pfarrkirche von Zwillbrock

Wein aus dem Achterhoek

Überquert man bei Zwillbrock die deutsch-niederländische Grenze, weist an der Straße nach Groenlo ein Schild zu einem Weingut mit Hofverkauf, dem **Wijngaard Slingehorst.** Die Hofbesitzer haben 2006 mit dem Anpflanzen von Rebstöcken begonnen. Heute bewirtschaften sie 3,5 ha Rebflächen mit verschiedenen weißen und roten Sorten. Der Boden ist geeignet, das Klima auch – nur etwas zu feucht. Deshalb scheiterten zunächst die Versuche, den Weinbau biologisch zu betreiben. Das Problem besteht darin, dass es bislang zu wenig Rebsortenzüchtungen gibt, die so feuchtigkeitsresistent sind, dass auf nichtbiologischen Pflanzenschutz verzichtet werden kann.

Ein weiterer Weinbaubetrieb im Achterhoek ist der **Schepershof.** Hier hat man die ersten Rebstöcke bereits 1990 angepflanzt.

Durch die höhere Luftfeuchtigkeit in den küstennahen Niederlanden kommen dort andere Rebsorten zum Einsatz, als man sie etwa aus Deutschland kennt. Dazu zählen beispielsweise *Niobe, Johanniter* und *Solaris.* Aber auch der allseits bekannte *Regent* hat sich hier durchgesetzt.

- **Wijngaard Slingehorst,** Marhulzenpad 5, NL-7141 HA Groenlo, Tel. +31(0)-651253044, www.wijngaardslingehorst.nl, Hofverkauf auf Anfrage, geboten werden auch Verkostungen in der Weinstube.
- **Schepershof,** Slatmansweg 6/A -NL-7141 LD Groenlo, Tel. +31(0)-544464246, www.schepershof.nl, Weinverkauf geöffnet Mi und Sa 13–17 Uhr.

109ml ot

Weinbau in den Niederlanden – nicht leicht, aber möglich

um mehrere Arten, den **Rosaflamingo** *(Phoenicopterus roseus)*, den **Kubaflamingo** *(Phoenicopterus ruber)* und den **Chileflamingo** *(Phoenicopterus chilensis)*, neuerdings auch den **Zwergflamingo** *(Phoeniconaias minor)*. Ihre Nahrung besteht aus Plankton, das durch den Kot der Lachmöwen reichlich vorhanden ist.

Ihre Herkunft ist nicht bekannt, auf jeden Fall handelt es sich bei den südamerikanischen Arten um „Ausreißer" aus Gehegen. Die ersten Tiere tauchten um 1970 auf. Eine erste Brut war 1983 erfolgreich, danach wurden die Jungvögel zur Sicherheit in Tierparks verbracht. Seit der Seespiegel reguliert wird und Elektrozäune die Nester schützen, werden im Zwillbrocker Venn jährlich bis zu zehn Flamingos flügge. Zur Überwinterung ziehen sie sich über das Ijsselmeer ins Rhein-Schelde-Mündungsgebiet in den Niederlanden zurück.

■ **Biologische Station Zwillbrock,** Zwillbrock 10, Tel. 02564-9860-0, www.bszwillbrock.de. Besucherzentrum geöffnet Ostern bis Okt. Mo bis Fr 8–16.30 Uhr, Sa, So und feiertags 12–17 Uhr, im Winter bis zu den Osterferien Mo– Do 8–16.30 Uhr, Fr: 8–14.30 Uhr.

Praktische Tipps

Unterkunft, Essen und Trinken

■ **Hotel Meyerink**③, Up de Bookholt 42–52, Tel. 02564-93160, www.hotel-meyerink.de. Zentral und nah zum Stadtpark gelegen, helle, modern eingerichtete Hotelzimmer, mit **Café-Restaurant Maxime,** reichhaltige regionale und überregionale Speise- und Getränkekarte, große Terrasse, Sa Ruhetag.

■ **Gasthof Zum Jägerhaus**②, Bischof-Tenhumberg-Str. 37, Tel. 02567-907341, www.hotelvreden.de. Familiengeführter Gasthof im Ortsteil Lünten nördlich von Vreden, praktisch eingerichtete Zimmer, rustikale regionale Küche, dazu Saalbetrieb, Mi Ruhetag.

■ **Bußmann,** Winterswyker Straße 1, Tel. 02564-878, www.restaurant-bussmann.de. Traditioneller Gastbetrieb seit 1901, bietet gutbürgerliche Küche, hier kocht der Chef noch selbst mit frischen saisonalen Produkten, mit Sommerterrasse, Mo und Di Ruhetag.

Feste und Veranstaltungen

■ **Vredener Kirmes,** über 100.000 Besucher kommen alljährlich von Samstag bis Montag am ersten September-Wochenende zum großen Volksfest, für das die gesamte Innenstadt gesperrt wird. Die Kirmes ist traditionell auch Kirchweihfest, das vor dem religiösen Hintergrund mit einer Prozession begangen wird, Info: www.vredener-kirmes.de.

UNSER TIPP: **Blumenkorso,** im August zieht seit über 100 Jahren (mit Unterbrechungen) ein Festzug mit blumengeschmückten Wagen, Motivwagen, zahlreichen Kindergruppen und Musikvereinen durch den niederländischen Ort Rekken nahe der Grenze. Manchmal führt der Weg auch über die Grenze durch Oldenkott, Vreden oder Zwillbrock. Info: www.bloemencorsorekken.nl.

Ahaus

- **Postleitzahl:** 48683
- **Tel.-Vorwahl:** 02561, 02567 (Alstätte, Ottenstein)
- **Info:** Ahaus Marketing & Touristik, Oldenkottplatz 2, Tel. 444444, www.ahaus.de

Ahaus liegt im Norden des Kreises Borken nahe der niederländischen Grenze. Die erste Nennung eines Rittersitzes an der Aa, die heute als **Ahauser Aa** bezeichnet wird, erfolgte im Jahr 1030. Hier errichteten Anfang des 12. Jh. die Herren *von Diepenheim* aus Overijssel einen festen Sitz. 1391 gaben die Herren *von Ahaus* der um die Burg entstandenen Siedlung an der Aa Stadtrechte, 1409 erwarb der Fürstbischof aus Münster die Herrschaft Aahaus.

Unter der Münsteraner Herrschaft wuchs die nunmehr durch Wälle und Wassergräben gesicherte Stadt, die zu dieser Zeit schon vier Straßenzüge umfasste. 1650 machte Fürstbischof *Christoph Bernhard von Galen* Ahaus einen ersten offiziellen Besuch, war die Stadt für ihn doch ein katholischer Außenposten gegen die angrenzenden reformierten Niederlande.

Von Galens Nachfolger *Friedrich Christian von Plettenberg* ließ die alte und durch die zurückliegenden Kriege schwer in Mitleidenschaft gezogene Burg schleifen und an ihrer Stelle ein **barockes Wasserschloss** errichten. 1863 zerstörte ein Brand fast die gesamte Stadt, ließ aber das am Rand der Bebauung stehende Schloss unversehrt. Der Wiederaufbau der Stadt erfolgte mit Ausrichtung auf das Schloss. Nach den Bombenschäden des Zweiten Weltkrieges hielt man sich bei den Hausbauformen an den historischen Bestand.

Einige Kilometer östlich des Stadtkerns betreibt die Gesellschaft für Nuklear-Service das Transportbehälterlager Ahaus als **Zwischenlager für radioaktiven Abfall** für die Kernkraftwerke in Deutschland. Nicht nur angesichts der politischen Diskussion um die Kernenergie und die offene Frage der Endlagerung sind das Zwischenlager und die zu ihm führenden Transporte immer wieder Anlass zu Protestaktionen.

- **Info:** www.zwischenlager.info/standort/ahaus

Sehenswertes

Schloss Ahaus

1690 ließ Fürstbischof *Friedrich Christian von Plettenberg* anstelle der alten Ahauser Burg nach den Plänen des Kapuzinermönchs *Ambrosius von Oelde* ein **barockes Jagdschloss** errichten. Mehrere Umbauten, die nach den Zerstörungen im Siebenjährigen Krieg von *Johann Conrad Schlaun* vorgenommen wurden, veränderten das Aussehen des Schlosses und der Gartenanlage. Seit 1803 wieder in weltlichem Besitz, wurde es bis zum Zweiten Weltkrieg als **Tabakfabrik** genutzt. Im Krieg nahezu völlig zerstört, ist es seit dem Wiederaufbau Sitz der Technischen Akademie Ahaus.

Schloss Ahaus stellt sich heute als ein symmetrisch an einer Achse ausgerichtetes Bauensemble aus umgräftetem

110ml ot

Hauptgebäude mit Zugang über eine Brücke dar, mit Triumphportal, Vorburg mit Torturm und Resten der ehemaligen Gartenanlage. Das **Hauptgebäude** aus Backstein mit Werksteingliederung besteht aus dem zweigeschossigen Corps de Logis, das mit eineinhalbgeschossigen Seitenflügeln versehen ist. Diesen vorgesetzt sind mächtige dreigeschossige Eckpavillons, die Glockenhauben tragen. Das **Hauptportal** mit Pilastern und fürstbischöflichem Wappen wird über eine zweiseitige Treppe erreicht. Die **Gartenfassade** wurde von *Schlaun* mit einem dreiachsigen, übergiebelten Mittelrisalit mit großen Fenstertüren und einer zweiarmigen, mit Vasen verzierten und bis zur Gräfte führenden Treppenanlage versehen.

Schloss Ahaus

An jeder Ecke der rechteckigen Hauptinsel steht ein kleiner, backsteinerner Pavillon. Den Zugang zur Hauptinsel mit dem Schloss bildet das **Triumphtor,** ein sandsteinernes Prunkstück des Schlosses mit toskanischen Säulen, Figurennischen, Jagdreliefs und Wappen tragendem Schweifgiebel. Auf der der Schlossinsel vorgesetzten Insel steht die **Vorburg** mit dem großen Torturm.

Die **Gartenanlage** stammt noch aus der Erbauungszeit des Schlosses und wurde von *Schlaun* zusätzlich mit einer Sichtachse von der Gartenfront in Richtung auf den Schöppinger Berg versehen. Verblieben sind das ehemalige Schlossgartentor und das Tor zum ehemaligen Fasanengarten. Das Gartengelände ist heute **Stadtpark.**

In der Anlage sind zwei Museen untergebracht. Das **Torhausmuseum** zeigt Exponate zur Stadt- und Schlossgeschichte, das **Schulhausmuseum** im zweiten Torhaus widmet sich der Geschichte des Schulwesens.

- **Schloss Ahaus,** Sümmermannplatz 1, Tel. 02561-72321, heute Sitz der **Technischen Akademie Ahaus** (www.taa-ahaus.de), Besichtigung des Fürstensaals und des Gartensaals für Gruppen auf Voranmeldung durch die Stadt Ahaus, im Fürstensaal finden Schlosskonzerte statt (siehe „Feste und Veranstaltungen").
- **Schloss Ahaus, Torhausmuseum,** geöffnet Sa, So und feiertags 14–17 Uhr, Eintritt frei, Führungen nach Vereinbarung.
- **Schloss Ahaus, Schulhausmuseum,** Information durch den Heimatverein Ahaus, www.heimatverein-ahaus.de, geöffnet Di bis Fr 15–17 Uhr, Sa, So und feiertags 14–17 Uhr, Eintritt frei.

St. Mariä Himmelfahrt

Von der alten, zu Beginn des 16. Jh. im Stadtkern von Ahaus errichteten **Pfarrkirche** St. Mariä Himmelfahrt (Marienstr. 5) ist nur noch der **Turm** erhalten. Das Kirchenschiff musste 1966 wegen Baufälligkeit abgerissen werden. Das nach Plänen des Kölner Architekten *Erwin Schiffer* entstandene neue, dunkel gehaltene Kirchenschiff ist durch rasterartige Betonelemente mit bunter Verglasung gekennzeichnet. Die Fenster wurden von *Georg Meistermann* geschaffen.

Die Haarmühle

111ml ot

Alstätte

Die Ortspfarrkirche des Ahauser Ortsteils Alstätte (Kirchstr. 5) heißt ebenfalls **St. Mariä Himmelfahrt.** Ihrem Wehrturm mit Treppengiebel aus dem 15. Jh. schließt sich das frühklassizistische Langhaus mit Chorraum an. Von großem Wert sind im Inneren neben der Pietà, die der Legende nach vor der Katholikenverfolgung aus den Niederlanden gerettet wurde und *Johann Mauritz Gröninger* zugeschriebenen wird, auch vier überlebensgroße Sandsteinskulpturen der Kirchenväter, die einst für die Martinikirche in Münster vorgesehen waren.

Unser Tipp: Haarmühle

Ebenfalls sehenswert ist die Haarmühle an der Alstätter Aa. Im Jahre 1619 wurde die **Wassermühle** in ihrer heutigen Form errichtet und 1721 im Auftrag des Bischofs durch *Peter Pictorius* renoviert. Heute ist der direkt an der niederländischen Grenze gelegene, reizvolle und immer noch funktionsfähige Backsteinbau im Besitz der Stadt Ahaus – ein beliebtes Ausflugsziel.

Unmittelbar an der Haarmühle zieht sich am Fluss das **Naturschutzgebiet Witte Venn** entlang, in dessen sumpfiger Niederung weidende schottische Rinder die Verbuschung verhindern. Zur hier anzutreffenden typischen Hochmoorflora zählt der Glockenenzian.

■ **Haarmühle,** Ahaus-Alstätte, Beßlinghook 57, Tel. 02567-93190, www.haarmuehle.de. Führung durch die Mühle nach Absprache, ca. 30 Min., mit Brotverkostung, pro Pers. 2,50 €, Brotverkauf. **Restaurant Dähle**② in der ehemaligen Tenne, ganzjährig geöffnet, großer Biergarten.

Graes

Bei **Hefflers Kotten** im Ahauser Ortsteil Graes handelt es sich um ein 1780 errichtetes Fachwerkständerhaus mit massiven Ziegelwänden an den Traufseiten. An der Giebelseite befindet sich das Deelentor und im oberen Teil eine Giebelverbretterung – ein typisches westmünsterländisches Heuerlingshaus. Es wurde vom früheren Standort hierher versetzt und dient dem Heimatverein Graes als Tagungsstätte.

■ **Heimathaus Hefflers Kotten,** Ahaus-Graes, Alstätter Str. 5–9. Sonntagscafé betrieben durch den Heimatverein, Tel. 02561-3231, www.heimatverein-graes.de, geöffnet Mai bis Okt., So und feiertags 14–18 Uhr.

Wessum

Die **Pfarrkirche St. Martinus** bildet mit ihrem Treppenturm das Wahrzeichen des Ahauser Ortsteils Wessum (Kirchplatz). Im Ursprung handelt es sich um die Eigenkirche des Haupthofes der Grafen *von Cappenberg*. Der heutige vierjochige Hallenbau aus Bruchstein mit Chorjoch und 5/8-Schluss stammt aus der Zeit nach 1300. 1899 wurde er um ein Ostjoch erweitert, wobei man den Chor in der ursprünglichen Form neu errichtete. Außergewöhnlich im Inneren ist die spätgotische Passionssäule mit ihren vielen Gesichterdarstellungen. Eine vergrößerte Kopie steht nordwestlich der Kirche.

Außergewöhnlich ist in Wessum auch die **Oratorium** genannte Kapelle „Zum Leiden Christi“ (Kirchplatz). Es handelt sich um eine einseitig offene, dreijochige Halle mit zwei seitlichen Zugängen, die ursprünglich mit Skulpturen zur Leidensgeschichte Christi ausgestattet war. Seit 1920 ist sie Kriegergedächtnisstätte.

Praktische Tipps

Unterkunft, Essen und Trinken

- **Drebber's**③, Wüllener Str. 19, Tel. 02561-2735, www.drebbers.de. Zentral gelegen, Restaurant②, Café und Hotel, rustikale Küche.
- **Landhotel Elkemann**②, Ahaus-Graes, Eper Str. 2, Tel. 02561-93410, www.landhotel-elkemann.de. Familiengeführtes Hotel mit hell und praktisch eingerichteten Zimmern, im Haupthaus auch preisgünstigere Zimmer. Restaurant **Die Speisekammer** bietet herzhafte regionale Küche, auch spezielle Tagesgerichte, Biergarten.
- **Bauerncafé Lanskemann,** Ahaus-Graes, Stegge 56, Tel. 02561-1731, www.facebook.com/Lanskemann. Großes Anwesen am östlichen Ortsrand, Kaffee und Kuchen, Münsterländer Spezialitäten, sonntags Frühstücksbüffet, Di–Fr 14–18 Uhr, Sa 13–19 Uhr, So 9.30–19 Uhr.
- **Haus im Flör**③, Ahaus-Ottenstein, Hörsteloe 49, Tel. 02567-939990, www.haus-im-floer.de. Gasthaus im Landhausstil, großer Garten mit Teichanlage, bequem eingerichtete Zimmer, elegantes Restaurant mit erlesener Küche, Menüs, passende Weine, Außenterrasse, täglich mittags und abends geöffnet. Mo und Sa kein Mittagstisch.

Aktivitäten

- **Ballonfahren:** 2 Std. über Ahaus und Umgebung, Anmeldung bei Ahaus Marketing & Touristik GmbH (s.o.), Startplatz Freizeitgelände „Ork“ in Ahaus-Wüllen, auf dem Fußballplatz hinter dem Inline-Hockey-Feld. Startzeit im Sommer aus thermischen Gründen morgens oder spätnachmittags, im Winter mittags oder am frühen Nachmittag, Preis im 5-Personen-Ballon 215 € pro Person.
- **Golf:** Golf- & Landclub Ahaus, Ahaus-Alstätte, Schmäinghook 36, Tel. 02567-405, www.glc-ahaus.de. 27-Loch-Anlage, Driving-Range mit 31 Abschlagplätzen, teilweise überdacht, Clubhaus.
- **Planwagenfahrten** bietet der *Alte Gasthof Bredeck-Bakker* an. Angebot 3 Std. durch die Münsterländer Parklandschaft, mit Getränken, 15-l-Fass Bier, Imbiss, Stimmungsmusik, Kosten auf Anfrage. Info: Alter Gasthof Bredeck-Bakker, Ahaus-Alstätte, Kirchstr. 20, Tel. 02567-93130, www.bredeck-bakker.de.
- **Museumseisenbahn Haaksbergen:** Direkt hinter der niederländischen Grenze bietet sich als besondere Attraktion eine Fahrt mit der Museumseisenbahn Haaksbergen – Boekelo an. Betrieben wird die ehemalige Nebenstrecke der Ahaus-Enscheder-Eisenbahn, die zur Versorgung der Textilbetriebe mit Kohle beiderseits der Grenze ab 1903 betrieben und 1966 stillgelegt wurde, mit historischen Loks und Waggons aus Deutschland und den Niederlanden. Informationen über Fahrtermine etc.: www.museumbuurtspoorweg.nl. Fahrten von April bis Okt. jeden So, Juli/Aug. auch Mi bzw. Di und Mi, Einzelfahrt 7 €, Kinder von 4 bis 11 Jahren 5 €, Hin- und Rückfahrt 9,50/6,50 €, Bahnsteigkarte 3 €.

Einkaufen

- **Holzschuhe:** Die Holzschuhfertigung hat in Ahaus, so nah an der niederländischen Grenze, lange Tradition. Ein Betrieb, der sich bis heute gehalten hat, besteht seit fünf Generationen in Wessum: **Holzschuhmacherei Ewald Berning,** Schüttenfeld 22, Tel. 02561-44240, Werkstatt: 02561-2616, „Klumpenlädchen“ geöffnet Mo–Sa 10–12 Uhr, zusätzlich Mo–Fr 15–18 Uhr, sonntags geschlossen, auch Internet-Verkauf, Info: www.holzschuhe-berning.de.

■ **Hofladen,** Sven Wilming, Ahaus-Graes, Brook 11, www.hofladen-bauernladen.info/adressen/sven-wilming-ahaus__1581.php. Milchviehbetrieb bietet Eier und Milch aus eigener Erzeugung in Bioland-Qualität, außerdem werden Führungen durch den Betrieb angeboten, Mo 9–18 Uhr, Di Ruhetag, Mi–Fr 9–18 Uhr, Sa 9–15 Uhr.

Feste und Veranstaltungen

■ **Graeser Markt,** weithin bekannter, traditioneller Trödelmarkt, Wochenende Mitte Aug. am Heimathaus Hefflers Kotten (s.o.).

■ **Schlosskonzerte** im Fürstensaal des Schlosses im Rahmen des „Musikherbst Westmünsterland", Eintritt 15 €, Schüler/Studenten 7,50 €, Karten erhältlich beim Kreis Borken, Kulturhistorisches Museum Vreden („Kult"), Tel. 02861-6814282, www.kult-westmuensterland.de.

Gronau

■ **Postleitzahl:** 48599
■ **Tel.-Vorwahl:** 02562, 02565 (Epe)
■ **Info:** Kulturbüro Gronau GmbH, 48599 Gronau, Konrad-Adenauer-Straße 45, Tel. 02562-99006, www.gronau-inside.de

Musikstadt nennt sich das im Nordwesten des Münsterlands gelegene Gronau gern – die Grenzstadt zelebriert seit Jahrzehnten eine deutsch-niederländische Kulturkooperation und hat sich damit weltweite Bekanntheit verschafft. Beim **Gronauer Jazzfest** geben sich alljährlich namhafte Größen des Jazz und Blues die

Gronauer Jazzgeschichte

Die Entwicklung der Gronauer Jazzszene, die in der Nachkriegszeit ihren Ursprung hat, geht auf die deutsch-niederländische Musikkultur des 19. und frühen 20. Jh. zurück. Sie basiert auf der historischen Zusammenarbeit der die Grenzregion prägenden Textilindustrie. Da die Niederlande im Ersten Weltkrieg neutral geblieben waren, setzte sich die Musikkooperation in dieser Umbruchszeit ungehindert fort. War diese Kooperation zunächst eher von klassischer Musik geprägt, so konzentrierte man sich in den „heißen" 1920er Jahren zunehmend auf Operetten, Salon- und Tanzmusik. Auch der Jazz fand diesseits und jenseits der Grenze immer mehr Anhänger.

Nach dem Zweiten Weltkrieg lebte die Musikbegeisterung in beiden Ländern wieder auf. In der Gronauer Tanzmusikszene der Nachkriegszeit erwarb sich *Udo Lindenberg* sein musikalisches Handwerkszeug. Die Kontakte der lokalen Jazzszene zu den Niederlanden intensivierten sich. Jenseits der Grenze entwickelte sich das nahe Enschede mit dem Neubau seines *Muziekkwartier* zum musikalischen Zentrum im Osten der Niederlande.

Den Höhepunkt des Musikjahres in Gronau bildet das Gronauer Jazzfest, das mit über 50 Konzerten namhafter in- und ausländischer Künstler heute internationales Ansehen genießt.

■ **Gronauer Jazzfest,** jährlich eine Woche um den 1. Mai, www.jazzfest.de, Tickets z.B. beim Kulturbüro Gronau (s.o.) oder im Rock'n'Popmuseum (s.u.).

Ehre (siehe Exkurs). Die Stadt ist Standort eines Rock-Pop-Museums und bietet ein breites Spektrum an Veranstaltungen unterschiedlichster musikalischer und anderer künstlerischer Ausrichtungen.

Der Name der Stadt leitet sich von *Gronoue* ab, der Niederung der Dinkel, die nordwärts durch die Stadt fließt und flussabwärts das **Gildehauser Venn,** ein einst großes Moor- und Heidegebiet bildet, dessen Kernraum unter Naturschutz steht. In der Talebene, die sich kaum über 30 m Höhe über dem Meeresspiegel ausbreitet, hatten die Herren *von Steinfurt* eine Burg errichtet, die 1371 erstmals Erwähnung fand. Der heutige Gronauer Ortsteil Epe wurde schon 1188 erstmals urkundlich erwähnt. 1487 wurde Gronau als Wigbold bezeichnet, eine Enklave im älteren Kirchspiel Epe, wohl Witwensitz der Grafen *von Bentheim-Steinfurt.* Die Grafen führten 1544 das lutherische Bekenntnis ein, 44 Jahre später wechselten sie zum calvinistisch-reformierten Glauben. Epe blieb dagegen katholisch. 1683 fiel Gronau durch Erbe an die Grafen *von Bentheim-Tecklenburg.* In napoleonischer Zeit fiel Gronau an eine Linie der Grafen *von Salm,* in nachnapoleonischer Zeit an Preußen. Mitte des 19. Jh. fasste auch in Gronau die Textilindustrie Fuß.

In der Nachkriegsgeschichte hat sich die Stadt als Zentrum der Rock-, Pop- und Jazzmusik im niederländisch-deutschen Grenzgebiet einen internationalen Ruf erworben. Großes Ansehen erwarb sich Gronau auch mit der Ausrichtung der **Landesgartenschau,** die 2003 gleichzeitig in Gronau und im niederländischen Losser stattfand.

Auch aus anderem Grund kommt Gronau immer wieder in die Schlagzeilen. Hier ist der Standort der einzigen Urananreicherungsanlage in Deutschland. Gegen den Betrieb der Anlage wird nicht nur in Deutschland, sondern auch in den Niederlanden protestiert.

Sehenswertes

Textilwerke

Die für Gronau repräsentativen Textilwerke stehen unter Denkmalschutz. Es handelt sich einerseits um das lang gestreckte Backstein-Verwaltungsgebäude der **Baumwollspinnerei Matthieu van Delden** (Bahnhofstr. 30) von 1891 sowie um Werksgebäude der Baumwollspinnerei **Gerrit van Delden.** Der **Gusseisenskelettbau Spinnerei A** (Fabrikstr. 2) mit vorgesetzten Betondecken und großzügig durchfensterter Backsteinfassade entstand 1891/92 und beherbergt heute ein Gründerzentrum. Die **Spinnerei F** (Bentheimer Straße 35) ist ein Stahlskelettbau mit großer Fensterfront.

Van-Delden-Werksiedlung

Im Osten der Stadt steht an der Ochtruper Straße eine ganze **Wohnsiedlung** unter Denkmalschutz. Es handelt sich um die in den 1920er Jahren über vier Straßenblöcke entstandene Van-Delden-Werksiedlung aus traufständigen, einstöckigen Backsteinreihenhäusern mit einem rechteckigen Platz im Zentrum. Die Hauptzufahrt erfolgt von Norden über die von der Ochtruper Straße abzweigende Ellermarkstraße. Die zentrale West-Ost-Achse wird versetzt durch Torbauten erschlossen.

UNSER TIPP: Rock'n'Popmuseum

Die Geburtsstadt von *Udo Lindenberg* verfügt seit 2004 über ein in Europa einzigartiges Museum. Das Rock'n'Popmuseum führt mithilfe modernster Medientechnologie durch die Kulturgeschichte der Popularmusik im 20./21. Jh. Hochrangige „Reliquien" wie ein Hemd von *Jimi Hendrix* und eine Gitarre von *Pete Townshend* sind Teil der Ausstellung, die ansonsten vor allem akustisch und multimedial zu erleben ist – Mitmachangebote inklusive. Neu ist der **Musikclub Turbine** im Untergeschoss des Museums. Hier wird vor allem Livemusik geboten, aber der Raum dient auch Lesungen und anderen Kulturveranstaltungen.

■ **Rock'n'Popmuseum,** Udo-Lindenberg-Platz 1, Tel. 02562-81480, www.rock-popmuseum.com. Mi–So 10–18 Uhr, Mo geschlossen, Di nur für Gruppen auf Anfrage, Eintritt 8,50 €, ermäßigt 6 €, Kinder bis 6 Jahre: Eintritt frei, Familienkarte: 19 €, Ticket mit Führung 13 €, ermäßigt 11.50 €.

Drilandmuseum

Das vom Heimatverein betriebene Museum, untergebracht im verbliebenen Gebäudeteil des im letzten Krieg zerstörten Rathauses, vereint Exponate zur Erd-, Regional- und Stadtgeschichte. Die besondere Attraktion ist eine Nachbildung des 1910 in Gronau gefundenen Skeletts eines Schlangenhalssauriers.

112ml ot

Das Museum widmet sich einem breiten Spektrum moderner Musikformen, weit über Rock und Pop hinaus

■ **Drilandmuseum,** Bahnhofstraße 6, Tel. 02562-4419, geöffnet Sa 15–17 Uhr, Eintritt frei, Info: www.heimatverein-gronau.de.

Epe

Drei Kilometer südlich liegt Epe, 1975 zu Gronau eingemeindet. Hier stand wohl schon um 800 eine hölzerne Kirche. Die um 1175 an gleicher Stelle erbaute zweite Kirche dürfte schon ein Steinbau gewesen sein, die Eigenkirche der westmünsterländischen Grafen *Dale zu Diepenheim,* die hier mit einem Hof unmittelbar an der Dinkel begütert waren. Als Kirchspiel wurde Epe dann schon 1188 genannt, der Hof zu Epe erstmals 1325 urkundlich erwähnt, die Mühle am Hof 1346, an deren Stelle heute ein Hotel betrieben wird.

Die **Pfarrkirche St. Agatha** (Gronauer Straße 12) ist aus der Eigenkirche des Ortes hervorgegangen. Die alte Pfarrkirche erfuhr im 15. Jh. gotische und Mitte des 18. Jh. barocke Umbauten. 1882 zerstörte ein Großbrand fast das ganze Dorf. Auch die Kirche wurde in Mitleidenschaft gezogen. 1886 stürzte ihr Dach ein, sodass sie 1890–95 als neugotische Halle aus Ibbenbürener Sandstein mit fast gänzlich eingezogenem Westturm neu errichtet wurde. Das zylindrische Taufbecken aus dem späten 12. Jh. stammt noch aus der ersten steinernen Kirche des Ortes. Außerdem verfügt die Kirche über eine spätgotische Passionssäule, ähnlich denen in Metelen oder Wessum, die früher auf dem Marktplatz stand.

Auch Epe war ein Standort der Textilindustrie. Das Spinnereigebäude der **Germania-Textilwerke** (Vennerstr. 26) wurde 1897 als langgestreckter Backsteinbau mit auffallendem Gesims, Ecktürmen und Treppenturm errichtet. Genauso auffallend ist die durch gelbe Ziegel gegliederte, groß befensterte Fassade.

Gildehauser Venn

In der Saale-Eiszeit vor rund 250.000 bis 125.000 Jahren bedeckte eine besonders dicke Eisschicht das heutige Gronauer Gebiet und hinterließ eine Gletschermulde. Unter dem Eis bildeten sich Schmelzwasserrinnen. Eine davon war der Vorläufer der **Dinkel,** die durch diese Mulde das Gletscherwasser abführte und dabei Geröll und Sand mit sich führte. Ein Relikt der Eiszeit aus **Feuchtgebieten und Sanddünen** ist das Gildehauser Venn – eine Landschaft von höchstem ökologischen Wert.

Das Gildehauser Venn füllte einst große Teile der Dinkelsenke aus. Heute umfasst das Schutzgebiet noch 650 ha im *Driland,* dem **Dreiländereck** zwischen dem Münsterland, den Niederlanden und Niedersachsen. Das 25 ha große **Rüenberger Venn** als Südteil auf Gronauer Gebiet steht ebenfalls unter Schutz.

Die Kernzone ist eines der landschaftlich reizvollsten und zugleich botanisch und ornithologisch interessantesten Feuchtgebiete in Norddeutschland. Hier breitet sich ein von flachen, langgezogenen Dünenrücken durchzogenes **Moor- und Heidegebiet** mit Glockenheiden-, Schilf- und Beinbrechbeständen aus. Auf den trockenen Dünenrücken herrschen **Sandheiden** vor. Das Kerngebiet ist weitgehend sich selbst überlassen, während in den Randzonen in begrenztem Umfang land- und forstwirtschaftliche Nutzungen zulässig sind.

Dreiländersee

Im Dreiländereck nördlich von Gronau, unmittelbar an das Naturschutzgebiet Gildehauser Venn angrenzend, liegt der 28 ha große Dreiländersee, ein **Naherholungsgebiet** mit Badestelle, Sandstrand, Surfgelände und Bootsverleih. Ein Mobilheimpark, Hotel und Gastronomie, ein Reiterhof und diverse weitere Sport- und Erholungsmöglichkeiten ergänzen das Angebot.

Praktische Tipps

Unterkunft, Essen und Trinken

■ **Hotel Fritz**③, Enscheder Straße 59, Tel. 02562-817056, www.hotel-fritz.com. Westlich vom Stadtzentrum, 2 km von der holländischen Grenze gelegen, Zimmer im geschmackvollen Landhausstil eingerichtet, hell gestaltetes Abendrestaurant bietet deutsche Küche mit mediterranem Einschlag, Biergarten.

■ **Ammertmann**③, Gronau-Epe, Nienborger Str. 23, Tel. 02565-93370, www.ammertmann.de. Familienbetrieb mit 100-jähriger Gastwirtstradition, Restaurant bietet münsterländische Schlemmerküche, praktisch eingerichtete Zimmer.

■ **Schepers Hotel-Restaurant**③, Gronau-Epe, Ahauser Str. 1, Tel. 02565-93320, www.hotel-schepers.de. Stadtnah und doch ruhig am Stadtpark inmitten eines historischen Mühlengeländes gelegen, Jugendstil-Vordergebäude, modernes Hotelgebäude, Zimmer mehrerer Kategorien, Wellnessbereich. Das Restaurant bietet regionale Küche, Terrassenbereich mit Parkblick.

■ **Ferienhof Laurenz**②, Am Fürstenhof 20, www.ferienhof-laurenz.de. Landhotel, Heuhotel, Appartementhaus, Ferienwohnungen in ländlicher Umgebung östlich des Gronauer Stadtrands. Geselliges Kaminzimmer für Gäste, Café, Restaurant mit rustikal-regionalem Akzent, Reiten, Kutsch- und Kettcarfahrten, Maislabyrinth und Grillabende, Streichelzoo, Bauerngolf, Bauernladen mit hauseigenem Brotsortiment und Fleischwaren.

■ **Huize Holterhof**③, NL 7534 PH Enschede, Huize Holterhoflaan 10, Tel. +31 (0)53-4605570, www.huizeholterhof.nl bzw. www.holterhof.nl. Jenseits der Grenze auf dem Weg nach Enschede. Ehemaliges, 1913 errichtetes Landhaus eines niederländischen Textilbarons, 2016 grundlegend renoviert, Zimmer verschiedener Kategorien, großer Wellness- und Saunabereich, mit Bistro und Wellness-Restaurant für kleine Gerichte.

Aktivitäten

■ **Saunapark Epe,** Gronau-Epe, Klosterstraße 63, Tel. 02565-97229, www.saunapark-epe.de. Großzügige Wellnessanlage mit Sauna- und Badelandschaft, Beauty- und Spa-Angebote, mit Panorama-Ruheraum, Basis-Öffnungszeiten, Mo–Sa 11–23 Uhr, So 11–20 Uhr, saison- und anlassbezogene Sonderöffnungszeiten, Tageskarte 27 €, 4 Std. 22,50 €, Abendkarte 20,50 €.

Heek

■ **Postleitzahl:** 48619
■ **Tel.-Vorwahl:** 02568
■ **Info:** Gemeinde Heek, Bahnhofstr. 60, Tel. 93000, www.heek.de

Auch die südliche Nachbarstadt von Gronau ist eine Art Doppelort: Die Gemeinde Heek entstand 1969 durch die Zusammenlegung mit Nienborg und einer Reihe von Bauerschaften. Der Ortsname ist abgeleitet von *Eiche* – hier soll

Bischof *Liudger* eine dem germanischen Gott Thor geweihte Eiche gefällt und am selben Platz eine Kirche errichtet haben. Die Pfarrkirche des Ortes ist diesem heiligen Bischof geweiht. Im Jahre 1198 ließ Bischof *Hermann II.* nördlich der heutigen Gemeinde Heek eine Burg (*Castrum Novum* = „neue Burg") errichten, woraus der Ortsname *Nienborg* entstand.

Sehenswertes

Die **Pfarrkirche St. Ludgerus** (Kirchplatz 12) steht auf erhöhtem Standort, wo einst die germanische Eiche gestanden haben soll. Erstmals erwähnt wurde sie 1256. Aus dieser Zeit stammt das Langhaus, das im 14. Jh. eingewölbt und mit größeren Fenstern versehen wurde. Zu Beginn des 16. Jh. erfolgte mit dem Chorneubau eine Erweiterung um ein Westjoch. 1837 entstand ein neuer Westturm. Eine querschiffarmige Chorerweiterung wurde 1968–70 vorgenommen. Kunsthistorisch bedeutend ist das spätromanische, rundbogige Stufenportal an der Südseite. Der reich skulptierte Taufstein des Bentheimer Typs stammt aus dem beginnenden 13. Jh., das als Gnadenkreuz verehrte Kreuz sogar aus dem späten 12. Jh. Dieses weithin verehrte Kreuz war bis ins 19. Jh. hinein Ziel von Wallfahrten.

Die neobarocke, auf oktogonalem Grundriss errichtete **Kreuzkapelle** in der Bauerschaft Ahle (Ahle 54) birgt im Inneren eine künstlerisch wertvolle Holzskulptur der thronenden Madonna vom rheinischen Typ aus dem Jahr 1250.

Haus Horst (auch: Keppelhorst, Ahle 77) war 1581 durch *Jakob von Keppel*, Burgmann zu Nienborg, an der Ahauser Aa im äußersten Westen der Bauerschaft Ahle als Adelssitz begründet worden. Um 1670 erfolgte ein Neubau als schlichtes, umgräftetes, siebenachsiges Backstein-Herrenhaus mit Eckquaderung und Walmdach. Der Zugang erfolgt über eine unregelmäßige Vorburg-

114ml ot

insel, die Brücke weist Postamente mit Vasen auf. Heute ist Haus Horst Privatbesitz.

Nienborg

Nienborg ist heute Ortsteil von Heek. Die von Bischof *Hermann II. von Katzenelnbogen* auf einem sandigen Hügel in einer Flussschleife der Dinkel errichtete Landesburg diente der Sicherung des Handelsweges von Münster in die Niederlande. Es handelte sich um eine mit Gräben versehene, ovale Ringmaueranlage. Das befestigte **Burgdorf** östlich davon wurde von Burgmannen verwaltet. Nachdem auch Nienborg in nachnapoleonischer Zeit zu Preußen gekommen war, wurden die Burgbefestigung und die Burgmannshöfe weitgehend abgerissen. Die Burgkapelle wurde 1906 abgerissen und an ihrer Stelle die neugotische **Pfarrkirche St. Petrus und Paulus** (Burg 25) errichtet, die die wertvolle Ausstattung der Burgkapelle übernahm. Erhalten geblieben von der Burganlage sind Reste der Burgmauer, das Torhaus und drei Burgmannshöfe.

Das quadratische **Torhaus** (Burg 24) aus Bruchstein unter einem Zeltdach im Osten der Burgmauer stammt im Kern aus dem 14. Jh. und ist der Rest einer Doppelturmanlage, die an der Außenseite mit einer Zugbrücke versehen war. Bis 1808 diente die Stube über der Tordurchfahrt dem Grafen von Horstmar als Gerichtszimmer. Mitte des 19. Jh. wurde auf den Fundamenten der abgebrochenen Torhälfte ein Wohnhaus errichtet, in dem die Inhaber lange Zeit eine Gastwirtschaft betrieben. In der Stube wurde anlässlich der Renovierung 1952 eine Wandmalerei mit dem Titel „Die Geschichte der Drei Parzen als Lebenszuteilerinnen" angebracht.

113ml ot

☐ Pfarrkirche St. Petrus und Paulus

☐ Im Zentrum von Nienborg

Einer der drei verbliebenen Burgmannshöfe ist der Hof von Heiden (Burg 18), auch **Hohes Haus** genannt, im 14. Jh. mit der Nordwand auf der Burgmauer errichtet. Keller, Erd- und Obergeschoss stammen noch aus dieser Zeit.

Im 16. Jh. erweiterten die Besitzer das Gebäude zu einem repräsentativen Renaissancesitz, der mit seinem Dreistaffelgiebel weithin das Burggelände überragt. Heute ist das Gebäude im Besitz einer niederländischen Familienstiftung, die zu dessen Unterhalt Räumlichkeiten des Hohen Hauses als Event Location, z.B. für Hochzeiten, vermietet und in dem südlich des Haupthauses gelegenen Wachtmeisterhaus aus dem Jahre 1754 Zimmer als Ferienappartements vermietet (s.u.).

Das **Lange Haus,** der sogenannte Raesfelder Hof im Nordwestabschnitt der Burg (Burg 15), ist ein langgestreckter, zweigeschossiger, traufständischer Backsteinbau, der im Kern aus dem 16. Jh. stammt und dessen Giebel 1966 rekonstruiert wurde. Das Haus diente lange als Amtsstube und Lehrerinnenwohnung und wird nach mehrfachen Umbauten heute von der Landesmusikakademie Nordrhein-Westfalen genutzt.

Die **Keppelborg** (Burg 5) ist der dritte noch existierende Burgmannshof auf dem Burggelände von Nienborg und über längere Zeit im Besitz der Familie *von Keppel* gewesen. Der verputzte Zweiflügelbau wurde im 15. bzw. 16. Jh. auf der südlichen Ringmauer errichtet. Der unterkellerte Wohnflügel mit Dreistaffelgiebel und giebelseitigem Spitzportal ist der ältere Teil. Der rechtwinklig dazu angelegte Wirtschaftstrakt ist jünger und trägt über dem Eingangstor das Wappen von *Dietrich Otto von Keppel.* Die heutigen Besitzer nutzen die Anlage als Hotel (s.u.).

◁ Das Torhaus in Nienborg, Rest der alten Burganlage

Wassermühle

Die Wassermühle von Nienborg (Eper Straße) war als fürstbischöfliche Kornwassermühle im Mittelalter eine der bedeutendsten Mühlen der Gegend. Am Ende des 14. Jh. entstand gegenüber der Kornmühle eine weitere Wassermühle zum Ölschlagen. Die Ölmühle wurde dann später zu einer Walkmühle umgebaut. Nach ihrer Renovierung im Jahr 1984 diente die Mühle dem Heimatverein Nienborg als Heimatstube, heute ist sie in Privatbesitz.

Praktische Tipps

Unterkunft, Essen und Trinken

- **Hotel am Markt**②, Markt 3, Tel. 02568-935 230, www.hotel-m3.de. Modern eingerichtetes Tagungs- und Freizeithotel, barrierefrei, angeschlossenes **Restaurant** bietet frisch zubereitete Gerichte, gute Weinauswahl, täglich abends geöffnet, So auch mittags.
- **Haus Keppelborg**④, Heek-Nienborg, Burg 3, Tel. 02568-964663, www.keppelborg.de. Vier exklusive Hotelzimmer im Obergeschoss des renovierten Burgmannshofes inmitten eines weitläufigen Parks, arrangiert auch stilvolle Empfänge.
- **Hohes Haus,** Heek-Nienborg, Burg 18, Tel. +31 653706063, www.hoheshausnienborg.de. Übernachtung und Bed & Breakfast im historischen Gemäuer des alten, zum Hohen Haus gehörigen Wachtmeisterhauses, Frühstück für die Gäste im Panorama-Gemeinschaftsraum.

Feste und Veranstaltungen

- **Clemensmarkt,** 3. Mo im November auf der Burg in Nienborg, traditioneller Krammarkt 8.30–13 Uhr mit Ständen, die Textilien, Haushaltswaren, Kosmetik, Spielzeug, Schmuck, Blumen oder Bastelwaren anbieten, dazu Speisen und Getränke durch die örtlichen Vereine, Info: www.heek.de.

Schöppingen

- **Postleitzahl:** 48624
- **Tel.-Vorwahl:** 02555, 02245 (Eggerode)
- **Info:** Gemeinde Schöppingen, Amtsstraße 2, Tel. 880, www.schoeppingen.de

Der **Schöppinger Rücken** bildet den Nordwestausläufer der sich durch das Kernmünsterland ziehenden Baumberge und weist mit der 158 m hohen Kuppe des Schöppinger Berges die höchste Erhebung des Westmünsterlandes auf – die heute mit einem weithin sichtbaren Konglomerat großer Windräder bestückt ist. Auf der Kuppe steht auch eine dem hl. *Joseph* und dem hl. *Antonius von Padua* geweihte Kapelle (siehe: Horstmar, Kapitel 2). An seinem Westausläufer erstreckt sich die Gemeinde Schöppingen, die im Mittelalter Hauptort des *Skopinggaues* war. Durch den Ort fließt die **Vechte,** die sich flussaufwärts im Ortsteil Eggerode aus den Quellbächen Burloer Bach und Rokeler Bach bildet.

Schon zu Beginn der Sachsenkriege drangen die Truppen *Karls des Großen* bis an die Baumberge vor. Es ist davon auszugehen, dass im Zuge der Christianisierung in Schöppingen bereits Ende des 8. Jh. eine dem fränkischen Kirchenpatron *St. Brictus* geweihte Kapelle errichtet worden war, die zu Zeiten *Liudgers* als Bischof von Münster 805 zur Pfarrkirche erhoben wurde. Südlich der Kirche entwickelte sich die Siedlung Schöppingen, die 1396 als Wigbold bezeichnet wurde und 1435 Stadtrechte hatte. Zu dieser Zeit hatte der Bischof von Münster die aus zwei Straßen bestehende Stadt mit einer zweitorigen Umwallung versehen. In der Folgezeit erfuhr Schöppingen durch Getreidehandel wirtschaftlichen Aufschwung, doch setzte mit den Wirren des Dreißigjährigen Krieges der Niedergang ein. Die Stadtbefestigung wurde um 1700 niedergelegt. Längst hat Schöppingen seinen landwirtschaftlichen Charakter verloren, Hauptarbeitgeber ist heute die Verarbeitungsindustrie.

Sehenswertes

Künstlerdorf Schöppingen

Weit überregionale Bedeutung hat der Ort als Sitz der NRW-Stiftung Künstlerdorf Schöppingen. Zwei Anfang des 19. Jh. errichtete denkmalgeschützte Gutshöfe bieten **Unterkunft, Ateliers und Werkräume** für Stipendiaten der Bereiche Literatur und Bildende Kunst, für Komponisten experimenteller Musik und Kulturschaffende neuer Medien. Das Künstlerdorf betreibt auch interdisziplinäre Projekte und tritt als Veranstalter von Lesungen und Ausstellungen auf.

- **Stiftung Künstlerdorf Schöppingen,** Feuerstiege 6, Tel. 02555-93810, www.stiftung-kuenstlerdorf.de.

Pfarrkirche St. Brictius

Der erste Vorläuferbau der heutigen Pfarrkirche St. Brictius (Kirchplatz 3) wurde in der Zeit der Sachsenmissionierung am erhöhten Standort einer sächsischen Fliehburg errichtet. Erstmals erwähnt wurde die Kirche im Jahr 838 in einer Schenkungsurkunde Kaiser *Karls des Frommen,* mit der er die Kirche dem Kloster Herford übertrug. Heute steht die Pfarrkirche als dreischiffige Halle mit Westturm, 5/8-Chor und Sakristei auf ummauertem Gelände. Der Turm stammt noch von dem um 1100 errichteten Nachfolgebau der Ursprungskirche. Um 1250 erhielt er ein Glockengeschoss und einen Treppengiebel. 1450 wurde das Kirchenschiff nach Brand um ein Seitenschiff erweitert, kurz nach 1500 baute man noch zwei neue Joche und einen Chor mit Sakristei. In den 1920er Jahren riss man die romanische Nordwand ab, um ein weiteres Seitenschiff anzufügen. Die ursprünglichen **Wand- und Gewölbemalereien** mit figürlichen und floralen Mustern konnten bei diesen Bauarbeiten freigelegt und restauriert werden.

Zur reichen Ausstattung der Kirche gehört vor allem das 1455 erstellte **Flügelretabel,** das dem Meister von Schöppingen zugeschrieben wird. Auf den drei Tafeln findet man Darstellungen der Passion und Leiden Christi mit einer Kreuzigungsgruppe im Zentrum. Die Flügel zeigen die Verkündigung und Geburt Christi. Zur Ausstattung gehört auch das Original-Kruzifix einer überlebensgroßen Sandsteingruppe an der Straße nach Horstmar.

Rathaus

Das Rathaus von Schöppingen (Hauptstraße 29) wurde 1583 an einer platzartigen Erweiterung der Hauptstraße als zweigeschossiger, verputzter **Dreistaffelgiebelbau** mit von Kugeln besetzten Halbkreisaufsätzen errichtet. An der Westseite wurde im 18. Jh. das Sandsteinrelief der Fronleichnamsstation mit Darstellung der Stifter angebracht.

Eggerode

Der Ursprung des Schöppinger Ortsteils Eggerode liegt in einem Schultenhof mit Eigenkirche, die im Jahr 1313 erstmals als Pfarrkirche des um den Hof entstandenen Sprengels Schöppingen genannt wurde. Der romanische Westturm der **Pfarrkirche St. Mariä Geburt** (Marktplatz 3) stammt noch aus dem 12. Jh. und erhielt später einen gotischen Treppengiebel, die dreischiffige Stufenhalle wurde in den 1950er Jahren gebaut. Das Altarbild im Barockaltar stammt aus dem 19. Jh.

Um 1230 brachten Kreuzfahrer eine Marienskulptur im byzantinischen Stil aus Konstantinopel mit nach Eggerode, die seit der Wende zum 14. Jh. Ziel von **Wallfahrten** wurde und von deren Existenz man seit 1338 durch einen päpstlichen Ablass Kenntnis hat. Der Pilgerstrom nahm derart zu, dass 1656 auf Veranlassung von Fürstbischof *Christoph Bernhard von Galen* an der Seite der Pfarrkirche die **Wallfahrtskapelle St. Mariä Geburt** (Marktplatz 3) errichtet wurde. Diese Kapelle tauschte man 1844 gegen einen oktogonalen Kapellenbau mit Haubendach und Laterne aus, der

1950 noch einen Choranbau erhielt. In der Kapelle steht das Gnadenbild Unsere Liebe Frau vom Himmelreich.

Praktische Tipps

Unterkunft, Essen und Trinken

- **Akzenthotel Tietmeyer**③, Hauptstraße 52, Tel. 02555-938750, www.tietmeyer.de. Im Ortskern gelegenes, charmantes Haus mit modernem Komfort, individuell eingerichtete Zimmer, für das leibliche Wohl sorgt das **Restaurant Zum Rathaus,** mit Sommerterrasse.
- **Hotel Winter**③, Schöppingen-Eggerode, Gildestr. 3, Tel. 02545-93090, www.winter-eggerode.de. Traditionelles Haus im idyllischen Ortskern, in 11. Generation familienbetrieben, Zimmer verschiedener Kategorien, kleiner Wellnessbereich, Kegelbahn. Das Restaurant bietet modern angerichtete westfälische Küche, Damwildgerichte aus eigenem Gehege, Schankraum mit Herdfeuer, Außenterrasse hinter dem Haus, Mo Ruhetag.
- **Jugels Brüningmühle**①, Haverbeck 28, Tel. 0157-31975011, jugels-brueningmuehle.jimdo.com. Bikertreff, Landgasthaus an der Vechte in herrlicher Umgebung, Restaurant bietet kleine Gerichte und kräftige Mahlzeiten, geöffnet Mi–Fr ab 17 Uhr, Sa, So ab 10 Uhr, im Winter Mo, Di geschlossen.
- **Hof Schulze Althoff**②, Schöppingen-Heven, Heven 28, Tel. 02555-9850, www.schulzealthoff.de. Bauernhauscafé und Ferienhof, vermietet Ferienwohnungen und Doppelzimmer, auch Campingplatz, großer Garten mit Schwimmbad, Spielplatz, Ponyreiten, Reitunterricht auf Anfrage.

Aktivitäten

- **Vechtebad,** Metelener Str. 2, Tel. 02555-984213, modernisiertes Solebad durch Anreicherung des Schwimmbadwassers mit Natursole, das

Die Pfarrkirche St. Mariä Geburt im Schöppinger Ortsteil Eggerode

116ml ot

31 °C warme Wasser verhindert rote Augen und das Auslaugen der Haut, dazu Kiosk und Fitnessstudio, Schwimmbad mit wechselnden Öffnungszeiten, allgemeines Schwimmen meist nachmittags oder Sa und So, Eintritt 3,50 €, ermäßigt 1,50 €, Info: www.schoeppin gen.de/tourismus-freizeit-vereine/vechtebad.

Legden

- **Postleitzahl:** 48739
- **Tel.-Vorwahl:** 02566
- **Info:** Verkehrsverein Legden, Hauptstraße 17, Tel. 9503, www.vvlegden.de.
- **Stadtführung:** Dorf-Touren mit Segway Personal Transportern (PT): Geführt 2½ Std. mit ortskundigem Guide durch Legden und Asbeck, Teilnahme 58 Euro, Termine und Information durch den Verkehrsverein

Legden liegt im Zentrum des Westmünsterlandes zwischen Ahaus und Coesfeld. Der Ort bezeichnet sich gern als Dahlien- und Freizeitparadies. Malerisch hat sich der Ortskern um den Kirchplatz und mit den Straßenzügen der Hauptstraße, dem Busshook und dem Hahnenhook erhalten. Aufgewertet wird die historische Altstadt durch ein neues, nachahmenswertes Verkehrskonzept, das die Gleichwertigkeit aller Verkehrsteilnehmer – Fußgänger, Radfahrer und Autofahrer – realisiert. Durch den Verkehrswegeumbau hat rotes Pflaster den grauen Asphalt abgelöst, die Fläche wurde eingeebnet und damit die Enge von Fahrbahn und Fußwegen behoben.

Sehenswertes

Um die Kirche bestand früher die umgräftete Kirchenburg aus dem Friedhof und der Bebauung, von der noch der alte **Speicher** erhalten ist, der Zuflucht in Notzeiten bot. In den Straßenzügen stehen Dielenfachwerkhäuser, alte Bürgerhäuser und Speicher, darunter auch der **Taubenturm** (Hauptstraße 17, Sitz des Verkehrsvereins), ein schmaler, dreigeschossiger Fachwerkbau aus dem Jahr 1726. Besonderes Augenmerk gilt **Haus von Hülst** (Busshook 9), dem ehemaligen Wohnsitz der Vögte des Bischofs von Münster und des Stiftes Asbeck. Das eingeschossige Backsteinhaus auf Sandsteinsockel wurde 1677 über dem Gewölbekeller eines Vorgängerhauses errichtet.

Pfarrkirche St. Brigida

Die Gründung der Pfarre von Legden geht auf das 11. Jahrhundert zurück. Aus dieser Zeit stammt der älteste Bau der Pfarrkirche von St. Brigida (Kirchplatz). Die Pfarre wurde im Jahr 1173 dem Stift Asbeck inkorporiert. Der heutige Bau präsentiert sich als eine dreischiffige spätromanische, fast quadratische zweijochige Hallenkirche mit gerade geschlossenem Chor und stammt aus der Mitte des 13. Jahrhunderts. 1905 wurde der Wehrturm der Kirche abgetragen und durch ein Querschiff mit neoromanischer Doppelturmanlage ersetzt. Das Chormittelfenster mit der Darstellung der Wurzel Jesse, etwa um 1250 entstanden, gehört zu den wertvollsten spätromanischen Glasmalereien des Münsterlandes.

117ml ot

Haus Egelborg

Die Anlage von Haus Egelborg (Beikelort 95) steht westlich von Legden in freier Landschaft an der Dinkel inmitten von Wäldern, Feldern und Wiesen, einst von einer doppelten Gräfte umgeben. Heute stehen das Haupthaus und die Vorburg auf einem gemeinsamen Grundstück. Haus Egelborg war vom 14. bis 17. Jh. im Besitz der Herren *von Billerbeck,* danach wurde es von der Familie der Freiherren *von Oer* übernommen, denen es bis heute gehört. Das Herrenhaus aus Backstein mit Werksteingliederung und achteckigem Treppenturm wurde 1559 als **Zweiflügelanlage** errichtet. Ein frühklassizistischer Anbau mit großer Freitreppe erfolgte später. Im Süden befindet sich die massige neugotische Dreiflügelanlage der **Vorburg** aus dem Jahr 1866. Ihr zentrales Torhaus ist mit einem Turm mit spitzem Helm versehen. Außerhalb der weitläufigen Gräfte stehen die Wirtschaftsgebäude des 18. und 19. Jh. Die 1907 erneuerte **Mühle** nördlich der Anlage reguliert bis heute den Wasserstand der Gräfte.

Dahliengarten

Eine große Bereicherung der Wohnqualität von Legden stellt der 2015 im Ortskern an der Pfarrkirche auf einem 4000 m² großen Grundstück mit Unterstützung der EU geschaffene Dahliengarten dar. In diesem Begegnungsort für alle Generationen erblühen von Juni bis Oktober 160 Dahlienarten. Gepflegt wird der Garten von einem Team ehrenamtlicher Helfer.

⌃ Haus Egelborg

Asbeck

Stift Asbeck

Bereits im 11. Jahrhundert bestand im heutigen Legdener Ortsteil Asbeck eine Pfarrkirche. An dieser gründete der Ritter *Wickerus von Wettringen* ein Prämonstratenser-Doppelkloster. 1173 wurde die Legdener Pfarrkirche der Pfarre von Asbeck inkorporiert, seither bestand das Kloster nur noch als **Damenkonvent.** Zu dieser Zeit war es durch Schenkungen schon sehr wohlhabend. Die Vogtei über das Kloster lag zunächst bei den Herren *von Wettringen,* dann bei den Herren *von Steinfurt* und ab 1282 bei den Äbtissinnen unter dem Schutz des Bischofs von Münster selbst. Im 16. Jahrhundert gab es zwar keine reformatorischen Bestrebungen im Kloster, doch kam es zur Auflösung der strengen Ordensregelungen und ab 1533 wurde das Kloster als freiweltliches adeliges Damenstift weitergeführt. Das Stift bestand bis zur Säkularisation, danach ging es mit seinen Ländereien in den Besitz der Grafen *von Salm-Horstmar* über, um 1811 endgültig aufgelöst zu werden.

Im 19. Jh. wurden große Teile der Stiftsgebäude abgebrochen. Erhalten sind die ehemalige Stiftskirche St. Margareta, das Dormitorium als Haus der Äbtissin, das Torhaus und eine Mühle. Die zweistöckige Arkadengalerie des Kreuzganges wurde 1867 in das neu errichtete Diözesanmuseum in Münster übertragen, das aber 1966 abgebrochen wurde. Auf Initiative der Asbecker Bürger konnte die Säulengalerie sichergestellt werden.

Auf dem Kirchplatz im Dorfkern von Asbeck steht, umgeben von einem Lindenring, die ehemalige Stiftskirche und heutige **Pfarrkirche St. Margareta** als kreuzförmige romanische Saalkirche mit Rechteckchor und seitlich verschobenem Westturm, die in zwei Bauphasen entstand. Dem Turm und Langhaus aus der zweiten Hälfte des 12. Jh. wurden im 13. Jh. Querhaus und Chor angefügt. Dem Südportal als ehemaligem Hauptzugang war ein Paradies als Vorhalle mit reich skulptiertem Vorhallenportal vorgesetzt worden. Das Bauwerk ist bis heute weitgehend so verblieben, lediglich der Treppengiebel des Turms wurde 1867 durch den heutigen Helm ersetzt. Bei Renovierungsarbeiten konnten die alten Wand- und Gewölbemalereien freigelegt werden.

Der Kirchplatz war früher an der Nordseite mit Speicherhäusern bebaut, die die Nordgrenze des Stiftsbezirks bildeten. Hier lagerten die zum Zehnt verpflichteten Bauern im Schutz des Stiftsbezirks ihr Getreide. Dieser **Speicherriegel** wird heute durch eine Backsteinmauer gekennzeichnet.

Die Stiftsgebäude erstreckten sich südlich der Kirche. Der **Kreuzgang** war um 1200 als geschlossene Vierflügelanlage angelegt worden, der Westtrakt sogar doppelgeschossig. Im Zuge der 2004 vorgenommenen Rekonstruktion unter Verwendung noch vorhandener Säulen aus dem abgebrochenen Diözesanmuseum (s.o.) entstand der doppelstöckige Arkadentrakt neu. Weitere Säulen waren schon 1970 bei der Renovierung des Vorhallenbaus von St. Margareta eingesetzt worden. Von beiden Geschossen des Westtraktes gab es für die Stiftsdamen einen Zugang zur Kirche, der dort farblich markiert ist.

Auch das **Dormitorium** (Stiftsstr. 20) entstand um 1200 als südlicher Teil des

Kreuzgangwestflügels und reichte bis an die Kirche heran. Aus der Fensteranordnung geht hervor, dass das Gebäude anfänglich mit offenem Dachstuhl als Gemeinschaftsunterkunft genutzt wurde. Erst mit dem Übergang zum Damenstift wurde eine Decke eingezogen und der Innenraum für die Stiftsdamen in Einzelunterkünfte unterteilt. Mit der Säkularisation ging das Gebäude in private Hände über. Die neuen Besitzer verkürzten den Bau 1901 um ein Drittel. Aus dieser Zeit stammt die nördliche Backsteinfassade. 1999 konnte der Heimatverein Asbeck mit Hilfe der Nordrhein-westfalen-Stiftung das Dormitorium erwerben und renovieren. Heute ist das Erdgeschoss zum Vortragssaal ausgebaut, im Obergeschoss befindet sich eine **Stiftsdokumentation des Heimatvereins.** Die Dauerausstellung erläutert die Geschichte der münsterländischen Damenstifte und zeigt mittelalterliche liturgische Geräte sowie Exponate aus dem Alltagsleben der adeligen Damen, Bücher und Kartenmaterial .

Das **Äbtissinnenhaus** (Stiftsstraße 6) wurde um 1430 als Steinbau mit Fachwerkobergeschoss errichtet. Die vermauerten Arkaden an der Südseite des Gebäudes stellen den Rest des Kreuzgangsüdflügels dar.

Malerisch zeigt sich heute die **Hunnenporte,** das ehemaliges Torhaus (Brückenstraße 9) zum Stiftsbezirk. Der mit Backsteinausfachung versehene Fachwerkbau mit dem Torbogen aus Sandstein stammt aus dem Jahr 1630. Hier ist das **Theresen-Kabinett** untergebracht (s.u.).

Zum Stiftskomplex zählt auch die ehemalige **Stiftsmühle** (Brückenstraße), ein eingeschossiger Fachwerkbau mit spitzwinklig weit heruntergezogenem Satteldach aus dem Jahr 1653.

■ **Stiftsdokumentation Asbeck,** Legden-Asbeck, Stiftsstr. 20, Tel. 02566-909419, www.heimatverein-asbeck.de, geöffnet Mitte April bis Mitte Okt. Sa, So und feiertags 14.30–17.30 Uhr, Eintritt frei, Gruppenführungen (bis zu 25 Personen 45 € und 1 € pro Teilnehmer) auf Anfrage.

■ **Theresen-Kabinett:** Im Torhaus des Stiftes Asbeck, Ausstellung zum Leben der Stiftsdamen im 18./19. Jahrhundert, insbesondere gewidmet der *Therese von Zandt,* der Geliebten *Beethovens.* Führung mit Vortrag 58 €. Info: Heimatverein Asbeck, www.heimatverein-asbeck.de.

Praktische Tipps

Unterkunft, Essen und Trinken

■ **Landhotel Hermannshöhe**②, Haulingort 30, Tel. 02566-9300-0, www.landhotel-hermannshoehe.de. Komfortables Hotel in großer Gartenanlage, Zimmer verschiedener Kategorien mit Terrasse oder Balkon, auch barrierefreie Zimmer, Hallenschwimmbad, Wellnessbereich, Kinderspielplatz, abwechslungsreiche Speisekarte mit raffiniert zubereiteten münsterländischen Rezepten, Wintergarten und Biergarten. Auch Planwagenfahrten werden angeboten.

■ **Hotel Restaurant Enseling**③, Legden-Asbeck, Heeker Straße 37, Tel. 02566-1264, www.hotel-enseling.de. Familienbetrieb, entstanden aus einem Kolonialwaren- und Viehhandel, praktische Hotelzimmer, leckere westfälische Gerichte.

■ **Düstermühle,** Legden-Wehr, Wehr 252, Tel. 02566-96430, www.duestermuehle.de. Historische Backsteinmühle an der Dinkel, früher im Besitz des Stiftes Asbeck, einstige Gerichtsstätte, an der sich im Lauf der Jahrhunderte der Düstermühlenmarkt (s.u.) entwickelte, heute ländliche Gastwirtschaft am Mühlenwehr mit gemütlicher Gartenterrasse, gutbürgerliche Speisen, geöffnet März bis Oktober ab 10.30 Uhr.

Feste und Veranstaltungen

■ **Blumenkorso,** großer Festumzug durch das „Dahliendorf" Legden alle drei Jahre (So Mitte Dez.), dazu Rahmenprogramm mit Live-Musik in allen Gassen, Kleinkunst und besonderem Markt für Gartenartikel, Eintritt 6 €, Kinder bis 1,50 m frei, www.blumenkorso-legden.de.

■ **Düstermühlenmarkt,** historischer Vieh- und Krammarkt am letzten Wochenende im August auf dem Gelände der Düstermühle im Legdener Ortsteil Wehr (s.o. „Essen und Trinken"), traditionelles Volksfest mit 80.000 Besuchern, in den Budengassen Handel mit Pferden, Ziegen, Geflügel, Haustieren, darüber hinaus Textilien, Haushaltswaren, Werkzeuge, aber auch Landmaschinen, Imbiss und „Danz up de Deel" in den Festzelten, Info: www.duester muehlenmarkt.de.

■ **Fliegenmarkt,** 1. Dienstag im August entlang der Straße „Fliegenmarkt", wahrscheinlich entstanden aus einem Pferdemarkt (mit Fliegen), heute Nachbarschaftsmarkt mit Frühschoppen, Kaffeetrinken und abendlichem Tanz.

Schnadegang, wiederbelebte historische Begehung der Feldgrenzen (Schneisen) in Asbeck jeweils am 1. Mai, Abschreiten der Grenzen des Hauses Asbeck und des Stiftes Asbeck durch Reiter und Fußvolk in historischen Kostümen und mit Kapellen, danach Verlesung eines „Schnadeprotokolls", mit dem die Richtigkeit der Grenzen bestätigt wird, abschließend Kinderspielfest, Info: www.heimat verein-asbeck.de.

Aktivitäten

■ **Dorf Münsterland,** Haidkamp 1, Tel. 02566-2080, www.dorf-muensterland.de. Großzügig angelegte Freizeitanlage, entstanden aus einem historischen Fachwerkhaus, mit Festscheune, Diskothek, Bowlingbahn, Musikkneipen, großer Veranstaltungshalle, Tanzvergnügen am Wochenende, **Welcome-Hotel**④.

■ **Planwagenfahrten.** Mit dem *Pengel-Anton* („Grenzland-Express") durch die Ahauser Parklandschaft. Der Shuttle-Service *Kröger* bietet Planwagen in drei verschiedenen Größen, inkl. Getränke-Service, Preise nach Fahrtstrecke und Teilnehmerzahl. Info: Shuttle-Service Kröger, Legden-Asbeck, Frettholt 38a, mobil: 0175 4488186, www. shuttleservice-kroeger.de.

Einkaufen

■ **Geschenkartikel „Im Kreuzgang",** Legden-Asbeck, Stiftsstr. 6, Tel. 02566-1231, www.imkreuzgang.de. Porzellan, Silberwaren, Besteck, Dekorationsartikel, Präsente, Antiquitäten, Mo. geschlossen Di– Fr 9.30–12.30 und 14–18.30 Uhr, Sa 9.30–16 Uhr, So 14–18 Uhr.

Wanderung

Skulpturenroute Asbeck

Rundweg vom Dorfteich in Asbeck, vorbei an der Stiftsmühle, Kreuzwegstationen, historischen Bildstöcken, dem Naturdenkmal „Dicke Linde" durch den Skulpturengarten SKULPTOURA. Speziell für Kinder die Skulpturen-Ralleye mit kindgerechtem Fragebogen.

■ **Info:** Heimatverein Asbeck, www.heimatverein-asbeck.de

■ **Wegstrecke:** 3,5 km

■ **Schwierigkeitsgrad:** einfach, eben

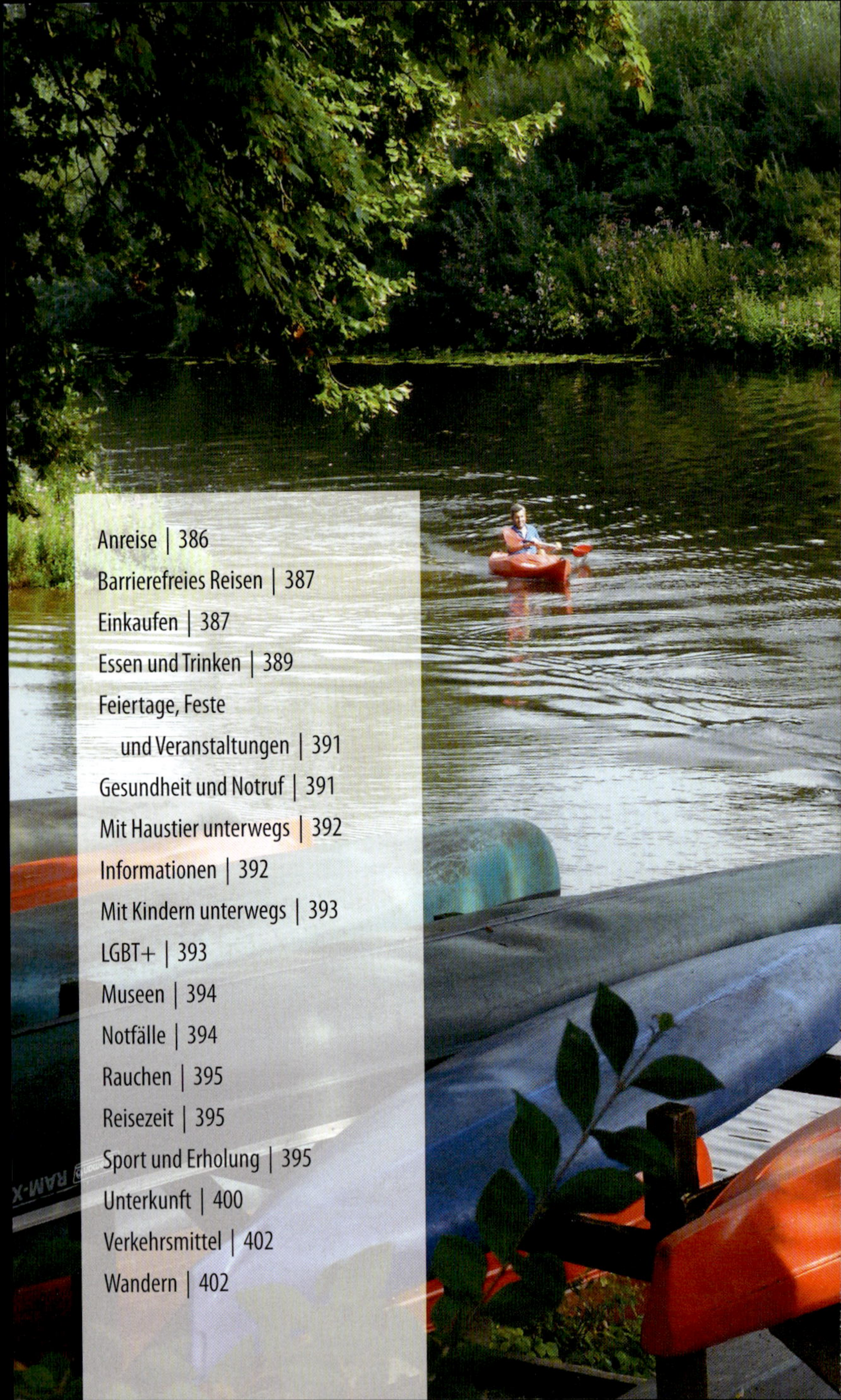

8

Praktische Reisetipps von A bis Z

020ml ot

Kanuverleih an der Werse bei der Pleister Mühle

Anreise

Mit dem Auto

Die A1 von Köln nach Hamburg durchquert das gesamte Münsterland mit zwei Ausfahrten zur Stadt Münster. Im Norden durchzieht die A30 von Bad Oeynhausen nach Enschede in den Niederlanden das Münsterland in Ost-West-Richtung. Das Westmünsterland wird von der A31 vom Emsland ins Ruhrgebiet erschlossen. Die A43 schafft eine zusätzliche Verbindung vom Ruhrgebiet nach Münster. Schließlich ist der Süden des Münsterlandes über die A2 auf dem Weg vom Ruhrgebiet nach Hannover/Berlin erreichbar.

Innerhalb von Nordrhein-Westfalen besteht ein hervorragend ausgebautes Netz an Bundesstraßen, die über lange Strecken kreuzungsfrei und mit Überholspuren versehen sind. Auch die Landstraßen sind gut ausgebaut, die Kreisstraßen aber oft schmal.

Zufahrtswege zu Höfen oder Bauerschaften, wie man die Höfeansammlungen im Münsterland nennt, sind oft **einspurig.** Da das Land meist flach ist, kann man den Gegenverkehr oft schon von Weitem erkennen. Es wird in der Regel rücksichtsvoll gefahren und vorausschauend nach Ausweichstellen gesucht.

Eine Besonderheit stellt im überwiegend ländlichen Münsterland der **Traktorverkehr** dar. Viele Traktoren haben heute die Höhe und Breite von Lastwagen. Sie fahren zwar weit schneller als früher, versperren aber die Sicht, wenn man überholen möchte. Hier heißt die Devise: abwarten, denn meist biegen sie nach kurzer Zeit auf einen Feldweg ab.

2010 wurde der **Stadtkern von Münster** zu einer Umweltzone erklärt. Diesen Bereich dürfen seitdem nur noch Fahrzeuge mit grüner **Umweltplakette** befahren.

Parken ist in Münster und den anderen größeren Städten des Münsterlandes oft schwierig. Überall werden Parkhäuser angezeigt, Parkleitsysteme in Münster und andernorts zeigen freie Plätze an. An den großen Einfallstraßen nach Münster gibt es **Park-and-Ride-Parkplätze** mit Busanbindung in den Innenstadtbereich.

Bus und Bahn

Münster als zentraler Ort der Region ist an das nationale und internationale Eisenbahnnetz angeschlossen. Am Hauptbahnhof halten ICE-, EC-, IC- und Regionalbahnzüge. Innerhalb des Münsterlandes gibt es trotz Streckenstilllegungen in der Fläche noch eine Vielzahl von Schienenverbindungen, doch sind einige der größeren Orte wie etwa Vreden oder Stadtlohn **nur noch mit dem Bus** zu erreichen. Busverbindungen ersetzen nicht nur aufgegebene Bahnlinien, sondern bieten eine flächendeckende Versorgung im Münsterland. Eine Besonderheit stellen die speziellen Fahrrad- und Wanderbusse dar (siehe „Sport und Erholung").

- **Info:** Informationen zum Busnetz des **Regionalverkehr Münsterland (RVM)** sind aufgeführt unter www.rvm-online.de. Ein Netzplan mit Verbindungssuche für Münster findet sich auf der Website www.stadtwerke-muenster.de.
- **Bahnverbindungen:** Alle Verbindungen zu Zielen im Münsterland unter www.bahn.de.

Flug

Das Münsterland verfügt mit dem **Flughafen Münster/Osnabrück** über einen Flughafen, von dem nicht nur inländische Ziele, sondern seit der Startbahnverlängerung auf 3000 Meter auch internationale Ziele angeflogen werden. Von dem bei Ladbergen, etwa in der Mitte zwischen beiden Städten gelegenen Flughafen besteht ein regelmäßiger Shuttlebus-Verkehr von und zu den Hauptbahnhöfen Münster und Ibbenbüren.

- **Flughafen Münster/Osnabrück,** Informationen unter Tel. 02571-943360 rund um die Uhr, www.fmo.de.

Barrierefreies Reisen

Die Bemühungen im Münsterland und vor allem in Münster selbst, gehbehinderten Menschen das Reisen und den Aufenthalt leichter zu machen, sind allerorten ersichtlich. Rampen an Kirchen, Hotels, Gaststätten, Geschäften und öffentlichen Einrichtungen ergänzen Treppen und machen Rollstuhlfahrern den Zugang möglich. Vielerorts hat man in den Altstätten Kopfsteinpflasterungen vorgenommen, um das historische Ambiente zu untermalen, dazu aber spezielle Plattenwege eingebracht, die für Rollstuhlfahrer und gehbehinderte Menschen geeignet sind. Abgesenkte Bordsteinkanten erleichtern das Überqueren von Fahrbahnen. Ampeln geben Lautsignale ab, sodass sich sehbehinderte Menschen orientieren können. Speziell in Münster gibt es sogar Stadtmodelle mit Blindenschrift. Den größten Vorteil für Menschen mit eingeschränkter Mobilität bietet aber die Natur selbst – das Münsterland ist weitgehend flach!

- **Informationen** für Menschen mit Behinderung: www.muenster.de/stadt/tourismus/barrierefrei. html.

Einkaufen

Das Münsterland ist mit seinem hohen Pro-Kopf-Einkommen ein Einkaufsparadies, in dem keine Wünsche unerfüllt bleiben. Vor allem die Einkaufsstraßen in der **City von Münster** laden zum Bummeln ein. Hier findet man alles, was das Herz begehrt, in jeder Art von Geschäft, angefangen beim Kaufhaus über Edelboutiquen bis hin zu allen erdenklichen Fachgeschäften.

Die am gehobenen Konsumniveau orientierte Geschäftsstruktur bringt das Preisniveau allerdings vor allem in Münster leicht über den Bundesdurchschnitt. Die großen Discounter halten jedoch auch hier an ihrem Preisniveau fest, sodass Selbstversorger sich in deren Filialen zu den gewohnten Preisen mit Lebensmitteln versorgen können.

Hofläden

Die **kulinarischen Spezialitäten** bilden das regionale Aushängeschild des Münsterlandes. Die breite Palette dessen, was die münsterländische Landwirtschaft produziert, findet man in örtlichen Betrieben wie etwa Metzgereien und Bäckereien, auf Wochenmärkten oder in den Hofläden. Insbesondere bei diesen **bäuerlichen Direktvermarktern** lassen sich authentische regionale Lebensmittel wie Fleisch, Wurst, Molkereiprodukte, Eier, Obst und Gemüse einkaufen, sowohl aus konventioneller wie aus ökologischer Herstellung.

Hofläden im Münsterland, www.muensterland.de/branchenbuch/hoflaeden-im-muensterland.

Wochenmärkte

Ein regionaltypisches Lebensmittelsortiment findet man gleichermaßen auf den Wochenmärkten. Sie haben in den münsterländischen Orten eine lange Tradition, die nicht selten bis ins Mittelalter zurückreicht und ab dem 12. und 13. Jh. entscheidend zur Stadtentwicklung beitrug. Reges Markttreiben ist bis heute in fast allen größeren Orten ein belebendes innerstädtisches Element. Oftmals gibt es sogar mehr als einen Wochenmarkt, in Warendorf beispielsweise drei.

021ml ot

Essen und Trinken

„Lieber ein bisschen mehr als zu wenig"

Ein Gastwirt aus Davensberg

In dem von der Landwirtschaft geprägten Münsterland war früher harte Arbeit an der Tagesordnung – entsprechend reichhaltig musste die Ernährung sein. Aus diesem Grund ist die münsterländische Küche von ihrem Ursprung her **bäuerlich und bodenständig.** Die Basis bilden Fleisch, Speck und Milchfett, auch Getreide sowie Obst und Gemüse haben einen hohen Stellenwert. Zu internationaler Bekanntheit haben es typische Produkte wie etwa **Pumpernickel** und der **Münsterländer Schinken** gebracht.

Spezialitäten

Längst hat sich die münsterländische Küche an die Erfordernisse der heutigen Lebensweise angepasst. Die Menschen arbeiten weniger hart, essen und trinken dafür aber gern genussvoll. Einfache Zutaten in schmackhafte Speisen zu verwandeln ist eine besondere Kunst der münsterländischen Köchinnen und Köche. Wer einmal **Dicke Bohnen mit Speck** in einem Landgasthaus genossen hat, wird nie wieder von Saubohnen oder Pferdebohnen sprechen.

Blindhuhn ist eine münsterländische Speise, die die regionaltypischen Zutaten

☒ Der Hofladen von Gut Erpenbeck in Lengerich

Pumpernickel

Pumpernickel, das dunkle Vollkornbrot, gilt als die westfälische Spezialität schlechthin. Seine Berühmtheit erlangte es aber wohl nicht nur wegen seiner besonderen Beschaffenheit, sondern aufgrund des eigentümlichen Namens. Die Namensherkunft allerdings ist nicht eindeutig geklärt. Ein *Nikolaus Pumper* soll im 15. Jh. erstmals Pumpernickel hergestellt haben. Eine andere Erklärung geht auf die westfälischen Worte *Pumper* (Flatulenz) und *Nickel* (Dämon) zurück, was einen Hinweis auf die blähende Wirkung des Brotes geben soll. Auch die Franzosen nehmen die Wortherkunft für sich in Anspruch: Angeblich liebte *Napoleons* Pferd Nicole das Schwarzbrot, und aus *pain pour Nicole* („Brot für Nicole") entwickelte sich das Wort *Pumpernickel.*

Pumpernickel ist von sehr fester Konsistenz und hat keine Kruste. Geschmacklich ist es leicht süßlich mit einer säuerlichen Note. Die Herstellung beansprucht viel Zeit. Der Brotteig aus Roggenschrot und dunklem Roggenmehl mit Sauerteig, dem für die dunkle Färbung noch Zuckerrübensirup hinzugefügt wird, muss mehrere Stunden quellen. Dann wird das Brot mindestens 16 Stunden in Dampfkammern gebacken. Es ist außerordentlich lange haltbar.

Mit Pumpernickel kann man tolle Rezepte zaubern, so „Forellencreme auf Pumpernickel", „Lachshäppchen auf Pumpernickel-Talern" oder „Rehrücken mit Pumpernickel-Kruste". Zum Schweinebraten passt eine Pumpernickelsauce.

Weiße Bohnen, Möhren, Kartoffeln und Schweinespeck enthält – da findet sogar ein blindes Huhn noch etwas drin. Nur Hühnerfleisch ist in diesem Gericht nicht enthalten.

In die berühmten **Töttchen** gehören Innereien vom Kalb, daraus wird ein köstlicher Eintopf. Das süß-sauer angemachte, ragoutartige Gericht, meist mit Kalbfleisch, Kalbszunge und Kalbskopf, wird gern zum Frühschoppen bei Schützenfesten dargeboten. Der Name kommt wohl vom plattdeutschen *toddern* (mischen). Andere Erklärungsversuche besagen, er gehe auf die französische Zubereitungstechnik *en tortue* (nach Schildkrötenart) zurück, weil das Gericht angeblich von französischen Soldaten ins Münsterland gebracht wurde.

Eine Besonderheit ist auch **Plaaten in de Pann:** Hierbei wird eine Schnecke aus Schweinsbratwurst – etwa einen Meter lang – in die Mitte einer Pfanne gebettet und in Schmalz angebraten. Dünn gehobelte Kartoffeln werden rundum und obenauf verteilt und gewürzt, dann wird Sahne aufgegossen und das Gericht aufgekocht.

Krüstchen bestehen aus einem mit Spiegelei überbackenen Schnitzel, mit Bratkartoffeln serviert. **Münsterländer Schweineweiß** ist eine Art Frikassee aus Kasseler. Zum **Kutschergulasch** gehört eine Soße mit Pumpernickel, die **Münsterländer Quarkspeise** wird ebenfalls mit Pumpernickel verfeinert. Typisch münsterländisch sind die **Struwen,** zum Karfreitag gereichte Hefepfannkuchen, und **Speckrollen** als herzhaftes Gebäck. Beliebt sind auch **Pannekoken mit Pillewörmer** (Pfannkuchen mit Schinkenstreifen) und **Schmoräppelkes** (Bratäpfel).

Gastronomie

Diese Gerichte und viele mehr kann man in der Münsterländer Gastronomie genießen, in einfachen Gasthöfen oder in **Sternerestaurants** und **Schlossküchen.** Am typischsten für das Münsterland sind die **Landgasthöfe.** Sie sind in allen Orten anzutreffen, haben meist eine Theke im Eingangsbereich, dazu einen Gastraum und einen Saal, denn Feste werden im Münsterland groß gefeiert. Die Küche der Landgasthäuser interpretiert die traditionellen regionalen Gerichte auf moderne Weise und bereichert sie mit neuen Kochideen – und das zu moderaten Preisen. Die ländliche Gastronomie ist im Münsterland in der Regel preiswerter als andernorts. Vor allem die Landgasthäuser zeichnen sich durch ein gutes Preis-Leistungs-Verhältnis aus.

Eine weitere Besonderheit stellen die **Bauernhofcafés** dar. Ihr Ursprung liegt im Bestreben der Bäuerinnen, Nebenverdienst zu erwirtschaften, indem sie in ihren Stuben Kaffee und Kuchen anbo-

Preiskategorien Restaurants

Die in diesem Buch beschriebenen Restaurants sind in folgende Preiskategorien unterteilt. Der Preis gilt für ein **Hauptgericht ohne Getränke.** Bei Hotelrestaurants wird die Kategorie des Restaurants nur angegeben, wenn sie von der des Hotels abweicht.

① bis 10 €
② 10–15 €
③ 15–20 €
④ 20–30 €
⑤ Luxusklasse

ten. Längst haben sich daraus Cafés der Spitzenklasse entwickelt, in denen man erstklassige hausgemachte Torten und Kuchen genießen kann – bei schönem Wetter auch auf der Terrasse.

Kornbrennerei

Getreide wird nicht nur zu Brot und Gebäck verarbeitet, auch Schnaps wird traditionell daraus gebrannt. Früher einmal hat es im Münsterland einige Hundert Kornbrennereien gegeben, auch heute gibt es noch etliche. Um etwa 1700 hatte sich vor allem Sendenhorst zu einem Zentrum des Kornbrennens entwickelt. Grund war vermutlich die hier vergleichsweise schlechte Bodenbeschaffenheit. Die beim Brennen erzeugte Schlempe ergab ein gutes Viehfutter, und da das Vieh wiederum guten Dünger produzierte, verbesserte man durch diesen Kniff zum einen die Bodenqualität und hatte zum anderen einen ergiebigen Nebenerwerb – Münsterländer Bauernschläue!

Feiertage, Feste und Veranstaltungen

Traditionell ist die münsterländische Festtagstradition der vorwiegend katholischen Bevölkerung eng an den **kirchlichen Feiertagen** orientiert: Ostern, Christi Himmelfahrt, Pfingsten, Fronleichnam, dann der wegen der Feldarbeit der festtagsfreie Sommer bis zum Erntedank, Allerheiligen, Advent und Weihnachten. Dazu zählen bis heute **Wallfahrten,** aber auch die **Kirmes** und der **Karneval** gehören zu den Höhepunkten des Festtagskalenders (siehe auch Kapitel „Land und Leute/Brauchtum und Feste").

Veranstaltungen

Schon seit Langem hat der münsterländische Veranstaltungskalender ganz neue Aspekte aufzuweisen. Da gibt es **Musik- und Theaterfestivals,** worunter Jazz und Pop ganz besonders herausstechen. **Rummel-, Kunst- und Flohmärkte** erfreuen sich weiterhin großer Beliebtheit. Außergewöhnlich sind die **Heißluftballonfestivals,** der **Wildpferdefang,** das **Hafenfest in Münster, Oldtimertreffen, Reitturniere** von Weltformat. Interessant ist zu beobachten, dass sich viele Organisatoren Gedanken machen, welche Veranstaltungen sich **besonders für Kinder** eignen, sogar eigenständige Kinderveranstaltungen initiieren.

Gesundheit und Notruf

Die gesundheitliche Versorgung im Münsterland ist grundsätzlich gesichert. Selbst in den ländlichen Räumen ist dies der Fall, allerdings kann die Entfernung zu Fachärzten hinderlich sein.

Insgesamt sind **mehr als 30 Krankenhäuser und Kliniken** über das gesamte Münsterland verteilt. Im Kreis Borken etwa gibt es pro 100.000 Einwohner fast 150 Ärzte, **in Münster,** der einzigen Großstadt im Münsterland, liegt die Ärztedichte bei etwa **314 Ärzten pro 100.000 Einwohnern.** Dies führt dazu, dass ein Großteil der Münsterländer zufrieden mit dem Gesundheitsangebot des Landes ist.

Sinnvoll ist, sich vor Antritt einer Reise in das Münsterland vorab über die entsprechenden Versorgungseinrichtungen zu informieren. Auf jeden Fall ist Hilfe über den **Notruf 112** garantiert (sonstige Notrufnummern siehe Kapitel „Notfälle").

Mit Haustier unterwegs

Den **Hund** auf Wanderungen durch die Münsterländer Parklandschaft mitzunehmen, ist ein Vergnügen für die ganze Familie. Viele Gastronomen haben sich auf Hundebesitzer eingestellt. Es gibt aber auch Hotels und Restaurants, die keine Hunde im Haus wünschen. Am besten, man erkundet sich im Vorhinein, ob Hunde willkommen sind. Hunde, die auf Kommando hören, können auf den Wald- und Wiesenwegen frei laufen. In **Naturschutzgebieten** müssen sie allerdings **an die Leine.**

Münsterland ist Pferdeland – insofern sind viele der Reiterhöfe darauf eingestellt, auch Pferde mit in Pension zu nehmen. Groß ist die Zahl der **Reitwege** im Land, was den Reiturlaub hier besonders attraktiv macht.

Informationen

Die **Tourismusämter** des Landes und der Gemeinden stellen umfangreiches Informationsmaterial über das von ihnen zu vertretende Gebiet zur Verfügung, so über Gastronomiebetriebe, Sehenswürdigkeiten, Freizeitmöglichkeiten und vieles mehr – alle sind hervorragend im Internet vertreten. Zum Einstieg bietet sich die Kontaktaufnahme zur **offiziellen Tourismuszentrale** des Münsterlands an:

- **Münsterland e.V. – Verein zur Förderung des Münsterlands,** am Flughafen Münster/Osnabrück, 48268 Greven, Airportallee 1, Tel. 02571-949300, www.muensterland.com, www.muensterland-tourismus.de.

Außerdem gibt es einen umfangreichen privaten Internetauftritt mit diversen Informationen über das Münsterland, Veranstaltungskalender und Suchfunktion:

- **www.muensterland.de**

Presse

- **Westfälische Nachrichten,** www.westfaelische-nachrichten.de. Regionale Tageszeitung für das Münsterland.
- **Münstersche Zeitung,** www.muenstersche zeitung.de. Tageszeitung mit münsterländischen Regionalausgaben.
- **Die Glocke,** www.die-glocke.de. Selbstständige Tageszeitung für das östliche Westfalen (mit Warendorf, Beckum, Ahlen).
- **Ultimo,** www.ultimo-muenster.de, 14-tägig erscheinendes Stadtmagazin.

- **Stadtmagazin Echo Münster,** www.echo-muenster.de. Online-Zeitung.

Radio und Fernsehen

- **WDR Fernsehen und Radio,** www.wdr.de/studio/muenster.
- **Antenne Münster,** www.antenne-muenster.de.
- **Radio Kiepenkerl,** www.radio-kiepenkerl.de. Für Coesfeld und das Münsterland.

Mit Kindern unterwegs

Das Münsterland hat auch für Kinder viel zu bieten. Von der Sommerrodelbahn in Ibbenbüren über Allwetterzoo, Planetarium und Freilichtmuseum Mühlenhof in Münster bis zum Kindermuseum in der Wassermühle von Oelde gibt es zahlreiche Erlebnis- und Kulturangebote. Viele Orte veranstalten Feste, die besonders für Kinder attraktiv sind. Fast alle bedeutenden Museen haben spezielle Kinderführungen im Programm. Die Touristeninformationen der jeweiligen Orte bieten gesammeltes Informationsmaterial zu diesem Thema.

LGBT+

Die Behauptung, dass es im konservativen Münsterland anders orientierte Menschen schwerer haben als andernorts, entspricht nicht der Wahrheit. Vielfältig ist vor allem in **Münster** die Szene für Homosexuelle, Transgender und Bisexuelle. Außerdem gibt es zahlreiche

Bei Kindern besonders beliebt: die Josef-Bresser-Sternwarte in Borken-Hoxfeld

157ml ot

Beratungs- und Kommunikationsmöglichkeiten, die sich im Münsterland allerdings auf dessen Hauptstadt konzentrieren. Da ist in erster Linie das schon 1985 gegründete **„Schwulenzentrum Münster“** zu nennen (www.kcm-muenster.de). **„Track Münster“** (www.queere-jugend-nrw.de/projekte/track-muenster) wendet sich vor allem an Jugendliche im Alter von 14 bis 27 Jahren. **„androGym e.V.“** (www.androgym.de) bietet täglich Sport für Schwule und Lesben: Lauftreff, Basketball, Tanzen, Wirbelsäulengymnastik etc. **„LiVas e.V.“** (www.livas.org) ist ein Verein für lesbische, bi- und pan-Frauen*, Trans*, Inter und Queers in Münster. Nicht zuletzt hat der **AStA der Uni Münster** ein spezielles **Schwulenreferat.** Unter dem Motto „bunt-vielfältig-christlich“ ist die Queer-Gemeinde Münster Heimat für christliche Lesben, Schwule, Bisexuelle, Transgender, Intersexuelle, Queere und Diverse. Gottesdienste feiert die Gemeinde jeden 2. Sonntag im Monat um 18.30 Uhr in der Krypta der Antoniuskirche (www.queergemeinde-muenster.com).

Museen

Als Region mit reicher Vergangenheit und vielfältiger Tradition verfügt das Münsterland über eine **großartige Museenlandschaft.** Weit über hundert Museen sowie Kultur- und Veranstaltungsräume gibt es im Land, von Heimat- und Schlossmuseen über Kunst- und Handwerksmuseen bis zu solchen, die sich speziellen Themen widmen, wie beispielsweise das Turmuhrenmuseum in Bocholt. In fast jedem Ort lädt ein kleines oder großes Haus zu einer Entdeckungsreise ein und oftmals bereichern wechselnde Ausstellungen und Veranstaltungen die eigentliche Sammlung.

Museumscard

Eine mögliche Vergünstigung bietet die Museumscard des **Landschaftsverbandes Westfalen-Lippe (LWL).** Mit dieser Sammeleintrittskarte kann man 17 Museen des LWL frei besuchen, von denen vier im Münsterland liegen: das TextilWerk Bocholt, das Westfälische Landesmuseum mit Planetarium in Münster, das Römermuseum in Haltern am See und das Museum für Kunst und Kultur in Münster. Die anderen Museen des LWL verteilen sich auf nahegelegene Regionen wie das Ruhrgebiet oder Ostwestfalen-Lippe.

Die Museumscard ist über den LWL-Shop im Internet zu beziehen. Sie besitzt ein Jahr Gültigkeit und kostet 30 € für Erwachsene (40 € für zwei Erwachsene) und 10 € für Schüler und Studenten.

- www.lwl-kultur.de/de/Landesmuseen/museumscard

Notfälle

- **Allgemeiner Notruf / Feuerwehr:** 112
- **Polizeinotruf:** 110
- **Ärztlicher Notfalldienst Münster:** (0251) 116117
- **ADAC-Pannendienst:** 0180 222222
- **Deutscher Sperrnotruf:** 116116

Rauchen

Der Klimawandel und die damit in Bezug stehenden Perioden der Trockenheit haben die **Waldbrandgefahr** auch im Münsterland stark erhöht. Deshalb macht die Bezirksregierung Münster nochmals auf die geltenden Regeln aufmerksam:
- Rauchverbot und offenes Feuer im Wald von März bis Oktober verboten, auch im Abstand von 100 Metern
- Waldzufahrten für die Feuerwehr freihalten
- Pkw nicht im hohen Gras abstellen, da die Abwärme des Fahrzeugs ausreicht, um einen Brand auszulösen etc.

Ansonsten gilt das **generelle Rauchverbot** in Schulen und Jugendeinrichtungen, in Krankenhäusern, öffentlichen Einrichtungen und in der Gastronomie.

Reisezeit

Eine ausgesprochene Haupt- und Nebensaison gibt es im Münsterland nicht. Die zahlreichen historischen Orte und Bauwerke und nicht zuletzt die Kulturangebote machen das Münsterland zu jeder Jahreszeit zu einem attraktiven Reiseziel. Besichtigungen der Burgen, Schlösser und Herrenhäuser sind das ganze Jahr über möglich. Der Kulturkalender bietet jeden Monat Veranstaltungen der unterschiedlichsten Bereiche. Festivals finden eher im Sommer statt, die Weihnachtsmärkte geben im Dezember Anlass für einen Besuch.

Rad- und Wanderurlaub sind natürlich mehr ans Wetter gebunden und vom Frühjahr bis in den Herbst ein erholsames Vergnügen. Der im Münsterland so fest verankerte Reitsport kann fast das ganze Jahr über betrieben werden.

Sport und Erholung

Das nicht nur touristisch gut strukturierte Münsterland bietet Raum für diverse Sportarten. Besondere Angebote in den Orten wie beispielsweise Bäder sind in den Ortsbeschreibungen unter „Praktische Tipps/Aktivitäten“ aufgeführt.

Am typischsten für das Münsterland ist das Radfahren, gibt es doch in dem relativ flachen, weiten Land viele kleine Feld-, Wald- und Wiesenwege, die sich zur erholsamen Fortbewegung anbieten: Das Münsterland ist **Pättkenland.**

Radfahren

Auf den *Pättkes* (Einzahl = *Pättken*), den **ländlichen Wegen,** die einst den Bauern den Zugang zur Kirche abkürzten und die als Transportwege der Landwirte benutzt wurden und werden, geht es zu den schönsten Plätzen der Region. Und was den Wanderern lieb ist, soll den Radlern recht sein – die Wege sind großteils eben und erleichtern so die Fortbewegung.

Service rund ums Fahrrad findet man nicht nur in Münster selbst, sondern in der gesamten Region. **Hotels** bieten nicht nur Unterstellplätze für Radwanderer, die meisten vermieten auch Räder. **Ladestationen für E-Bikes** in den Hotels und vor allem in den Biergärten werden immer selbstverständlicher.

Radrouten

Im Münsterland wurden **4500 Kilometer Radwege** angelegt und ausgeschildert. Darunter finden sich auch besondere Strecken, die als **Themenrouten** entsprechend gekennzeichnet sind. Die bekannteste ist die **100-Schlösser-Route,** die in ihren vier Abschnitten ein Streckennetz von 960 Kilometern umfasst. Seit 2016 gibt es die **„Radroute Historische Stadtkerne“,** die das Münsterland auf einer 390 Kilometer langen Strecke unter dem Motto „7 Tage – 9 Orte“ miteinander verbindet. Von Warendorf geht es nach Rietberg und weiter nach Lippstadt, Soest, Werl, Werne, Münster, Steinfurt, Tecklenburg zurück nach Warendorf. Info: 02941-980428, www.radroute-historische-Stadtkerne.de.

Ein ganz spezielles Angebot zeichnet die **RadBahn-Route-Münsterland** aus, die von Rheine nach Coesfeld auf der Trasse der stillgelegten Bahnstrecke Duisburg – Quakenbrück verläuft. Entlang von Wasserwegen verlaufen die **Dortmund-Ems-Kanalroute,** der **Ems-AuenWeg,** der **Bocholter-Aa-Weg** und etwa die **Vechtetalroute.** Auch im angrenzenden niederländischen Achterhoek findet man ein gut ausgeschildertes Radwegenetz vor. Viele der beiderseitigen Radwegenetzte sind inzwischen miteinander verknüpft.

In Münster

Hervorragend ausgebaut ist das Radwegenetz insbesondere in Münster selbst, der **Fahrradhauptstadt Deutschlands.** Hier soll es bei über 314.000 Einwohnern 500.000 Räder geben. Einmalig ist der **autofreie Ring** um die Innenstadt, die Promenade, auf der Radlerinnen und Radler freie Fahrt haben – **Vorfahrt** ha-

▷ Fast schon paradiesische Verhältnisse für Radwanderer: wunderschöne, kleine Sträßchen durch ebene Landschaften

ben sie in Münster sowieso! Bei so vielen Fahrrädern sind sogar die Parkmöglichkeiten rar. So ist wildes Fahrradparken eine weit verbreitete Unsitte in der Stadt. Zum sicheren Abstellen der Räder gibt es in Münster drei **Radstationen,** die auch Räder verleihen (siehe Ortsbeschreibung).

Fahrradkarten

Die Fahrradkarten des Kompass-Verlags (www.kompass.de) im Maßstab 1:70.000 enthalten die wichtigsten Informationen für Radtouristen. Ihr Lacküberzug macht sie wetterfest. Für das Münsterland relevant sind folgende Blätter:

- **Nr. 3050,** Münsterland – Hohe Mark
- **Nr. 3051,** Münsterland – Hamm, Gütersloh
- **Nr. 3034,** Grafschaft Bentheim, Lingen, Rheine

Fahrradbusse

Im „Fahrradparadies" wird Tourenradlern die Möglichkeit geboten, ihre Radtour auszudehnen oder abzukürzen. Auf speziell eingerichteten Buslinien der

023ml ot

Vom Pott zur Waterkant – der Dortmund-Ems-Kanal-Radweg

Der 256 km lange Dortmund-Ems-Kanal stellt eine Wasserstraßenverbindung vom Ruhrgebiet zur Nordsee her und legt dabei den wesentlichen Teil seiner Strecke auf münsterländischem Gebiet zurück. Er berührt die Orte Olfen, Lüdinghausen, Senden, Münster, Ladbergen, Ibbenbühren und Rheine. Zum hundertsten Geburtstag war die Radroute entlang des Dortmund-Ems-Kanals fertiggestellt.

Der Radweg verläuft überwiegend auf ehemaligen Leinpfaden am Kanal entlang abseits der großen Straßen und bietet eine ganz neue Sicht auf die Münsterländer Parklandschaft. Gleichzeitig kommt man an vielen historischen und technischen Kulturdenkmälern wie Schleusen, Hebewerken, Häfen, Brücken, aber auch Schlössern, Museen und Industriedenkmälern vorbei. Besonders interessant sind die Kanalüberführungen bei Olfen. Die Lippequerung wurde 1892–94 als Brückenbau mit weiten Stichbögen zwischen vier Pylonen errichtet, die kleinere Steverquerung 1893 mit rundbogigen Öffnungen.

Die Wegstrecken des Dortmund-Ems-Kanal-Radwegs sind teils asphaltiert, teils geschottert, aber im Wesentlichen steigungsfrei, was die Radstrecke besonders attraktiv macht. Info: www.muensterland-tourismus.de/5239/dortmund-ems-kanal-route-radtour.

RVM (Regionalverkehr Münsterland) können bis zu sechzehn Fahrräder pro Bus mitgenommen werden. Solche Fahrradbuslinien verkehren in der Saison vom 1.5. bis 3.10. von den Baumbergen bis zur niederländischen Grenze und durch das komplette westliche Münsterland von Borken bis Gronau.

■ **Info:** www.rvm-online.de/entdecken/fahrrad-und-fietsenbus.php

> Herbstimpressionen nahe Stromberg

Reiten

Das Münsterland ist Pferdeland! Pferde sind allgegenwärtig, 100.000 Tiere stehen in münsterländischen Ställen, über 1000 Kilometer **Reitrouten** gibt es im Land. Etwa 80.000 Menschen betreiben Reitsport. Im Münsterland sind weltberühmte Reiter zuhause, es gibt Reitveranstaltungen von internationalem Rang.

So ist es kein Wunder, dass das Münsterland für Reiturlaub bestens geeignet ist. **Reiterhöfe** in idyllischen Fachwerkhöfen und hochmoderne Pferdesportanlagen warten auf Feriengäste und Tagesbesucher. Zahlreiche **Pony- und Ferienhöfe** richten sich insbesondere an Familien mit Kindern. In qualifizierten

Reitschulen kommen Anfänger wie geübte Reiter auf ihre Kosten. Es gibt auch **Reitstationen,** die Reitern und Pferden ein Quartier auf Wanderritten bieten.

■ **Informationen:** www.muensterland.com/tourismus/themen/reiten-muensterland

Kanufahren

Es gibt einige mittlere und kleinere Flüsse im Münsterland, die sich für Kanutouren eignen. Bei Fahrten durch die Fluss- und Bachauen gewinnt man eine ganz neue Perspektive auf die Münsterländer Landschaft. Durch das weitgehend ebene Gelände wird die Fahrt auch für Anfänger schnell zum Vergnügen. Der größte Fluss ist die **Ems,** sie ist problemlos befahrbar. Die **Werse,** die nördlich von Münster in die Ems mündet, ist strömungsarm und daher für Einsteiger besonders geeignet. Weitere befahrbare Flüsse sind die **Bocholter Aa** und die **Berkel.** Für Kanufahrten durch die Emsauen gelten im Sommer Beschränkungen, die dem Naturschutz dienen. Auskünfte erteilen die örtlichen Touristeninformationen.

■ **Informationen:** www.relaunch.muensterland.com/tourismus/themen/aktiv-region-muensterland/kanu

www.stock.adobe.com © Martin Debus

Golf

Seit sich Golf zum Volkssport entwickelt hat, gibt es auch im Münsterland eine ganze Reihe von Plätzen. Sie alle sind eingebettet in herrliche Parklandschaften und haben in der Regel auch Gastronomie, die gleichfalls einen Besuch wert ist. In den Ortsbeschreibungen wird auf die Golfplätze hingewiesen.

- **Informationen:** , www.golfsportmagazin.de/golfplaetze/golfplaetze-im-muensterland

Bauerngolf

Bauerngolf ist ein lustiges Gruppenspiel auf der Weide zwischen Kühen – mit dem richtigen Golfspiel hat es nicht viel zu tun. Diese andere Art Golf ist im Münsterland verbreitet und wird von manchem Landgasthof angeboten. Statt eines Golfschlägers benutzt man einen Holzklumpen, der an einem Stiel befestigt ist. Auch ist der Ball größer und weicher, damit man sich nicht verletzt und ihn im Gras einfacher wiederfindet. Wie beim richtigen Golfen muss der Ball mit möglichst wenigen Schlägen in Löcher, die mit einer Fahne gekennzeichnet sind, geschlagen werden.

Ganz ähnlich verhält es sich mit dem **Swingolf,** einer weiteren vereinfachten Variante des Golfspiels. Wie beim Bauerngolf wird ein Hartschaumball mit möglichst wenigen Schlägen auf Rasenbahnen in Löcher befördert. Die Bewegung, der „Swing", ist die gleiche wie beim Golf. Der Unterschied besteht darin, dass auf üblicherweise 18 Bahnen, jeweils zehn Meter breit, gespielt wird. Die Anschaffung einer eigenen Ausrüstung ist nicht nötig, da diese vor Ort von den Betreibern der Swingolf-Anlagen zur Verfügung gestellt wird.

Bauerngolf kann man beispielsweise in Hopsten (dort „Töddengolf" genannt) oder auf dem Ferienhof Laurenz in Gronau spielen (siehe Ortsbeschreibungen).

- **Informationen:** www.muensterland.de/freizeit-urlaub/ausflugstipps-fuer-familien-im-muensterland/swingolf-im-muensterland

Ballonfahren

Das relativ flache Münsterland ermöglicht das einmalige Erlebnis einer Ballonfahrt. Startplätze sind an verschiedenen Stellen. Ab 150 € pro Person.

- **Ballonfahrten Schellhove,** Mühlenstr. 25, 48268 Greven, Tel. 02571-2201, www.muensterland-ballonfahrten.de.
- **SHM-Ballooning,** Angelmodder Weg 92, 48167 Münster, www.shm-ballooning.de.

Unterkunft

Das Münsterland bietet als typisches Ferien- und Freizeitland ein breites Spektrum an Unterkünften. Neben den in den Städten anzutreffenden Geschäftshotels sind vor allem die **Landgasthäuser** charakteristisch für die Region. Hier kann man in der Regel in modernen, bequemen Zimmern übernachten. Zudem bieten diese Häuser meistens ein Restaurant, das gute heimische Küche in großen Portionen sowie ein reichhaltiges Frühstück serviert.

Überblick Buchungsportale

Als Ergänzung zu den sorgfältig zusammengetragenen Unterkunftsempfehlungen in diesem Buch können Buchungsportale wie Booking.com, Agoda.com, Tripadvisor, Hostelworld oder AirBnB dazu genutzt werden, aktuelle Preise und die Bewertungen anderer Reisender einzusehen sowie Unterkünfte direkt zu buchen.

Die Plattformen arbeiten mit Unterkünften aller Art zusammen und machen diese für Reisende leicht auffindbar. Sie übernehmen bürokratische Aufgaben wie die Abwicklung der Bezahlung oder stellen den Kontakt zwischen Unterkunft und Unterkunftssuchenden her.

Hilfreich bei der Entscheidungsfindung sind die Bewertungen anderer Kunden in diesen Portalen. Gäste bewerten eine Unterkunft nach oder während ihres Aufenthalts und sorgen im besten Fall für aussagekräftige Benotungen (1-10, 10 ist das Optimum). Je mehr Nutzer eine Bewertung abgegeben haben, desto verlässlicher ist das Ergebnis. Vorsicht ist geboten, wenn nur sehr wenige Nutzer ihre Meinung abgegeben haben. Aber auch sonst lohnt es sich, kritisch zu lesen: Achtet man auf die zu den Rezensionen verfassten Texte, so erhält man oft Aufschluss über die Echtheit der Bewertung. Auch lassen sich Veränderungen im Qualitätsstandard erkennen, wenn eine insgesamt positiv bewertete Unterkunft in jüngster Zeit zahlreiche schlechte Bewertungen erhalten hat.

Über die Plattform AirBnB können private und gewerbliche Vermieter ihr „Zuhause" oder einen Teil davon anbieten. Auch hier vermittelt das Portal zwischen Anbieter und Kunde. Es werden zusätzlich Touren und Aktivitäten mit Einheimischen vermittelt, bisher allerdings nur in touristischen Ballungsgebieten.

Tripadvisor ermöglicht es auch Bewertungen ohne eine Buchung abzugeben. Dies hat Vor- und Nachteile.

Bei den Gastronomietipps ist es von Vorteil, da auch Gäste, die nicht über ein Buchungsportal einen Tisch reserviert haben, eine Bewertung abgeben können und somit deutlich mehr Bewertungen zustande kommen.

Ob man sich für die Buchung über ein Online-Buchungsportal entscheidet, hängt von der Präferenz der Nutzer ab. Zur generellen Sondierung der Marktsituation und zur Einschätzung von Unterkünften sind die Portale meist empfehlenswert. Die Nutzung ist für Endkunden zunächst kostenlos, für die Betreiber der Unterkünfte fällt allerdings eine Provision an – die im Zweifel doch irgendwann an anderer Stelle eingepreist wird. Die Haltung der Betreiber ist unterschiedlich: Während manche über das Portal sogar günstigere Preise anbieten, freuen sich andere ausdrücklich, wenn man persönlich und direkt bucht.

Eine weitere Attraktion sind die **Schlosshotels,** die meist gehobene Unterkunft in historischen Gemäuern bieten, wie etwa das Schlosshotel Velen, das Parkhotel der Wasserburg Anholt oder das Schloss Wilkinghege bei Münster.

Besonders typisch für das Münsterland sind **Ferien auf dem Bauernhof.** Es gibt eine Vielzahl reizvoller Höfe, die Zimmer, Ferienwohnungen und Ferienhäuser an Gäste vermieten. Die lange Tradition und die weite Verbreitung des Pferdesports stellen die Grundlage für ein breites Angebot für **Urlaub auf Reiterhöfen** dar, die nicht nur Kindern diesen Sport anbieten (s.o.: „Sport und Erholung: Reiten").

Jugendherbergen finden sich neben Münster in Tecklenburg und Rheine sowie in Nottuln, Groß-Reken und Haltern am See. Auch **Campingplätze** sind vorhanden, aber weniger zahlreich als in anderen Ferienregionen Deutschlands.

Da der **Urlaub mit dem Fahrrad** so große Verbreitung gefunden hat, haben sich Hotels, Pensionen, Bauernhöfe und Campingplätze darauf eingestellt und bieten sehr häufig Mietfahrräder und Aufladestationen für E-Bikes.

Informationen zu Unterkünften erteilt die **Tourismuszentrale des Münsterlandes** (s.o.: „Informationen"). Auf der Website www.muensterland-tourismus.de gibt es umfassende Informationen für die Unterkunftssuche und Buchungsmöglichkeiten.

Preiskategorien Unterkunft

Die in diesem Buch beschriebenen Unterkünfte sind in folgende Preiskategorien unterteilt. Der Preis gilt für 2 Personen im **Doppelzimmer mit Frühstück.**

① bis 50 €
② 50–75 €
③ 75–100 €
④ 100–125 €
⑤ Luxusklasse

Verkehrsmittel

Zu öffentlichen Verkehrsmitteln und zum Autofahren siehe die entsprechenden Abschnitte unter „Anreise", zum Fahrradfahren unter „Sport und Erholung".

Wandern

Das Münsterland ist von einem recht engmaschigen Netz regionaler und überregionaler Wanderwege erschlossen. Das weitgehend ebene Gelände erspart anstrengende Steigungen, dennoch gibt es Abwechslung durch die eher kuppigen Höhenzüge der Baumberge oder der Beckumer Berge. **24 Hauptwanderwege** führen durch das Münsterland. Zu den bedeutendsten überregionalen Wegen zählen der am Rande des Münsterlandes über den Kamm des Teutoburger Waldes führende **Hermannsweg** und der Handelsweg, der die alten Wanderrouten der Münsterländer Textilhausierer von Osnabrück bis nach Deventer in den Niederlanden nachverfolgt. Die Wege werden vom Westfälischen Heimatbund betreut, der auch Wandertipps anbietet und **Wanderkarten** herausgibt.

- **Westfälischer Heimatbund,** Kaiser-Wilhelm-Ring 3, 48145 Münster, Tel. 0251-2038100, www.westfaelischerheimatbund.de.
- Weitere **Vorschläge für Wanderungen** aller Schwierigkeitsstufen, Rundwanderungen, Spaziergänge etc. mit allen erforderlichen Informationen über den Wegeverlauf, Sehenswürdigkeiten, Gas-

tronomie im Münsterland bieten folgende Internetseiten:

- **www.outdooractive.com**
- **www.wanderwege-nrw.de**
- **https://www.komoot.de/guide/181/wandern-im-muensterland**
- **www.muensterland.com/tourismus/themen/aktiv-region-muensterland/wandern-muensterland**

Westfälischer Jakobsweg

Ein Abschnitt des Westfälischen Jakobspilgerweges führt historisch belegt in Nord-Süd-Richtung, von Bremen kommend, in sechs Etappen durch das Münsterland. In Wuppertal hat er Anschluss an den Rheinischen Jakobsweg. Der Abschnitt ist durchgängig markiert.

- 1. Osnabrück – Lengerich (25,5 km)
- 2. Lengerich – Ladbergen (14 km)
- 3. Ladbergen – Münster (31 km)
- 4. Münster – Rinkerode (17 km)
- 5. Rinkerode – Herbern (15,5 km)
- 6. Herbern – Werne (12 km)

Info: www.jakobswege-europa.de/wege/westfalen.htm.

Empfehlenswert ist auch die rd. 30 km lange Wanderung vom **Stift Tilbeck nach Coesfeld** entlang des Ludgerus-Wanderwegs (Beschreibung s. „Route 2/Ludgerus-Wanderweg“, S. 15).

Auch im Vorfrühling hat das Wandern durch die weite Parklandschaft seinen Reiz

022ml tl

9
Land und Leute

Bäuerliche Landschaftsformen prägen das gesamte Münsterland

Geografie

Die historische Region Münsterland

Die naturräumliche Region Münsterland stimmt mit der historischen nicht genau überein. Historisch gesehen umfasst das Münsterland die Grenzen des alten **Bistums Münster.** Dieses hat seinen Ursprung in der Christianisierung der Sachsen durch *Karl den Großen* (siehe „Geschichte des Münsterlands"). Seine Bischöfe übernahmen als Fürstbischöfe auch die weltliche Herrschaft über die Region. Das taten sie ein Jahrtausend lang, bis das Münsterland nach den napoleonischen Kriegen mit dem gesamten Westfalen ein Teil **Preußens** wurde.

Der heutige **Regierungsbezirk Münster** im nördlichen Nordrhein-Westfalen lehnt sich an die preußische Gliederung an und umfasst neben der Stadt Münster noch die **Kreise Warendorf, Steinfurt, Borken und Coesfeld,** darüber hinaus den Kreis Recklinghausen und die kreisfreien Städte Bottrop und Gelsenkirchen.

Landschaft und Natur

Das naturräumliche Münsterland – dieses wird im vorliegenden Buch beschrieben – dehnt sich als Teil der **Westfälischen Tieflandsbucht** bis in den Mittelgebirgsraum aus. Im Osten wird es vom **Teutoburger Wald** begrenzt, im Süden geht es über die Lippeauen und die Hellwegbörden ins Bergische Land über. Im Westen reicht das Münsterland bis an die **deutsch-niederländische Grenze** heran, im Südwesten schließt sich das Niederrheingebiet an.

Die weitläufige Landschaft wird intensiv landwirtschaftlich genutzt, wobei kleinteilige Strukturen aus **Äckern und Weiden** vorherrschen, die von Wallhecken durchzogen werden und in die immer wieder kleinere **Waldareale** eingebettet sind. Dieses abwechslungsreiche landschaftliche Erscheinungsbild macht im Kern die **Münsterländer Parklandschaft** aus, die die Region – zusammen mit ihren kulturellen Errungenschaften – touristisch so anziehend macht.

Durchzogen wird das Gebiet von den beiden größeren Flüssen **Lippe** und **Ems,** die am südöstlichen Rand des Münsterlandes entspringen. Die Ems nimmt den Weg nach Norden und mündet in die Nordsee, die Lippe nach Westen, wo sie in den Rhein mündet. Kleinere Flüsse sind die **Werse** und die **Berkel.**

Drei Höhenzüge, die aber kaum mehr als 100 Meter über das Umland hinausragen, strukturieren das Münsterland – die **Beckumer Berge** im Südosten, die **Bocholter Berge** im Südwesten und die **Baumberge** im Zentrum. Der Sandstein aus den Baumbergen dient seit Jahrhunderten als begehrter Baustoff für Bauten aller Größe. So ist etwa der Dom zu Münster aus diesem Stein wie etwa auch der Renaissance-Erker am Bocholter Rathaus. Sogar die Skulpturen am Rigaer Dom wurden aus Baumberger Sandstein gefertigt.

[<] Einer der wenigen Höhenzüge im Münsterland: die Baumberge

Geologische Gestalt

Gerade die Höhenzüge der Beckumer Berge und der Baumberge zeigen die wechselvolle geologische Geschichte der Region auf. Zeitweilig breitete sich hier ein Meer aus, dann war das Münsterland wieder Teil des Festlandes. Ausschlag gebend für das heutige Erscheinungsbild ist ein **Meer aus der Kreidezeit,** das über viele Millionen Jahre das Münsterland überdeckte. Die Bocholter Berge werden der geologischen Formation der Haltener Sande zugerechnet, die einer Sandbarriere jenes kreidezeitlichen Meeres entstammen, das auch die Beckumer Berge und die Baumberge bildete. Häufig finden sich in den **Steinbrüchen und Sandgruben,** in denen das Baumaterial abgebaut wird, Fossilien der damaligen Lebewesen. Eiszeitliche Ablagerungen als Grund- und Endmoränen, die von den nordischen Gletschern ins Münsterland transportiert wurden, überlagern vielerorts die kreidezeitlichen und teilweise auch noch älteren Grundschichten und haben diese zu einer **welligen bis ebenen Landschaft** geschliffen.

Naturräumliche Gliederung

Das Münsterland wird in die drei Bereiche des West-, Kern- und Ostmünsterlandes unterteilt.

› Emsauen bei Gimbte nördlich von Münster

Kernmünsterland

Das Kernmünsterland erstreckt sich zwischen der Lippe im Süden und der Ems im Nordosten nierenförmig um Münster in Höhenlagen um 60 Meter als Mulde zwischen den Beckumer Bergen und den Baumbergen. Hier herrschen den Niederschlag haltende Lehm- und Kleiböden vor, die sich besonders gut für den **Ackerbau** eignen. So wird das Landschaftsbild durch Acker- und zu geringerem Teil durch **Weideflächen** bestimmt, die nur durch kleine Waldareale unterbrochen werden. Seit jeher baute man hier Kraftfutter sowohl für die hofeigene Tierzucht als auch für durchziehende Rinderherden an, was neben den Weidemöglichkeiten die Grundlage für den seit dem Mittelalter praktizierten Rindertreck von Friesland zu den Abnehmern im Rheinland bildete.

Ostmünsterland

Das Ostmünsterland reicht weit über die Grenzen des historischen Münsterlandes hinaus. Es schließt südlich an den Teutoburger Wald an und umfasst die überwiegend **sandigen Flächen** an den Oberläufen von Ems und Lippe. Kleine Nebenflüsse durchziehen das flache Gelände, in dem sich leicht Staunässe bildet, was zur Moorbildung führt. Diese Nass- und Feuchtareale sind inzwischen meist trockengelegt, hier herrscht Weidehaltung vor. Die Äcker sind kleiner, dafür gibt es größere **Waldflächen.** Auf höher gelegenen, stark versandeten Arealen breiten sich Magerrasen und Heideflächen aus, wie dies für die ostwestfälische Region der Senne so typisch ist.

Westmünsterland

Gleichfalls vernässt und versandet sind die Niederungen des Westmünsterlandes, vor allem an der Lippe. **Heideflächen** breiten sich westwärts bis in die Niederlande aus. Höhere Niederschläge durch stärkeren maritimen Einfluss fördern die Vernässung der Böden, die stark zur **Vertorfung** neigen. Von den alten **Venngebieten** sind Relikte unter Naturschutz gestellt. Diese Restflächen, wie etwa das Zwillbrocker Venn, bilden Lebensräume für eine große Artenvielfalt – hier hat sich sogar eine Flamingo-Kolonie angesiedelt. Hohe Niederschläge, gemäßigte Temperaturen und eine lange Vegetationsdauer begünstigen die Grünlandwirtschaft, die hier stärker als in den anderen Teilen des Münsterlandes betrieben wird.

Klima

Das Klima des Münsterlandes ist wesentlich von **atlantischen Einflüssen** geprägt, weist aber im Jahresverlauf auch kontinentale Züge auf. Die Sommersituation schwankt zwischen zwei Hauptwetterlagen: Die eine, verursacht durch einen Keil des Azorenhochs, ist von anhaltend schönem Wetter gekennzeichnet, die andere, allerdings auch häufigere ist durch nordwestliche Strömungen mit feucht-kühler Nordseeluft charakterisiert.

Typisch für den **Winter** ist die großräumige Luftdruckverteilung mit hohem Druck über Südeuropa und tiefem über dem Nordostatlantik. Durch diese Konstellation wird relativ milde Luft aus dem

118ml ot

Südwesten herbeigeführt. Breiten sich kontinentale Hochdrucklagen bis ins Münsterland aus, ist die Witterung winterlich geprägt mit oft anhaltendem Dauerfrost.

In den Übergangszeiten wechseln sich kurzlebige Hochdrucklagen, die bei östlicher Windrichtung relativ trockene kontinentale Luftmassen herbeiführen, mit viel häufigeren Tiefdrucklagen ab, deren Fronten in regelmäßigen abständen über das Münsterland ziehen.

Die Monatsmittel der **Lufttemperatur** im Münsterland liegen bei 0,5 bis 1,5 °C im Januar und 16,5 bis 17,5 °C im Juli. Die durchschnittliche **Niederschlagsmenge** beträgt 740 bis 820 Millimeter im Jahr, wobei im Juli am meisten Regen fällt. Danach geht die Niederschlagsintensität über Dezember bis März zurück. Der März ist im Durchschnitt der regenärmste Monat. Bis Juli steigen dann die Regenmengen wieder an.

Wie überall sind auch im Münsterland die Auswirkungen des Klimawandels spürbar. Das führt bereits messbar zum Anstieg der mittleren Lufttemperatur mit milderen Wintern und zu einer Zunahme der Südwestwetterlagen im Sommer – ein Phänomen, das als **Mediterranisierung** beschrieben wird. Parallel dazu ist eine deutliche Zunahme extremer Wetter- und Witterungsereignisse festzustellen.

[>] Typische Kulturlandschaft im Münsterland

Flora und Fauna

Die ursprüngliche Vegetation des Münsterlandes, die im Wesentlichen nacheiszeitlich geprägt wurde, ist in den zurückliegenden Jahrtausenden durch menschliche Eingriffe überformt worden. Wälder sind in **Forste** und Feuchtwiesen in **Weiden** umgewandelt worden, Moore wurden trockengelegt und auf den Magervegetationen weiden Schafe. Diese Mischung aus Kulturvegetationen bietet in ihrer Abwechslung aus Äckern, Weiden und Waldarealen einen besonderen landschaftlichen Reiz, eben den der Münsterländer Parklandschaft.

So sehr diese Landschaftsform das Auge des Betrachters erfreut, haben die menschlichen Eingriffe doch zur **Einengung des Lebensraums** vieler Pflanzen und Tiere geführt. So gelten beispielsweise der Fischotter in ganz Nordrhein-Westfalen und der Biber im gesamten Münsterland als ausgestorben. Hochwild wie **Hirsch und Reh** finden noch ausreichend Schutz, **Wildschweine** vermehren sich weiterhin, der **Fuchs** erobert als Kulturfolger auch städtische Lebensräume. Der **Iltis** hat eines seiner stärksten Verbreitungsgebiete im Münsterland, die **Kreuzotter** in dessen westlichem Teil. Der **Waschbär** als Zuwanderer hat sich auch im Münsterland verbreitet.

Unter den kleineren Säugetieren sind Mäusearten, Garten- und Siebenschläfer, Eichhörnchen und die Bisamratte anzutreffen. Über zwanzig **Fledermausarten** sind heimisch. Außergewöhnliche Tierarten im Münsterland sind einerseits die **Dülmener Wildpferde** im Merfelder Bruch und andererseits **Flamingos,** die

119ml ti

eine eigenständige Kolonie im Zwillbrocker Venn bilden.

Naturschutz

Angesichts der nach wie vor bestehenden Vielfalt an pflanzlichen und tierischen Lebensräumen im Münsterland besteht das verstärkte Bedürfnis, so viel wie möglich von der ursprünglichen Landschaft zu bewahren bzw. durch Renaturierung wieder entstehen zu lassen. Nur auf diese Weise können bedrohte Pflanzen- und Tierarten weiter ihre Existenz finden.

So gibt es über **400 Schutzgebiete** der unterschiedlichsten Art, die etwa fünf Prozent der Fläche des Münsterlands einnehmen. Besonderes Augenmerk gilt dabei seinen **Feuchtgebieten.** Große Restflächen solcher Nass- und Feuchtareale konnten unter Naturschutz gestellt und so weiteren menschlichen Eingriffen entzogen werden. Dazu zählen die **Emsauen** zwischen Beelen und Rheine, das **Zwillbrocker Venn,** das **Burlo-Vardingholter Venn** und nicht zuletzt die renaturierte **Steveraue,** wo Wildpferde und Heckrinder zur Beweidung eingesetzt werden, um Verbuschung zu vermeiden.

Weitere Schutzmaßnahmen gelten den **Baumbergen,** einer Kuppenlandschaft zwischen Coesfeld und Havixbeck, der **Hohen Mark,** wo ein Naturpark eingerichtet wurde, und etwa auch der **Davert** als größtem Waldgebiet im zentralen Münsterland. Unter Schutz stehen auch die über vier Kilometer lange Sandsteinformation am Abhang des Teutoburger Waldes mit exotischen Felsgebilden wie dem „Hockenden Weib“ sowie die ehemaligen **Rieselfelder** im Norden Münsters, die als Vogelrückzugsgebiet erhalten und sogar erweitert werden konnten. Als Einzel-Naturdenkmal sei beispielhaft die **Femeiche** in Erle bei Raesfeld genannt, die zu den ältesten Bäumen in Deutschland zählt.

120 ml

Geschichte des Münsterlandes

Frühe Besiedlung

Schon der **Neandertaler** ist bis in das Gebiet des Münsterlandes vorgedrungen, wie archäologische Funde aus einer Sandgrube bei Warendorf zeigen. Als die letzte eiszeitliche Kaltzeit vor 12.000 Jahren endete, zog es auch **Jäger- und Sammlergruppen** hierher. Sesshaft wurden die Menschen aber erst in der Jungsteinzeit, als sie mit dem beginnenden Ackerbau an feste Standorte gebunden waren. Aus dieser Zeit stammen auch die ersten kulturellen Hinterlassenschaften, am beeindruckendsten darunter die großartigen **Megalithgräber,** aber auch Werkzeuge, Jagdwaffen, Schmuck und Tonwaren.

Germanen und Römer

Um die Zeitenwende war die Region von germanischen Stämmen der Brukterer, Chamaven und Cherusker besiedelt. Auch die Römer sind in die Region vorgedrungen und setzten sich im Süden an der Lippe fest. Ihr Militärlager bei Haltern ist mit über 2000 Fundstücken belegt. In nachrömischer Zeit entvölkerte

[<] Liudger wurde im Jahr 805 zum ersten Bischof von Münster ernannt sich das Land zunächst. **Sächsische Stämme** bildeten sich weiter östlich heraus und drangen bis 500 n. Chr. ins Münsterland vor.

Sachsenkriege

In der Folgezeit kamen die Sachsen in Kontakt mit den **Franken,** die ihren Herrschaftsbereich weiter westlich hatten. **Karl der Große** sah in den kriegerischen Sachsen eine große Gefahr für das Frankenreich. Der beste Weg, die Sachsen in das Karolingische Reich einzugliedern, bestand für *Karl* in ihrer **Christianisierung.** In jahrelangen Auseinandersetzungen, den Sachsenkriegen von 772 bis 804, konnte *Karl* die Sachsen unterwerfen.

Bistum Münster

Mit der Ernennung des **Missionars Liudger** zum Bischof von Münster im Jahr 805 waren die Sachsenkriege beendet. Auf dem Horsteberg in der sächsischen Siedlung Mimigernaford gründete Liudger das erste **Kloster** (lat. *monasterium,* hieraus entwickelte sich der Name der Stadt) im Münsterland. Von hier aus leitete er sein Missionssprengel, der das damalige Gebiet **Westsachsens** umfasste. Seine wichtigste politische Aufgabe bestand in dem Aufbau einer Kirchenorganisation. Mit weiteren Klostergründungen wurde eine neue geistliche wie auch wirtschaftliche Struktur geschaffen, die Gründung von Pfarreien band die Bevölkerung an die neue Religion. Solche **Urpfarren** entstanden beispielsweise in Altenbergen, Wettringen, Warendorf, Ahlen, Billerbeck und Nottuln, um nur einige der vierzig dieser Urpfarren zu nennen.

Burgen als Adelssitze

Im ganzen Bistum wurden landwirtschaftliche Betriebe gegründet, die als **Haupthöfe** der Versorgung des Bistums und seiner Klöster dienten. Vor Ort setzte man **Schulten und Vögte** zur Sicherung und Verwaltung der neuen Strukturen ein. Aus ihren Kreisen setzte sich in der Folgezeit der münsterländische Adel zusammen, der sich sehr frei entwickeln konnte, weil es den Münsteraner Bischöfen anfänglich nicht gelang, ihre Gefolgsleute im Zaum zu halten. In dieser Zeit wurden die meisten der münsterländischen Burgen begründet, die – meist als **Wasserburgen** gebaut – ihren Herren zur Absicherung ihrer lokalen Macht dienten. Als später die politische Macht des Adels eingeschränkt wurde, bauten die Burgherren sie zu stattlichen **Schlössern** aus – bis heute ein prägendes architektonisches Element des Münsterlandes.

Fürstbistum

Aus dem Missionssprengel des Bischofs *Liudger* war bis zum 12. Jh. ein Territorialgebilde erwachsen, das zwangsläufig in Auseinandersetzungen mit den weltlichen Nachbarn geriet. In der Zeit des Konflikts zwischen **Heinrich dem Löwen** und **Kaiser Barbarossa** gelang es letztendlich den Münsteraner Bischöfen, sich siegreich gegen ihre benachbarten Widersacher durchzusetzen – dies waren einerseits die **Grafen von Cappenberg,** die zuvor 1121 an der Brandschatzung von Münster beteiligt waren, und andererseits 1173 die **Grafen von Tecklenburg,** die bis dato die Vogtei über das Bistum innehatten. Seit dem Erwerb der Grafschaft Ravensberg 1252 weit im Norden des alten Missionssprengels wurde im Bistum zwischen dem **Oberstift** als Region um Münster und dem **Niederstift** als nördlicher Region des Bistums unterschieden (siehe Exkurs „Das Münsterländer Niederstift").

Als *Heinrich der Löwe* Kaiser *Barbarossa* die Gefolgschaft für einen Italienfeldzug verweigerte, wurde über ihn gerichtet und seine Ländereien im Reich vergeben. Auch **Hermann II. von Katzenelnbogen,** Bischof von Münster, erhielt Anteile aus dem alten sächsischen Herzogsgebiet. Damit war die Territorialmacht des Bistums erheblich ausgeweitet. Gleichzeitig befestigte *Hermann* Burgen in seinem Territorium, förderte die **Stadtbildung** der Ortschaften Coesfeld, Warendorf, Bocholt, Ahlen und Beckum und gründete **neue Klöster** – er ist faktisch der erste Fürstbischof von Münster.

Gründung der Stadt Münster

Im 13. und 14. Jh. entwickelte sich aus der Siedlung um die Domimmunität die Stadt Münster. Das Bürgertum wurde selbstbewusster und profitierte, wie andere Städte im Münsterland auch, vom zunehmenden regionalen und überregionalen Handel. Die Städte traten dem **Rheinischen Städtebund** bei, einem Schutzbündnis unter 59 Städten, darunter 16 westfälischen, das angesichts der zunehmenden Unsicherheit im Reich auch zur Sicherheit des Handelsverkehrs geschlossen wurde. Als dieser Bund keinen Bestand mehr hatte, schlossen sie sich der **Hanse** an, deren Kaufleute unter anderem den Übergang von der Tauschwirtschaft zur Geldwirtschaft vollzogen und so ihren Mitgliedern großen Wohlstand brachten.

Münsterische Stiftsfehde

Der Wohlstand bekräftigte die münsterländischen **Bürger,** sich immer nachhaltiger **dem Klerus zu widersetzen.** Ein Streit um die Neubesetzung des Münsteraner Bischofsstuhls gipfelte im Ausbruch der Münsterischen Stiftsfehde, die von 1450 bis 1457 währte. Im Kern war es ein Konflikt zwischen dem Rat der Stadt und dem Domkapitel, ausgelöst durch die lokalen Grafenfamilien *von Hoya* und *von Moers,* die für ihre nachgeborenen Söhne den Bischofssitz beanspruchten, um so ihre Machtbasis zu erweitern. Der Konflikt weitete sich in der Folgezeit auf große Teile des Bistums aus. Plünderungen und Brandschatzungen waren an der Tagesordnung. Beendet wurde die Fehde durch die Entscheidung des Papstes, *Johann von Pfalz-Simmern* als neuen Bischof einzusetzen, der an den bisherigen Streitigkeiten völlig unbeteiligt gewesen war. Geschwächt ging das Hochstift, das sich immer weniger um seine klerikalen Aufgaben als viel mehr um seine Machterhaltung bemühte, aus dieser Fehde heraus. Die Saat der Reformation war gesät.

Reformation und Wiedertäufer

Das reformatorische Gedankengut **Martin Luthers,** das mit dem Anschlag seiner 95 Thesen im Oktober 1517 an der Schlosskirche zu Wittenberg schnelle Verbreitung fand, stieß auch im Münsterland auf offene Ohren. Reformatorische Predigten wurden bald in allen Kirchen Münsters gehalten. 1533 war der Rat der Stadt bereits mit Anhängern der Reformation besetzt.

Der Bischof versuchte gegenzuhalten – vergeblich. Doch nun fanden auch **radikalere Strömungen** Zustimmung, so vor allem in Münster die Bewegung der Wiedertäufer aus den Niederlanden. Ihre Anführer waren der Bäcker *Jan Matthys* und der Schweizer Prediger *Bernd Rothmann.* Sie verwarfen die Strukturen der Amtskirche, lehnten den Kriegsdienst und die Kindstaufe ab. Mit der Erwachsenentaufe sollten die so „Auserwählten" in das „Neue Jerusalem" einziehen, die „Heiden" aber mit dem Schwert bekämpft werden. Schon 1534 war der Rat der Stadt Münster mit Wiedertäufern besetzt. Geldabschaffung, Gütergemeinschaft und Bücherverbrennungen sollten eine neue Sozialordnung herbeiführen.

Nun setzte die **katholische Gegenwehr** ein. Fürstbischhof *Franz von Waldeck* belagerte die Stadt. Als das von den Wiedertäufern für Ostern 1534 erwartete Gottesgericht nicht einsetzte, wagte *Matthys* einen Ausfall gegen die Belagerung, bei dem er starb. Sein Nachfolger, der Gastwirt *Jan Bockelson,* war noch radikaler – er schaffte den Rat ab, ließ Zwangstaufen durchführen, propagierte die Vielweiberei und proklamierte sich zum König der Stadt. Das wurde den Münsteranern zu viel. Sie begehrten gegen die Wiedertäufer auf, doch ihr **Aufstand** wurde brutal niedergeschlagen. Eine Hungersnot brach in der Stadt aus. Durch Verrat gelangten die **katholischen Truppen** in die Stadt, die Wiedertäufer wurden genauso brutal niedergemacht, ihre Anführer auf dem Prinzipalmarkt entsprechend der gültigen „Peinlichen Halsgerichtsordnung" gefoltert, ihre Leichen in drei Käfigen am Turm der St. Lambertikirche aufgehängt. Die leeren Käfige hängen heute noch dort.

Gegenreformation

Nun war der Bischof Herr über die ganze Stadt. Ein neues Stadtreglement beschnitt die Rechte der Bürger, doch 1542 konnten diese ihre alten Rechte wieder durchsetzen. Der Alltag war schnell wieder hergestellt, der Handel blühte auf. Münster erlebte eine neue **wirtschaftliche Blüte.** Die Bischöfe waren jetzt so geschickt, keine eindeutige politische Position gegen die Reformation zu beziehen, was das Münsterland vor Religionskriegen schützte. Lutheraner konnten sogar zunächst in der Stadt bleiben. Doch allmählich setzten sich katholische Tendenzen wieder stärker durch. 1588 kamen die **Jesuiten** in die Stadt, 1628 wurden die **Protestanten ausgewiesen.** Die Gegenreformation fasste Fuß.

Dreißigjähriger Krieg und Westfälischer Friede

Der Dreißigjährige Krieg verschonte auch das Münsterland nicht. Protestantische Truppen verwüsteten das Westmünsterland, wurden aber von Truppen des katholischen Feldherrn *Tilly* vertrieben. 1633 drangen die Protestanten wieder in das Westmünsterland ein, wurden aber erneut vertrieben. Trotz mehrerer Belagerungen konnte die stark befestigte **Stadt Münster** nicht eingenommen werden. Hier begannen 1643 die **Friedensverhandlungen** der katholischen Parteien, deshalb wurde Münster zur neutralen Stadt erklärt. 1648 wurden im Münsteraner **Ratssaal** die Unterschriften unter wesentliche Teile des Vertragswerks des Westfälischen Friedens gesetzt, kurz danach die anderen Teile in Osnabrück, wo die Protestanten getagt hatten. Der Münsteraner Ratssaal existiert heute noch in seiner alten Form. Seine Möblierung wurde im Zweiten Weltkrieg rechtzeitig vor der Bombardierung ausgebaut und danach in den heute „Friedenssaal“ genannten Raum wieder eingebaut.

Rekatholisierung

Die weitere politische Entwicklung im Münsterland war durch die **Auseinandersetzungen** zwischen dem Bischof und der Stadt Münster gekennzeichnet. Der Rat der Stadt hatte den Kaiser um weitergehende Privilegien ersucht, die die Stadt in den Stand einer Freien Reichsstadt erhoben hätten. Dieses Begehren stieß auf nachhaltigen Widerstand von **Bischof Christoph Bernhard von Galen,** der daraufhin die Stadt zweimal belagerte, beim zweiten Mal sogar **bombardierte.** Der Bischof zwang sie zur Unterschrift unter ein Dokument, das das **Ende der freiheitlichen Bürgerrechte** bedeutete (siehe auch „Geschichte der Stadt Münster“ und „Religion“).

Wenn auch der Bischof sich primär um die militärischen Belange seines Sprengels kümmerte – was ihm den Beinamen „Bomben-Bernd“ einbrachte – und sich wenig um die wirtschaftlichen Belange seiner Untertanen bemühte, so ist die größte Leistung seines Lebenswerks die Rekatholisierung des Bistums Münster. Was ihre wirtschaftlichen Belange anbetraf, so setzten die Bürger eher auf Eigeninitiative. Erneut wurde Wohlstand erwirtschaftet, vor allem die **Heimweberei** in den Haushalten entwickelte sich von einem Zuerwerb zu einem immer bedeutenderen Wirtschaftsfaktor im Land.

Es ist auch die Zeit, in der so viele großartige **Barockbauten** entstanden. Vor allem der Barockbaumeister *Johann Conrad Schlaun* (1695–1773) hinterließ viele prachtvolle Schlösser, wunderbare Kirchen und schöne Häuser (siehe Exkurs „Johann Conrad Schlaun – Architekt im Münsterland“). Unterbrochen wurde die Entwicklung durch den **Siebenjährigen Krieg,** in dem das Fürstbistum Münster als Parteigänger *Maria Theresias* von durchziehenden Truppen bis hin zur teilweisen Zerstörung Münsters betroffen war.

[>] Kiepenkerl-Denkmal in Münster – die umherziehenden Händler mit ihrer Rückentrage aus Holz oder Korb wurden zum Wahrzeichen

Preußen

Ende des 18. Jh. warf die **Französische Revolution** ihre Schatten bis ins Münsterland voraus. Zunächst war es nur eine Flüchtlingswelle – vor allem katholische Geistliche suchten hier in großer Zahl Schutz. Nachhaltig war dann das Münsterland ab 1802 vom französischen Hegemonialbestreben betroffen, als sich Frankreich und Preußen zunächst insgeheim darauf einigten, die Reichsfürsten, die durch die Revolutionskriege Territorien links des Rheins eingebüßt hatten, durch die Auflösung kirchlicher Territorien zu entschädigen. Danach wurde Preußen die Osthälfte des Fürstbistums mit der Stadt Münster zugesprochen.

Ein Jahr nach dem Tod des letzten Bischofs *Maximilian Franz von Österreich* marschierten Truppen im Bistum ein und besetzten es. 1803 wurde die Besetzung durch den Reichsdeputationshauptschluss, der das Deutsche Reich auflöste und die Säkularisation von Kirchengütern festschrieb, sanktioniert. In der Westhälfte des Fürstbistums wurden das Fürstentum Salm und die Grafschaft Salm-Horstmar etabliert. Der Rest des Fürstbistums fiel an das Großherzogtum Berg und an das Herzogtum Aremberg.

Doch auch diese territorialen Neuregelungen hatten keine lange Dauer. 1810 annektierte **Napoleon** das Gebiet für Frankreich, große Teile des ehemaligen Fürstbistums gingen nunmehr in das **Département Lippe** ein. Eine endgültige Regelung führte erst der **Wiener Kongress** herbei, der 1815 das Münsterland Preußen zusprach. Münster wurde zur Hauptstadt der neu geschaffenen **Provinz Westfalen** erhoben.

121ml ti

Textilindustrie und Eisenbahn

Das 19. Jh. war für das Münsterland gleichermaßen ein Jahrhundert des wirtschaftlichen Aufschwungs wie auch der sozialen Probleme. Gewerke und Manufakturen entwickelten sich zu **Industrien,** allen voran die Textilindustrie, die einerseits neue Arbeitsplätze schuf, aber umso mehr handwerkliche und häusliche Arbeitsplätze vernichtete. Ange-

◁ Die Leinenweberei, aus der sich später die Textilindustrie entwickelte, gehörte zu den Haupterwerbszweigen im Münsterland – der Leinenmarkt in Tecklenburg erinnert an diese Tradition

sichts der wachsenden Bevölkerung verbreitete sich die **Armut** vor allem auf dem Land, Auswanderungswellen waren die Folge.

Mitte des 19. Jh. begann der Anschluss des Münsterlands an das sich in Deutschland ausbreitende Eisenbahnnetz. Bis 1899 war der **Dortmund-Ems-Kanal** mit einem Hafen in Münster versehen worden, womit sich – wie mit anderen infrastrukturellen Maßnahmen – die industrielle Entwicklung des Münsterlandes beschleunigt fortsetzte.

„Kulturkampf"

Unruhe stiftete der 1871 von Reichskanzler **Bismarck** ausgelöste sogenannte Kulturkampf, der im katholischen Münsterland besonders heftig ausgetragen wurde. Es ging grundsätzlich um die Trennung von Kirche und Staat, das Zurückdrängen des katholischen Einflusses, um die Zivilehe und um die staatliche Aufsicht über die Schulen, die bislang immer noch in großem Maße von kirchlichen Einrichtungen betrieben wurden. In Münster kam es sogar zur Verhaftung des Bischofs *Johannes Bernhard Brinkmann,* was große Empörung auslöste und bis zum Aufruhr führte.

Erster und Zweiter Weltkrieg

Vom Ersten Weltkrieg war das Münsterland in erster Linie indirekt betroffen. Gegen Ende des Krieges verschlechterte sich die Versorgungslage dramatisch. Die **politischen Unruhen** der Nachkriegszeit verschlimmerten die Situation weiter. Nach kurzem Aufschwung setzte nach 1930 die Arbeitslosigkeit ein.

Im Zweiten Weltkrieg war vor allem **Münster** von verheerenden **Bombardements** betroffen, die die Altstadt in Schutt und Asche legten (siehe „Geschichte der Stadt Münster"). Im ländlichen Münsterland betrafen die Bombardements einzelne Städte. Stadtlohn wurde genauso wie Münster fast vollständig zerstört, dagegen blieben andere Städte sogar von Luftangriffen weitgehend verschont. Zuletzt bereitete der Beschuss durch alliierte Truppen noch am Ende des Krieges große Schäden.

Der **Wiederaufbau** ging nach dem Krieg rasch vonstatten. Eine große Zahl von Flüchtlingen aus dem Osten trug zum Bevölkerungszuwachs und zum folgenden wirtschaftlichen Aufschwung bei.

Das Münsterland heute

Das immer noch ländlich geprägte Münsterland ist heute eine prosperierende Region mit **unterdurchschnittlicher Arbeitslosenquote,** wofür die innovative mittelständische Industrie den größten Beitrag leistet.

Einzig das sogenannte **„Münsterländer Schneechaos"** vom November 2005 stellt einen außerordentlichen Einschnitt in diesem positiven Bild dar. Nach gewaltigen Schneefällen brachen zahlreiche Überlandleitungen, was zum größten Stromausfall in der Geschichte der Bundesrepublik Deutschland führte.

Heute stellt sich das Münsterland als **moderne Kulturregion** dar. Hier trifft sich Historisches mit Modernem, hier

Das Münsterländer Niederstift

Das Münsterländer Niederstift als nördlicher Teil des Hochstifts Münster breitete sich in einer Landschaft weit **nördlich des eigentlichen Münsterlandes** im Bereich von Ems und Hunte um den Hümmling aus. Die Region war einst im Besitz der *Grafen von Calvelage,* die hier im Mittelalter im Raum Vechta und Bersenbrück begütert waren. Sie erwarben um 1100 Gebiete im Teutoburger Wald, wo sie auf dem Ravensberg ihre Burg errichteten und sich fortan *Grafen von Ravensberg* nannten. 1252 verkaufte die Witwe des letzten Grafen von Ravensberg-Calvelage ihre Grafschaft an das Bistum Münster. Im Jahr 1400 konnten die Bischöfe zusätzlich das Amt Cloppenburg, wo zuvor die Grafen von Tecklenburg die Herrschaft ausübten, in Besitz nehmen. Nunmehr bestand das Niederstift aus den Ämtern **Meppen, Cloppenburg und Vechta.** Interessanterweise erlangten die Münsteraner Fürstbischöfe als Territorialherren des Niederstifts dessen kirchliche Oberhoheit aber erst im Jahr 1668 vom Bischof von Osnabrück.

Die abgeschiedene Lage des Niederstifts war für den **Kölner Kurfürsten Clemens August I.,** der in Personalunion auch **Fürstbischof von Münster** war, ein herrlicher Ort, um den Alltagsgeschäften in seiner Bonner Residenz zu entfliehen. Hier konnte er mit einem ausgesuchten Freundeskreis seiner großen Leidenschaft, der Jagd, nachgehen. Für einen angemessenen **Jagdsitz** sorgte er ebenfalls. Er beauftragte seinen Baumeister *Johann Conrad Schlaun* mit dem Bau eines Jagschlosses der ganz besonderen Art. So entstand **Schloss Clemenswerth** 1737–47 als eine Barockanlage aus einem Zentralbau mit acht im Kreis darum gruppierten Nebengebäuden. Der zweigeschossige zentrale Schlossbau ist mit Gesellschaftsräumen achteckig angelegt. Die Pavillons dienten als Gäste- und Wirtschaftshäuser, einer davon ist als Schlosskapelle ausgebaut. Die Hauptachse des Baukomplexes ist von West nach Ost ausgerichtet und führt in das anschließende Jagdrevier. Die Anlage selbst hat die Form einer Glocke, deren unterer Rand als Teichanlage ausgearbeitet ist.

Schloss Clemenswerth liegt bei Sögel im Emsland, etwa 80 km nördlich von Osnabrück, und lohnt einen **Tagesausflug.** Die Anlage ist eines der sehenswertesten Kulturdenkmäler Norddeutschlands

- **Info:** www.clemenswerth.de

bringen die Münsteraner Studenten frischen Wind ins Land. **Theater, Musik, Malerei** und **Bildhauerei** haben genauso Platz wie der tief verwurzelte Glaube, dem immer noch Tausende in Wallfahrten folgen. Erfrischende Kontraste bieten Karneval, Kabarett und Kneipenkunst – und nicht zu vergessen die viel gesehene Krimi-Serie „Wilsberg" des ZDF, die in Münster spielt und als Hauptfigur den klammen Antiquar *Georg Wilsberg* hat, der aus Geldmangel auch Aufträge als Privatdetektiv ausführt.

Geschichte der Stadt Münster

Klostergründung und Bischofssitz

Siedlungsspuren auf dem Gebiet der heutigen Stadt Münster lassen sich bis in die Zeit um 750 v. Chr. nachweisen. Nach der Zeitenwende gab es eine Siedlung im Bereich des Domplatzes. Die seit dem 6. Jh. bestehende **sächsische Siedlung Mimigernaford** (= „Furt der Leute des Mimigern") bot sich dem von *Karl dem Großen* am Ende des 8. Jh. mit der Bekehrung der Sachsen zum Christentum beauftragten Missionar *Liudger* als Standort für eine Klostergründung und Ausgangsort für seine Missionsarbeit an. Im Jahr 805 erhob **Karl der Große** Münster zum Bistum und ernannte **Liudger zum ersten Bischof.** Dieser starb 809, der nach ihm benannte **erste Dom** in Münster wurde um 850 an einem Standort etwas nördlich des heutigen Doms fertig gestellt.

Handelsplatz

Um den Dom entwickelte sich eine erste **Händlersiedlung,** in der ab 1050 die **Lambertikirche** als Pfarrkirche errichtet wurde. Inzwischen war Münster so bedeutend geworden, dass bereits 1040 mit *Heinrich III.* der erste König des Heiligen Römischen Reichs Münster mit einer großen Delegation besuchte. 1121 wurde die Siedlung im Streit um die Besetzung des Bischofsamts anlässlich der Belagerung durch den Sachsenherzog *Lothar von Süpplingenburg* Opfer einen Brandkatastrophe. Nach dem Wiederaufbau setzte sich die wirtschaftliche Entwicklung fort, der Wohlstand der Bürger nahm durch regen Handel zu.

Befestigte Stadt

Die selbstbewusster gewordenen Münsteraner Bürger entwickelten spätestens Ende des 12. Jh. erste Stadtregeln für sich. 1170 erhielt Münster **Stadtrechte,** in deren Folge eine vier Kilometer lange und bis zu zehn Meter hohe Ummauerung mit **Stadttoren und Türmen** erstellt wurde, deren Verlauf bis heute durch die Promenade gekennzeichnet ist.

Im Jahr 1173 trat Bischof *Hermann II. von Katzenelnbogen* sein Amt an, der durch Landzuteilung aus dem Sturz des Sachsenherzogs *Heinrich der Löwe* 1180 faktisch zum ersten Fürstbischof von Münster wurde. Aber nicht nur die Macht des Landesherrn nahm zu, mit dem Selbstbewusstsein gewann auch die Bürgerschaft an Stärke. Aber noch hatte der Bischof das Sagen in der Stadt. Seine Erbmänner, die alle den Ministerialfamilien des Bischofs entstammten, leiteten als Patrizier der Stadt ihre Geschicke.

Hanse

In vielen Städten der Region bestand das gleiche Problem zunehmender Spannungen zwischen Bürgerschaft und Landesherren. Sie schlossen sich in diesen unruhigen Zeiten, auch angesichts des immer schwächer werdenden Kaisertums, zu **Bünden** zusammen – dies gleichermaßen zur eigenen Sicherheit als auch zum Schutz vor ihren Fürsten. Diese Bünde waren Vorläufer einer westfälischen Hanse, der Münster 1368 beitrat. In dieser Zeit entwickelte sich Münster zu einer bedeutenden Handelsstadt, die Bürgerschaft gewann weitere Privilegien wie die Aufsicht über Handel und Gewerbe sowie die Erhebung von Akzisen auf Handelswaren. Gleichfalls in dieser Zeit wurde die **Stadtmauer** um einen äußeren Ring erweitert, damit auch die Marktsiedlungen, die sich außerhalb gebildet hatten, in den Schutz einbezogen wurden.

Der wirtschaftliche und politische Aufschwung des Münsteraner Bürgertums dokumentiert sich in dem ab 1375 erfolgten Neubau der **Lambertikirche** sowie dem frontal zum Dom errichteten gotischen **Rathaus.** Einbrüche in dieser Entwicklung brachten aber die Auswirkungen der Soester Stiftsfehde (1444–1449) sowie die Münsterische Stiftsfehde (1450–57) – aus Letzterer ging allerdings die Münsterer Bürgerschaft nochmals gestärkt hervor. Vor allem konnten die Vertreter der **Gilden** nunmehr neben den Erbmännern Mitwirkungsrechte in Stadtahngelegenheiten erkämpfen.

Wiedertäufer

Die Lebenssituation in Münster änderte sich grundlegend mit dem zu Beginn des 16. Jh. aufkommenden **reformatorischen Gedankengut.** *Luthers* Ideen fanden Anklang bei den Münsteranern. Im Zuge dieser Entwicklung konnte *Bernhard Rothmann* 1530 schon im Geiste *Luthers* in Münster predigen. 1534/35 gelang Vertretern der Sekte der Wiedertäufer die Machtübernahme in der Stadt. Sie errichten ein **Terrorregime,** das entschieden gegen anders Denkende vorging. Die Bürger der Stadt setzten sich gegen dieses Regime zur Wehr, doch schlugen die Wiedertäufer ihren Aufstand brutal nieder. Als die **Truppen des Bischofs** die Stadt stürmten, richteten sie unter den Wiedertäufern gleichfalls ein Blutbad an. Die Anführer *Jan van Leiden, Bernd Knipperdollinck* und *Bernd Krechting* wurden hingerichtet, ihre Leichname in schmiedeeisernen **Körben am Turm der Lambertikirche** zur Schau gestellt. Allerdings schaffte der Bischof gleichfalls die jährliche Ratswahl ab und verbot die Gilden.

Westfälischer Friede

Besser erging es Münster während des **Dreißigjährigen Krieges.** Die stark befestigte Stadt konnte trotz mehrerer Belagerungen **nicht eingenommen** werden. Ab 1643 verhandelten die Krieg führenden Mächte in der inzwischen als neutral erklärten Stadt Münster, in deren **Rathaus** – später auch in Osnabrück – 1648 der Westfälische Friede geschlossen wurde.

Ende der Unabhängigkeit

Nach dem Dreißigjährigen Krieg, als es wirtschaftlich in Münster wieder bergauf ging, suchte die Bürgerschaft bei Kaiser *Friedrich III.* um die Erhebung der Stadt in den Kreis der Freien Reichsstädte. Dies musste den **Fürstbischof** herausfordern – seit 1650 war dies **Christoph Bernhard von Galen,** ein streitbarer Mann mit großen Erfahrungen aus dem Dreißigjährigen Krieg. Die Spannungen verschärften sich, seine Truppen belagerten zunächst vergeblich die Stadt, konnten sie aber 1661 in die Knie zwingen. Der Fürstbischof ließ die **Aa** mit zwei Dämmen aufstauen und schnitt die Stadt so von der Wasserversorgung ab. Als die Dämme brachen und die Stadt unter Wasser setzten, ergaben sich ihre Bürger.

Mit der Autonomie war es zunächst zu Ende. *Von Galen* ließ die Stadtmauer abreißen und im Westen eine **Zitadelle** als Zeichen seiner neuen Macht über die Stadt und dazu am Rathaus eine bischöfliche Stadtwache errichten. Unter seiner Ägide setzte sich die **Rekatholisierung** im Bistum und gleichermaßen in Münster selbst immer konkreter durch (siehe hierzu auch „Religion“).

Selbstverwaltungsrechte bekam Münster erst unter *Ferdinand von Fürstenberg,* Bischof von 1678 bis 1683, zurück.

Schloss und Universität

Der von 1756 bis 1763 währende **Siebenjährige Krieg** hinterließ schwere Schäden in Münster. Angesichts der Zerstörungen wurden nunmehr auch der Rest der Stadtmauer und die **Zitadelle abgerissen,** damit Münster als „offene“ Stadt keinen weiteren Belagerungen und Beschießungen mehr ausgesetzt sein sollte. 1767 begann der Bau des von *Johann Conrad Schlaun* entworfenen **fürstbischöflichen Residenzschlosses** am Standort der Zitadelle. 1770 wurde die **Promenade** anstelle der geschleiften Stadtmauer angelegt. 1780 nahm die **Landesuniversität** den Lehrbetrieb auf.

Dass die Aufklärung auch im katholischen Münsterland ihre Spuren hinterließ, zeigt sich nicht nur an der Gründung der Universität, sondern auch am Wirken des von der **Fürstin Amalie von Gallitzin** 1787 eingerichteten intellektuellen Kreises „Familia Sacra“, an dem auch der Königsberger Philosoph *Johann Georg Hamann* teilnahm. Er starb aber schon 1788 als „Magus des Nordens“ und wurde im Garten der Fürstin in Angelmodde bestattet. 1802 bekam sie sogar Besuch von *Johann Wolfgang von Goethe,* den sie auch schon vorher getroffen hatte.

Fürstbischof Christoph Bernhard von Galen

122ml ot

Franzosenzeit

Inzwischen war die Französische Revolution ausgebrochen. 1802 besetzten **preußische Truppen** das Münsterland. 1803 wurde durch den Reichsdeputationshauptschluss das **Bistum Münster aufgelöst.** Münster fiel zunächst an das neu gegründete Erbfürstentum Münster, wurde 1806 von französischen Truppen besetzt, kurzzeitig dem Großherzogtum Berg zugeschlagen, 1811 als Sitz der Mairie des **Départements Lippe** nach Frankreich einverleibt, 1813 wieder von preußischen Truppen besetzt und kam nach den Festlegungen des Wiener Kongresse endgültig an **Preußen.** Münster wurde die **Hauptstadt der neuen Provinz Westfalen,** Sitz eines Verwaltungs-Oberpräsidenten und des Generalkommandos eines Armeekorps.

Preußische Verwaltung

Nach der Franzosenzeit ging es mit Münster wieder aufwärts. Unter preußischer Verwaltung wurde die kommunale Selbstverwaltung wieder eingeführt. 1848 war die **Bahnlinie nach Hamm** fertig gestellt, 1870 die Strecke Paris – Hamburg durch Münster geführt.

Soziale Unruhen fanden auch in Münster im Revolutionsjahr 1848 statt. Der von Reichskanzler *Bismarck* betriebene **„Kulturkampf"** hinterließ tiefe Spuren im katholischen Münsterland, sollte doch mit der Trennung von Kirche und Staat vor allem der politische Einfluss des Klerus und seiner Institutionen eingeschränkt werden. Im Zuge dieser Auseinandersetzungen musste Bischof *Johannes Bernhard Brinkmann* 1875 nach einer Verhaftung Exil in den Niederlanden suchen und konnte erst 1884 unter dem Jubel der Bevölkerung zurückkehren.

Textilindustrie

Erste **Eingemeindungen** erweiterten ab 1875 das Stadtgebiet von Münster. Die Stadt war in der Zwischenzeit längst zu einem der zentralen Standorte der Textilindustrie geworden. 1899 erbrachte die Fertigstellung des Dortmund-Ems-Kanals und des **Hafens** in Münster weiter verbesserte infrastrukturelle Voraussetzungen. 1903 erweiterten neue Eingemeindungen die Stadtfläche von Münster um das Sechsfache.

Erster Weltkrieg

Während des Ersten Weltkrieges überschritt die Einwohnerzahl Münsters schon die 100.000er-Grenze. Am Ende des Krieges, als die Versorgungslage der Bevölkerung selbst im landwirtschaftlich geprägten Münsterland immer prekärer wurde, galt es noch 90.000 Gefangene in Münster selbst und in der Umgebung mit zu versorgen. Münster blieb zwar von unmittelbaren Kriegshandlungen verschont, aber mehrtägige **Explosionen eines Munitionslagers** kurz vor Weihnachten 1915 richteten immensen Schaden an.

Nach dem Ersten Weltkrieg normalisierte sich die Lage zunächst nur langsam. Vom **Flugplatz Loddenheide** wurde 1920 der erste planmäßige Flugverkehr nach Bremen eingerichtet, ab 1925 dann auch zu weiteren Städten wie beispielsweise Breslau und Zürich. Von weitreichender Bedeutung für die Stadt war der im Jahr 1928 eingeleitete Aushub des **Aasees** und die damit erfolgte Schaffung eines attraktiven Naherholungsgebietes.

Zweiter Weltkrieg und Wiederaufbau

Die NSDAP hatte es zwar schwer, sich im katholischen Münsterland zu etablieren, konnte sich aufgrund der Macht im Reich aber durchsetzen. Schon vor dem Zweiten Weltkrieg begannen auch hier die **Judenverfolgungen,** die von **Clemens August von Galen,** seit 1933 Bischof in Münster, in drei Predigten im Sommer 1941 mutig kritisiert wurden. Vor dem Hintergrund der Allmacht der Gestapo äußerte der Bischof sich auch gegen die Euthanasie und die Beschlagnahmung der Klöster. Er erstattete sogar Strafanzeige, was man allerdings einfach ignorierte. Nach dem Krieg wurde der Bischof zum Kardinal ernannt, er starb allerdings schon 1946.

1940 begannen die **Bombenangriffe** auf Münster. Der erste Tagesangriff erfolgte am 23. Juni 1943. Beim schwersten Fliegerangriff am 25. März 1945 starben 700 Menschen. Als alliierte Truppen am 2. April in Münster einmarschierten, war die Innenstadt zu 90 %, die gesamte Stadt zu 60 % zerstört.

Es ist vor allem den Münsteraner Bürgern zu verdanken, dass der Wiederaufbau der kriegszerstörten Stadt in Anlehnung an ihr **historisches Erscheinungsbild** erfolgte. Stadtbaurat *Heinrich Bartmann* arbeitete die hierfür erforderlichen Richtlinien aus, nach denen bereits Ende der 1940er Jahre mit der Erneuerung der Häuser am **Prinzipalmarkt** und seiner Umgebung begonnen wurde. In keiner anderen Stadt ist der Wiederaufbau nach dem Zweiten Weltkrieg so konsequent erfolgt wie in Münster – selbst die Gegner des historisierenden heutigen Erscheinungsbildes der Altstadt erkennen dies an. Tatsächlich bietet die Altstadt heute eine Kulisse, von der auch der Tourismus – und beispielsweise der bezaubernde Weihnachtsmarkt – enorm profitiert.

Nachkriegszeit

Angesichts des zunehmenden Verkehrs wurden in den 1960er und -70er Jahren wesentliche Teile der Innenstadt verkehrsberuhigt und in **Fußgängerzonen** umgewandelt. Das Autobahnnetz im gesamten Münsterland wurde ausgebaut. Ab 1972 starteten die ersten Flugzeuge vom neuen **Flughafen Münster/Osnabrück,** der den längst aufgegebenen Flugplatz Loddenheide ersetzte.

Als bemerkenswertes Ereignis für die gesellschaftliche Entwicklung der katholisch geprägten Stadt gilt die Schwulendemonstration im Jahr 1972, die Münster neben Berlin jahrelang zum zweitwichtigsten **Zentrum der Schwulen- und Lesbenbewegung** in Deutschland machte. Erneut ins Licht der Weltgeschichte trat Münster, als 1990 der damalige Außenminister *Hans-Dietrich Genscher* die Stadt zum Vorbereitungsort der „Zwei-Plus-Vier-Gespräche", die zur **Wiedervereinigung** Deutschlands führten, auswählte und damit an die Friedensschlüsse nach dem Dreißigjäh-

Domplatz

rigen Krieg anknüpfte, die schon Jahrhunderte zuvor eine neue europäische Staatenordnung generierten.

Beginn des 21. Jahrhunderts

Im Jahr 2004 erhielt Münster den Liv-Com Award als **lebenswerteste Stadt der Welt** in der Kategorie 250.000 – 700.000 Einwohner. Nur ein Jahr später konnte Münster das **1200-jährige Bestehen des Bistums** feiern. Beide Ereignisse zusammen zeigen, wie in Münster Tradition und Moderne eine Einheit zum Wohl ihrer Bürger bilden.

Im Winter des gleichen Jahres kam Münster nicht ganz unbeschadet am **Schneechaos** vorbei. Am 25./26. November 2005 waren 32 cm Schnee in der Stadt gefallen, mehr als je zuvor gemessen wurde. Der Stromausfall war nur kurzfristig, das Verkehrschaos hielt aber tagelang an. Auch der **Orkan Kyrill,** der am 18. Januar 2007 tobte, richtete große Schäden an, die aber schnell behoben werden konnten.

2018 traf es das Münsterland aber noch einmal. Der **Orkan Friederike** tobte am 18. Januar über das Land: Die Bahn stellte den Fernverkehr weiträumig und den Regionalverkehr in Nordrhein-Westfalen ein. Durch lang anhaltenden Regen stürzten viele Bäume im aufgeweichten Boden um. Zwei Menschen starben im Münsterland. Der bundesweite Schaden, den der Orkan anrichtete, wir auf 2 Mrd. Euro geschätzt.

⊲ Münster heute

Architektur und Kunst

Zu architektonischen Begriffen aus dem Bereich Fachwerk- und Burgenbau siehe auch das **Glossar** im Anhang.

Die Baugeschichte im Münsterland

Bäuerliche Siedlungen

Die baugeschichtliche Entwicklung im Münsterland ist durch mehrere Faktoren geprägt. Ländliche Bauweisen entstanden aus den Streusiedlungen, die im Münsterland **Bauerschaften** genannt werden und in denen Fachwerkhallen- oder Dielenhäuser mit Wohn- und Wirtschaftsteil und großem Dielentor vorherrschen. Manche der typischen Münsterländer **Gräftenhöfe** bestehen aus mehreren von einem Wassergraben umgebenen Wohn- und Wirtschaftsteilen.

Adelssitze

Die ländlichen Adelssitze sind meist zu **Wasserburgen** ausgebaut und später zu **Schlössern** erneuert worden. Höhenburgen sind im flachen Münsterland kaum vertreten.

Das Gegenstück im städtischen Bereich bilden die **Burgmannshöfe,** feste Sitze von Mitgliedern des niederen Adels. Diese Burgmannen waren dem Landes- oder Burgherren oder auch dem Abt zu Kriegsdienst verpflichtet. Die

Burgmannshöfe waren ihre Wohnsitze und dienten oft selbst zu Verteidigungszwecken. Man findet Burgmannshöfe beispielsweise in Nienborg bei Heek oder auf dem Burggelände von Stromberg.

Aktionstag Münsterland, erstmals 2017 öffneten 25 herrschaftliche Häuser beim ersten Burgen- und Schlössertag ihre Pforten für Besucher, darunter auch solche, die normalerweise nicht zu besichtigen sind. Die Aktion wird alljährlich erweitert Mitte Juni durchgeführt. Info: Tel. 02571-949392, www.schloessertag.de.

Städtebau

Stadtentwicklungen begannen oft mit einer Besiedlung um eine **Pfarrkirche,** wo sich zumeist Handwerker niederließen. **Klöster und Stifte** spielten des Weiteren eine große Rolle für die Baukultur, nicht nur in Bezug auf ihre großartigen Kirchen- und Klosterbauten, sondern auch als Ausgangspunkt für Siedlungen am Rand der Immunitätsbezirke.

Die Städte erfuhren durch die **Industrialisierung** ganz neue Strukturen – Fabriken, Wohnsiedlungen und neue Verkehrswege entstanden, die prägend für das Münsterland sind, wie etwa der Dortmund-Ems-Kanal. Auch die ländliche Baukultur erhielt durch das Bevölkerungswachstum neue Akzente. Vielfach wurden vorhandene **Kirchen** erweitert oder historisierend und in größerer Form erneuert.

Leider ist ein Großteil der städtischen Bausubstanz spätestens im **Zweiten**

124ml ot

Weltkrieg zerstört worden. Dagegen blieben unter anderem die Stadtkerne von Tecklenburg, Warendorf oder Telgte weitgehend erhalten. Anderes wurde mustergültig erneuert wie die ehemalige bischöfliche Residenz in Münster. Eine Besonderheit stellt der Wiederaufbau der Altstadt von Münster in einer an die historische Bauweise angelehnten Art dar (s. „Geschichte der Stadt Münster“).

Nach dem Zweiten Weltkrieg erfolgte im Zuge des wirtschaftlichen Aufschwungs und durch Zuzug aus dem Osten eine strukturelle Erneuerung des gesamten Münsterlandes sowohl im städtischen als auch im ländlichen Raum, die durch die heutige Mobilität zunehmend miteinander verschmelzen.

Stilepochen

Die großen Epochen der europäischen Kulturgeschichte spiegeln sich in der Jahrhunderte währenden Kunstgeschichte des Münsterlandes wider.

Romanik

Wenig ist aus karolingischer Zeit erhalten, als Beispiel sei hier die Krypta der **Vredener Stiftskirche St. Felicitas** genannt. Reichlicher vorhanden sind die romanischen Relikte im Münsterland, herausragend ist die **Stiftskirche in Freckenhorst.** Hier haben Steinmetze des frühen 12. Jh. großartige skulpturelle Leistungen hinterlassen wie etwa den reich verzierten Taufstein in dieser Kirche. Überhaupt sind Taufsteine aus dieser Zeit, zylindrische Becken mit umlaufenden Ranken und Arkaden, weit verbreitet in Münsterländer Kirchen.

Bemerkenswert ist das Aufkommen **hoch- und spätromanischer Hallenkirchen** im sogenannten Gebundenen System, bei dem üblicherweise ein Joch des Hauptschiffs einem halben Joch der Seitenschiffe entspricht. Neue Einwölbungstechniken mit Stützenwechsel ermöglichten diese Bauweise mit ungeheurer Raumwirkung. Ein großartiges Beispiel dafür bietet die dreischiffige, dreijochige Stufenhallenkirche **St. Johannes der Täufer in Billerbeck.** Ihr kunstvoll gestaltetes spätromanisches Hauptportal gehört zu den bedeutendsten Kunstschätzen des Münsterlandes aus jener Epoche.

Gotik

Die gotischen Baumeister übernahmen das Prinzip der Hallenkirchen an vielen Orten im Münsterland, der Übergang war fließend. Elegant präsentiert sich die ehemalige **Stiftskirche St. Martinus in Nottuln.** Ihr flach ausgelegtes Gewölbe im Langschiff mit dem eingearbeiteten Hallenchor verleiht dem Inneren Weite. In **St. Lamberti in Münster** sah man sogar schon vom zunächst geplanten Kreuzrippengewölbe ab und zog ein Netzgewölbe ein.

Die Ausstattung dieser Kirchen ist qualitätvoll wie gleichermaßen üppig. Bemerkenswert sind vor allem die **Altarretabel,** oft in Antwerpener Werkstätten

◁ Burg Hülshoff in Havixbeck – das Herrenhaus von 1545 wurde im typisch münsterländischen Stil überwiegend in Backsteinbauweise errichtet, die Vorburg mit Ecktürmen entstand im frühen 17. Jh.

gefertigt. Aber mit *Conrad von Soest* tritt auch ein lokaler Künstler hervor, dem wir den **Warendorfer Altar** verdanken. Nicht minder wertvoll ist der Hochaltar in der ehemaligen **Klosterkirche St. Cosmas und Damian von Liesborn** des im gesamten westfälischen Raum tätigen Malers *Meister von Liesborn* – seinen eigentlichen Namen kennt man nicht.

Auch für spätgotische Holz- und Steinskulpturen waren im Münsterland Werkstätten tätig. Als Material wurde – auch schon früher – der feinkörnige **Baumberger Sandstein** verwendet. Für die **Holzschnitzkunst** des 15. Jh. seien die Marienfiguren des sogenannten Meisters des Bentlager Kreuzigungsreliefs wie die des etwas später arbeitenden Meisters des Bentlager Sippenreliefs zu nennen. In der ausgehenden Gotik wurden viele Kirchen noch mit **fein skulptierten Sakramentshäusern** versehen.

Für den Zeitraum bis Mitte des 16. Jh. sind die führenden Bildhauer *Heinrich* und *Johann Brabender* aus Münster.

Renaissance

Das 15. und 16. Jh. war bis zur Zeit der Wiedertäufer auch die große Zeit der Umwandlung der westfälischen Burgen aus **Motten,** den Turmhügelburgen, und steinernen **Wasserburgen** in **Renaissanceschlösser.** Sie behielten ihre Gräften bei, bauten die vorhandene Substanz wohnlich um oder rissen sie ganz ab, um repräsentative Neubauten im neuen Stil der Renaissance, zumeist in Backsteinbauweise mit Werksteingliederung, Giebeln und separat umgräfteter Vorburg, zu errichten. **Burg Vischering** sei in diesem Zusammenhang beispielhaft für die große Zahl münsterländischer Wasserburgen genannt, die in dieser Zeit ihr heute noch bestehendes Äußeres erhielten und die maßgeblich für das Erscheinungsbild des gesamten Landes sind.

In der Renaissance entwickelten sich die **Stadtkerne** zu massiv bebauten Arealen in bemerkenswerter Architektur. Die **Laubengassen in Münster** stellen in ihrer ursprünglichen Form das großartigste Beispiel profaner Architektur im Münsterland dar.

Die Zeit der Wiedertäufer bedeutete einen einschneidenden Bruch in der Kunstgeschichte des Münsterlandes. Ihrer Zerstörungswut fielen viele Kunstschätze von nicht wieder gutzumachendem Wert zum Opfer. Danach gab es großen Nachholbedarf, die einsetzende Gegenreformation beflügelte das künstlerische Schaffen in außerordentlichem Maße. Nun konnten sich die Künstler voll entfalten! Die Jesuiten, die sich ab 1588 in Münster etablierten, bedienten sich dabei einer Übergangsarchitektur aus der Gotik, die mit Elementen der Renaissance gepaart war. Ab dem späten 16. Jh. traten dann die Künstlerpersönlichkeiten aller Gattungen der Architektur, Malerei, Bildhauerei, der Literatur und des Kunsthandwerks persönlich hervor. Ungeheuer produktiv waren die Mitglieder der **Maler- und Bildhauerfamilie Gröninger.** Als Maler waren *Ludger* und *Hermann tom Ring* aktiv.

Barock

Als frühbarocker Architekt wirkte im Münsterland *Ambrosius von Oelde* (1635/37–1705), der in **Ahaus** die erste **dreiflügelige Schlossanlage** im Land errichtete, ein Baukonzept, das später für die meisten Barockschlösser angewandt wurde. Als weitere Architekten des Barock traten die Mitglieder der Familie *Pictorius* auf. *Peter Pictorius d.Ä.* (1626–1685) war noch an die Militärarchitektur gebunden, doch sein Sohn *Gottfried Laurenz Pictorius* (1663–1729) hatte durch seine Kenntnis des niederländischen Klassizismus schon weitergehende Ansätze wie bei seinem berühmtesten Bau, dem **Schloss Nordkirchen.** Nach seinem Tod setzte **Johann Conrad Schlaun** (1695–1773), der größte Architekt, den Westfalen hervorgebracht hat, den Bau bis zu seiner Fertigstellung fort. *Schlaun* selbst konnte sein Hauptwerk, das **Schloss in Münster,** nicht vollenden. Nach seinem Tod setzte *Wilhelm Ferdinand Lipper* (1733–1800) sein Werk mit deutlichen klassizistischen Akzenten im Inneren fort.

Nach dem Tod *Schlauns* war auch das Zeitalter des Barock im Münsterland abgeschlossen. Durch die Herkunft der Fürstbischöfe aus dem Haus *Wittelsbach* konnten aber sehr viele Baumeister aus dem süddeutschen Raum für Bauten des Barock und Rokoko gewonnen werden, was den münsterländischen Baubestand in außerordentlichem Maße bereicherte.

Klassizismus

Noch weit vor dem politisch-künstlerischen Einbruch, der von der Französischen Revolution ausging, setzte auch im Münsterland die Epoche des Klassizismus ein. Nach der strengen Barock-Gartenarchitektur zeugten neue Gestaltungsformen aus dem Ausland neue Wege auf. Nunmehr wurden **englische Landschaftsgärten** angelegt, wie es etwa der Herzog von Croy in seinem Wildpark veranlasste.

Am Ende der napoleonischen Ära war das Fürstbistum Münster von der Landkarte verschwunden, der größte Auftraggeber für Kunst nicht mehr vorhanden. Das Land war nunmehr ins Königreich Preußen integriert, neue Impulse von Kunst und Kultur gingen von Berlin aus. Dominant war *Friedrich Karl Schinkel* mit seiner auch von der französischen Revolutionsarchitektur beeinflussten klassizistischen Vorstellung der Kunst schlechthin. Als Leiter der Preußischen Oberbaudeputation konnte er alle staatlichen Bauvorhaben vor allem auch in ästhetischer Hinsicht überprüfen und vorgelegte Baupläne in dieser Hinsicht umgestalten. Diese Vorbildfunktion der **„Schinkel-Mode"** wurde dann auch von privaten Bauherren übernommen, sowohl für Wohnbauten als auch für die neuen **Industriebauten.** Erst nach dem Tod *Schinkels* 1841 und mit dem Aufkommen des Historismus änderte sich die Situation über die Architektur hinaus auch für andere Kunstrichtungen.

Historismus

Das erste große historisierende Bauwerk im Münsterland ist die **St. Pankratiuskirche in Emsdetten,** neugotisch 1845–1848 errichtet. Den Durchbruch für diese Kunstrichtung brachte aber erst die deutsche Reichsgründung nach dem Krieg 1870/71 gegen Frankreich. Bauten der Neogotik, Neoromanik, des Neobarock und der Neorenaissance waren nun an der Tagesordnung, egal ob Kirchen, öffentliche Gebäude, Industrie- oder

Johann Conrad Schlaun – Architekt im Münsterland

Einer der bedeutendsten Architekten des deutschen Barock und eng mit dem Münsterland verbunden ist *Johann Conrad Schlaun.* Er konnte sein Wirken in der Herrschaftsperiode des Wittelsbachers *Clemens August,* seit 1719 Fürstbischof von Münster und Paderborn und seit 1723 auch Erzbischof von Köln, entfalten.

Schlaun wurde 1695 in Warburg geboren und verbrachte seine Schulzeit in Paderborn. Hier trat er eine Stelle im Militärdienst des damaligen Bischofs an. Zwischen 1722 und 1742 unternahm er mehrere Reisen nach Italien, Frankreich und Süddeutschland. Ab 1724 hatte er seinen Wohnsitz in Münster, 1725 trat er in die Dienste von *Clemens August* ein. Für ihn entwickelte er die Pläne für das neue Schloss Augustusburg in Brühl, mit dessen Bau noch 1725 am Standort der Ruinen des Vorgängerbaus begonnen wur-

de und dessen Fertigstellung ab 1728 durch den Münchner Hofbaumeister *François de Cuvilliés* vorgenommen wurde.

Inzwischen war *Schlaun* nach Münster zurückgezogen und setzte von dort sein Schaffen fort. Durch seine europaweiten Studien ist er der erste nachhaltig ausgebildete Architekt seiner Zeit. Er prägte infolgedessen einen ganz eigenen Baustil, der wegen der Kombination von Backstein und Sandstein, weißen, mehrfach unterteilten Fenstern sowie geschweiften Giebeln auch gern als „Westfälische Sinfonie" bezeichnet wird. Seine Hauptwerke für den Fürstbischof sind das elegante **Jagdschloss Clemenswert** (1740–47) im Münsterländer Niederstift (siehe gleichnamigen Exkurs), und in Münster die **Clemenskirche** (1745–53), die er als Hospitalkirche geschickt in die Ecke der Flügelbauten des Hauses der Barmherzigen Brüder einfügte, der **Erbdrostenhof** (1754–57) und nicht zuletzt das fürstbischöfliche **Schloss** (1767–73) mit seiner charakteristisch kontrastierenden Fassade aus Ziegel- und Werkstein.

Schlaun wurde aber auch für private Auftraggeber tätig. Für sich selbst baute er zwei Häuser, die die ganze Bandbreite seiner Originalität zeigen – das **Rüschhaus** bei Nienberge (1745–48), das in der Grundgestaltung auf den Typus des westfälischen Bauernhauses zurückgeht, allerdings mit sublimen barocken Ornamenten verziert, sowie sein ähnlich gestaltetes **Stadthaus** in Münster (1753–55). Er lebte bis zu seinem Tod im Jahr 1773 in diesem Haus, das den Bomben des Zweiten Weltkriegs zum Opfer fiel. *Schlaun* wurde in der Überwasserkirche beigesetzt.

www.fotolia.de © Alexander Reitter

[<] Schloss Nordkirchen mit seiner barocken Gartenanlage trägt unverkennbar die Handschrift von Schlaun

Wohnbauten. Gerade die Erneuerung der kirchlichen Bausubstanz hat auch viel Schaden angerichtet, wurde doch im Zuge der Erneuerung und Erweiterung nicht nur Baufälliges vernichtet.

Als Architekten der **Neogotik** taten sich im Münsterland insbesondere *Emil von Manger* und *Hilger Hertel d.Ä.* hervor. Schon mit seinem Frühwerk, der **Affhüppenkapelle in Vohren** bei Warendorf machte sich *von Manger* als junger Diözesanbaumeister von Münster einen Namen. *Hertel* hat zum Beispiel den neuen **Turm der Lambertikirche in Münster** entworfen. Wenige Jahre nach Beendigung des Kulturkampfes entstand 1892–98 in Billerbeck durch *Wilhelm Rincklage* die **Propstei- und Wallfahrtskirche St. Ludgerus** mit ihren über hundert Meter aufragenden Doppeltürmen als wohl perfektester Bau der Neogotik.

Als Industriebauten dieser Epoche sind vor allem die Verwaltungs- und Werkgebäude der **van Delden Textilwerke** zu nennen, für die bereits der Gusseisenskelettbau und der Stahlskelettbau mit großen Fensterfronten zum Einsatz kamen.

Neue Sachlichkeit

Das Neue Bauen hatte bereits seine Vorläufer vor dem Ersten Weltkrieg gefunden. Der Jugendstil, der noch neobarocke Elemente überformte, wurde dann durch die Neue Sachlichkeit abgelöst. Das **Freiherr-von-Stein-Gymnasium in Lünen,** wenn auch etwas außerhalb des Münsterlandes gelegen, soll hier als eines unter vielen Beispielen genannt werden. Im Wohnbereich setzte die Architektur gleichfalls neue Akzente, auch neue soziale Bewegungen wie die Gartenstadtbewegung realisierend. Bestes Beispiel hierfür ist die **Zechensiedlung Neustadt in Ahlen.**

Neue Wege im Sakralbau beschritt *Dominikus Böhm* mit der von ihm 1936–1939 gegen große politische Widerstände errichteten **Pfarrkirche Heilig Kreuz,** deren lichtdurchflutetes Inneres der Besucher nach dem Eindruck des Äußeren so nicht erwartet.

Nachkriegszeit

Der Zweite Weltkrieg hinterließ nicht nur im Münsterland eine tief greifende Zäsur. Vor allem Münster und die westmünsterländischen Städte erlitten allergrößte Schäden. Bocholt, Borken und Coesfeld traf es schwer. Mit dem **Nachkriegswiederaufbau** versuchte man soviel historische Bausubstanz wie möglich zu erhalten.

In Münster beschritt man einen anderen Weg. Auf Betreiben der Bevölkerung wollte man den kleinstrukturierten Baubestand in vereinfachter, historisch angenäherter Form erhalten. Der wieder aufgebaute **Prinzipalmarkt** ist mit seinen Arkaden- und Giebelhäusern ein einmaliges Beispiel dieser Nachkriegsarchitektur.

[>] Ss. Fabian und Sebastian in Osterwick: Neoromanik aus dem frühen 20. Jahrhundert

Ansonsten beschritt und beschreitet auch das Münsterland den Weg der sogenannten Nachkriegsmoderne, die international weitgehend identische Bauten hinterlässt. Trotzdem gibt es aber auch Highlights in dieser aus Beton bestehenden und in Glas glitzernden Architekturwelt – so das **Stadttheater in Münster.** Es war der erste Theaterneubau in Deutschland nach dem Zweiten Weltkrieg – er setzt bis heute einen baugeschichtlichen Akzent. Ein junges Architektenteam aus *Harald Beilmann, Max von Hausen, Ortwin Rave* und *Werner Ruhnau* hat hier eine glanzvolle Leistung vollbracht.

Auch die Nachkriegsliteratur hat bedeutende Autoren hervorgebracht. **Pater Paul Althaus** (1892–1965), in Münster geboren und in Schwabing verwurzelt, erlangte mit seinen 1951 erschienenen „Großstadtgeschichten" Berühmtheit. **Otto Jägersberg** (geb. 1942) hat als 22-jähriger mit seinem Startschuss „Weihrauch und Pumpernickel" allen Münsterländern ein Denkmal gesetzt.

Spezielle Informationen zur münsterländischen Literatur, von ihren Anfängen im 15. Jh. bis heute, findet man im **Literaturportal Westfalen** (www.literaturportal-westfalen.de).

Literatur

Aus der Zeit der ausgehenden Gotik stammen die **ersten Zeugnisse** literarischen Schaffens im Münsterland, deren Autoren namentlich bekannt sind. So legt der in Laer bei Horstmar geborene, 1502 in Köln verstorbene Karthäusermönch **Werner Rolevinck** mit seinem Werk „De laude veteris Saxoniae nunc Westfaliae dictae" („Zum Lob des alten Sachsens, das nun Westfalen heißt") den Grundstein für ein starkes westfälisches Selbstbewusstsein auf der Basis der typisch westfälischen Tugenden wie Treue, Redlichkeit und Beharrlichkeit.

Das 19. Jh. ist die Zeit, in der der Star der münsterländischen Literatur die Bühne betritt. 1838 erscheint **Annette von Droste-Hülshoffs** erster Gedichtband, 1842 die Erzählung „Die Judenbuche", die ihr deutschlandweite Anerkennung bringt.

125ml ot

Religion

Ein Sprichwort aus dem frühen 20. Jh. benennt die drei Münsteraner Todsünden: „evangelisch, kein Fahrradfahrer und zugereist".

Von 2,6 Mio. Einwohnern des Münsterlandes sind 1,7 Mio. Mitglieder der **katholischen Kirche.** Der katholische Glaube ist hier tief verwurzelt.

Die eigentliche Geschichte des Landes beginnt mit der Christianisierung der sächsischen Bevölkerung, mit der *Karl der Große* den Missionar *Liudger* beauftragte und den er im Jahr 806 zum ersten Münsteraner Bischof ernannte. Bis zu den reformatorischen Umtrieben bildete der katholische Glaube den tiefen Zusammenhalt der Menschen im Land. Doch im 16. Jh. setzten die religiösen Unruhen ein, in deren Folge die Wiedertäufer in den 1530er Jahren eine Schreckensherrschaft ausübten. Als der damalige Bischof die Wiedertäufer vertrieben hatte, kam die Zeit der Gegenreformation, die ihren Höhepunkt in den Jahrzehnten nach dem Dreißigjährigen Krieg erreichte.

Zur Rückkehr zum Katholizismus trug vor allem **Bischof Christoph Bernhard von Galen** (1606–78) bei, der 1651 die Bischofsweihe erhielt. Es war ein Mann, der Erfahrungen im Dreißigjährigen Krieg gesammelt hatte, der sich zum außenpolitischen Strategen entwickelte und von dem man sagte, dass er keinen Widerspruch duldete. Er vertrieb die letzten, noch nach dem Krieg im Bistum verbliebenen evangelischen Truppen und hielt eine permanente Streitmacht von 3000 Mann, um sich gegen die protestantischen Nachbarn zu behaupten, unter denen ihm die reformierten und immer stärker werdenden Niederländer ein Dorn im Auge waren. Er scheute sich auch nicht davor, seine eigene Stadt Münster zu belagern, deren Bürger sich weigerten, seinen Soldaten Verpflegung und Unterbringung zu gewährleisten. Seine militärischen Vorstöße in die Niederlande waren letztlich nicht erfolgreich – was ihm aber den Spottnamen *Bommen Bernd* (= *Bomben-Bernd*) einbrachte. Den nachhaltigsten Erfolg hatte der Bischof bei der **Rekatholisierung** der Bewohner seines Bistums, vor allem den inzwischen evangelisch gewordenen Adel konnte er für den katholischen Glauben zurückgewinnen.

Diese Bemühungen wirken bis heute im Bistum nach – hier ist der katholische Glaube noch ein fester Bestandteil im gesellschaftlichen Alltag. Die katholische Kirche stellt im Münsterland sogar eine so gefestigte Institution dar, dass Bischof *Clemens August von Galen* 1941 die Judenverfolgungen des NS-Regimes unbeschadet kritisieren konnte (siehe „Geschichte der Stadt Münster").

Obwohl die Rolle der Religion auch im Münsterland insgesamt abnimmt, haben beispielsweise **Wallfahrten** immer noch sehr großen Zulauf. Das Zusammenleben mit den evangelischen Bevölkerungsteilen verläuft inzwischen reibungslos. Dazu muss man berücksichtigen, dass die erste **evangelische Kirchengemeinde** erst 1803 in Münster gegründet wurde. Aber spätestens mit dem Flüchtlingsstrom aus dem Osten nach dem Zweiten Weltkrieg hat sich auch das Miteinander der Bekenntnisse im Münsterland völlig normalisiert.

Brauchtum und Feste

Im katholischen Münsterland ist das Brauchtum meist eng mit dem **Ablauf des Kirchenjahres** verbunden. Seit die Lebensweise der Menschen immer mehr verweltlicht, entwickeln sich neue Formen des Brauchtums. Die historischen Traditionen werden zunehmend von den Heimatvereinen lebendig gehalten. Bestes Beispiel hierfür sind die plattdeutschen Jugendtreffs, die von Münsterländer Vereine angeboten werden.

Bräuche und Feste im Jahreslauf

Im Folgenden werden die **wichtigsten traditionellen Festivitäten** im Jahreslauf beschrieben, die meisten haben einen religiösen Hintergrund.

Neujahr

Zu den früher üblichen nachbarschaftlichen Neujahrsbesuchen wurde Neujahrsgebäck überbracht. Dienstboten, Briefträger, Müllmänner oder auch Zeitungsausträger erhalten ein „Neujährchen“ (heute in Form eines Trinkgeldes).

Dreikönigsfest

Zu Ehren der Heiligen drei Könige Caspar, Melchior und Balthasar markieren Kindergruppen am **6. Januar** Türbalken mit der Zeichenfolge „C+M+B“ (und der Jahreszahl) als Segen zum Jahresbeginn, der Unheil von Haus und Hof fernhalten soll. Doch eigentlich stehen die Buchstaben für *Christus mansionem benedicat* (Christus segne dieses Haus).

Lichtmess

Der **2. Februar** war als erster Tag des neuen Wirtschaftsjahres der Tag der Lichterprozessionen und Kerzenweihen. Endlich wurden die Tage länger, das neue Landwirtschaftsjahr begann, weshalb an diesem Tag auch Zins, Pacht und Lohn fällig waren. Knechte, Mägde und andere Dienstboten erhielten ihren Lohn – deshalb bot sich dieser Termin auch zum Stellenwechsel an.

Karneval

Das ausgelassene Treiben vor der sechswöchigen Fastenzeit von Aschermittwoch bis Ostern ist auch im Münsterland tief verwurzelt. Obwohl man den „drögen“ Münsterländern karnevalistische Heiterkeit eigentlich nicht zutraut, hat sich **Münster zu einer der Hochburgen** des deutschen Karnevals entwickelt. Übrigens ist Ottmarsbocholt gleichermaßen Karnevalshochburg – hier findet der zweitgrößte Umzug des Landes nach dem in Münster statt.

Ostern

Der Brauch, Eier zu färben und für die Kinder zu verstecken, ist immer noch

weit verbreitet. Der Osterhase als Eierbringer ist auch im Münsterland seit dem 17. Jh. bekannt. Er gilt hier als evangelische Erfindung, mit der den katholischen Osterbräuchen etwas entgegen gesetzt werden sollte.

Weißer Sonntag

Der Weiße Sonntag ist als erster Sonntag nach Ostern das Fest der **Erstkommunion** der Kinder. Seit der Wende zum 19. Jh. ist es üblich, eine Familienfeier an den Gottesdienst anzuschließen.

1. Mai

Der Brauch, seiner Angebeteten in der Nacht zum 1. Mai einen **Maibaum** zu setzen, ist im 19. Jh. vom Rheinland auch ins Münsterland hineingetragen worden. Ursprünglich versinnbildlichte der Baum die Hoffnung auf ein ertragreiches Landwirtschaftsjahr.

[<] Die Lambertikirche in Münster während des Stadtfestes „Send"

Kirmes (Kirchmess)

Das **Kirchweihfest** ist ein sommerliches Fest, das meist am Namenstag des Schutzpatrons der Pfarrkirche abgehalten wird. Früher war es ein tief religiöses Fest, heute ist es ein buntes Stadtfest mit Buden und Fahrgeschäften, Händlern, Bier- und Würstchenständen, das der allgemeinen Belustigung dient.

Eine Besonderheit ist der **Send** in Münster, die Großkirmes mit einer Million Besuchern, der auf die seit dem 9. Jh. zweimal jährlich in der Stadt abgehaltenen Synoden zurückgeht. Im 19. Jh. wurde zum Frühjahrs- und Herbstsend aus Anlass des Patronatsfestes des St.-Paulus-Doms im Juni noch der Sommersend eingeführt.

Lambertusfest

Am **17. September,** dem Tag des Lambertusfestes, einem Höhepunkt im Wechsel der Jahreszeiten, wurde ab dem 18. Jh. bis spät in die Nach gefeiert. Das besonders bei Mägden und Arbeiterjunggesellen beliebte Fest artete in Münster so aus, dass es 1873 verboten wurde. Brauchtumsvereine greifen das Fest inzwischen mit dem **Lambertussingen** wieder auf.

Erntedankfest

Am **1. Sonntag im Oktober** ist Erntedankfest – dieser Termin ist seit etwa 200 Jahren im Ablauf des Kirchenjahres verankert. Früher wurde im Münsterland an Martini (11. November) das Erntedankfest mit dem „Stoppelhahn"

(Erntehahn) gefeiert, der die Fruchtbarkeit verkörperte.

Martinstag

Der **11. November** ist Martinstag. Heute ist es der Tag der **Laternenumzüge,** angeführt von einem als St. Martin verkleideten Reiter. Bis ins 19. Jh. war es wie Lichtmess ein Tag, an dem Abgaben, Zinsen und Renten bezahlt werden mussten und das Personal den Dienstherren wechseln konnte.

Advent

Die Adventszeit war früher geprägt von Einkehr und Buße vor dem weihnachtlichen Hochfest, so wie die Fastenzeit vor Ostern. Heute verbindet man mit dem Advent vor allem die **Weihnachtsmärkte.** Der größte und schönste im Münsterland findet in Münster selbst statt.

Nikolaustag/Weihnachten

Bis ins 19. Jh. hinein war bei der katholischen Bevölkerung im Münsterland nicht Weihnachten, sondern der Nikolaustag das **Geschenkfest** der Kinder. Am Vorabend des **6. Dezember** stellen sie noch heute einen Stiefel vor die Tür, den sie am nächsten Morgen mit Naschwerk gefüllt vorfinden. In der Zeit der Gegenreformation wurde der Nikolaus personalisiert. Er brachte als beeindruckende, rot gekleidete und mit weißem Bart versehene Gestalt die Geschenke – dabei aber auch Knecht Ruprecht, der mit seinem Knüppel als pädagogischem Mittel zur Disziplinierung unartiger Kinder beitragen sollte. *Luther* stand den Heiligen skeptisch gegenüber und propagierte den „Heiligen Christ" als Gabenbringer, sodass die Bescherung durch den Weihnachtsmann im katholischen Münsterland zunächst als „evangelisches Getue" abgelehnt wurde.

Sprache – das Münsterländer Platt

„Well A säg, mot auk B säggen" –
Wer A sagt, muss auch B sagen

Das *Mönsterlänner Platt* ist leider aus dem Alltagsleben weitgehend verschwunden. Bis Mitte des 20. Jh. wurde es noch als erste Sprache vor dem Hochdeutschen erlernt. Vor allem von **älteren Menschen auf dem Land** wird es heute noch gesprochen, die Platt auch gern als ihre Muttersprache bezeichnen. Doch kommt die überall anzutreffende Rückbesinnung auf Traditionen auch dem Plattdeutschen zugute. Vereine, Gesellschaften und Bühnen bemühen sich auch im Münsterland um seinen Erhalt.

Zunehmend wird auch plattdeutsche Literatur verlegt. Die bekanntesten **niederdeutschen Autoren** aus dem Münsterland sind *Augustin Wibbelt* (1862–1947), dessen Gedichte bis heute zitiert werden, und *Friedrich Ernst Hunsche* (1905–94), der sich um die Dokumentation des Münsterländer Platt verdient gemacht hat und dessen plattdeutsche Geschichten weithin bekannt sind.

Mundart-Theater

Unter den Mundartbühnen kommt den **Städtischen Bühnen Münster** das größte Verdienst zu. Diese Niederdeutsche Bühne wurde bereits 1919 gegründet. Von ihren 70 Mitgliedern sind 25 ehrenamtlich aktiv. Sie greifen Dramen, Komödien, Kriminalstücke, Schwänke und Märchen, aber auch Musicals auf, die sie von Oktober bis Mai im **Kleinen Haus** der Städtischen Bühnen aufführen (siehe Kap. „Stadt Münster: Theater Münster“).

Doch auch in den anderen Münsterländer Städten und Ortschaften wird das Mönsterlänner Platt – meist in Lustspielen – wach gehalten. Maßgeblich beteiligt sind die Heimatvereine, die Traditionsvereine und die katholischen Vereine.

Die Sprache

Das Münsterländer Platt gehört zur niederdeutschen Sprachgruppe und innerhalb derer zu den **Westfälischen Dialekten,** die wiederum eine Untergruppe des Niedersächsischen sind, das im gesamten nordwestdeutschen Raum gesprochen wird. Auch das jenseits der Grenze in den Niederlanden gesprochene *nedersaksisch* ist eng verwandt. Im Münsterland gibt es auch Gegenden, so im Tecklenburger Land und um Borken, in denen Sonderformen des Platt gesprochen werden. Eine „Sprachgrenze“ zieht sich hier entlang der Orte Epe-Heek-Legden.

Kennzeichnend für das Münsterländer Platt ist die **Westfälische Brechung.** Dabei wird ein Vokal typischerweise als zwei aufeinanderfolgende Vokale (Diphtongierung) ausgesprochen: So klingt beispielsweise o wie *uo* oder *ue,* u wie *ue* und e/ä wie *iä.*

Beispiele
Vuegel (Vogel)
gued (gut)
iäten (essen)
wieten (wissen)

Informationen über die Münsterländer Dialekte, die sich durch das **Tecklenburger Platt**, das niederländisch beeinflusste **Sandplatt** des westlichen Münsterlandes und das **Kleiplatt** voneinander unterscheiden, bietet: www.muensterlaender-platt.de. Speziell zum Sandplatt gibt es eine Ausarbeitung von *Ludger Kremer* („Das Westmünsterländische Sandplatt“, Aschendorff Verlag, Münster 2018).

10
Anhang

An der Alstätter Aa nahe der niederländischen Grenze

Kleines Münsterland-Glossar

Bauerschaft: eine Siedlungsgemeinschaft von mehr oder weniger nahe beieinander liegenden Bauernhöfen. Der Begriff ist aus der altniederdeutschen Bezeichnung buerschap hervorgegangen.

Bauhaus: im Münsterland früher übliche Bezeichnung für das Wirtschaftsgebäude eines Herrenhauses

Blindhuhn: siehe „Praktische Reisetipps A–Z: Essen und Trinken"

Burgmannshof: Wohnsitz der Burgmannen, befestigtes Anwesen, das der Verteidigung von Städten oder Burgen diente. Der Bischof als Landesherr belehnte meist nachgeborene Söhne von Adeligen mit solchen Burgmannshöfen, um sie als Ministeriale einzusetzen. In Horstmar sind beispielsweise noch vier solcher Burgmannshöfe erhalten.

Bispinghof: Hof des Bischofs

Diele/Deele (niederdeutsch): zentraler Raum des typischen Münsterländer Bauernhauses, der den Platz zwischen den tragenden Ständern einnimmt. Das Münsterländer Bauernhaus vom Typ des Norddeutschen Dielenhauses gibt es als Zwei-, Drei- und Vierständerhaus.

Drost: Ministerialer, der seinen Landesherren in einem Verwaltungsbezirk vertrat, am ehesten einem Amtmann oder Landrat vergleichbar

Flett: offene Wohnküche im hinteren Bereich der Deele

Fürstbischof: Der Fürstbischof übte in Personalunion mit seiner geistlichen Funktion die weltliche Herrschaft über sein Territorium aus. Im Heiligen Römischen Reich Deutscher Nation gab es zeitweilig bis zu 53 Fürstbistümer. Mit der Auflösung des Reichs im Jahre 1806 verloren die Fürstbischöfe ihre weltliche Funktion.

Gadem: kleines, meist traufständiges Haus Mietabhängiger an Hinter- und Mauergassen

Gogericht: Thingversammlung im vorkarolingischen Sachsen, das auch das Münsterland umfasste

Gräfte: Wassergraben um eine Burg oder einen Hof

Hochstift: das Territorium eines Fürstbischofs. Im Hochstift Münster unterscheidet man zwischen dem Oberstift (Raum Münster) und dem Niederstift (nördlich des Münsterlandes gelegen).

Kiepenkerl: Die Traditionsfigur des Münsterlandes zog früher als Kleinhändler und Erzähler von Markt zu Markt.

Knaggen: aus dem Wandgefüge herausragende Konstruktionselemente im Fachwerkbau mit vorkragenden Obergeschossen

Krüstchen: siehe „Praktische Reisetipps A–Z: Essen und Trinken"

Legge (Leinenlegge): mit dem Aufkommen der Hausweberei in Westfalen im 17. Jh. eingerichtete Leinenprüf- und -sammelstellen

Motte: mittelalterlicher Burgtyp

Plaaten in de Pann: siehe „Praktische Reisetipps A–Z: Essen und Trinken"

Pröbstinghof: Hof des Domprobstes

Pumpernickel: Westfälisches Vollkornbrot, siehe „Praktische Reisetipps A–Z: Essen und Trinken"

Scharne: mittelalterliche Markthalle für Stände der Lebensmittelhändler (Gemüse, Fleisch), die oft auch als Rathaus diente (z.B. in Burgsteinfurt)

Spieker: Speicher

Tödden: wandernde westfälische Kaufleute und Hausierer, die nach dem Dreißigjährigen Krieg bis in die napoleonische Zeit Waren aus Holland über das Münsterland bis ins Baltikum lieferten (in Mettingen auch Tüötten genannt)

Töttchen: siehe „Praktische Reisetipps A–Z: Essen und Trinken"

Upkammer: Raum im Wohntrakt der Münsterländer Bauernhäuser, der wegen eines darunter befindlichen, halb oberirdischen (Vorrats-)Kellers im Niveau höher liegt als die übrigen Zimmer. Entsprechend versetzt sind die Fenster in der Außenansicht.

Utlucht (Auslucht): niederdeutscher Begriff für einen befensterten Vorsprung aus der Gebäudefront als Teil des Innenraums

Westfälischer Himmel: Im Münsterland früher übliche Art zu räuchern, indem die von Hand gepökelten Schinken im Rauchfang des Herdfeuers der Bauernhäuser aufgehängt wurden – dieser Kaminhimmel wird als „Westfälischer Himmel" bezeichnet.
Wigbold: Der Begriff leitet sich von lateinisch *vicus* (= Dorf, im Gegensatz zu *oppidum* = Stadt) ab und bezeichnet speziell in Westfalen eine nicht-städtische Ansiedlung mit besonderen Rechten. Das bedeutendste dieser Rechte war das Marktrecht. Ein weiteres Recht solcher Minderstädte war das Privileg eines eigenen Magistrats oder Bürgermeisters. Hatte ein Ort als Wigbold Markt- und Magistratsrecht, kam er dem Status einer Stadt sehr nah. Wigbolde im Münsterland waren u.a. Metelen, Nienborg, Ochtrup, Ottenstein, Schöppingen, Südlohn und Wolbeck.
Wortgeld: jährliche Abgabe für ausgegliederte Flächen aus Kirchenbesitz, die als erblicher Lehnsbesitz abgegeben und von Ansiedlern als Bau- oder Landwirtschaftsfläche genutzt wurden. Da der Zins festgeschrieben war, sich also im Lauf der Zeit nicht erhöhte, lief das Wortgeld allmählich aus.

Literaturtipps

- *Dehio, Georg:* **Handbuch der deutschen Kunstdenkmäler, Nordrhein-Westfalen II (Westfalen),** herausgegeben in Zusammenarbeit mit der LWL-Denkmalpflege, Landschafts- und Baukultur in Westfalen und dem Institut für vergleichende Städtegeschichte, unter wissenschaftlicher Leitung von *Ursula Quednau,* Deutscher Kunstverlag, Berlin/München 2011. Standardwerk der deutschen Kunstgeschichte, erstmals von *Georg Dehio* 1900 herausgegeben, für Westfalen aktuell neu überarbeitet.
- *Droste-Hülshoff, Annette von:* **Die Judenbuche,** erstmals erschienen im Cotta'schen Morgenblatt für gebildete Leser, 1842. Das bedeutendste Werk Münsterländer Literatur handelt von einem unaufgeklärten Mord – eine frühe Kriminalgeschichte, die vor allem als Milieustudie verstanden werden muss. Angeblich in sechs Millionen Exemplaren gedruckt, hat sich der Erfolg aber erst nach dem Tod der Dichterin eingestellt.
- *Jägersberg, Otto:* **Weihrauch und Pumpernickel,** Diogenes Verlag, Zürich 1964. Mit feiner Komik und hintergründigem Humor werden die Nöte und Freuden der Menschen im Münsterland der Nachkriegszeit geschildert. Die Lektüre empfiehlt sich, bevor man ins Münsterland fährt.
- *Uleer, Maria:* **Fremde im Dorf,** Landwirtschaftsverlag Münster 2011. Der Roman einer Bauerntochter beschreibt ein Sittenbild des dörflichen Lebens im Münsterland in den 1950er Jahren mit seinen Regeln, seiner Frömmigkeit, seinen vorgegebenen Tagesabläufen und Menschen, die aufgrund ihrer tradierten Lebensweise Konflikte mit den über sie hereinbrechenden Neuerungen nicht bestehen können. Eine spannende Geschichte mit unerwartetem Ausgang!
- *Kehrer, Jürgen:* **Und die Toten lässt man ruhen,** Grafit Verlag, Dortmund 1990. Dieser Münsterland-Krimi war die Grundlage der ersten Ausstrahlung der Wilsberg-Serie im ZDF, das Skript wurde von *Heidi Stroh* und *Dorothea Neukirchen* geschrieben. Regie führte *Neukirchen,* in der ersten Folge wurde die Hauptrolle des Georg Wilsberg von *Joachim Król* gespielt, ab der zweiten Folge von *Leonard Lansink.*

  Der Film handelt vom gescheiterten Rechtsanwalt Georg Wilsberg, der seither ein Münz- und Briefmarkengeschäft in Münster betreibt. Im „Nebenerwerb" verdingt sich Wilsberg als Privatdetektiv Geld und erhält von Hermann Pobradt den Auftrag, den 16 Jahre alten Mord an dessen Bruder Karl aufzuklären, welchen die Staatsanwaltschaft und die Polizei als Selbstmord schnell zu den Akten gelegt hatten.
- *Münsterland e.V. – Verein zur Förderung des Münsterlandes (Herausgeber, Text und Redaktion):*

100 Schlösser Route, Greven 2017. Fast 1000 km Radweg zu den schönsten Schlössern und Bauwerken im Münsterland, aufgeteilt in vier Rundtouren weitgehend abseits der Fahrstraßen. 25 Auflagen hat das Buch erlebt!

- *Nieschlag, Lisa* und *Wentrup, Lars:* **Anni kocht in Münster,** 33 Rezepte und Münster-Impressionen & Illustrationen, Aschendorf Verlag, 3. Auflage Münster 2011. Liebevolle Neuinterpretation der Münsterländer Küche – den traditionellen Gerichten wird ein moderner Beigeschmack gegeben. Gleichermaßen liebevoll fotografiert *Julia Holtkötter.* Von den gleichen Autoren auch erschien auch: **Anni backt in Münster.**
- *Kröll, Ulrich:* **Das Geschichtsbuch des Münsterlandes,** Agenda Verlag, Münster 2010. Das Buch stellt herausragende Persönlichkeiten, Ereignisse und Entwicklungen aus der Geschichte des Münsterlandes lesefreundlich dar – angefangen von der zeitweiligen römischen Präsenz in der Region an Lippe und Ems – rund 800 Jahre, bevor mit dem westfriesischen Missionar und ersten Bischof Liudger das Münsterland aus der Taufe gehoben wurde – über die Zeit des Bistums, die Moderne bis hin zu den schnellen Veränderungen der heutigen Zeit.
- *Jäger, Katrin:* **52 kleine & große Eskapaden im Münsterland,** DuMont Buchverlag, Köln 2020. Die Autorin schildert persönliche Erlebnisse auf ihren Touren durch das Münsterland.
- **Literaturportal Westfalen:** Wer mehr über westfälisch-münsterländische Literatur seit ihren Anfängen im 15. Jh. erfahren möchte, sollte hier nachschlagen – eine unendliche Fundgrube: www.literaturportal-westfalen.de.

Foto: AdobeStock, EVERST

Schreiben Sie uns!

Wir hoffen, dass Ihnen dieser Reiseführer gefällt und er Ihnen ein guter Begleiter auf einer außergewöhnlichen und spannenden Reise ist.

Weil ein Reiseführer von Erfahrungen lebt, sind wir an Ihren Erlebnissen interessiert: Haben Sie in unserem Buch ein Restaurant entdeckt, das es nicht mehr gibt, eine Sehenswürdigkeit, die wir noch nicht aufgeführt haben, oder eine falsche Adresse? Dann schreiben Sie uns! **Wir nehmen jeden Hinweis und jede Kritik ernst und arbeiten kontinuierlich daran, die Bücher aktuell zu halten und immer weiter zu verbessern.** Jede Mail wird gelesen und beantwortet. Auch wenn wir nicht jeden Wunsch erfüllen können, machen wir uns immer Gedanken über Ihre Anmerkungen.

Schreiben Sie uns:
per Mail an info@reise-know-how.de oder an
Reise Know-How Verlag Peter Rump GmbH, Postfach 140666, 33626 Bielefeld

Wenn sich Ihre Infos direkt auf das Buch beziehen, würde uns die Angabe der Seitenzahl und der Auflagenzahl bzw. des Erscheinungsjahres Ihrer Ausgabe die Arbeit sehr erleichtern. Besonders hilfreiche Beiträge und Ergänzungen zu den Büchern belohnen wir mit einem Sprachführer Ihrer Wahl aus der über 240 Bände umfassenden „Kauderwelsch"-Reihe.

Herzlichen Dank und gute Reisen
Ihr Reise Know-How Verlag

Register

Die Autoren

Barbara und Hans Otzen – ihr gemeinsames Leben ist von Beginn an durch seine Reiselust geprägt worden. Es hat ihn an den Amazonas, in die Anden und nach Ostafrika gezogen. Aus all diesen Reisen sind Reiseführer entstanden, die in renommierten Verlagen erschienen.

Inzwischen konzentrieren sich beider Interessen auf die europäischen Länder und Kulturen. Geschichte und Kunst wie gleichermaßen Essen und Trinken spielen dabei in den Reiseführern über Österreich, Deutschland, Frankreich, die Niederlande und in mehreren Kochbüchern sowie Wein-Reiseführern eine zentrale Rolle.

Im Reise Know-How Verlag sind von Barbara und Hans Otzen die Reiseführer „Normandie“, „Niederlande“, „Holland – Die Westküste“, „Südtirol“, und „Eifel“ sowie die Wein-Reiseführer „Toskana“ und „Deutschland“ erschienen.

102ml ot

Liebe Leserin, lieber Leser,

ein unabhängiger Verlag für unabhängig Reisende – das sind wir, der Reise Know-How Verlag aus Bielefeld, eines der letzten Familienunternehmen in der Branche. Obwohl wir zu den größten Reiseführerverlagen Deutschlands gehören, ist der familiäre Umgang miteinander in allen Bereichen des Verlagslebens zu spüren: In der Geschäftsführung in zweiter Generation, in einer wertschätzenden Arbeitsatmosphäre, in der Nähe zu unseren frei arbeitenden Autorinnen und Autoren, im engen Austausch mit unseren Leserinnen und Lesern – und auch in der Zusammenarbeit mit Druckereien in Deutschland, in denen wir ausschließlich und regional unsere Bücher produzieren. Die sollen schließlich erst mit Ihnen auf große Reise gehen.

Alles, was wir in unsere Bücher und Landkarten stecken, soll Ihnen eines ermöglichen: Auf Ihre ganz eigene, individuelle Weise die Welt zu entdecken. Wir wünschen Ihnen viel Freude und unvergessliche Erlebnisse mit diesem Reiseführer.

Es grüßen herzlich
Peter Rump & Wayan Rump

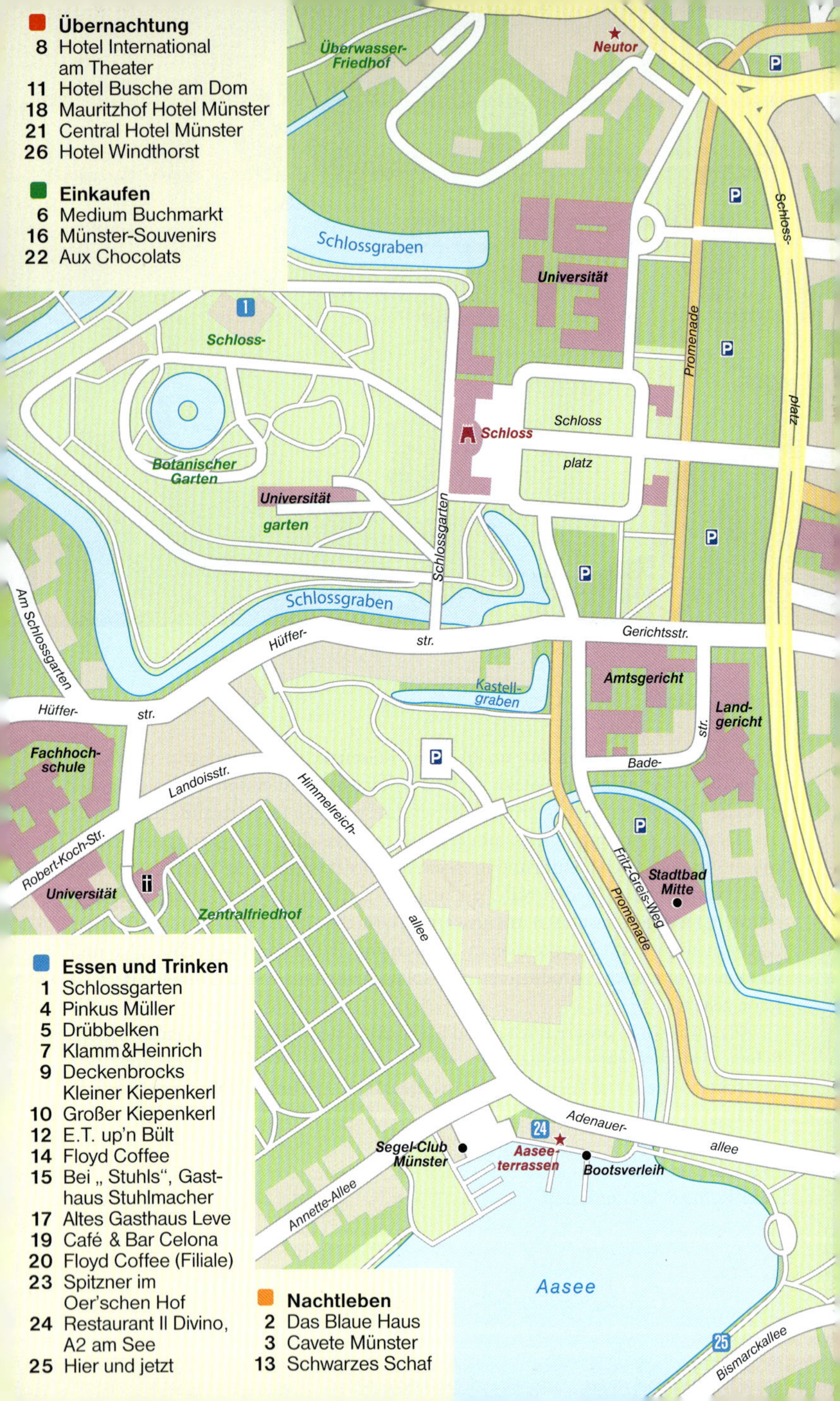

Übernachtung

8 Hotel International am Theater
11 Hotel Busche am Dom
18 Mauritzhof Hotel Münster
21 Central Hotel Münster
26 Hotel Windthorst

Einkaufen

6 Medium Buchmarkt
16 Münster-Souvenirs
22 Aux Chocolats

Essen und Trinken

1 Schlossgarten
4 Pinkus Müller
5 Drübbelken
7 Klamm&Heinrich
9 Deckenbrocks Kleiner Kiepenkerl
10 Großer Kiepenkerl
12 E.T. up'n Bült
14 Floyd Coffee
15 Bei „Stuhls", Gasthaus Stuhlmacher
17 Altes Gasthaus Leve
19 Café & Bar Celona
20 Floyd Coffee (Filiale)
23 Spitzner im Oer'schen Hof
24 Restaurant Il Divino, A2 am See
25 Hier und jetzt

Nachtleben

2 Das Blaue Haus
3 Cavete Münster
13 Schwarzes Schaf